KB240117

개벽의 꿈,

동아시아를

깨우다

동학농민혁명과
제국 일본

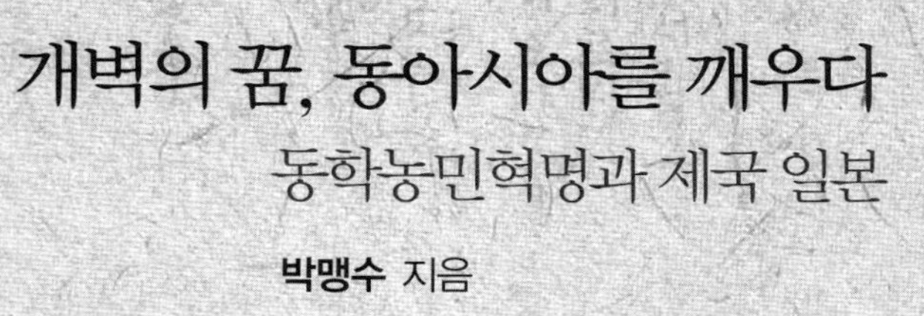

개벽의 꿈, 동아시아를 깨우다

동학농민혁명과 제국 일본

박맹수 지음

개벽의 꿈

도서출판 모시는사람들

'역사의 짐을 기꺼이 지고!'

이 말은 필자가 육군 장교 신분으로 1980년 '5월 광주'를 겪고 사회에 복귀한 직후, 『원광』圓光이라는 월간지에 기고했던 수상隨想 제목이다. 제목 그대로 필자는 지난 30년간 '5월 광주'라는 역사의 짐을 지고 몸부림치며 살았다. 대학원생 시절에도, 원불교 교무로 교역에 임하던 시절에도, 시민운동에 참여하던 시절에도, 그리고 일본 유학 시절에도 '5월 광주'는 결코 단한 순간도 내려놓을 수 없는 화두였다. 필자는 이제 '개벽의 꿈, 동아시아를 깨우다: 동학농민혁명과 제국 일본'이라는 졸저를 '5월 광주'의 민주 영령들께 헌정하는 것으로 오래된 화두를 내려놓고자 한다. 5월 광주와 나의 동학농민혁명 연구가 어떻게 만나게 되는지는 이 책 서장에서 자세히 언급하였다.

주지하듯이, 1894년의 동학농민혁명은 세계사에서 일찍이 그 유례를 찾아볼 수 없는 '아래로부터의 대혁명'이었다. 동학농민혁명은 '시천주'侍天主와 '보국안민'輔國安民, '다시 개벽'開闢과 '유무상자'有無相資, '제폭구민'除暴救民과 '광제창생'廣濟蒼生으로 대표되는 혁명 이념을 기치旗幟로 내걸고, 연원제淵源制를 근간으로 하는 동학의 접포接包 조직 안으로 수백 만 민중을 끌어안은 가운데, 1860년부터 1894년까지 무려 35년에 걸친 포덕布德의 토대 위에서, 그리고 1892년에서 1893년까지 2년간에 걸쳐 전국 각지에서 전개한 교조신원운동敎祖伸寃運動이라는 합법 운동 단계를 거쳐, 1894년 봄에 충청도 청산靑山, 전라도 무장茂長, 경상도 진주晉州 등지에서 시작되었다. 각지에서 봉기한 수백만 명의 농민군은 안으로는 전근대적 왕조 체제를 타파하여 근대 국민국가를 수립하고, 밖으로는 제국주의 일본을 비롯한 열강의 침탈로부터 국권을 수호하기 위해 조선 왕조 군대와 일본군에 맞서 1년 이상을 치열하게 싸웠다.

동학농민혁명은 5백년 넘게 지속되어 온 '조선 왕조 지배 체제의 종결'을 알리는 혁명인 동시에, 한국 근현대 민족 민중 운동의 정점頂点을 이루는 운동이며, 동아시아 삼국의 역사를 포함한 19세기 세계사에서 최고이자 최대 규모를 자랑하는 민중 대혁명이라는 의미를 지닌다. 그러나 이 같은 자랑스러운 동학농민혁명 정신과 그 역사는 1세기 이상을 철저히 외면당하고 왜곡되어 왔다. 예컨대, 동학은 '사람은 모두 자기 안에 하늘님을 모시고 있는 거룩한 존재' 侍天主라는 가르침과, '천지만물은 저마다 하늘님을 모시지 않은 존재가 없다' 天地萬物 莫非侍天主라는 가르침을 핵심으로 하는 보편적 생명 사상生命思想인데도, 대부분의 연구자들은 동학은 그저 서학西學에 대항하기 위해 생겨난 대항 이데올로기라는 식으로 오랜 세월 동안 폄훼하여 왔다. 또한, 혁명의 배경에는 동학東學이라는 파천황破天荒적 새 사상과 해월 최시형海月 崔時亨이라는 탁월한 지도자를 중심으로 30년 이상의 오랜 포덕 활동이 있었음에도 해월의 역할에 대해 거의 주목하지 않은 점, 이른바 남접의 전봉준과 북접의 최시형 선생이 혁명 초기부터 동일한 지향을 가지고 함께 싸운 것이 엄연한 역사적 사실인데도 전술적 차이에 지나지 않은 양자兩者 간의 갈등을 의도적으로 크게 부풀림으로써 그것이 마치 혁명의 실패 원인인 것처럼 강조해 온 것, 그리고 혁명의 마지막 단계에서 일본군에 의한 농민군 학살이 불법적으로 그리고 대대적으로 자행되었는데도 100년 이상 그 진실을 규명하지 못했던 것 등은 동학사상과 동학농민혁명의 역사를 왜곡한 대표적 사례라 할 것이다.

이 책은 '5월 광주'의 상흔을 치유하고자 했던 필자가 지난 30년간 피와 땀과 눈물로 쓴 우리 땅과 우리 선조의 역사인 동시에, 혁명의 역사가 깃든 곳이라면 우리 땅은 물론이려니와 이웃 일본 각지까지도 직접 답사하여 쓴 '발로 쓴 혁명사'이다. 또한 1세기 이상 외면당하고 왜곡되어 온 동학농민혁명의 역사를 바로 잡고자 하는 이 땅 모든 민초들의 비원悲願을 대변하여 쓴 책이기도 하다. 따라서 이 책은 연구실 안에 틀어 박혀 남이 쓴 책을 참고하여 쓴 글이 결코 아니다. 비록 정치精緻한 논리는 부족할지 몰라도 선행 연구에서 전혀 다루지 못했던 인물, 사건, 현장 등을 직접 발굴하고, 찾아 내고, 답사하여 생동감 있게 묘사하려고 애쓴 책이다. 뿐만 아니라 이 책에서는 지금까지 잘못 알려진 사실들을 전면적으로 새롭게 '실증'實證한 동시에, 국내 및 일본 각지를 누비면서 필자가 처음으로 찾아 낸 1차 사료도 대단히 풍부하게 소개하고 있다. 특히 강조하고 싶은 것은 1894년 혁명 당시 제국주의 일본 정부와 군부軍部, 저널리즘, 재조 일본인在朝日本人 등의 동향에 대해 이 책이 처음으로 그 실상實相을 상세하게 규명하고 있다는 점이다. 아무쪼록 졸저가 동학사상과 동학농민혁명사에 관심을 가진 독자 여러분의 기대에 조금이라도 부응할 수 있기를 두 손 모아 비는 바이다.

이 책을 마무리하면서 천학비재淺學非才인 필자가 한국근대사 연구자의 한 사람으로 제대로 설 수 있도록 도와주신 스승님과 선배님, 동료와 후배들에게 감사의 인사를 전하고자 한다. 먼저, 한국학대학원 시절의 은사이신 이성무李成茂 교수님, 석·박사 논문 지도교수를 맡아주신 한양대학교 정창렬鄭昌烈 교수님의 크신 학은學恩에 머리 숙여 감사드린다. 두 분 스승님이 계시지 않았더라면 오늘의 필자는 존재할 수 없었을 것이다. 조한 박사논문

심사를 통해 역사 연구자에게 필요한 지남指南을 제시해 주신 윤병석尹炳奭, 박성수朴成壽, 신용하愼鏞廈 교수님의 자상하신 훈도薰陶에 대해서도 머리 숙여 감사의 인사를 올린다. 다음으로, 대학원 시절에 우연히 같은 시대, 같은 주제로 공부하면서 끊임없는 격려와 성원을 보내준 상지대학교 장영민張泳敏 학형을 비롯한 선후배 학형들께 진심으로 감사드린다. 또한, 필자의 초심이 흔들릴 때마다 묵묵히 지켜 주셨던 원불교 교단의 이정은李正恩 종사님을 비롯하여 물심양면으로 따뜻한 후원을 아끼지 않으셨던 원불교 부산교구장 김일상金一相 교무님, 원광대학교 부총장 신순철申淳鐵 교수님, 그리고 연구 초기에 일본어가 서툴던 필자를 위해 관련 자료 번역과 일본 측과의 교섭 등 온갖 굳은 일을 도맡았던 원불교 동경교당 배은종裵恩宗 교무님의 헌신적 노고에 깊은 감사를 드린다.

연구생활 가운데 가장 잊을 수 없는 재야의 두 분의 스승님에 대해서도 기억해 두고자 한다. 한 분은 바로 천도교 교단의 원로이신 표영삼表暎三 선생님이시고, 다른 한 분은 원주의 재야 어른이셨던 무위당 장일순張壹淳 선생님이시다. 두 분은 지금 이 세상에 계시지 않지만, 살아 계실 때 필자의 든든한 멘토이셨다.

특기特記해야 할 것은 이 책의 상당 부분은 일본인 연구자들의 전폭적인 도움이 없었더라면 집필이 불가능했다는 점이다. 먼저 필자의 홋카이도 대학 유학 시절에 연구에 전념할 수 있도록 장학금을 비롯하여 가족들의 일상생활에 이르기까지 세세하게 배려해 주신 이노우에 카츠오井上勝生 교수님, 세계사적 시야에서 동학농민혁명의 역사를 이해할 수 있도록 필자의 좁은 시야를 열어 준 치바 대학의 조경달趙景達 교수님, 그리고 1997년부터 지금까지 변함 없이 필자의 연구에 도움을 주고 계시는 나라 여자대학 나카츠카 아키라中塚明 명예교수님께 심심한 사의를 표한다.

끝으로, 부족하기 그지없는 필자의 글을 한 권의 훌륭한 동학 연구서로 펴낼 수 있도록 수고를 다해 주신 '도서출판 모시는사람들'의 박길수 대표를 비롯한 출판사 가족 여러분, 몇 년째 필자와 함께 동학의 현장을 답사하면서 '생명평화'가 넘치는 개벽 세상 실현을 꿈꾸고 있는 '생명과 평화의 길'의 모든 동사同事들, 무위당 만인회 김영주 회장님을 비롯하여 '사단법인 한 살림'의 모든 조합원, '모심과 살림연구소' 가족과 운영위원님들께도 감사 인사를 전하고자 한다.

"이 책이 지난 30년간 온갖 어려움을 묵묵히 함께 해 준 아내 한인례韓仁禮 선생과, 힘들기 그지없었던 일본 유학 시절을 잘 견디어 준 두 딸에게 뜻깊은 선물이 되기를 희망한다."

신묘년 4월
익산 신용벌에서 필자 모심

차 례

제2부 동학의 포덕과 교조신원운동

동학, 농민혁명, 동아시아 생명평화

- '5월 광주' 가 나에게 남긴 것

사단사령부 지하 벙커에서 맞은 5월 광주

1980년 5월 18일, 나는 육군 제37사단사령부 지하 벙커에 있었다. 계급은 육군중위, 병과는 보병, 직책은 연대에서 사단사령부로 파견된 연대 연락장교였다. 연락장교의 주 임무는 첫째로 육군본부를 비롯한 상급사령부에서 사단사령부로 하달되는 중요 작전명령이나 지시 사항, 우리 군주한미군 포함과 북한군의 동향에 관한 중요 정보, 기타 군 내부의 각종 사건 사고 내용 등을 전달받아 매일 새벽 사단장에게 브리핑하는 일, 사단장의 명령을 연대나 대대로 하달하는 일, 그리고 연대나 대대에서 일어나는 중요 사항을 보고받아 사단장 및 상급부대에 보고하는 일 등이었다. 둘째로는 사단사령부 단위에서 취급하는 주요 군사기밀을 다루는 임무가 주어져 있었다. 연락장교에게는 군사기밀 취급에 필요한 2급비밀 취급인가증이 발급되고 있었고, 군사기밀 보호를 위해 중요 명령이나 지시 사항을 특수한 기호를 써서 신속하게 암호화하거나, 암호화된 군사기밀을 한글로 해독할 수 있는 능력을 익히는 일도 연락장교가 해야 하는 필수 임무 가운데 하나로 규정되어 있었다.

지하 벙커 안에는 속칭 '티티' 로 불리던 텔레타이프가 단 한 순간도 중단되는 일 없이 연중무휴 하루 24시간 내내 풀가동하고 있었으며, 당직 연락장교를 포함한 4~5명의 연락장교 밑에 역시 4~5명의 연락병이 함께 상주하고 있었다. 주간에는 각 연대와 포병대에서 파견된 연락장교들이 함께 근무하지만, 야간에는 당직 연락장교 한 사람 밑에 당직 연락병 두세 명만이 남아 24시간 꼬박 근무해야 했다. 당직근무는 대체로 사나흘에 한번 꼴로 차례가 돌아왔는데, 당직근무 때 가장 힘들었던 것은 새벽 두세 시경쯤 되어 밀려오는 졸음과 싸우는 일이었다. 군대 안에는 예나 지금이나 변함없이 통하는 일종의 잠언과도 같은 말이 있다. "작전에 실패한 지휘관은 용서할 수 있어도 경계에 실패한 지휘관은 용서할 수 없다."는 말이 그것이다.

우리 군의 최고급 정보를 다루는 사단사령부 지하 벙커 안에서 24시간 근무해야 하는 당직 연락장교의 책무는 경계근무 이상으로 중차대할 수밖에 없다. 따라서 당직근무를 하면서 존다거나 잠을 자는 행위는 절대로 용납될 수 없었다. 만약, 근무 중에 졸거나 깜빡 잠이라도 들어 있는 현장을 순찰하는 당직사령 장교에게 들키기라도 하면 해당 연락장교는 그야말로 바로 그 순간이 자신의 '제삿날'이 되어 버린다. 가장 가벼운 처벌이라 해 봤자 혹독한 구타를 모면하기 어려웠고1980년 당시 군 내부에서는 상급 장교가 하급 장교를 구타하는 일이 비일비재했다, 심한 경우에는 사령부 안의 영창에 며칠간 갇히거나 징계위원회에 회부되기도 했다. 더욱이, 당시는 10·26사태와 12·12사태가 일어났던 직후라 지하 벙커 안의 분위기는 하루하루가 긴장의 연속이었다. 그런 까닭에 지하 벙커 시절에 나는 별로 좋아하지도 않았던 바둑과 장기, 화투 등을 원없이 즐길 수 있었다. 이런 '잡기'들은 원래 금지된 것들이었지만 심야의 지하 벙커 안에서는 졸음 방지용으로 묵인되고 있었기 때문이다.

어찌 됐든 나는 37사단 지하 벙커에서 무섭게 밀려오는 졸음과 싸워 가며 1980년 5월 18일을 맞이했다. 5·18 소식을 처음 접하던 순간 나는 "이건 뭔가 잘못되어 가고 있다, 뭔가 이상하다."는 막연한 생각을 하기는 했지만, 명령과 복종으로 상징되는 군軍 조직 특성상 하급 장교는 그저 상급자의 명령에 기계적으로 복종할 뿐, 그 어떤 의견이나 문제제기, 불만 표출 같은 행위를 할 수 없는 상황이었다. 이 무렵, 가장 중요한 일과는 매일 새벽 6시경 지하 벙커로 출근한 사단장 앞에서 전날 밤부터 다음 날 새벽 사이에 광주光州에서 일어난 모든 상황을 종합하여 브리핑하는 일이었다. 사단장 앞에서 하는 브리핑은 거의 매일같이 반복됐다. 계엄령 아래에 있던 그 당시는 사나흘 간격으로 돌아와야 할 당직근무가 사실상 없어진 상태였고, 모든 연락장교가 24시간 근무하는 비상근무 체제가 계속되고 있었기 때문이다. 당시, 일반 장교와 병사들 역시 24시간 영내營內 비상대기 상태였음은 물론이다.

1980년 5월의 광주! 그 광주의 모습은 26년이란 세월이 지난 지금도 나의 뇌리 속에 마치 어제 일처럼, 그리고 마치 내가 당했던 일처럼 아주 선명하게 자리하고 있다. 그 까닭은 바로 육군 제37사단 지하 벙커에서 매일같이 반복되었던 브리핑 때문에 당시 상황이 너무도 깊숙이 각인되어 버린 탓이다. 고립무원의 절박한 상황 속에서 매일같이 도청 앞 광장에서 열렸던 민주화성회民主化聖會며, 담양 쪽 광주교도소 앞에서 계엄군과 시민군 사이에 벌어진 전투로 수많은 시민군들이 사망한 일이며, 아시아 자동차 공장에서 시민군들이 장갑차를 탈취하여 호남고속도로로 진출하여 북상을 시도했던 일, 화순 방면으로 진출한 시민군이 예비군 무기고를 무혈 점령하여 무장을 강화하던 상황들, 이원화된 지휘 계통당시 광주로 출동했던 공수부대는 정상적인 지휘 계통을 따르지 않고 별도의 지휘 계통에 따라 움직이고 있었다. 때문에 계엄군 상호간에 총격전이 벌어져 영관급 장교를 비롯한 다수의 군인이 사망한 일, 그리고 전남도청을 거점 삼아 최후 항전을 하던 시민군들이 진압군에게 처절하게 진압당하던 순간 등등. 내 머릿속에 박인 이 모든 광주의 영상들은 1980년 5월, 37사단 지하 벙커에서 만들어진 것들이다.

5공 정권 탄생의 하수인으로 일하던 시절

37사단사령부 지하 벙커에서 5·18 광주를 경험한 직후인 80년 6월경, 나는 만 1년에 걸친 연락장교 임무를 무사히(?) 마치고 충북 보은에 있는 원대原隊로 복귀했다. 복귀 후 새로 맡은 직책은 대대 인사군수 장교. 당시 후방에 배치되어 있던 대대에 두 명밖에 없는 참모 자리 가운데 하나였다. 인사군수 장교가 하는 일은 대대 내의 인사와 군수, 즉 사람과 물자에 관한 모든 일을 관장하고 책임지는 자리였다. 사람과 물자를 관장하는 참모인 만큼 말썽도 많고 사연도 많을 수밖에 없었다. 그런데 부대에 와 보니 그게 아니었다. 일상적으로 인사군수 장교가 해야 할 일이 대단히 많을 것이라 예상했는데, 그 예상이 완전히 빗나갔다.

이유는 간단했다. 5·18 광주 이후, 우리 군은 교육훈련이나 적의 침투에 대비한 경계근무와 같은 군 본연의 임무를 훨씬 뛰어넘는 일들을 하고 있었다. 그 일이란 바로 '광주의 폭도들이 일으킨 소요사태'로 인해 빚어진 누란의 국가적 위기에서 나라를 지키고 구하는 일이었다. 이 때문에 원대 복귀 후 나는 누란의 위기에 빠진 나라를 구하기 위해 참 많은 일을 하지 않으면 아니되었다. 우선 두 번에 걸친 선거한번은 개헌, 다른 한번은 통일주체국민회의 대의원 선출을 위한 선거에서 우리 부대 부대원들의 부재자 투표율을 거의 100%로 끌어올림으로써 국군보안사령관 전두환을 대통령으로 당선시키는 데 일조했다. 5공 정권 탄생에 일등공신 역할을 한 것이다. 그뿐이 아니다. 청주교도소 경비담당 계엄군 소대장당시 청주교도소에는 사형 판결을 받고 수감 중인 김대중 씨 외에 비전향 장기수들이 다수 수감되어 있었다.을 비롯하여, 청주사범대학현 서원대학교 경비담당 계엄군 소대장, 삼청교육대 군수 담당 장교, 10·27법난 당시 보은 법주사 담당부대 소대장 등, 한국 현대사에서 가장 극적인 사건들이 줄줄이 이어지던 시기에 우리 군이 관련된 정치적 사안에 거의 빠짐없이 참여했다.

5·18 당시 나는 그 전해부터 이어져 온 일련의 사태를 둘러싼 상급 부대

의 지시나 명령에 대해 막연하나마 의문은 가지고 있었다. 하지만, 의문 투성이의 명령에 대해 어떤 문제제기나 비판적 의견 표명, 명령 거부 등은 감히 생각지도 못한 채 그저 상관의 명령에 복종하는 주구走狗의 역할에 충실했다. 그런 탓으로 군 복무 시절에 대한 추억은 오로지 5공 정권 탄생을 위해 열심히 뛰어다녔던 쓰디쓴 기억밖에 남아 있지 않다. 내가 얼마나 상급자의 명령에 충실했던가는, 5공 정권이 명분으로 내세운 '새 시대 구현'에 적합한 모범장교로 뽑혀 사단장 표창까지 받은 일에서 단적으로 드러난다. 참으로 기구하기 그지없는 인생이다.

이렇게 5·18 광주에 대해 막연하고도 애매모호한 의문을 가지고 지내던 어느 날, 원대 복귀한 지 두어 달이 지난 때였다. 당시 내가 모시던 중대장은 전남대 학생군사교육단ROTC 13기 출신의 이 모 대위였는데, 4년 선배인 그이 대위는 나에게 이런 말을 건넸다. 5·18 직후 불안한 마음에 사복을 입고 가족들이 사는 광주를 다녀온 적이 있었다고. 나는 물었다. "중대장님! 그때 광주에서 무엇을 보셨습니까?" 중대장은 말할 수 없다고 했다. 나는 가슴이 답답해지기 시작했다. 지하 벙커 시절, 광주의 참상에 대해 알 만큼은 알고 있는 나에게조차 말해 줄 수 없다는 중대장의 말은 나를 답답하게 만들기에 충분했다. 이런 답답함은 제대 직전까지도 계속되었다.

역사의 죄인이라는 죄책감에 시달린 세월

1981년 6월 말, 군대에서 사회로 복귀했다. 제대를 한 것이다. 고향 벌교도 다녀오고, 형제들이 사는 광주와 충남 부여에서 공무원으로 있는 매형 댁에도 다녀왔다. 가는 데마다 80년 5월의 광주에 대해 물었다. 진실을 알고 싶었기 때문이었다. 그런데 모두들 침묵할 뿐이었고, 잘 모른다는 대답이 고작이었다. 환장할 지경이었다. 분명 내가 지하 벙커 시절에 광주에서 무슨 일이 일어났는가를 웬만큼 알고 나왔는데도 잘 모른다거나 대답을 거부하는 사람들이 이해가 되질 않고 그저 야속하기만 했다.

그해 9월부터 원불교 중앙총부에서 원불교 교무로서 나의 첫 교역^{教役}이 시작되었다. 그러나 일이 손에 잡히지 않았다. 가슴속에는 그저 광주의 수수께끼를 어떻게든 풀어야 한다는 생각뿐이었다. 왜 사람들이 침묵하는지 그 이유를 꼭 알아야만 했다. 이듬해 3월, 마침내 하나의 계기가 찾아왔다. 선배 교무가 '광주 미문화원 방화 사건'의 주범 정순철 씨^{2004년 11월에 고인이 되었음}를 보호해 주다가 구속되는 사건이 터진 것이다. 부산 미문화원 방화 사건 직후의 일이었다. 나는 석방대책위원회에 들어가 후원금을 모으거나, 재판이 있는 날이면 서울을 오가며 대책위 일을 했다. 그 과정에서 광주의 진실을 하나하나 알아가게 되었다. 그 중에서도 특히, 정순철 씨의 최후진술을 들으며 나는 흐르는 눈물을 주체할 수 없었다. 정순철 씨는 "왜 시민군이 되지 않으면 안 되었으며, 왜 총을 들지 않으면 안 되었는지, 그리고 왜 광주 미문화원에 방화를 하지 않으면 안 되었는가."를 진술하면서 이렇게 말했다. "광주 MBC 앞에서 계엄군에게 난도질당한 여러 구의 시체를 운반하면서, '이런 모습을 보고도 내가 가만 있으면 나는 사람이 아니다.'라고, 그래서 피눈물을 쏟으며 시민군에 가담하여 총을 잡게 되었다."고 몹시 떨리는 목소리로 증언했다.

정순철 씨의 최후진술을 통해서야 나는 내 죄가 어떤 것인지를 처음으로 알게 되었다. 사실, 5·18 광주 당시, 나는 광주에 출동했던 계엄군도 아니었고, 시민이나 학생들을 대상으로 가혹한 살상 행위를 한 사실도 없었다. 뿐만 아니라, 5·18 광주와 관련된 직접적인 명령 계통에 속해 있었던 것도 아니었다. 따라서 광주에 대해 어떤 책임을 져야 할 아무런 이유도 없었다. 그러나, 곰곰이 생각해 보니, 자기 나라 군대가 자국민을 학살하는, 도저히 있을 수 없는 대참극^{大慘劇}이 일어났는데도 그 진실을 조금도 꿰뚫어보지 못했으며, 그 책임 소재가 어디에 있는지를 명확하게 인식하지 못한 책임이 있었다. 국가와 군대라는 이름으로 민중에 대한 엄청난 폭력이 자행되는데도 그 부당성을 제대로 인식하지 못했던 나! 그런 나는 5·18 당시 광주에 출동하여 학살극에 가담했던 군인들과 별반 다름없는 군인의 신분이 아니었던가. 정순철 씨는 그 점을 깊이 깨닫게 해 주었다. 정순철 씨 재판을 통해 역사에서 지울 수 없는 죄를 지은 중죄인이라는 사실을 깨달은 순간부터 나는 하루하루를 보내기가 너무나 괴로웠다. 원불교 교무라는 직함은 더더욱 나를 괴롭혔다. 그리하여 나는 80년대 내내 "왜 나는 내 의지와 관계없이 역사의 죄인이 될 수밖에 없었을까?" 하는 문제에 대한 해답을 얻고자 고군분투하지 않으면 아니 되었다.

정순철 씨 재판 종결 이후, 생각이 급격하게 변하기 시작했다. "한 개인의 양심과 그 개인이 속한 집단이나 사회의 양심은 반드시 일치하는 것이 아니다."라는 생각에서 시작해서, "개인이 양심을 충실하게 지킬 수 있도록 도와주지 못하는 집단이나 사회, 또는 개개인의 양심을 유린하고도 그 잘못을 깨닫지 못하는 집단이나 사회는 반드시 바꿔야 한다."는 생각, 즉 '정권 타도' 운동까지 나아가야 한다는 생각을 갖게 되었다. 이리하여 나는 82년 늦가을부터 사회변혁 운동에 적극적으로 관심을 갖고, 노동자를 위한 야학을 개설하는 한편, 변혁운동 진영에 참여하기 시작했다. 혁명의 열기로 후끈 달아 있던 나! 80년대 후반의 자화상이다.

굴곡진 한국 근현대사에서 답을 찾고자 하다

그런데 야학 운동을 하면서 다행스러웠던 일은, 80년 5월의 광주 학살에 대한 책임을 전두환을 비롯한 어떤 개인이나 특정 집단에서 찾은 것이 아니라, 한국 사회의 구조적 모순과 한국 근현대사의 파행적 전개에서 찾고자 하는 방향으로 생각이 미쳤다는 점이다. 왜 그런 생각을 하게 되었을까? 지금도 그 까닭을 정확하게 설명할 수는 없지만, 광주의 비극으로부터 한 걸음 비껴 서 있었기 때문이 아니었을까 짐작만 할 뿐이다.

이 무렵, 나는 한쪽으로는 우리의 근현대사가 굴절되고 왜곡되어 전개된 이유에 대해 천착하는 한편, 다른 방향으로는 변혁운동으로서 야학운동이 차지하는 역할과 의미를 중심으로 대학 후배들과 공부 모임을 꾸리고 밤새 워 우리 민족의 현실, 역사에 대해서 고민하기 시작했다. 이런 과정 속에서 '5·18 광주' 가 있게 된 근본적인 이유 가운데 하나가 바로 1894년의 동학농 민혁명의 좌절, 즉 우리 민족 스스로의 힘으로 자주적이며 근대적인 국가 건설을 열망했던 시도가 좌절된 것이었다는 문제의식을 갖기에 이르렀다. 여기에 학부시절에 어렴풋이 접했던 "우리는 수운이나 해월, 증산 선생으 로부터 많은 은혜를 입었다, 그분들은 선지자들이시다."라는 소태산 박중 빈 대종사1891-1943, 원불교 창시자의 말씀도 떠올라 동학 공부의 중요성에 대해 어느 정도 확신을 갖게 되었다. 그리하여 1983년에 한국 근현대사를 본격적 으로 공부하기 위해 한국학중앙연구원 부설 한국학대학원에 진학했고, 이 때부터 본격적으로 동학 공부를 시작했다. 동학에 미친 세월이 바야흐로 시 작된 것이다.

여기서 한 가지 짚고 넘어갈 것은 동학에 대한 나의 접근 태도였다. 당시 나는 '다행스럽게도' 원불교라는 종교적인 배경을 갖고 있었기 때문인지, 당시 젊은 연구자들 사이에 대유행하던물론 오늘날까지도 사실은 주류라고 할 수 있는 관 점이 되고 있는 사회경제사적인 관점보다는, 사상사적인 관점이나 종교사적 관 점에서 동학 공부를 시작할 수 있었다. 그러다 보니, 동학농민혁명 지도자 전봉준 장군보다는 동학의 역사 속에서 근 40년 가까이 교단을 이끌어오고, 동학농민혁명이라는 거대한 해일의 한복판에 우뚝 서 있었던 해월 최시형 선생에 대한 자료나 연구가 거의 전무하다는 데 눈을 뜨게 되었고, 혁명의 땅 전라도보다는 그 혁명의 발원지인 경상도 땅에 먼저 눈을 돌리게 되었 다. 이런 나의 문제의식은 지금 시점에서는 소경이 문고리 잡은 격으로 의미 있는 것으로 평가할 수 있겠지만, 당시만 해도 해월 연구나 동학의 현장을 답사하면서 하는 연구는 사실 연구자의 입장에서는 노다공소勞多功小, 노력에 비해 성과가 적음의 주제, 즉 연구하기에 힘들기만 하지 큰 성과를 거두기 힘든 주제로 치부되고 있었다. 왜냐하면 해월 선생은 38년간 수배자의 신분으로 전국을 돌며 피신 생활을 했기 때문에 자료도 별로 남아 있지 않았고, 있다고 해도 각지에 산재해 있는 선생의 은신처를 중심으로 장기간에 걸친 면밀한 현장 답사를 요구하는 상황이었다. 그런데 이제 와서 생각해 보면 바로 그 점이 학구열을 자극했던 것 같다. 그런 점에서 해월 연구는 나에게는 하나의 싸움이었다. 광주 학살극에 대한 역사적 죄책감과의 싸움, 우리 역사가 걸어온 길에 대한 정확한 인식을 위한 싸움, 광주 학살과 같은 국가 폭력이 두 번 다시 되풀이되어서는 안 된다는 정신적 절박감과의 싸움이었다.

물론, 공부하는 기간에도 87년의 6월 항쟁이나 대선 때의 구로구청에서의 싸움부정선거에 항의하기 위한 농성, 그리고 노동자 대투쟁 같은, 현실적인 공간에서의 싸움도 결코 마다하지 않는 가운데 「해월 최시형 연구 - 초기 행적을 중심으로」1986년라는 석사논문을 마무리했다. 이 논문은 부끄럽기 짝이 없는 수준이지만 그래도 해월 연구에 있어 우리 학계 최초의 석사논문이라는 연구사적 의미를 남기게 된다. 그 뒤로도 해월을 주제로 박사논문을 준비하면서 동학 공부와 연구를 계속했다. 이때의 주된 문제의식은 무엇보다 동학의 현장을 일일이 발로 찾아다니면서 정확한 사실을 밝히는 '실증' 實證에 집중되어 있었다. 정말 악전고투하면서 자료를 수집하고 현장을 답사하면서 하는 공부는 1996년 박사논문을 마무리할 때까지 계속되었으며, 이 과정에서 천도교의 삼암 표영삼 선생으로부터 큰 도움을 받았다.

생명·평화운동으로의 방향전환

나의 동학 공부와 연구주로 해월 연구와 현장 답사를 위주로 했던는 1994년의 동학농민혁명 1백주년을 기점으로 일단 정리를 하게 되었고, 그 결과는 「해월 최시형 연구 - 주요 활동과 사상을 중심으로」1996년, 한국학대학원 박사논문로 마무리되었다. 그런데 박사학위 논문을 마무리하고 있던 1995년에 나의 동학 공부에 일대 방향 전환을 가져오게 하는 사건이 터졌다. 1995년 7월 일본 최북단의 홋카이도北海道대학에서 전라남도 진도 출신이라고만 알려진 동학농민군 지도자 두개頭蓋 유골이 방치된 상태로 1백년 만에 발견된 것이다. 그 소식을 처음으로 접한 순간 나는 "왜 1백년도 더 지난 지금, 한국의 가장 남쪽 섬인 진도 출신 동학군 지도자 유골이 일본 최북단의 섬인 홋카이도에서 발견된단 말인가." 하는 의문과 함께, "저 사건 뒤에는 우리가 모르는 어떤 진실이 묻혀 있을 것이다. 그 진실을 반드시 밝혀 내지 않으면 안 된다."는 생각을 하게 되었다. 그래서 이른바 IMF 경제 위기가 한창이던 1997년 4월에 자비를 들여 홋카이도로 건너갔다. 우선, 한승헌 동학농민혁명기념사업회 회장님과 유골 봉환 작업을 마친 다음, 그때부터 4년 동안 숱한 고생을 하면서 진상조사 작업을 벌였다. 이 과정에서 많은 것을 새로 알고, 느꼈으며, 새로운 시야를 얻게 되었다.

진상 조사 과정에서 홋카이도 대학은 과거 제국주의 일본의 식민지 지배에 필요한 이론을 연구하고, 식민지에 배치할 농업 관리들을 양성했던 삿포로 농학교札幌農學校의 후신이라는 사실이 밝혀졌으며, 진도 출신 동학군 유골은 바로 그 삿포로 농학교 출신인 사토 마사지로佐藤政次郎라는 인물이 통감부 시대에 전남 목포의 면화재배소 기사로 왔다가, 1906년 9월 20일 진도 출장 중에 불법으로 '채집' 하여 모교로 반출했다는 사실을 확인할 수 있었다. 또한 인종론人種論이란 학문 아닌 학문이 1920~30년대에 홋카이도 대학 안에서 광범위하게 연구되었고, 그 과정에서 아이누 민족을 비롯한 동아시아 민족의 두개골을 수천 구나 수집하여 민족 차별의 근거로 삼아 왔다는 사실도 확인되었다.

4년이나 계속된 일본 체재 기간 동안 나는 양심적인 일본인 교수들을 만나 그분들의 전폭적인 지원을 받는 가운데, 일본 외무성 산하 외교사료관과 방위성 산하 방위연구소 도서관, 일본 국회도서관 헌정자료실 등에 소장되어 있는 동학농민혁명 관련 1차 사료를 광범위하게 열람하고 수집할 수 있는 기회도 얻게 되었다. 이런 기회는 외국인 연구자로서는 좀처럼 얻기 어려운 아주 특별한 행운이었다. 그러나 행운이라고 느끼는 것도 잠시. 수많은 사료 더미 속에서 그간의 내 인식의 틀을 깨야 하는 고통스런 경험을 하게 되었다. 동학농민혁명 당시 일본군이 동학군의 씨를 말리다시피 자행한 대학살이 우리 민족에게서만 일어난 비극이 아니라, 19세기 후반부터 20세기 초반에 걸쳐 일본이 지배하거나 침략했던 아이누 민족, 오키나와 사람들, 중국의 난징 대학살 등 동아시아 여러 민족에게서도 공통적으로 일어난 보편적 사건이었다는 사실을 알게 된 것이다.

뿐만 아니라, 재일동포들과도 다양한 교류를 할 수 있었는데, 그들과의 교류 속에서 제국주의 일본의 가장 큰 희생자들이 바로 재일동포들이라는 사실과 함께, 그 희생자들의 후예들이 지금도 여전히 현대 일본과 현대 한국이라는 '국가' 의 틈바구니에 끼어 끊임없이 소외당하고 끊임없이 차별당하는 생생한 현실을 두 눈으로 직접 목도할 수 있었다. 이런 아픈 체험들은 나에게 그간의 나의 문제의식이 얼마나 '국가주의' 에 사로잡혀 있었으며, '민족' 이라는 좁은 울타리에 갇혀 있었나를 뼈저리게 통찰하는 계기를 제공해 주었다.

이상과 같이, 전남 진도의 동학군 유골은 나에게 참으로 큰 선물을 주었다. '민족' 이라는 울타리를 벗어나 '동아시아' 를 발견하도록 했고, 19세기 이래 생명에 대한 억압 현상은 우리나라에서만 일어났던 현상이 아니라, 전 지구적으로 자행된 보편적 현상이라는 깨달음을 얻게 해 주었다.

2001년 4월, 일본 유학을 마치고 귀국했다. 귀국하자마자 나는 무위당 장일순 선생 묘소와 해월 선생 묘소를 찾았다. 무위당 선생은 생전에 나의 동학 공부와 해월 연구를 가장 크게 기뻐하시며 격려해 주셨던 스승이었고, 해월 선생은 젊은 시절의 내 정열을 사로잡아 버리신 어른이었기 때문이다. 두 분의 묘소 앞에 선 나는 4년간의 일본 유학을 통해 1894년의 동학농민혁명이 사실은 "뭇 생명을 살려 내기 위한 생명 사상의 발현 내지 생명운동의 또 다른 모습이었다."는 큰 각성을 하고 돌아왔음을 두 분께 아뢰었다. 그리고 앞으로는 동학을 '민족'의 울타리로부터 해방시켜 '동아시아'라는 열린 관점에서 재해석하며, 변혁운동까지도 포괄하는 생명평화운동의 관점에서 재해석하고 실천하는 두 가지 과제에 정성을 다할 것을 고하였다.

동아시아의 발견, 그리고 생명의 존엄성에 대한 깊은 각성과 실천! 이 두 가지 실천적 과제야말로 5·18 광주로부터 내가 지난 30여 년간의 세월 동안 눈물과 고통을 통해서 일궈낸 보석이었던 것이다.

제1부　동학 사상의 안과 밖

동아시아의 고유한 생명 사상

범부 김정설의 동학관

동학과 한말 불교계의 교섭

동학농민혁명과 동학교단

한국 근대 민중종교와 비서구적 근대의 길

동아시아의 고유한 생명 사상
- 동학을 중심으로

1. 동학 성립의 시대적 배경

동학이 성립하게 되는 시대적 배경은 다양한 측면에서 고찰할 수 있겠으나, 19세기 조선이 직면해야 했던 서세동점西勢東漸, 즉 서양 제국주의 열강의 침략이라는 대외적 요인과 조선 왕조 지배 체제 내부의 모순에서 비롯된 대내적 요인으로 나누어 고찰할 수 있다.

먼저 19세기 이전까지 조선이 맞이했던 대외적 위기를 살펴보면, 모두 동일 문화권, 즉 동아시아 문화권 내에서 일어난 위기였음을 알 수 있다. 이 같은 동일 문화권 내의 대외적 위기는 모두 지배 체제 정비를 통해 자주적으로 극복할 수 있었다. 통일신라 말기의 위기를 고려의 건국으로, 고려 말의 위기를 조선 왕조 건국을 통해 극복한 것이 바로 그 예이다. 그러나 19세기 말 조선 왕조가 직면했던 대외적 위기는 종래의 그것과는 근본적으로 차원을 달리하고 있었다. 동일 문화권 내의 도전이 아닌, 지금까지 경험해 보지 못했던 전혀 이질적인 문화권으로부터의 도전, 즉 '서세의 동점' 東漸이라는 위기 앞에 노출되게 된 것이다.

지금까지의 대외적 위기와는 전혀 차원이 다른, 서세 동점이라는 대외적 위기가 지닌 역사적 의미에 대하여 살펴보기로 한다. 서양 열강은 동학이 창도唱導되기 2~3백 년 전부터 중국·조선·일본이 주축을 이르고 있는 동아시아 문화권을 향해 동점東漸을 계속해 오고 있었으며, 특히 19세기에 들어와 미국에 의한 일본의 개항이 이루어지고, 영국과 프랑스에 의한 중국 침략이 노골화되어 서양 열강의 동점 현상은 극에 달하고 있었다. 이에 따라 조선 역시 서양 열강의 이권 쟁탈 대상이 되어 갔다.

그런데 당시 동아시아로 동점해 오던 서세, 즉 서양 열강은 여러 측면에서 동아시아 삼국과는 근본적으로 성격을 달리 하고 있었다. 우선 서양 열강을 뒷받침하고 있던 이념은 동아시아의 이념적 지주였던 유학儒學과는 다른 서학西學 Christianity이었으며, 둘째, 서양 열강은 자연과학의 발전을 토대로 이룩한 근대적 과학기술에 의해 강력하게 지지되고 있었고, 셋째, 시장경제와 자유무역주의를 근간으로 한 자본주의가 발달되어 있었으며, 넷째, 정치적으로는 중세적 신분 질서를 타파하고 근대 국민국가를 이룩한 나라들이 중심을 이루고 있었다. 이상과 같은 '근대성'을 근간으로 한 서양 열강은 중국을 중심으로 한 동아시아 삼국이 일찍이 접해 본 적이 없는 매우 이질적이면서도 강력한 힘을 갖춘 국가들이었다.

서양 열강은 또한 동아시아 세 나라와는 차원이 다른 역사관·자연관 등도 함께 지니고 있었다. 예를 들면, 서양의 역사관은 기독교의 직선적 역사관창조와 종말에 근거하여, 인류 역사는 일직선적으로 무한히 진보한다는 진보사관을 표방하고 있었으며, 전형적인 직선적 역사관인 이 같은 역사관은 오랜 기간 동아시아를 지배해온 '순환적' 역사관과는 일정하게 차원을 달리 하고 있었다. 예를 들면, 동아시아 유가 사상儒家思想의 경우 인류 역사를 일치일난一治一亂의 역사로 파악하며, 도가 사상道家思想은 유위무위有爲無爲로 순환하는 역사로 파악한다. 동아시아를 지배하고 있던 자연관 역시 서양의 자연관과 근본적으로 달랐다. 서양의 경우는 자연을 어디까지나 관찰과 분석의 대상, 즉 객체로 이해하는 경향이 강했지만, 동양의 경우는 인간과 자연과의 합일이나 조화를 강조하는 경향이 강했다. 이처럼 동아시아 문명권 여러 나라와는 차원이 다른 이질적인 역사관과 자연관을 지닌 서양 열강의 동점은 동아시아 삼국인 중국·조선·일본 등에게 심대한 충격을 가져다주었다. 이에 따라 동아시아 삼국은 자국의 독자적인 문화 전통을 위협하는 서양 열강의 도전에 대응하기 위한 논리와 방책을 수립하기에 여념이 없게 되었다. 19세기 중국의 중체서용中體西用, 조선의 동도서기東道西器, 일본의 화혼양재和魂洋才의 논리는 바로 도전해 오는 서양 열강의 이질적인 문명을 자국의 문화 전통의 기반 위에서 주체적으로 수용하고자 한 대응책의 구체적 표현들이었다.

그러나 동아시아 삼국은 서양 열강의 도전에 대하여 효과적으로 대응하기에는 여러 측면에서 한계를 노정하고 있었다. 동아시아 삼국의 서세 동점에 대해 보여 준 대응의 첫 번째 문제점은 동점해 오는 서양 문명의 본질에 대한 정확한 인식이 결여된 가운데 서양 문명이 지닌 근대적 과학기술만을 수용하여 자국의 정신문화의 전통과 결합시킬 수 있다는 생각에서 잘 드러나고 있었다. 서양의 과학기술을 낳은 것이 바로 서양의 학문과 사상, 즉 이성을 중시하는 합리적 사고의 기반 위에서 성립한 것이 바로 서양의 과학기술이었음에도 불구하고, 그 합리적 사고는 무시한 채 과학기술간을 따로 떼어 내어 그 수용이 가능하다고 본 중체서용·동도서기·화혼양재의 논리에는 명백한 한계가 있었다. 이 같은 한계는 결국 서세동점에 주체적으로 대응하고자 고심하던 동양 삼국에게 부정적인 영향을 끼치게 된다. 둘째, 19세기의 서양 각국은 이른바 신분제·봉건제가 중심을 이루던 중세적 지배 체제를 타파하고 시민이 중심이 된 근대국가로 발전하여 국민적 통합을 이룬 가운데, 국력을 기울여 아시아와 아프리카 등 비서양非西洋 세계로 진출하고 있었다. 이에 비하여 동아시아 삼국은 군주 중심의 전제 왕정에서 아직 벗어나지 못한 채, 동점해 오는 서양 각국에 대해 민족 통합적인 대응을 할 수 없었다. 동양 삼국은 모두 지배층과 피지배층이 서로 대립·갈등하는 가운데 서양의 도전에 대응할 수밖에 없었으며, 이 같은 대응은 국력의 분산을 초래하는 결과를 낳았다. 셋째, 시장경제와 자유무역주의, 그리고 그것들을 뒷받침하는 근대국제법, 즉 '만국공법' 萬國公法을 내세운 서양 각국은 근대적인 과학기술로 생산한 자국의 상품 판매 시장의 확보 및 값싼 원료를 획득하기 위해, 군사력을 동원한 가운데 치열한 식민지 쟁탈전을 전개하고 있었다. 일반적으로 자본주의 발달 단계에서 자국의 무한 이익의 확보를 위해 해외 식민지 침탈에 열을 올리는 자본주의 국가를 제국주의帝國主義라고 부르는데, 19세기 말 동점해 오던 서양 열강은 모두 제국주의 단계에 들어선 국가들이었다. 그러나 동아시아 삼국은 이들 제국주의 열강의 도전에 효과적으로 대응할 만한 근대적인 군사력도 없었고, 당시의 국제법에서 규정하고 있던 시장경제 및 자유무역주의에 대한 인식 수준 또한 미약하기 그지없었다.

이상과 같은 요인들에 의하여 전통적으로 중국을 중심으로 하던 동아시아 문화권, 즉 중화 문화권은 물밀듯 밀려오는 서양 제국주의 열강의 도전에 의하여 몰락의 길로 들어섰다. 그 중에서도 특히 1840~42년의 제1차 중·영 전쟁=阿片戰爭, 1856~60년의 제2차 중·영 전쟁=애로우호 전쟁은 동아시아 삼국에 심대한 충격을 가져다주었으며, 그 같은 충격은 동아시아 삼국의 지배층과 민중들에게 '천하', 즉 중국을 중심으로 하는 동아시아 문화권이 몰락할지도 모른다는 위기의식을 불러 일으켰다. 특히 제2차 중·영 전쟁에서 청나라 황제가 피난길에 오르고, 영·불프랑스 연합군이 북경을 점령하여 잔인한 약탈과 학살을 벌였다는 소식이 전해진 조선 조정과 조선 민중들이 느낀 위기의식은 상상을 초월한 것이었다. 1860년 수운에 의한 동학 창도는 이러한 서양 열강의 동아시아 침략에 대한 '보국안민輔國安民의 계책', 즉 서세 동점에 맞서 조선 민중들 스스로 대외적 위기 극복에 필요한 사상적 주체와 그 대응 논리를 확립하고자 하는 과정에서 등장한 것이었다.

동학 성립의 또 다른 배경의 하나로 조선 왕조 지배 체제를 중심으로 한 대내적 모순에 대하여 살펴보기로 하자. 임진壬辰·병자丙子의 양난兩亂을 지나 조선 후기에 들어오면서 조선 왕조 지배 체제는 여러 측면에서 균열이 일어나게 된다. 우선 수백 년간 지배 이데올로기로 기능해 왔던 주자학이 경직화되거나 공소화空疏化되고, 그에 바탕한 지배 질서는 한 당파에 의하여 좌우되는 파행적인 세도정치로 변질되었다. 과거제도는 그저 형식뿐으로서 대부분의 관직이 돈에 의하여 사고 파는 지경에 이르렀으며, 3년마다 실시하는 정기 과거 시험은 세도가의 자제를 합격시키는 데 필요한 형식적 절차일 따름이요, 합격자는 이미 내정되어 있다시피 하였다. 이러한 문란한 정치 현실은 특정한 가문이 권력을 독점하는 세도정치로 인하여 견제 세력이 부재한 가운데 더욱 기승을 부릴 수 있었다.

한편, 문란한 정치 현실은 결국 조선 왕조 지배 체제의 위기를 부채질하였을 뿐만 아니라 민의 어버이라 일컬어지던 지방 수령들로 하여금 가혹한 세금의 징수와 수탈을 일삼도록 방조하는 결과를 낳았다. 그리하여 조선 후기 지방 수령들은 세도정치 아래에서 권력 가문의 도움을 받아 지방에 부임하는 대가로 막대한 뇌물을 상납하였고, 지방에 내려가서는 상납한 돈을 채우기 위하여 갖가지 명목의 세금을 거두어 들여 착복하였다. 그 결과 일반 농민들은 원래 1/10에 해당하는 세금을 8~9/10까지 납부해야 하는 가혹한 수탈에 시달려 최소한의 생존권마저 위협받는 지경에 이르렀다. 그리하여 견디다 못한 농민들은 여기저기서 봉기하여 수탈을 일삼는 수령, 그리고 수령과 한통속으로 농민들을 핍박해 온 향리들을 징치懲治하기에 이르렀다. 이리하여 조선 후기 특히 19세기는 '민란의 시대'라 일컬을 만큼 수많은 민중봉기가 잇따른 시기였다.

여기에 더하여 조선 후기 민중들의 생존을 가장 심각하게 위협했던 존재는 주기적으로 유행하는 콜레라와 빈번한 자연재해였다. 호열자라 일컬어지던 콜레라는 20~30년 간격으로 유행하여 심할 경우 한 해 10만 명 이상의 사망자가 나게 함으로써 전 조선 민중을 죽음의 공포로 몰아 넣었으며, 여기에 빈번한 가뭄·홍수·기근 등이 겹쳐 조선 후기 피지배 민중들의 삶은 뿌리째 흔들리기에 이르렀다.

이러한 가혹한 삶의 조건들은 대부분의 민중들에게 위대한 능력을 가진 '진인眞人 또는 이인異人'의 출현을 고대하도록 만들었으며, 민중들은 진인의 출현에 의해 고통으로 가득한 현실로부터의 구원이나 해방을 학수고대하기에 이르렀다. 특히 진인을 기다리던 민중들의 소망은, 조선 후기에 들어 지배체제의 모순이 격화됨으로 인하여 피지배층들의 삶의 현실이 가혹해지는 시대적 조건을 타고 널리 유행하던 『정감록』과 같은 비기도참秘記圖讖 신앙과 결합되어 '진인眞人 출현설'로 나타났다. 그리하여 진인 출현설은 빈번히 일어나던 민란과 결합하여 민중들을 결속시키는 이념적 역할을 하기도 하였다.

이러한 조선 왕조 지배 체제 내부의 모순에 대하여 안으로부터 개혁하고자 하는 새로운 학문 운동이 조선 후기에 일부 양반층에 의하여 일어났다. 실학實學이 바로 그것이다. 주지하다시피 실학은 조선 후기에 와서 벼슬자리로부터 소외된 재야 지식인들과 일부 관료 지식인들이 굳어진 주자학에 대하여 다양한 비판을 제기하고, 특히 주자학이 소홀히 취급했던 농農·공工·상商 등 현실 문제에 적극적인 관심을 가지고 연구를 진행하면서 기존의 주자학과 기존 현실의 문제를 극복할 대안 마련에 부심하는 가운데 성립시킨 학문이었다. 이 같은 학문의 방향은 당연히 모순으로 가득 찬 조선 왕조 지배 체제를 개혁하고자 하는 개혁론의 성격을 지향할 수밖에 없었다. 그러나 실학은 개혁 사상임에도 불구하고 권력에서 소외된 재야의 양반 지식인들에 의해 제기된 '위로부터의 개혁론'이라는 점에서 그 실천에 일정한 한계가 있었다. 그 결과, 조선 후기에 대내외적으로 위기에 직면한 조선 왕조 지배 체제를 '위로부터 개혁'하고자 등장했던 실학은 공리공론에 떨어진 주자학의 한계를 극복할 만한 개혁적 요소를 충분히 간직하고 있었음에도 불구하고, 왕조 내부에서 그 실천의 토대를 마련하지 못함으로써 이념 제시에 그치고 말았다.

실학이 조선 왕조의 중세적 모순을 개혁해 내는 개혁 사상의 역할을 수행해 내지 못하게 되자, 19세기 조선의 역사는 더욱 많은 우여곡절을 겪지 않을 수 없게 되었다. 즉 조선 왕조의 내부 모순을 주체적으로 극복하는 길이 좌절됨으로써 조선 왕조는 결국 외세에 의해 변혁을 강제당하게 되었고, 민중들로부터도 더욱 강력한 도전을 받기에 이르렀다. 19세기 조선은 이제 이른바 안으로는 '반봉건'反封建 근대국가의 건설과, 밖으로는 동점해 오는 서세, 즉 서양 제국주의 열강으로부터 국권을 수호해야하는 '반침략'反侵略이라는 이중의 과제를 짊어진 채 고난의 길을 걷지 않으면 아니되었다.

2. 수운 최제우와 동학의 성립

서세 동점이라는 대외적 위기와 지배 체제의 동요라는 대내적 위기 등 이중의 모순 속에 처해 있던 조선 후기 민중들의 동향 속에서 가장 주목할 만한 내용은 그동안 지배층에 의해 일방적으로 다스림의 대상으로 객체화되어 있던 피지배층들이 자신들을 둘러싸고 있던 이중의 모순을 타개하기 위한 수단으로 『정감록』이나 '진인 출현설' 등에 가탁假託하여 자신들의 의지를 결집시켜 실천에 옮김으로써 '민중의식의 성장'을 행동으로 보여 준다는 점이다. 즉 조선 후기 민중들은 자신들의 생존을 위협하는 가혹한 삶의 조건 속에서 시대의 모순을 인식하고 그러한 시대적 모순을 타파하고자 그들 나름의 문제의식을 비기도참서에 대한 신앙이나 진인 출현설에 대한 가탁을 통해 표출하기 시작하였다. 그러나 『정감록』과 같은 비기도참서에 대한 신앙이나 진인 출현설에 가탁한 민중의식은 그 내용이 아직 엉성하기 그

지없어 조직화되거나 일정한 체계를 갖춘 사상으로 성숙하지는 못하고 있었다. 따라서 곧잘 조선 후기 민란의 지도 이념으로 기능하곤 했던 비기도참 신앙과 진인 출현설 등은 군현 단위를 뛰어넘지 못한 채, 오로지 한 고을의 폐단을 시정하려는 고립적인 민중봉기 이념에 그칠 수밖에 없었다. 이처럼 시대적 모순이 심화되던 19세기, 민중들의 의식이 일정하게 성숙해 가고 있던 시대에 장차 동학을 창도하게 될 인물이 등장하게 된다.

수운 최제우이하 수운이라 약칭함는 1824년 10월 28일 경주 가정리현 경북 경주시 현곡면 가정1리에서 부친 최옥崔鋈1762~1840, 號 近庵과 모친 곡산 한씨 사이에서 만득자晩得子-최제우가 태어났을 때 최옥의 나이는 63세였다로 태어났다. 어렸을 때의 이름은 복술福述이며 본명은 제선濟宣이고, 제우濟愚는 1859년에 고친 이름이다. 그리고 자字는 성묵性默이며, 호號가 수운水雲이다. 그의 모친은 부친의 세 번째 부인이었으나 과부였으므로, 근암공과 정식 결혼을 한 처지가 아니었다. 그러므로 수운은 서자庶子나 다름없는 재가녀再嫁女의 소생으로 어려서부터 커다란 심적 갈등을 겪을 수밖에 없었다. 그럼에도 그는 어린 시절 퇴계 이황의 학통을 이어 받아 영남 일대에 명성이 있던 부친 슬하에서 수학하여 상당한 수준의 유교적 교양을 닦았으나, 10세 때 모친상을 당하고 17세 때는 부친마저 잃음으로써 더 이상 학문을 지속할 수 없었던 것으로 짐작된다. 19세1842 때 울산에 사는 밀양 박씨를 부인으로 맞이하였고, 21세 때부터는 장삿길에 나서 주유팔로周流八路의 길에 나섰다. 이후 전국을 돌아다니며 인심풍속人心風俗을 살피며 자신이 나아갈 길을 모색하는 일종의 구도 생활이 31세1854 때까지 계속되었다.

이 무렵 그는 이미 자신의 개인적인 고뇌와 자신이 목격한 혼란한 시대상으로 인하여 갖게 된 고뇌 등 이중의 고뇌를 안으며 그 해결을 위한 방황을 계속하였던 것으로 추측된다. 그러나 10여 년에 걸친 방황의 기간 동안 해결의 방법은 마련되지 아니하였다. 그러던 가운데 그는 32세1855년 때 일종의 종교체험을 하게 되었다. 이를 '을묘천서' 乙卯天書라 부른다. 그리고 그것을 계기로 이듬해1856년에는 양산 통도사 내원암 근처에 있는 자연동굴寂滅窟이라 함에 들어가 49일간의 기도생활을 하면서, 그곳에서 또다시 새로운 종교체험을 하게 된다. 그러나 이러한 체험들 역시 수운 자신의 고뇌를 궁극적으로 해결해 줄 만한 그런 것들은 아니었다. 그리하여 수운은 36세 때인 1859년 10월에 아무 것도 이룬 것 없이, 1854년 이래 수 년 동안 살았던 울산 처갓집을 떠나 경주 구미산 계곡 용담龍潭에 있는 옛집으로 돌아왔다.

용담으로 돌아온 뒤 수운은 나이 40이 가깝도록 그 어느 것 하나 이룬 것 없는 자신의 처지를 돌아보며 처절한 심경이 되어 자신의 고뇌를 해결하고자 하는 사상적 모색에 침잠하였다. 이 무렵 그의 각오는 참으로 대단했던 것으로 보인다. 수운의 전기를 기록하고 있는 『최선생문집도원기서』崔先生文集道源記書에 따르면, 이때 그는 제선이라는 이름을 제우로 고치고, '세간중인부동귀' 世間衆人不同歸라는 글귀까지 써붙인 가운데 치열한 구도 생활을 계속하고 있었던 것으로 알려지고 있다.

오랜 구도 생활의 결과, 수운은 마침내 1860년 4월 5일 자신의 생애에 있어 커다란 전환의 계기가 되는 결정적인 종교체험[1]을 하기에 이른다. 상제上帝와의 문답을 통해 천도天道, 즉 무극대도無極大道를 깨달아 동학東學을 창시하게 된 것이다. 1860년 즉 경신년庚申年 4월 5일에 수운이 상제와의 문답을 통해 주문呪文과 영부靈符를 받고 천도도 깨닫는 득도 과정에 대하여는 그 득도 직후에 수운 자신이 직접 저술한 「용담가」, 「안심가」, 「교훈가」 등의 가사와 「포덕문」, 「논학문」 등의 한문체 저작著作 속에 매우 실감나게 묘사되어 있다. 여기에 득도와 관련된 내용을 인용하면 다음과 같다.

천은이 망극하여 경신 사월 초오일에

글로 어찌 기록하며 말로 어찌 성언할까

만고 없는 무극대도 여몽여각 득도로다.[2]

사월이라 초오일에 꿈일런가 잠일런가
천지가 아득해서 정신수습 못할러라
공중에서 외는 소리 천지가 진동할 때
집안 사람 거동 보소 경황실색 하는 말이….[3]

뜻밖에 4월에 마음이 섬뜩해지고 몸이 떨려 병인가 하였으나 무슨 증상인지
말로 표현할 수 없을 즈음에 신비로운 말씀이 귀에 들려 놀라 일어나 물으니….[4]

몸이 많이 춥고 떨리면서 밖으로 접령接靈의 기운이 있고, 안으로 강화降話의
가르침이 있되, 보려 해도 보이지 않고 들으려 해도 들리지 않았으므로 마음
으로 더욱 괴이하게 여겨….[5]

위 내용에 따르면, 수운은 1860년 4월 5일 당시 '여몽여각'如夢如覺의 상태,
즉 마치 꿈을 꾸는 듯한 상태서 "마음이 섬뜩해지고 몸이 떨리는" 증상을
겪는 가운데 "밖으로 접령의 기운이 있고, 안으로 강화의 가르침이 있는" 체
험을 하고 있다. 또한 이 같은 체험을 하는 과정에서 그는 상제와 문답이것을
동학의 후신 천도교 교단사에서는 '天師問答'이라 부른다을 하고, 그 문답 과정에서 수운은
상제로부터 주문과 영부를 받는다. 여기서 주목되는 것은 수운이 상제라는
자기 외부의 초월적 존재를 경험하는 체험을 한다는 데 있다. 4월 5일의 체
험 이후 수운은 몇 개월에 걸친 수련을 거듭한 끝에 마침내 상제의 마음과
자기 자신의 마음이 둘이 아님을 확신하게 되고吾心卽汝心, 그 같은 체험을 통
해 얻은 상제의 가르침을 중심으로 포덕布德의 길, 즉 천도를 가르치고 전하
는 포교 활동을 시작하게 된다.

동학이란 표현은 '오역생어동吾亦生於東 수어동受於東 도수천도道雖天道 학즉
동학學卽東學 -「논학문」' 이라고 한 말에서 유래한 것으로, 서양으로부터 중국을
거쳐 전래된 서학西學, 즉 외래 사상 또는 외래 종교의 홍수 속에서 동쪽 나
라인 우리나라의 도道와 학문을 일으켜 세운다는 뜻에서 수운이 스스로 붙
인 이름이었다.

동학 창시 후, 수운은 자신의 집에 있던 두 명의 여자 종을 해방하여 한 사
람은 며느리로, 다른 한 사람은 수양딸로 삼음으로써 모든 사람을 '하늘님'
으로 모시는 '시천주' 侍天主 사상을 몸소 실천한다.[6] 또한 득도한 지 1년이
지난 신유辛酉, 1861년 6월부터는 본격적으로 가르침을 펴기 시작한다동학·천
도교에서는 이를 '辛酉布德' 이라 부른다. 그는 각지에서 찾아오는 민중들에게 머지않
은 장래에 가난한 사람도 모두 부귀한 사람이 되는 후천개벽後天開闢의 이상
적인 새 세상이 열릴 것이라고 역설하면서, 모여든 민중들에게 동학에 들어
와 '시천주조화정 영세불망만사지' 侍天主造化定 永世不忘萬事知라는 십삼자十三字
주문을 외우고, 궁을弓乙이라는 글자가 쓰여진 영부를 불에 태워 마시며, 성
경신誠敬信의 가르침을 열심히 실천하면 모두 '하늘님' 을 모실 수 있게 되며,
지상의 신선神仙인 군자君子가 될 수 있다고 가르쳤다. 그는 또한 1861년에 쓴
「포덕문」이란 글에서 잘못된 나라를 바로잡고 도탄에 빠진 민중들을 구제
하겠다는 보국안민의 의지를 널리 천명하였다. 그 외에도 그는 동학에 들어
오는 모든 사람들에게 '유무상자' 有無相資, 즉 넉넉한 사람과 가난한 사람, 지
식이 있는 사람과 없는 사람들이 서로서로 돕고 아껴야 한다는 공동체적 정
신을 강조하기도 했다.

이처럼 시천주, 보국안민, 후천개벽, 유무상자 사상을 핵심으로 하는 초
기 동학은 창도 직후부터 경상도 경주를 중심으로 빠른 속도로 전파되어 포
교 3년째인 1862년에는 경상도를 중심으로 15개 군현郡縣에 등학의 접接 조
직이 설치되고 이들 각 접에는 지도자인 접주接主가 임명되기에 이르렀다.

그러나 빠른 속도로 확산되는 동학 교세에 위기의식을 느낀 중앙 조정에서는 동학을 '좌도'左道, 즉 '옳지 못한 도'로 간주하여 탄압하기에 이르렀다. 그 결과 수운은 1863년 12월 경주에서 체포되어 이듬해 3월 좌도혹민左道惑民-옳지 못한 도로 민중들을 현혹시킨다는 뜻이라는 죄명을 뒤집어쓰고 경상 감영이 있는 대구 장대將臺에서 처형당함으로써 순교하기에 이르렀다.

창시자가 처형당했음에도 불구하고 동학은 수운의 수제자 가운데 한 사람이었던 최시형崔時亨, 號는 海月, 1827-1898의 헌신적인 노력에 의하여 전국 각지로 퍼져 나갔다. 1861년 6월경 동학에 입도하여 수운으로부터 직접 가르침을 받았던 해월 최시형이하 해월은 동학 입도로부터 순교하기까지 38년1861년부터 1898년까지이라는 오랜 세월 동안 동학 사상 실천에 온 힘을 기울였는데, 그 중에서도 특히 시천주 사상에 근거한 평등 사상 실천에 남다른 노력을 기울였다. 예를 들면, 해월은 스승인 수운의 시천주 사상을 실천적으로 더욱 확대 발전시켜 "사람이 곧 하늘이니 사람 섬기기를 하늘 섬기듯 하라"人卽天이니 事人如天하라고 가르치면서 특히 어린 아이들과 여성들 그리고 노비들도 모두 '하늘님'으로 대접할 것을 역설하였다. 해월은 이 같은 만인 평등에서 한 걸음 더 나아가 "사람뿐만 아니라 풀 한 포기 나무 한 그루, 벌레 한 마리 모두 '하늘님' 아님이 없으니"天地萬物 皆莫非侍天主也, "하늘과 사람 그리고 만물을 두루 공경하라."는 삼경三敬 : 敬天, 敬人, 敬物 사상, 즉 범천론적汎天論的 만물 평등 사상을 확립하였다. 그의 이 같은 가르침은 1905년에 동학이 천도교로 이름이 바뀐 뒤 해월의 수제자 손병희孫秉熙, 號는 義菴, 1861-1922에 의해 인내천人乃天 사상으로 정리된다.

3. 생명 사상으로서의 동학

동학 성립의 역사적 의의는 어디에 있을까? 한마디로 말하자면, 그동안 직면했던 대내외적 위기와는 근본적으로 차원을 달리했던 19세기 조선의 대내외적 위기이러한 위기의 시대를 수운 자신은 '各自爲心의 시대' 라고 표현하고 있다. 극복을 위해 "우리 민족 특유의 민중적인 생명 사상을 확고한 중심으로 하여 그 기초 위에서 유교·불교·노장 사상과 도교와 기독교 등 제 사상의 핵심적인 생명 사상을 통일하되, 특히 민중적인 생명 사상, 민중적인 유고, 민중적 불교, 민중적 도교와 민중적 차원에서 새로 조명된 노장 사상과 선禪 사상, 민중적 기독교 사상 등의 핵심적인 생명 원리를 창조적으로 통일한 보편적 생명 사상"[7]이 바로 동학의 핵심 사상이라고 정의할 수 있다.

구체적으로 말하자면, 자본주의와 근대 과학기술, 국민국가라는 '근대성' 으로 무장한 서양 열강의 동점에 맞서 이 땅의 사상적 주체를 확립하고자, 민중 사상가 수운에 의해 성립된 조선의 주체적 근대성의 산물이 바로 동학이었다. 동학이 세운 우리의 주체적 '근대성' 에 대하여 김용옥金容沃 교수는 이렇게 말한다.[8]

우리 민족의 근대성modernity의 뿌리를 생각할 때 가장 창조적이고 자각적인 사상을 제출한 인물로서 나는 해월 이상의 인물을 생각할 수가 없다. 나 도올은 우리 역사에 지나간 성인은 많이 있으나 내가 리얼하게 느낄 수 있었던 해월과 동무東武- 李濟馬 1837~1900를 만나지 못했더라면 굳이 이 조선 땅에서 살아야 할 큰 의미를 발견치 못했을지도 모른다는 탄식을 종종 발하곤 했다. 동무의 창조적 고집과 해월의 헌신적 희생의 전범이 없었더라면 나의 삶의 가치관의 진정한 기준을 찾기 어려웠을 것이라는 탄식이었다.

그러나 동학이 이 땅 민중들의 주체적 노력에 의한 조선의 근대성을 대변하는 것이었음에도 불구하고, 1860년 성립 이래 동학은 지금까지 제대로 평가되지 못했다. 제대로 평가되기는커녕 그 극복의 대상이었던 서양 열강의 근대성에 매몰되어 천덕꾸러기 신세를 면하지 못했다. 이 같은 현실은 무위당 장일순無爲堂 張壹淳, 1928~1994이 직접 털어 놓은 다음과 같은 이야기 속에 극명하게 반영되어 있다.[9]

제가 해월 선생님 말씀을 많이 하니까 예수 믿는 어떤 분이 "그것은 동학교 아니냐." 그 말이에요. "그래, 그건 동학이지. 그럼 자네 이야기는 뭔가. 서학 아닌가. 여기는 코리아여 코리아. 뭔 이야기 하는 거냐 말이여. 지금 지구가 하나여. 지구촌이라고 이야기하고 있어. 그러면 지구가 지금 한 동네가 되어 가고 있는데 수운 이야기를 하면 어떻고 해월 이야기를 하면 어떻고 손병희 이야기를 하면 어때. 그러나 가까이는 이 민족의 독립과 이 민족을 살리기 위해서 떠든 사상이 뭐야. 동학이지. 그러면 뭣 때문에 어느 동네에서 살면서 헛나발 불고 있는 거야." 그런 악을 쓴 적이 있어요. 옳은 것은 말이지, 현상 세계에서는 전부 다 옳은 이야기를 할 수 있어야 돼. 가령 김서방이 옳은 이야기를 한 것은 안 되고 박서방이 이야기를 한 것은 괜찮고 이서방이 이야기한 것은 반만 맞고 이런 식이 되면 되겠느냐 이 말이에요.

대한민국의 법이 여지껏 이현령비현령이었잖아요? 김서방이 이야기한 것은 신문에 났는데도 붙들어가지 않고 오서방이 이야기한 것은 그 새긴 빨갱이니까 붙잡아 넣어, 이렇게 되었단 말이에요. 이제 '지구일동' 地球一洞이야. 지구가 한 동네다 이 말이에요. 이걸 갖다가 서니 동이니 나누고 걔가 이야기한 것은 반만 맞고 얘가 이야기한 것은 안 되고 이 따위 식으로 하면 안 된단 말이에요. 툭 터 놔야지. 그렇게 해야 지금 한국에 널려져 있는 조건 속에서 살아가는 지표가 될 수 있습니다.

이처럼 동학 성립 이래 그 역사적 의미가 평가절하되고, 동학에 대한 천시 풍조가 하나의 시대적 사조를 이루는 가운데에서도 이 땅의 뜻있는 지식인들은 일찍부터 동학이 지닌 역사적 의미에 주목하고 있었다. "하늘 밑에 서는 제일로 밝던 머리"를 지녔다는 범부 김정설凡父 金鼎卨, 1897-1966이 동학 창도 백년이 되던 1960년에 쓴 글에서 동학을 평가한 내용을 보도록 하자.[10]

금년으로서 백 년 전, 경신庚申, 1860 4월 5일(음)에 정말 어마어마한 역사적 대사건이 경주 일우慶州 一隅인 현곡면 마룡동見谷面 馬龍洞이란 숙조蕭條한 산협山峽에서 발생했다. (중략) 그런데 역사도 왕왕 기적적 약동이 있는 모양인지라 혼수昏睡에 취몽醉夢으로 지리支離한 천년의 적막을 깨뜨리고, 하늘에서 외우는 소리는 웬 셈인지 마룡동 최제우를 놀래 깨운 것이다. 이것이 과연 '역사적 대강령'歷史的 大降靈이며, 동시에 신도성시정신神道盛時精神의 '기적적 부활'이라 할 것이다. '국풍國風의 재생'이라 할 것이며, '사태史態의 경이驚異'라 할 것이다. 정말 어마어마한 역사적 대 사건이었다.

김범부는 위의 글에서 수운이 1860년 4월 5일에 체험했던 종교체험을 '역사적 대강령'이자 '신도성시정신의 기적적 부활이자 국풍의 재생'이라고 평가하고 있다. 그는 또 수운 사상을 설명하는 과정에서 '시'侍 자에 주목하여 설명하기를,[11]

'시'侍 자를 시자 내유신령 외유기화侍字 內有神靈 外有氣化라 하니, 이 내內는 '신神의 내內'인 동시에 곧 '인人의 내內'인 것이고, 이 외外는 '인人의 외外'인 동시에 곧 '신神의 밖外'인 것이다. 말하자면 천주가 내內인데 인간이 외外이거나 인간이 내內인데 천주가 외外이거나 그런 것이 아니다, 아我의 내內가 곧 천天의 내內이며 천天의 외外가 곧 아我의 외外에 삼라한 단상이 곧 천주의 기화氣化란 것이다. 그러므로 천주天主의 신령神靈을 떠나서 아我의 신령이 따로 있거나 천주의 기화氣化를 떠나서 아我의 기화氣化가 따로 있는 것이 아니다. 그러기에 후인의 '인내천' 人乃天이란 것도 저간 소식을 두고 한 말일 것이다. 다시 말하자면 '천인일체' 天人一體 신아일체' 神我一體, 이것이 수운의 신관으로서 저 기독교 등의 외재신관外在神觀과는 상이한 점이다.

라고 하여 '시천주' 侍天主의 '시' 자에서 드러나고 있는 동학의 독특한 신관* 을 명쾌하게 설명하고 있다. 국문학자 조동일趙東一, 서울대 교수는 동학의 등 장에 대해 "스스로 득도해서 새로운 종교를 창건한 것은 우리 역사에서는 전례가 없고, 최제우에게서 처음으로 시작된 일이다."[12]라고 평가하여 동학 이 근대 한국에서 잇따라 일어나는 각종 민중종교들의 효시임을 밝히고 있 다. 또 철학자 유초하충북대 교수는,

하늘과 사람과 주변 환경을 하나로 꿰는 동학 정신은 계급/계층이나 민족/ 국가/종교/세대/성별 등 각종 수준의 인간 집단 사이에 사랑과 화해의 정신 이 사그라진 현대 세계가 바라보아야 할 공동의 거울이라 할 것입니다. 동학 은 하늘한울님과 사람과 자연을 연결시키되, 절대자의 세계가 아니라 인간의 세계를 중심으로 보는 이승=세속 중심의 종교입니다. 동학은 절대자에 대 해 배타적 인격성을 부여해서 타종교와 전쟁을 일으키는 적대적 종교가 아 니며, 관념적 교리를 받들어 살아 있는 생명들을 천시하는 저승 중심의 종교 도 아닙니다. 그러기에 동학에는 쌀과 밥을 사람의 생명과 바로 연결시키는 범생명주의가 담겨 있습니다.[13]

* 동학의 '하늘님'은 한편으로는 초월적이면서도, 다른 한편으로는 내재적인 성격을 갖는 다. 이를 일컬어 김경재(한신대) 교수는 '汎在神論'이라고 설명하고 있다. 그러나 최제우 의 종교체험에서 확인되는 '上帝'는 기독교의 유일신 등에서 확인되지 않는 '理法的' 성 격을 함께 지닌다는 점에서 매우 독특한 神觀이라 부를 만하다.

라고 동학이 지닌 역사적·현재적 의미를 '범생명주의'라고 요약하면서, "동학은 우리의 조건을 살피고 우리의 힘을 키우되 남들과 함께 살아가는 정신을 우리에게 일깨워주는 소중한 정신적 유산"[14]이라고 결론 짓고 있다.

4. 시천주와 십무천에 나타난 생명 사상

필자는 앞에서 동학 성립의 역사적 의의를 설명하면서 동학을 "민중적인 생명 사상, 민중적인 유교, 민중적 불교, 민중적 도교와 민중적 차원에서 새로 조명된 노장 사상과 선사상, 민중적 기독교 사상 등의 핵심적인 생명 원리를 창조적으로 통일한 보편적 생명 사상"이라는 김지하金芝河의 견해에 동의를 표시한 바 있다. 그렇다면 민중적 생명 사상 등을 창조적으로 통일한 기반 위에서 성립한 동학 사상의 핵심은 어떻게 설명할 수 있을까? 동학 사상의 핵심적 내용은 한문 경전 『동경대전』東經大全에 실려 있는 「논학문」에서 가장 잘 드러나고 있으며, 그 중에서도 특히 십삼자 주문에 대한 해설[15] 속에 동학 사상의 핵심이 잘 드러나고 있다.[16]

수운에 따르면, 모든 사람은 자기 안에 '하늘님'을 모시고 있는 존재로 파악된다.[17] 수운에 의해 천명된 '시천주'는 그의 수제자 해월에 의해 실천적으로 확대 해석되어 '인시천人是天이니 사인여천事人如天하라'는 명제로 대표되는 인간 존엄의 보편적 평등 사상으로 발전하게 되며, 이는 다시 의암 손병희에 의해 '인내천'으로 정리된다는 사실은 앞에서 이미 설명한 그대로이다. 따라서 우리는 해월의 사인여천 사상이나, 손병희의 인내천 사상의 근원이 수운이 천명한 '시천주'에 있음을 확인할 수 있다.

그러면 '시천주', 즉 "자기 안에 하늘님을 모시고 있다."는 뜻은 어떻게 해석될 수 있을까? 여기서 잠깐 김지하의 '시천주' 해석에 주목해 보기로 하자. 김지하는 이렇게 말한다.[18]

'시천주', 내 안에 한울님을 모셨다는 뜻은 우선 모든 사람이, 중생이, 끊임없이 활동하는 일체의 생명이 제 안에 한울님, 즉 끊임없이 활동하는 범생명을 모셨다는 뜻입니다. 이것은 바꾸어 말하면 한울이 사람과 중생의 모두 안에 살아 계신다는 뜻입니다. 사람, 중생이 저마다 제 안에 살아 계신 한울님을 모시고 적극적으로 섬김으로써 섬김의 주체인 내가 한울과 한치의 틈바구니도 없이 일치하고 그 한울에 돌아가 나의 근원인 한울을 내가 회복한다는 뜻입니다.

김지하는 위의 시천주 해석에서 모든 사람이 자기 안에 가장 거룩한 존재인 한울, 즉 '우주생명'을 모시고 있다고 해석한다. 따라서 어린 아이들이나 노비나, 여성들도 모두 하늘님을 모시고 있는 거룩한 존재들이다. 김지하는 또한 시천주란 모든 사람이 제 안에 살아 계신 한울님, 즉 우주생명을 적극적으로 섬김으로써 내 자신이 그 거룩한 한울님과 한치의 틈바구니도 없이 일치하려는 노력을 하는 것이라고 해석한다. 요컨대 김지하가 바라본 시천주의 핵심은 바로 전 우주생명에 대한 '모심과 섬김'에 있다고 할 수 있는 것이다. 이 같은 시천주의 관점에서는 아이들 역시 당연히 모심과 섬김의 대상이 되는 것이다.

동학의 역사에서 모심과 섬김의 모범을 보여 준 이는 바로 2대 교주 해월 선생이었다. 해월은 1861년 6월에 동학에 입도한 이래 1898년 6월에 순도하기까지 38년의 세월 동안 시천주의 핵심 정신인 모심과 섬김의 실천에 자기 생애를 모두 바쳤다. 해월 재세시에 전라도 익산 지방의 동학 지도자로 활동하였고, 후일 그의 딸을 해월의 아들에게 출가시켜 해월 가문과 사돈 관계를 맺는 오지영吳知泳의 회고에 의하면, 해월이 평생토록 가장 강조했던 법설이 바로 사인여천事人如天이었다고 하며,[19] 해월이 남긴 많은 법설法說 가운데에는 사람뿐만 아니라 천지만물을 모두 가장 거룩한 한울님으로 모시고 섬기라는 간절한 가르침들이 담겨 있다. 여기에 몇 가지 법설만 소개해 본다.

天地卽父母요 父母卽天地니 天地父母는 一體也라.[20]

人是天 天是人이니 人外無天이요 天外無人이니라.[21]

人是天이니 事人如天하라.[22]

道家에 人來어든 勿人來言하고 天主降臨言하라 (中略) 道家婦人은 輕勿打兒하라 打兒는 卽打天矣이니 天厭氣傷이니라.[23]

萬物이 莫非侍天主라.[24]

위에 인용한 해월의 법설에 따르면, 모시고 섬기는 대상이 사람에서 그치는 것이 아니라 만물, 즉 전 우주 삼라만상에까지 미치고 있다. 해월의 삶을 살펴보면 그에게는 전 우주생명이 하늘님이었다天地=陰陽=鬼神=父母. 따라서 그는 당시 사회에서 가장 천대받고 있던 계층이던 노비나 여성, 아이들에 주목하여 그들을 가장 거룩한 존재인 하늘님으로 모시고 섬기는 실천에 남다른 노력을 기울였다. 해월은 사람뿐만 아니라 천지 만물에 이르기까지 전 우주 생명을 거룩한 하늘님으로 모시고 섬기는 일에 일생을 바침으로써 스승인 수운이 밝혀낸 시천주 사상의 사회화, 만인 평등과 인간 존엄의 보편주의 실현에 성공하게 된다. 여기서 해월 시대에 동학의 시천주 사상이 만인 평등과 인간 존엄 보편적 사상으로 널리 실천되고 있던 모습을 생생하게 묘사하고 있는 충청도 서산 출신의 한 동학 접주의 회상[25]을 읽어 보기로 한다.

운수는 참말 있습디다. 자 이런 일도 있었소. 내가 입도한 지 불과 며칠에 전지문지傳之聞之하여 동학의 바람이 사방으로 퍼지는데, 하루에 몇십 명씩 입도를 하곤 하였습니다. 마치 봄잔디에 불 붙듯이 포덕布德이 어찌도 잘 되는지 불과 한두 달 안에 서산 한 군이 거의 동학화東學化가 되어 버렸습니다. 그 까닭은 말할 것도 없이 첫째 시운時運이 번복하는 까닭이요, 만민평등을 표방한 까닭입니다. 그래서 재래로 하층계급에서 불평으로 지내던 가난뱅이, 상놈, 백정, 종놈 등 온갖 하층계급은 물밀 듯이 다 들어와 버렸습니다. (중략) 그런데 이때에 있어서 제일 인심人心을 끈 것은 커다란 주의나 목적보다도, 또는 조화造化나 장래 영광보다도 당장의 실익實益 그것이었습니다. 첫째 입도만 하면 사인여천이라는 주의하에서 상하귀천 남녀 존비 할 것 없이 꼭꼭 맞절을 하며, 경어를 쓰며, 서로 존경하는 데서 모두 심열성복心悅性服이 되었고, (중략) 그때야말로 참말 천국천민天國天民들이었지요.

위의 회상기는 1894년 봄에 충청도 서산에서 동학 접주가 되어 동학농민혁명에 참여했던 홍종식洪鍾植이란 인물이 1927년에 갑오년 당시를 회상하여 기록한 내용이다. 그는 갑오년 당시의 광경을 회상하면서 만민평등을 어김없이 실천하는 동학에 매료된 민중들이 다투어 동학에 가담하는 광경과 함께, 상하귀천과 남녀 존비가 사라진 그때 그 사람들을 '천국천민' 天國天民이라고까지 극찬하고 있다. 이것은 동학의 시천주 사상이 해월이 지도하고 있는 동학 조직 속에서 줄기차게 실천되고 있음을 실증해 주는 구체적 사례라 할 수 있을 것이다.

이상에서 살펴본 바와 같이 동학에서는 어린 아이들도 어른과 똑같이 거룩한 하늘님으로 대접하였고 대접받았다. 이러한 역사는 1894년 동학농민혁명 당시에도 그대로 이어져 무수한 동몽童蒙 접장接長=接主들이 어른 농민군들과 함께 혁명의 대열에 참여하기도 한다. 1894년 5월 전주성을 둘러싸고 동학농민군과 조선 정부군 사이에서 벌어진 전투에서 용맹을 떨치다가 전사한 이복용李福用은 동몽 접장으로 혁명에 참여했던 대표적 인물이며, 황해도 출신의 김구金九 역시 총각 때 동학에 들어가 접주가 되어 동동 접장으로 동학농민혁명을 이끌었다는 것은 널리 알려진 사실이기도 하다.

끝으로 사람뿐만 아니라 일체 만물을 성심을 다해 거룩한 하늘님으로 모시고 섬겼던 해월 자신이 시천주의 구체적 실천 덕목으로 제시한 '십무천'十毋天이라는 법설 속에서 오늘날의 위기, 즉 생명의 위기를 극복할 수 있는 방안을 생각해 보고자 한다. 십무천 법설은 다음과 같다.

> 무기천毋欺天: 한울을 속이지 말라
>
> 무만천毋慢天: 한울을 업수이 여기지 말라
>
> 무상천毋傷天: 한울을 다치지 말라
>
> 무란천毋亂天: 한울을 어지럽히지 말라
>
> 무요천毋夭天: 한울을 죽이지 말라
>
> 무오천毋汚天: 한울을 더럽히지 말라
>
> 무뇌천毋餒天: 한울을 굶기지 말라
>
> 무괴천毋壞天: 한울을 부수지 말라
>
> 무염천毋厭天: 한울을 싫어하지 말라
>
> 무굴천毋屈天: 한울을 굴복시키지 말라[26]

모두 10개 조로 구성되어 있는 십무천 법설에서 강조되는 하늘님은 과연 어떤 존재이며, 어디에 어떤 모습으로 계시는지를 생각해 볼 필요가 있다. 동학의 가르침에 따르면, 사람뿐만 아니라 일체 중생, 즉 천지만물이 다 가장 성스럽고 가장 고귀한 하늘님이다. 이 같은 관점에 서면 풀 한 포기, 나무 한 그루, 벌레 한 마리도 모두 하늘님이다. 철 따라 부는 바람도 하늘님이며,

밤낮으로 뜨고 지는 해와 달과 별들마저 모두 하늘님 아님이 없다. 그러므로 이 십무천 법설은 하늘님인 사람뿐 아니라 일체 중생, 천지만물을 가장 성스럽고 고귀한 존재로 모시고 섬기라는 말씀이다. 요컨대 십무천 법설이야말로 동학의 범생명주의 사상을 일상 생활 속에서 가장 구체적으로 실천할 수 있는 행동 강령인 것이다.

오늘날 이 지구상에서는 어떤 일들이 벌어지고 있는가? 사람들은 어떤 대접을 받고 있으며, 일체 중생들은 어떤 상태로 존재하고 있는가? 그리고 사람들을 둘러싼 생태계는 어떤 상태에 놓여 있는가? 이 모든 현실을 한마디로 요약한다면 '하늘님, 즉 거룩한 생명에 대한 죽임의 문화'가 가득 차 있는 세상이라 말할 수 있을 것이다. 150여 년 전 이 땅에서 자생한 동학은 사람뿐만 아니라 모든 만물까지도 가장 거룩한 존재인 하늘님으로 모시고 섬기라는 우주적인 생명 사상을 제시하였다. 그런데 지금 이 땅에는 과연 그 같은 우주적인 생명 사상이 살아 숨쉬고 있는가? 해월은 대지인 어머니가 아파하실 것이기 때문에 뜨거운 물도 식혀서 버리라고까지 역설하며, 사람을 둘러싸고 있는 생태계를 하늘님으로 모시고 섬기는 삶을 온몸으로 보여 주었는데, 과연 오늘의 우리들은 동학의 생명 사상을 어떻게 실천하고 있으며 어떻게 계승하고 있는가? 오늘의 현실은 과연 해월의 십무천 법설에서 어느 정도의 거리에 있을까? 깊은 성찰이 절실히 필요한 시점이다.

범부 김정설의 동학관

1. 머리말

1892년 음력 10월 충청도 공주에서는, 1864년 음력 3월 10일에 '좌도난정'左道亂正의 죄목으로 처형당한 동학 교조 수운 최제우이하, 수운 선생의 신원伸寃을 위한 최초의 집회가 있었다. 이 같은 집회는 이듬해 4월까-지 두 해 동안에 걸쳐 전라도 삼례, 서울 광화문, 충청도 보은, 전라도 금구 원평 집회로 이어졌으며, 이 같은 집회를 기반으로 하여 1894년 음력 1월 10일에는 전라도 고부에서 동학교도들이 주도한 대규모적이며 장기지속적인 고부 농민봉기가 일어났다. 고부 농민봉기는 다시 1894년 음력 3월 전라도 무장을 기점으로 한 동학농민혁명으로 발전하였고, 동학농민혁명은 이듬해 음력 3월 말까지 1년 이상 조선 팔도를 경천동지驚天動地의 민중 혁명의 소용돌이로 몰아갔다. 일부 재야유생들을 포함한 대다수 조선 민중을 '동세개벽'動世開闢의 대혁명 속으로 휘몰아간 것은 바로 동학이라는 새로운 사상이요, 접포接包라는 동학의 조직이었다. 그렇다면 동학은 과연 어디로부터 왔는가?

동학농민혁명을 이야기하는 사람치고 동학이 혁명 과정에서 사상적·조직적으로 역할을 했다는 사실을 부정하는 사람은 아무도 없다. 그 역할이 이른바 종교 외피적 역할이었든, 주도적 역할이었든 간에 동학이야말로 동학농민혁명의 이념적 기반이요, 조직적 기반이었다는 점에 대해서는 모든 연구자의 견해가 일치한다. 이것은 곧 경상도·전라도·충청도 등 삼남 지방을 포함한 조선 팔도를 휘감고 돌았던 동학농민혁명의 근원지가 바로 동학이 창도된 경상도 경주 땅이요, 그 혁명의 단초를 제공한 주인공이 바로 동학을 창시한 수운 선생이라는 데에 모든 연구자들의 생각이 일치한다는 것을 의미한다.

필자는 1983년부터 동학 공부를 해 왔다. 역점을 두고 주로 공부한 분야는 혁명의 주무대였던 전라도가 아니라, 그 혁명의 사상적 이념을 제공했던 땅 경상도 지방을 중심으로 한 초기 동학 유적지를 답사하는 한편 동학의 초기 역사를 고증하는 것이었다. 이러한 공부 과정에서 필자는 몇 분의 큰 스승을 만날 수 있었다. 필자가 만난 스승 가운데 결정적인 영향을 끼치신 분이 바로 김정설 선생이시다. 1983년 한국학중앙연구원 한국학대학원에 입학하여 당시 영남대에서 갓 한국학중앙연구원 교수로 부임해 온 조동일 선생님의 저서 『동학 성립과 이야기』홍성사, 1981를 읽고 동학 사상에 흥미를 가지면서 석사 논문으로 동학 2대 교주 해월 최시형이하, 해월 선생에 대해 쓴 다음, 박사 과정에서도 계속해서 해월 선생에 대해 연구하면서 『풍류정신』정음사, 1986을 접하게 된 것이 필자와 범부 선생과의 첫 만남이었다. 1987년경 어느 날 서울 을지로 어딘가 서점에서 『풍류정신』재판을 구해 「최제우론」을 읽었던 순간을 지금도 잊을 수가 없다. 범부 선생의 「최제우론」은 그때까지 필자가 지니고 있던 동학과 수운 선생에 대한 기존의 생각을 완전히 뒤집는 '뇌에 폭풍이 일어나는 듯한' 신선한 충격으로 다가왔다. 이후 필자의 동학관은 한마디로 '기본적으로는' 범부 선생의 관점을 계승하는 것이라고 해도 과언은 아니다.

2. 범부의 동학관

그렇다면 필자의 동학관 형성의 모체가 된 범부 선생의 동학관은 과연 어떤 내용을 담고 있는가? 그 구체적 내용을 해명하기 위해서는 동학이 창시된 1860년 당시의 상황을 이해할 필요가 있다. 1860년 음력 4월 5일, 경주 구미산 아래 용담정에서는 37세의 한 이름 없는 선비가 '하늘님'과 묻고 답하는 기이한 체험인 '천사문답'天師問答을 하고 있었다. 주인공은 바로 재가녀再嫁女의 아들로 서자나 다름없는 불우한 신분으로 태어난 수운 선생이었다. 이 기이한 체험에 대해, '하늘 밑에서는 제일로 밝은 머리'로 불린 범부 선생은 4·19혁명이 있던 해이자 동학 창도 백주년이 되던 1960년에 이렇게 말했다.

> 금년으로서 백 년 전, 경신庚申 4월 5일음에 정말 어마어마한 역사적 대사건이 경주慶州 일우一隅인 현곡면見谷面 마룡동馬龍洞이란 숙조蕭條한 산협山峽에서 발생했다. 중략
>
> 37세 되던 경신년 4월 5일에 수운 최제우는 천계天啓를 받았다는 것이다. 중략 그런데 역사도 왕왕 기적적 약동이 있는 모양인지라 혼수昏睡에 취몽醉夢으로 지리支離한 천년의 적막을 깨뜨리고 하늘에서 외우는 소리는 웬 셈인지 마룡동馬龍洞 최제우를 놀래 깨운 것이다. 이것이 과연 '역사적 대강령'大降靈이며 동시에 신도성시 정신神道盛時 精神의 '기적적 부활'이라 할 것이다. '국풍國風의 재생'이라 할 것이며, '사태史態의 경이驚異'라 할 것이다. 정말 어마어마한 역사적 대사건이었다.[1]

1958년부터 건국대학교 부설 동방사상연구소 소장으로 재직하면서 당대의 석학들에게 동양사상을 가르치고, 불자를 만나면 선禪과 고教와 수행에 관해 말씀을 나누고, 유자를 만나면 그 유자에 맞는 경전 내용을 가지고 말씀을 나누고, 가톨릭 신부와 만나면 스콜라 철학이나 사회 윤리를 가지고 말씀을 나누고, 목사를 만나면 실천적인 애긍이나 종말론, 사회 정의를 가

지고 말씀을 나누는 등, 동서양 종교와 철학에 무불통지無不通知였던 범부 선생은 최고의 찬사를 동원해 1860년 4월 5일의 천계天啓에 대해 설명하고 있다. '천계', 즉 '하늘님'과 문답을 나누는 '천사문답'을 계기로 수운 선생은 이 땅에 '어마어마한 역사적 대사건'인 동학을 창도하였다는 것이다.

동학 창도를 '역사적 대강령'이며, '신도성시 정신의 기적적 부활'이요, '국풍의 재생'이며, '사태의 경이'로 파악한 범부 김정설 선생이하 범부라 칭함의 동학관은, 우리 학계의 뿌리 깊은 동학에 대한 편견, 즉 동학을 '아전유학'이나 유불선 삼교 사상의 '습합사상', 또는 1894년 동학농민혁명 과정에서 그저 외피적인 역할을 했던 '유사종교'類似宗敎쯤으로 간주해 오던 학계의 편견을 일거에, 그것도 아주 통쾌하게 타파하는 파천황적인 관점이었다.

그러나 파천황적 관점에서 동학을 높게 평가한 범부 선생의 동학관은 불행하게도 우리 학계에서 일반화되지 못한 채 오랫동안 묻혀져 있다가, 최근에 이르러서야 김지하 시인과 영남대 범부연구회를 통해 새롭게 주목받기에 이르렀다.[2] 향후 범부 선생의 동학관은 다각적인 각도에서 분석될 것이며, 시간이 지날수록 그 탁월성이 드러나리라 믿는다.

3. 범부 동학관의 계승 1: 동학에 대한 새로운 이해

경상도 경주 용담에서 창도된 동학에 대한 범부 선생의 탁월하면서도 독창적인 관점이 시사하는 바는 동학이야말로 "신도, 풍류도로 이어지는 전통적 요소를 온전히 이어받고 있는 전통의 완성이며, 동과 서의 문화를 통합하는 미래적 가능성이라고 주장하는 것"[3]이다. 필자는 이 같은 범부 선생의 동학관에 기초하여 기존 학계의 동학 이해에 대한 지평地平 확장을 위해 몇 가지 문제를 제기하고자 한다. 다시 말해, 기존 학계 및 일반 시민들의 동학 이해가 오해로 가득 차 있음을 지적한 다음, 그 올바른 이해의 방향을 제시하고자 한다. 범부 선생의 「최제우론」을 읽고 난 필자는 '우리 학둔, 우리 종교, 우리 사상'으로 등장한 동학에 대한 세간의 오해가 너무 깊다는 것을 뼈저리게 알게 되었다. 그리하여 지난 30여 년 동안 그 오해를 바로잡는 작업에 몰두해 왔다. 세간의 대표적 오해 몇 가지를 비판적으로 검토해 보자.

첫째, 동학은 서학에 대항하기 위해 성립한 일종의 대항 이데올로기라는 견해다.

동학이 서학에 대항하기 위해 성립되었다고 보는 견해는 대표적으로 현행 중·고등학교 역사교과서의 '동학' 항목 설명에서 잘 드러난다. 그러나 역사적 사실은 그렇지 않다. 19세기 말 서세 동점의 시대에 등장한 동학이 서학을 '깊이' 의식한 것은 사실이다. 그렇지만 동학을 창시한 수운 선생은 동학과 서학을 비교해 말하기를, '운즉일運則— 도즉동道則同 이즉비'理則非[4]라 하여 동학과 서학은 하나의 시운時運을 타고 나왔으며, 추구하는 길道도 같지만, 다만 그 '리'理, 즉 이치만 서로 다르다고 했다. 여기서 리理는 도를 실현하는 구체적인 방법론을 말하는 것으로 보인다. 이처럼 수운 선생은 서학을 무조건 배척하고 반대했던 것이 아니라, 서학이 지닌 근대성과 보편성을 인정하고 있었다. 그러므로 동학을 그저 서학에 대한 대항 이데올로기로서 성립된 사상이라고 보는 세간의 이해는 온당하지 않다. 그보다는 오히려 서학이 지닌 근대성과 보편성을 두루 인정하고 받아들이면서도 그것이 지닌 제국주의적이며 침략주의적인 성격을 극복함으로써 조선 사람에게 알맞으면서 조선의 역사와 전통에 어울리는 주체적인 사상을 만들고자 했던 민초들의 열화와 같은 소망을 집대성한 사상적 창조의 결과물이 바로 동학이며, 그것을 체계화한 인물이 바로 수운 선생이었다고 봐야 맞을 것이다.

둘째, 동학은 유불선儒佛仙 삼교 사상에서 장점만을 따온 혼합 사상이지, 그 자체로 독창적인 요소가 별로 없는 사이비 사상이라는 견해다.

이 같은 견해는 유학=성리학이나 불교, 도교 등을 전문적으로 연구하는 학자들 주장에서 자주 발견된다. 그들이 주장하는 것처럼 동학은 유불선 삼교 사상에서 많은 영향을 받은 것이 사실이다. 이른바 '포함삼교' 包含三敎한 것이다. 그러나 동학은 유불선만 포함하지는 않았다. 서학도 포함했다. 서학뿐만 아니라 『정감록』을 비롯한 민간신앙의 요소도 두루 포함했다. 한마디로, 19세기 중엽 이 땅에서 유행하던 모든 사상을 다 포함해 성립된 사상이 바로 동학이었다.

그런데 동학은 기존 사상을 다 포함하면서도 그저 포함한 것은 아니었다. 생명을 살리고자 하는, 즉 '접화군생' 接化群生하고자 하는 뚜렷한 목적의식 속에서 포함했다. 바로 이것이 동학의 독창적 측면이다. 봉건적 굴레와 외세의 침탈 때문에 죽어가는 뭇 생명을 살리고자 하는 뚜렷한 목적의식 속에서 유불선 삼교뿐만 아니라 서학, 더 나아가 민간신앙마저 포함해 이 땅의 새로운 생명 사상으로 정립해 낸 것이 바로 동학이라고 보아야 한다. 범부 선생은 바로 그 점을 정확히 보았던 것이다. 그러므로 동학이 기존 사상을 포함한 것만 주목하고, 새롭게 창조해 낸 독창적 요소에 주목하지 못한다면 그것은 동학을 이해하는 온당한 태도가 아니라고 하겠다.

셋째, 동학을 단순히 'Religion' 宗敎으로 이해하는 견해다.

결론부터 말하자면, 동학은 결코 Religion이 아니다. Religion의 번역어로서의 종교가 아니라는 말이다. 동학은 Religion이라는 용어, 즉 그것의 번역어인 종교라는 용어가 이 땅에서 대중화되기 이전에 성립했다. 우리나라에서 Religion의 번역어로서 종교라는 용어가 대중화된 것은 대체로 1900년대부터인 것으로 알려져 있다. 『독립신문』, 『황성신문』, 『대한매일신보』 같은 근대적 신문, 「대한학회」와 「기호흥학회」, 「대한자강회」 등과 같이 근대 신문화운동新文化運動을 펼치던 각종 학회들이 잡지들을 속속 발간해 내면서 비로소 종교라는 말이 널리 쓰이기 시작했다. '철학' 이라는 용어와 마찬가지로 종교라는 용어 역시 일본을 통해서 수입되었던 것이다. 그러므로 동학은 결단코 종교가 아니다. 동학이 종교, 즉 Religion이 아니라면 과연 무엇인가. 수운 선생 말씀을 빌리자면, 동학은 "도道로 말하면 하늘에서 받았기 때문에 천도天道요, 학學으로 말하면 동쪽, 즉 조선 땅에서 받았기 때문에 동학"[5]이라 했다. 이를 풀어 말하면, 수운 선생께서 창시한 가르침은 서학西學이 아니라, 도라는 관점에서는 천도, 즉 하늘의 길이라 할 수 있고, 학이라는 관점에서는 동학, 즉 동쪽 나라인 우리나라 학문이라는 것이다.

그렇다면 수운 선생께서 말씀하는 '천도'와 '동학'은 무엇을 뜻하는 것일까? 도란 사람이 마땅히 밟아가야 할 길이요, 학이란 사람이 마땅히 배우고 익혀서 실천해야 할 학문이라고 해석하면 어떨까. 필자가 동학 공부를 하면서 동학의 후계자라고 할 수 있는 천도교 교단의 원로 어른들께 들었던 이야기가 하나 있다. 일찍이 동학의 선배들은 동학을 '믿는다' 하지 않고 '한다'고 했다고 한다. 바로 여기에 동학이 Religion이 아닌 까닭이 숨어 있다. '동학을 한다'는 말은 동학이야말로 어디까지나 사람이 마땅히 배워야 할 길이요 실천해야 할 학문이라는 뜻이겠고, 이른바 유일신唯一神을 전제로 하는 종교와는 질적으로 구분된다는 뜻이 들어 있다고 하겠다. 그러기에 요약하자면, 동학은 그저 믿기만 하는 신앙의 대상이 아니라, 배우고 실천해가야 할 도道이자 학學, 즉 도학道學이라는 관점에서 이해하고 해석하는 것이 옳다고 본다.[6]

이상과 같이, 서학이 지닌 근대성과 보편성을 인정하면서도 그것이 지닌 문제점을 극복해 가장 자주적이고 주체적인 '우리 학문, 우리 사상, 우리 종교'를 지향하고자 했던 것이 바로 동학이며, 포함삼교뿐 아니라 서학과 민간신앙마저 널리 포함해 뭇 생명을 다 살리기 위한 새로운 생명 사상으로 등장했던 것이 동학이고, 그리고 서양식 종교가 아닌 조선 땅 도학道學의 새로운 전개로서 경상도 경주 땅에서 창도된 새로운 사상이 바로 동학이었다. 이렇게 이해하는 것이 범부 선생의 동학관을 창조적으로 계승하는 길이며,

온당하며 객관적인 동학 이해로 가는 길이다.

4. 범부 동학관의 계승 2 : 동학의 사상적 근원 천착

범부 선생의 「최제우론」에서 가장 강조하는 내용 가운데 하나가 바로 동학의 사상적 근원이 대단히 깊고 넓다는 점이다. 대해장강大海長江도 근원이 있게 마련이듯 새로운 사상이나 새로운 종교가 등장할 때에도 반드시 뿌리가 되는 사상이나 종교가 있게 마련이다. 예컨대, 불교의 경우 고대 인도의 『우파니샤드』나 『바가바드기타』, 요가 철학 등으로부터 사상적 은혜를 적지 않게 받았다. 중국 송나라 때 새롭게 전개되기 시작한 성리학 역시 원시유학原始儒學은 물론, 당시 널리 유행하고 있던 노장사상老莊思想과 선불교禪佛敎로부터 커다란 영향과 자극을 받은 가운데 성립되었다.

그렇다면 범부 선생이 '국풍의 재생이요, 사태의 경이라' 찬탄한 동학 탄생의 사상적 배경은 어떤 것일까? 중요 내용만 열거하면 다음과 같다.

동학은 첫째, 우리의 고유 사상인 풍류도＝國風를 뿌리로 삼아 성립되었다. 풍류도는 '포함삼교包含三敎 접화군생' 接化群生을 지향한다. 모든 사상과 두루 소통하면서 뭇 생명을 다 살려내는 것을 특징으로 하는 사상이다. 동학은 이 같은 풍류도를 후천 시대의 '개벽' 開闢적 상황에 맞게 재정립해 부활시킨 것이다. 범부 선생이 말한 '국풍의 재생' 이란 바로 이런 뜻이라고 본다.

동학을 낳은 두 번째 사상적 원천은 바로 신라 천년 역사를 지탱해 온 대승불교大乘佛敎 사상이라 할 것이다. 그 가운데서도 원효元曉 617~686 스님의 화쟁사상和諍思想 및 실천적 불교 운동은 수운의 사상적 고뇌 및 실천과 통하는 바가 많다. 삼국 간의 정복 전쟁 시대, 즉 피로 날이 새고 피로 날이 저물던 전쟁 시대를 산 원효와 '백성이 단 한때도 편안한 날이 없었던' 民無四時之安 시대인 조선 말의 대격동기를 살았던 수운은 모두 암울한 시대를 살면서 새로운 사상가로 우뚝 섰다.

셋째, 동학이 나오게 된 근원에는 수운의 부친 근암 최옥으로 이어져 내려온 퇴계학退溪學이라는 학문적 전통이 있었다. 수운은 어릴 때 부친을 스승 삼아 유학을 깊이 공부했는데, 부친 근암공은 경주 일대 선비 4백여 명과 교류하던 유명한 학자이자 퇴계학을 정통으로 계승한 선비였다.[7]

넷째, 동학 성립과 관련해 가장 주목할 만한 사상은 서학西學이다. 흔히 서학을 천주교, 즉 종교로만 이해하는 경향이 있는데 그것은 오해다. 서학은 서양 학문 또는 서양 문명 전체를 가리키는 개념이었다. 서양의 종교인 천주교를 비롯해 서양 학문, 서양의 정치경제, 서양의 과학기술 등이 모두 망라되어 있는 개념이 바로 서학이었다. 이 같은 서학이 동학을 창도하는 데 가장 강력한 영향을 끼쳤다 해도 과언은 아니다. 젊은 시절의 수운은 천주교 신앙을 지키며 사는 사람들과 교류한 흔적이 있고, 지식인 사이에서 유통되던 다양한 서학 서적을 탐독했다.

다섯째, 동학은 또한 민간을 중심으로 널리 유행하던 샤머니즘巫敎은 물론 『정감록』 같은 비기도참秘記圖讖 사상도 수용했다. 동학은 그냥 저절로 솟아난 것이 아니었다. 유불선 삼교 사상을 사상적 창조의 기반으로 삼았을 뿐 아니라, 당시 가장 첨단 사상이던 서학마저 적극적으로 수용했으며, 조선 후기 민중 사상을 대표한다고 볼 수 있는 『정감록』 사상도 포용했다. 이런 사실은 동학의 사상적 기반이 매우 깊고도 다양하며, 수운 선생의 학문적 축적이 결코 간단하지 않음을 잘 보여 준다.

결론적으로 동학은 "우리 민족 특유의 민중적인 생명 사상을 확고한 중심으로 하여 그 기초 위에서 유교, 불교, 노장老莊 사상과 도교와 기독교 등 제 사상의 핵심적인 생명 사상을 통일하되, 특히 민중적인 생명 사상, 민중적인 유교, 민중적 불교, 민중적 도교와 민중적 차원에서 새로 조명된 노장 사상과 선사상禪思想, 민중적 기독교 사상 등의 핵심적인 생명 원리를 창조적으로 통일한 보편적 생명 사상"[8]으로 등장했던 것이다.

5. 범부 동학관의 계승 3 : 수운 최제우론

범부 선생은 동학 창도 백년인 1960년에 「최제우론」을 썼다. 동학에 대한 사회적 이해가 대단히 부족했던 시절, 연구자이건 일반 대중이건 동학이나 그 창시자인 수운 선생에 대한 관심도 빈약했던 시절이라 해도 과언이 아닌 그때, 수운 선생에 대한 인물론 겸 사상의 근간을 논했던 것이다. 범부 선생이 남보다 먼저 주목했던 수운 선생의 풍모를 제대로 알아 볼 필요가 있다.

동학 창시자 수운 선생은 과연 어떠한 인물일까? 선생은 1824년에 경주 양반 근암 최옥에게 재가한 과부 한씨의 소생으로 태어났다. 당시 과부의 자식은 아무리 재주가 출중해도 문과에 응시할 수가 없었다.[9] 따라서 선생은 어려서부터 자신의 정체성에 대해 심한 갈등을 겪지 않을 수 없었다. 집안에서도 따돌림을 당해야 했고, 문중에서도 면박을 당하기 일쑤였다. 기록에 의하면, 동네 아이들이 "저 복술수운 선생의 어릴 때 이름이놈의 눈깔은 역적질할 눈깔"이라고 손가락질하자, "오냐! 나는 역적이 되겠으니 너희는 착한 사람이나 되어라."고 되받아쳤다는 이야기가 전해 온다. 이 이야기를 통해 당시의 사회적 차별이 어떠했던가를 짐작할 수 있다. 그러나 비록 과부의 자식이긴 했지만 선생은 근암공의 두터운 사랑과 후광 덕분에 학문에 전념할 수 있었다. 선생은 퇴계 선생으로부터 근암공으로 이어져 내려온 정통 퇴계학의 학풍을 충실히 계승하는 학문적 수련을 할 수 있었다.

하지만 정신적 경제적 학문적 후원자였던 아버지 근암공이 1840년수운의 나이 만 16세 때에 사거死去하자 수운 선생은 졸지에 모든 것을 잃어버리는 신세가 되었다. 버팀목 같았던 아버지가 떠나자 수운 선생은 더 이상 한가롭게 학문이나 하고 있을 처지가 못 되었다. 집안 살림을 꾸려 가야 했고 어린 자

녀들을 돌보아야 했다. 이에 선생은 무과武科에 응시할까 하다가 그만두었고, 경상도 남부 지방에서 나는 원철原鐵 도매상[10]을 열어 생계를 도모하려다 쫄딱 망하기도 했다. 아버지로부터 물려받은 얼마 안 되는 가산은 거듭된 사업 실패로 다 날려 버렸으며 물려받은 집마저 불에 타 없어져 버렸다. 수운 선생은 이제 그 어디에도 안접安接할 곳이 없는 처지가 되었다. 그리하여 20세 이후부터는 바람 부는 대로 물결치는 대로 발길 닿는 다로 전국을 방랑하며 삶의 돌파구를 찾고자 절치부심했다. 그러나 이 모든 시도는 다 실패로 끝났다. 선생은 1859년 36세 되던 해에 오랜 처가살이에 마침표를 찍고 마침내 경주 용담의 고향으로 돌아왔다. 적수공권赤手空拳의 신세로 '소업교위' 所業交違, 즉 '하는 일마다 어긋나고 하는 일마다 실패했던' 사람이 바로 수운이었다. 이것이 바로 동학 창도 이전, 수운 선생의 모습이었다. 이하에서는 41세라는 길지 않은 삶을 살다 간 수운 선생의 삶을 간략한 연표로 제시한다.

1824년 10월(1세)	경상북도 월성군 현곡면 가정리 마룡동에서 출생.
1833년(10세)	모친상.
1840년(17세)	부친상.
1842년(19세)	울산 박씨와 결혼.
1843년(20세)	화재로 가정리 생가 전소.
1844년(21세)	유랑 길을 떠남, 가족들은 처가살이.
1859년(36세)	경주 용담으로 돌아옴.
1860년 4월(37세)	상제와의 문답降靈體驗을 통해 득도. 득도 후에도 1년간 수련 계속.
1861년 6월(38세)	「포덕문」布德文 지음. 포덕 시작. 해월 최시형 동학 입도.
1861년 11월	경주 일대 유림들의 박해로 전라도 남원 교룡산성 은적

	암으로 피신. 「논학문」論學文, 일명 東學論을 지음.
1862년 3월 (39세)	은적암에서 경상도 흥해 손봉조의 집으로 돌아옴.
1862년 12월	손봉조의 집에서 접주제接主制 실시.
1863년 7월 (40세)	최시형을 '북도중주인' 北道中主人: 경상도 북부 지방 포덕 책임 자에 임명.
1863년 12월	조정에서 파견한 선전관 정운구에게 체포.
1864년 3월 (41세)	'좌도난정' 左道亂正: 그릇된 도로 정도를 어지럽힘의 죄목으로 효수형梟首刑을 받고 순교.

6. 범부 동학관의 계승 4 : 종교체험과 포덕, 순도

범부 선생은 「최제우론」에서 수운 선생의 종교 체험을 '역사적 대강령' 이라는 말로 표현하고 있다. 수운 선생 생애를 결정적으로 바꾸는 계기가 된 1860년 음력 4월 5일의 체험을 그렇게 표현한 것이다. 여기서는 범부 선 생이 이미 1960년에 주목했던 수운 선생의 종교체험 및 그것을 계기로 1861 년 6월경부터 이루어지는 동학 포덕에 대해 구체적으로 살펴보기로 한다.

1860년 음력 4월 5일에 수운 선생은 경주 용담정에서 이상한 체험을 한 다. 몸이 몹시 떨리고 한기를 느끼는 가운데, 공중에서 무슨 말씀이 들리기 시작한 것이다. 일찍이 겪어 보지 못한 일이라 처음에는 당황했지만, 잠시 후 '마음을 가다듬고 기운을 바로 하여' 守心正氣 말씀의 주인공을 찾아 문답 을 나누기 시작한다. 아무런 형체도 없이 공중에서 말씀하는 그 주인공은 바로 단군 이래 이 땅의 민중이 늘 마음으로 모시고 받들어 온 '하늘님' 上帝, 天主이었다.[11] '내림' 천사문답 체험을 통해 수운은 하늘님으로부터 무극대도無 極大道, 즉 천도天道를 받았다. 또 21자 주문과 영부도 함께 받았다. 하늘님은 특히 주문과 영부를 가지고 민중을 가르치면 스스로 장생할 뿐만 아니라,

천하에 널리 덕을 펼 수 있을 것이라면서, 수운에게 포덕할 것을 권했다. 그러나 수운은 아무리 믿으려 해도 내림 체험 과정에서 나타난 하늘님의 존재를 확신할 수가 없었다. 그래서 내림 체험으로부터 1년여에 걸쳐 하늘님이 말씀하신 내용대로 실행해 보면서 그 효과를 검증해 보기에 이른다. 1년여에 걸친 수련 결과, 과연 하늘님 말씀은 하나도 틀림이 없었다. 이에 1861년 6월부터 본격적인 포덕 활동을 시작한다. 동학 교문 최초의 역사서에는 수운의 포덕 활동 개시를 다음과 같이 묘사하고 있다.[12]

> 신유辛酉, 1861년 봄에 이르러 포덕문布德文[13]을 지었다. 때는 마침 6월이 되어 덕을 널리 펴고자 하는 마음이 일어나 어진 선비들을 얻고자 했다. 자연히 소문[14]을 듣고 찾아오는 사람들이 수를 헤아릴 수 없었다.

1861년 6월에 수운 선생이 포덕을 시작하자마자 지방 수령들의 가렴주구, 해마다 반복되는 자연재해, 콜레라와 같은 괴질의 주기적 유행, 이양선異樣船 출몰과 천주교의 전파에서 오는 위기의식 등으로 '백성이 사시사철 단 한때도 편안할 날이 없는' 民無四時之安 나날을 보내던 민중은 '용담에서 신인이 났다' 며 다투어 선생을 찾아와 나아갈 길을 묻기 시작했다. 용담으로 물밀듯 찾아오던 민중의 모습을 실감나게 전하는 기록이 있다.[15]

> 물음: 그러니 말씀이지, 그때에 대신사大神師; 수운 최제우에 대한 천도교 내의 존칭를 찾아오는 사람이 과연 많기는 많았습니까?
> 대답: 많고 말고. 많아도 여간 많았나. 마룡동馬龍洞; 수운 최제우가 태어나 살던 동네 이름 일판이 대신사 찾아오는 사람들로 가득 찼었다. 아침에도 찾아오고 낮에도 오고 밤에도 오고. 그래서 왔다 가는 사람, 하룻밤 자는 사람, 여러 날 체류하는 사람. 그의 부인하고 나하고는 그 손님 밥쌀 일기에 손목이 떨어져

왔었다. 낮에 생각할 때에는 저 사람들이 밤에는 어디서 다 잘꼬 했으나 밤이 되면 어떻게든지 다들 끼여 잤었다. 그때 용담정 집은 기와집에 안방이 네 칸, 부엌이 한 칸, 사랑이 두 칸 반, 마루가 한 칸, 고간庫間이 한 칸이었는데, 안방 한 칸을 내놓고는 모두 다 손님의 방이 되고 말았었다. 그리고 이것을 보시오. 그때 찾아오는 제자들이 건시乾柿; 곶감와 꿀 같은 것을 가지고 오는데 그 건시가 어찌나 들여 쌓였던지 그 건시를 나눠 먹고 내버린 싸릿가지가 산같이 쌓여서 그 밑에서 나무하러 오던 일꾼들이 산으로 올라가지 않고 그 싸릿가지를 한 짐씩 가지고 가곤 했었다.

위에 인용한 내용은 수운 선생이 득도한 직후에 ‘노비 해방’을 해서 수양딸로 삼았던 이로 당시 이미 노인이 되어 있었던 주 씨朱氏 할머니가 1927년에 증언한 내용이다. 도대체 얼마나 많은 사람이 곶감을 들고 찾아왔기에 지나가던 나무꾼들이 곶감 먹고 나서 버린 싸릿가지로 한 짐씩 나무를 해서 지고 갔을까? 다음의 기록[16]을 보면, 주 씨 할머니의 증언이 거짓이 아니라는 것을 알 수 있다.

문경새재로부터 경주까지는 4백 리 남짓 되고 고을은 10여 개 정도 되는데 날마다 동학에 대한 말이 들려 오지 않은 적이 없었고, 경주 근처의 여러 고을에서는 그 말이 더욱 심하여 저자거리의 아낙네와 산골짜기 어린아이들까지도 동학의 글을 외며 전하지 않는 이가 없었습니다. 말하기를 ‘위천주’ 爲天主 또는 ‘시천지’ 侍天地; 侍天主를 잘못 쓴 것이라고 하면서 부끄러워하지도 않고 또한 감추려고도 하지 않았사옵니다.

정운구는 1863년 12월, 조정에서 수운을 체포하기 위해 파견한 선전관宣傳官이었다. 그는 한양에서 문경새재를 거쳐 경주로 내려가 수운을 체포하는 전 과정을 자세하게 기록한 「서계」書啓를 남겼는데, 위 내용은 그 「서계」에 있는 내용이다. 동학을 탄압한 관리가 남긴 기록에서조차 동학에 대한 민중의 반응이 가히 폭발적이었음을 증명하고 있다. 도대체 당시 민중은 왜 그렇게 다투어 경주 용담으로 몰려갔을까? 그 대답은 아래에 있다.

> 귀천과 등위를 차별하지 않으니 백정과 술장사들이 모이고, 남녀를 차별하지 아니하고 유박帷薄; 집회소을 설치하니 홀아비와 과부들이 모여들고, 돈과 재물을 좋아해 있는 사람과 없는 사람이 서로 도우니 가난하고 궁핍한 사람들이 기뻐했다.[17]

위의 내용은 동학을 배척한 보수 유생들이 남긴 「통문」 속에 있는 내용이다. 보수 유생의 눈에 비친 동학을 보면, 첫째, 동학은 귀천과 등위에 차별이 없는 신분 평등의 공동체라는 것이다. 둘째, 동학은 남녀 차별이 없는 양성 평등의 조직이라는 것이며, 셋째, 동학은 있는 사람과 없는 사람이 서로 돕고 서로 도움을 받는有無相資 생활공동체 성격이 강한 조직이었다는 것이다. 이 같은 초기 동학의 성격은 신분제의 억압, 무서운 괴질과 자연재해, 그리고 기근으로 한 해에 수만 명이 죽어가는 시대에 민중의 귀의처로서 충분한 역할을 할 만했던 것이다.

1861년 6월 이후 민중은 다투어 동학으로 들어갔다. 그 결과 수운 선생이 도를 펴고 있던 경주 용담은 '임금이 임금답지 못하고, 신하가 신하답지 못하며, 아비가 아비답지 못하고, 자식이 자식답지 못하던' 세상을 안타깝게 여기는 민중의 귀의처가 되었고, 수운은 그런 민중의 마음을 위로해 주는 신인神人이자 진인眞人이었다. 그러나 지배층은 이 같은 민중의 마음을 헤아리기는커녕 도리어 수운을 체포해 처형함으로써 민중의 마음에 불을 질렀다. 수운은 그렇게 1863년 12월에 체포되어 이듬해 3월 10일에 경상감영이 있는 대구 장대將臺; 경상감영의 훈련장에서 효수되고 말았다. 참으로 때이른 죽음이자 가슴 아픈 죽음이었다. 그 죽음을 시인 김지하는 이렇게 읊고 있다.

아아 꽃 한 송이

이슬처럼 지네

매운 눈보라 속

철 이른 꽃 한 송이

이슬처럼 지네

비바람 눈보라 거듭 지나면

영원한 봄 오리라 말씀하신 분

오만 년 후천개벽 때가 찼으니

이 땅이 먼저리라 말씀하신 분

사람이 한울이니 사람 섬기되

한울같이 섬기라 말씀하신 분

수운 수운

우주의 꽃 한 송이

지네 지네

아득한 고향 돌아가네

가고 다시 돌아오지 않음 없는 고향

온 세상 꽃 피어날

영원한 봄의 시작

죽음이여

수운의 죽음

아아

이슬처럼

철 이른 꽃 한 송이

눈 속에 지네

김지하, 『이 가문 날에 비구름』, 동광출판사, 1988, 92~93쪽

1864년은 갑자년이었다. 이해 3월 10일에 수운 선생은 대구 장대에서 삿된 도로 민중을 현혹시켰다는 이른바 좌도난정이라는 죄목으로 처형당한다. 만 40세였다. 이로써 선생은 득도한 지 4년 만에, 그리고 1861년 6월부터 정식으로 가르침을 펴기 시작한 지 만 3년도 채 되지 않은 아주 짧은 공적 생애를 죽음으로써 마감한다.

7. 동학의 개벽 사상

그런데 왜 수운 선생은 갑자년인 1864년에 순교하지 않으면 안 되었을까? 필자는 그 대답을 선생이 그토록 절절하게 외친 '다시 개벽' 사상, 즉 후천개벽 사상에서 찾고자 한다. 수운 선생은 한국의 근대 종교가 가운데 처음으로 개벽 사상을 강조했다. 원래 개벽이란 말은 『주역』에서 유래하지만, 그것이 우리 한민족의 역사에서 새롭게 조명받기 시작한 것은 수운 선생 덕분이었다. 그런데 선생은 개벽을 말하되 '다시 개벽', 즉 후천개벽後天開闢을 말했다. 왜 다시 개벽, 즉 후천개벽을 말하지 않으면 안 되었을까?

선생은 20세를 전후해 시작하여 10여 년 이상 전국을 방랑하며 세태 변화와 인심 풍속의 해이 현상을 목격했다. 선생의 눈에 비친 세상은 한마디로 요순堯舜의 정치로도 부족하며 공맹孔孟의 말씀으로도 부족한 시대였다. 부자유친, 군신유의, 부부유별, 장유유서, 붕우유신과 같은 기존 윤리가 있긴 있었지만, 임금은 임금답지 못하고 신하는 신하답지 못하며 아비는 아비답지 못하고 자식은 자식답지 못한, 그야말로 인심 풍속이 괴이하기 그지없는

시대였다. 뿐만 아니라, 세상은 상해傷害의 운수로 가득 차서 생명을 가진 모든 존재 간에 크게 다치고 해로움을 당하는 시대가 되어 있었다. 다시 말해 잦은 민란民亂과 자연 재해, 가뭄과 흉년, 횡포한 관리들의 가렴주구 등으로 풀뿌리 민중이 목숨을 제대로 부지할 수 없던 시대였다. 십이제국은 세상이라는 뜻에는 괴질怪疾: 콜레라 또는 장티푸스이 대유행해 한 해에 수만 명이 목숨을 잃기도 했으며, 여기에 더하여 서양 제국주의 열강이 동점東漸해 오면서 중국을 비롯한 아시아 여러 나라와 싸워서 이기는 바람에 우리나라에 언제 순망치한脣亡齒寒[18]의 민족적 위기가 찾아올지 예측할 수 없는 불안한 시대였다.

민중은 혼란하기 그지없는 시대 상황 속에서 막지소향莫知所向, 즉 어디로 가야 할지, 어디에 기대야 할지 몰라 이리저리 헤매고 있었다. 어떤 이들은 곧 일어날지도 모를 난리를 피하기 위해 십승지十勝地를 찾기에 바빴고, 어떤 이들은 괴질로부터 목숨을 부지하기 위해 영부와 선약仙藥을 구하기 위해 눈에 불을 켰으며, 또 어떤 이들은 무슨 일이 일어날지 모를 불안한 미래를 대비하기 위해 『정감록』을 비롯한 온갖 비결을 구하기 위해 정신이 없었다. 여기에 생각이 좀 있는 지식인들은 자신을 진인이나 신인, 이인異人이라 가탁함으로써 민중을 끌어 모아 썩어 문드러져 가는 세상을 바꿔 보려는 시도를 하기도 했지만, 결과는 언제나 실패로 끝나고 있었다. 이처럼 이러지도 저러지도 못하는 가운데 민심은 하루가 다르게 변해 가면서 요동쳤고, 무엇인가 결정적인 변화가 찾아오기만을 학수고대했다. 그야말로 폭풍 전야의 고요랄까, 한 점 불씨를 기다리는 마르고 마른 대평원이랄까, 민심은 천지가 개벽되는 것과 같은 결정적인 변화, 이른바 대개벽大開闢의 계기가 하루속히 찾아오기를 손꼽아 기다리고 있었다.

젊은 시절에 전국을 방랑하면서 온갖 모순으로 가득한 시대 상황을 온몸으로 체험하는 동시에, 고통의 나날 속에서도 개벽이 어서 빨리 찾아오기만을 손꼽아 기다리는 민심을 읽었던 선생은 마침내 1860년 4월 5일에 득도를 하고 나서, '십이제국 괴질운수 다시 개벽 아닐런가.'『용담유사』,「몽중노소문답가」라 하여 '다시 개벽'의 새 세상이 오고 있음을 소리 높여 외치기 시작했다. 이제 역사는 하원갑下元甲의 시대, 즉 낡고 병들고 온갖 모순으로 가득한 선천시대는 가고, 상원갑上元甲, 즉 새롭고 생명이 넘치고 모든 모순이 다 해결되는 후천시대가 오고 있으며, 상원갑 호시절에는 가난하고 천한 모든 사람이 다 부자가 되고 귀한 사람이 될 수 있다고 역설했다.

주지하듯이, 동양에는 고대부터 갑자甲子 간지干支가 들어가는 해에 새 시대가 시작된다는 사상이 있었다. 이 같은 사상을 구체적으로 체계화해 제시한 이가 중국 송나라 소강절邵康節이다. 그는 『황극경세서』黃極經世書에서 우주의 역사는 춘하추동의 생장염장生長斂藏의 이치를 따라 원회운세元會運世로 전개된다고 보았다. 그에 따르면 우주 1년, 즉 1원元은 12만 9600년이요, 그 1원에는 다시 12회會가 있으니 1회인 1만 800년마다 소개벽小開闢이 일어난다고 했다. 또한 1회에는 30운運이 있으며, 1운은 360년이고, 1운에는 12세世가 있으니, 1세는 30년이라고 했다. 이렇게 보면 1원은 12회, 360운, 4320세, 12만 9600년이 된다. 소강절에 따르면 우주의 역사는 첫 회會인 자회子會에서 시작되어 6회째인 사회巳會까지 성장하며, 후반부 첫 회인 오회午會부터 해회亥會까지는 줄어드는데, 우주의 가을에 해당하는 미회未會에서는 우주의 시간대가 새로운 질서로 접어드는 후천개벽이 일어난다고 보았다. 소강절은 또한 우주의 1원元 12만 9600년 가운데 인류 문명의 생존 기간은 건운乾運의 선천 5만 년과 곤운坤運의 후천 5만 년이며, 나머지 2만 9600년은 빙하기로 천지의 재충전을 위한 휴식기라고 보았다. 요컨대 소강절에 따르면 우주의 가을이 되면 우주의 봄과 여름인 선천 5만 년이 끝나고, 후천개벽의 시대가 다시 시작된다는 것이다.

수운 선생이 득도 이전에 소강절의 사상을 깊이 공부했는지 여부는 현재로서는 확인할 길이 없다. 그러나 선생이 남긴 『동경대전』과 『용담유사』 구석구석에 소강절의 원회운세론元會運世論과 서로 통하는 내용이 들어 있는 점으로 볼 때, 수운 선생의 '다시 개벽' 사상은 소강절로부터 적지 않은 영향을 받았다고 보는 것이 타당할 것이다. 그렇지만 수운 선생의 다시 개벽 사상은 소강절의 원회운세론과는 뚜렷한 차이가 있다. 그 차이란 수운의 '다시 개벽' 가르침이 그저 말로만 외친 것이 아니라는 점에 있다. 수운 선생은 가르침을 얻기 위해 용담으로 찾아오는 모든 제자에게 일체의 차별을 없애고 모두 평등한 존재, 거룩한 하늘님과 같은 존재로 대할 것을 가르쳤다. 그런 정경은 수운 선생을 비방하고 탄압하는 데 앞장섰던 보수 유생들의 눈에도 혁명적인 모습으로 비쳐졌던 것 같다. '귀천과 등위를 차별하지 않아 백정과 술장수 같은 천한 이들이 다투어 모여들고, 남녀를 차별하지 아니하고 유박을 설치해 가르침을 펴니 홀아비와 과부들과 같이 불우한 처지의 사람들이 모여들었으며, 돈과 재물을 좋아해 있는 사람과 없는 사람이 서로 도우니 가난하고 궁핍한 사람들이 기뻐했다.'고 했으니 말이다.

이처럼 수운 선생은 경신년에 하늘님으로부터 받았던 '무극대도, 그 무엇에 비길 바 없는 가장 크고 위대한 가르침'을 사람들의 일상적 삶 속에서 아주 구체적인 모습으로 실천하도록 했고, 이 같은 가르침은 민중의 삶 속으로 깊숙이 파고들기 시작했다. 그 이유는 아마도 다시 개벽의 새 시대가 오고 있음을 남보다 먼저 알았을 뿐 아니라, 천지개벽과도 같은 근본적 변화를 갈망하는 민심을 제대로 읽을 수 있었던 전례 없는 가르침귀천과 남녀 등의 차별이 없는 평등사상이 당시 민중의 눈과 귀를 사로잡기에 충분했기 때문으로 보인다. 또한 없는 자와 있는 자, 지식이 많은 자와 지식이 없는 자, 어떤 특별한 재주가 있는 자와 없는 자들이 서로 베풀고 나누도록 가르치는 유무상자有無相資의 동학 공동체 속에서 비로소 사람다운 대접을 받을 수 있었던 민중은 수운을 신인 또는 진인이라 생각하면서 다투어 모여들여 끈끈한 공동체를 형성하기 시작했다. 바로 이것이 문제였다. 경주와 경상도의 보수 유생, 나아가 조선 왕조 지배층은 다시 개벽을 말하고 사람을 하늘처럼 모시라고 말하는 수운 선생 밑으로 꾸역꾸역 몰려드는 민중의 모습에 두려움을 느끼기 시작했다. 특히 '갑자년에 새 시대가 시작된다.'는 생각을 그 바탕에 깔고 있는 수운의 다시 개벽 사상은 불온하기 그지없는 사상이었다. 이것이 바로 갑자년에 수운 선생이 처형당한 이유 가운데 하나다.

결론적으로, 동학의 핵심 사상은 『동경대전』과 『용담유사』에 집약되어 있으며, 그 중에서도 『동경대전』의 일명 「동학론」東學論으로 불리는 「논학문」論學文에 잘 집약되어 있다. 「논학문」은 수운 최제우 선생이 제정한 21자 주문에 대해 상세히 해설하고 있는데, 21자 주문은 '시천주조화정 영세불망만사지' 侍天主造化定 永世不忘萬事知라는 십삼자 주문十三字呪文으로 집약되며, 그것은 다시 '시천주' 侍天主 석 자, 마지막에는 '시' 侍 한 자로 집약할 수 있다. 그러므로 동학 사상의 핵심은 바로 시侍 한 글자, 즉 '모심' 이란 말에 집약되어 있다.

8. 맺음말

이상으로, 범부 선생의 동학관이 잘 드러나 있는 「최제우론」에 근거하여 동학에 대한 세간의 오해를 지적한 다음, 동학 사상 성립의 근원, 수운 최제우 선생에 대한 인물론, 수운 선생의 종교체험과 포덕 활동의 내용 등에 대해 필자 나름으로 개관해 보았다.

전술했듯이, 필자는 범부 선생의 동학관으로부터 결정적인 영향을 받았으며, 30여 년에 이르는 동학 연구를 지탱해 온 힘의 원천이 되었다. 이제 범부 선생께서 수십 년 전에 제시하신 동학에 대한 새로운 관점이 다시 조명되고 부활되어야 할 '바로 그때' 에 이르렀다고 생각한다.

1. 범부 관련 연표

1897년 2월 18일(1세)	경주부(현 경주시) 북부동에서 출생
1900년(4세)-1909년(13세)	김계사金桂史에게 한문漢文과 칠서七書 수학
1919년(23세)	백산상회白山商會 기미육영회己未育英會 제1회 장학생으로 渡日
1921년(25세)	일본 東洋大學 졸업
1940년(44세)	귀국하여 다솔사 등지에서 강의
1950년(54세)	부산 동래구 제 2대 민의원
1955년(59세)	경주 계림학숙 학장
1958년(62세)	건국대학교 동방사상연구소 소장
1966년 12월 10일(70세)	별세

2. 범부의 동학 관련 저작 현황

소춘, 「대신사 생각 성지순례단을 조직하자」, 『천도교회월보』162호, 1924년 3월호 16-19쪽; 「운수천리 제5회 용담을 바라보고서」, 『한국일보』1960년 1월 6일자, 7면; 「최제우론」, 『세계』2호, 국제문화연구소, 1960년 5월호, 227~240쪽; 『풍류정신』 정음사, 1986, 81-105쪽.

3. 범부의 동학관(동학 인식) 형성의 계기

1) 유년기

수운 선생과 동향인 경주 출신 범부는 수운 선생과 친구였던 조부金東範로부터, 그리고 동네 노인들로부터 수운 선생과 동학에 관한 이야기를 많이

들었다._{小春}

2) 1920년대

범부는 개벽사 주필이자 천도교 청년당 당두 등을 역임한 소춘 김기전과 막역한 사이였다. 소춘은 범부를 통해 들은 수운 선생에 관한 이야기를 『천도교회월보』162호_{1924년 3월호}에 「대신사 생각 – 성지순례단을 조직하자」라는 제목으로 싣고 있다.

3) 1950년대

범부는 내가 알아 듣고 못 알아 듣고 여부를 개의하는 것 같지는 않았다. 그런 나를 상대로 범부가 산책길에서 한 번씩 내지르던 소리가 있었다. 그는 빠르게 발걸음을 옮기면서 제법 큰 소리로 '이 나라 역사에서 최복술이 큰 인물이다.' 라고 했던 것이다._{외손자 김정근 교수 증언}

4) 1960년대

동학 창도 100주년이 되는 해에 범부의 동학 인식은 「용담을 바라보고서」, 「최제우론」 등으로 최종적으로 완성되었다.

4. 범부의 동학관의 핵심

※ 오증론_{五證論} : 문증_{文證}, 물증_{物證}, 구증_{口證}, 사증_{事證}, 혈증_{血證}

※ 최제우론_{崔濟愚論} (1960년)

동학과 한말 불교계의 교섭

1. 서언

19세기 중엽 수운 최제우^{이하, 수운}에 의해서 창도된 동학이 당시 조선 사회에 뿌리 내리고 있던 유교·불교·도교 사상을 그 사상적 기반으로 삼아 형성되었다는 점은 주지의 사실이다. 그 결과, 동학 사상 형성의 주요기반을 이룬 유교와 도교 사상이 동학 사상 속에 어떻게 수용되어 있는가에 대한 연구는 비교적 활발히 이루어져 왔고, 그에 따라 동학과 유교 사상과의 관계나 동학과 도교 사상과의 관계에 있어, 그 사상적 교섭의 내용이 일정 정도나마 밝혀져 있다. 그러나 유독 동학과 불교 사상과의 교섭 관계는 아직까지도 상세히 밝혀지지 않고 있다.[1] 동학과 불교와의 관계에 대한 연구가 부진한 까닭으로는 무엇보다도 동학 또는 불교 사상을 연구하는 연구자들의 무관심이 가장 큰 이유로 짐작되며, 그 다음으로는 동학과 불교와의 교섭 관계를 보여 주는 자료 부족 때문으로 생각된다.

이 글에서는 지금까지 그 관계가 제대로 밝혀지지 않고 있는 동학과 불교와의 교섭 관계에 주목하고자 한다. 그러나 위에서 지적한 바 있듯이 동학과 불교와의 교섭 관계를 명확하게 보여 주는 자료는 극히 제한되어 있으므로, 이 글에서는 일차적으로 동학의 창시자 수운, 2대 교주 해월 최시형을 중심으로 두 사람의 구도 및 득도 과정, 두 사람에 의한 동학 포교 활동 과정에서 확인되는 한말 불교계와의 교류 내용을 밝혀 보고자 한다. 그러므로 이 글은 어디까지나 동학과 불교와의 사상적 교섭의 구체적 실상을 밝히기 위한 자료 검토의 성격을 띠고 있다고 할 수 있다.

2. 수운과 불교계와의 교섭

수운은 1860년 4월 동학을 창도하고, 1863년 8월에는 수제자인 해월 최시형이하, 해월에게 도통을 전수한다. 수운의 도통 전수 과정은 동학 최초의 교단사敎團史인 『최선생문집도원기서』에 다음과 같이 서술되어 있다.[2]

> (1863년 8월) 15일 새벽머리에 선생=최제우이 경상慶翔=최시형의 최초 이름을 불러 말씀하여 가로되 "이 도는 유·불·선 3도로써 겸해 나온 것이니라." 하니, 경상이 대답하여 가로되 "어떻게 겸하였는가요?" 선생이 가로되 "유도儒道는 투필성자投筆成字하고 개구창운開口唱韻하며 제사를 지낼 때에 쇠고기와 양고기를 쓰는 것이 이것이 바로 유도儒道요, 불도佛道는 도량道場을 정결히 하고 손에 염주를 들며 머리에 백납白衲을 쓰고 백미白米를 바쳐 인등引燈을 하니 이것이 바로 불도佛道이며, 선도仙道는 용모가 환골탈태되고 의관은 색깔 있는 옷을 입으며 제사를 지낼 때에 폐백幣帛을 쓰고 예주醴酒의 잔을 올리니 이것이 바로 선도仙道이다."라고 하시었다.

위의 인용 내용에서 주목되는 점은 수운이 해월에게 도통을 전수하면서 "동학은 유·불·선(=도)을 겸한 것이다."라고 선언하였다는 사실이다. 물론 위의 인용 속에서 수운이 설명하고 있는 유·불·도교의 개념과 그 사상 내용에 대하여는 논란의 여지가 많을 것이다. 그렇지만 교조敎祖가 자신이 창도한 동학을 스스로 '유·불·도 삼교를 겸한 것', 즉 동학은 유·불·도를 통합한 사상이라고 선언하고, 그 사실을 도통의 전수 과정에서 강조하고 있는 점은 매우 주목할 만한 내용이 아닐 수 없다.

동학이 유·불·도 삼교를 통합했다고 강조하는 수운의 입장에서는 반드시 그럴 만한 필연적인 이유가 있을 것으로 추측된다. 첫째 이유로 생각할 수 있는 것은 수운의 구도 과정에 유·불·도 삼교 사상이 깊은 영향을 끼쳤을 것이라는 점이다. 다시 말하자면, 수운이 도통 전수 과정에서 동학의 사상 체계를 삼교 통합 사상이라고 선언하기까지, 유·불·도 삼교 사상은 수운의 구도 과정 및 사상 형성 과정과 밀접한 관계를 맺고 있었을 것이라는 점이다. 그러한 구체적 증거의 하나가 바로 수운의 구도 과정에 나타나고 있는 불교계와의 밀접한 관계이다. 수운의 구도 과정에 처음으로 등장하는 불교의 모습은 을묘년1855년 수운의 꿈에 나타나 책을 주면서 가르침을 내린다는 금강산 유점사 승려를 통해서이다. 1855년 수운이 꿈속에서 금강산 유점사에서 온 승려를 통해서 한 권의 책을 받게 되는 것을 동학·천도교계에서는 '을묘천서' 乙卯天書라 부른다. 먼저 이 '을묘천서'에 나타나는 불교와의 관계에 주목해 보고자 한다.

1) 을묘천서와 금강산 유점사 승려

수운은 1855년 3월, 그의 구도 과정에서 처음으로 독특한 종교체험을 하게 된다. 비몽사몽 간에 금강산 유점사로부터 왔다고 하는 한 이승異僧으로부터 한 권의 책을 전해 받게 되는 체험을 하는 것이다. 『최선생문집도원기서』에 나타나 있는 수운의 최초의 종교체험 내용은 다음과 같다.[3]

마침 을묘년 3월 봄이 되어, 봄 졸음에 취해 있을 때 꿈 같기도 하고 제정신이 있는 것 같기도 할 즈음에, 한 선사禪師가 나타나 문 밖에서 주인을 찾거늘 선생=최제우이 문을 열어 보니 어디서 왔는지 한 늙은 선사가 서 있었다. 그 용모가 깨끗하고 거동이 은근한지라 나아가 맞이하여 물어 가로되 "스님께

서는 무슨 일로 저를 찾아오셨습니까?" 하니, 스님이 가로되 "생원님이 바로
경주 최생원이신가요?" 선생이 대답하여 가로되 "그렇습니다." (중략) "소승
은 금강산 유점사에 있는 중인데, 그저 불서佛書만 읽고 지내다가 마침내 신
기한 증험을 얻지 못하여 백일기도를 드렸는데 신비한 효험이 있는 듯하여
지성으로 감축하였습니다. 공부를 마치던 날 탑 아래에서 잠깐 졸다가 문득
깨어 탑 앞을 보니 한 권의 책이 있는지라 거두어 펴 본즉 세상에 보기 드문
책이었습니다. 소승은 곧 산을 나와 팔방을 주유周遊하며 혹 박식한 이가 있
는지 곳곳에서 그 인물을 찾았으나 찾지 못하고 생원님이 박식하다는 소식
을 듣고 책을 간직하고 왔습니다. 생원께서는 혹시 그 내용을 알 수가 있겠
습니까?"라고 하였다. 선생이 가로되 "책을 책상에 올려 놓아 보시지요."라
하니, 노 선사가 예를 다해 책을 올렸다. (중략) 스님이 백 번 절하며 무수히 사
례하면서 기뻐하여 말하기를 "이 책은 참으로 생원께서 받아야 할 책이요,
소승은 다만 전달할 뿐이오니 이 책의 내용과 같이 행하소서." 하고 사례 후
물러나 계단을 내려간지 몇 걸음 만에 문득 보이지 아니하였다. 선생은 마음
속으로 기이하고 기이하게 여겨 신인神人이라고 여겼다. 그 후 깊이 살펴 이
치를 통하고 보니 그 책 속에는 기도하라는 가르침이 들어 있었다.

위의 내용에서 알 수 있는 바와 같이 수운의 구도 과정에 나타나는 최초
의 종교체험은 강원도 금강산 유점사와, 유점사에서 왔다고 하는 한 승려와
의 문답 등 불교적인 배경과 분위기에서 이루어지고 있다. 을묘년1855년이면
수운이 아직 동학을 창도하기 몇 해 전으로 득도得道를 위한 유력遊歷 생활 끝
에 울산 처가 인근에 머물러 있던 때였다. 당시 그는 이미 10여 년 이상 전국
을 돌아다니며 감당하기 어려운 사회적 모순을 온 몸으로 체험하고 있었으
나, 그 같은 사회적 모순을 해결할 길을 찾지 못한 채 몹시 갈등하고 있었다.
그러던 수운에게 최초의 종교체험이라고 할 수 있는 '을묘천서'라는 체험

이 불교적인 배경과 불교 승려와의 관계 속에서 이루어졌다는 사실은 무엇을 의미하는 것일까?

첫째, 을묘천서를 불교에 대한 수운의 잠재의식의 한 표현이라고 이해할 수가 있다. 을묘천서라는 종교체험에 보이는 수운의 불교에 대한 인식은 매우 '우호적'이다. 을묘천서의 내용을 설명하고 있는 서술 속에서는 그 어디에서도 불교를 배척하거나 적대시하는 인식을 찾아볼 수 없다. 이것은 수운이 접할 수 있었던 19세기 중엽의 불교가 수운과 같은 재가녀再嫁女의 자식, 재주는 있어도 과거 시험에 나아갈 수 없는 불우한 신분의 최제우 같은 이들이 마음 편하게 의지할 수 있는 '민중불교'民衆佛敎적인 분위기를 지니고 있었기 때문에 가능할 수 있었다고 말한다면 과언일까?

둘째, 을묘천서는 19세기 중엽의 조선 불교계와 수운 사이에 어떤 '공통분모'가 존재하고 있음을 시사하고 있다. 19세기 중엽 한국 불교계의 동향과 수운의 사회·경제적 처지 사이에는 기존 지배 체제에서 소외된 처지라는 공통분모가 있었다. 주지하듯이 신분적으로 불우했던 수운은 사회·경제적으로도 거의 몰락한 처지였다. 한편, 19세기 중엽의 한국 불교는 조선 왕조 5백 년 동안 지속된 억불 정책 때문에 사회적 영향력 측면에서 매우 쇠락한 처지에 놓여 있었다. 이 같은 양자의 소외된 처지는 둘의 관계를 아주 자연스런 친화 관계로 형성해 가는 데 기여하게 되며, 그러한 구체적 증거가 바로 수운의 을묘천서라는 종교체험이라 할 수 있다.

셋째, 을묘천서는 19세기 중엽 조선 민중들 속에 자리하고 있는 금강산 유점사의 위상을 상징적으로 드러내 주고 있다. 수운의 고향 경상도 경주는 강원도 금강산 유점사와 상당한 거리를 사이에 두고 있다. 경주와 금강산 사이의 거리는 수운이 일상적으로 유점사에 자주 갈 수는 없었을 것이라는 사실을 시사한다. 그럼에도 불구하고 금강산 유점사는 수운 최제우의 의식 세계에 아주 자연스럽게 들어와 있다. 이 같은 사실은 무엇을 말하는 것일까? 앞에서 지적했듯이, 조선 5백 년간의 억불 정책 때문에 불교의 사회적 영향력이 쇠락해 있었다 해도, 민중들의 의식 속에는 여전히 불교가 살아 움직이고 있으며, 그 같은 사회적 분위기 속에서 금강산 유점사 역시 조선 후기 민중들의 의식 세계에 자연스럽게 등장할 만한 일정한 위상을 여전히 지니고 있었다고 보는 것도 틀린 관점은 아닐 듯하다.

넷째, 을묘년에 수운이 체험하는 최초의 종교체험은 불교적인 분위기와 밀접하게 연결되고 있다는 점에서 의미가 있는 것만은 아니다. 그보다는 오히려 을묘년의 종교체험이 계기가 되어 수운이, 또는 동학이 불교계와 더욱 긴밀한 관계를 가지고 교류하는 결정적 계기가 된다는 점에 더욱 큰 의미가 있다. 수운은 을묘천서 체험 직후 양산 통도사通度寺의 말사末寺인 내원암內院庵 근처에 있는 자연동굴적멸굴로 입산하여 49일의 기도를 행하게 된다는 점에서 또 다른 의미가 있다.

2) 49일 기도와 양산 통도사 내원암 자연동굴

앞에서 고찰한 바와 같이 수운은 을묘년 3월 비몽사몽 간에 금강산 유점사에서 왔다고 하는 한 노선사로부터 책 한 권을 전해 받는 체험을 하는데, 그 책의 요지는 '기도를 하라' 는 내용이었다.[4] 을묘년의 종교체험은 무엇보다도 수운으로 하여금 종래의 구도 방법周遊天下 등을 청산하고, '기도' 라는 새로운 구도 방법으로 전환하게 만들었다는 점에 커다란 의미가 있다. 을묘천서 이전의 구도가 대체로 외부에 있는 어떤 대상을 통해서 문제를 해결하려고 있던 '향외적' 向外的 구도가 중심이었다면, 을묘천서 이후의 구도는 비로소 자신의 내부에서 해답을 찾고자 하는 '향내적' 向內的 구도 쪽으로 전환하고 있다는 점에 그 의의를 발견할 수 있다.

수운은 을묘년 다음 해인 1856년에, 노선사가 전해준 책의 가르침에 따라 그의 고향 경주 용담에서 과히 멀지 않은 양산 통도사 내원암으로 입산하여

49일 기도를 행하는데, 이 49일 기도는 내원암 근처 한 자연동굴에서 이루어진다. 수운의 내원암 입산 기도는 을묘년 종교체험 과정에서 수운의 의식 세계 속에 반영된 불교계에 대한 우호적 태도가 실제로 현실화된다는 점에서 매우 흥미를 자아내고 있다. 내원암 근처의 자연동굴寂滅窟에 입산하여 49일 기도를 행하는 내용은 『최선생문집도원기서』에 다음과 같이 나타난다.[5]

> 병진년1856 한 여름이 되어 삼가 폐백을 갖추어 한 사람의 승려와 함께 양산 통도사 천성산天聖山에 들어가 3층 단을 쌓고 49일 축원을 할 겨 획이었는데 마음에 항상 생각하는 바는 '한울님'이 강령降靈하여 가르침이 있기를 바라는 것이었다. 이틀을 채우지 못한 47일째에 이르러 지성으로 스스로 생각한 즉 숙부가 이미 돌아가시어 몸이 거듭 복인服人이 되었는지라, 이미 복인임을 알고서 기도에 정성 드리는 것이 편안하지 못하여 그로 인하여 산을 내려오니 숙부가 과연 돌아가시었더라. 슬퍼서 곡하기를 이기지 못하였다. (중략) 다시 천성산에 올라 뜻과 같이 계획을 이루었으니 기도를 마친 해는 정사년1857이요 계절은 가을이었다.

위의 내용에 잘 나타나 있듯이 수운은 1856년 여름에 한 승려의 도움에 힘입어 양산 통도사 천성산 내원암 근처의 자연동굴인 적멸굴 안에서 49일 기도를 행하게 됨으로써 당시 불교계와 불교 사상을 보다 직접적으로 접하는 계기가 되었다.

그런데 수운이 천성산에 들어가 기도를 올린 해인 병진·정사년, 즉 1856년과 1857년을 즈음한 경상도 양산 통도사의 분위기는 어떠하였을까? 이 문제에 대해서는 따로 상세한 고찰이 있어야만 할 것이나 조선 초기 이래의 숭유억불崇儒抑佛의 일반적 분위기에서 크게 벗어나 있지는 않았을 것으로 짐작된다. 즉, 숭유억불의 조선왕조 지배 체제 아래에서의 불교는 대체로 일반 민중의 명복의 기원이나 치병治病·구복求福을 위한 기도와 같은 개인 구제의 종교로서 그 명맥을 유지해 왔다고 해도 과언이 아니다. 그러므로 1850년대 통도사를 둘러싼 분위기 속에도 일반 민중의 기복을 위한 신앙 도량으로서의 모습이 자연스럽게 나타나고 있었을 것이며, 이러한 통도사의 분위기를 최제우 역시 자연스럽게 접할 수 있었을 것으로 생각된다.

수운의 천성산 입산에서 가장 주목할 만한 내용은 '49일 기도'라는 구도 방법이 처음으로 등장하고 있다는 점이다. 수운의 49일 기도의 49일이 불교의 49재齋에서 유래한 것이라는 사실에 대해서는 의문의 여지가 없으나, 하필이면 왜 양산 통도사가 있는 천성산에서 49일 기도를 올리는 것인가에 대해서는 해명해야 할 문제가 많다. 이 문제에 대해 필자는 이 글에서 설득력 있는 해답을 제시할 능력이 없다. 다만 한 가지 짐작이 가는 것은 천성산이나 통도사가 당시의 민중들의 삶 속에, 특히 경주를 포함한 경상도 일대 민중들의 의식 세계 속에 깊숙이 자리하고 있었을 것이라는 사실이다.

그리고 또 한 가지 지적하고 넘어 갈 것은 수운의 천성산 49일 기도 이후, 동학에서는 49일 수련 또는 49일 기도가 동학의 독특한 수련 방법으로 정착해 간다는 점이다. 예를 들면, 수운으로부터 도통을 전수 받은 수제자 해월의 경우, 38년간에 걸친 포교 활동 과정에서 핵심 제자들을 지도하고 지역별 동학 조직을 정비해 가는 과정에서 이 49일 기도 방식을 철저히 실천하고 있음을 발견할 수 있다.[6]

3) 동학 사상의 체계화와 남원 은적암

수운은 1860년 4월 5일, 상제上帝와 문답을 나누고 상제로부터 주문呪文과 영부靈符를 받는 종교체험을 계기로 무극대도無極大道인 동학을 창도한다. 이 상제와의 문답을 동학·천도교계에서는 '천사문답'天師問答이라고 부르고 있다. 수운은 천사문답 이후 1년여에 걸친 수련을 거친 다음, 1861년 6월부터 본격적인 포교 활동에 들어갔다. 그러나 주자학 이외에는 사도로 규정하는 보수 유림의 본거지인 경상도를 무대로 한 동학 포교는 처음부터 비난과 질시 속에서 전개되지 않을 수 없었다. 그리하여 동학과 그 교조 최제우에 대한 비난과 질시·음해는 날이 갈수록 더해만 갔다. 그 결과 수운은 이제 더 이상 경주 용담에 머무를 수 없게 되어 경주를 떠나 아무 연고도 없는 전라도 땅으로 정처 없는 피신의 길을 떠나게 되었다. 수운이 전라도를 향해 피난길에 오른 때는 본격적인 포교 활동에 나선 지 불과 5개월밖에 되지 않는 신유년1861 11월경이었다.

수운이 전라도로 피신한 장소는 다름 아닌 전라도 남원 근처에 있는 선국사善國寺의 부속 암자인 은적암*이었다. 이때의 상황을 『최선생문집도원기서』를 통해 살펴보기로 한다.[7]

금년1861년 11월에 갑자기 길을 떠날 계획이었으나 새로 들어온 도인을 생각하면 가히 어리석고 이룸이 적은 자들이라 스스로 탄식하기를 그치지 아니하였다. 전라도를 향해 길을 떠나 성주星州를 지나면서 충무공의 사당에 들러 참배하고, 남원에 처음 도착해서는 서공서徐公瑞의 집에서 10여 일을 머물렀으니 그때 함께 간 사람은 최중희崔中羲였다. (중략) 대나무 지팡이를 짚고 미투리를 신은 채 마을마다 찾아들고 골짜기마다 두루 구경한 끝에 은적암에 이르니 때는 섣달이었다. 한 해가 저물어 가고 절의 종소리가 들리는 가운데 여러 스님들이 함께 모여 불공을 드리며 모두 법경法經의 축원을 올리니 송구영신送舊迎新의 회포를 금하기 어려웠다. (중략) 어진 모든 벗을 생각하

---

* 隱寂庵의 본래 이름은 密德庵(또는 德密庵)이었으나, 수운 최제우가 은거하면서 은적암이라 명명하였다. 현재 은적암 건물은 없어지고 그 터만 남아 있다.

고 처자를 매양 생각하며 힘써 「도수사」道修詞를 짓고 또 「동학론」東學論=論學文; 인용자주과 「권학가」勸學歌를 지었다.

위의 내용은 경상도 유림들의 탄압을 피해 전라도로 피난길에 나선 수운이 1861년 12월 말에 남원 은적암에 도착하여 스님들과 생활하면서, 동학의 핵심 사상이 담긴 「논학문=동학론」을 비롯한 각종 저술 활동을 하고 있음을 잘 보여 주고 있다.

여기서 남원 은적암 시절에 수운이 지은 「논학문」에 대해 간단하게 검토하고자 한다. 「논학문」의 본래 이름은 「동학론」東學論으로, 이 저작 속에 '동학' 이란 용어가 처음으로 등장하기 때문에 「동학론」이라는 이름으로 불리고 있다. 수운이 은적암에 칩거하며 「동학론」, 즉 「논학문」을 쓴 까닭은 보수 유생들로부터 서학西學이라는 오해를 받고 있는 자신의 가르침이 결코 서학이 아니라는 사실을 논리적으로 설명하기 위한 데 있었다. 따라서 「동학론」, 즉 「논학문」 속에는 동학 사상의 핵심 내용이 매우 체계적으로 설명되어 있으니, 그 중에서도 동학의 독특한 수련 방법인 주문呪文=至氣今至願爲大降 侍天主造化定 永世不忘萬事知에 대한 해설 속에 동학의 핵심 사상이 잘 드러나고 있다.*

이처럼 남원 은적암에서 동학 사상의 체계화가 이루어지고 있는 사실은 앞에서 검토한 바 있는 수운의 '을묘천서'에 나타난 금강산 유점사 승려, 천성산 내원암 근처의 적멸굴에 들어가 불교의 49재에서 유래한 '49일 기도'를 했던 사실 등에서 확인되고 있는 수운과 불교계와의 밀접한 관계를 다시

* 은적암 시절에 수운 최제우가 지은 「동학론」을 비롯한 각종 저술이 한국 민중종교 사상사 속에서 차지하고 있는 의미에 대해서는 김지하 시인의 다음 글을 참조하기 바란다.; 김지하, 「은적암 기행」, 『남녘땅 뱃노래』, 도서출판 두레, 1985년.

한 번 확인할 수 있는 상징적 사건이 아닐 수 없다.

이상에서 검토한 동학 교조 수운과 당시 불교계와의 관계를 한가디로 요약한다면 '불가분리不可分離의 관계', 즉 '떼려야 뗄 수 없는 관계'라고 정의할 수 있다. 최초의 종교체험이라고 알려진 '을묘천서', 을묘천서 이후에 이루어진 천성산 '49일 기도', 은적암 피난 시절에 이루어진 동학 교리의 체계화 등 수운의 생애에서 결정적 의미를 지닌 사건들이 모두 불교계와 밀접한 연관 속에서 이루어진 사실이 양자 사이의 '불가분리의 관계'를 뒷받침하고 있다.

그렇다면 수운으로 하여금 동학이라는 신종교 창시자로 태어나게 하는 결정적인 계기들이 모두 당시 불교계와의 밀접한 관계 속에서 이루어진 사실은 무엇을 의미할까? 19세기 중엽, 조선왕조의 오랜 억압 속에서 쇠락한 것으로만 알려진 한국 불교계가 한 사람의 위대한 신종교 창시자를 탄생시키는 결정적 기반을 제공하고 있었다는 역사적 사실에서 우리는 무엇을 배울 수 있을까? 한국 불교사를 관통하고 있는 원융회통의 전통, 다른 사상에 대해 배타적이지 아니한 한국 불교의 포용성, 그리고 당시 조선 왕조 지배 체제가 지닌 모순에 의해 시달리고 있던 광범위한 민중들의 고통을 위로하고자 했던 조선 후기 불교의 민중 지향적 성격 등이 서로 창조적으로 작용함으로써 수운이라고 하는 한 사람의 탁월한 종교 지도자를 탄생시켰다고 말한다면 너무 지나친 비약일까?

이상으로 수운이 19세기 중엽의 한국 불교계로부터 영향 받은 역사적 사실의 일단을 정리해 보았다. 수운과 불교계가 불가분리의 관계임이 역사적 사실일진대, 사상적 차원에서도 양자는 불가분리의 관계일 가능성이 높다. 그러나 사상적 차원을 중심으로 양자의 관계를 살피는 문제는 별고를 기약하고자 한다.

3. 해월과 한말 불교계와의 교섭

해월은 1861년 6월경에 동학에 입도하여 수운 최제우로부터 직접 지도를 받았던 수제자급 제자 가운데 한 사람이었다. 그는 내놓을 만한 학문적 배경은 없었지만 스승의 가르침을 정성스럽게 실천함으로써 1863년 8월에는 수운으로부터 도통을 전수 받은 것으로 알려져 있다.[8] 그는 또한 1864년 3월 10일 수운이 조선왕조에 의해 '좌도혹민'左道惑民의 죄명으로 처형당한 이후, 수운의 뒤를 이어 동학 조직을 정비·강화하는 한편, 『동경대전』東經大全 등의 경전 간행을 통해 동학의 교리를 체계화하였으며, 38년간에 걸친 지하 포교 활동을 통해 수운 재세시 경상도 일대에 머물러 있던 교세를 전국적으로 확대함으로써 1894년의 동학농민혁명의 사상적·조직적 기반을 마련하기도 하였다.

해월은 동학이 조선 왕조로부터 장기간에 걸쳐 탄압 받던 시기에 동학교단을 이끌어왔기 때문에 그의 일생은 '수배자' 또는 '도망자'의 처지였다. 그럼에도 불구하고 그는 38년간 동학교단을 지도하며 혁명의 기반을 닦았던 탁월한 지도력의 소유자였으며, 훌륭한 종교적 실천가였다. 38년에 걸친 수배자 생활 속에서 해월은 자신의 생애 대부분을 경상도·강원도·충청도의 산간지방에서 보냈다. 그러한 해월의 일생을 살펴보면, 동학 교조 수운과 마찬가지로 당시 불교계와 긴밀한 접촉을 통해 불교계로부터 큰 도움을 받기도 하고, 또는 불교계에 도움을 주기도 하는 역사적 흔적들을 쉽게 발견할 수 있다. 동학의 2대 교주에 이르러서도 동학과 불교계는 지속적으로 상호 접촉과 교류를 계속하고 있는 것이다.

이하에서는 동학 2대 교주 해월의 일생에서 확인되는 불교계와의 관련 내용을 고찰해 보고자 한다.

1) 동학의 도통 전수^{道統 傳受}와 유·불·도 삼교 합일

해월은 1863년 8월 동학의 도통을 전수 받는 과정에서 교조 수운으로부터 동학은 유·불·도 삼교 합일의 사상 체계라는 가르침을 전해 받는다. 동학이 어떻게 유·불·도 삼교를 겸했는지에 대해서는 수운의 언설^{言說}을 중심으로 이미 검토했기 때문에 여기서 재론할 필요는 없을 것이다.[9] 문제는 동학의 역사에서 대단히 중요한 의미를 갖는 '도통의 전수'라는 자리에서 조차 "동학은 유·불·도를 겸한" 삼교 합일의 사상이라고 강조한 수운의 의도가 무엇이며, 그 같은 스승의 가르침을 해월이 어떤 식으로 수용했을까 하는 점에 있다.

수운이 도통 전수 과정에서 해월을 향해 "동학은 유·불·도 삼교를 겸한 것"이라고 말했을 때, 그 의미는 여러 가지로 해석할 수 있을 것이다. 우선 첫째, 삼교를 겸한 동학이야말로 그 어떤 사상과도 비교할 수 없을 만큼 탁월한 사상이라는 점을 강조하려는 의도가 들어 있다고 해석할 수 있다. 1860년 4월 5일의 '천사문답'^{天師問答}을 계기로 동학을 창도한 수운은 자신의 득도 내용에 대해 "한울님 하신 말씀 개벽 후 5만 년에 네가 또한 처음이로다."[10] "천은이 망극하여 만고 없는 무극대도 여몽여각 받아내어"[11]라는 표현을 빌려 그 독창성과 탁월함을 강조했다. 이 같은 사실을 고려할 때 수운이 도통 전수 과정에서 "동학이 유·불·도 삼교를 겸한 것"이라고 강조한 것 역시 동학 사상의 독창성 또는 그 탁월성을 드러내려는 의도가 있었다고 볼 수 있다. 둘째, 유·불·도 삼교를 겸한 것이 동학이라고 할 대, 그 말을 뒤집으면 동학이 불교와 유교, 도교 등 이른바 전통 사상을 '수용'한 가운데 정립된 사상이라는 점을 인정하는 것이 된다. 즉 불교와 유교. 도교 등 전통 사상으로부터 그 나름대로 많은 '은혜'를 입고 태어난 사상이 바로 동학이라는 사실을 도통 전수 과정을 통해 수운은 다시 환기^{喚起}시키고 있는 것이다.

셋째, 유·불·도 삼교 합일의 사상이 바로 동학이라는 수은의 관점이 도

통의 전수 과정에서 다시 강조됨으로써 해월 역시 수운의 관점을 자연스럽게 수용하였던 것으로 생각된다. 해월이 동학을 삼교 합일의 사상 체계로 수용·이해하고 있는 사실은 1883년에 해월 등에 의해 집대성되어 간행되는 『동경대전』계미판, 1883에서도 확인할 수 있다. 그 내용은 다음과 같다.[12]

> 계해1863 8월에 이르러 선생=최제우께서 나에게 도를 전해 주던 날, 이 도는 유·불·선 삼도의 가르침을 겸하였다고 하였으므로….

위의 인용 내용에서 알 수 있듯이 해월 역시 동학을 유·불·도 삼교 합일의 사상 체계로 이해하고 있다. 그러나 위의 글 속에는 유·불·도 삼교와 동학이 구체적으로 어떻게 연관되어 있는지에 대해 해월 자신이 언급한 내용은 들어 있지 않다. 동학과 불교 사상 속의 어떤 요소가 상호 연관되는지, 동학 사상 속에 불교 사상이 어떻게 수용되어 있는지, 또는 해월 자신이 불교를 어떻게 이해하고 있는지 등 구체적인 내용에 대해 명확히 설명한 바가 없는 것이다. 이 글에서는 다만 문제제기에 그치고 추후의 연구를 기다리기로 하겠다.[13]

2) 태백산공과 갈래산 정암사 적조암

1863년 8월 수운으로부터 동학의 도통을 전해 받은 해월은 1864년 3월 스승 수운이 조선 왕조에 의해 체포되어 처형됨으로써 '수배자'의 처지가 된다. 그의 수배자 생활은 1898년까지 계속되는데, 스승이 처형된 직후에는 경상도 영양英陽 일월산日月山 산중으로 피신하여 동학 조직의 재건을 도모한다. 1864년 말경부터 약 6~7년 동안 산간에 걸친 노력 끝에 해월은 1870년경 경상도 북부 지방을 중심으로 동학 조직의 재건에 성공하기에 이른다. 그러나 1870년 가을부터 스승 수운의 억울한 죽음을 신원하자는 일부 교도들의 주장이 경상도 북부 지방 교도들의 마음을 움직이게 되자, 해월 역시 그들의 교조신원운동의 대의에 공감하여 참여하기에 이른다.[14]

동학 교단 최초의 교조신원운동은 1871년 3월 10일 경상도 영해에서 이필제李弼濟, 해월 등이 주도한 가운데 일어났다. 그러나 이 신원운동은 불과 며칠 만에 실패로 끝나 동학교도 수백 명이 체포되고, 1백여 명 이상이 희생되는 참담한 결과를 낳았다. 뿐만 아니라 애써 재건했던 경상도 북부 일대 동학 조직과 교세는 전면적으로 와해되고 말았다. 이제 경상도를 중심으로 한 동학의 포교는 사실상 불가능하게 되었다. 살아남은 교도들 간의 반목과 갈등도 증폭되어 그 혼란이 극에 달했다.[15] 구사일생으로 간신히 살아남은 해월은 몇 사람의 교도만을 대동하고 강원도 영월·정선 일대에서 간고한 은신생활을 하게 되었다. 적어도 1871년 3월 이후 2~3년간의 동학교단은 교조 수운의 순교 이래 최대의 시련기를 맞고 있었다.

1864년 3월의 교조 순교 이후 와해되었던 교단 조직이 겨우 복원되고 각지에서 숨어 지내고 있던 동학교인들이 일정한 연락망을 구성하여 교조의 탄생일과 기일을 기해 정기적인 집회를 열기 시작할 즈음에, '신원파' 伸寃派 교도 이필제의 주도로 일어났던 영해 교조신원운동의 실패와 더불어 불어닥친 관의 무서운 탄압과 가혹한 검거, 그리고 교조신원운동 과정에서 수백 명의 교인들이 희생됨으로써 해월이 이끄는 동학교단은 거의 회생 불능의 지경에 다다랐다. 바로 이렇게 어려운 시기에 해월은 갈래산 정암사 적조암에 입산하여 49일 수련을 단행한다. 영해 교조신원운동 직후 갈래산에 입산하여 행한 49일 수련을 동학·천도교에서는 태백산공太白山工이라고 일컫고 있다. 갈래산 정암사 적조암에서 이루어진 이 태백산공은 1870년대 이후 강원도 지방을 중심으로 한 동학교단 재건의 결정적 계기가 된다는 점에서 동학 역사상 대단히 중요한 의미를 지니는 사건이라 할 수 있다. 해월이 몇 명의 교도들과 함께 갈래산 적조암으로 입산하는 과정을 살펴보기로 한다.[16]

주인=최시형이 강수姜洙와 더불어 장차 산에 들어가 49일간 수련을 하고자 계획하였다. 강수가 해성海成·택진澤鎭과 함께 갈래산 (정암사) 적조암으로 들어가니 한 늙은 스님이 있어 우리를 맞이하며 말하기를 "손님들은 어디로부터 오십니까?" 강수가 대답하기를 "나는 이곳 본읍=정선 사람이오. 이번 겨울에 기도할 계획이 있어서 숙하고 궁벽진 곳을 택하고자 두루 살펴 찾아 왔습니다."라고 하였다.

위의 내용은 해월이 49일 수련을 하기 위해 강수姜洙=姜時元로 하여금 기도할 만한 마땅한 장소를 물색하게 하는 내용이다. 강수는 해월의 지시를 받들어 강원도 정선 동학교도인 김해성金海成·유택진劉澤鎭을 대동하고 1872년 10월 초에 갈래산 정암사 적조암에 이르러 주지 스님의 허락을 얻고, 이곳을 수련 장소로 정한다. 그리하여 같은 달 15일에는 해월·강수·전성문 등이 함께 입산하여 49일의 수련에 들어간다.

이들은 처음에 동학교도임을 숨겼으나 주지 스님의 적극적인 협조 태도에 안도한 뒤, 자신들이 동학교도임을 밝히고 동학의 독특한 수련 방법인 주문 수련에 대하여 설명한 다음 하루 2~3만 독讀의 주문 독송 수련에 들어갔다. 이때의 수련 상황을 살펴보자.[17]

당일當日-주지 스님에게 입산을 약속한 날에 도착하여 들어가니 주지 스님이 경상도 순흥順興에서 돌아온 지 겨우 이틀째였다. 밤이 되어 강수가 주지 스님에게 말하기를 "세상 술업의 공부가 각각 베푸는 것이 있습니다. 일이 이미 여기에 이르러 삼동三冬을 함께 지내는 고생을 하게 되었으니 어찌 스님을 속일 수 있겠습니까? 스님과 저희들은 도를 닦아 성취하는 것은 같다고 할 것입니다. 저희가 공부하는 것은 다만 주문뿐입니다."라고 사실을 털어놓았다. 스님이 "주문은 어떤 주문인가요?"라고 물으니, 대답하기를 "주지 스님께서는 전에 동학이라고 들어 보셨는가요?" 스님이 잠시 뒤에 답하기를 "이전에 들어 본 적이 있습니다."라고 하였다. (중략) 주지 스님은 우리들의 주문 외는 소리를 듣고 무수히 칭찬하면서 수련을 권하였다. 4인이 각각 앉을 곳을 정하고 손에 염주를 들고 의관을 정제하고 낮과 밤으로 수를 정하여 거의 2~3만 독에 이르렀으며, 이렇게서 마침내 49일을 지냈다.

이러한 주문 수련은 49일 동안 계속되어 그해 12월 5일에 끝이 났다. 이 49일의 수련 후 해월은 그 소감을 이렇게 읊었다고 한다.[18]

> 태백산중太白山中에서 행한 사십구일 기도 덕분에
> 봉황 여덟 마리를 얻어 각각의 주인을 정하였고
> 천의봉天宜峰 꼭대기에는 흰 눈꽃이 온 누리에 피었으니
> 오늘에야 비로소 옥을 갈아 오현금五絃琴을 타는도다.
> 적멸寂滅의 궁전宮殿에 들어 진세塵世를 벗어났으니
> 뜻있게 마쳤도다 사십구일의 기도여!

이 한시漢詩 내용에 따르면, 해월은 1872년 말 갈래산 정암사 적조암에서 행한 49일 수련에 대해 매우 만족스런 평가를 내리고 있음을 알 수 있다.

해월 일행이 '태백산공' 이라 부르는 49일 수련을 한 갈래산 적조암은 현재의 행정구역으로 강원도 정선군 고한읍古汗邑 고한리古汗里에 자리하고 있는 정암사의 부속 암자인 적조암을 가리킨다. 갈래산 적조암이라는 명칭은 근처에 중갈래中葛來와 하갈래下葛來라는 지명이 있고, 정암사가 자리하고 있는 산을 갈래산葛來山이라 부른 데서 유래한 것으로 보인다.

여기서 해월 일행이 어떤 이유 때문에 갈래산 적조암으로 입산하여 49일 수련을 했을까 하는 문제를 생각해 보고자 한다. 갈래산 적조암에 관한 사

료의 하나로 정선 군수재임기간 1887년 3월~1888년 8월 오횡묵吳宖默, 1834~?이 남긴 『정선군총쇄록』旌善郡叢瑣錄이란 자료가 있다. 그런데 이 『정선군총쇄록』에 "본군 갈래산本郡葛來山 즉명산야 영찰야卽名山也靈刹也"라는 표현이 들어 있어 주목된다.[19] 해월 일행이 49일 수련을 한 시점보다 약 15년 정도 뒤늦은 시기의 표현이지만, 갈래산과 정암사가 각각 명산名山이요 영찰靈刹로 이름이 나 있었다는 사실은 해월 일행의 입산 수련 동기를 추측해 낼 수 있는 하나의 단서가 되기에 충분하다고 생각된다. 즉 해월 일행은 강원도 일대에서 명산이요 영찰로 유명한 갈래산 정암사에 입산 수련함으로써 어떤 특별한 성과를 기대했을 가능성이 있다.

다음으로 해월 일행이 갈래산 적조암에 입산하여 수련하게 되는 주된 이유의 하나는 정암사에서 만난 주지 스님의 동학에 대한 호의적 태도가 크게 작용하였던 것으로 보인다. 앞에서 인용한 바 있는 해월 일행과 정암사 주지 스님과의 문답 내용은, 주지 스님이 해월 일행의 입산 이전에 이미 동학에 대해 알고 있었음을 알려 주고 있다. 이 같은 사실은 동학교도들이 영해 교조신원운동 이후 관의 체포령에 시달리고 있는 상황도 알아차렸을 가능성을 시사한다. 그럼에도 불구하고 주지 스님은 해월 일행의 입산 수련을 허락했을 뿐만 아니라, 매우 호의적 태도로 수련을 권장하고 있다. 주지 스님의 호의적 태도는 신변 안전 확보를 위해서는 긴장을 늦출 수 없었던 해월 일행을 크게 안심시킴으로써 49일간의 주문 독송 수련을 무사히 마치게 하였다. 동학·천도교계 자료에 따르면, 해월 일행의 적조암 49일 수련을 적극적으로 후원했던 정암사 주지 스님의 이름은 '철 수좌'哲首座로 확인되고 있으며,[20] 1874년 2월에 열반에 든 것으로 나온다.[21] 철 수좌는 또한 임종 무렵 찾아온 해월에게 단양丹陽 두술봉兜率峰 아래의 절골寺洞을 새로운 은신처로 주선하는 등 적조암 49일 수련 이후에도 지속적으로 해월을 후원하였다고 한다.[22]

철 수좌의 호의와 적극적 후원 속에서 이루어진 해월 일행의 갈래산 적조암 49일 수련은 성공리에 마무리되었다. 그 결과, 해월은 한 해 전긴 1871년 3월 경상도 영해 지방에서 일으킨 교조신원운동의 실패에서 초래된 동학교단의 위기 상황을 극복할 수 있는 정신력과 자신감을 얻게 되었다. 또한 강원도의 정선·영월, 충청도의 단양 출신 교도들을 확보하는 계기를 만듦으로써 동학 조직 재건의 기틀을 닦게 되었다. 적조암 49일 수련 이후 강원도 남부와 충청도 북동부 지방에 동학의 비밀 포교지들이 다수 건설되는 것이 바로 그 구체적 증거일 것이다.[23]

1870년대 강원도와 충청도 산악지대를 기반으로 한 동학 조직의 재건의 출발점이 바로 갈래산 적조암 49일 수련이라는 역사적 사실에서 우리는 무엇을 읽어 낼 수 있을까? 무엇보다도 19세기 말의 격동하던 시대 상황 아래에서도 의연히 당대 민중의 정신적 의지처와 귀의처로서 기능하고 있던 당시 불교계의 흔연한 협조, 그리고 그 무렵 승려들의 민중 지향적 태도가 있었기 때문에 비로소 가능한 일이었다고 감히 말하고 싶다.

3) 전라도 지방 동학 포교의 전진기지인 익산 사자암

전라도를 중심으로 하는 호남 지방에 동학이 본격적으로 포교되는 시기는 대체로 1880년대 중·후반으로 짐작된다. 그 이전 시기 동학은 대체로 경상도 북부와 강원도 지방, 그리고 경상도와 강원도에 인접한 충청도 지방의 산간지대에 주로 지하 조직 형태로 미약하게 존재하고 있었다. 1870년대 초반까지만 해도 미미하기 그지없던 동학은 해월의 헌신적 노력에 힘입어 1870년대 후반에는 강원도와 충청도 산악지대를 중심으로 한 동학 포교에 성공하고, 그것을 기반으로 정기적인 수련 활동開接을 재개하고 경상도에 대한 순회 포교를 재개하였으며, 마침내 1880년대에 이르러서는 충청도 평야지대와 전라도로까지 포교 활동을 넓혀 가기에 이르렀다. 이 모든 일은

1872년 말 갈래산 적조암 49일 수련의 성공이 계기가 되었다고 해도 과언이 아니며, 2대 교주 해월의 헌신적 노력에 힘입은 것이었다.

　1880년대를 맞이한 동학교단은 1864년 3월의 교조 수운의 처형으로 빚어진 교단 와해의 위기, 1871년 3월 10일의 영해 교조신원운동의 실패에서 초래되었던 와해 위기를 말끔히 극복한 가운데, 충청도와 전라도 평야지대를 향해 진출하기에 이르렀다. 해월은 늘어난 교세를 기반으로 삼아 기본 경전을 집대성하고,[24] 동학 조직의 중심을 이루는 접소接所를 강원도 정선 무은담에 다시 설치하는 등[25] 동학의 조직을 재정비한 다음에 충청도와 전라도 평야지대로의 진출을 도모하기에 이르렀다. 동학이 전라도로 진출할 무렵인 1880년대 초반 해월은 전라도 익산 미륵산彌勒山, 해발 430미터 자락에 있는 사자암獅子庵을 찾아와 약 넉 달 동안 은거하며 호남 지방의 동학 포교의 기반을 닦게 된다. 해월이 전라도 익산으로 넘어온 것은 정확히 1884년 6월이었다. 이때의 상황을 천도교 자료를 통해 살펴보기로 하자.[26]

　(1884년) 6월에 신사神師=최시형 지목指目의 혐嫌으로 익산 사자암에 은거하실 새 박치경朴致京의 주선으로 넉 달 동안을 경과하다가, 박치경이 상주尙州 전성촌前城村에 가옥 세 칸을 매득買得하여 신사 댁宅을 이접移接하게 하다.

　위의 내용에 나오는 익산 사자암은 현재의 행정구역으로 익산시 금마면金馬面 일대에 솟아 있는 미륵산 중턱에 있는 조그마한 암자이다. 전해 오는 이야기로는 통일신라 때 지어졌다고 하지만, 현재 남아 있는 건물은 몇 차례에 걸쳐 중수重修한 건물이다. 사자암 바로 밑에는 동양 최대 규모를 자랑했던 백제 시대에 지어진 미륵사彌勒寺 터가 자리하고 있고, 또 미륵산 동쪽에는 조선 시대에 전라도 서남 해안에서 시작되어 한양으로 통하는 큰 길이 나 있었으며, 현재 이 길은 국도國道 제1호선으로 지정되어 있다. 미륵산 북쪽으로는 충청남도 강경·논산, 또 서남쪽으로는 익산·김제·만경을 중심으로 하는 광활한 평야가 펼쳐져 있다. 이 같은 미륵산 사자암의 위치는 그야말로 전라도 지방 동학 포교를 위해 전략적으로 선택한 최적의 장소처럼 느껴질 정도로 지리적 요충지에 자리하고 있다는 사실을 누구나 눈치 챌 수 있다. 미륵산 사자암에 해월의 은신처를 마련한 박치경이라는 인물은 지금의 전라북도 여산礪山 출신으로 1883년에 동학에 입도한 인물이다.[27] 그는 동학농민혁명 때에는 여산 일대의 농민군을 지휘하는 대접주로 활약하였으며, 혁명 이후에도 살아남아 강원도 산악지대로 피신 중이던 해월과 다시 연락하여 전라도 지방 동학 조직의 재건을 위해 활동했던 인물이다. 이 같은 사실은 박치경이 여산 일대에서 상당한 수준의 지역적 기반을 갖춘 인물이라는 점을 시사해 주며, 미륵산 사자암과도 어떤 관련을 맺고 있었을 가능성을 암시하고 있다. 어쨌든 미륵산 사자암은 해월이 전라도 땅으로 건너와 동학 포교 활동을 벌이는 최초의 장소라는 점에 커다란 의미가 있다. 이른바 전라도 지방 동학 포교의 전진기지가 바로 익산의 미륵산 사자암인 셈이다. 따라서 여기서도 동학과 당시 불교계와의 '떼려야 뗄 수 없는 관계'에 있었다는 사실을 재확인할 수 있다. 이처럼 동학 교단의 발전 과정에서 끊임없이 확인되고 있는 불교계와의 밀접한 관계는 조선 시대 말기, 즉 19세기 후반의 한국 불교의 모습을 제대로 복원하는 데에도 커다란 기여를 할 것으로 믿는다. 해월이 익산 사자암에서 다시 경상도 상주로 건너간 이후 전라도 지방의 동학 교세는 급격히 늘어가게 된다.

4) 동학교단의 조직 체계화와 공주 가섭암

1880년대 들어와 충청도와 전라도 지방을 중심으로 교세가 급격히 늘어남에 따라 동학교단 안에서는 조직 체계화의 필요성이 증대하였다. 동학 교세 증가에 비례하여 지방관들의 동학 탄압도 갈수록 가중되어 갔다. 이에 따라 해월을 비롯한 동학의 지도자는 물론이려니와 일반 교도들의 피신 생활은 잠시도 그칠 날이 없었다.

이렇게 1880년대의 변화된 상황은 해월을 비롯한 동학 지도부에 변화를 몰고왔다. 해월은 전라도와 충청도 등 광범위한 지역을 오가며 한편으로는 관의 감시망을 피하고, 한편으로는 포교 활동을 전개하는 분주한 나날을 보내지 않으면 안 되었다. 1860년대·70년대에 비해 해월의 은거 지역과 포교 활동 지역의 범위가 충청도와 전라도 등지로 확대되고, 그의 은거지는 찾아오는 교도들로 붐볐다.

바로 이러한 변화된 상황에 대응하기 위해 해월은 젊은 교도 몇 사람을 대동하고 충청도 공주 마곡사麻谷寺의 부속 암자인 가섭암迦葉庵으로 들어가 49일의 기도를 행하고, '한울님'으로부터 강서降書를 받아 동학 교단 조직의 체계화를 위한 획기적 조치를 단행하게 된다. 해월이 가섭암으로 들어가는 시기는 1884년 10월로 확인되는데, 이때의 상황을 천도교 측 자료를 통해서 살펴보기로 하자.[28]

> (1884년) 10월에 신사, 손병희孫秉熙, 박인호朴寅浩, 송보여宋甫汝로 더불어 가섭사迦葉寺에서 기도를 행하시다. 동 24일에 '천강하민' 天降下民의 강서를 수受하시다.

위의 '가섭사'가 바로 가섭암인데, 이 암자는 마곡사에서 북쪽으로 10여 리 정도 떨어진 산중턱에 있는 암자이며, 암자 뒤에는 맑은 샘이 있어 수도하기에 안성맞춤인 암자이다.[29] 이 가섭암에서 올린 기도 역시 갈래산 적조암에서 행한 바와 같은 49일 기도였다. 기도하는 동안 해월은 '한울님'으로부터 여러 차례 강서를 받았다. 강서의 내용은 1880년대의 동학교단이 직면하고 있던 안팎의 어려운 상황을 타개하기 위한 내용이 주류를 이루고 있

다. 그 주요 내용을 요약하면 아래와 같다.[30]

첫 번째 강서는 "유교의 고사故事를 인용하여 '한울님'을 정성 드려 모시도록 하라."는 내용이었고, 두 번째 강서는 "역사에는 성쇠의 이치가 있으므로 기우는 때가 있으면 드러나는 때도 있는 법이라, 동학의 도인들이 한결같은 마음으로 눈앞의 어려움을 극복해 가면, 우리 도=동학가 장차 크게 펼쳐지리라."는 내용이었다. 세 번째 강서는 "동학이 서학으로 오인·지목을 받고 있으므로 주문呪文 속에 들어 있는 '천주'天主라는 두 글자를 빼고 '봉천상제일편심奉天上帝一片心 조화정만사지'造化定萬事知로 고쳐 외우도록 하라."는 내용이었다. 네 번째 강서 역시 고사를 인용하여 조수에 비유한 가르침을 내리는 내용이었다. 다섯 번째의 강서는 대신사大神師=최제우의 「팔절」八節인 명明·덕德·명命·도道·성誠·경敬·외畏·심心에 대해 새로운 해석을 하는 내용이었다. 끝으로 받은 강서는 동학 본부 및 하부조직의 직제職制로서 육임제六任制를 창설하라는 내용이었다. 즉, 교장敎長·교수敎授·도집都執·집강執綱·대정大正·중정中正 등 여섯 가지 직제를 창제하라는 내용이었다.

위의 내용 가운데 동학의 기본 주문에서 '천주'라는 두 글자를 뺄 것과, 동학의 조직을 정비하기 위해 '육임제'를 창설하라는 내용의 강서는 동학 교단의 발전 과정에 있어서 획기적인 조치들이었다. 동학의 주문에서 '천주'라는 두 글자를 뺀다고 하는 것은 중앙 조정과 지방관들의 동학 탄압에 대응하기 위한 부득이한 조치였으며, '육임제'의 창설은 충청도와 전라도를 중심으로 급격히 증가하고 있던 교도들을 조직화하기 위한, 즉 동학 조직의 체계화를 위한 새로운 조치였다. 공주 가섭암의 49일 기도 과정 속에서 이루어지는 두 가지 조치 모두 동학의 발전에 있어 중요하고도 획기적인 조치들이었다는 점에서, 불교계는 다시 한 번 동학의 발전 과정에서 새로운 이정표를 세우게 되었다.

4. 결언

이상으로 동학의 교조 수운과 2대 교주 해월의 생애와 활동을 중심으로 한 동학의 역사 속에 드러나고 있는 동학과 한말 불교계와의 교섭 관계를 고찰해 보았다. 그 결과 수운과 해월 두 사람 모두 당시의 불교계와 밀접한 관련을 맺고 있었음을 확인할 수 있었다. 요컨대 두 사람의 구도 생활이나 수련 과정 속에서, 동학 교리의 체계화 또는 동학의 포교 활동 과정 속에서, 그리고 동학교단이 조직을 정비하고 확대해 가는 과정 속에서 수운과 해월 은 당시의 불교계로부터 큰 도움을 입었음을 역사적 사실로써 분명히 확인할 수 있었다.

동학이 창도되어 발전해 가던 19세기 후반의 한국 불교계는 동학교단이 어려운 고비를 맞이할 때마다, 때로는 관의 체포령에 시달리는 동학 지도자들의 은신처를 제공하기도 하고, 때로는 수련 장소와 식량 등을 제공하는 방법으로, 또 때로는 동학의 교리를 체계화하거나 동학의 주요 의례 제정에 필요한 장소를 알선하는 방법으로 적극적으로 후원하였다. 그 같은 불교계의 후원은 갈래산 적조암 주지 스님이었던 '철 수좌'의 예에서 보듯이 몇 년에 걸쳐 지속된 경우도 있었다. 이 같은 불교계의 적극적 후원과 협력은 한마디로 후천개벽 시대의 새 종교를 자부하는 동학 탄생과 발전의 온상溫 床이 되었으며, 한국 근대가 낳은 위대한 종교 지도자 수운과 해월을 만들어 낸 '정신적 고향'이었다고 해도 과언은 아닐 것이다.

한편, 동학과 불교계와의 밀접한 관계 덕분에 지금까지 그 존재 기반이 제대로 알려지지 않고 있던 19세기 후반의 한국 불교계의 모습, 즉 민중 지향적 성격을 비롯하여 타 사상에 대한 개방적 태도와 포용성 등이 동학·천도교 측 사료를 통해 하나하나 그 모습을 드러내었다. 관의 탄압 때문에 동학교단이 가장 어려운 처지에 놓여 있을 때 재기와 회생의 터전을 제공했던 전라도 남원 은적암과 강원도 갈래산 적조암, 동학 교조 수운의 구도와 득도에 결정적 영향을 끼친 경상도 통도사 내원암과 그 근처의 적멸굴, 전라도 지방 동학 포교의 전진기지인 익산 미륵산 사자암, 동학 조직 정비를 위해 '육임제'를 창설한 충청도 공주 마곡사 가섭암, 동학 교조 수운의 의식 세계 속에 깊숙하게 자리했던 강원도 금강산 유점사 등, 우리들은 동학과 한말 불교계와의 교섭 사실을 통해 19세기 후반의 한국 불교 또는 각 지역에 자리한 사찰이 어떤 모습으로 존재하고 있었는가를 어설프거나마 확인하는 망외望外의 성과도 거둘 수 있었다.

끝으로 19세기 후반 동학과 불교계 사이의 대단히 이례적이라 할 정도의 '친화적'親和的 관계는 기본적으로 당시의 불교계가 지닌 사회적 지위와 민중 지향적 성격과 수운과 해월 등과 같은 동학 지도자들의 민중 지향적 의식 세계가 서로 일치하고 있었기에 가능할 수 있었다고 보인다.

이 글을 마무리하며 한 가지 밝혀 두어야 할 것이 있다. 필자는 이 글 서두에서 19세기 중·후반의 동학과 불교계와의 교섭 관계를 고찰한다고 말했다. 그런데 이 글에서는 한말 불교계의 구체적 존재 형태를 비롯하여 불교 사상과 동학 사상의 상호 관련성에 대해서는 깊이 있는 검토를 하지 못했다. 필자의 능력이 미치지 못함을 솔직히 인정하고자 한다. 기회가 주어진다면, 사상적 측면을 중심으로 불교와 동학의 관계를 상세하게 검토해 보고 싶다. 그리고 동학농민혁명기 동학과 불교와의 관계에 대해서도 심층적으로 다루고 싶다. 다만 후일을 기약할 따름이다.[31]

(追記)

　이 글을 쓰는 도중에 수운이 남긴 『동경대전』과 해월·의암 손병희의 법설이 수록된 『신사성사법설』神師聖師法說의 내용을 주마간산식으로 검토해 보았다. 필자는 운 좋게 이들 동학 경전 속에서 불교 사상으로부터 영향을 받은 것으로 보이는 흔적 몇 가지를 찾아 낼 수 있었다. 그 중 하나의 예를 들면, 불교의 대장경大藏經에 들어 있는 『종경록』과, 고려 보조국사의 「수심결」修心訣 등에 보이는 '불파염기 유공각지' 不怕念起 唯恐覺遲, 생각이 일어나는 것을 두려워하지 말고 오직 깨침이 더딤을 두려워하라라는 문구가 수운의 저작 가운데 하나인 「좌잠」座箴 중에 '불파진염기 유공각래지' 不怕塵念起 惟恐覺來知라는 약간 변형된 내용으로 수용되어 있는 것을 확인할 수 있었고, 또 하나는 불교의 화엄 사상을 표현하고 있는 '일미진중함시방' 一微塵中含十方, 즉 '한 티끌 속에 온 우주가 들어 있다.' 는 내용과 매우 유사한 해월의 법설이 있음을 확인했다. 화엄사상과 상통되는 해월의 법설은 '만사지萬事知가 식일완食一碗이라.' 즉 '밥 한 그릇 속에 온 우주의 이치가 다 들어 있다.' 는 내용으로 되어 있다. 이처럼 동학 사상과 불교 사상 사이의 상호 관련성에 대한 검토는 매우 흥미로운 문제이다. 이 글에서는 다만 문제제기에 그치기로 한다.

동학농민혁명에 있어 동학의 역할

1. 머리말

동학농민혁명*은 한국 근대에 나타났던 여러 민중운동 가운데 최고봉을 차지하고 있는 민중운동으로서 안으로는 봉건적 구제도 개혁을 통한 근대 국가 건설을 지향했으며, 밖으로는 일본 제국주의를 비롯한 외서의 침략에 맞서 반외세反外勢 자주 국가 건설을 지향했다.

이 같은 동학농민혁명은 그 명칭에서 알 수 있는 바와 같이 1860년 수운 최제우에 의해 창도된 동학과 밀접한 관계가 있다. 예를 들면 동학농민군이하, 농민군들은 어깨에 동학 부적을 붙이고 입으로 동학 주문을 외우며, 동학의 칼노래에 맞춰 칼춤을 추면서 전투를 벌이곤 하였다. 또한 농민군을 지휘하던 지도자들은 대부분 동학 접주接主 출신들이었으며 농민군 조직은 동학 조직인 접接이나 포包를 기반으로 삼아 조직되었다. 백범 김구나 홍종식의 예에서 볼 수 있는 바와 같이 대다수 민중들이 동학에 뛰어 들어 농민군이 된 배경에는 동학의 평등 사상과 유무상자 사상이 있었다. 이처럼 동학 사상

---

* 1894년 동학농민군의 봉기는 그 호칭이 매우 다양하다. 이 책에서는 1894년 동학농민군의 봉기에서 동학 사상 및 동학교단 조직의 역할이 지대하였다는 점, 동학농민군의 대다수는 당시의 농민들이었다는 점, 그리고 봉기한 동학농민군이 전근대적인 조선왕조의 지배 체제를 무장봉기를 통해 개혁하려 했다는 점 등을 고려하여 '동학농민혁명'東學農民革命으로 부르기로 한다.

과 동학 조직, 동학의 지도자들은 동학농민혁명의 직접적 기반이 되었다.

이 글에서는 동학농민혁명의 사상적 기반이 된 동학이 창도된 배경과 그 사상적 특성, 동학농민혁명의 조직적 기반이 되는 동학 교세의 성장 과정 및 2대 교주 해월 최시형의 역할, 교조신원운동 및 동학농민혁명 과정에서 특징적으로 나타나는 척왜양斥倭洋 사상의 연원과 그 내용, 그리고 동학농민혁명 과정에 나타난 남북접 문제를 중심으로 동학농민혁명 전개 과정에서 드러나는 동학의 역할을 고찰해 보고자 한다.

2. 동학 창도와 사상적 특성

동학은 1860년哲宗 11년 4월, 경상도 경주 출신 최제우崔濟愚, 號는 水雲, 1824~1864가 창시한 한국의 민중종교民衆宗敎이다. 동학이란 이름은 서양으로부터 중국을 거쳐 전래된 서학西學 즉 외래 종교·외래 학문에 대항하여 동쪽 나라인 우리나라의 도道와 학문을 일으켜 세운다는 뜻에서 수운 최제우이하, 수운 자신이 스스로 붙인 이름이다. 수운은 20세 때부터 어지러운 현실을 건질 수 있는 길을 찾기 위해 구도의 길에 나섰다. 그는 전국을 방황하며 수련에 수련을 거듭한 끝에 35세 때인 1860년 4월, 상제上帝의 가르침을 받고 무극대도無極大道, 즉 천도天道를 깨달아 동학을 창시하였다.

동학 창시 후 수운은 우선 먼저 자신이 거느리고 있던 두 명의 여자 종을 해방하여 한 사람은 며느리로, 다른 한 사람은 수양딸로 삼음으로써 모든 사람은 자기 안에 '하늘님'을 모시고 있다는 시천주侍天主 사상을 몸소 실천하였다.[1] 득도한 지 1년이 지난 1861년 6월부터 본격적인 가르침을 펴기 시작한 수운은 머지않은 장래에 가난한 사람도 모두 부귀한 사람이 되는 후천개벽後天開闢의 이상적인 새 세상이 열릴 것이라고 역설하고, 모여든 민중들에게 동학에 들어와 시천주조화정侍天主造化定 영세불망만사지永世不忘萬事知라는 열석 자 주문呪文을 외우고, 선약仙藥이라고 하는 영부靈符; 신령스러운 부적를 불에 태워 마시며, 성경신誠敬信의 가르침을 열심히 실천하면 모두 하늘님과 일체를 이루어 지상의 신선神仙인 군자君子가 될 수 있다고 가르쳤다. 그는 또 1861년에 쓴 「포덕문」布德文이란 글을 통해서 잘못된 나라를 바로잡고 도탄에 빠진 민중들을 구제하겠다는 보국안민輔國安民 사상을 널리 천명하였다. 이 외에도 수운은 동학에 들어오는 모든 사람들에게 유무상자有無相資, 즉 넉넉한 사람과 가난한 사람, 지식이 있는 사람과 없는 사람들이 서로서로 돕고 아껴야 한다며 공동체적 정신을 실천하도록 가르쳤다.

그렇다면 수운에 의해 제시된 초기 동학의 핵심 사상은 무엇일까? 초기 동학 사상은 대체로 시천주, 후천개벽, 보국안민, 유무상자 사상으로 요약할 수 있을 것이다. 시천주 사상이란 모든 사람들은 자기 안에 가장 성스러운 존재인 하늘님을 모시고 있다는 사상을 말한다. 이 시천주 사상은 최제우가 제정한 시천주조화정 영세불망만사지라는 열석 자 주문과 그 주문을 해설한 「논학문」論學文에 잘 드러나 있다. 보국안민 사상이란 잘못된 나라를 바로 잡고 도탄에 빠져 있는 백성들을 널리 구제하여 편안하게 만들고자 하는 사상이다. 초기 동학의 보국안민 사상은 「포덕문」에 "우리나라는 나쁜 병이 가득 차서 백성들이 사시사철 편안할 날이 없으니 이것이 바로 상하고 다칠 운수이다. 서양은 싸워서 이기고 공격하여 빼앗아 모든 일에 성공하지 않음이 없으니 나라가 망하게 되면 또한 백성들 또한 망하는 한탄이 없지 않을지니 잘못되어 가는 나라를 바로잡고 도탄에 빠진 백성들을 건질 계책을 장차 어디에서 찾을 것인가."我國 惡疾滿世 民無四時之安 是亦傷害之數也 西洋 戰勝攻取 無事不成 而天下盡滅 亦不無脣亡之歎 輔國安民 計將安出라는 표현에 잘 드러나 있다. 후천개벽 사상이란 갑자甲子년을 시작으로 낡은 세상인 선천先天 5만 년이 끝나고, 이상적인 세상, 즉 후천後天 5만 년이 새로 열린다는 사상이다. 동학의 후천개벽 사상은 부패한 조선 왕조가 끝나고 정씨가 새로 세상의 주인이 된다는 『정감록』鄭鑑錄 신앙과 맞물려 당시 조선 민중들에게 사회 개혁 및 왕조 변혁의 꿈을 심어 주었다. 끝으로 유무상자 사상이란 부자와 가난한 사람, 지식이 있는 사람과 없는 사람들이 서로 돕고 아낀다는 사상이다. 이 유무상자 사상은 동학 창도 초기 수운에 의해 강조된 이래 교조신원운동을 거쳐 1894년의 동학농민혁명에 이르기까지 수십 년 동안 동학 조직 안에서 줄기차게 실천된다.

3. 동학 교세의 성장과 해월 최시형

초기 동학 사상은 19세기 말 대내외적 위기에 시달리고 있던 조선 민중들이 절실하게 소망하던 내용들을 풍부하게 반영하고 있었기 때문에 당대 민중들로부터 열렬한 지지를 받았다. 예를 들어 모든 사람은 누구나 자기 안에 '하늘님'을 모시고 있기 때문에 귀천이 따로 없다는 초기 동학의 가르침은 양반 제도라는 신분제 아래에서 신음하던 조선 민중들에게 평등의식을 일깨워 주었으며, 머지않은 장래에 새 세상이 올 것이라는 후천개벽의 가르침은 민중들에게 세 세상을 향한 혁명 의식을 불러 일으켜 주었다. 또한 넉넉한 사람과 가난한 사람, 지식 있는 사람과 없는 사람들이 서로 돕고 아끼라는 유무상자의 가르침은 거듭되는 자연재해와 탐학貪虐한 지방 관리들의 불법 수탈 때문에 굶주림에 시달리던 수많은 민중들을 동학에 입교하도록 만드는 데 결정적인 역할을 하였다.

이처럼 시천주, 보국안민, 후천개벽, 유무상자 사상을 핵심으로 하는 초기 동학은 창도 직후부터 경상도 경주를 중심으로 빠른 속도로 전파되어 포교 3년째인 1862년에는 경상도를 중심으로 한 15개 군현郡縣에 동학의 접 조직이 설치되고 이들 각 접에는 지도자인 접주가 임명되기에 이르렀다. 그러나 빠른 속도로 확산되는 동학 교세에 위기의식을 느낀 중앙 조정에서는 동학을 좌도左道, 즉 '옳지 못한 도'로 간주하여 탄압하기에 이르렀다. 그 결과 수운은 1863년 12월 경주에서 체포되어 이듬해 3월 좌도혹민左道惑民; 옳지 못한 도로 민중들을 현혹시킴이라는 죄명을 뒤집어쓰고 경상 감영이 있는 대구 장대將臺에서 처형당함으로써 순교하기에 이르렀다.

수운이 처형당했음에도 불구하고 동학은 그의 수제자 최시형崔時亨, 號는 海月, 1827-1898의 헌신적인 노력에 의하여 전국 각지로 퍼져 나갔다. 1861년 6월경 동학에 입교하여 최제우로부터 직접 가르침을 받았던 해월 최시형이하, 해월은 동학 입교로부터 순교하기까지 38년1861~1898이라는 오랜 세월 동안 동학 사상 실천에 온 힘을 기울였는데, 그 중에서도 특히 시천주 사상에 근거한 평등 사상 실천에 남다른 노력을 기울였다. 예를 들면, 해월은 스승의 시천주 사상을 더욱 확대 발전시켜 "사람이 곧 하늘이니 사람 섬기기를 하늘 섬기듯 하라."人卽天이니 事人如天하라고 가르치면서 특히 어린 아이들과 여성들 그리고 노비들도 모두 하늘님으로 대접할 것을 역설하였다. 해월은 이 같은 만인 평등에서 한 걸음 더 나아가 "사람뿐만 아니라 풀 한 포기 나무 한 그루, 벌레 한 마리 모두 '하늘님' 아님이 없으니"天地萬物 莫非侍天主, "하늘과 사람 그리고 만물을 두루 공경하라."는 삼경三敬=敬天, 敬人, 敬物 사상, 즉 범천론적汎天論的 만물 평등 사상을 확립하였다. 그의 이 같은 가르침은 1905년에 동학이 천도교로 이름이 바뀐 뒤 수제자 손병희孫秉熙, 號는 義菴, 1861~1922에 의해 인내천人乃天 사상으로 정리되기에 이른다.

시천주 사상의 실천 외에 해월이 가장 역점을 두고 전개한 활동은 다름 아닌 동학의 전국적 조직화 작업이었다. 그는 중앙 조정과 지방 관리들의 가혹한 탄압 속에서도 목숨을 건 지하포교 활동을 통해 조선 팔도 전 지역에 동학을 전파하여 조직을 정비하였으며, 경상도·강원도·충청도·전라도·경기도·황해도 등 각 지방 출신 지도자들을 대거 양성하여 1894년 동학 농민혁명의 조직적 기반을 확립하였다. 수운 사후 해월을 중심으로 한 동학

교세의 확장 및 그 조직화 과정을 간단하게 살펴보면 다음과 같다.

동학 창도 초기의 교세는 수운이 주재住在하고 있었던 경주 용담과 해월이 포교 책임자로 활동하고 있는 경주 이북 지역을 중심으로 형성되어 있었다. 그러나 1864년 3월 수운이 처형당한 뒤 경주 중심의 교세는 현저하게 약화되거나 와해되고, 경주 이북 지역 교세만이 1860년대 후반까지 가까스로 현상 유지되고 있었다. 그러나 1871년 3월 경상도 북부 지역 동학교도들을 결집하여 일어난 영해 교조신원운동종래 李弼濟亂이라 불렀음의 실패로 인하여 겨우 명맥을 유지하고 있던 경주 이북 지역 교세마저 전면적으로 와해되기에 이르렀다.

영해 교조신원운동의 실패로 인하여 경주 이북 지역, 즉 경상도 북부 지역 교세마저 모두 잃은 해월은 1870년대 초 강원도로 피신하여 동학 조직의 정비 및 교세 확장에 힘을 기울였다. 1870년대 초반 강원도 영월, 정선, 양양, 인제 등지를 중심으로 한 해월의 포교 활동에 힘입은 동학은 1870년대 후반에 이르러 강원도 산간지대를 중심으로 탄탄한 기반을 마련하는 데 성공하여 동학 경전 집성을 비롯하여 의례 확립, 순회 포교, 다시 개접開接을 통한 정기 수련회 개최 등을 통해 대대적인 조직 정비에 성공하였다. 그리하여 1880년대 초반에는 충청도 평야지대를 거쳐 1880년대 후반기부터는 전라도에도 동학이 포교되기에 이르렀다. 특히 동학농민혁명이 일어나기 직전인 1890년대 초 동학은 영광·무안·강진·해남·진도·장흥·보성·광양 등 전라도 서남해안 지역에까지 널리 포교되었다.

해월의 목숨을 건 지하포교 활동을 통해 동학의 교세가 나날이 확대되는 것에 비례하여 조정을 비롯한 지방 관리들의 동학에 대한 탄압도 더욱 강화되어 갔다. 동학에 대한 탄압은 1880년대 후반부터 경상도, 충청도, 전라도 등 동학이 널리 포교되고 있던 삼남三南 지방에서 날로 심해져 갔다. 그러나 1890년대 초반 지방관의 탄압에 직면한 동학은 종래와는 다른 대응책을 모색하기 시작했다. 해월을 중심으로 한 동학 지도부는 확대된 교세를 발판으로 1892년 10월부터 "동학 교조 수운 최제우의 신원=동학 포교의 공인, 일반 민중 및 동학 교도들에 대한 불법 수탈 금지, 일본과 서양 세력 배척" 등 세 가지 목표를 내걸고 지방 관리와 중앙 조정을 상대로 한 교조신원운동敎祖伸寃運動을 전개하기에 이른다.

동학 지도부에 의한 교조신원운동은 "동학 교조 수운 최제우의 신원=동학 포교의 공인"이라는 종교적 요구와 더불어 "동학교도 및 일반 민중들에 대한 불법 수탈 금지 및 척왜양斥倭洋"을 함께 주장함으로써 일반 민중들이 갈망하고 있던 정치 사회적 요구도 동시에 지니고 있었기 때문에 다수의 일반 민중들을 동학 조직 속으로 결집시켜 낼 수 있었으며, 이 같은 동학 조직을 중심으로 한 민중들의 결집은 동학농민혁명의 조직적 기반으로 이어지게 되었다. 특히 교조신원운동의 마지막 단계였던 1893년 3월 충청도 보은報恩 취회에서는 척왜양창의斥倭洋倡義; 일본과 서양 세력을 물리치기 위하여 의로운 거사를 일으킨다라는 기치 아래, 전국 각지로부터 3만여 명의 동학교도와 민중들이 집결하여 20일이 넘는 기간에 걸친 대규모 민중 집회를 개최함으로써 교조신원운동이 단순한 종교 운동이 아니라 어지러운 나라의 현실을 바로 잡기 위한 사회개혁운동임을 널리 드러내었다.

동학농민혁명은 1894년 3월, 전라도 무장茂長과 충청도 청산靑山, 경상도 진주晉州 등을 중심으로 일어났다. 당시 전라도 무장의 농민군을 이끌던 지도자는 전봉준이었으며, 충청도 청산의 농민군을 지도하고 있던 지도자는 다름 아닌 해월이었다. 해월이 제1차 동학농민혁명 때부터 동학농민혁명을 적극적으로 지도하고 있었다는 사실은 최근에 들어서야 새롭게 밝혀지고 있다.* 따라서 이제는 동학농민혁명 전체에 대한 새로운 이해가 필요하다고 생각되며, 그 중에서도 특히 해월을 중심으로 하는 이른바 북접北接 농민군에 대한 재조명이 이루어져야 할 것으로 생각된다.

요약하건대 동학농민혁명은 위에서 설명한 시천주, 보국안민, 후천개벽, 척왜양 사상을 그 사상적 기반으로 삼고, 삼남三南 지방에 조직되어 있던 동학의 접과 포를 조직적 기반으로 삼은 가운데, 1892년 10월부터 1893년 4월까지 전개되었던 교조신원운동 과정에서 형성된 농민군 지도부, 즉 전봉준全琫準, 別號는 綠豆, 1855-1895을 비롯한 혁명 지도부와 동학 교단 최고 지도자 해월 등의 적극적 참여 지시에 의해 일어나 1년 이상 전개된다. 1년 이상의 장기간에 걸쳐 전개된 동학농민혁명은 편의상 첫째, 교조신원운동 단계1892년-1893년, 둘째, 사발통문 모의1893년 11월 및 고부 농민봉기 단계1894년 1월~3월, 셋째, 무장 기포茂長起包 단계1894년 3월~5월, 넷째, 전주 화약全州和約, 1894년 5월 및 집강소執綱所 통치 단계, 다섯째, 삼례 기포參禮起包, 1894년 9월 이후 단계로 나눌 수 있다.

4. 동학농민혁명과 척왜양斥倭洋

동학 경전을 비롯하여 교조신원운동 및 동학농민혁명 전 과정에 일관되게 나타나는 가장 큰 특징 가운데 하나가 바로 척왜양이라는 반외세적 요구이다. 이것을 일러 학계에서는 동학농민혁명이 반외세 또는 반침략을 지향한 혁명이었다고 말한다. 그런데 당시의 농민군은 반외세 또는 반침략이라는 말 대신에 척왜양이라는 말로 자신들의 반외세 또는 반침략 의식을 표현하고 있었다.

---

* 박맹수, 「동학과 동학농민혁명 연구에 대한 재검토」, 『동학연구』제9·10 합집호, 2001, 101-134쪽. 이 외에 2002년 5월 2일~3일 이틀간 충북 청주시에 있는 청주방송이 제작 방영한 동학농민혁명 다큐멘터리 「報恩에서 동학혁명을 노래하다」(2부작)도 해월 최시형이 제1차 봉기 때부터 동학농민혁명을 적극적으로 지도했다는 사실을 국내 및 일본 현지 취재를 통해 상세하게 밝히고 있다.

척왜양은 원래 동학 창시자 수운이 1860년에서 1863년 사이에 저술한 저작을 집성한 동학 경전 『동경대전』 및 『용담유사』에 이미 소박한 형태로 제시되고 있었다. 그런데 『동경대전』과 『용담유사』에 나타난 척왜양 의식은 한쪽으로는 1592년의 임진왜란 이래 조선 민중들 사이에 형성되어 있던 척왜 의식과, 다른 한쪽으로는 1859년 영불 연합군의 북경 침공 이래 형성되어 있던 일반 민중들의 척양 의식을 소박한 형태로 대변한 데 지나지 않았다. 1876년 개항 이후 조선에서는 종래의 소박한 형태의 척왜양 의식과는 달리 개항을 계기로 조선에 침투한 일본 및 청국 상인 등의 불법적 상업 활동, 1886년 프랑스와 체결한 수호조약 이후 사실상 공인되다시피 한 천주교의 공공연한 포교 활동 등에 자극을 받음으로써 현실성과 구체성을 갖는 반외세 의식이 민중들 사이에서 성장해 가고 있었다. 이 같은 시대적 배경 위에서 동학 지도부는 1892년부터 "동학 교조 수운 최제우의 신원, 동학교도 및 일반 민중에 대한 불법 수탈 금지, 척왜양"이라는 세 가지 요구를 내걸고 지방관 및 중앙 조정에 맞서 집단적인 시위 운동을 전개하게 된다. 수천 수만 명이 모이는 대규모 시위 운동인 교조신원운동을 공공연하게 전개하기 시작하는 것이다.

그런데 교조신원운동 과정에서 등장하는 척왜양은 동학 창도 이래 계승되고 있던 소박한 형태의 척왜양 의식에 개항 이후 이 땅에 침투한 외국 상인 및 외국 세력에 의해 초래된 위기 상황이라는 구체적 현실을 기반으로 형성된 척왜양 의식이 자연스럽게 결합되는 가운데 제시된 것이었다고 생각된다. 다시 말해 교조신원운동을 지도했던 동학 지도부는 동학 경전 속에 이미 소박한 형태로나마 척왜양이 천명되어 있었기 때문에 개항 이후 형성되고 있던 새로운 형태의 척왜양 의식을 아무런 마찰 없이 수용함으로써 교조신원운동의 세 가지 요구의 하나로 당당하게 내걸었던 것으로 판단된다. 이처럼 교조신원운동 과정에서 강하게 제기된 척왜양 요구는 동학농민혁명 과정에서도 일관되게 나타난다.

　이하에서는 교조신원운동 및 동학농민혁명 과정에서 나타나는 척왜양 요구에 대해 차례로 살펴보기로 한다. 교조신원운동은 크게 네 단계로 나뉘어 진행된다. 첫째 1892년 10월의 충청도 공주公州 취회, 동년 11월의 전라도 삼례參禮 취회, 1893년 2월의 광화문光化門 복합상소, 동년 3월의 충청도 보은報恩 취회가 그것이다. 이들 교조신원운동 전개 과정에서 척왜양 요구가 가장 극적으로 등장하는 단계가 바로 1893년 2월의 광화문 복합상소 단계라 할 수 있다. 동학 지도자 중심의 복합상소와 함께 하층 교도 및 일반 민중들을 중심으로 주한 일본 공사관을 비롯한 외국 공관, 교회당, 외국인 선교사 집 문 등에 척왜양 격문이 게시되기 때문이다.

　그런데 광화문 복합상소 당시 외국 공관 등에 게시된 척왜양 격문은 1892년 10월 충청도 공주 집회로부터 시작된 동학 교조신원운동의 일환으로 전개되었다는 점을 먼저 확인할 필요가 있다. 교조신원운동의 당초 목표는 주지하다시피 "동학 교조 수운 최제우의 신원東學 布敎의 公認, 동학교도 및 일반 민중에 대한 가렴주구苛斂誅求=부당한 수탈행위 금지, 척왜양" 등이었다. 문제는 이 같은 요구 속에 동학교단을 둘러싼 종교적 요구뿐만 아니라, 가렴주구 금지라는 반봉건적 요구, 척왜양이라는 반외세적 요구가 함께 결합되어 있다는 데 있었다. 이것은 교조신원운동을 단순히 동학이라는 종교적 테두리 안에서만 이해해서는 안 된다는 점을 일깨워 주는 동시에, 교조신원운동의 역사적 성격을 올바르게 이해하기 위해서는 동학 사상이나 동학 조직과의 연관성을 충분히 고려해야만 한다는 사실을 일깨워 주고 있다. 다시 말하자면 교조신원운동은 동학의 입장에서는 종교 운동이라 할 수 있으나, 일반 민중들의 입장에서는 자신들의 절실한 정치 사회적 요구들을 관철시키고자 했던 일종의 정치 운동이기도 했다. 광화문 복합상소 및 척왜양 격문 게시에서 극적으로 나타난 척왜양 요구는 1893년 3월의 보은 집회에서 더욱 고조되게 된다.

보은 집회에 나타난 척왜양 요구에 대해 주목해 보자. 일반적으로 학계에서는 보은 집회를 "동학 교조 수운 최제우의 신원과 동학 포교의 공인을 주된 목표로 하던 종교 운동에서 척왜양창의斥倭洋倡義라는 정치·사회적 요구를 내건 사회운동으로 전환한 민중 집회"라고 평가함으로써 마치 척왜양창의라는 정치·사회적 요구가 보은 집회 단계에서 처음으로 그리고 전면적으로 제시된 것처럼 이해하는 경향이 있다. 이것은 보은 집회에서 차지하는 동학의 역할을 철저히 배제하고 오로지 민중들의 정치 사회적 요구를 반영하는 사회운동으로 이해하려는 시각에서 비롯된 것이며, 한편으로는 해월을 비롯한 동학 지도부의 역할을 축소시키고 전봉준을 중심으로 하는 이른바 남접南接 중심으로 동학농민혁명을 몰아가려는 일부 연구자들의 편향된 시각에서 비롯되었다.

보은 집회에는 경상도 충청도 전라도 등 이른바 삼남지방을 비롯하여 경기도 강원도 등지에서 약 3만 명 이상의 동학교도 및 일반 민중들이 참가하여 20일 이상이나 집회가 계속되었다. 일부 참가자들이 몽둥이로 무장하여 조선 왕조에 대항하려는 의지를 보이기도 하였다고는 하나 내내 평화로운 집회가 계속되었다. 기록에 의하면 보은 집회 참가자들은 집회 장소 주위에 벌어진 장터에서 떡을 사먹을 때 일일이 떡값을 계산하였다고 하며, 이들 참가자들을 해산시키도록 조정에서 파견된 양호선무사 어윤중魚允中이 남긴 기록에 의하면 '민회'民會라고 부를 정도로 엄격한 규율과 질서가 서 있는 가운데 일사불란하게 움직이고 있었다고 한다. 동학의 가르침을 기반으로 일정하게 편성된 동학 조직, 그리고 그 같은 동학 조직을 지도하는 동학 지도자들의 역할이 있었기에 가능한 일이었다.

보은 집회에 나타난 척왜양 요구가 구체적으로 어떻게 표출되었는지 몇 가지 사료를 통해서 확인해 보기로 한다. 보은 집회를 지도하던 집회 지도

부는 우선

창의를 한 데는 결코 다른 이유가 없다. 오로지 일본과 서양을 물리치고자
함이다. 倡義斷無他故 專爲斥倭洋之義[2]

라고 집회 목적을 천명하였다. 이 내용은 1893년 3월 22일 보은 집회를 해산
시키기 위해 찾아온 보은 군수에게 보은 집회 지도부가 대답한 내용에서 확
인할 수 있다. 한마디로 '척왜양'을 이루는 것이 보은 집회의 목적이라는
것이 집회 지도부의 대답이었다. 보은 집회 최대의 목적인 척왜양은 집회
초기부터 해산 직전까지 집회 지도부의 일관된 방침이었다. 이러한 사실은

우리들의 의거는 오로지 왜와 양을 물리쳐 진충부국하려 할 따름이다. 吾儕此
擧 專主擊倭洋 盡忠扶國而已(3월 23일 보은 군수와의 문답)[3]

창의는 왜와 양을 물리치고자 함인데 어찌 큰 죄가 되는가. 倡義擊倭洋 有何大罪
(3월 26일 양호도어사 어윤중에게 제출한 문건)[4]

왜와 양이 교대로 침략하여 임금을 위협하므로 우리들은 그들과 함께 살고
싶지 않아 이 집회를 열었다. 倭洋交侵 威脅君父 生等不欲共生 有此聚會(3월 26일 양호도
어사 어윤중과 보은 집회 지도부 사이의 문답)[5]

등과 같은 내용을 통해 실증적으로 확인할 수 있다.

　그렇다면 왜 보은 집회에서는 척왜양의 의지가 이다지도 강력하게 천명
되었을까? 해답은 바로 1876년 조일수호조규朝日修好條規, 일명 강화도조약 체결을
통한 개항開港 이래 일본 정부에 의해 자행된 각종 침탈 행위 및 일본 상인에

의한 불법적 상업 활동에 있었다. 일본은 1876년 개항을 계기로 조선을 그들의 국익을 지키기 위한 이익선利益線6으로 설정하고 조선에 대한 종주권을 주장하는 청국淸國을 배제하기 위한 갖가지 외교적 음모를 기도하고 있었다. 이러한 외교적 음모에 비례하여 일본 상인들의 불법적인 상업 활동이나 일본 어민들의 불법적인 어업 활동 또한 더욱 심화되었다. 이러한 현상은 1882년 임오군란, 1884년의 갑신정변, 1889년의 방곡령 사건 등을 거치면서 더욱 노골화되어 가고 있었으며, 보은 집회에 참가한 동학교도 및 일반 민중들은 이 같은 일본 측의 침탈에 직면하는 가운데 척왜양의 의지를 가다듬어 왔다고 생각된다.

보은 집회에서 척왜양 요구가 강력하게 천명된 또 다른 이유는 보은 집회 직전에 전개된 광화문 복합상소 상소 및 척왜양 격문 게시 운등이 일본을 비롯한 여러 외국 정부의 간섭에 의해 실패했기 때문이었다. 1893년 2월 10일을 전후하여 동학 신자들은 주한 일본 공사관을 비롯한 외국 공관에 척왜양 격문을 게시하는 한편, 동학 지도자 수십 명이 광화문 앞에서 동학 교조 수운의 신원과 동학 포교 공인을 요구하는 복합상소를 한 바 있었다. 그러나 이 같은 동학교도들의 움직임은 군함 등을 파견하여 조선 정부를 위협한 일본 등의 간섭에 의해 실패로 돌아갔으며,7 광화문 복합상소 이후 동학교도들은 더욱 가혹한 탄압에 직면하게 되었다.8 이것이 바로 보은 집회를 강력한 척왜양 집회로 몰고 간 배경이었다.

이처럼 교조신원운동 과정에서 격렬하게 표출되었던 척왜양 요구는 제1차 동학농민혁명 단계에 이르러 어떻게 되었을까? 제1차 동학농민혁명 당시 농민군 지도부가 포고布告하거나 게시揭示했던 각종 포고문 및 격문, 그리고 농민혁명 지도부가 일반 농민군에게 하달했던 각종 통문通文 등을 자세히 검토해 보면 교조신원운동 이래 줄기차게 주장되고 있던 척외양 요구가 변함 없이 드러나고 있음을 확인할 수 있다. 먼저 1894년 3월 25일을 전후하여 전라도 백산白山에 모인 농민군이 혁명의 대열을 정비하면서 포고했다는 4대 명의[9]를 예를 들어 보자. 이 4대 명의 속에는 "축멸왜양逐滅倭洋 징청성도澄淸聖道: 일본과 서양세력을 몰아내어 성인의 도덕을 깨끗이 함" 라는 척왜양 요구가 선명하게 제시되어 있다. 또 제1차 동학농민혁명 당시 전라도 순창부사 이성렬李聖烈이 조정에 올린 보고서 속에서는 농민군의 지향이 '왜양지빈척' 倭洋之攘斥; 일본과 서양을 물리침에 있다고 지적되고 있다.[10] 뿐만 아니라 농민군 지도부가 1894년 4월 4일 전라도 법성포 향리를 대상으로 포고한 격문에는 일본 상인이 중심이 된 외국 상인들의 불법적인 상업 활동을 지적하고 그 근절이 바로 보국안민의 길임을 천명하고 있다.[11] 이 같은 내용들을 종합하면 제1차 동학농민혁명 당시에도 척왜양 요구는 변함 없이 드러나고 있다고 하겠다. 이상과 같은 사실은 제1차 동학농민혁명은 반봉건, 제2차 동학농민혁명은 반외세를 지향했다는 식으로 이해하는 기존 견해가 잘못되었음을 반증하는 실증적 근거들이라고 할 수 있으며, 동학농민혁명에서 드러나는 척왜양이라는 반외세적 성격은 동학 경전에서부터 교조신원운동을 단계를 거쳐 제1차 동학농민혁명 단계에서도 일관되게 드러나고 있음을 증명해 준다.

5. 동학농민혁명과 남·북접

동학의 남·북접 문제를 다룬 지금까지의 연구들은 대체로 교조신원운동 마지막 단계인 보은 취회 단계에서부터 동학의 남접과 북접이 대립하기 시작하여 제1차 동학농민혁명 당시에는 북접을 이끌던 해월이 1894년 3월의 제1차 동학농민혁명을 이끈 전봉준을 '사문의 적' 으로 비난할 정도로 대립이 심했으며, 그 대립은 제2차 동학농민혁명 직전까지 계속되었다고 밝히고 있다. 이것이 이른바 '남북접 대립설' 이다.

여기서는 종래의 남북접 대립설이 사료 오독 및 1차 사료 부족에서 초래된 잘못된 학설임을 밝히고자 한다. 종래의 연구에서도 제2차 동학농민혁명 단계에서는 동학의 남접과 북접이 모두 봉기하여 일제의 국권 침탈에 항거하였다고 인정하고 있다. 즉 전라도를 주된 기반으로 전봉준이 이끌던 남접, 충청도와 경상도를 주된 기반으로 동학 제2대 교주 해월이 이끌던 북접 모두 6월 21일 조선 왕궁을 불법 점령한 일본군을 몰아 내기 위해 봉기하여 연합전선을 형성 일본군에 대항하였다고 인정하고 있는 것이다.

문제는 제1차 동학농민혁명 단계에 있어서 남접과 북접의 동향이다. 지금까지의 연구에 의하면, 북접의 지도자 해월은 남접 지도자 전봉준이 주도한 제1차 동학농민혁명에 대해 반대했다고 알려져 왔다. 그러나 필자는 지난 1997년부터 2001년 12월까지 일본 외무성 외교사료관 및 방위청 방위연구소 도서관에 소장되어 있는 동학농민혁명 관련 자료, 1894년 당시에 간행된 『도쿄아사히신문』東京朝日新聞, 『미야코신문』都新聞 등에 실린 동학농민혁명 관련 기사를 조사한 결과,[12] 제1차 동학농민혁명 당시 해월 역시 전봉준의 봉기에 호응하도록 지시하는 한편 휘하 동학 조직을 적극적으로 지도하고 있었음을 확인할 수 있었다.[13] 뿐만 아니라 제1차 동학농민혁명 당시부터 제2차 동학농민혁명 직전까지 해월은 남접의 전봉준 등 지도부와 일정한 연락 체계를 유지하면서 협력 관계에 있었다는 사실도 함께 확인할 수 있었다. 그리고 이들 1차 사료 발굴에 따라 제1차 동학농민혁명 당시 남접과 북접이 갈등 관계에 있었다고 기술했던 오지영의 『동학사』 황현의 『오하기문』 등은 사료적 근거가 빈약한 것으로 확인되었다.

제1차 동학농민혁명 당시 동학의 남접과 북접이 함께 봉기했다는 내용은 사실은 국내 사료에서도 일부 확인되고 있었다. 그러나 기존 연구자들은 오지영이나 황현이 남긴 기록에 지나치게 의존한 나머지 국내 사료에 나타난 제1차 동학농민혁명 당시의 남북접 동시 봉기 사실을 간과하고 말았다. 제1차 동학농민혁명 당시 남접과 북접이 동시에 봉기했다는 사실을 담고 있는 국

내 사료로는 백범 김구의 자서전인 『백범일지』,[*] 전라도 부안의 동학 대접
주 김낙철의 동생 김낙봉이 남긴 자서전인 『김낙봉이력』,[14] 관변 측 사료인
『동비토록』[15]과 『양호전기』,[16] 그리고 『주한일본공사관기록』[17] 등이 있다.

위의 사료를 종합하면, 제1차 동학농민혁명 당시 농민군은 남접 북접에
관계없이 경상도, 충청도, 전라도 각지에서 함께 봉기하였다. 농민군 최고
지도자 전봉준은 물론이려니와 동학 제2대 교주 해월 역시 봉기를 적극적
으로 독려하고 지도하였다. 그리하여 제1차 동학농민혁명 당시 경상도에서
는 진주와 상주 등지의 농민군이 잇따라 봉기하였으며, 충청도에서는 공
주·회덕·진잠·이인·옥천·청산·청주·충주·청풍·금산·진산 등지의 농
민군이 봉기하였다. 전라도에서는 전봉준·손화중·김개남 등이 중심이 된
고부·무장·태인·원평 등의 농민군이 봉기하였다. 이것이 바로 제1차 동학
농민혁명 당시 동학의 남접과 북접이 남긴 역사적 진실이다.

끝으로 1893년 3월 충청도 보은에서 열렸던 보은 집회 전후 남접과 북접
의 동향이 어떠했는지 검토해 보기로 한다. 기존 연구에서는 충청도 보은
집회를 해월을 중심으로 하는 북접 중심의 집회로, 그리고 보은 집회와 거
의 같은 시기에 열린 것으로 알려진 전라도 금구현 원평院坪 집회를 전봉준
을 중심으로 하는 남접의 집회로 간주하고, 이들 두 집회는 서로 대립적이
었다고 간주해 왔다. 그러나 동학농민혁명 1백주년을 전후하여 새로운 사
료들이 연이어 발굴됨에 따라 두 집회는 대립적인 관계에 있었던 것이 아니
라 상호 긴밀한 관계에 있었음이 새로 확인되었다. 두 집회가 긴밀한 관계

---

* 도진순 주해, 『백범일지』, 돌베개, 1997년, 46쪽. 1997년 당시 창원대학교 사학과에 재직중
  인 都珍淳 교수는 기존의 『백범일지』 판본들을 정밀하게 검토한 주해본을 펴냈으며, 멀리
  일본 홋카이도에 있던 필자에게까지 우송해 주었다. 도진순 교수의 후의에 깊은 감사를
  드린다.

에 있었음을 증명하는 사료로는 『신세기』시천교 종무본부, 1924년,** 『남원군동학사』최병현 지음, 1924년*** 등 동학 측 사료와 , 『취어』1894년, 『일성록』1893년 등 관변 측 사료가 있고, 『동학사』를 저술한 오지영의 구술 증언도 있다.[18] 그러나 기존 연구는 또 보은 집회와 원평 집회가 대립 관계라는 점을 강조하기 위해 척왜양이라는 반외세적 요구를 둘러 싼 두 집회 사이의 노선 차이를 부각시키고 있다. 즉 보은 집회를 주도하고 있던 해월을 비롯한 북접 지도부는 보은 집회를 어디까지나 교조 신원이라는 종교적 지향 중심의 집회로 끌고 가려고 했음에 비하여, 원평 집회를 주도하고 있던 전봉준 등의 남접 지도부는 척왜양을 지향하는 정치 운동으로 끌고 가고자 했다는 것이다.[19] 이 견해에 따르면, 원평 집회를 주도했던 전봉준 등이 보은 집회에 참가하려 했던 것도 종교적 지향 중심의 보은 집회를 척왜양 중심의 정치 운동으로 바꾸기 위한 것으로 이해된다.

그러나 이 같은 기존 견해는 교조신원운동이 지니고 있던 양면적 성격, 즉 한편으로는 종교 운동의 성격이 있고 다른 한편으로는 사회 운동 또는 정치 운동의 성격이 있었다는 점을 간과한 데서 비롯된 잘못이다. 교조신원운동 단계에서 운동 지도부가 내걸었던 여러 요구 가운데 하나인 척왜양이라는 반외세적 요구에 있어서 동학의 남·북접은 물론, 동학 상층 지도부와

** 『新世紀』(시천교 종무본부, 1924년)라는 사료는 한국정신문화연구원(현 한국학중앙연구원)에 소장되어 있다. 이 사료의 존재에 대해서는 강원도 원주시 상지대학교 교양학부에 재직중인 張泳敏 교수로부터 정보를 얻었다. 장영민 교수께 감사 말씀을 전한다.

*** 이 사료는 국가기록원에 근무하고 있는 李眞榮 학예연구관(당시 전북대학교 강사)가 1995년 3월 21일 『전북일보』에 소개함으로써 일반에게 알려졌다. 필자는 1996년 9월 29일 사료 소장자인 金東圭 씨 자택(전라북도 남원시 이백면 남계리 계산마을)을 방문하여 필사본을 얻어 그 내용을 검토하였다. 귀중한 사료를 발굴하여 학계에 소개한 이진영 학예연구관의 노고에 감사드린다.

하층 지도부, 동학교도와 일반 민중들 사이에는 어떤 갈등도 없었다. 왜냐하면 척왜양이라는 반외세적 요구는 당시 그 누구도 거부할 수 없는 시대적 요구였으며, "동학 교조의 신원, 동학교도 및 일반 민중에 대한 가렴주구 금지"라는 여타의 요구를 달성할 수 있는 중요한 매개고리이기도 했기 때문이다. 여기에 더하여 초기 동학 교리 속에 내재되어 있던 척왜斥倭 의식과도 상통되고 있었다는 점도 무시할 수는 없을 것이다. 요약하자면 1893년 3월에 충청도와 전라도에서 각각 열린 보은 집회와 원평 집회는 모두 척왜양이라는 동일한 지향 위에 서 있었으며, 해월과 전봉준은 대립이 아닌 긴밀한 연대 관계에 있었다.

보은 집회 이전인 1893년 2월 광화문 복합상소 당시 척왜양 격문 게시 운동을 주도한 세력이 누구인가 하는 점에 대해서도 논란이 있다. 기존 연구는 동학 상층 지도부 주도설, 동학 하층 지도부즉 남접 지도자 전봉준 등 주도설, 동학과는 별개 세력 주도설일반 민중 등로 나뉘어 있다. 이 글에서는 동학과는 별개 세력 주도설이 허구임을 밝혀 광화문 복합상소 당시 전개된 척왜양 격문 게시 운동이 동학 지도부에 의해 조직적으로 이루어졌음을 실증해 보고자 한다.

광화문 복합상소 당시 일본 공사관 등 외국 공관과 외국인 교회당에 게시된 척왜양 격문은 지금까지 세 종류가 알려져 있었다. 1893년 2월 7일자로 발송되어 미국인 존스의 교회당과 프랑스 영사관 등에 게시된 '위효유서학교두등사' 爲曉喩西學敎頭等事라는 제목의 격문, '계사1893년 2월 야반 백운산인 궁을 선생이라는 이름의 "차차소자 경수차서" 嗟嗟小子 敬受此書로 시작되는 격문, 1893년 3월 2일자 '조선국 삼사원 우초'라는 이름으로 나온 '일본국상려관전견' 日本國商旅關展見이라는 격문이 그것이다. 그런데 2월 7일자 격문의 경우 당시 광화문 복합상소 지도부의 한 사람이었던 손천민孫天民의 이름으로 발송되었다는 사실이 『동학도종역사』東學道宗繹史20라는 사료를 통해서 확인되었다. 이 같은 사실은 척왜양 격문 게시 운동에 동학 지도부가 일정하게 관여하고 있었음을 시사해 준다. 이 같은 사실에 더하여 필자는 지난 4년 동안 일본에 소장되어 있는 동학농민혁명 관련 자료 조사 과정에서 광화문 복합상소 당시 게시된 격문 가운데 지금까지 전혀 알려지지 아니한 4종의 새로운 격문을 찾아낼 수 있었다.[21] 격문 제목과 격문이 실려 있는 사료 명을 열거해 보면 다음과 같다.

〈격문 1〉 : 동학파 유생파에 대한 변소 典據-「韓國 東學黨 蜂起 一件」

〈격문 2〉 : 동학당의 격고 典據-『日本』(新聞)

〈격문 3〉 : 동학당의 방시 典據-『時事新報』

〈격문 4〉 : 동학당의 방시 典據-『朝野新聞』, 『時事新報』

위의 〈격문 1〉은 광화문 복합상소 당시 국왕에게 상소를 올려 동학 배척 운동을 하던 유생들에 맞서 동학의 정당성을 알리는 격문이며, 〈격문 2〉는 동학을 배척하는 유생들에 대항하기 위해 서울에 머물고 있던 동학교도들로 하여금 3월 23일 서울 남산으로 집결할 것을 알리는 격문이다. 또 〈격문 3〉은 동학교도의 이름으로 거류 일본인들이 일본으로 철수할 것을 주장하는 격문이며, 마지막으로 〈격문 4〉는 조정의 복합상소 지도부에 대한 체포령, 유생들의 동학 배척 운동, 일본을 비롯한 외국 열강들의 개입 때문에 더 이상의 운동 전개할 수 없게 된 복합상소 지도부가 3월 10일 서울을 철수하면서 "다시 의기義旗; 봉기를 들어 적년積年의 숙원을 달성하겠다."고 서약하는 내용이 담겨 있는 격문이다. 이상의 4종의 격문들은 광화문 복합상소 및 척왜양 격문 게시 운동이 동학 지도부에 의해 매우 조직적으로 행해졌음을 뒷받침해 주고 있다.

이상으로 광화문 복합상소 당시 척왜양 격문 게시 운동을 주도한 세력이 동학 지도부였다는 사실이 분명하게 드러났다. 그렇지만 당시 동학 지도부 내에는 복합상소라는 합법적 방법을 중심으로 운동을 전개하려는 세력과 '괘서' 掛書로 일컬어졌던 척왜양 격문 게시라는 비합법적 방법을 중심으로 운동을 전개하려는 세력이 혼재하고 있었다는 사실도 부인할 수는 없다. 동학에 뛰어드는 교도들의 다양한 성격, 종교 운동과 정치 운동이 혼재되어 있는 교조신원운동의 양면적 성격이 그러한 결과를 가져온 주된 배경이었던 것이다.

6. 동학농민군 학살과 일본 정부 책임

앞에서 지적했듯이 동학 사상과 동학 조직, 동학 지도자들이 그 기반이 된 동학농민혁명이 실패한 원인 가운데에는 근대적 무기를 앞세운 일본군의 동학농민혁명 불법 진압 및 농민군의 대량 학살이라는 문제가 있다.

일본은 1894년 3월의 제1차 동학농민혁명을 조선에 대한 주도권 장악의 절호의 기회로 간주하고 조선 정부의 요청이 없었음에도 불구하고 대규모 군대를 출병시켜 서울에 주둔시켰다. 1894년 6월 일본 거류민 보호와 "조선 유사시 청국과 일본은 공동 출병한다."는 천진조약天津條約이 그 출병 이유였다. 6월 21일의 일본군에 의한 왕궁 점령 사건 이전, 농민군은 무장하지 않은 일본인을 공격 또는 살상 행위를 한 적이 없기 때문에 거류민 보호라는 일본 측 출병 이유는 출병을 위한 억지 구실에 지나지 않았다. 또 청일 양국 군대의 출병이라는 국가적 위기 사태에 직면한 농민군은 일본군이 출병하기 전인 5월 7일 조선 정부군과 전주 화약全州和約을 체결하여 전주성에서 자진 철수하여 해산하였다. 이로 인해 청일 양국 군대가 조선에 주둔해야 할 이유, 즉 유사有事의 상황은 해소되었다. 청국은 당연히 양국 군대의 공동 철병을 일본 측에 제안하였다. 그러나 조선 유사의 상황을 주도권 장악의 절호 기회로 삼고자 출병한 일본이 청국의 ‘공동철병안’ 을 받아들일 리가 없었다. 일본은 철병안을 받아들이기는커녕 일본군의 장기 주둔 구실을 마련하고 청국과의 전쟁 구실을 만들기 위해 양국이 조선 내정을 공동으로 개혁하자는 ‘조선내정개혁안’ 을 청국에게 제안하였다. 이 같은 일본 측의 제안은 조선 정부의 주권을 무시하는 것이었을 뿐만 아니라, 조선과 청국 사이의 전통적인 조공朝貢 관계를 부정하는 것이기도 했기 때문에 조선 정부는 강력히 그것을 거부하였다. 청국도 마찬가지였다.

진퇴양난의 지경에 빠진 일본 정부는 청국과의 전쟁 구실 마련에 혈안이 되었다. 이런 상황 속에서 일어난 사건이 바로 6월 21일양 7월 23일 일본군에 의한 조선 왕궁=경복궁 불법 점령 사건이다. 일본군의 조선 왕궁 점령은 명백한 국제법 위반이었다. 국제법을 무시한 행동이었기 때문에 일본 정부는 사건 당시부터 진상의 은폐와 날조에 급급하였다.* 군대를 앞세워 왕궁을 불법 점령한 일본은 ‘내정개혁안’ 을 거부하고 있던 국왕과 대신들을 축출하고 대원군을 중심으로 한 친일 개화 정권을 수립하였다. 이후 일본은 친일 개화 정권을 압박하여 ‘청국 군대 구축’ 驅逐을 조선 정부로부터 의뢰 받는 수순을 밟아 청일전쟁을 일으켰으며, 또한 이 친일 개화 정권을 압박하여 조선 정부가 일본군에게 농민군을 진압하도록 의뢰하는 공문을 발하도록 강요하였다. 이 과정에서 대원군은 끝까지 일본 측에 대항하여 농민군 진압은 우리 조선이 자주적으로 행할 것이라고 버텼으며, 일본 측에 협력하기는커녕 비밀리에 평양의 군대, 농민군과 연대하여 일본군을 구축하려는 계획

* 국제법을 무시한 일본군의 조선왕궁 점령의 불법성, 일본 정부에 의한 조선 왕궁 점령사건 진상 왜곡과 그 날조 과정에 대해서는 일본 코분켄(高文硏) 출판사에서 나온 나카츠카 아키라(中塚明, 1997), 『歷史의 僞造를 밝힌다-戰史로부터 사라진 日本軍의 朝鮮王宮占領』(日本語)에서 상세하게 밝혀진 바 있다. 위 책의 한글판은 필자의 번역으로 『1894년 경복궁을 점령하라』는 제목으로 푸른역사 출판사에서 2002년 9월에 출판되었다.

을 진행하였다.[22] 농민군 최고 지도자 전봉준 역시 대원군과 일정한 연대를 시도하려 했다는 사실은 이미 학계가 검증한 바 있다.[23] 그러나 대원군大院君의 노력은 끝내 실패로 돌아갔고, 괴뢰 정부 친일 개화 정권은 일본군에게 농민군을 진압하도록 의뢰하였다. 친일 개화 정권이 일본군에게 농민군 진압을 의뢰한 것은 1894년 10월 중순 무렵이었다. 이때부터 조선 정부군의 지휘권은 일본군으로 넘어 갔다.

문제는 여기서부터 심각해진다. 당시 조선과 일본은 선전포고를 한 적국 관계가 아니었다. 또한 비록 일본군이 친일 개화 정권으로부터 농민군 진압을 의뢰 받았다 하더라도 그 처벌은 조선 정부의 국내법에 따라야 했다. 왜냐하면 농민군을 비롯한 조선 민중에 대한 사법권은 어디까지나 조선 정부와 조선 군대에 속해 있었기 때문이다. 그러나 농민군 진압에 나선 일본군은 조선의 국내법, 조선의 사법권을 철저하게 무시한 채 10월 27일자 대본영의 "모조리 살육하라"는 명령을 아주 충실히 수행하게 된다. 농민군 지도자는 말할 것도 없고 동학의 경전이나 명첩名帖과 같은 문서를 소지했다는 이유 하나만으로 일반 동학교도들 역시 체포 즉시 현장에서 학살되었다.[24] 농민군인지, 일반 민중인지 그 구별이 애매한 사람들 역시 재판 절차 없이 현장에서 학살당하였다. 현재 일본 방위청 방위연구소 도서관에는 조선의 사법권을 무시한 채 농민군을 대량 학살한 일본군이 남긴 작전일지, 전투상보, 진중일지, 전보 등이 대량으로 소장되어 있다. 일본군에 의한 농민군 학살 전모를 밝히기 위해서는 이들 사료의 공개가 절대적으로 필요하다.

일본군은 조선의 국내법, 사법권만 무시한 것이 아니었다. 당시의 국제법마저 무시한 행위를 공공연히 저질렀다. 만국공법萬國公法이란 이름으로 널리 알려진 당시의 국제법에는 비전투원에 대한 보호가 명시되어 있었다. 그러나 농민군 진압에 나선 일본군은 이 같은 국제법을 철저히 무시한 채 비전투원인 동학교도들마저 동학교도라는 단 하나의 이유만으로 모조리 학살하였다. 1894년 11월부터 1895년 3월까지 일본군에 의해 학살당한 농민군 숫자는 최소 3만에서 5만 명에 달하는 것으로 추산되고 있다.* 일본 정부의 책임을 엄중하게 물어야 할 이유가 바로 여기에 있다.

* 이 같은 사실은 2001년 5월 31일부터 6월 3일까지 全羅北道 全州市에서 열린 동학농민혁명 국제학술대회에서 발표된 井上勝生(당시, 日本 北海道大學 文學部) 교수의 「日本軍에 의한 東學農民 虐殺」및 『世界』第693號(日本, 岩波書店, 2001년 10월호)에 실린 「日本軍에 의한 東아시아 最初의 民衆虐殺」(日本語)이라는 논문에서 상세하게 밝혀진 바 있다.

한국 근대 민중종교와 비서구적 근대의 길[*]
- 동학과 원불교를 중심으로

1. 서언

오늘날의 지식 정보화 사회의 근원은 어디에 있는 것일까? 그것은 인터넷과 휴대폰, 각종 디지털 전자기기로 상징되는 첨단 과학 기술의 발달과 밀접한 관계에 있으며, 그 같은 첨단 과학 기술의 발달은 서구에서 시작된 '근대' 近代와 표리일체의 관계에 있다고 할 수 있다. 왜냐하면, '근대' 야말로 서구의 작품이자 오늘날의 첨단 과학 기술과 밀접한 관계에 있기 때문이다. 그러므로 근대에 들어와 본격적으로 발달하기 시작한 첨단 과학 기술이 도달하고 있는 지점에 오늘날의 지식 정보화 사회가 자리하고 있다고 해도 과언이 아니다. 첨단 과학 기술의 발달에 의한 지식 정보화는 현대사회의 다양한 영역에 걸쳐 많은 변화를 초래하고 있다. 지식 정보화가 가져온 변화에는 긍정적 측면이 있는가 하면 부정적 측면도 적지 않다. 예를 들면, 지식 정보화 사회에 따른 지구촌 공동체의 가능성은 긍정적 측면이라 할 수

---

* 이 논문은 『녹색평론』79호(2004년 11월)에 실린 졸고, 「서구적 근대의 신화를 넘어서」와 2005년 9월 9일에 원광대학교 원불교사상연구원이 주최한 제19회 국제 불교문화 학술회의에서 발표한 졸고, 「韓國近代 民衆宗敎와 知識情報化社會-西歐的 近代의 神話를 넘어서-」를 전면적으로 改稿한 것이다.

있고, 환경 오염과 지구 온난화는 부정적 측면의 대표적 사례라 할 것이다.

이 글에서는 지식 정보화 사회의 뿌리 또는 원점이라 할 수 있는 '근대'라는 문제를 중심으로 최근 한국 사회에서 활발하게 전개되고 있는 담론들의 문제점을 지적한 다음, 19세기 이래 '서구적 근대'와는 다른 조선 나름의 독자적인 근대의 길, 즉 '비서구적 근대'를 모색하고자 했던 사상적 흐름과 그 실천 운동을 한국 근대 민중종교를 중심으로 개괄적으로 검토해 보고자 한다. 한국 근대 민중종교로는 동학천도교, 정역, 증산교, 대종교, 원불교 등 다양한 종교가 있지만 이 글에서는 지면 관계상 동학과 원불교만을 주된 검토 대상으로 삼기로 한다.*

2. 근대의 신화

최근 들어 "한국의 근대를 어떻게 이해할 것인가."에 대한 담론이 활발하다.** 이들 담론과 관련하여 대표적인 논쟁 주제 가운데 하나가 바로 "일제 식민지 시대를 어떻게 볼 것인가."에 대한 논의라 할 것이다. 종래, 일제 식민지 시대를 바라보는 입장은 이른바 수탈론收奪論 일색이었다. 수탈론이란, 일제의 식민 지배 체제는 기본적으로 식민지 모국의 모순을 피식민지에 전가하는 체제였으며, 식민지 모국의 경제적 발전을 위해 조선 민중들의 희생

---

* 한국 근대 민중종교는 西勢東漸으로 상징되는 開化期 및 日帝 强占期에 걸쳐 다양한 모습으로 등장한다. 한국 근대 민중종교의 효시는 1860년 4월에 水雲 崔濟愚에 의해 창도되는 東學이며, 1916년 4월에 開敎하는 圓佛敎 이후에는 동학과 원불교만큼 사회적 영향력을 가진 민중종교가 등장하지 않는다.

** '(서구적) 근대'와 그 근대를 낳은 '근대성'에 대한 다양한 비판적 담론들을 이 글에서 모두 소개하는 것은 필자의 역량을 뛰어넘는 일이다. 여기서는 다만, 필자의 '근대'에 비판적 문제의식은 김용옥의 「조선사상사대관」(『도올심득 동경대전』, 통나무, 2004, 7~146쪽)으로부터 많은 시사를 받았다는 사실만을 밝혀두고자 한다.

과 부담을 강요하는 수탈적 성격이 그 기조를 이루고 있었다고 보는 견해이다. 이 같은 수탈론은 적어도 1990년대까지만 해도 한국 사회에서 확고부동한 정설로 정착되어 있었다. 그러나, 1990년대 이후 역사학 분야에도 포스트모더니즘이 도입 소개되어 국사 또는 민족이라는 일국사적─國史的 관점의 분석틀이 식민지 시대를 살았던 사람들의 구체적 일상과 삶의 경험들을 박탈해 왔다는 반성이 일어나고, 그 결과 일국사적 관점의 편협성을 넘어 동아시아라는 열린 관점에서 우리의 역사상을 재검토하려는 연구자들이 등장하면서 종래의 수탈론은 새로운 비판에 직면하게 되었다.

수탈론을 비판하는 대표적 견해가 바로 식민지植民地 근대화론近代化論이다. 식민지 근대화론을 한마디로 요약하자면, 식민지 시대에 철드와 도로·공장 등의 인프라가 정비되어 경제가 꾸준히 성장하였고, 영양 및 위생 수준의 향상으로 인구가 증가하고 있는 것이 사실이기 때문에 식민지 시대를 수탈의 측면으로만 이해해서는 안 된다는 것이다. 식민지 근대화론은 또한 식민지 시대 일제에 의해 정비된 철도와 도로·공장 등의 인프라 덕분에 1960년대 이후 한국이 고도성장을 할 수 있었다고 주장한다. 식민지 시대에도 숫자상으로 보면 경제가 꾸준히 발전하고 있었고, 인프라도 많이 정비되었으며, 인구가 늘어난 것이 사실이다. 이런 사실만 보자면, 식민지 근대화론자의 주장은 일견 타당한 듯이 보인다. 그러나, 이들의 견해가 지금도 일본 안에서 되풀이되는 식민지 지배 긍정론자들의 주장과 매우 닮아 있다는 점, 식민지 시대에 이루어진 경제 성장과 인프라 정비가 지닌 역사적 성격, 즉 누구에 의한 누구를 위한 것이었는가 하는 문제에 있어서는 검토의 여지가 많다.***

한편, 최근에 이루어지고 있는 또 하나의 대표적 담론은 바로 '근대성'에 대한 문제이다. 우리들이 현재 익숙하게 사용하고 있는 근대라는 개념은 본래 우리 고유의 개념이 아니었다. 근대라는 용어는 당초 서구 사회를 모델로 성립된 개념이었다. 이 근대라는 용어가 우리에게 수입된 것은 19세기 서세 동점의 시대였으며, 탈아입구脫亞入歐를 표방한 일본을 통해 들어왔다. 그런데 서구로부터 수입된 근대는 1백년 이상 우리들에게 지고지선至高至善의 개념으로 이해되어 왔다. 즉, 근대는 무조건 좋은 것이고 바람직한 것이기에 반드시 실현해야 할 절대적 가치를 지닌 개념으로 이해해 왔던 것이다. 그 결과, 우리에게 근대는 하나의 신화로 정착하기에 이른 것이다.

그러면, 근대는 언제부터 신화화되기 시작한 것일까? 근대를 제일 먼저 신화화한 이들은 일제 시대의 일본인 어용학자이었다. 그들은 19세기 한국은 근대가 결여된 정체된 사회라고 강조하면서 자신들의 조선 지배야말로 한국에 결여된 근대를 실현하기 위한 일본인들의 은혜라고 강조하였다. 이 같은 논리는 정체된 조선 사회를 근대화시키려는 일제의 식민 지배를 정당화하는 역할을 하였으며, 식민사학자들에 의해 확립된 조선=정체사회停滯社會,未開, 일본=근대사회文明라는 논리는 일제에 의해 식민지 시대 내내 우리의 뇌수 속에 강제적으로 각인되었다. 이리하여 우리들은 우리 스스로 근대를 실현하지 못한 것이 바로 일제로부터 식민 지배를 당하게 된 결정적 원인이라는 착각을 부동의 진리로 받아들이게 되었다.

그런데, 조선 사회의 정체성을 강변하던 일제는 제2차 세계대전에서 패배하면서 1945년 8월 15일 연합국에 무조건 항복했다. 일제의 패망은 곧 조선의 근대화를 위한 일본 제국주의의 식민 지배가 정당하다는 식민 지배의

***　收奪論과 植民地近代化論 사이의 논쟁은 1980년대 중반부터 시작하여 현재까지도 진행 중에 있다. 수탈론은 아직도 한국 역사학계의 주류적 견해이며, 여기에 대해 식민지 근대화론을 주창한 이가 안병직 서울대 명예교수였다. 안 교수의 견해는 이후 이영훈 교수 등 이른바 '낙성대사단'에 의해 주도되고 있다. 그런데 2005년 봄에 충남대 허수 열 교수가 수탈론과 식민지근대화론 양자를 극복하는 새로운 연구 성과(『개발 없는 개발』, 도서출판 은행나무, 2005)를 내서 학계의 주목을 받았다.

논리도 함께 파탄에 이른 것을 의미했다. 일제의 패망과 함께 식민 지배 논리도 함께 파탄에 이른 만큼, 1945년 이후 당연히 19세기 우리 역사를 새로운 관점에서 해명하려는 움직임이 활발해졌다. 식민지 시대 내내 주류의 식민사학에 맞서 민족 주체적인 역사상 확립을 위해 고군분투했던 우리 역사가들에게 해방 조국과 민중들은 식민사학자들의 논리를 뛰어넘는 새로운 역사 해석을 요구했다. 그 결과 1960년대에 이르러 이른바 내재적內在的 발전론發展論이라는 새로운 방법론이 싹트게 된다. 내재적 발전론이란, 한마디로 일제 식민 지배의 주된 논리였던 조선=정체사회라는 등식을 근본적으로 부정하는 견해를 말한다. 즉, 종래 식민사학자들은 조선 사회를 정체된 사회라고 강조했지만 그것은 역사적 사실과 다르다. 조선에서도 이미 18세기 무렵부터 서구 근대 사회에서나 확인되는 자본주의가 발달하고 있었으며, 전근대 사회를 지탱하고 있던 신분 제도 타파를 주장하는 실학자들이 등장함으로써 근대사회를 지향하려는 움직임이 일제의 식민 지배 훨씬 이전에 이미 시작되고 있었다고 주장했다. 이 같은 내재적 발전론은 우리의 근대는 민족 내부의 주체적 역량에 의해 충분히 실현될 수 있었음에도 불구하고, 일제라는 외세의 침략과 지배에 의해 철저하게 저지당했다고 하는 수탈론과 그 맥을 함께 하기에 이른다. 1960년대 내재적 발전론은 수탈론과 맞물리면서 식민사학자들의 논리를 제압하기에 충분했다. 한국인들은 내재적 발전론을 통해 오랜 세월 동안 일제에 의해 강요된 이른바 식민 지배의 논리로부터 해방될 수 있었다. 즉, 조선의 19세기는 일본의 고대사회 수준과 다름없을 만큼 정체되어 있었다停滯性論, 조선 사람은 늘 갈라져서 싸우기를 좋아한다黨派性論, 조선은 반도라는 지리적 이유 때문에 역사적으로 언제나 대륙 세력과 해양 세력에 의해 지배당해 왔다地理的 決定論는 일게 어용학자들의 주요 주장을 일거에 타파하는 카타르시스를 경험할 수 있었다.

그러나 이 같은 내재적 발전론 역시 근대라는 문제의식에 매몰되어 있었다. 내재적 발전론이 말하는 근대는 어디까지나 서구적 근대를 뜻했으니, 그것은 당연히 서구 근대사회의 특징인 자본주의의 발달, 국민국가의 확립, 사회 신분제의 폐지 등의 내용이 우리에게도 있었다거나, 아니면 형성되고 있는 중이었다는 식의 논리를 폈다. 그 대표적인 예가 바로 조선 후기에 등장한 새로운 농업 형태인 광작廣作 또는 경영형經營型 부농을 자본주의의 맹아萌芽로 파악하는 견해이다. 조선 후기 광작이나 경영형 부농의 사례에서 확인할 수 있는 바와 같이 18세기부터 이미 자본주의가 발달하고 있었으니, 우리도 서구 사회와 마찬가지로 근대를 실현하려는 움직임이 이미 구체적으로 존재하고 있었다, 따라서 조선 사회는 결코 정체된 사회가 아니었으며, 우리도 자체 역량으로 충분히 근대를 실현할 수 있었다는 것이다. 그렇다면 지금은 어떠한가. 오늘날, 전 지구상에 만연하고 있는 위기 현상의 심층에 서구의 근대에 확립된 자본주의라는 경제 체제와 국민국가라는 정치 체제가 자리하고 있다는 사실은 이제 하나의 상식이 되어 있다. 그러나 1960년대 이 땅의 내재적 발전론자들에게는 이 같은 어두운 현실은 눈에 들어오지 않았다. 오직 서구적 근대를 성취하려는 움직임을 우리 역사 속에서 구체적으로 확인하고 드러내는 것이야말로 자신들에게 부여된 역사적 사명이라고 생각했다. 요컨대, 내재적 발전론자들 역시 근대라는 신화에 푹 빠져 있었던 것이다.

이 같은 근대에 대해, 1980년대부터 우리 학계에서 조심스런 문제제기가 시작되었다. 이 같은 문제제기는 곧 식민지 시대 내내 식민사학자들로부터 귀가 따갑도록 들어왔던 근대의 부재不在, 그리고 실학 사상과 광작·경영형 부농 등을 근거로 하여 서구적 근대를 실현하려는 움직임이 우리 내부에도 이미 엄연하게 존재하였음을 증명함으로써 식민 지배의 논리를 타파하고자 하였던 내재적 발전론자들의 문제의식이 과연 정당한가에 대한 문제제기였다. 서구적 근대에 대한 문제제기는 국내에서는 정창렬鄭昌烈 교수, 일본에서는 재일동포 출신인 조경달趙景達 교수에 의해 제기되었다. 두 사람은 모두 한국 근대사 가운데서도 동학과 동학농민혁명 연구에 오랜 기간 천착해 온 역사가들로, 1894년 동학농민혁명의 성격을 구명하기 위한 연구 과정 속에서 "우리 사회가 자본주의와 국민국가를 큰 특징으로 하는 서구적 근대를 반드시 실현해야 할 필연적인 이유는 무엇인가? 서구의 역사와는 본질적으로 성격이 다른 조선사가 추구해야 할 근대를 왜 하필이면 서구적 근대에서 찾아야 하는가?"에 의문을 품고 서구의 근대와는 다른 '비非 서구적 근대'의 모델을 동학농민혁명 연구를 통해 해명하고자 했다.[1]

3. 비서구적 근대를 향한 길

역사가들은 근대를 실현하는 길을 대체로 두 가지로 나눈다. 위로부터의 길과 아래로부터의 길이 그것이다. 한국의 경우에는 19세기 조선의 개화파가 주도했던 갑신정변1884과 갑오개혁1894, 위정척사파들이 주도했던 척화斥和=反開化 상소운동1870~1880년대과 의병전쟁1890~1900년대 등을 위로부터의 길이라 한다. 여기에 대해 수운 최제우에 의해 창시된 동학과, 그 동학의 사상과 조직이 기반이 되었던 1894년의 동학농민혁명을 아래로부터의 길이라 말하고 있다.

그런데, 기존 연구자들은 아래로부터 근대를 실현하려 했던 동학과 동학농민혁명 과정에 나타난 근대적 지향을 서구적 근대와 다름없는 것으로 파악해 왔다. 그 같은 기존의 통설에 강한 의문을 제기한 이들이 바로 전술한 정창렬과 조경달이다. 조선 나름의 독자적 근대 실현의 길을 찾고자 했던 두 연구자의 문제의식을 이해하기 위해서는 근대 일본의 민중사상·민중운동 연구에서 독보적인 위치를 차지하고 있는 야스마루 요시오安丸良夫 교수의 견해에 주목할 필요가 있다.[2] 야스마루 요시오 교수는

19세기 중반 이후의 근대세계는 자본주의적 세계 구조, 국민국가, 민중의 생활 세계라고 하는 각각 밀접하게 연관되어 있으면서도 또한 확연히 구별되는 이 세 가지 차원에 초점을 두고 분석되어야 한다고 생각한다. 현재의 상황 속에서 되돌아보면, 자본주의적 세계 구조가 기본적인 동력이며, 민중의 생활 세계도 국민국가도 그것에 희롱당하는 것처럼 느껴질지도 모르나, 하지만 그러한 일은 없다. 민중의 생활 세계는 자본주의적 세계 구조에 의해 규정되면서도 독자적인 논리를 가지고 존재하고 있으며, 세계 구조가 그것을 완전히 제어할 수는 없다.[3]

라고 주장한 바 있다. 위와 같은 야스마루 요시오 교수의 견해를 빌린다면, 조선의 동학 사상과 동학농민혁명은 바로 자본주의적 세계 구조에 의해 규정되지 않은 조선 민중의 독자적 생활 세계를 반영한 역사적 소산물이라고 해석할 수 있다. 그렇다면 조선 민중의 독자적 논리를 반영하고 있는 동학과 동학농민혁명에서 우리는 무엇을 확인할 수 있을까? 여기서 동학의 3대 사상가라고 할 수 있는 수운 최제우, 해월 최시형, 녹두장군 전봉준의 행적과 사상을 통해 동학과 동학농민혁명에 나타난, 즉 조선의 근대를 향한 아래로부터의 길에 나타난 민중들의 독자적 논리 속으로 들어가 보기로 한다.

1) 수운 최제우의 '유무상자'有無相資적 공동체

먼저, 동학의 창시자 수운의 경우를 보자. 수운은 20세부터 구도 생활을 시작하여 37세1860인 1860년 4월 5일에 독특한 종교체험[4]을 하게 된다. 종교체험을 통해 수운은 상제, 즉 하늘님으로부터 가르침을 받아 동학을 창도한다. 1년 뒤인 1861년 6월부터 본격적으로 포덕布德; 동학의 가르침을 펴는 활동을 말함을 시작하게 되고, 다시 1년 뒤인 1862년 12월에는 경상도 각지에 접接*이라는 공동체 조직을 만든다. 그러나 동학은 조선 왕조 지배층으로부터 좌도左

道, 즉 성리학적 지배 체제를 어지럽히는 사도邪道로 간주되어 수운은 1863년
12월에 체포되어 이듬해 3월에 처형된다. 이리하여 가르침을 펴기 시작한
지 3년 만에 수운의 공적인 생애는 마감되지만, 수제자 해월 최시형에 의해
동학은 조선 팔도로 퍼져 가기에 이른다

그러면 수운의 동학에 담긴 독자적 논리는 무엇이었을까? 지면 관계상
여기서 자세한 설명을 할 여유는 없다. 한두 가지만 예를 들고자 한다. 우선
먼저 주목해야 할 것이 바로 동학의 동東이 무엇을 의미하는 것이냐 하는 문
제이다. 수운은 다음과 같이 말한다.

> 나는 동東[5]에서 태어나서 동東에서 도道를 받았다. 내가 받은 도는 하늘로부
> 터 받았기 때문에 천도天道라고 할 수 있지만, 학學이라는 입장에서 말한다면
> 동학東學이다. 하물며 땅은 동東과 서西의 구분이 분명히 있는데, 서西를 동東
> 이라 할 수 있으며 동東을 서西라고 할 수 있겠는가.[6]

이 내용을 통해 수운이 '동'東을 매우 강조하고 있음을 확인할 수 있다.
"동東에서 태어나 동東에서 받았다."는 내용과, "서西를 동東이라고 할 수 있
으며, 동東을 서西라고 할 수 있겠는가."라는 내용이 바로 그것이다. 여기서
수운이 말하는 동東이란 곧 동국東國, 즉 조선을 가리킨다. 그러므로 수운이
말하는 동학이란 곧 동국東國의 학學, 즉 조선의 학문을 가리킨다는 것을 알
수 있다. 따라서 수운의 동학은 조선이라는 나라의 역사와 현실에 기반을

---

* 동학의 接은 淵源制를 근간으로 하는 조직으로서 동학의 가르침을 전해 주는 이(스승)를
　일러 淵源이라 하고, 동학의 가르침을 전해 받는 이(제자)를 일러 聯臂라 하였다. 이 접 조
　직은 탄압에 대비하여 철저한 비밀 유지를 위한 人脈 중심의 점조직으로 구성되었는데,
　수운 당시 한 개의 접은 대체로 5~60세대의 가구로 구성되었다.

둔 주체적 학문을 지향하고자 했던 것이었다고 할 수 있다.

다음으로, 접接 조직을 중심으로 한 동학의 공동체적 성격에 주목할 필요가 있다. 수운이 경상도에서 한창 동학의 가르침을 펴고 있을 때, 유생들은 동학 배척과 탄압에 혈안이 되어 있었다. 동학 배척과 탄압은 조선의 추로지향鄒魯之鄕[7]을 자부하던 경상도 유생들이 중심이 되어 있었으며, 그들은 경상도 각지의 서원에 동학을 배척하는 통문을 보내 서로 연통하면서 대대적인 동학 탄압에 나섰다. 그런데 이들 유생들이 남긴 동학 배척 통문에는 다음과 같은 흥미로운 구절이 들어 있다.

> 귀천이 같고 등위에 차별이 없으니 백정과 술장사들이 모이고, 남녀를 차별하지 아니하고 장막帷薄[8]을 세우니 과부와 홀아비들이 모여 들며, 재물과 돈을 좋아하여 있는 자들과 없는 자들이 서로 도우니有無相資가난한 자들이 기뻐한다.[9]

이 내용을 통해서 우리는 창도 초기의 동학 조직이 신분과 남녀 차별을 뛰어넘는 평등한 조직이었음을 확인할 수 있다. 더 나아가 동학 조직이 처음부터 "있는 자들과 없는 자들이 서로 돕는" 생활공동체 또는 경제공동체적 성격이 강한 조직이었음을 확인하게 된다. 최근, 일부 한국경제사 연구자들은 자본주의가 도입되기 이전의 조선 경제의 원형을 호혜시장互惠市場이었다고 주장한 바 있다.* 이 같은 주장이 타당한 것이라면, '유무상자' 有無相資를 이상으로 하는 동학 조직이야말로 경제적 측면에서 우리의 전통적 호

---

* 우리 민족의 互惠市場의 가장 전형적인 모습이 바로 檀君神話에 나오는 神市라는 것이다. 이 神市는 天市, 天高市, 神高市, 또는 前朝後市 등으로도 불렸다. (김지하, 『옛 가야에서 띄우는 겨울편지』, 도서출판 두레, 2000, 224쪽의 '神市' 참조)

혜경제 체제를 계승·발전시키려 했다고 말할 수 있을 것이며, 이 같은 호혜경제 체제는 서구적 근대가 가져온 자본주의 경제 체제와는 확연하게 다른 것이었을 가능성이 크다.

이상의 내용을 요약하자면, 수운에 의해 창도된 동학은 조선의 주체적 학문을 표방하면서 신분과 남녀의 차별을 뛰어넘는 평등한 조직으로 '유무상자'의 공동체 실현을 지향함으로써 서구적 근대와는 다른 독자적인 근대 실현을 목적하고 있었던 것으로 볼 수 있다.

2) 해월 최시형의 수입품 금지 운동

1864년 3월 10일, 동학 창시자 수운은 좌도혹민左道惑民**의 죄명을 쓰고 처형되었다. 수운이 처형당하자 동학 탄압에 앞장섰던 유생들과 조선왕조 지배층은 창시자가 없어진 동학은 곧 와해될 것으로 예상하였다. 그러나 동학은 무너지기는커녕 해월 최시형[10]이란 수운의 수제자에 의해 오히려 조선 팔도로 널리 퍼져 가기에 이른다.

해월도 1898년 6월에 스승이 그랬던 것처럼 똑같이 체포·처형되지만 그가 동학에 입도한 1861년부터 처형당하는 1898년까지 38년간 동학의 최고 지도자로서 보여준 리더십은 만인의 귀감이 되기에 충분했다. 해월의 생애를 한마디로 요약한다면 스승의 가르침을 충실하게 계승하여 실천했던 인물이라고 할 수 있다. 그는 스승 수운이 1863년 7월에 자신에게 부여해 준 북도중주인北道中主人***이라는 직함을 평생토록 간직하였고, 죽는 순간까지도 그 역할에 충실했다. 스승의 가르침과 지도를 직접 받았다는 것을 평

** 左道惑民이란 儒學, 즉 성리학적 지배 질서를 어지럽히는 邪道로 민중을 현혹시킨다는 뜻이다.
*** 이 北道中主人이란 직함은 1880년대에 들어와서 北接主人으로 그 명칭이 바뀌게 된다.

생의 긍지로 삼고 살았던 것이다.

　수운의 충실한 계승자 해월이 동학 역사에서 수행한 역할은 대단히 많다. 구체적인 예를 들면, 첫째, 『동경대전』과 『용담유사』으로 대표되는 동학 경전의 집성 및 간행, 둘째, 설법제設法祭와 구성제九星祭, 인등제引燈祭와 같은 종교 의례의 정비 및 확립, 셋째, 정기적인 수련 제도의 시행과 순회 포덕 활동, 넷째, 육임제六任制로 대표되는 직제 제정 및 법소法所; 중앙본부의 설치, 다섯째, 경상도·충청도·전라도의 삼남 지방을 중심으로 한 지역별 지도자 양성 등[11]이 그것이다. 이 가운데서도 가장 주목할 만한 업적은 스승의 가르침을 충실히 계승하고 그것을 사회화하였다는 점이다. 즉, 해월은 수운의 시천주 사상을 확대 발전시켜 베 짜는 며느리도 하늘님이며, 어린 아이도 하늘님이고, 집에 오시는 손님도 하늘님이며, 공중을 나는 새도 하늘님이라는 범천론적汎天論的 동학 사상[12]을 확립했다. 그 결과 수운의 동학 사상은 해월에 의해서 비로소 널리 사회화되고 민중들의 생활 세계 안으로 깊숙이 스며들 수 있었다.

　그런데 여기서 해월의 업적 가운데 특별히 주목할 것은 스승 수운이 가르친 유무상자有無相資의 공동체적 전통을 어떻게 계승·실천하고 있는가 하는 점이다. 앞서 설명했듯이 해월은 1861년 6월 동학 입도부터 시작해서 1898년 6월에 처형되기까지 38년간을 이른바 수배자 생활을 하였다. 그래서 선생의 삶의 궤적을 보여 주는 자료가 별로 남아 있지 않다. 필자는 1983년부터 지금까지 해월의 발자취와 그 흔적을 찾아다니고 있지만 아직도 해월의 생애를 완벽하게 복원하기 위해서는 해결해야 할 과제들이 많이 남아 있는 실정이다. 여기서는 1980년대 이후 현재까지 새로 찾아 낸 해월 관련 자료 가운데 지금껏 전혀 주목되지 못한 1880년대 후반에서 1890년대 초에 해월의 이름으로 발송된 통문의 일부 내용을 소개하고, 그 속에 담긴 해월 사상의 일면을 검토해 보기로 한다.

〈1〉

무릇 우리 동학 사람들은 같은 연원淵源, 수운 최제우를 말함으로부터 가르침을
받았으니 마땅히 형제와 같다 할 것이다. 그렇다면 형은 굶고 있는데 동생만
배부를 수 있을 것이며, 동생은 따뜻하면서 형은 추위에 떨어서야 되겠는가.
중략 크게 바라건대 모든 군자동학도인들을 말함들은 자신이 소속된 접接 안에서
여유가 있는 사람들끼리 각각 서로 힘을 합해서 마음에 여유가 없는 사람들
로 하여금 한 해를 어떻게 보낼까 걱정하는 마음을 면하도록 하시오.[13]

〈2〉

같은 소리는 서로 호응하고 같은 기운은 서로 구하는 것이 예로부터의 이치
이니 지금 우리 동학에 이르러서는 그 이치가 더욱 크게 드러나야 할 것이
다. 환난을 서로 구제하고 빈궁을 서로 보살피는 것 또한 선현들의 향약에
들어 있는 것인데 우리 동학에 이르러서는 그 정의가 더욱 막중하다고 하겠
다. 그러니 우리 동학의 사람들은 한결같이 약속을 지켜서 서로 사랑하고 서
로 도와서 규약에 어김이 없도록 하시오.[14]

〈3〉

하나, 생선과 고기, 술과 담배 이 네 가지는 도인들의 기혈氣血과 정신精神에
해로움만 있을 뿐 조금도 이로운 것이 없으므로 일체 금지할 것.
하나, 나막신과 가죽신은 크게 기운을 상하는 물건이며 또한 하늘이 싫어하
는 이치가 있으니 영令 내린 이후에는 비록 비가 오는 날이라 할지라도 나막
신과 가죽신을 신지 말 것.
하나, 무릇 사치스러운 물건은 방탕한 자들이나 좋아하는 바요, 마음을 다스
리고자 하는 사람들이 취할 바가 아니다. 도유道儒; 동학교도들의 사치를 좋아
하는 폐단을 금하고 막을 것.

하나, 우리 동학의 도유들은 통양通樣갓, 서양 비단洋紗, 당목唐木, 채단綵緞등 을 일체 금지하며 오직 추포麤布와 추목麤木만을 입을 것.[15]

위의 내용들은 필자가 1994년 1월 전북 부안군 상서면 감교리에 있는 천도교 호암수도원을 답사하다가 찾아 내 학계에 소개한 『해월문집』海月文集이란 자료에 실린 통문 내용의 일부이다.[16] 『해월문집』은 1880년대부터 동학 농민혁명 직전까지 해월이 전국 각지의 동학 접주와 신자들 앞으로 발송한 통문을 모아 놓은 자료인데, 위의 인용 내용을 통해서 초기 동학의 유무상자의 전통이 해월 시대에도 충실하게 계승 실천되고 있음을 확인할 수 있다.[17] 또한 당시의 동학이 일반교도들의 생활 규범 문제까지 다룰 만큼 매우 제도화되고 조직화되어 있었음도 확인하게 된다. 이들 내용 가운데 더욱 주목할 만한 점은 해월이 각 지역의 동학 지도자 및 일반 도인들에게 당목과 채단, 즉 당시 수입품이던 서양 비단과 당목 사용을 금지하는 대신 국산품인 추포와 추목을 사용하도록 지시하는 통문을 널리 발송하고 있었다는 사실이다.

주지하듯이, 1876년의 개항 이래 조선 사회는 세계 자본주의 체제에 강제적으로 편입되고, 이 과정에서 전통적인 조선 경제가 파탄의 위기에 직면하게 된다. 그 당시 조선 경제를 가장 위협했던 서양 상품 중의 하나가 바로 서양에서 수입되는 포목, 즉 채단서양 비단과 당목의 문제였다. 따라서, 해월이 당시 조선 경제의 근본 문제의 하나였던 서양의 채단과 당목 사용의 문제를 직시하고 도인들에게 그 사용을 금지했다는 사실은 주목할 만한 일이다. 그러나, 지금까지 우리 학계에는 해월이 동학 도인들에게 서양 수입품 사용을 금지하고 국산인 추포와 추목 사용을 권장했다는 사실이 보고된 바도 없었고, 그 같은 사실을 밝혀 보려는 연구자도 없었다. 또한, 학계에서는 대체로 인도의 간디가 물레를 돌리면서 영국의 식민 지배와 서양의 자본주의 경제 체제에 맞서 싸웠다는 사실을 기억하는 사람은 많지만, 해월이 수입품을 금하고 국산품을 쓰도록 권장하는 통문을 발송했다는 사실을 아는 사람은 거의 없다. 이런 현상의 원인은 아마도 우리의 근현대사의 전개 과정이 서구적 근대의 신화 속으로 매몰됨으로써 우리 자신의 전통에 무지했기 때문일 것이다.

해월에 대한 학계와 우리 사회의 무지는 이뿐만이 아니다. 해월은 1898년 음력 4월 5일 강원도 원주 송골에서 관에 체포되는데, 체포되기 전날까지 해월을 모시고 있었던 임순호라는 제자가 남긴 수기에 따르면, 해월은 체포되기 전날 밤까지도 새끼를 꼬며 일을 했다고 기록하고 있다.[18] 죽음이 다가오는 순간까지도 일을 했던 해월의 모습 속에서, 물레를 돌리며 인도 독립운동을 했던 간디를 다시 떠올린다. 그러면서 왜 우리는 한국의 간디를 만들지 못했을까, 아니 왜 찾으려 하지 않았을까 하는 의문을 제기해 본다. 이 역시 서구적 근대의 신화에 대한 집착이 아닐 수 없다.

3) 녹두장군 전봉준의 반세계화 운동

수운과 해월이 실현하고자 했던 동학의 꿈은 1894년의 동학농민혁명을 통해 극적으로 표출된다. 그 꿈의 구체적 내용들은 동학농민군들이 정부에 제출한 폐정개혁안弊政改革案 속에 고스란히 담겨 있다. 폐정개혁안은 현재까지 다섯 종류가 알려져 있다. 오지영吳知泳의 『동학사』1938에 실려 있는 12개조, 정교鄭喬의 『대한계년사』大韓季年史에 실려 있는 13개조, 김윤식金允植의 『속음청사』續陰晴史에 실려 있는 38개조중복을 제외하면 29개, 『도쿄아사히신문』東京朝日新聞 1894년 7월 24일자에 실려 있는 13개조, 동同 신문 명치 28년 5월 7일자에 실려 있는 27개조 등이 그것이다. 이들 폐정개혁안은 정치·경제·사회 등 각 분야에 걸쳐 다양한 내용의 개혁 조항을 담고 있다.

이들 개혁안의 성격을 요약하자면, 반봉건과 반침략=반외세, 그리고 반개화反開化, 즉 반세계화를 지향하는 내용이 핵심을 이루고 있는 개혁안이었다고 할 수 있다. 여기서 반개화라는 용어에 대해 구체적인 설명을 할 필요가 있다. 반개화란, 세계 자본주의 경제 체제에 강제적으로 편입된 조선 조정이 수행하고 있던 당시의 개화 정책, 즉 근대화 정책에 반대한다는 뜻이다. 오늘날의 표현을 빌리자면, 반세계화라는 의미와 통한다고 할 수 있다. 그러므로 동학농민혁명 당시 농민군들이 폐정개혁안을 통해 반개화를 주장했다는 것은 곧 19세기 말에 이미 농민군들에 의한 반세계화 운동이 선구적으로 실천되고 있었다고 할 수 있다. 그런데, 농민군에 의한 반세계화 운동은 1894년에 갑자기 돌출된 것이 아니라, 1892년에서 3년까지 두 해 동안 조선 각지에서 진행된 교조신원운동敎祖伸冤運動 과정에서 이미 드러나고 있었다. 교조신원운동이란 억울하게 처형당한 동학 교조 최제우의 원한을 풀어달라는 종교적 요구가 강하게 반영된 일종의 종교 운동적 성격을 지닌 것이었지만, 이 운동은 단순히 교조의 억울한 한을 푸는 운동에 그치지 않고, 당시의 정치·경제·사회적 모순을 함께 해결하기 위한 운동으로 표출되었다.[19] 그 구체적 증거를 우리는 동학교도들이 1892년 10월의 공주 집회 때 충청 감사에게 제출한 「각도동학유생의송단자」各道東學儒生議送單子 속의 다음과 같은 내용에서 확인할 수 있다.

> 심지어 일본 상인들은 각 항구를 통행하며 무역상의 이익을 자기 마음대로 함으로써 돈과 곡식이 말라서 백성들이 목숨을 지행하기 어렵고, 또 심복과 같이 좋은 땅과 인후와 같이 중요한 지역의 세관 및 장터의 세금, 산과 연못의 이익 등이 모두 외국 오랑캐들에게 돌아가고 있으니 이것 역시 저희들이 손을 어루만지고 눈물을 흘리면서 안타까워하는 바입니다.[20]

위의 내용 속에는 1892년 당시, 교조신원운동에 참가한 동학 도인들은

1876년의 개항 이후 일본 상인을 비롯한 외국 상인들의 침탈에 의해 파탄되어 가고 있는 조선 경제의 현실을 정확하게 직시하고 있다는 사실이 드러나고 있다. 1894년 동학농민혁명과 관련된 일련의 기록들에 따르면, '녹두장군' 전봉준이 근대 한국의 역사에서 전면적으로 등장하는 시기가 바로 이 교조신원운동 때인 것으로 확인되고 있다. 「남원군동학사」[*]에 따르면, 전봉준은 공주 집회의 후속으로 열린 1892년 11월의 전라도 삼례 집회 과정에서 두드러진 활약을 하고 하는데, 이 삼례 집회 때도 역시 공주 집회에서 제출한 것과 똑같은 내용의 의송단자가 전라 감사에게 제출되었다.[21] 이처럼 충청·전라 양 감사에게 제출된 의송단자의 내용이 동일하다는 점은 곧 공주 집회와 삼례 집회의 목표가 동일했다는 것을 뜻한다. 그러면 반개화적 요구를 담은 삼례 집회에서 전봉준이 두드러진 활약을 보였다는 사실은 무엇을 의미하는 것인가? 그것은 곧 전봉준 역시 세계 자본주의 경제 체제에 강제로 편입된 조선의 현실을 직시하면서 조선 조정으로 하여금 척왜양, 즉 반개화반세계화를 통한 조선 경제의 보호를 강력하게 요구하는 교조신원운동 대열에 적극적으로 참여하고 있었다는 사실을 의미한다고 할 수 있다. 교조신원운동 과정에서 전봉준이 보여 준 반개화적 요구, 즉 반세계화 운동은 1894년의 동학농민혁명 과정에서도 유감없이 드러나게 된다. 즉 전봉준은 1894년의 동학농민혁명을 주도하면서 교조신원운동 과정에서 표출된 동학 도인들과 일반 민중들의 반개화적 요구를 자신이 직접 작성한 각종 격문과 포고문, 통문, 폐정개혁안 등에 담아 중앙 조정 앞으로 제출하였던 것이다. 전봉준이 조정에 제출한 반개화적 요구 조항의 일부를 폐정개혁안 속에서

---

[*] 「南原郡東學史」는 日帝下 남원지방 천도교인이었던 崔炳鉉이 1924년에 쓴 『宗理院史附東學史』(筆寫本)에 실려 있는 내용으로, 李眞榮(현 국가기록원 학예연구관)에 의해 1995년 3월 21일자 『全北日報』 11면에 처음으로 소개된 바 있다.

확인해 보기로 한다.

> 하나, 각 포구에서 허가 받지 아니하고 사적으로 쌀을 거래하는 것을 엄히 금지할 것
>
> 하나, 각국 상인들은 개항장에서만 사고팔게 하고 도성서울으로 몰래 들어와 장을 여는 것을 금할 것이며, 각지를 허락 없이 제멋대로 출입하며 행상을 하는 행위를 금지할 것[22]

『도쿄아사히신문』 1894년 7월 24일자 2면의 「동학당의 소식」이라는 기사 속에 등장하는 전봉준의 폐정개혁안 내용을 보면, 1880년대에 해월이 발송했던 통문 내용 속에서 확인되는 수입품 금지 운동이 교조신원운동 과정을 거치는 동안 더욱 구체적인 반개화=반세계화적 요구로 발전하고, 그것이 다시 1894년 동학농민혁명 과정에서 제출되는 폐정개혁안 속으로 수렴되어 확대 발전되고 있음을 확인할 수 있다. 이러한 사실은 곧, 아래로부터 조선의 새로운 미래, 즉 조선 독자의 비서구적 근대의 길을 열고자 했던 동학의 지향이 초기 동학부터 1894년의 동학농민혁명 단계에 이르기까지 단절됨 없이 줄기차게 실천되고 있었다는 사실을 증명해 주고 있다. 그러나 조선의 주체적 학문인 동학의 사상과 조직을 기반으로 유무상자의 공동체, 즉 서구의 근대와는 다른 조선 민중의 생활 세계에 바탕한 독자적인 근대의 길을 열려 했던 동학농민혁명은 실패로 귀결되었다. 대포와 소총 등 근대식 무기로 상징되는 서구적 근대의 무차별적 공세 앞에서 조선 민중의 독자적 근대의 길이 처절하게 좌절당하고 만 것이다. 그 결과, 이 땅에는 서구적 근대를 향한 질주가 시작된다. 1905년에 동학이 더 이상 동학이라는 이름을 쓰지 못하고 천도교라는 이름으로 바뀌면서 서구적 근대의 첨병 일본 제국주의와 일정하게 타협하는 것이 가장 역설적인 사례일 것이다.

하지만, 야스마루 요시오安丸良夫 교수가 이미 지적한 바와 같이 민중들은 결코 자신들의 독자적인 논리를 포기하지 않는다. 조선 민중들 역시 자신들의 독자적 논리를 포기하지 않았다. 조선 민중들은 갑오년의 실패를 거울삼아 다시 일어서기 시작한다. 그 대표적인 움직임이 바로 증산甑山 강일순姜一淳, 1871~1909의 천지공사天地公事 운동, 소태산少太山 박중빈朴重彬, 1891~1943의 정신개벽 운동이라 할 것이다. 이하에서는 지면 관계상 소태산 박중빈의 삶과 그가 전개한 정신개벽 운동의 성격에 대하여 개관하기로 한다.

4) 원불교의 개벽사상과 그 실천

원불교는 "물질이 개벽되니 정신을 개벽하자"는 기치 아래 1916년에 소태산 박중빈 대종사에 의해 개교開教되었다. 물질개벽物質開闢 시대를 선도할 수 있는 정신개벽精神開闢 시대를 열겠다는 것이 바로 소태산이 내건 개교이념이었던 것이다. 이러한 원불교의 개교이념은 근대한국 민중종교를 관통하고 있는 후천개벽後天開闢 사상에 뿌리를 두고 있음은 주지의 사실이다.[23] 근대한국의 후천개벽사상은 물질개벽 시대, 곧 근대 산업문명의 동점東漸에서 초래된 위기를 근원적으로 극복하고자 하는 이 땅 민중들의 열화와 같은 열망을 체계화하여 등장한 근대한국의 대표적인 민중사상이다. 이 같은 후천개벽 사상의 가장 두드러진 특징은 이 세계를 기계론적 또는 이분법적으로 파악하는 것이 아니라, 모든 존재가 서로 밀접하게 연관되어 있다는 전일론적 또는 유기체적 관점에서 바라본다는 점이다. 따라서 후천개벽 사상 속에서는 하늘만 높은 것이 아니라 땅도 높은 것이 되며, 아버지만 모시는 것이 아니라 어머니도 아버지와 똑같이 모시게 되며, 사람만이 하늘님이나 부처님이 아니라 삼라만상 일체만물이 모두 하늘님이며 부처님이 된다. 또한 이 후천개벽 사상 속에서는 고요히 앉아서 명상하고 기도하는 것만이 수련이고 수행이 되는 것이 아니라, 일상에서 밥 짓고 빨래하고 일하는 것이 모두 수련이고 수행이 된다. 일용행사日用行事가 모두 도道 아님이 없게 되는 것이다. 동학의 시천주侍天主, 원불교의 처처불상處處佛像 사사불공事事佛供은 바로 전일론적이며 유기체적인 관점으로 세계를 바라보는 후천개벽 사상의 정수精髓를 보여주는 대표적인 가르침들이다. 그러므로, 원불교의 개교 이념은 이상과 같은 전일론적이며 유기체적 관점을 잘 드러내고 있는 후천 개벽사상에 뿌리를 두고 있다고 할 것이다.

소태산은 1916년 4월 28일의 '큰 깨달음' 大覺 직후, 가난하고 자각 없는 민중들을 지도할 때 많은 고심을 하였다. 그리하여 한 때는 방편교화方便敎化라 하여 매우 신비적이며 초현실적인 지도방법을 통하여 주변 민중들을 결속시키는 한편, 사실적이며 합리적인 지도방법을 통해 따르는 민중들의 의식변화를 시도하였다. 이 같은 사실적 지도는 1917년부터 저축조합貯蓄組合이라는 일종의 자립경제 운동으로 나타났다. 저축조합을 중심으로 한 소태산의 자립경제 운동은 1년 뒤에는 영광군 백수읍 길룡리 앞 갯벌을 막아 농지로 만드는 간척지 개척운동으로 이어져 1919년 3·1독립운동이 일어날 즈음에는 약 3만여 평에 이르는 농지를 확보하는 데 성공할 수 있었다. 그런데 간척지 개척운동 당시 개척허가를 둘러싸고 이웃의 부호富豪와의 사이에 개척허가권을 둘러싸고 분쟁이 일어났다. 이때 소태산의 제자들은 부당한 방법으로 개척허가권을 가로채려는 부호의 행위에 대해 분노하면서 깊이 미워하였다. 그러나 소태산은 제자들과는 다른 면모를 보였다. "우리의 본의가 항상 공중을 위하여 활동하기로 한 바인데 비록 처음 계획과 같이 널리 사용되지는 못하나 그 사람도 또한 중인衆人 가운데 한 사람은 되는 것이며, 이 빈궁한 해변 주민들에게 상당한 논이 생기게 되었으니 또한 대중大衆에게 이익을 주는 일도 되지 않는가. 이때에 있어서 그대들은 자타自他의 관념을 초월하고 오직 공중公衆을 위하는 본의로만 부지런히 힘쓴다면 일은 자연 바른 대로 해결되리라." 『대종경』서품 9장고 하여 제자들에게 오직 '자타自他

의 관념을 초월하고 오직 공중公衆을 위하는 본의로만 힘쓰라.' 고 하였다.

뿐만 아니라, 소태산은 간척지 개척운동이 성공한 뒤에 아홉 저자들에게 창생蒼生을 위해 기도할 것을 명命하면서 "모든 사람의 정신이 물질에 끌리지 아니하고 물질을 사용하는 사람이 되어주기를 천지에 기도하여 천의天意에 감동이 있게 할 것"『대종경』서품 13장을 역설하여 그들로 하여금 도탄에 빠진 창생을 구하기 위해서는 죽어도 여한이 없다는 각오로 기도하게 함으로써 천의를 감동시키는 '백지혈인' 白指血印이라는 큰 이적을 일으켰다. 이처럼 저축조합 운동에서 간척지 개척, 그리고 구인제자의 기도운동으로 이어진 초기 원불교 역사에서 소태산이 구현하고자 했던 것은 바로 크게 열린 마음의 소유자, 곧 한없이 크고 넓어서 그 계한界限이 없는 천지天地와도 같은 공심公心을 가진 인물들을 배출하는 것, 즉 민중들의 정신을 크게 개벽하는 것이었다. 다시 말해, 소태산은 후천개벽의 이상사회, 곧 크게 열린 공동체= 후천개벽의 공동체를 바르게 이끌어가기 위해서 필요한 주인主人들을 길러 내고자 혼신의 노력을 다했던 것이다. 후천개벽을 향한 열린 공동체 운동의 성패는 천지공심天地公心을 실현할 수 있는 인물들이 얼마나 있느냐에 달려 있다고 해도 과언이 아니다. 바로 이 같은 견지에서 저축조합 운동으로부터 간척지 개척운동, 그리고 구인제자九人弟子의 기도결사 운동을 통해 소태산이 추구하고자 했던 이념, 곧 천지공심을 실현할 수 있는 인물들을 무수히 키우고자 했던 실천운동으로부터 원불교의 공동체 이념을 찾아야 하리라 생각한다.

소태산 대종사는 영광에서 1916년 대각 직후부터 약 4년에 걸쳐 저축조합운동, 간척지 개척운동, 기도운동 등의 전개를 통해 크게 열린 공동체 건설의 주인이 될 수 있는 천지공심의 소유자들을 길러내기 위한 온갖 노력을 다함으로써 일정하게 성과를 거두었다. 여러 가지 성과 가운데에서도 기도운동 과정에서 나타난 '백지혈인' 의 이적은 가장 대표적인 성과라 할 것이다. 그러나, 이 같은 소태산의 노력은 3·1독립운동으로 인해 일제의 탄압과 감시의 대상이 되어 영광지역을 중심으로 한 운동은 더 이상 지속이 어려워지게 되었다. 이에 소태산은 1919년 가을에 오늘날의 전라북도 부안의 변산邊山으로 입산*하여 5년 동안 비공개적인 준비과정을 거쳐 1924년 전라북도 익산에서 '불법연구회' 佛法研究會라는 이름으로 공식적인 공동체 운동에 나서기에 이른다.

그렇다면, 소태산이 정식으로 조직했던 '불법연구회' 는 후천개벽을 향해 어떤 모습을 띤 공동체를 지향하였을까? 1924년부터 소태산이 열반에 이르는 1943년까지의 불법연구회 활동을 분석해 보면 그 답을 찾아낼 수 있을 것이나, 여기서는 자세한 설명은 생략하기로 한다. 여기서는 다만, 불법연구회가 추구하려 했던 가장 기본적인 내용만을 언급하기로 한다.

우선 불법연구회의 첫 번째 특징은 이른바 '공부工夫하는 공동체' **였다는 점이다. '공부하는 공동체' 란 한 마디로 법신불 일원상의 진리를 깨닫기 위해 함께 공부하고 수행하고 훈련하는 조직이라는 뜻이다. 이를 현대적 표현으로 바꾸면 진리우주생명에 바탕한 참된 세계관=생명의 세계관 확립을 향해 정진 적공하는 이들이 모여 함께 공부하고 훈련하고 수행하는 단체였다고 할 수 있다.

둘째 불법연구회는 '사업事業하는 공동체' ***였다. 여기서 '사업하는 공

---

* 소태산 박중빈은 1919년 음력 10월에 전북 부안군 산내면의 蓬萊山 實相寺 근처에 있던 蓬萊精舍로 들어와 1924년 음력 4월 전북 益山을 근거지로 한 佛法研究會를 설립하기 전까지 약 5년간 이곳에 머물며 새로운 종교 공동체 결성을 위한 준비 작업에 몰두하였다.

** 원불교의 전신인 불법연구회 최초의 교서인 『불법연구회규약』(1927년 3월)은 「연구인 공부 순서」라는 내용을 중심으로 '공부' 를 대단히 강조하고 있다.

*** 불법연구회는 원기 13년(1928)부터 지금까지 매년도 '공부' 와 '사업' 을 총결산하는 『사업 보고서』를 간행해 오고 있다.

동체' 란 단순히 돈 버는 일을 하는 조직이라는 뜻이 아니다. 진리=우주생명을 깨달아 참된 세계관=생명의 세계관을 확립한 사람들이 자신이 깨달은 진리=생명의 세계관을 사람들 속에서 널리 펴는 일을 말하며, 바로 그같은 일을 하는데 필요한 물질적 생산에 참여하는 것을 말하고 있다. 곧 '진리적 신앙=생명의 세계관' 에 바탕한 '사실적 도덕의 훈련=사회적 실천' 을 널리 전개해 가는 운동을 의미한다.

소태산 교조는 이상과 같이 '공부' 와 '사업' 에 전무專務; 다른 일을 모두 제처 두고 오직 한 가지 일에만 전념함하려는 제자들에게 공동체 생활共同體生活 즉 공동 생활을 적극적으로 장려하였다. 바로 여기에서 원불교 초기의 종교공동체가 형성되기에 이른다.

셋째, 소태산 교조가 지향했던 공동체는 '서로 의견을 교환하고 생활을 공유' 하며, '의견 제출' 을 평가에 반영할 정도로 철저한 '민주적 공동체' 였다. 초창기 불법연구회는 출범 당초부터 철저히 상향식上向式 민주주의를 실천하고 있었는데, 그것이 바로 '의견안 제출 제도' 이자 '의견 저출' 성적을 평가하는 제도였다. 소태산은 이같은 민주주의적 제도를 일찍부터 채택하여 일자무식一字無識의 회원이 제출한 의견일지라도 합리적인 의견이면 얼마든지 채택하여 불법연구회라는 공동체 조직의 활성화에 활용했다. 『월말통신』,『월보』,『회보』 등 불법연구회가 간행했던 기관지에는 회원들이 제출하여 채택된 의견안들이 무수하게 수록되어 있다.

불법연구회는 또한 창립 당시부터 '상조부' 相助部 또는 '상조조합' 相助組合이라는, 오늘날 협동조합에 해당하는 부서를 두어 회원들의 경제적 지위와 생활 향상을 위한 실천운동에 남다른 관심과 노력을 기울였다. 이 같은 불법연구회의 실천운동은 경제적 공동체까지도 지향하고자 했던 불법연구회의 이상, 곧 소태산 교조의 이상이 드러나는 대목이라 할 것이다.

따라서, 원불교의 공동체 이념은 1924년 이후 불법연구회가 추구하고자 했던 '공부' 하는 공동체, '사업' 하는 공동체, '서로의 의견을 교환하고 생활을 공유하는' 민주적 공동체, 경제적 상호부조를 위한 경제 공동체적 전통을 충실히 계승하는 것이 되어야 할 것이다.

끝으로 이상과 같은 원불교 공동체 이념은 소태산 대종사의 후계자인 정산 송규 종사시대1943~1962에 이르러서는 "진리는 하나, 인류는 한 가족, 세상은 한 일터, 개척하자 하나의 세계'라는 '삼동윤리' 三同倫理로 정리되며, 다시 대산 김대거 종사 시대1962~1994에 이르러서는 심전계발, 종교연합기구 창설, 공동시장개척"이라는 '세계평화 삼대제언' 으로 계승되고 있다는 점을 명기해 둔다.

4. 결언

이상으로 한국 근대 민중종교를 대표하는 동학과 원불교를 중심으로 서구적 근대와 다른 조선 독자의 비서구적 근대를 향한 사상과 그 실천 운동의 특징을 개관하였다. 근대 한국은 1860년 동학 창도부터 1916년 원불교 개교에 이르기까지 독자적인 근대 실현을 위한 사상적 모색과 실천을 단절 없이 계속해 왔다. 그 같은 전통은 먼저 수운 최제우에 의해 유무상자적 공동체 실현을 위한 동학 창도로 시작되었으며, 수운 이후에는 해월에 의해 서양 수입품 금지 운동으로 전개되었고, 1894년 동학농민혁명 과정에서는 녹두장군 전봉준으로 대표되는 동학농민군들에 의해 폐정개혁안 속의 반개화反세계화적 요구로 발전되어 나타났다. 그렇지만 이상과 같은 동학과 동학농민혁명을 통한 비서구적 근대를 향한 모색과 실천은 외세의 개입과 보수 지배층의 탄압으로 일단 좌절되기에 이른다.

1894년 동학농민혁명의 실패는 근대 한국의 독자적 근대의 길, 즉 비서구적 근대를 향한 모색과 그 실천 운동의 좌절로 비춰지는 측면이 있긴 하지만, 조선 민중들의 비서구적 근대를 향한 모색과 실천은 결코 단절된 적이 없었다. 동학농민혁명 이후에도 비서구적 근대를 향한 움직임은 지속적으로 나타났던 것이다. 그 같은 대표적 흐름이 바로 증산 강일순에 의한 천지공사 운동, 소태산 박중빈에 의한 정신개벽 운동이었다. 이 가운데, 원불교 교조 소태산 박중빈에 의한 정신개벽 운동은 마음공부라는 용어로도 표현되고 있다. 원불교의 마음공부는 특히 물질문명, 즉 서구적 근대가 초래하는 병폐마저 극복하는 마음공부를 지향하고 있다는 점에서 한국 근대 민중종교가 추구하고자 했던 비서구적 근대 실현을 위한 새로운 대안이라고 볼 수 있다.

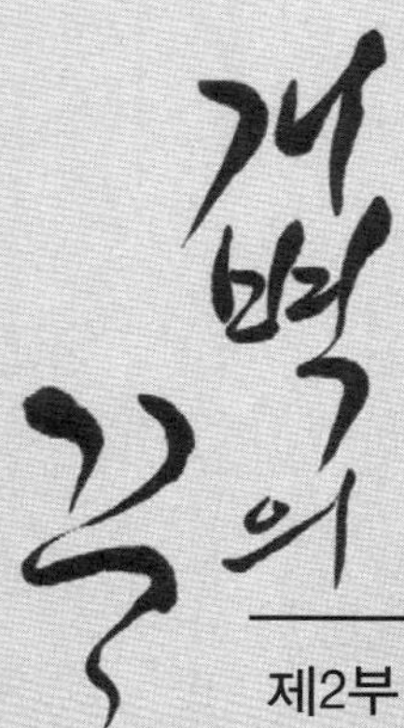

개벽의 길

제2부 동학의 포덕과 교조신원운동

강원도 지방의 동학 비밀 포교지 연구

동학 교조신원운동

교조신원운동기 삼례 집회에 대한 재검토

보은 취회와 해월 최시형의 역할

금구 원평 취회와 그 역사적 의의

동학농민혁명기 해월 최시형의 활동

전라도 무장 동학 대접주 손화중 연구

강원도 지방의 동학 비밀 포교지 연구

1. 서언

해월 최시형海月 崔時亨, 1827~1898, 이하, 해월은 동학의 창시자 수운 최제우水雲 崔濟愚, 1824~1864, 이하, 수운가 본격적으로 동학의 가르침을 전파하기 시작하던 해인 1861년 6월경 동학에 입교하였다. 그는 동학에 입교한 이래 1898년 4월 5일에 체포되어 6월 2일에 처형되기까지 38년 동안 동학교단을 지켜 온 인물이었다. 그는 수운이 동학의 가르침을 펴기 시작한 지 불과 3년여 만에 체포되어 처형된 이후 사실상 동학의 최고 지도자가 되어 동학 교리의 체계화, 교단 조직의 재건 및 지역적 기반의 확대, 경전의 집성, 동학의 각종 제도와 의례의 확립, 정기적 수련 제도의 실시를 통한 지도자 양성 등 동학 교단사에서 중요한 업적으로 평가되는 활동들을 전개하였다. 또한 그는 1871년 3월 이필제李弼濟, 1825~1871가 주도한 영해寧海 병란兵亂에 교조 신원의 명분을 내걸고 참가하였으며, 1892~3년간 충청도와 전라도·서울 등지에서 전개된 교조신원운동을 지휘하였다. 1894년 1월 전라도 고부 농민봉기에서 비롯되어 1년 동안 지속된 동학농민혁명의 전개 과정도 최시형의 역할을 무시하거나 제외할 수 없다. 1894년 동학농민혁명은 그 조직적 기반이 바로 해월에 의해 조직화된 삼남 지방의 동학 조직이 근간이 되었으며, 운동을 앞장서 이끈 지도자들 역시 대부분 해월으로부터 직·간접적인 지도를 받고 성장한 각 지방 동학 지도자, 즉 접주接主들이었다. 그러므로 해월은 1860년에서 1890년대에 이르는 동학 교단사敎團史에서 핵심적인 역할을 수행한 인물이며, 전봉준全琫準과 더불어 한국 근대사에서 의미가 큰 1894년 동학농민혁명을 이끈 인물이었다고 할 수 있다.

그럼에도 불구하고 동학 사상東學思想, 동학교문東學敎門과 동학농민혁명東學農民革命에 대한 연구들은 3년 정도의 활동 끝에 처형된 동학 교주 수운과, 1892년경부터 활동하기 시작하여 1894년 동학농민혁명을 주도적으로 이끌었던 전봉준에 대하여는 깊은 관심을 가졌으면서도 38년이라는 오랜 기간 동안 동학교단을 이끌어온 해월에 대하여는 별다른 관심을 보이지 않았다. 그 결과 해월에 대한 기존의 연구 성과는 아직 정확한 역사적 사실이 밝혀지지 않은 채 부정확한 연구 수준에 머물고 있다.[1] 해월에 관한 기존 연구들은 대부분 동학농민혁명을 이끈 전봉준에 대하여는 긍정적으로 평가하면서도 전봉준의 거사를 아비의 원수를 갚기 위하여 사사로이 일으킨 민요라고 비난하며 봉기를 만류한 것으로 알려진* 해월에 대하여 부정적인 평가로 일관하는 경향이 많았다. 그리하여 해월은 우리 근대사에 있어 역사 발전의 방향을 거스른 '반동적' 인물이었던 것처럼 각인되어 버렸으며, 그 누구도 그 점에 대하여 별다른 이의를 제기하지 않았다.

해월에 관한 연구가 부진한 이유로서 38년여에 걸친 비밀 포교 활동의 구체적 행적이 밝혀지지 않고 있다는 점을 들 수 있다. 이 글에서는 필자가 약 10년에 걸쳐 문헌조사와 현지답사를 통하여 조사한 해월의 비밀 포교지秘密

---

* 해월이 전봉준의 1월 봉기(이른바 고부 민란)와 3월 기포(제1차 동학농민혁명)에 대하여 비난을 하였다는 기록은 1920년 시천교에서 편찬 간행한 『侍天敎歷史』에 처음으로 등장한다. 1920년 이전에 나온 동학 교인들의 수기나 천도교단에서 편찬한 교단사 어디에도 해월이 전봉준을 비난하였다는 사실은 등장하지 않는다. 따라서 전봉준이 고부에서 봉기를 일으키던 당시 해월이 취한 입장이나 3월 기포 당시 해월이 취한 태도에 대하여는 검토의 여지가 많다. 여기서는 다만 문제만 제기해 둔다.

布敎地** 가운데 강원도 지방에 분포한 비밀 포교지를 연대순으로 고찰하고
자 한다. 강원도 지방의 동학 비밀 포교지들은 1870년대에 집중적으로 형성
되어 1880년대와 1890년대 충청도와 전라도 지방에 동학이 활발하게 포교
될 수 있는 기반을 제공한다는 데 가장 큰 특징이 있다. 또한 1894년 동학농
민혁명이 실패한 뒤 해월을 비롯한 동학교단의 상층 지도부가 피신하여 비
밀 포교 활동을 벌였던 곳도 역시 강원도 지방이었다. 그러므로 1870년대부
터 강원도 지방에서 집중적으로 이루어진 동학 비밀 포교 활동과 비밀 포교
지에 대한 연구는 1880년대 충청도 지방을 중심으로 활발하게 전개된 동학
의 포교 활동과 교세의 성장, 1894년 전라도에서 일어난 동학농민혁명의 역
사적 배경을 이해하는 데 기여할 수 있을 것이다.

2. 1870년대 비밀 포교지

1) 영월 소밀원 1870.10~1872.1

강원도 영월寧越 지방과 동학 교단이 관계를 맺게 된 계기는 수운의 제자
이경화李慶化[2]가 영월로 정배되면서부터이다. 동학 기록에 의하면,[3] 그는
1864년 3월경 영월 소밀원小密院 근처로 정배定配되어 정배 기간 동안 소밀원[4]
일대를 중심으로 동학을 포교하였다. 영월 지방 최초의 교도는 원주原州 출
신으로 소밀원에 거주하고 있던 장기서張基(奇)瑞였다.[5] 이경화가 소밀원을
중심으로 동학을 포교한 이후, 영월 지방은 1870년대에 일어난 두 가지 사
건을 통해서 동학과 더욱 밀접한 관련을 갖게 되었다. 하나는 1370년 10월
경 수운의 유족遺族[6]이 강원도 양양襄陽 교도 공생孔生-이름은 불명의 주선으로

** 여기서 말하는 秘密布敎地란 동학이 공인되기 이전 시대에 해월 최시형이 은신하면서
　　수련과 교리 강론 및 포교 활동을 벌였던 장소를 말한다.

영양英陽 일월산하日月山下 용화동龍化洞 상죽현上竹峴에서 소밀원으로 이주한 일이며, 다른 하나는 1871년 3월 영해 교조신원운동[7]의 실패로 인하여 경상도 북부 지방의 동학 조직이 와해되고 관의 지목과 체포령이 내려진 가운데 해월을 비롯한 소수의 동학교도들이 소밀원으로 피신해 온 일이 그것이다. 수운 사후 사실상 동학 조직의 재건을 위해 부심해 온 해월은 수운이 체포될 당시에도 관의 지목을 받은 바 있었는데 1871년 3월 10일 영해 교조신원운동 당시 지금까지 알려진 바와 달리 수운의 신원을 내걸고 접근해 온 이필제와 함께 경상도 각 지방 교도들을 동원하여 교조신원운동을 일으켰다. 해월은 영해 교조신원운동 직전에 이필제와 함께 영해寧海 우정동雨井洞 병풍바위 박영관朴永琯 집에 모여 사전 모의를 하고, 참가 교도들의 식량을 주선하는 한편, 거사 전날 천제天祭에도 참여하여 도록都錄에 서명까지 하였다.[8] 그리하여 영해 교조신원운동 직후 그는 주모자로 지목되어 관병의 집요한 추격을 받는 몸이 되었다. 해월은 영해 교조신원운동이 실패로 끝나 관병의 추격이 심해진 1871년 5월 15일경 1860년대 후반 동학 조직 재건 활동의 중심지였던 용화동 상죽현을 탈출하여 영월 소밀원으로 피신하였다. 이로써 동학의 조직적 기반은 경상도 북부 지방으로부터 강원도 영월 지방으로 옮겨지게 되었다. 한편, 수운 사후 그의 유족은 수운을 따르던 제자들의 구심점이었다. 그들 역시 관의 지목을 피하여 소밀원으로 이주해 옴으로써 1870년대 이후 영월 지방은 동학사에서 중요한 위치를 차지하게 되었다.

소밀원은 현 행정구역상으로 영월군 중동면中東面 화원리禾院里 소미론小味論 마을을 말한다. 5만분의 1 지도에는 '소미원'이라고 표기되어 있다. 동학의 여러 기록에서는 '소밀원'小密院, '소미원'小美院, '소밀원'蘇密院 등으로 혼용하여 표기하고 있다. 소밀원은 1870년 10월 수운의 유족이 공생의 주선으로 영양 용화동 상죽현에서 이주해 온 이후 동학교도들의 중요한 비밀 포교지였다. 이곳의 중심 인물은 해월과 연원이 다른 장기서라는 인물로서 그는 수운 유족에 대한 유력한 후원자이기도 하였다. 1871년 3월 15일경 영해 교조신원운동의 실패로 관의 지목을 받은 해월과 이필제, 강시원 등이 일시 피신하였고, 1871년 8월 이필제가 일으킨 문경작변聞慶作變으로 다시 관의 지목을 받은 해월과 강시원, 황재민 등이 일시 피신한 적이 있었던 곳이다. 1870년 10월에 소밀원으로 이주한 수운의 유족들은 1872년 1월 수운의 장남 세정이 양양襄陽에서 체포됨에 따라 인근의 영월 직동稷洞으로 피신했다가 3월경 충청도 영춘永春 장현곡獐峴谷으로 이주하였다. 소밀원 주위에는 문경 작변 직후 해월이 한때 은신했던 직동소밀원과 약 30리 거리, 김연국金演局을 비롯한 강원도 인제麟蹄 양구楊口 교도들이 피신해 와 은신 생활을 했던 영춘 장현 곡소밀원과 약 30리 거리, 정선접주 유시헌劉時憲의 집이 있는 무은담霧隱潭소밀원과 약 60리 거리 등 1870년대 초반 해월과 그를 따르던 동학교도들의 비밀 포교지 들이 가까이 자리하고 있다.

2) 영월 직동 1871.8~1872.4

강원도 영월은 1870년대 동학의 재건 과정에서 매우 주목되는 지역이다. 1870년대 동학교단이 영월 일대에 분포된 비밀 포교지를 중심으로 활발한 재건 활동을 펼치기 때문이다. 대표적인 비밀 포교지는 소밀원 외에 직동이 있다. 직동은 현재의 행정구역으로 영월군 중동면 직동리 직동稷洞 마을을 말한다. 동학 기록에는 '직곡리'稷谷里, '직곡리'直谷里 등으로 표기되어 있다.

직동 출신의 중심 인물은 박용걸朴龍傑이었다. 1990년 10월 22일 답사를 갔을 때 직동 2리에 사는 박재규朴在珪, 47세 씨를 만나 들은 증언에 의하면, 직동은 흔히 '피골'이라고도 하며, 상막동상막골과 하막동하막골에 밀양박씨들이 세거했었으나 단양丹陽이나 영춘永春으로 이사를 간 친척들이 있다고 하였다. 박씨의 증언에 의하면, 하막동에 세거했던 밀양박씨들이 동학과 관련이 있었을 것으로 판단되었고, 따라서 박용걸은 바로 하막동 밀양박씨 문중

사람이었을 것으로 판단된다. 현지조사를 해 본 결과 하막동에 밀양박씨 묘소와 묘비가 있음을 확인할 수 있었으나 이 묘소와 박용걸이 어떤 관련이 있는지는 더 이상 알아 볼 길이 없었다.

해월과 강시원은 1871년 9월 8월에 일어났던 이필제의 문경작변으로 인한 관의 지목을 피하여 태백산중을 헤매다 박용걸을 만나 그의 집으로 피신하였다. 박용걸은 해월과 결의형제結義兄弟를 맺어 관의 지목指目에 시달리던 해월을 안전하게 보호해 주었다. 1871년 9월 태백산중을 헤매던 해월이 박용걸을 만나 피신하게 된 과정을 동학 교단사들이 한결같이 신비적인 내용으로 기록할 정도로* 박용걸의 도움은 큰 의미가 있었다. 1871년 3월의 영해 교조신원운동, 1871년의 문경작변 등 두 번에 걸친 작란變亂 주모자로 지목되어 어려움을 겪고 있던 해월을 비롯한 동학의 지도자들은 박용걸의 도움에 힘입어 체포될 위기를 넘기고, 동학 교문을 재건할 수 있는 기회를 가질 수 있게 되었기 때문이다. 1871년 9월 해월과 결의형제를 맺은[9] 박용걸은 해월과 강시원의 생계를 책임졌을 뿐만 아니라, 1872년 1월말 관의 지목을 피해 직동으로 들어온 수운 유족의 생계마저 책임을 져야 했다. 또 1872년 3월 영춘 장현곡에 수운 유족의 거처를 마련하여 주기도 하였다. 박용걸가에 피신하여 위기를 넘긴 해월은 1872년 4월 5일 수운의 득도 기념제를

---

* 神師 姜洙로 더부러 下山하야 稷谷里를 訪하시니 밤이 이미 三更이라 時에 龍傑은 出他하고 老主人이 出迎하는 지라 寒暄을 畢한 後에 老主人이 內庭에 入하얏다가 出하며 其妻의 言으로 陳하야 曰 俄者에 窓隙을 從하야 窺視한즉 客이 凡常한 人이 아니라 良人은 昔日 先考의 臨終時 遺言을 이젓나뇨 "我 死後 數年에 乞客이 來訪하리니 此客은 天縱의 神人이라 汝輩 心을 盡하야 救濟하면 子孫이 必昌이오 福祿이 必至하리라" 하더니 今夜來客이 엇지 其人이 아님을 知하리오 先舅의 言이 耳에 尙在하거늘 吾其言을 聽하고 吾의 父親의 遺言을 方覺하야나니 貴客이 鄙廬에 來臨하심은 實로 天助이라 願컨대 兄弟의 誼를 結하야 더부러 甘苦를 갓치 하고저 하노니 尊意에 엇더하오리가.(「天道教會史草稿」,『東學思想資料集』壹, 418쪽)

봉행한 후 정선 무은담 유시헌가로 옮겼다.

3) 정선 무은담 1872.4~1873.12

1864년 4월경 수운의 유족은 관의 지목을 피해 단양접주^{丹陽接主} 민사엽^{閔士燁}의 주선으로 정선 문두곡^{文斗谷}**으로 이주하였다. 그 후 1871년 3월 영해 교조신원운동의 실패 뒤에 해월을 비롯한 소수의 동학지도자들이 영월 직동과 소밀원으로 피신해 오면서 정선 지방은 동학의 주요 비밀 포교지로 부상하였다. 정선 지방의 동학 비밀 포교지로는 무은담^{霧隱潭} 외어 싸내^{米川}, 갈래산 적조암 등이 있다.

무은담은 현재의 행정구역으로 정선군 남면^{南面} 문곡리^{文谷里}에 있다. 동학 기록에는 '은담'^{隱潭}, '무운담'^{霧雲潭} 등으로 표기되어 있고, 5만분의 1 지도상에는 '무릉'^{武陵}으로 표기되어 있다. 현지에서는 '무른담' 또는 '물은 담'이라고도 한다. 무은담에는 1872년경부터 해월을 도와 동학 재건의 기틀을 마련하는 정선접주 유시헌의 집***이 있었다. 유시헌의 본명은 유인 상^{劉寅常}으로 1872년부터 해월을 도와 활동하는 점으로 보아 1871년 3월 영해 교조신원운동 직후 피신해 온 해월을 만나 동학에 입교한 것으로 추측된 다. 문곡리 30번지에서 유일하게 대지^{垈地}로 되어 있는 유시헌의 집터는 현 재 논으로 변해 있는데 현지에 30여년간 거주하고 있는 최만규^{崔萬圭, 1929년생}

** 현재 旌善郡 南面 廣德 2里에서 정선읍으로 넘어가는 문두재(文斗峙)라는 고개마루 일 대를 말한다.

*** 현재 정선군 남면 문곡리 30번지에 유시헌의 집터가 남아 있다. 집은 오래 전에 불타 없어지고 대지는 논밭으로 변해 있다. 그 옆에 崔萬奎(1929년생) 씨가 집을 지어 농사 를 지으며 살고 있었다. 1992년 3월 6일 필자가 답사를 갔을 때, 최씨는 "이곳이 동학도 소가 있었던 터라는 말씀을 어려서 어른들로부터 많이 들었다."고 증언해 주었다. 천 도교단의 表暎三 상주선도사가 조사한 바에 의하면 대지가 201평이라그 한다.

씨의 증언을 빌리면, 부친 최선옥崔善玉, 1898~1976 옹으로부터 이곳 무은담에서 농민군들이 많이 죽었으며 갑오년 당시에는 바로 이웃한 증산甑山까지 농민군들이 무수히 오르내렸다는 말을 들었다고 한다. 최씨의 증언 내용은 필자가 1992년 3월 6~7일에 걸쳐 무은담과 머리재首嶺 마을[10]을 답사한 뒤 영월에 거주하고 있는 유시헌의 증손자 유돈격劉燉格 씨를 방문하여 들었던 증언 내용과 일치하였다. 유돈격 씨의 증언에 의하면, 유시헌 접주의 부친인 정제공廷濟公은 본래 증산에 거주하였는데 유시헌 접주 때에 무은담으로 이주하여 갑오년까지 살았다는 것이다. 그러나 갑오년 9월 이후 정선·영월·평창 일대에서도 농민군들이 봉기하여 동학농민혁명이 치열하게 전개되자 그 수괴로 지목된 유시헌 접주는* 여러 지방을 전전하며 피해 다니다가 머리재 마을로 숨어 정착하기에 이르렀다는 것이다. 그러므로 유씨의 증언과 동학 기록을 종합하면 유시헌 접주는 1870년 이전부터 갑오년까지 상당 기간 무은담에서 살았음이 분명하다.

이와 같이 유시헌 정선 접주의 집이 있던 무은담이 동학 교문과 밀접한 연관을 갖기 시작하기는 1871년 영해 교조신원운동 직후부터이다. 1871년 3월의 영해 교조신원운동과 같은 해 8월 이필제의 문경작변의 실패로 동학 지도부에 대한 관의 지목이 심해지자 그동안 단양 영춘, 영월 소밀원, 영월 직동, 영춘 장현곡 등지로 피해 다니던 해월과 강시원姜時元·전성문全聖文 등이 1872년 4월 무은담 유시헌가로 피해 오면서부터 1870년대 동학 교문의 주요 비밀 포교지가 되었다. 1872년 9월에는 수운 유족들이 이곳 무은담을

---

* 강원지방 동학농민혁명에 관한 관변기록인 「東匪討論」에는 정선비괴로 劉道源을 지목하고 있는데, 道源은 바로 유시헌의 字 道元을 잘못 표기한 것으로써 유시헌을 지목한 것이었다. 실제로 유시헌은 갑오년 말 관의 추격을 피해 험난한 도피생활을 해야만 하였고, 그의 次男 學鍾은 체포되어 영월에서 포살당하였다.

거처 싸내로 숨어 들기도 하였으며, 그 해 10월 갈래산 적조암寂照庵에 수련 차 입산하던 해월 일행의 식량 등도 무은담 유시헌가를 중심으로 조달되었 다. 또한 1875년 11월의 설법제說法祭, 1876년의 구성제九星祭 등 동학의 새로 운 종교의식이 이곳에서 행해졌으며, 1878년 7월에는 일찍이 수운 당시 개 접開接하였다가 파접罷接한 이후 열리지 못한 동학의 정기 수련회를 다시 여 는 개접례開接禮가 행해짐으로써 무은담은 동학 교문 재건의 한 전기를 이루 는 곳이 되었다. 1880년대에 동학이 충청·전라 양도로 비약적으로 전파되 어 갈 때도 이곳은 동학교단의 중요 근거지로서 역할을 했었다고 전한다. 이른바 동학의 도소都所**로서의 역할을 했던 것이다.*** 그러나 갑오년에 관군의 집중적인 공격으로 수많은 농민군이 이곳에서 희생되고 접주 유시 헌가 역시 머리재 마을로 피신한 뒤에는 동학 도소로서 역할도 끝났다.

참고로 1992년 3월 6일 답사에서 만난 머리재 마을에 사는 유시헌의 후손 유청劉淸 씨 댁에서 열람한 강릉유씨 군수공파 족보族譜에 의거하여 유시헌 접주의 가계家系를 다음 〈표-1〉로 제시해 본다.

4) 정선 갈래산 적조암 1872.10~1872.12

『최선생문집도원기서』에 '갈래산葛來山 적조암' 寂照庵이라 나오는 이 암자 는 현재 정선군 고한읍古汗邑 고한리古汗里에 있는 정암사淨岩寺의 부속암자 적 조암을 가리킨다. '갈래산 적조암'이란 이름은 고한읍내에 중갈래와 하갈 래라는 지명地名이 있어서 정암사가 있는 산을 갈래산이라고 부르기도 하

** 동학교단에서 都所란 용어가 처음 등장하기는 1879년 11월이다. 수운 최제우의 문집을 편찬하기 위하여 旌善 房時學家에 修單所를 설치하였는데 이 수단소를 都所라 불렀 다.(앞의 「崔先生文集道源記書」, 275쪽)

*** 1887년 3월 충청도 출신 孫天民과 徐璋玉이 갈래산 적조암에 입산하여 수련할 때도 유 시헌가에서 식량을 조달하였다.(「劉澤夏手記」, 1쪽)

〈표1〉 유시헌 접주의 가계

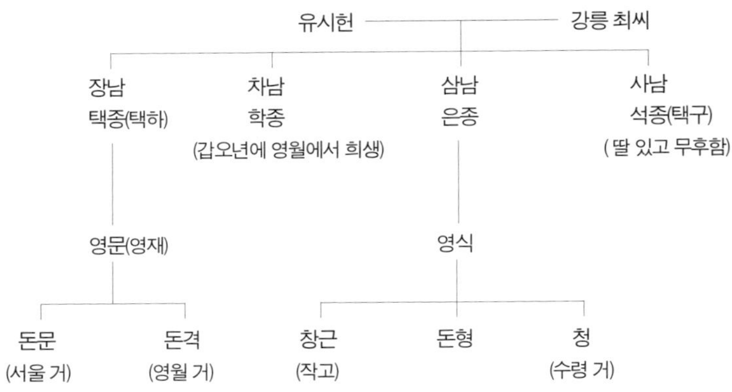

고, 정암사를 갈래사葛來寺라고도 불렀던 데에서 유래한 것으로 생각된다. 『최선생문집도원기서』의 '갈래산 적조암' 이란 이름은 1879년 무렵 일컬어지던 이름을 그대로 적은 것으로 보인다. 고한역에서 정암사까지는 약 4km 정도 떨어져 있으며, 적조암을 가기 위해서는 정암사 입구에서 오른쪽 도로를 따라 약 1km 정도 더 가 적조암 입구에서 하차해야 한다.[11] 1990년 10월 답사 때 적조암 입구에는 광부들이 10여 호 정도 살고 있었으나 1992년 3월 답사 때에는 2~3호 정도만이 살고 있었다. 적조암 입구에서 적조암까지는 가파른 산길을 따라 약 1km 정도 오르면 된다. 현재 옛 적조암은 없어지고 1960년대에 지어진 목조 건물이 한 채 있어 스님 한 분이 지키고 있다.[12] 1993년 천도교 측에서 조그마한 기념비를 세워 옛 자취를 짐작할 수 있게 되었다.

적조암은 1871년 3월 영해 교조신원운동 직후 강원도 영월, 정선, 단양 접경 지역으로 피신해 온 해월이 1872년 10월 몇몇 교도들과 입산하여 49일 수련을 하게 된 뒤 동학교단의 중요한 수련 장소이자 비밀 포교지의 하나가 되었다. 해월은 영해 교조신원운동 직후인 3월 15일경 관官의 추격을 피해 용화동 상죽현을 탈출하여 단양 영춘 부근으로 피신하였다. 그는 적조암에 입산하기까지 끊임없는 관의 지목과 체포령에 시달리며 단양 영춘, 영월 소밀원, 영월 직동, 정선 무은담, 인제 등지를 전전하며 피신에 여념이 없었다. 영해 교조신원운동 실패로 경상도 일대 수백 명의 교도들이 희생당한데 이어 1871년 3월부터 1872년 10월 사이에도 수운의 장남 세정世貞이 양양襄陽에서 장사杖死당하고, 세정의 처妻와 수운의 차녀가 인제麟蹄에서 체포당했으며, 해월 또한 영월 포교들의 지목 대상이 되어 불안한 피신 생활을 계속하고 있었다. 이때 해월 주위에는 강시원姜時元, 전성문全聖文, 황재민黃在民 등 경상도 출신 소수 교도들만이 남아 있었고, 강원도로 피신해 온 이후 정선 무은담, 영월 소밀원과 직동, 단양 영춘 등지에서 새로 입교한 소수의 교도들만이 있었다. 따라서 이 무렵 동학교단은 거의 와해지경에 이르렀고, 교도들의 정기적 모임 구실을 했던 계契도 유명무실해졌으며, 교도들이 연중 세 차례 각 지방 교도들이 모여 봉행하던 기제忌祭, 3월 10일와 득도기념제得道紀念祭, 4월 5일, 탄신제誕辰祭, 10월 28일마저도 제때 봉행할 수 없었다. 그야말로 도생圖生을 위한 필사적인 피신 생활만이 이루어지던 시기였다. 이같이 어려운 시기에 해월은 어떻게든 영해 교조신원운동의 후유증을 극복하고 피신지인 강원도를 중심으로 동학교단 재건의 기틀을 마련할 필요가 있었다. 1872년 10월 적조암 입산 수련은 바로 영해 교조신원운동 이후 강원도를 기반으로 한 동학교단 재건 활동의 효시였다. 이때의 49일 수련을 동학 교단사敎團史에서는 태백산공太白山工이라고 일컫는다.[13] 이 태백산공이야말로 1872년 이후 동학교단 재건의 한 계기를 이룬다는 점에서 동학 교단사상 중요한 위치를 차지하게 된다.

해월은 1872년 10월초 먼저 강시원을 보내 장소를 물색하게 하였다. 사전에 사람을 보내 알아 보게 한 이유는 안전한 장소를 물색하기 위해서였다. 『최선생문집도원기서』에 실린 적조암 입산 과정에는 신변 안전을 먼저 고려하는 해월의 신중한 태도가 다음과 같이 나타나 있다.

> 주인主人=崔時亨이 강수姜洙=姜時元와 더불어 장차 산에 들어가 49일의 수도를 계획하였다. 강수가 해성海成 택진澤鎭 -旌善교도 金海成과 劉澤鎭을 말함께 갈래 산 적조암에 들어가니 어떤 늙은 중이 있어 일행을 맞이하며 말하기를 '손님들은 어디로부터 오십니까?' 대답하기를 '나는 이곳 본읍 사람이요 이번 겨울에 기도할 계획이 있어서 깊숙하고 궁벽한 곳을 택하고자 두루 살펴 찾아 왔습니다.'[14]

위 내용을 보면 강시원이 적조암을 찾아가 신분을 밝히지 않은 채 단지 기도처를 물색하러 온 것처럼 말하고 있다. 이는 관의 지목을 피하기 위한 의도에서 나온 행동이었다고 생각된다. 1872년 10월초에 갈래산 적조암을 찾은 강시원은 주지 스님의 허락을 받아 적조암을 기도처로 정하였고, 그달 16일 해월·강시원·전성문·유시헌 4명이 입산하여 49일간의 기도에 들어 갔다.[15] 이들은 입산 직후 주지승에게 동학교도임을 밝히고 동학의 주된 수 련방법인 주문을 하루에 2~3만독 독송讀誦하는 수련을 시작하였다. 이때의 수련 상황에 대하여 『최선생문집도원기서』는 다음과 같이 기술하고 있다.

> 당일에 도착하여 들어가니 주지승이 순흥順興으로부터 온 지 겨우 이틀째였 다. 밤이 되어 강수가 주지 스님에게 말하기를 '세상 술업術業의 공부가 각각 베푸는 것이 있습니다. 일이 이미 여기에 이르러 같이 삼동의 고생을 하게 되었으니 어찌 스님을 속일 수 있겠습니까? 스님과 저희들은 도를 닦아 성 취하는 것은 같다고 할 것입니다. 제가 공부하는 것은 다만 주문뿐입니다.' 라고 하였다. 스님이 말하기를 '주문은 무슨 주문인가요?' 대답하기를 '주 지 스님께서는 전에 동학에 대해 들어 보셨는가요?' 그 스님은 조금 후에 답

하기를 '전에 들어 본 적이 있습니다.' 라고 답하였다. (중략) 주지 스님은 주
문 외는 소리를 듣고 무수히 칭찬하면서 수련을 권하였다. 4인이 각각 앉을
곳을 정하고 손에 염주를 잡고 의관을 바르게 하고 낮과 밤으로 수를 정하여
거의 2~3만독에 이르렀으며 마침내 49일을 지냈다.[16]

주문을 중심으로 한 수련은 49일 동안 계속되어 12월 5일에 끝이 났다. 이
49일의 수련을 마친 해월은 그 소감을 아래와 같이 읊었다고 전해진다.

태백산중의 사십구일 기도는 여덟 마리 봉황을 얻어 주인을 각기 정하게 하
였도다. 천의봉의 흰 눈꽃이 온누리에 피었으니 오늘에야 옥을 갈아 오현금
을 울렸네. 적멸궁전에서 진세를 벗어났으니 사십구일 기도를 뜻있게 마쳤
구나![17]

1년 전의 영해 교조신원운동의 실패에서 초래된 위기 상황을 극복하려는
의지가 표현된 시詩로 판단된다. 적조암 49일 수련을 계기로 해월은 주지승
철哲 수좌首座*의 후원을 입게 되며, 강시원·전성문·유시헌 등과 굳은 결속
을 이루어 동학교단 재건의 기반을 마련하게 되었다. 특히 정선 무은담 출
신 유시헌이 적조암 49일 수련에 동참함으로써 정선 일대 동학 포교 활동의
큰 힘이 되기에 이른다. 태백산공 이후에도 적조암은 해월의 수련 장소로
자주 이용되었다. 그 예로서 서인주徐仁周[18]와 손천민孫天民 등이 1887년 3월
해월과 함께 입산하여 수련한 적이 있으며,[19] 보은 취회 당시에 관동대접주

* 『海月先生文集』과 『天道敎會史草稿』에는 '哲 秀子'로, 『侍天敎宗繹史』와 『侍天敎歷史』
에는 '哲 首座'로 되어 있다. '哲 首座'가 옳다. '首座'란 절에서 禪 수행을 하는 스님을
말한다.

로 임명된 이원팔李元八-哲雨 역시 1892년 3월 적조암에서 수련한 적이 있을 정도로[20] 동학교단의 중요 수련 장소의 하나였다. 적조암 수련 기간 동안 주지승 철 수좌는 해월 일행에게 신변의 안전뿐 아니라 식량을 제공하는 등 여러 모로 도움을 주었으며, 1874년 2월 임종시에 찾아온 해월에게 단양 도솔봉兜率峯 아래 사동寺洞-절골을 은신처로 소개하여 해월은 그의 소개를 받아 1874년 4월 사동으로 이주하였다.[21]

3. 1880년대 비밀 포교지

1) 인제 갑둔리甲遁里 김현수가金顯洙家

동학교단의 기본 경전은 『동경대전』과 『용담유사』이다. 『동경대전』은 수운이 지은 한문 저작을 함께 모아 펴낸 것이며, 『용담유사』는 수운이 지은 한글 가사를 모아 펴낸 것으로서, 『동경대전』은 1880년에, 『용담유사』는 1881년에 각각 처음으로 집성 편찬되었다. 이 중에서도 『동경대전』은 동학교단의 가장 기본이 되는 경전으로 그 최초 목판본木版本이 1880년 6월 강원도 인제에서 간행되었다는 데 의의가 크다.

『동경대전』이 강원도 인제에서 최초로 편찬編纂 간행되는 과정을 검토하기로 하겠다. 원래 동학 교리를 담고 있는 수운의 저작은 그의 재세시 필사본筆寫本의 형태로 교도들 사이에 널리 유포되어 있었다. 우선 수운을 체포했던 「정운구서계」鄭雲龜書啓[22]를 보면 '논학일책' 論學一册이라는 내용이 있는데, 이는 1861년 12월경에 쓰여진 「논학문」을 가리킨다. 또 수운을 문초한 「서헌순장계」徐憲淳狀啓에 의하면,[23] 「포덕문」과 「수덕문」에 대해 언급한 내용이 보인다. 이것은 각각 1861년 봄에 지은 「포덕문」과 1862년 6월경에 지은 「수덕문」修德文을 가리킨다. 이 외에도 관변기록에는 주문과 검가劍歌에 관한 내용이 실려 있고, 또 수운과 그 제자들을 체포할 당시 관련 문서를 함께 압수했다는 내용이 있는 점으로[24] 보아『동경대전』안에 실린 수운의 대부분의 저작들은 그의 재세시 이미 부분적으로 유포되어 있었던 것이 사실이다. 한편 수운의 일대기를 최초로 정리한『수운행록』과『최선생문집문도원기서』에는『동경대전』에 실린 대부분의 저작들의 저작 연대가 밝혀져 있다. 현존하는『동경대전』에는 22개에 이르는 수운의 저작이 실려 있는데, 이들 저작들의 저작 연대를『수운행록』과『최선생문집도원기서』에 의해 조사해 보면 다음 〈표-2〉과 같다.

〈표-2〉에 의하면,『동경대전』에 실린 22개의 저작 중에서 18개 작품의 저작 시기가 확인된다. 저작 시기가 불명不明인 작품은 「강시」降詩, 「탄도유심

〈표-2〉

번호	저작명	수운행록	도원서기	비고
1	포덕문	1861.봄	1861.봄	
2	논학문	1861.12	1861.12	
3	수덕문	1862.6	1862.6	
4	불연기연	시기 불명	1863.11	
5	축문	시기 불명	1863.11이전	
6	주문	1860.4~12	1860.4~12	
7	입춘시	1860 입춘	1860 입춘	
8	절구	시기 불명	1860.4~12	
9	강시	시기 불명	시기 불명	
10	좌잠	1863.4	1863.4	
11	화결시	1862.11	1862.11	
12	탄도유심급	시기 불명	시기 불명	
13	결	1863.1	1863.1	
14	우음	1863.9~10	1863.9~10	
15	팔절	1863.11	1863.11	
16	제서	1863.11	1863.11	
17	영소	1863.8	시기 불명	
18	필법	1863.3	1863.3	
19	유고음	시기 불명	시기 불명	
20	우음	시기 불명	시기 불명	
21	통문	1862.10	1862.10	
22	통시	시기 불명	시기 불명	1862.3(시천교종역사)

급」歎 道儒心急, 「유고음」流高吟, 「우음」偶吟 등 불과 4개의 저작뿐이다. 그러므로 관변 자료에 나타난 수운의 저작 이름과 『수운행록』과 『최선생문집도원기서』 등 교단사 자료에 나타난 저작 시기 등을 고려할 때 『동경대전』에 실려 있는 대부분의 저작은 수운이 처형되기 전에 지어 유포시킨 저작들이었다고 판단된다.

또한 수운은 동학의 교리를 전파하는 수단의 하나로 제자들이 찾아오면 자신이 지은 저작을 나누어 주곤 하였다. 『최선생문집도원기서』에는 수운이 제자들에게 자신의 저작을 나누어 준 기록이 다음과 같이 실려 있다.

> 竝出一以作呪文二件 一件呪先生讀之 一件傳授於子侄[25]

> 至壬戌春三月 還來於縣西白士吉家 使崔仲羲 修送家書 又封送學與詞二件[26]

> 是歲六月 分付于各處道人 額字一張 特以書之 頒布于各處[27]

> 又興比歌一章特賜 曰此歌亦好誦之思之[28]

수운은 자신의 저작을 찾아오는 제자들에게 수시로 나누어 주었을 뿐 아니라 1863년경에는 수제자 해월에게 대부분의 저작을 맡겨 후일에 편찬하도록 부탁하였던 것으로 확인된다. 이 같은 사실은 다음과 같은 1883년 중춘판仲春版 및 중하판仲夏版 발문 내용에서 한결같이 확인된다.

> 於戲 先生布德當世 恐其聖德之有誤 及于癸亥1863년親與時亨 常有鋟梓之敎
> 有志未就[29]

위의 발문 내용에 의하면, 수운은 1863년경 자신의 저작 대부분을 해월에게 주어 후일에 편찬하도록 하였으나 미처 그 뜻을 이루지 못하다가 1880년에 이르러 『동경대전』을 집성 간행하였다고 하였다. 이상과 같이 관변기록, 『수운행록』과 『최선생문집도원기서』에 실린 저작 시기, 그리고 수운의 저작이 필사본으로 제자들에게 배포됐다는 기록, 그리고 1863년 수운이 해월에게 자신의 저작을 넘겨 주어 후일 편찬하도록 하였다는 『동경대전』 발문 내용 등을 종합해 볼 때, 『동경대전』에 실린 저작은 수운의 친작親作인 동시에 그 저작들은 수운 재세시 필사본으로 전해지다가 후일 편찬하도록 지시를 받은 해월에 의해 집성 편찬되기에 이르렀다는 점을 알 수 있다.*

* 동학의 기본 경전인 『東經大全』과 『용담유사』가 편찬된 과정에 대하여는 수운 최제우가 체포당할 때 불타 버린 것을 해월 최시형이 口誦으로 복원하여 펴냈다는 口誦說, 筆寫된 原本이 최시형에게 전해져 펴냈다는 原本 傳來說, 필사본으로 전래되던 원본을 수집하고 원본에 누락된 내용을 최시형이 구송으로 종합 정리하여 펴냈다는 구송설과 원본 전래설을 절충한 折衷說 등이 있다. 口誦說은 『天道敎會史草稿』(1920), 『天道敎書』(1920), 『天道敎創建史』(1933), 『東學史』(1938) 등에 나타나 있고, 이 같은 구송설을 주장한 연구는 다음과 같다.
韓㳓劤, 「東學思想의 本質」, 『東方學志』10, 1969. 12.
李光麟·愼鏞廈, 「東學의 創道」, 『史料로 본 韓國文化社』(近代編), 一志社, 1984, 60쪽.
姜在彦, 「동학사상과 농민전쟁」, 『韓國의 近代思想』, 한길사, 1985, 133쪽.
原本傳來說은 『東經大全』의 跋文, 天道敎 古老 趙基周 옹의 증언, 「崔先生文集道源記書」와 그 異本들인 「水雲行錄」, 「水雲齋文集」, 『大先生事蹟』, 「本敎歷史」(1910), 『侍天敎宗繹史』(1915), 『侍天敎歷史』(1920) 등에 나타나 있다. 原本 전래설에 따른 연구는 다음과 같다.
崔東熙, 「解題: 東學經典의 影印에 關하여」, 『東經大全附용담유사』(影印本), 海月崔時亨先生紀念事業會, 1978, 1-4쪽.
申一澈, 「東學思想資料集解題」, 『東學思想資料集』壹, 亞細亞文化社, 1979, xii쪽.
표영삼, 「경전에 관한 사료상 문제점」, 『新人間』397, 1982. 4, 39쪽.
끝으로 口誦說과 原本傳來說을 절충한 절충설은 다음의 연구에서 주장되었다.
尹錫山, 『龍潭遺詞研究』, 民族文化社, 1987, 45쪽.
필자는 윤석산 교수와 같이 절충설에 가까운 입장이다. 그러나 윤석산 교수가 주장한 것

수운의 저작은 그가 처형되면서 동학이 불법화되자 공개적으로 읽혀지기 어렵게 되었다. 이러한 상황은 1864년 이후 상당 기간 계속되었다. 즉 동학이 비밀 포교 활동을 펼치던 1864년 이후 1880년에 이르기까지 수운의 저작들은 소수의 교도들에 의해 비밀리에 필사되어 손에서 손으로 전해질 따름이었다. 또 교세 역시 미약하여 상당한 경비가 드는 경전經典 간행刊行을 공개적으로 시행하기 어려운 시기가 한동안 지속되었다. 그러나 동학의 가르침을 널리 펴기 위하여는 동학의 기본 경전을 보급하는 일이 무엇보다 시급히 요청되고 있었다. 경전의 간행은 여러 조건이 성숙해야만 가능한 일이었다. 무엇보다도 경전을 찾는 교도들의 수가 많아야 했고, 그에 따라 경전을 수백 권 펴낼 만한 재정이 확보되어야 했다. 또한 동학 경전을 수지手持해도 괜찮을 정도의 시대적 분위기도 형성되어 있어야 했다. 이러한 여러 조건은 1870년대 후반에 이르러 동학교단이 영서 지방을 중심으로 안정적인 포교 활동을 전개하면서부터 이루어지기 시작하였다. 특히 강원도 영월·정선·인제 등지에 동학 포교가 활발해지면서 이 지방의 유력 가문인 강릉유씨劉時憲 · 영월신씨辛時一 · 강릉김씨金演局 들이 다투어 동학을 받아들이고, 경제적 후원을 함으로써 동학 경전 간행의 기반이 마련되었다.*

강원도 출신 인물들의 경제적 후원에 힙입은 동학 경전 편찬 작업은 먼저

처럼 경전 편찬 과정에서 최시형이 일정한 역할을 수행했다는 점에 대해서는 인정하지만 그 역할은 대체로 전래되어 오던 원본 내용의 誤字나 脫字, 錯簡된 내용을 바로잡는 수준의 역할에 그쳤다고 생각한다.

* 정선접주 劉時憲은 강릉유씨 郡守公派로서 旌善 霧隱潭 출신이다. 그의 부친 廷濟公은 정선향교의 釋奠祭 아헌관을 지냈으며, 그의 아들 澤夏는 掌議를 지낸 기록이 있다. 필자가 지난 1992년 3월초 유시헌의 후손 댁을 답사하여 보니 유시헌가는 갑오년 이후에도 정선 首領(현 정선군 남면 광덕 2리 머리재 마을 말함) 일대의 땅을 대부분 소유하고 있었다는 증언을 들을 수 있었다. 이로 미루어 유시헌과 같은 강원도 일대 유력가문들이 1870년대에 동학에 입도한 것이 동학 경전 간행의 경제적 토대가 되었던 것으로 보인다.

『동경대전』 간행으로 나타났다. 1880년 5월 인제 갑둔리 김현수가에 각판소를 설치하고 약 한 달간의 작업을 벌여 『동경대전』 100권을 간행하였다.[30] 이때 간행된 『동경대전』은 현재까지도 현존본이 발견되지 않고 있으나 기록상으로는 최초로 간행된 『동경대전』이다. 간행 비용은 경상도 상주尙州와 청송접靑松接, 강원도 정선旌善과 인제접麟蹄接 등 교세가 탄탄한 지역 교도들이 부담하였다. 또한 『동경대전』 간행을 위해 각 접에서 참여한 인원은 32명에 이르고 있다.[31] 이 같은 사실은 1870년대 후반에 이르러 해월 중심의 단일 지도 체제가 확립되면서 교세가 크게 확대되어 경전을 공개적으로 간행할 정도의 역량을 갖추었음을 말해 준다. 또한 이 시기에 들어와 동학은 경전 보급을 통해 공공연한 포교 활동을 전개할 만큼 교세가 늘어나고 있음을 알려 준다. 1880년 6월에 처음으로 『동경대전』을 간행한 해월은 1881년에는 단양丹陽 천동泉洞 여규덕가呂奎德家에서 『용담유사』 수백 부를 간행하였다.[32] 『용담유사』는 수운이 재세시에 자신의 깨달음을 한글로 지어 보급했던 것을 집성하여 간행한 것이었다. 『용담유사』는 한글로 되어 있을 뿐 아니라 3·4조의 운율로 이루어져 암송하기 쉬운 장점이 있었다. 그리하여 『용담유사』는 주로 부녀자층과 일반 평민층을 중심으로 널리 보급되었다.

1880년과 1881년에 걸쳐 동학의 기본경전인 『동경대전』과 『용담유사』가 간행된 이후에도 동학 경전은 간헐적으로 계속 간행되어 동학 교리를 보급하는 데 기여하였다. 동학 경전은 대체로 동학 교세가 조직화되어 경전 간행 비용을 조달할 만한 여건을 갖춘 지역에서 우선적으로 간행되었다. 1883년 2월에는 충청도 목천木川에서 김용희金鏞熙, 김화성金化成, 김성지金成之 등이 6천 냥을 거두어 목천판 『동경대전』 1천여 부를 간행하였으며,[33] 1883년 5월에는 다시 충청도 공주公州 교도들과 경상도 경주 교도들이 합심하여 계미중하판癸未仲夏版 『동경대전』을 간행하였다.[34] 1888년에는 다시 경진판庚辰版 『동경대전』의 오자와 탈자를 수정한 무자판戊子版 『동경대전』을 인제 출신 김병내金秉鼎가 중심이 되어 간행하였다.[35] 이처럼 주기적으로 이루어진 동학 경전 간행은 교도들의 교리 이해 증진 및 동학 교세 확대에 크게 기여하였다.

2) 정선 갈래산 적조암1887.3

1887년 3월 해월은 서인주와 함께 정선 적조암에 입산하여 수련하였다. 적조암 수련 기사는 『시천교종역사』侍天敎宗繹史와 『천도교회사초고』天道敎會史草稿, 그리고 정선 접주 유시헌의 장남 택하澤夏가 남긴 『유택하수기』 등에 나온다. 적조암이 수련 장소가 된 이유는 1872년 10월에 이미 해월, 강시원, 유시헌, 전성문 등이 입산하여 수련했던 곳으로 연고가 있기 때문이기도 하지만, 무엇보다도 적조암이 있는 갈래산 갈래사가 영험한 곳으로 소문이 나 있었기 때문이었다. 1887년 3월부터 1888년 8월까지 정선군수를 지낸 오횡묵吳宖默, 1834-?이 남긴 『정선군총쇄록』에는 갈래산과 갈래사에 대한 다음과 같은 내용이 들어 있어 주목된다.

則士人 全東夏 以民願稟於賢侯曰 本郡葛來山 卽名山也靈刹也 爲聖上致誠 何如 侯曰 聖壽祝願 實有我心 民心旣同 不勝欣感 退而告於衆僉曰 七月卽聖節也 以此月虔誠爲宜 仍諏吉七月 二日也[36]

위 내용은 정선군 사인士人 전동하全東夏가 군수 오횡묵에게 갈래산이 명산이요 갈래사가 영찰靈刹임을 설명하고, 길일吉日인 1887년 7월 2일을 택해 임금을 위해 치성을 올리러 갈 것을 결정하게 되었다는 내용이다. 그러므로 1887년 3월 해월이 서인주와 함께 갈래산 적조암에 입산 수련하게 되는 배경에는 명산이요 영찰로 소문난 갈래산 갈래사에서 수련함으로써 수련의 효과가 클 것으로 기대했기 때문일 것이다.

해월과 서인주가 적조암을 수련 장소로 택한 배경에는 또한 하나의 이유가 있었다. 즉 적조암에서 가까운 정선 무은담 유시헌 접주의 적극적인 후원이 있었기 때문이다. 정선접주 유시헌의 역할에 대하여 『시천교종역사』에는 다음과 같은 기록이 보인다.

師與徐仁周 孫天民 往旌善郡劉時憲家 將行七七之課 時憲曰 葛來山 曾是師之開壇演道處也 卽此修煉 則一應費用自可擔 師喜而諾之 卽入葛來山[37]

유시헌이 식량을 주선한 사실은 『유택하수기』에서 더욱 상세히 나타난다.

至丁亥三月의 徐海一 徐一海의 오기 노 더부려 太白山 葛來寺工夫時 主僧淸菴也요 과량 등뉴 등졀을 다 쥰비하시고 父親게 당부왈 잡인을 분쥬케 말나 하시기로 돌러와서 셜명치 안니하시되 各處道人니 잘연 알고 혹뫁밀상봉하던니…[38]

해월과 서인주가 적조암에서 수련했다는 소식이 널리 알려지면서 4월에는 손천민이 유시헌의 도움으로 적조암에서 수련하였다. 『시천교종역사』와 『천도교회사초고』 등에는 손천민이 3월에 해월과 서인주 등과 함께 수련한 것으로 기록되어 있으나 『유택하수기』에는 4월에 입산 수련하였다고 하였다.

至四月1887년 4월의 孫士文士文은 孫天民의 字이 來到하야 왈 太白山工夫할고 졀정하여 쥬시면 감자로 양식하고 지내기를 청하거늘 父親이 同去하야 海月先生게 현알하시고 근쳐 능이암자能仁庵을 말함의 主僧 全首子로부터 하여 감자 과양으로 지내게 하시다.[39]

이 적조암 수련에서 주목되는 것은 동학의 주요 지도자들이 해월과 수련을 함께 하고 있다는 사실이다. 수련 기간은 대체로 49일이었다. 49일 수련은 1872년 해월, 강시원, 유시헌, 전성문 등이 적조암에 입산하여 49일 수련을 한 이후 동학의 주요한 수련 전통이 되었다. 참고로 1887년 적조암 49일 수련에 이르기까지 동학의 주요 지도자들이 행한 49일 수련을 〈표-3〉으로 제시해 본다.

〈표-3〉 동학 지도자들의 49일 수련 현황

일시	장소	주요 참가자
1872.4	정선 무은담 유시헌가	최시형, 강시원, 유시헌, 전성문
1872.10.16~12.5	정선 갈래산 적조암	최시형, 강시원, 유시헌, 전성문
1874.4	단양 남면 사동	최시형, 홍순일, 김연국(=김용진)
1881.10	정선 무은담 유시헌가	최시형, 유시헌
1882.6	단양 남면 송두둑	최시형
1884.6	익산 미륵산 사자암	최시형, 박치경
1884.10	공주 가섭암	최시형, 손병희, 박인호, 송보여
1887.3	정선 갈래산 적조암	최시형, 서인주, 손천민

4. 1890년대 비밀 포교지

1) 강원도 인제, 간성, 양구 1889.10~1890.7

1889년 10월 서인주가 체포되었다는 소식을 접한 해월은 괴산에서 음성陰城을 거쳐 강원도 인제麟蹄로 피신하였다. 인제는 이미 1870년대 초반부터 동학이 포교되어 1876년경에는 접주接主 김계원金啓元을 중심으로 활발한 포교 활동을 펼치고 있었다.[40] 인제 지방 동학 교도들 중에는 특히 인제, 양구楊口, 강릉 일대에 많이 살고 있던 강릉김씨들이 많았다. 이들 강릉김씨 동학 교도들은 1872년 1월 대대적인 탄압을 받아 김광문金光文-金秉鑴, 김연국金演局-金龍鎭 등 10여 호의 교도들이 단양 영춘永春 장현곡으로 집단 이주하기도 하였으나,[41] 대다수 교도들은 인제 양구 일대에 남아 있었다. 그리하여 인제 양구 지방 동학 교세를 기반으로 1880년 5월 인제 갑둔리 김현수가에서 『동경대전』을 간행하기도 하였다. 1889년 10월말 해월이 인제 지방으로 피신하게 된 까닭도 교도들이 많아 은신처를 구하기 쉬웠기 때문이다. 인제로 피신했다는 기록은 『해월선생문집』海月先生文集, 『본교역사』本敎歷史, 『시천교종역사』侍天敎宗繹史, 『천도교회사초고』天道敎會史草稿, 『천도교서』天道敎書 등에 나타나 있다. 『해월선생문집』을 보면,

其翌晦日 1889년 10월 30일 率德基 率峯改名 演局 往陰城韓生家留宿 蔣漢柱亦 爲 追來 率三人發程 轉到麟蹄金演鎬家 探問捕卒四散 轉向尙州旺谷 金河圖家 率來家眷過歲[42]

이라 하여 1889년 10월 30일 최덕기와 김연국을 데리고 괴산 신양동을 떠나 음성 한생韓生의 집에서 숙박한 다음 뒤따라 온 장한주와 함께 인제의 김연호가로 피신했으나 포졸들이 뒤따르는 관계로 상주尙州 왕곡旺谷 김하도의 집으로 피신하였다고 했다. 그러나 괴산에서 피신해 온 해월이 다시 인제에서 상주 왕곡으로 피신해 갔다는 것은 쉽게 이해되지 않는다. 상주 왕곡 피신설은 다음 내용을 통해 해명이 되고 있다.

神師 到麟蹄 金演鎬家러니 時에 捕卒이 跟探四處라 故로 因往杆城旺谷 金某逸其名家 하야 暫寓焉하다[43]

遂率長子陽鳳 及金演局 蔣漢柱等 轉往麟蹄郡 金顯卿家 於是 宣隷之追捕甚 急 遂更移寓於杆 城郡 旺谷里 金河圖家 擇其院後幽僻處一室 三口朝夕 分食 一器飯 經冬[44]

위 내용에 의하면, 『해월선생문집』에 '상주 왕곡'이라고 되어 있는 부분이 모두 '간성 왕곡'으로 되어 있다. 실제로 간성군에는 왕곡면旺谷面이 있고, 또 왕곡면에 왕곡리旺谷里도 있는 점으로 보아[45] 『해월선생문집』의 '상주 왕곡'은 '간성 왕곡'의 오기임이 분명하다. 그러므로 괴산에서 음성을 거쳐 인제 김연호金演鎬-金顯卿가로 피신한 해월은 포졸들이 계속 뒤를 따르자 간성杆城 왕곡旺谷 김하도金河圖가로 은신하여 겨울을 보냈다고 보는 것이 타당하다 하겠다.

인제 지방으로 피신해 온 해월은 1890년 8월에 공주公州 궁원弓院으로 피신하기까지 약 9개월 동안 인제·간성·양구 지방 교도 집을 전전하며 피신 생활을 계속하였다. 1890년 1월에는 지목이 심해져 인제 김연호가로 피신하였으며, 2월 보름경에는 갑둔리의 이명수가로, 4월 초순에는 양구 길윤성가吉允成家로, 5월 보름경에는 김연호가로, 그리고 7월 초순에는 다시 갑둔리의 이명수가로 옮겨 가며 피신에 여념이 없었다.[46] 7월 그믐경에는 장희용張希用-張世遠과 윤상오尹相五가 와서 서인주徐仁周가 일시 석방되었으나 재물이 있어야 살아날 수 있다고 보고함에 따라 인제 김연호의 접중接中에서 오백금5百金을 마련하여 보내기도 하였다. 이때 해월은 서인주의 완전한 생환을 위해 매 식후에 서인주를 위해 기도할 만큼 각별한 관심을 쏟았다. 해월이 서인주에 대해 각별한 관심을 쏟았다는 내용은 『해월선생문집』, 『본교역사』, 『시천교종역사』, 『천도교회사초고』, 『천도교서』 등에 한결같이 나타나 있다. 먼저 『해월선생문집』에 나타난 내용을 보면,

七月晦間 張希用 尹相五 來告徐仁周消息曰 今雖保放 有物然後 可以生活 先生指揮 金演鎬 接中 辨出五百金以送[47]

이라 하여 서인주의 석방을 위해 5백금을 마련하여 보냈다고만 하였다. 그

러나『본교역사』에는 보다 구체적인 내용이 실려 있다.

張希周用의 誤字 尹相五 自外來告曰 徐仁周 今已得保放하니 以財窮轉然後에
可得全活之路니이다 神師 乃指揮金演鎬接中하야 辨五百金以送하고 謂諸
徒弟曰 徐仁周 方在囚中하야 死生을 未可知라 吾 每食後에 爲徐仁周禱天하
노니 君輩 每食에 亦以是爲度하라[48]

위 내용을 보면 해월은 5백금을 보냈을 뿐 아니라 매 식후에 서인주를 위해 기도하고, 제자들에게도 서인주의 완전한 석방을 위해 기도할 것을 지시하고 있다. 『본교역사』에 실린 내용은 『시천교종역사』, 『천도교회사초고』, 『천도교서』 등에 거의 비슷하게 실려 있으며, 특히 해월의 셋째 부인 밀양손씨密陽孫氏의 회고담은 서인주에 대한 해월의 관심이 지대하였음을 잘 보여주고 있다.

東曦최시형과 셋째 부인 손씨 사이에서 난 아들 나든 해1890에 江原道로부터 도라오시다가 中路에서 비를 마자 衣服이 몹시 저저시되 마른 옷을 가라 입지 아니하시고 말슴하시기를 "只今 徐長玉徐仁周이 指目으로 囚監되여 잇는데 내엇지 집에 편안이 잇으리오." 하시고 저즌 옷으로 그양 밤을 새엿슴니다. 그리고 徐長玉이 在監時에는 꼭 입으衾를 덥지 아니하시고 즘으섯슴니다[49]

손씨 부인의 회고에 의하면, 해월은 서인주를 생각하며 젖은 옷을 그대로 입고, 밤에는 이불을 덥지 않고 잘 정도였다는 것이다. 이처럼 해월이 서인주에 대하여 각별한 관심을 가지게 된 데에는 그만한 이유가 있을 것이다. 그 이유를 밝히기 위하여 서인주가 1883년 해월을 찾아와 가르침을 받은 후부터 1890년에 이르기까지의 활동상을 〈표-4〉로 제시해 본다.

〈표-4〉 동학 입교 후 서인주의 활동상

일시	내용	근거
1883	단양 송두둑으로 최시형을 찾아옴	해월선생문집, 본교역사
1884	청주 율봉 음선장에게 동학 전도	동학판결문집, 131쪽
1885.2	보은장내에 최시형의 첫째부인 거처 마련	해월선생문집
1885.9	상주 전성촌에 최시형의 피신처 마련	해월선생문집, 본교역사
1886	상주 전성촌으로 최시형 찾아 지도받음	시천교종역사
1887.1	최시형의 장남 덕기(솔봉) 음선장의 차녀와 결혼 음선장의 장녀는 서인주와 결혼했음	해월선생문집, 본교역사, 시천교종역사
1887.3	최시형과 서인주는 사돈관계가 됨 최시형 서인주와 갈래산 적조암 입산 수련	유택하수기, 시천교종역사
1889.10	서인주 관에 체포당함	해월선생문집, 본교역사

〈표-4〉에 의하면, 서인주는 1883년 해월을 찾아와 지도를 받기 시작한 이래 1885년에는 해월과 그 가족의 피신처를 주선하였고, 1887년 1월에는 사돈 관계가 되며, 1887년 3월에는 갈래산 적조암 수련을 함께 할 정도로 밀접한 관계를 가지고 있었다. 이 무렵 서인주는 주로 황하일과 함께 활발한 활동을 벌이며 해월의 측근 제자의 한 사람으로 급부상하고 있었던 것이다. 그러므로 서인주가 체포당했을 때 해월이 그의 석방을 위해 적극적으로 노력하였다는 사실은 바로 이 무렵 동학교단 안에서 서인주의 지위와 그의 영향력이 상당했음을 짐작하게 해 준다 하겠다.

4. 결언

1871년 3월에 일어난 영해 교조신원운동의 실패로 해월을 비롯한 동학교단 지도부가 경상도로부터 강원도 영월·정선 일대로 피신해 오면서 강원도 지방에는 동학의 비밀 포교지들이 다수 생겨나기 시작하였다. 특히 영해 교조신원운동 직후 영월 소밀원과 직동, 정선의 무은담과 적조암 등은 동학교단이 강원도 지방을 근거지로 삼아 재건再建될 수 있는 기틀을 제공하였다.

또한 1870년대 내내 강원도 지방을 중심으로 한 동학의 포교 활동이 점차 뿌리내리면서 교세敎勢가 증가함에 따라 1880년 6월에는 강원도 인제에서 『동경대전』을 간행하여 동학교단은 경전을 중심으로 포교 활동을 펼칠 수 있을 만큼 성장하였다. 뿐만 아니라 1870년대부터 동학교단의 중요한 비밀 포교지의 하나로 등장한 정선 갈래산 적조암은 1880년대 내내 동학교단의 중요 지도자들이 입산 수련함으로써 동학교단의 중요 지도자를 양성하는 기지 역할을 수행하였다. 1890년대 들어와서도 강원도 지방은 동학교단의 성장 과정에서 중요한 비중을 차지하고 있었다. 즉 동학교단의 중요 지도자 중의 1인이었던 서인주가 관에 체포되었을 때 그의 석방을 위한 자금 모금 이 인제 지방을 중심으로 이루어진 예가 바로 그것이다.

이상과 같이 강원도 지방은 1870년대부터 1890년대에 걸친 동학교단의 성장 과정에서 중요한 비중을 차지하는 지역이었다. 즉, 1860년대에 경상도 에서 창도唱道된 동학과 1894년 전라도에서 일어나는 동학농민혁명을 중간 에서 연결하는 매개고리 역할을 하는 지역이 바로 강원도 지방이라 말할 수 있다. 그럼에도 불구하고 강원도 지방은 동학 사상과 동학교단에 대한 연 구, 1894년 동학농민혁명에 대한 연구에서 오래도록 소외되어 왔다. 필자의 연구가 다소 거친 감이 없지 않지만 굳이 이 글을 쓴 의도는 동학농민혁명 과 관련하여 강원도 지방이 차지하는 역할을 새롭게 조명해 보자는 뜻이었 다. 관심 있는 연구자들의 질정叱正을 기대하며 평생토록 '최보따리' 란 말 을 들으며 비밀 포교 활동을 벌이다 순교한 해월의 고난苦難을 생각하며 이 글을 마친다.

동학 교조신원운동

1. 동학교단의 조직과 운영

동학농민혁명의 성격을 규명하고 그 역사적 의의를 조명하는 데 있어 우선적으로 연구되어야 할 과제 중의 하나가 그 전 단계의 투쟁 양상을 밝혀 내는 일이다. 이른바 조선 후기에 들어 빈발하던 민란과 동학교단 측에 의해 주도된 교조신원운동敎祖伸寃運動이 바로 그것이다. 그러나 지금까지 동학농민혁명을 연구하는 데 있어서, 교조신원운동은 대체로 동학교단이 주도한 단순한 종교운동으로 파악함으로써 1894년 동학농민혁명이 어떠한 경로를 거쳐 전국적인 투쟁으로 발전하게 되었는가를 규명하는 데 소홀했음이 지배적인 연구 경향이었다.[1]

1894년 동학농민혁명의 전 단계 투쟁으로서 동학농민혁명을 추동해 내었다는 사실만으로도 중요한 의의를 갖고 있는 교조신원운동에 대한 연구는 동학농민혁명의 실체를 객관적으로 밝혀 내는 바탕이 될 수 있을 뿐 아니라, 여전히 학계의 쟁점이 되고 있는 동학과 동학농민혁명의 관계를 규명하는 데 있어 중요한 연구 과제이기도 하다.

이 글에서는 동학농민혁명의 전 단계 투쟁으로서 1892~3년에 걸쳐 전개된 교조신원운동의 전개 과정을 공주 취회公州聚會, 삼례 취회參禮聚會, 광화문 복소光化門伏訴와 척왜양 격문斥倭洋檄文 게시 운동揭示運動, 보은 취회報恩聚會와 금구 취당金溝聚黨 순으로 단계적으로 검토하기로 하겠다.

조선 후기에 들어와 지배 체제의 모순이 심화되면서 민란이 빈발하고 있을 무렵, 1860년 4월 5일 경상도 경주에서 몰락 양반의 서자庶子나 다름없던 수운 최제우이하, 수운2에 의해 창시된 동학東學은 지속되는 정치의 부패, 조세 수탈의 가중, 계급적 모순의 심화, 흉년과 질병으로 인해 불안과 고통 속에서 삶을 지탱해 가던 조선 사회의 기층민들에 큰 호소력으로 파고 들었다. 기존의 부패한 현실을 부정하고 이상적인 미래를 제시하면서 민중들에게 포교된 동학은 사회 개혁을 바라던 일부 지식인층과 민중들을 사로잡기에 충분한 사상 체계를 갖추고 있었다. 그러나 유교적 윤리가 지배하던 당시 사회에서 동학은 이단시되었고, 일부 지식층과 기층 민중을 중심으로 한 동학 교세의 급격한 증가는 커다란 사회 문제로 부각되었다. 그리하여 1863년 12월 체포된 수운은 '좌도左道로 백성들을 미혹시켰다'는 죄명으로 이듬해 3월 10일 처형되었다. 수운의 처형 이후 동학 교세는 일시적으로 위축되었으나 그의 제자 해월 최시형이하, 해월의 노력으로 1870년대 후반에는 지도 체제가 확립되었고, 동학의 기본 경전인 『동경대전』과 『용담유사』의 집성集成이 이루어졌으며, 주요 종교의식이 확립되어 교세가 증가하기 시작하였다. 1880년대에는 단양, 괴산, 청풍, 충주, 청주, 옥천, 보은, 공주, 목천, 예산 등 충청도 지역을 중심으로 교세가 급격하게 증가하였다. 증가되는 동학의 교세는 당시 지배층에게 만만치 않은 위협으로 인식되었고, 그에 따라 지방 수령들은 지속적으로 동학에 대한 탄압을 계속했다. 1880년대 이후 지방 수령들에 의한 동학 탄압은 사학邪學을 금단한다는 명분 아래 동학교도의 재산을 수탈하거나 그들을 잡아 가두는 등의 형태로 이어졌으며, 동학교도들은 피신을 거듭하거나, 석방금을 내고 풀려나는 소극적인 방법으로 교문을 지켜 나갔다.[3]

그러나 1890년대 초에 들어와 동학교단은 '교조신원운동'教祖伸寃運動*이라는 합법적 청원 운동을 통해 동학을 공인받고자 하였다. 교조 수운의 억울한 죽음을 신원伸冤함으로써 동학의 공인과 포교의 자유를 인정받고자 했던 교조신원운동은 『경국대전』經國大典에 보장된 신소伸訴 제도를 통해 조정의 공인을 받고자 한 집단적 시위운동으로 나타났다.

2. 교조신원운동의 전개

1) 공주 취회

공주 취회公州聚會는 1890년대 초에 전개된 최초의 교조신원운동이라는 점에서 주목되어 왔다. 또한 당시 동학교단을 이끌고 있던 해월의 지도 노선을 평가하는 데 있어서 중요한 집회로 인식되어 왔다. 기존 연구는 서병학徐丙鶴, 서인주徐仁周 등이 해월의 승인이 없이, 혹은 반대를 무릅쓰고 공주 취회를 추진한 것으로 이해해 왔다.** 이 같은 연구는 1871년 3월에 일어났던 영해 민란寧海民亂 당시 이필제李弼濟의 제의를 해월이 적극 만류하고 가담하지 않았다는 주장과 맞물려 해월을 더욱 '보수적인 인물'로 규정하는 바탕이 되기도 했다.

그러나 근래 들어 새롭게 발굴된 자료들은 해월에 대한 그동안의 인식이 바로 잡아져야 한다는 근거를 제시하고 있다. 최근에 발굴된 자료들에 의하면, 해월은 '영해 민란' 영해교조신원운동에도 적극 참여했으며,*** 1892년 7월

---

* 1864년 3월 10일에 '左道惑民之律'에 의해 처형당한 동학교조 수운 최제우의 억울한 죽음을 伸冤하려는 운동으로, 동학 교조의 신원은 곧 東學의 公認과 布敎의 자유를 허락받는 것이나 다름없었다.

** 기존 연구들은 『海月先生文集』, 『本敎歷史』, 『侍天敎宗繹史』 등 동학교단사에 근거하여 해월 최시형이 1892년 7월에 徐仁周와 徐丙鶴이 제의한 敎祖伸冤運動 전개 요청을 거절하였다고 한결같이 주장하고 있다.

*** 관변 측 자료인 『嶠南公蹟』과 『寧海賊變文軸』, 교단 측 자료인 『崔先生文集道源記書』

에 서인주와 서병학에 의한 교조신원운동 전개 요청 이후 교조신원운동을 전개하기 위한 준비를 서두르고 있었던 것으로 확인된다. 즉, 해월은 1892년 8월 21일 청주 송산松山 손천민가에 머물면서 충주에 거주하는 신사과辛司果에게 서한을 보내 40명의 '망석지사'望碩之士를 선발하여 그 명단을 가지고 9월 10일까지 직접 청주 송산 손사문가孫士文家[4]로 찾아오도록 지시하였다.[5] 또한 1892년 8월 29일에는 호남좌우도 편의장 남계천南啓天에게도 비슷한 내용의 「윤조」輪照를 하달하였다.[6] 남계천에게 보낸 「윤조」 역시 1백여 명을 선발하여 주소성명이 적힌 명단을 9월 5일까지 보내도록 지시하고 있다. 이 같은 조치는 모두 공주 취회가 열리기 직전에 이루어지고 있는 점에서 본격적인 교조신원운동의 전개를 위한 사전 준비였다고 생각된다.

1892년 10월 서인주와 서병학은 재차 해월을 찾아와 교조신원운동을 전개할 것을 요청하였다. 해월 역시 수령과 이서·토호들의 침학에 시달리고 있던 교도들의 절박한 사정을 알고 있었기 때문에* 두 사람의 건의를 받아들여 교조신원운동을 허락하는 「입의통문」立義通文을 하달하였다. 1892년 10월 17일 밤에 하달된 「입의통문」의 요지는 각 접주와 교도들에게 신원의 대의에 합력할 것을 촉구하는 내용이었다. 따라서 1892년 10월에 전개된 공주

와 『海月先生文集』 등은 최시형이 1871년 3월의 寧海民亂에 적극 가담하였음을 분명하게 밝혀 주고 있다.

* 당시 최시형이 교조신원운동을 허락하게 된 배경에 대하여 『天道教創建史』는 "이해 十月에 徐仁周 徐丙鶴이 또한 固請하고 諸道人이 亦是 指目을 견디지 못하야 굳게 伸寃함을 請한대 神師 이에 立義文을 지어 各地에 遍諭하시니…."(『東學思想資料集』貳, 135쪽)라 하였고, 『東學史』는 "이해 十月에 四方에 있는 道人들이 指目에 쫓기여 모여 온 자 많아야 伸寃할 일을 請하는 자 많은지라 先生은 이 여러 사람의 뜻을 쫓아 許諾을 하고 곧 입의문을 지어 효유하니…."(『東學思想資料集』貳, 426쪽)라고 하여 관의 탄압과 지목에 시달리던 하층 교도들의 요구와 이에 부응한 서인주, 서병학 등의 요청을 받아들여 교조신원운동을 전개할 것을 허락하였다고 하였다.

취회는 종래 알려진 것처럼 서인주, 서병학이 해월의 허락 없이 전개한 것이 아니라 해월의 허락 아래 교단적 차원에서 추진되었다고 보는 것이 타당하다. 서인주와 서병학 등이 해월의 허락을 얻어 낸 까닭은 교주의 허락이 있어야 동학 조직의 동원이 가능하고, 많은 교도들을 동원할 수 있었기 때문이었다.

'신원의 대의에 적극 참여하라'는 해월의 「입의통문」이 각지의 접주들에 하달된 후 충청 감사에게 교조의 신원을 호소하기 위한 공주의송소公州議送所가 설치되었다.** 이 내용에 의하면, 각 접주는 '성덕신의지사지도유'誠德信義知事之道儒를 인솔하고 공주의송소로 와서 청주로부터의 명령을 기다려 처사를 하도록 지시하고 있다. 여기서 청주는 해월이 은거하고 있던 청주 송산 손천민가를 말하는 것으로 생각된다. 당시 손천민가에는 손천민, 서인주, 서병학 등 신원운동 지도부가 왕래하면서 해월의 명을 받고 있었던 것으로 추측된다. 그러므로 공주 취회에 참가한 각 접주 및 교도들은 해월-손천민·서인주·서병학-공주의송소로 이어지는 명령 계통을 따라 행동하고 있었던 것으로 생각된다. 공주의송소에 모인 각 지방 접주들과 교도 1천여 명은[7] 10월 20일경[8] 교조 신원을 요구하는 의송단자議送單子를 작성하여 충청 감영에 제출하였다. 이 의송단자는 10월 17일 밤에 발송한 「입의통문」에서 해월이 주장했던 동학 교조의 신원을 요구하는 동시에 서학西學의 만연 현상 및 왜국지상倭國之商의 부당한 행위를 비판하는 내용이 포함되어 있다.[9] 충청 감사에게 제출된 의송단자에 나타난 서학과 왜상倭商에 대한 비판 내

** '公州議送所' 내용은 奎章閣에 소장된 『東學書』와 동학·천도교 측 자료인 『本敎歷史』, 『侍天敎宗繹史』 등에는 없고, 全北 扶安에 있는 천도교 호암수도원에 소장되어 있는 『海月文集』에만 실려 있다. 「立義通文」 도착 후 각 地方 接主들이 취해야 할 행동 지침을 담고 있어 주목된다.

용은 다음과 같다.

> 방금 서양 오랑캐의 학學이 우리나라에 들어와 뒤섞여 있고 왜놈 우두머리의 독毒이 외진에 도사리고 있으니 망극할 일이며, 음흉하고 거역하는 싹이 임금님의 수레 바로 밑에서 일어나고 있으니 이것이 바로 우리들이 절치부심하는 일이다. 심지어 왜놈 상인들은 각 항구를 두루 통하여 싸게 사서 비싸게 팔아 얻는 이익을 저들이 마음대로 하니 돈과 곡식이 마르고 백성들이 지탱하고 보전하기 어렵다. 심복心腹 같은 땅과 인후咽喉 같은 장소의 관세 및 시장세와 산림과 천택의 이익마저 오로지 바깥 오랑캐에게로 돌아가니 이것이 또한 우리들이 손을 어루만지며 눈물을 흘리는 바이다.[10]

여기에 나타난 척왜양斥倭洋 의식은 1892년 11월의 삼례 취회에서, 그리고 1893년 2월 광화문 복합상소 단계와 3월의 보은 취회, 그리고 1894년의 동학농민혁명 단계에서도 한결같이 강조된다. 왜양을 강하게 배척하고 동학 금단을 구실로 한 전재 수탈을 금해 줄 것을 요구한 의송단자를 받은 충청 감사는 10월 22일 "동학을 금하고 금하지 않는 것은 오로지 조가朝家의 처분에 달린 것이므로 감영監營에서는 단지 조가의 명령을 따라 시행할 뿐이므로 감영에 와서 호소할 일이 아니다."라고 답변하였다. 그리고 10월 24일에는 각 군현 수재守宰들에게 동학을 금한다는 핑계로 토색討索하는 행위를 금하는 조치를 담은 「감결」甘結을 하달하였다.[11]

충청 감사의 감결은 실제로는 기만적인 것이었지만 30년 동안 탄압과 지목에 시달려 온 동학교단으로서는 동학 금단을 구실로 한 수령 이서 토호배들의 수탈 행위를 금하겠다는 충청 감사의 조치에 대하여, 일정한 성과를 거둔 것으로 평가하였다. 충청 감사 조병식에게 「각도동학유생의송단자」各道東學儒生議送單子라는 청원서를 제출함으로써 시작된 공주 취회는 집단적인 정소呈訴 형식 덕분에 희생자가 없었다. 비록 '교조의 신원' 이란 원래 목적은 달성하지 못했지만 동학교도에 대한 관리의 탐학을 금한다는 감결을 얻어 냄으로써 동학교단 지도부는 상당히 고무되었다. 최초의 신원운동인 공주 취회는 이후 전개될 삼례 취회를 비롯 광화문 복합상소, 보은 취회 등 일련의 집회를 연달아 개최하는 계기를 마련했다는 점에 그 의의가 크다.

2) 삼례 취회

공주 취회에서 충청 감사로부터 '지방관들의 동학 금단을 구실 삼은 토색을 금한다.' 는 감결을 얻어 낸 동학 교단 지도부는 크게 고무됐다. 공주 취회의 성과를 적극적으로 평가한 지도부는 충청도와 함께 탄압이 극심했던 전라도에서도 교조신원운동을 전개함으로써 충청 감영에서 얻어 낸 성과들을 전라 감영에서도 얻어 낼 수 있을 것으로 기대하였다. 이에 해월 등 지도부는 교통이 편리한 삼례역을 집결 장소로 택했다.

전라도 삼례에 집결하라는 동학 지도부의 동원령이 담긴 「경통」敬通[12]은 1892년 10월 27일(음) 밤을 도와 전라도 삼례도회소參禮道會所 명의로 각 포에 발송되었다. 이 경통은 '금영錦營에 억울함을 호소하였으니 완영完營에 의송단자를 내는 것 또한 천명' 天命[13]이라 하여 삼례 집회의 목적을 밝히는 한편, '모임에 달려오지 않으면 별단의 조치를 마련함은 물론이요 하늘로부터 죄를 받을 것' [14]이라며 교도들의 참여를 독려했다. 그리하여 10월 29일부터 각지에서 몰려들기 시작한 동학교도들은 11월 1일에 이르러서는 수천을 헤아리게 됐다.* 11월 2일 강시원, 손천민 등은 해월의 재가를 받은 「각도유생의송단자」를 전라 감사 이경직李耕稙에게 제출하여 대선생大先生[15]의 원한을 풀어주도록 간청하였다. 이 의송단자에서 동학교도들은 "최제우 선생이 상제上帝의 명을 받아 유불선儒佛仙 삼도三道를 합해 하나로 만들어 한울님을 지성으로 섬기며 유儒로서는 오륜五倫을 지키며 불佛로서는 심성을 다스리고 선도仙道로는 질병을 제거케 했다.”[16]며 동학 사상의 정당성을 천명한 뒤, 대선생이 무고한 죄명으로 처형된 지 30년이 지나도록 그 원억寃抑을 풀어 대도大道를 떳떳이 세상에 창명할 수 없었던 한恨됨을 호소했다. 또 동학과 서학을 ‘빙탄氷炭의 관계’로 규정하고 동학을 “윤리도 없고 분별도 없는 서학과 더불어 차별 없이 취급하는 불가不可하다.”고 주장하면서 ‘서학의 여파로 간주하여 유독 동학에 대해서만 힘을 기울여 배척하는 행위’의 온당치 못함을 지적하였다.[17] 뿐만 아니라 “열읍列邑의 수령들이 빗질하듯 잡아 가두고 재산을 토취討取하여 쓰러져 죽는 자가 끊이지 않고 더불어 호민豪民들마저 침학侵虐에 가담하여 도인道人·동학교도들이 정처 없이 떠돌며 살 길이 없게 하고 있다.”[18]며 동학에 대한 지방 수령과 토호들의 탄압과 이를 빙자한 토색을 고발하고, 동시에 “서양 오랑캐의 학學과 왜놈 우두머리의 독毒이 다시 외진外鎭에 들어 앉아 날뛰며 제멋대로 행하고 있다.”[19]며 외세外勢의 창궐을 강하게 경고하는 내용을 담아 공주 취회에서도 주장한 척왜양의 의지를 강하게 드러내었다. 결국 의송의 요지는, 동학은 서학을 배격하는 충군효친忠君孝親, 광제창생廣濟蒼生, 보국안민輔國安民의 교敎이므로 조정이 현실적으로 인정하는 여러 도道에 대해 간여하지 않는 것과 마찬가지로 동학 포교의 자유를 공인해 달라는 것이었다.

그러나 동학교도들이 제출한 의송단자에 대해 전라 감사는 침묵으로 일관했다. 엿새가 지나도록 아무런 반응이 없자 삼례 취회 지도부는 11월 7일경 독촉 의송議送을 다시 보냈다. 그리하여 11월 9일에야 전라 감사는 “너희의 동학은 나라에서 금하는 바이다. 사람의 심성을 갖추고서도 어찌하여 정

---

* 이때의 참여 규모를 『天道敎書』는 “11월 1일 각지 두령이 포내 도인들을 솔하고 參禮驛에 赴하니 그 參會者 수천인이라.” 하였고, 『天道敎會史草稿』는 “11월 3일에 각지 두령이 포내 도인을 솔하고 삼례역에 會集한 자 수천이라.”고 전하고 있다.

학正學을 버리고 이단을 좇아 스스로 죄를 범하는 것인가. 소장의 내용인즉 동학을 널리 포교토록 허용하기를 바랐으니 더욱 말이 되지 않는다. 곧 물러가 모두 새 사람이 되어 미혹하는 일이 없도록 하라."[20]는 「제음題音」을 내렸다. 이러한 무성의한 제음은 동학교도들을 크게 자극하였다. 그러자 이경직은 11월 11일자 「감결甘結」을 통해 '동학 금단을 빌미로 한 전재錢財의 수탈을 금하라.'는 지시를 내렸다.[21] 11일자 「감결」은 동학을 공인하지 않은 채 교도들에 대한 지방 수령들의 토색질을 금한다는 내용이었다. 충청 감영에서 하달된 감결과 비슷한 요지였다. 이에 따라 동학교단 지도부는 11월 12일 완영도회소完營道會所 명의의 「경통」를 내려 '도道는 비록 나타났으나 원寃은 아직 풀지 못했다.'며 삼례 취회의 제한적 성과를 내세우고 '법헌法軒-최시형의 지휘를 기다려 설원을 도모토록 고심하는 것이 도리'라고 밝히면서 '곧 귀가하여 길가에서 방황하지 않도록 하라.'고 해산을 종용하였다.[22] 12일자의 「경통」은 또 "첫째, 처신과 행사는 도리에 합당했으니 이제부터 더욱 도리에 힘쓰자. 둘째, 삼례 취회는 대의명분에 떳떳하다 해월 선생이 직접 지휘하지 못한 것을 달리 생각하지 마라. 셋째, 이후 무단한 탄압이 있을 경우 소장 등을 제출하며 적극 대응하라. 넷째, 도리를 어기고 기강을 어지럽히는 자는 엄히 책망하라. 다섯째, 일찍부터 대의에 참여, 살림이 어려워진 교도들을 함께 도우라."[23]는 다섯 가지 행동 강령도 하달하였다. 이로써 10여 일에 걸친 삼례 취회는 공식적으로 막을 내렸고 임시로 설치됐던 완영도회소는 철수했다.

그러나 지도부의 공식 해산 명령에도 불구하고 상당수 교도들은 해산하지 않고 있었다. 11월 19일자 북접도주北接道主 명의로 나온 통문이 이를 반증한다. 즉 '임금께 복합伏閤 상소할 계획은 다시 도모하려 하니 다음 조치를 기다려 달라.' '서로 도와 떠돌아 다니지 않도록 하여 합심해 이론異論이 없도록 하라.'[24]는 「경통」 내용이 그 증거이다. 19일자 「경통」과 함께 21일자로 하달된 전라 감영의 「감결」 또한 일부 교도들이 21일까지도 해산하지 않고 있었다는 사실을 확인시켜 주고 있다. ‘한글로 번역하여 널리 게시하라.’는 당부까지 곁들인 두 번째 「감결」의 주된 내용은 ‘동학도들을 잘 타일러 편안히 살게 하며 읍속들은 토색질을 금하라.’는 것이었으나 서두에서 ‘동학교도들을 안접安接토록 할 것’을 다시 지시하고 있어[25] 이때까지 해산하지 않거나 다른 곳을 떠돌며 귀향하지 않은 교인들이 있었음을 짐작케 한다. 곧 삼례 취회가 지도부에 의해 11월 12일 공식 폐회됐다 할지라도 실질적인 해산은 21일 이후로 볼 수 있다.

삼례 취회는 당시 동학교단 2대 교주인 해월이 직접 주도한* 조직적인 신원운동이었다. 노골적이고 집단적인 대중 집회를 통해 동학의 공인 및 포교의 자유 획득과 같은 ‘정치적 요구’를 달성하려 했으며, 교단 자체의 문제를 넘어 당시 민족적 현안이었던 ‘척왜양창의’의 실현까지를 언급했다는 점에서 삼례 집회의 역사적 의의는 더욱 높이 평가받고 있다. 삼례 취회는 또 집단적인 운동을 통해 일정한 성과를 얻어 낼 수 있음과 동학교단과 일반 민중과의 결합 가능성, 대중 집회에 대한 실험 등을 성공적으로 타진함으로써 장차 동학농민혁명의 징검다리로서의 의의를 갖는다.

3) 광화문 복소와 척왜양 격문 게시 운동

공주와 삼례에서 행한 동학교도들의 신원운동은 당초 요구에 미치지는 못했지만 지방 수령들의 답변을 이끌어 내는 성과를 거두는 데 성공하였다. 동학교도들에 대한 부당한 침학 행위를 하지 말라는 공식적인 명령을 충청

---

* 삼례 취회 무렵 최시형은 경상도 尙州 功城面 旺室에서 말을 타고 삼례로 출발하려다 낙상하여 실제 참석하지는 못하였다. 그러나 삼례 취회를 지도한 孫天民, 姜時元 등은 최시형의 심복 제자들로서 사실상 최시형의 명령을 그대로 수행하였다.

감사와 전라 감사로부터 얻어 낸 것이 바로 그것이다. 그러나 여러 자료들에 의하면, 충청·전라 양 감영의 공문은 별 효과가 없었던 것으로 보인다. 동학의 공인 문제와 교조의 신원 문제가 근본적으로 해결되지 못했기 때문이었다. 이에 동학교단 지도부는 교도들을 더욱 조직화하여 중앙 조정을 향한 신원운동을 준비하기 시작하였다. 양 감영에서 모두 동학의 공인 문제는 중앙 조정의 권한이라 언명하였기 때문이다.

중앙 조정을 향한 복합상소 계획은 이미 삼례 취회 단계에서 결정되어 있었다. 삼례 취회를 결산하는 1892년 11월 19일자 동학 지도부의 「경통」敬通이 이 같은 사실을 뒷받침한다. "임금님께 복합할 계획은 방금 상의해서 다시 도모하려 하니 다음 조치를 기다리라."[26]는 내용이 바로 그것이다. 이 경통 내용은 광화문 복소가 공주·삼례 신원운동의 연장선상에서 준비되었음을 보여 준다. 동학교단 지도부는 우선 1892년 12월 6일경 복합상소에 대비한 도소를 충청도 보은 장내帳內에 설치하였다. 12월 6일 도소를 설치하였다는 사실이 실린 『본교역사』에 의하면, "당시 도소를 설치하자마자 각지로부터 오는 교도의 수가 폭주하여 영송迎送과 사무 처리가 폭주했다."고[27] 전한다. 광화문 복합상소 계획은 이같이 몰려드는 민중들로 새로운 방향을 모색하지 않으면 안 되었다. 동학 지도부는 1차적으로 도소에 몰려드는 교도들을 통제하기 위해 12월 6일자로 도소 출입을 제한하는 경통을 보냈다. 그러나 복합상소는 쉽게 실행되지 못했다. 복합상소에 대한 지도부의 의견이 통일되지 않았고, 복합상소 계획에 대해 해월의 허락도 얻지 못했기 때문이었다. 또한 복합상소의 성과가 어떻게 나타날지 알 수 없는 상태였고, 복합상소를 전후한 탄압을 예상했기 때문이었다.

이 같은 상황에서 동학 지도부는 12월 중순께 서울로 직접 올라가지 않고 중앙 조정에 소장을 올렸다. 첫머리에서 "도道란 사람으로서 다같이 행할 바를 이름한 것이니 사邪가 있고 바름이 있으며 같음이 있고 다름이 있는 것

은 모두가 사리를 바르게 구한 것이니 헛된 판단만이라 할 수는 없다."[28]고
한 「조가회통」朝家回通*이라는 상소장에서 지도부는 동학이 이단이 아님을
역설하고 충청도·전라도 지역에서 관리들의 탐학을 열거하면서 조정의 공
평한 조처를 요청하였다. 동학의 정당성을 주장하고 관리들의 탐학 금지를
요구하는 이 같은 상소에 대답이 없자, 동학 지도부는 상경 투쟁인 복합상
소를 본격적으로 준비했다. 그리하여 1893년 1월 청주 송산에 있던 손천민
의 집에 봉소도소奉疎都所가 설치됐다.[29] 봉소도소의 임원은 강시원, 손천민,
손병희, 김연국, 서병학 등이 주축을 이루었다. 이들은 복합상소 계획을 각
지역에 알린 다음, 2월 초순경 서병학을 먼저 서울로 보내 도소를 정하는 문
제와 숙소 문제를 해결하도록 했다. 서병학 외 다른 지도자들은 2월 8일 과
거보러 올라가는 선비 차림으로 분장하여 일제히 상경했다. 이 무렵 서울에
는 동학교도 수만 명이 외국인을 배척하고 몰아내기 위해 상경한다는 소문
이 널리 퍼졌다. 복합상소 당시 상경한 동학도의 수는 분명치 않다. 수만 명
이라는 기록도 전하지만 당시 일본 『도쿄니치니치신문』東京日日新聞이 게재
한 '수백 명' 정도가 상경한 것으로 보인다.[30] 복합상소는 2월 11일부터 시
작됐다. 광화문 앞에 출두하여 복소한 인원에 대해서도 여러 설이 있다. 9명
에서부터 80여 명에 이르기까지 분분하지만 대체로 동학 지도부의 주요 인
물들과 중견 동학 지도자 40여 명이 복소에 나선 것으로 확인되고 있다.

　박광호朴光浩를 소수疎首로 한 복소 참여자는 13일까지 3일 동안 상소문을
붉은 보자기에 싸서 상을 받들고 광화문전에 나아가 엎드려 호소했다. 상소
절차의 잘못을 들어 상소 접수조차 거부하던 중앙 정부는 14일 '집으로 돌
아가 생업에 안주하면 원하는 바를 따라 해 주겠다.'는 내용의 「전교」傳敎를

＊ 명칭 그대로라면 '조정이 어떤 글에 대한 답을 내린 글'이라는 뜻이지만 내용을 보면 東
　學 都所에서 조정에 보낸 소장임을 알 수 있다.

내렸다. 정육품의 관원인 사알司謁이 전한 이 같은 대답은 해산 명령과도 같은 통고였다. 이리하여 1892년 10월부터 전개해 온 신원운동은 복합상소에서 아무런 성과를 얻지 못함으로써 원점에 서게 되었다. 오히려 소두 박광호를 잡아들이라는 왕의 명령으로 동학교도들은 더욱 가혹한 탄압을 받게 됐다. 그러나 이 같은 외형적인 별무성과에도 광화문 복소는 동학교도들의 역사적 자각을 불러일으키게 했으며 향후 투쟁 방향의 새로운 전환을 준비할 필요성을 인식하게 됐다는 의의가 있다.

광화문 복합상소 직후 경향京鄕에서는 척왜양 운동이 거세게 일어났다. 서울의 외국 공관과 교회당에 외국인을 배척하는 괘서掛書가 나붙었으며 지방 관아에도 외국인을 배척하는 방문榜文이 게시되었다. 특히 미국인 선교사 기포드의 학당에 붙은 괘서를 시작으로 한 달여 동안 서울에서 잇따라 발생한 척왜양 격문 게시 운동은 당시 국내외에 커다란 파문을 일으켰다. 특히 광화문 복합상소 이전부터 수만 명의 동학교도들이 외국인을 배척하고 몰아내기 위해 상경한다는 소문이 널리 퍼져 있던 상황에서 외국인들을 더욱 불안과 공포에 떨게 만들었다. 서울 주재 외국 공관에서는 유사시에 대비하여 본국과의 연락을 취하고 자국민의 피난을 고려하는가 하면, 조선 정부에 대책을 촉구하는 등의 부산한 움직임을 보였다. 대내외적으로 큰 파문을 던진 이 같은 척왜양 격문 게시 운동을 주도한 세력은 과연 누구이며 일련의 교조신원운동과는 어떤 관련을 맺고 있는가. 또 동학농민혁명의 전면에 내세워진 '척양척왜' 斥洋斥倭의 주장과는 또한 어떤 연결고리를 갖는가. 이같이 제기되는 여러 의문은 척왜양 격문 게시 운동을 주도한 세력 문제와 관련지어 최근 학계의 가장 뜨거운 쟁점의 하나로 떠오르고 있다.

지금까지 알려진 서울에서의 척왜양 격문은 미국인 선교사 집에 붙은 2건과 프랑스·일본 공사관에 나붙은 각 1건의 방문이 전부이다. 모두 한문으로 기록된 이들 괘서는 내용상 서양의 기독교 침투와 일본의 세력 확장에 강한 증오심을 담고 있다.

첫 괘서는 광화문 복합상소가 해산한 다음날인 1893년 음력 2월 14일 밤 미국인 선교사 기포드 학당의 문에 붙었다. "아, 슬프도다. 소인배들은 이 글을 경건히 받을지어다. 헤아려보면 우리 동방의 나라는 수천 년 예의와 범절의 나라였노라. 이러한 예의지국에 태어나 이 예의를 행하기에도 오히려 겨를이 없거늘 항차 다른 가르침을 생각하겠는가. (중략) 우리 도의 근원은 하늘에 나서 밝은 하늘의 뜻을 천하에 비치니 감히 날뛰면서도 도를 능멸할 수 있는가. 세상을 일치一致할 도는 이치理致 중에 있으니 어떻게 조심하지 않으랴. 소인배들은 대도를 함께하여 사람마다 그 서책書冊을 불태우면 혹시 만의 하나라도 살 수 있는 길이 있을지 모르겠다."[31] '백운산인 궁을선생'白雲山人 弓乙先生이라 하였을 뿐 정확한 이름을 밝히지 않은 채 붙은 이 방문은 기독교를 믿는 조선인들에게 경고한 글로 보여진다. 기독교를 배척하는 방문은 이어 같은 달 18일 미국인 존스의 집 교회당에도 붙었다. "교두教頭 등을 효유하노라."로 시작되는 이 방문은 그 말미에 "너희들은 빨리 짐을 꾸려 본국으로 돌아가라. 그렇지 않으면 충신인의忠信仁義한 우리는 갑옷, 투구, 방패를 갖추어 오는 3월 7일에 너희들을 성토하겠노라."[32]라는 내용이 들어 있어 조선 재주在住의 외국인들을 공포로 몰아넣었다. 또 프랑스 공관에도 같은 달 20일을 전후해 비슷한 내용의 괘서가 붙었다. 만일의 경우에 대비 프랑스 공사는 본국에 병선兵船 3척의 파견을 요청했고, 병선이 인천항에 대기 중이라는 기록이 전한다.[33] 1893년 3월 2일 일본 공사관 앞벽에도 방문이 나붙었다. "일본 상려관은 펴보아라."로 시작된 이 방문은 "아직도 탐욕스런 마음으로 다른 나라에 웅거하여 공격하는 것을 으뜸으로 삼아 혈육을 본업으로 삼으니 진실로 무슨 마음이며 필경 어찌하자는 것인가. (중략) 하늘은 이미 너희들을 증오하며 스승님은 이미 경계하였으니 안위安危의 기틀은 너희가 취함에 달려 있다. 뒤늦게 후회하지 말고 빨리 너희 나라로 돌아가라."[34]라고 하여 당시 일본의 침략을 경고하고 있다.

이상과 같이 광화문 복소를 전후하여 방문 게시榜文揭示를 통해 척왜양 운동을 이끈 세력은 과연 누구일까. 방문 자체가 모두 익명으로 된 테다 당시의 척왜양 의식은 어느 한 계층에 한정되지 않고 조선 사회 전반에 자리잡고 있었다는 점에서 주도 세력을 지목하는 데 어려움을 겪고 있다. 현재까지 학계에서는 대체로 세 가지 가능성이 거론되고 있다. 첫째, 동학교단 지도부가 복합상소 운동과 병행하여 벌였을 가능성, 둘째, 동학교단 내의 혁신 세력이 독자적으로 주도했을 가능성, 셋째, 동학과는 별개의 세력들이 벌인 척왜양 운동일 가능성 등이 그것이다.

당시의 동학교단 지도부가 척왜양 격문 게시 운동을 주도한 세력일 것이라고 이해하는 입장은[35] 동학사상과 동학교단 안에서 일관되게 주장되어 온 척왜양 의식을 강조한다. 특히 공주·삼례 취회 단계에서 강하게 표출된 척왜양 의식을 기반으로 동학 지도부가 복합상소운동과 병행하여 배외 운동을 벌였으며, 이후 보은 취회에서 '척왜양창의'斥倭洋倡義의 깃발로 올려졌다는 입장이다. 동학 지도부는 그동안 지방 관리들의 탐학 행위는 직접 체험했으나 외국 세력의 위협은 현실적으로 느끼지 못했다. 광화문 복소를 위해 상경한 뒤 비로소 외세의 위협을 실감한 지도부는 보국안민의 절박한 역사의식에서 배외 운동을 제기했다고 보는 것이다. 이와 함께 광화문 복소 직후 일어났다든지, 동학을 지칭하는 것으로 보이는 문구가 방문 내용 여러 군데에서 발견되고 있다는 점도 그 근거가 되고 있다.

둘째, 1893년 3월의 척왜양 운동을 주도한 세력에 관한 또 하나의 입장이 동학의 혁신파를 지목하는 견해다. 동학 내에 지도부와 다른 성격의 혁신 세력이 당시 이미 존재했음을 전제로 한 이 같은 견해는 종래 학계의 가장 많은 지지를 받았다. 이는 온건한 방법의 광화문 복소 대신 실력적 대결을 주장했던 서병학 등 혁신파가 지도부의 제지에 뜻을 이루지 못하고 복소와는 별도로 배외 운동을 벌였다는 것이다. 이 같은 견해는 천도교 일부 자료에 "서인주·서병학은 상소하여 진정할 뜻이 없고 교도로 하여금 병복兵服을 바꿔 입도록 하고 병대와 협동하여 정부 간당을 소탕하고 조정을 크게 개혁하기로 결정하였는지라, (중략) 신사神師-최시형가 이에 부당함을 책하였다."[36]는데 근거를 두고 있다. 이 견해에 대해서는 서병학이 복합 상소를 비롯한 신원운동을 처음부터 주도하였고, 보은 취회에서 금구 취회를 비난한 말, 무력 침입의 시기적 폭발성을 들어 비판되고 있다. 정창렬鄭昌烈 교수는 당시 조선 주재 일본 변리공사가 본국에 보낸 외교문서 등에 근거, 서울에서의 척왜양 격문 게시 운동이 전라도 지방의 동학의 여러 무리 갈래가 중심이 됐다고 주장하고 있다.[37] 정교수는 여러 갈래의 동학교도들이 척왜양 격문을 게시하고, 괘서에 나오는 3월 7일 서울에서의 왜양 성토를 시도했으며, 이를 위해 지방에서의 상경 움직임이 조직적으로 이루어졌음을 여러 자료에서 보여 준다고 설명하고 있다. 정교수는 이 같은 일련의 과정에서 하나의 세력으로 응집되어 이후 금구金溝에서 독자적인 취당을 갖는 세력으로 성장했으며, 그 지도자가 전봉준이라는 것이다.

셋째, 척왜양 격문 게시 운동이 동학도의 복합상소 직후에 일어났고, 동학교도가 상경하여 외국인을 습격할 것이라는 소문이 있었던 것을 근거로 동학교도들이 중심이 된 척왜양 운동으로 단정하는 것은 무리라는 견해도 나오고 있다.[38]이와 관련, 광화문 복소를 계기로 동학과는 별도의 광범위한 배외 세력들을 결집하여 일으킨 배외 운동일 가능성에 대한 검토가 필요하다는 것이다. 당시 조선 사회는 프랑스와 미국 선교사들의 거리낌 없는 활동, 방곡령에 따른 일본의 배상 요구, 청·일상인들의 조선 상권의 잠식 등으로 외세에 대한 일반인들의 반감이 팽배해 있었다는 점에서 충분한 개연성이 있다는 주장이다. 외세에 대한 조선 사회의 반감은 괘서 사건이 발생하기 전에 이미 화적들의 외국 상인 급격이나 중국 상인 점포에 대한 방화,

1890년 서울 상인들의 집단적인 동맹철시^{同盟撤市} 투쟁으로 나타났다는 점에서도 일반 세력의 가능성을 배제할 수 없다는 것이다. 척왜양 격문 게시 운동의 주도 세력을 놓고 이처럼 해석이 엇갈리고 있는 것은 이를 뒷받침할 만한 결정적 자료가 없기 때문이다. 이 같은 각 입장 차이는 직접적인 근거를 제시하는 대신 어디까지나 가능성에 머무르고 있다.

4) 보은 취회와 금구 취회

1893년 3월 11일, 보은 장내리^{帳內里}에서 시작된 '보은 취회'는 동학농민혁명의 전 단계를 밝히는 역사적 사건으로서 전라도 금구현^{金溝縣} 원평^{院坪}에서 이루어진 '원평 취당'^{院坪聚黨 · 金溝聚黨}과 함께 중요한 의의를 갖고 있다. 학계의 연구 성과에 따르면 '금구 취당'이 동학농민혁명의 전사^{前史}로서 그 정치적 성격이 크게 부각되고 있는 것에 비해, '보은 취회'는 물리적 투쟁을 되도록 자제하려 했기 때문에 한계를 보였다고 평가하고 있다. 그러나 보은 취회가 동학교단의 조직 역량을 확인시킨 집회였던 점, 이전의 신원운동이 '교조의 신원'이라는 종교적 요구 중심으로 이뤄졌던 데 비해 보은 취회는 '척왜양'의 기치를 전면적으로 드러낸 집회였던 점, 그 목적이 척왜양에만 있었던 것이 아니라 탐학 관리와 세도가들을 처단하고자 하는 데 있었던 점으로 볼 때 보은 취회 역시 사회 개혁 운동의 한 맥락으로, 또 동학농민혁명의 전 단계 투쟁으로서 일정한 역사적 의의를 지니고 있다.

보은 취회는 우선 전국 각 지역에서 수만 명의 도인^{道人}들이 참가했다는 점이 가장 특징이다. 조정에서 파견된 선무사^{宣撫史} 어윤중^{魚允中}이 올린 보고서를 보면, "처음에는 부적, 주술로써 무리를 현혹하고 참위를 전하여 세상을 기만하였는데, 필경에는 재기^{才氣}를 갖추고도 뜻을 얻지 못한 자, 탐묵^{貪墨}이 횡행하는 것을 분하게 여겨 민중을 위해 목숨을 바치려는 자, 외이^{外夷}가 우리의 이원^{利源}을 빼앗는 것을 분통하게 여겨 큰소리 하는 자, 탐사^{貪士} · 묵리墨吏의 침학을 당해도 호소할 바 없는 자, 경향京鄕에서의 무단武斷과 협박 때문에 스스로를 보전할 수 없는 자, 경외京外에서 죄를 짓고 도망한 자, 영 營·읍속邑屬들의 부랑무리배, 영세 농상민, 풍문만을 듣고 뛰어든 자, 부채의 참독을 견디지 못하는 자, 상常·천민賤民으로 뛰어나 보려는 자가 여기에 돌 아 왔다.”[39]고 하여 당시 사회의 기층 민중과 사회 구조에 큰 불만을 가진 세 력 등 다양한 계층에서 모여들었음을 보여 준다. 3월 말까지 지속적으로 모 여든 인원은 대략 3만 명 정도였던 것으로 알려져 있다.[40] 이들은 산 아래 평 지에 성을 쌓고 그 안에서 대오를 정비하며 ‘척왜양창의’斥倭洋倡義라고 쓴 기를 내거는 한편, 새로운 방문과 통문을 냈다. 날이 갈수록 숫자가 느는 데 다 통문을 나붙이는 등 세가 더해지자 3월 16일 보은 군수 이중익李重益이 해 산령을 내렸으나[41] 이에 대한 도인들은 “창의함은 오직 척왜양에 있으니, 비록 순영巡營의 감칙甘飭이나 주관主官의 면유面諭라도 그칠 수 없다. 또 동학 은 처음부터 사술邪術이 아니며, 설사 사술이라 하여도 임금이 욕을 당하고 신하가 죽는 지경에서는 충의忠義 하나뿐이니, 각처 유생이 한 마음 한 뜻으 로 죽음을 맹세하고 충에 진력하고자 한다.”[42]고 하여 해산을 거부하고 다 시 “왜양지사를 치는 것으로 죄삼아 가둔다면 화和를 주장하는 매국자를 상 준단 말인가? 어찌 우리 순상의 밝음으로써 헤아리지 못함이 이처럼 심하단 말인가? 혹 미혹하여 왜양의 신복이 되려는 자는 관령을 따르라.”[43]라는 방 榜을 내걸어 척왜양의 의지를 과시하였다.

이처럼 보은에 모인 동학교도들은 보은 군수의 해산령을 거절하면서 척 왜양 의지를 더욱 강력하게 표출했다. 보은 집회의 세력들이 척왜양을 대의 명분으로 내세운 것은 물론 그것이 큰 목적이기도 했지만 당시 유림에 풍미 하고 있던 위정척사衛正斥邪 사상과 동일한 연상에 놓여 질 수 있기 때문이었 다. 이를테면 그들이 집회의 명분으로 내세웠던 척왜양은 조선 사회를 이끌 고 있던 봉건적 지배층에 의해 무난하게 용납될 수 있었던 봉건적인 대외

사상에 부합하는 것이었던 셈이다. 이들은 3월 22일 보은 군수의 해산령도 거절하고 "지금에 이르러 생명이 도탄에 빠진 것은 방백 수령의 탐학무도함과 세호가의 무단에 있으니 만약 지금 소청하지 못하면 어느 때에 국태민안이 있겠는가."라고 하여 지방 수령들의 탐학을 강력하게 비판하였다. 그리하여 갈수록 확대되는 보은 취회의 양상을 방관하고 있을 수 없게 된 조정에서는 3월 25일 충청 감사 조병식趙秉式에게 책임을 물어 파직시키고 이들을 해산시킬 선무사로 어윤중을 보내는 한편, 충청 병사 홍재희洪在羲에게 군사 3백 명을 이끌로 장내리로 가게 했다. 양호선무사 어윤중은 보은 출신이었다. 그는 장내리로 가서 동학교도들을 온갖 감언이설로 회유하고 협박하면서 왕의 칙유문을 발표했다. 이에 보은 취회 지도부는 해산을 약속하고 노약자와 어린이를 돌려보내기 시작했다. 이때부터 집회는 이합집산의 양상을 드러내게 됐다. 특히 보은 취회 지도부는 4월 1일 선무사 어윤중이 공주 영장公州營將, 청주병영清州兵營 군관軍官, 보은 군수를 대동하고 찾아와 왕의 「윤음」綸音을 읽고 퇴산을 명하자 3일 안에 해산하기로 약속을 하였고, 해월·손병희·서병학 등은 도인들을 남겨 둔 채 4월 2일 밤을 틈 타 퇴거하고 말았다.

광화문 복합상소에 이어 보은 취회 역시 무력하게 해산되고 만 것은 결국 지도부가 무력 투쟁을 회피한 결과였다. 이 같은 보은 취회에 대한 학계의 평가는 크게 두 가지로 집약되고 있다. 재일사학자 조경달趙景達 교수의 주장[44]과 정창렬 교수의 주장[45]이 그 대표적인 줄기다. 조경달 교수는 보은 취회 지도부의 기만성·불철저성·패배주의로 인해 별다른 성과 없이 실패한 점을 들어 동학농민혁명의 전 단계로서 높은 위치를 부여하기 어렵다는 주장이다. 이에 비해 정창렬 교수는 이 취회를 통해 민권의식이 나타나기 시작했고 종교 운동에서 벗어나 정치적 방향으로 나아간 성격을 보이고 있는 점에서 그 의의를 어느 정도 평가하고는 있지만, 그것은 금구 취당을 주도한 세력의 독려에 힘입은 것이라는 평가를 내세우고 있다.

한편, 보은 취회가 열리던 시기에 전라도 금구현 원평에서도 취회가 열리고 있었다. '금구 취당'이 바로 그것이다.[46] 충청도 보은의 장내리에서 이른바 보은 취회가 진행되고 있는 동안 전라도 금구현 수류면水流面 원평리院坪里[47]에서도 동학교도들의 별도 집회가 열리고 있었음이 여러 자료들에 의해 확인되고 있다. 원평은 전라 감영이 자리 잡고 있는 전주에서 서남쪽으로 15km 정도 떨어진 곳에 위치해 있고 큰 장場이 서 인근에서 생산되는 물산物産이 풍부하게 거래되었으며 사람의 왕래가 잦은 교통의 요충지이기도 했다. 따라서 대규모 집회를 가질 수 있는 여건이 충족된 데다 관아官衙가 있는 금구로부터 적당한 이격 거리를 두어 여러 모로 안성맞춤이었다. 또한 모악산母岳山과 금산사金山寺로 상징되는 독특한 지리적 배경은 종교적 집회 장소로의 선택에 중요한 고려가 됐을 가능성이 높다. 즉 금산사를 중심으로 한 원평 지역 일대는 예나 지금이나 비결 신앙의 상징처럼 일컬어지고 있다. 당시에도 민간신앙의 근거지였고 이곳을 항상 감싸고 있는 적당한 신비로움이 고단한 현실에 찌들고 지친 민중들을 효과적으로 끌어모아 주었으리라 추정할 수 있다. 이와 함께 원평 집회가 수월하게 이뤄질 수 있었던 배경 중의 하나로 이곳이 보은으로 가는 전라도 지역 교인들의 중간 기착지로 볼 수 있다는 점을 들 수 있다. 원평은 정읍·고창·장흥·영광·나주·함평·무안·순천·영암쪽에서 올라오는 교도들이 반드시 거쳐 지나야 하는 거점이었다. 더욱이 금구는 동학 지도자 김덕명포金德明包의 본거지로 상당한 경제적 기반을 가진 김덕명이 동학교단의 대접주大接主 위치에서 일정 정도의 역할을 맡았으리라는 추측은 충분히 가능하다.*

금구 취당은 1893년 3월 21일(음) 이전에 이뤄지고 있었다. 이 시기는 보은 취회가 진행되고 있던 때이다. 『일성록』의 고종 30년1893, 癸巳 3월 27일자 기사는 새로운 전라 감사에 부임하는 김문현金文鉉이 고종에게 사폐辭陛[48]하는 자리에서 나눈 대화 내용을 기록하고 있다. "고종이 가로되 '호남은 왕조가 일어선 터전이고 어진御眞을 모신 경기전慶基殿이 있어 다른 지방과 갈리 소중하고 나라 살림의 창고와도 같은 곳이다. 근래에 이르러 어찌된 까닭인지 풍속이 타락하고 인심이 간사·교활해져 일종 동학의 무리가 창궐하여 날뛴다 하니 백성들을 안도하게 할 계책과 없애 버릴 방책을 경이 판단하여 처리토록 하라.' 문현文鉉이 답하기를 '신의 역량이 보잘 것 없어 제대로 보답하지 못할 듯하오나 이른바 비도들이 준동한다는 것은 참으로 변괴라 할 것입니다.' (중략) 고종이 이르기를 '말이란 한 번 두 번 옮기다 보면 터무니 없는 말을 지어내게 되는 것이나 족히 믿을 것이 못 된다. 호남에서도 금구에 가장 많다 하니 전주 감영에서 어느 정도 거리인가. 먼저 그 소굴을 격파하여 금단하고 일소하는 방도를 삼도록 하라.' 문현이 답하기를 "30리 가량 되는 데 금구·원평에 과연 취당하고 있다 하옵니다." [49] 금구 취당을 확인해 주는 또 다른 보고서는 김석중金奭中의 『토비대략』討匪大略이다. 1894년 11, 12월의 농민군 토벌기사가 주로 실린 『토비대략』에는 "계사년1894년 4월 동학

---

* 원평은 금구 취회의 집결지로서뿐 아니라 동학농민군 지도자들이 원평 주위에서 성장하거나 활동했으며, 제1차 동학농민혁명의 주요 지역들이 이곳을 중심으로 반경 20km 이내에 자리 잡고 있다. 예를 들면, 북쪽으로 삼례가 20km 거리에, 전봉준의 舊居가 있는 정읍군 이평면 장내리 조소마을이 서남으로 17km 지점에, 金開南의 고향이자 슬州和約 이후 전봉준이 기거했다는 정읍군 산외면의 지금실이 남쪽 9km지점에 각각 위치해 있다. 전봉준이 어린 시절 한때를 보냈던 정읍군 감곡면 계룡리 황새마을 또한 서쪽 1.5km에 불과하며 말목장터는 서남쪽 13.5km, 1894년 3월 25일경 동학농민군이 연합하여 결진했던 白山은 서쪽 19km가량 떨어진 곳에 자리하고 있다. 또 대접주 金德明이 출생한 용계마을은 원평 동쪽 1km 지점에 있고, 그가 성장하고 활동의 본거지로 삼았던 巨野마을은 원평 동쪽 2.5km 지점에 자리해 있다. 따라서 이들 지역은 오늘날로 치면 원평을 중심으로 한 1일 생활권이었으며 한편으로는 院坪 市場圈에 속하는 곳이었다. 이처럼 원평은 동학농민혁명의 태동과 전개 과정에서 항상 지리적 밀접성을 지니고 있다. 또한 전봉준 장군이 지휘하는 최후 전투인 구미란 전투(1894.11.25)를 원평은 직접 체험하게 된다.

군 4, 5만 명이 일부는 호서의 보은 장내帳內에서 둔거屯據하고 있었고 일부는 호남의 금구·원평에 둔거해 있었다.”[50]며 보은 취회와 더불어 금구에서도 일정한 규모의 집회가 진행되고 있었음을 보여 주고 있다.

금구 원평 집회에 모여든 동학교도들은 1만 명이 넘었던 것으로 분석되고 있다.

신임 전라 감사 김문현이 전주 감영에 도착했을 때 군사마軍司馬 최영년崔永年으로부터 “금구에 운집한 동도東徒가 거의 만여 명이나 된다.”[51]는 보고를 받았다고 기록되어 있다. 또 충청도 면천沔川에 유배돼 있던 김윤식金允植의 「면양행견일기」沔陽行遣日記에도 “또 금구 원평 취당 수만 인은 장차 제물포로 직주直走하겠다고 성언聲言했다고 한다.”[52] “전라도에서는 금구 원평에서 도회하였는데 그 괴수는 보은 사는 황하일黃河一, 무장茂長 접주 손해중孫海中=孫化中의 誤記이며, 만萬여 인을 거느리고 21일 도착한다는 뜻을 사통私通했다고 한다.”[53]며 적어도 1만 명 이상의 동학교도들이 집결, 세를 과시하고 있었음을 말해 주고 있다.

그렇다면 금구 취당은 과연 누구에 의해서 주도됐으며 이들은 어떤 형태의 시위를 벌였을까. 금구 취당의 주도인물은 전봉준이었다는 것이 학계의 대체적 견해이다.[54] 『일성록』 등의 자료에 의하면, 보은 취회 해산 이후 ‘호서의 서병학, 호남의 김봉집金鳳集·서장옥徐章玉을 해도該道의 감사로 하여금 영옥營獄에 체포 구금토록’ 하는 주모자들에 대한 체포령이 의정부로부터 발령됐는데 ‘김봉집’은 전봉준의 가명이었다는 것이다. 이는 김윤식의 「면양행견일기」, 오지영吳知泳의 『동학사』東學史 등이 김봉집을 ‘전가’ 全哥나 전봉준으로 고쳐 기록하고 있으며, 전봉준이 ‘김봉균’ 金鳳均 등 여러 가명을 실제 사용했다는 자료들이 이를 뒷받침하고 있다. 특히 동학교단 측 기록의 하나인 『시천교역사』侍天敎歷史에서도 “법소에서는 교도의 난동을 금하였다. 이것은 전봉준이 교도들을 사사로이 빼앗아서 전라도 금구 원평에 주재하고 있었기 때문이었다.”며 금구 취당을 전봉준이 거느리고 있던 집단으로 전하고 있다. 그러나 위에서 언급했던 자료에는 금구 취당이 현지에서 보인 행동들이 전혀 기록돼 있지 않다. 그러므로 실제 이들은 가시적인 시위를 벌이지 않았을 가능성이 높다. 금구 취당은 보은 취회에 일부가 직접 참여, 일련의 급진적 행동을 보였으며 전봉준도 참여를 시도했다는 주장도 있다.[55] 따라서 원평에 모여 있되 별도의 행동은 하지 않고 보은 취회 세력과 ‘성기’ 聲氣를 통하면서 보은 쪽의 추이를 예의주시하고 있었을 것이라는 분석이 설득력이 있다. 금구 취당이 보은 취회에서 벌인 행동들은 서병학이 선무사 어윤중에 보낸 밀보密報에 간접 확인되고 있다. 보은 취회의 주모자였던 서병학은 보은 취회의 해산을 종용하는 어윤중에게 “호남 취당湖南聚黨은 얼핏 보면 우리와 같지만 종류가 다르다. 통문을 돌리고 방문을 게시한 것發文揭榜한 것은 모두 그들의 소행이다. 그들의 정형情形은 극히 수상하니 원컨대 공께서는 자세히 살피고 조사 판단하여 그들과 우리를 혼동하지 말고 옥석玉石을 구별해 주시오.”[56]라고 했다. 이 같은 서병학의 ‘밀고’에 따르면 보은 취회에서 내걸린 척왜양의 기치들은 지도부의 의지와는 상관 없이 모두 금구취당의 의도에 따른 것으로 파악된다. 서병학의 이러한 진술이 전적으로 사실이라면 금구 취당은 교조인 수운의 신원을 위해 계획 실행된 종교적 성향의 보은 취회를 척왜양의 슬로건을 전면에 내세우는 정치 집회로 변질시킨 동력動力으로 작용했다는 엄청난 정치적 의미를 부여받게 된다. 학계에서는 실제 이러한 방향의 연구가 진행돼 금구 취당의 성격을 탈脫종교적이며 보다 투쟁적이고 정치적 지향을 지닌 세력으로 규정하기도 한다.

학계에서는 금구 취회의 성격을 규명하는 데 있어 대체로 두 가지 논의가 전개되고 있다. 첫째는 금구 취회가 보은 취회와는 독자적으로 열렸으며 척왜양과 지방관의 탐학 금지 등 강한 정치적 성향을 지녔다고 보는 시각이다. 이와 함께 일련의 교조신원운동 과정에서 전봉준이 동학 지도부와는 별도로 세력을 갖추며 금구 취회를 계기로 완전히 성장, 1894년 동학농민혁명을 주도케 된다는 견해이다. 둘째는 금구 취회가 '전봉준에 의해 주도된 정치성 강한 집회'라는 데는 동의하되 보은 취회와 성격을 완전히 분리하거나 지나치게 정치성을 부여하는 데 대해 비판적 태도를 보이는 연구이다.

첫 번째 견해에 따른 연구는 금구 취당에 특히 주목해 왔으며 최근 「갑오농민전쟁 연구」라는 학위 논문을 발표한 정창렬 교수에 의해 집대성되고 있다.[57] 정교수는 이 논문에서 "동학농민혁명의 최대 지도자인 전봉준이 어떤 경로로 고부민란에서 갑자기 지도자로 출연하고 1893년 11월 사발통문 서명자의 한사람으로 등장하는가."에 대한 의문을 '금구 취당'이라는 열쇠로 풀어 놓고 있다. 즉 김봉균이라는 가명으로 전봉준이 주도한 금구 취당은 이미 1893년 2월 중순에서 2월 말 사이 서울서 척왜양 격문 게시 운동이른바 괘서사건을 전개했고 2월말에서 3월초까지는 전주에서 비슷한 운동3월 1일 경 전라감영문에 붙여진 榜文을 벌였으며 3월 7일에는 서울에서 외국선교사·상인의 축출과 지방 관리의 압제 탐학 제거를 위한 일대 정치공세를 벌이자고 선동하는 등 강도 높은 척왜양 반 압제 운동을 전개한 집단이라는 것이다. 이러한 과정에서 하나의 세력으로 응집돼 늦어도 3월초에는 내부적인 규율을 갖춘 집단으로 성립되었고, 적어도 3월 중순에는 금구에서 독자적인 집회를 가질 만큼 완강한 세력으로 성장했다는 견해이다.[58] 이처럼 전봉준을 주축으로 한 금구 취당은 이른반 북접 지도부와 노선을 달리하면서 투쟁의식을 강화해 '동학농민혁명'의 주도 세력으로서의 잠재력을 갖춰 나갔다는 것이다.

이 같은 정 교수의 논증은 탁월하고 상당한 설득력을 지니고 있으나 신진 학자들에 의해 제기되는 몇 가지 반론에 부딪혀 있다. 장영민張泳敏은 「동학의 대선생신원운동大先生伸寃運動에 관한 일고찰」이라는 논문을 통해 금구 취회가 비록 독자적으로 회집會集하고 척왜양이라는 정치적 목표를 강하게 내세웠다고는 하나 공주-삼례-광화문-보은으로 이어지는 동학교단의 신원운동과 투쟁의 연장선상에서 크게 벗어나 있지 않다고 주장하고 있다. 즉 척왜양은 이미 삼례 취회에서부터 표출됐기 때문에 보은에서 다시 등장하는 데에 금구 취당에 의해 영향 받았을 것으로만 볼 수 없으며, 따라서 보은과 금구 취회가 근본적으로 대립적이지 않았다는 것이다. 실제 전라도 도인 6천여 명이 보은 취회에 참여했고 전봉준도 참여를 위해 보은에서 40~50리 떨어진 원암元岩장터까지 갔다가 취회가 해산하자 돌아갔다는 정황 등이 있어 동학 지도부의 지도력 누수나 보은·금구 양 취회 지도 세력 간의 갈등 또한 그리 큰 것이 아니었다고 보는 것이다. 필자도 '금구 취당의 지향이 보은 취회와 특별히 다른 것이 아니다.' 며 장 교수의 견해에 동의하고 있다.[59] 이들은 서울에서 벌어진 괘서 사건을 금구 취당의 동학교도들이 주도했고 금구 취당의 총대總代 20명이 서울에서 운동을 벌이다 포도청에 구류됐다는 주장에 대해서도 사료의 오독이거나 지나친 추리라며 의문을 제기하고 있다. 또한 '금구 취당이 남접과 합세해 보은 취회를 좀더 정치적으로 몰고 가기 위해 보은에 집단적으로 참여하려 했으나 취회가 해산해 버리자 선발대 천여 명이 충주로 방향을 돌려 상경上京하려 했다.' 는 정교수의 해석은 명백히 사료를 오독한 것이라는 반박을 받고 있다.[60] 4월 2일 보은 취회가 해산하면서 '사잇길로 원평에서 충주로 간 자가 천여 명' 이라는 한 보은 장리將吏의 보고서가 전하는데 이는 정교수의 주장처럼 서울에서 별도 계획을 실행하려고 상경하려던 금구 취당의 선발대가 아니라 보은 취회에 참여했다가 충주 쪽으로 돌아가던 보통의 동학교도들이었다는 것이다. 여기서 나오는 원평은 보통의 전라도 금구 원평이 아니라 현재 '충북 보은군 산외면山外面 원평' 院坪 이라는 지적이다. 또 하나는 금구에서 보은과 별도의 취회가 이뤄진 것은 단순히 참여 교도들의 식량 조달의 한계 때문에 집회를 분산시킨 것뿐이라는 주장도 있다. 이는 천도교 표영삼 선도사가 『신인간』新人間 505호에 제기한 주장으로 보은·금구 취회는 동일한 목적 아래 분산적으로 열렸던 신원 집회라며 금구 취당에 대한 별도의 의미 부여를 차단하고 있다.

이상과 같이 금구 취당은 동학교도들이 최대 규모의 세를 과시한 보은 취회의 시기에 별도로 열리고 있었다는 점과 이를 전봉준이 주도했다는 점에서 큰 주목을 받고 있다. 따라서 금구 취회에 관한 배경과 올바른 성격 규정은 동학농민혁명의 전반을 재조명하는 데 중요한 연결고리인 것이다. 1893~1894년 사건 전반에 걸친 안타까움이긴 하나 특히 금구 취당에 관해 직접적으로 관련된 사료가 단 한 건도 발견되지 않고 있음은 큰 아쉬움이 아닐 수 없다.

교조신원운동기 삼례 집회에 대한 재검토

1. 교조신원운동의 개요

1892년 10월부터 1893년 4월까지 두 해에 걸쳐 동학교단과 일반 민중들이 결합하여 전개한 교조신원운동敎祖伸寃運動[1]은 1년 뒤에 이루어지는 동학농민혁명[2]의 전사前史의 성격을 지닌다.

교조신원운동은 크게 세 가지 요구를 내걸고 전개된 것으로 알려지고 있다. 첫째 동학의 교조 수운 최제우水雲 崔濟愚, 1824~1864, 이하, 수운의 억울한 죽음을 풀어달라는 요구동학포교의 자유를 인정해 달라는 요구, 둘째 지방관들이 동학 금단禁斷을 구실로 동학교도 및 일반 민중들의 재산을 불법으로 수탈하는 행위를 금지해 달라는 요구지방관들의 가렴주구 행위 금지 요구, 셋째 1876년 개항開港이래 나날이 만연하고 있는 서학西學과 일본 상인을 비롯한 외국 상인들의 불법적인 상행위 등을 금지하고 외국 열강들의 침탈에 대항하자는 요구척왜양의 요구였다. 이 같은 요구는 당시 동학교단 지도부 및 교도들의 요구와 일반 민중들의 요구를 집약적으로 대변하는 것이었다. 그리하여 교조신원운동은 일반 민중들의 광범위한 지지 속에서 교단 지도부가 앞에서 끌고 동학교도 및 전국 각지의 일반 민중들이 참가하는 가운데 집단적 시위 운동의 형태로 조직적이며 지속적으로 전개되었다.

최초의 교조신원운동은 1892년 10월 충청도 공주에서부터 시작되었다. 당시 동학교단의 유력한 지도자였던 서인주徐仁周=徐璋玉와 서병학徐丙鶴은 일

반 교도들의 요구를 집약하여 2대 교주 해월 최시형이하, 해월에게 신원운동
의 필요성을 강력하게 요청하였고, 해월은 「입의통문」立義通文을 하달함으로
써 사실상 교조신원운동의 개최를 허락하였다. 공주 집회公州集會3를 시작으
로, 같은 해 11월에는 교단 지도부가 대거 참석한 가운데 동학교도 수천명
이 전라도 삼례參禮에 모여 20일이 넘도록 집회를 갖기에 이른다. 공주 집회
에 이어 삼례 집회參禮集會가 이어지게 된 것이다.

이렇게 동학교도 및 일반 민중들이 다수 참가한 대규모 집회가 충청도 공
주에 이어 전라도 삼례에서 연속적으로 개최되기에 이르자, 충청 감사와 전
라 감사는 동학교단의 움직임에 크게 긴장하지 않을 수 없었다. 그리하여
충청 감사 조병식趙秉式과 전라 감사 이경직李耕稙은 교조신원운동 지도부가
내건 세 가지 요구 가운데 하나인 지방관들의 가렴주구 행위와 관련하여
"동학교도 및 일반 민중에 대한 부당한 수탈을 금하라."는 「감결」甘訣을 지
방관들에게 하달하였다.* 충청도와 전라도에서 내려진 이 같은 조치는 비
록 명목상의 조치에 지나지 않았지만, 1860년 이래 줄곧 탄압만 받아오던
동학교단에 있어서는 획기적인 성과가 아닐 수 없었다. 그리하여 신원운동
을 지도한 교단 지도부는 물론이려니와 동학교도들과 일반 민중들 역시 크
게 고무되지 않을 수 없었다. 일반 민중들은 특히 신원운동을 지도한 동학
교단이야말로 지방관들의 부당한 수탈로부터 자신들을 보호해 줄 수 있을
뿐만 아니라, 자신들의 절박한 요구를 대변해 줄 유일한 조직으로 간주하기
시작하였다. 그리하여 공주 및 삼례 집회를 계기로 일반 민중들은 다투어
동학교단에 입도入道하기 시작한다.

---

* 충청 감사와 전라 감사가 지방관들에게 가렴주구를 금하도록 하라고 한 「甘訣」은 명목상
  의 조치였을 뿐, 「감결」 하달 이후에도 지방관들의 가렴주구 행위는 그치지 않았다.

한편, 동학 교조 수운의 억울한 죽음에 대한 신원伸寃을 통한 동학의 공인 公認, 즉 포교 활동의 자유 문제는 중앙 조정의 권한에 속한다는 양兩 감사의 입장 표명에 따라, 신원운동을 지도한 교단 지도부는 삼례 집회 직후인 11월 말부터 교조敎祖의 신원을 국왕에게 직접 호소하기 위한 상경 투쟁 계획을 추진하기 시작했다. 신원운동 지도부와 동학교도들의 상경 투쟁 계획은 동학교도들이 서울로 올라와 외국인을 배척 운동을 집단적으로 전개할 것이라는 소문으로 번져 당시 주한 외국 공사관과 주한 외국인들에게 커다란 위기감을 불러 일으켰는데, 동학교도들의 상경 투쟁 계획은 소문대로 1893년 2월 현실로 나타났다.

1893년 2월 9일, 40여 명의 동학교단 지도자들이 광화문 앞에 엎드려 동학을 공인해 줄 것과 교조 수운의 억울한 죄명을 풀어달라고 3일 밤낮을 호소하였다. 그뿐 아니라, 14일부터는 외국인들을 배척하는 내용을 담은 괘서掛書, 즉 척왜양斥倭洋 방문榜文을 교회와 외국 공사관, 외국인이 사는 집에 게시하기 시작함으로써 서울 장안은 온통 외국인 배척 분위기가 가득했다. 이른바 광화문 복합상소伏閤上訴 및 척왜양 격문 게시 운동이 본격적으로 전개된 것이다. 그러나 광화문 복합상소와 척왜양 격문 게시 운동은 외국 세력의 간섭과 조정의 강경 탄압책에 의하여 실패하고 말았으며, 이 운동을 주도했던 신원운동 지도부는 체포되거나 수배되었다. 체포를 간신히 면한 신원운동 지도부는 동학교단의 중앙본부, 곧 대도소大都所가 설치되어 있던 충청도 보은으로 집결하여 새로운 대응책을 마련하기 시작하였다.

복합상소 및 척왜양 격문 게시 운동이 실패로 끝난 뒤, 동학 2대 교주 해월은 전국 각지의 동학교도들에게 통문通文을 띄워, 동학 교조 수운이 순도殉道한 날인 3월 10일을 기해 보은으로 모일 것을 지시하였다. 이리하여 보은 집회報恩集會가 열리게 되었다. 3월 10일부터 4월 2일 해산하기까지 보은에 모여든 동학교도 및 일반 민중의 수는 최소 2만 7천여 명에 이르렀다.[4] 보은 집회에 모인 동학교도 및 일반 민중들은 종래의 신원운동에서 요구하던 세 가지 요구 가운데 척왜양을 강력하게 요구하였는데, '척왜양창의'斥倭洋倡義야말로 보은 집회의 성격을 가장 잘 집약하고 있었던 것이다.* 보은 집회와 관련하여 주목할 것은 보은 집회에 호응하기 위한 또 하나의 집회가 전라도 금구현 원평院坪에서 열렸다는 사실이다. 이 집회를 학계에서는 금구 집회金溝集會 또는 원평 집회院坪集會라 하는데,5 이 집회를 통해 장차 동학농민혁명을 주도하게 될 전봉준을 비롯한 농민군 지도부가 성장하기 시작하는 것으로 이해되고 있다. 그러나 보은 집회와 금구 집회는 조정에서 파견한 양호선무사兩湖宣撫使 어윤중魚允中의 설득과 회유, 군대를 동원하여 토벌하겠다는 중앙 조정의 강경책에 밀려 해산되고 말았다. 이리하여 약 2년에 걸친 교조신원운동은 표면상으로는 일단 막을 내리게 된다.

이상과 같은 교조신원운동은 첫째, 동학농민혁명의 전前 단계 투쟁으로서 장차 동학농민혁명을 주도할 지도부가 성장하는 계기가 되었다. 둘째, 교조신원운동 단계에서 동학사상과 동학교단이 하나의 혁명적 사상으로, 또는 혁명적 조직으로서 일반 민중들을 계몽하고 조직하는 데 크게 기여하였다. 따라서 교조신원운동 연구는 동학농민혁명의 전사前史 및 동학농민혁명 그 자체를 이해하는 데 있어 중요한 의미를 지니는 일이 아닐 수 없는 것이다. 이 글에서는 교조신원운동 가운데에서도 1892년 11월에 열린 전라도 삼례 집회에 대해 새로 발굴된 자료를 중심으로 재검토를 하고자 한다.

* 보은 집회의 움직임을 자세하게 기록한 「聚語」에 따르면, 보은 집회는 '斥倭洋倡義'라고 쓰여진 큰 깃발을 세우고 있었다고 하며, 보은 군수와의 대화에서도 '斥倭洋'을 위해 모였다고 역설하였다고 한다.

2. 공주 집회-삼례 집회의 전사^{前史}

1892년 10월 공주에서 시작된 공주 집회[6]는 동학교단 최초의 교조신원운동이라는 점에서 주목할 만한 집회였다. 그러나 공주 집회는 선행 연구에서 그다지 널리 주목받지 못했으며, 동학농민혁명 1백주년이 다가오고 있던 1990년대에 들어와 비로소 새롭게 주목받기 시작했다. 1백주년을 전후하여 이루어진 공주 집회에 관한 선행 연구의 주요 논점은 1892년 당시 동학교단의 지도자였던 서인주와 서병학은 교단의 최고 지도자인 해월의 승인 없이, 혹은 반대를 무릅쓰고 공주 집회를 추진했던 것으로 이해해 왔다는 점이다. 그런데 이 같은 견해는 1871년 3월 경상도 영해에 일어났던 영해 민란^{寧海民亂[7]} 당시 영해 민란의 주도자인 이필제^{李弼濟}가 해월에게 거사 제의를 해 왔을 때 해월은 적극 만류하고 가담하지 않았다는 천도교 교단사** 내용과 맞물려 해월을 '반동적인 인물'로 규정하는 바탕이 되기도 했다. 그러나 근래 들어 새롭게 발굴된 자료들은 해월에 대한 그동안의 인식이 바로 잡아져야 한다는 근거를 제시하고 있다. 즉, 새로 발굴된 자료[8]에 따르면, 해월은 영해 민란에도 적극 참여했으며,[9] 1892년 7월 서인주와 서병학이 와서 교조신원운동을 전개할 것을 요청한 것을 계기로 교조신원운동 전개에 대비한 준비를 서두르고 있었던 것으로 확인되고 있다. 구체적으로 해월은 1892년 8월 21일 청주 송산^{松山=솔뫼} 손천민가^{孫天民家}에 머물면서 충주에 거주하고 있던 신사과^{辛司果}에게 서한을 보내 40명의 '망석지사'^{望碩之士=동학교도들 사이에 신망이 두} 텁고 사리를 아는 교도를 선발하여 그 명단을 가지고 9월 10일까지 직접 청주 송산의 손천민가로 찾아오도록 지시하고 있다. 또한 1892년 8월 29일에는 호

** 李敦化의 『天道敎創建史』(1933), 吳知泳의 『東學史』(1938) 등 대부분의 천도교 교단사는 한결같이 영해민란 당시 해월은 이필제의 거사 제의에 응하지 않았다고 쓰고 있다.

남 좌우도 편의장便義長이던 남계천南啓天에게도 비슷한 내용의 「윤조」輪照를 하달한다. 남계천에게 보낸 「윤조」 내용 역시 "1백여 명을 선발하여 주소성명이 적힌 명단을 9월 5일까지 보내도록" 지시하는 내용이다.[10] 이 같은 조치들은 모두 공주 집회 직전에 이루어지고 있는 점에서 본격적인 교조신원운동의 전개에 대비한 사전 준비였던 것으로 판단된다.[11] 이렇게 해월이 본격적인 교조신원운동 전개에 대비하여 사전 준비를 진행하고 있던 1892년 10월, 서인주와 서병학은 재차 해월을 찾아와 교조신원운동 전개를 요청하였다. 이에 해월은 수령과 이서, 토호들의 침학에 시달리고 있던 교도들의 절박한 사정을 감안하여 두 사람의 건의를 받아들이고, 교조신원운동 전개를 허락하는 「입의통문」을 하달하기에 이른다.[12] 1892년 10월 17일 밤에 해월 명의로 하달된 「입의통문」의 요지는 "각 지방의 접주와 동학도인들은 신원의 대의에 적극 참여하라."는 내용이었다. 따라서, 이 「입의통문」에 비추어볼 때 1892년 10월에 전개된 공주 집회는 종래 알려진 것처럼 서인주·서병학 두 사람이 해월의 허락 없이 전개한 것이 아니라, 해월의 정식 허락을 받아 추진되었다고 보는 것이 타당할 것이다. 왜냐하면, 「입의통문」의 요지는 신원의 대의에 적극 참여할 것을 촉구하는 것이기 때문이다.

"신원의 대의에 적극 참여하라"는 「입의통문」이 각지의 동학 지도자들과 교도들에게 하달된 직후, 공주에는 충청 감사에게 교조 수운의 신원을 호소하기 위한 제반 준비를 담당하기 위한 공주의송소公州議送所가 설치되었다.＊ 『해월문집』의 관련 내용에 의하면, 각 접주는 '성덕신의지사지도유' 誠德信義知事之道儒-정성스러운 덕과 신의가 있으며 사리를 아는 교도를 인솔하고 공주의송소로 와서 청주로부터 내려오는 명령을 기다려 처사를 하도록 지시하고 있다.[13] 여

＊ 공주 집회를 위해서 '공주의송소'가 설치되었다는 사실은 전라북도 부안군 상서면 감교리 소재 천도교 호암수도원에 소장되어 있는 『해월문집』에만 나온다.

기서 청주는 공주 집회 당시 해월이 은신하고 있던 청주 송산 손천민가를 말한다. 당시 손천민가에는 주인 손천민을 비롯하여 서인주와 서병학 등 공주 집회 지도부가 수시로 왕래하면서 해월로부터 명령을 받고 있었던 것으로 추측된다. 그러므로 공주 집회에 참가한 각 접주 및 교도들은 해월-손천민·서인주·서병학-공주의송소- 각 지방의 접주와 교도로 이어지는 명령계통을 따라 행동하고 있었던 것으로 생각된다.**

이후 공주 집회는 다음과 같은 경과를 거치며 전개되었다. 공주 집회 지도부인 공주의송소는 우선 10월 20일경 교조신원을 요구하는 「각도동학유생의송단자」各道東學儒生議送單子를 작성하여 충청 감영에 제출하였다. 이 「의송단자」는 10월 17일 밤에 해월이 발송한 「입의통문」에서 주장했던 동학 교조 수운의 신원을 요구하는 동시에, 서학西學의 만연 현상 및 '왜국지상' 倭國之商, 즉 일본 상인들의 부당한 상행위를 비판하는 내용도 함께 포함되어 있었다. 즉 '척왜양' 과 관련된 내용이 핵심을 이루고 있었던 것이다. 관련 내용을 번역하면 다음과 같다.

> 방금 서양 오랑캐의 학學=西學이 우리나라에 들어와 뒤섞여 있고, 왜놈 우두머리의 독毒=피해 또는 폐단이 외진外鎭에 도사리고 있으니 망극할 일이며, 음흉하고 거역하는 싹이 임금님의 수레 바로 밑에서 일어나고 있으니 이것이 바로 우리들이 절치부심切齒腐心하는 일이다. 심지어 왜놈 상인들은 각 항구를 두루 통하여 싸게 사서 비싸게 팔아 얻는 이익을 저들이 마음대로 하니 돈과 곡식이 마르고 백성들이 지탱하고 보존하기 어렵다. 심복心腹 같은 땅

** 이때, 공주의송소로 모여든 모인 각 지방 접주와 교도의 숫자는 약 1천여 명으로 파악되고 있다.(공주 정안 출신인 유생 李丹石이 남긴 「時聞記」, 『東學農民戰爭史料叢書』2, 175~176쪽 참조).

과 인후咽喉와 같은 곳의 관세 및 시장세와 산림과 천택의 이익마저 오로지 바깥 오랑캐들에게 돌아가니 이것이 또한 우리들이 손을 어루만지며 눈물을 흘리는 바이다.[14]

이 같은 내용 속에는 1876년 개항 이래 심화되어 온 서양 열강과 일제의 침탈에 맞서고자 하는 의식, 즉 척왜양의 의지가 아주 선명하게 드러나고 있다. 그런데 공주 집회 과정에서 표출된 이 같은 척왜양 의식은 같은 해 11월의 전라도 삼례 집회, 이듬해인 1893년 2월의 광화문 복합상소 및 척왜양 격문 게시 운동, 3월의 보은 집회, 그리고 1894년의 동학농민혁명 단계로 이어져 일관되게 강조된다는 점에서 주목할 만한 의의를 지니고 있다. 선행 연구들은 한결같이 척왜양의 의지가 전면적으로 등장한 집회를 1893년 3월의 보은 집회로 간주하고 있음에 반하여, 공주 집회에서 제출된 「의송단자」는 척왜양의 의지는 이미 공주 집회에서부터 강력하게 표출되고 있었음을 반증하고 있기 때문이다.

3. 제1차 삼례 집회

교조 신원과 지방관들의 가렴주구 금지 외에 척왜양마저 강력하게 요구했던 공주 집회를 통해 충청 감사 조병식趙秉式으로부터 '동학교도 및 일반 민중들에 대한 지방관들의 부당한 수탈을 금지하는 조치를 내리겠다.' 는 답변을 얻어 낸 신원 운동 지도부는 크게 고무됐다. 지도부뿐만 아니라 동학교도들과 민중들도 고무되었다. 공주 집회가 일정한 성과를 거두자 그간 교조신원운동 전개를 소극적·부정적 시각으로 바라보던 동학교단의 일부 지도자들도 지속적인 교조신원운동 전개의 필요성에 공감하기 시작하였다. 그리하여 충청도과 함께 동학이 널리 전파되어 지방관들의 탄압이 극심

했던 전라도에서도 공주 집회와 같은 형태의 집단적 시위 운동이 전개되게
된다. 삼례 집회는 이와 같은 배경 속에서 공주 집회보다 더 조직적으로 전
개되기에 이른다.

  공주 집회를 '성공적으로' 이끌었던 신원 운동 지도부는 먼저 각지 교도
들이 집결하기 쉬운 삼례역[15]을 집회 장소로 택하여 10월 27일 밤에 "전라도
삼례로 집결하라."는 동원령이 담긴 통문을 각지의 포접包接으로 하달하였
다. 「경통」敬通이라 불린 신원운동 지도부의 통문은 전라도 삼례도회소參禮都
會所 명의로 발령됐으며 "삼례에서 대선생신원운동大先生伸冤運動을 전개키로
했으니 각 포의 접장들은 일제히 모이라."는 내용이 그 골자였다. 또한, 「경
통」은 "금영錦營=충청 감영에 억울함을 호소하였으니,[16] 완영完營=전라 감영에 의
송단자議送單子=관찰사에게 보내는 문서를 내는 것 또한 천명天命이라." 하여 삼례
집회의 당위성을 밝히는 한편 "모임에 달려오지 않으면 별단의 조치를 마련
함은 물론이요 하늘로부터 죄를 받을 것"이라며 각지의 동학 지도자 및 일
반 교도들의 참여를 독려했다. 이 같은 통문이 하달되자 10월 29일부터 동
학 지도자 및 교도들이 몰려들기 시작하였다. 삼례에 집결한 동학교도들의
수는 11월 1일이 되자 수천 명을 헤아리게 됐다. 구체적인 참여 규모에 대
해,『천도교서』天道敎書는 "11월 1일 각지 두령이 포내 도인들을 솔하고 삼례
역에 부赴하니 그 참회자參會者 수천인이라." 하였고,『천도교회사초고』天道敎
會史草稿는 "11월 3일에 각지 두령이 포내 도인을 솔하고 삼례역에 회집한 자
수천이라."고 전하고 있다. 집회에 참석한 인원을 정확하게 알려 주는 기록
은 남아 있지 않으나 천도교 측 자료로 볼 때 적어도 1~2천 명 이상의 군중
이 회집한 것으로 짐작할 수 있으며, 이는 당시 사회적 여건을 감안할 때 놀
랍고도 대단한 규모였다. 또한 27일 밤 「경통」이 발송된 지 단 이틀 만에 교
도들의 집결이 시작되고 있음은 동학 조직망의 치밀함을 보여 주는 동시에,
당시 지방관으로부터 부당한 수탈을 당하고 있던 동학교도 및 일반 민중들

이 교조신원운동에 큰 기대를 하고 있었음을 짐작케 해 주고 있다.

강시원·손천민 등 신원 운동 지도부는 11월 2일, 해월의 재가를 받은 「각도유생의송단자」를 전라 감사 이경직에게 제출하고 교조 수운의 억울한 죽음에 대한 신원, 교도 및 일반 민중들에 대한 전라도 관내 수령들의 가렴주구 금지와 함께 척왜양 요구를 하였다. '완영공감' 完營恐鑑으로 시작하는 장문長文의 「의송단자」는 서두에서 "수운 선생이 상제의 명을 받아 유불선 삼도를 합해 하나로 만들어 하늘님을 지성으로 섬기며, 유儒로써는 오륜五倫을 지키고, 불佛로써는 심성을 다스리며, 선도仙道로써는 질병을 제거케 했다."며 동학 교리의 정당성을 천명한 뒤, 대선생大先生, 즉 수운이 무고한 죄명으로 처형된 지 30년이 지나도록 그 원억冤抑을 풀어 대도를 떳떳이 세상에 창명할 수 없었던 한恨을 호소했다.

또한 「의송단자」는 동학과 서학을 '빙탄氷炭의 관계' 로 규정하면서 "윤리도 없고 분별도 없는 서학과 더불어 차별 없이 취급함은 불가不可하다."고 주장하면서 "서학의 여파라 하여 유독 동학에 대해서만 힘을 기울여 배척하는 행위"의 온당치 못함을 지적했다. 뿐만 아니라 「의송단자」에서 신원운동 지도부는 "열읍列邑 수령들이 빗질하듯 잡아가두고 재산을 토취討取하여 쓰러져 죽는 자가 끊이지 않고, 더불어 호민豪民들마저 침학侵虐에 가담하여 도인道人=동학교도들이 정처 없이 떠돌며 살 길이 없게 만들고 있다." 며 동학에 대한 지방관들의 탄압과 이를 빙자한 토색討索 행위을 강력하게 고발하고 있다. 전라 감사에 보낸 「의송단자」 내용 속에는 특히 "서양 오랑캐의 학學과 왜놈 우두머리의 독毒이 다시 외진外鎭에 들어 앉아 날뛰며 제멋대로 행하고 있다." 며 왜양倭洋의 창궐을 경고하는 문구를 담고 있었다. 이는 공주 집회의 척왜양 요구를 기본적으로 계승하는 내용인 동시에, 1894년 동학농민혁명 당시 동학농민군이 내걸었던 기치旗幟의 하나였던 '척양척왜' 斥洋斥倭의 요구가 이미 교조신원운동 단계부터 일관되게 제기되고 있었음을 반중하는 대목이 아닐 수 없다. 그런데, 삼례 집회에서 지도부가 요구했던 주장의 핵심 요지는 무엇보다도 '동학은 서학을 배격하는 충군효친忠君孝親, 광제창생廣濟蒼生, 보국안민輔國安民의 교敎이므로 중앙 조정이 현실적으로 인정하고 있는 여러 가지 도道=宗敎에 대해 간여하지 않는 것과 마찬가지로 동학에 대해서도 포교의 자유를 공인해 달라.' 는 것이었다.

이상과 같은 삼례 집회 지도부의 요구에 대해 전라 감사는 침묵으로 일관했다. 삼례 집회에 모인 동학교도들과 일반 민중들은 한겨울양력 12월임에도 아랑곳하지 않고 "찬바람 속에 노숙하면서 굶주림과 추위에 떨면서도" 감사의 답변을 끈질기게 기다렸다.* 그러나 엿새가 지나도록 아무런 반응이 없자 신원운동 지도부는 11월 7일경에 감사의 답변을 독촉하는 「의송」議送을 다시 보냈다. 절절한 호소가 담긴 내용과 함께 최상의 경어敬語로 쓰여진 두 번째 「의송단자」를 제출한 지 이틀 뒤인 9일에야 전라 감사로부터 「제음」題音=답변서이 도착했다. 제음은 다음과 같은 실망스러운 내용이었다.[17]

너희들 동학은 나라에서 금하는 바이다. 사람의 심성을 갖추고서도 어찌 하여 정학正學을 버리고 이단을 좇아 스스로 죄를 범하는 것인가. 소장의 내용인즉 동학을 널리 포교토록 허용하기를 바랐으니 더욱 말이 되지 않는다. 곧 물러가 모두 새 사람이 되어 미혹하는 일이 없도록 하여라.

이처럼 지극히 권위주의적이고 일방적인 전라 감사의 답변은 동학교도들을 크게 자극했고 일부에서는 죽창을 준비하는 등 물리적 시위 움직임마

* 參禮는 일찍부터 李明老 등 다수의 동학 道人들이 살고 있었으며 미리 식량과 숙소 등을 준비했다고는 하나, 당시 1백여 호 규모의 마을이 형성돼 있었던 지역에서 수천 명이 며칠을 기거하는 것은 결코 간단한 일이 아니었을 것이다.

저 보였다. 심상치 않은 분위기를 간파했음인지 감사 이경직은 이틀 뒤인 11일자로 다시 각 고을에 「감결」甘結을 내려 "동학 금단을 빌미로 한 전재錢財 수탈을 금하라."는 지시를 내렸다. 이 감결은 동학의 불법성을 재확인시키면서도 교도들에 대한 토색질만은 엄히 금하라는 내용으로, 전라도 관내 지방관을 상대로 내린 조치였으며, 한편으로는 삼례 집회를 주도하고 있던 신원 운동 지도부에 전하는 회유 메시지이기도 했다.

전라 감사로부터 지방관들의 불법 수탈을 금하라는 내용의 「감결」이 하달된 것을 확인한 지도부는 11월 12일 완영도회소[18] 명의의 「경통」을 통해 "도道는 비록 나타났으나 원冤은 아직 풀지 못했다."며 삼례 집회의 제한적 성과를 먼저 강조한 다음, "법헌法軒=최시형의 지휘를 기다려 설원雪冤을 도모토록 고심하는 것이 도리"라고 밝히면서 "즉시 귀가하여 길가에서 방황하지 않도록 하라."며 삼례 집회에 모인 참가자들에게 해산을 지시했다. 그리고 12일자 하달된 「경통」을 통해 향후 도인들이 취해야 할 다섯 조목에 걸친 행동 강령을 제시하였다.* 그 요지는

(1) 처신과 행사는 도리에 합당했으니 이제부터 더욱 도리에 힘쓰자.
(2) 삼례 집회는 대의명분에 떳떳했다. 해월 선생이 직접 지휘하지 못한 것을 달리 생각하지 마라.
(3) 이후 무단한 탄압이 있을 경우 소장 등을 제출하여 적극 대응하라.
(4) 도리를 어기고 기강을 어지럽히는 자는 엄히 책망하라.
(5) 일찍부터 대의에 참여, 살림이 어려워진 교도들을 함께 도우라.

---

* 『海月文集』과 『東學書』, 『本教歷史』 등에 실려 있다. 그 중에서도 『해월문집』과 『동학서』에 실린 내용이 더 정확하다.

는 내용 등이었다. 이로써 10여 일에 걸친 제1차 삼례 집회는 일단 막을 내렸으며, 삼례역에 한시적으로 설치됐던 삼례 집회 지도부全羅道 參禮都會所도 일단 철수했다.

4. 제2차 삼례 집회

지도부의 명령으로 제1차 삼례 집회는 공식적으로 해산되었다. 그러나 모여든 일반 교도들과 민중들은 제1차 집회 종료 후에도 해산하지 않고 후속 집회를 열었다. 2차 집회가 이어진 것이다.

2차 집회의 배경은 다음과 같았다. 즉, 충청·전라 양 감영에서 잇따라 동학 금단을 구실로 삼아 동학교도들의 재산을 토색하는 행위를 금하도록 감결을 하달하였지만 각 군현에서는 여전히 동학 금단을 구실로 한 전재錢財 수탈이 그치지 않았다. 특히, 공주와 삼례에서 동학교도들이 공공연하게 모여「의송단자」를 제출하는 등 집단 행동을 하게 되자 동학 배척에 대한 여론이 들끓어,[19] 각 군현에서는 동학교도들에 대한 탄압이 더욱 심해졌다. 이같은 상황 속에서 서학西學교도들에 의한 탄압 소식마저 퍼지기 시작하였다. 그리하여 삼례 집회에 참여한 교도들은 신원운동 지도부가 해산할 것을 촉구하는「경통」을 내려 보냈음에도 불구하고 11월 19일경까지도 해산하지 않았다. 그들은 11월 12일자「경통」에서 계속적으로 신원운동을 전개하겠다고 약속한 점과 충청·전라 양 감영에서 동학에 대한 공인문제는 '조가'朝家 즉 중앙 조정이 해야 할 일이라고 말함에 따라 조정에 대한 복합伏閤을 요청하였던 것으로 보인다. 그와 같은 근거는 11월 19일자「경통」에서 해월이 "임금께 복합伏閤할 별도의 계획을 세워 실행하겠다."는 내용이 담긴「경통」을 하달한 데서 찾을 수 있다. 11월 19일자「경통」내용은 다음과 같다.

敬通[20]

右敬通事 今番大義 建諸天地而不悖 質諸鬼神而無疑 顧此老物 發通各接 使之陸續齊進追後赴義 路中落傷[21] 本崇鬪發 未得如誠 愧且慙矣 悚何言哉 於戲 大運將泰 重光復明濟衆生於幾危之地 扶大義於將頹之際 然道雖彰明[22] 寃姑未伸 寔出於弟子等 誠不足之故也 望須僉君子 克誠克敬 暫不弛於悟寐[23] 正心正身 勿獲罪於蒼天 事親以孝 齊家有法 納賦稅以時 交隣比以和行必士農工商 禁必酒色技鬪 上爲國家而祈天永福[24] 旁扶聖道 而承順天順理[25] 兩營關題 想必覽悉 一心戒懼 亦無彼此秉彝之心 至死不變 **伏閤之擧 方議更圖 宜俟下回 從有指揮**(고딕은 인용자) 而先赴大義 傾蕩家産者 係是矜憐[26] 在家觀望 飽食溫處[27] 豈可安心 有無相資 不使流離 遠近合心 無致異論 以副此望 俾解晝宵憂慮之心則 病可蘇矣 十分警惕 千萬行甚

壬辰 十一月 十九日 夜

北接道主

이 「경통」을 통해 북접도주北接道主=해월 최시형가 "임금께 복합할 계획은 방금 상의하여 다시 도모하려 하니 다음 조치를 기다려 지휘에 따르라."[28]고 지시하고 있는 점으로 미루어 볼 때 삼례 집회에 참가했던 일부 교도들은 해산하지 않고 지도부의 후속 조치를 기다리고 있었던 것으로 보인다.

제1차 집회에 참석했던 동학교도들이 완전 해산하지 않았다는 사실은 11월 21일에 재차 내린 전라감사의 「감결」에서도 확인된다. 즉, "동학여류를 평안히 지내게 하라는 그 지시는 이미 하달했거니와 아직 안접安接시키는 것이 미급해서 그러는지 또한 혹시 지금까지 알아듣게 일러 주지 못해서 그러한가."[29]라 하여 아직 안접 못한 동학교도들을 타일러 안접시킬 것을 지시하고 있다. 이것은 11월 21일경까지도 해산하지 않았거나 고향으로 돌아가 안접하지 못한 일부 동학교도들이 남아 있었음을 알려 주고 있다. 한편,

1892년 11월 중순경 뜻하지 않는 사건이 일어나 동학교도들을 더욱 불안하게 만들었다. 서학교도들이 대포와 칼을 가지고 동학교도들을 멸한다는 소문이 퍼진 것이다. 다음의 내용이 바로 그것이다.

時에 托名西學者 興化造訕하야 排斥東學 曰西道中에 自有神通妙術하니 將造出空中樓閣하고 衆中於斯하야 以震天大砲로 能殄滅一切道人이라 한대 於是에 流言이 波蕩하고 與論이 鼎沸라[30]

실제로 1891~1892년경의 서학 교세는 전주全州, 고산高山, 용안龍安, 여산礪山, 함열咸悅 등 동학의 집회가 있었던 삼례와 가까운 지역을 중심으로 날로 늘어나고 있었기[31] 때문에 동학교도들과 서학교도들 사이의 충돌 가능성이 충분히 있었다. 더욱이 1891년 전주성 남문 밖에는 천주교 공소가 버젓이 들어섰으며, 이러한 사실이 서학에 대해 강한 배척의식을 가지고 있던 동학 교도들을 자극했을 가능성이 있다. 이에 신원운동 지도부는 서학교도들과의 불필요한 충돌을 하지 말 것을 지시하는 「경통」을 하달하였다. 그 전문은 다음과 같다.[32]

敬通 東學 僉君子

右通諭事段 天下修道之士 不論大小邪正 道其所道 爲其師尊其學 則其心一也 凡我東道之士以曖昧薔設說의 誤字 目之以邪學餘派 方伯守令 看作貨泉 各道各邑 修身治心之士一網打盡 將至無遺 故吾儕之士 以議送而行關列邑 小弛禍機者也 四五百里之地 赤手空拳 所持者一筆鋒也 而錦完兩營所過之地 無不有過化存神之妙 豈以仁義慈悲之道 傷害一物者也 然而近聞西道之人 造起空中樓閣 聚黨搆禍 此眞危機也 然皇天在上 監臨下土 善惡之分 吉凶存焉 雖飛炮利劍 如林如山 吾何畏避哉 西道之人 亦有本然之善 豈以空然無根

之說 相害東西之敎也耶 此必浮言胥動 齊東野人之說 何足取信 望須斂君子

刻苦工夫 安心固結 立規察機 無至生梗之地幸甚

壬辰 十一月 日

東學會所

　한편, 11월 하순경에는 이른바 삼도어사三道御使라는 가짜 어사 세 사람이 동학을 염찰廉察한다는 구실로 사사로운 명령을 발하여 동학교도들의 명단 제출을 요구하고 말을 듣지 않으면 체포한다는 소식이 전해졌다. 이에 해월은 가짜 어사의 불법 행위를 비난하는 내용의 통문을 11월 하순에 하달하여 공주 및 삼례 집회 이후 더욱 심해지는 관의 탄압으로부터 교도들을 보호하기 위하여 부심하고 있었다.[33] 11월 19일자 「경통」에서 동학 교주해월가 교조 수운의 신원을 위해 조정에 복합伏閤할 것을 약속한 이후 삼례 집회에서 해산하지 않았던 교도들과 각 지역의 교도들은 동학교단의 중앙본부인 법소法所가 있는 보은報恩 장내帳內로 몰려갔다. 그리하여 보은 장내에 있던 동학본부의 육임六任들은 교도들에 대한 영송迎送 업무로 인하여 겨를이 없게 되었다. 이에 해월은 다시 해당 접주의 준표準標 없이는 도소 출입을 제한한다는 경통을 12월 6일자로 하달하였다.[34]

　위에 인용한 11월 19일자 「경통」과 12월 6일자 「경통」을 보면, 1893년 2월에 이루어지는 광화문 복합상소는 이미 삼례 집회 직후부터 추진되기 시작하여, 복합상소 준비를 위한 도소都所가 적어도 1892년 12월 6일 이전에 충청도 보은 장내에 설치되었음을 확인할 수 있다. 12월 6일에 도소 출입을 제한하는 「경통」을 내린 점에서 그러한 추론이 가능하다. 한편 11월 19일 「경통」에서 동학 지도부가 중앙에 올라가 복합할 것이라는 계획을 교도들에게 하달한 이후부터 서울에 있는 외국인들 사이에는 동학도들이 서울로 올라와 외국인들을 몰아낼 것이라는 소문이 돌기 시작하여 위기감이 고조되기 시

작하였다.[35]

5. 삼례 집회의 역사적 의미

이상과 같이 공주 집회의 연속선상에서 20일 이상 전개되었던 제1, 2차 삼례 집회는 공주 집회의 성과에 고무된 신원운동 지도부가「경통」을 통해 적극 참여를 권장함으로써 수천 명의 교도들이 모여 전라 감영에「의송단자」를 제출하였다. 이때 제출한「의송단자」의 내용은 공주 집회에서 제출했던 내용과 거의 동일하였다. 즉 동학의 정당성을 주장하고, 지방관들의 전재 수탈 행위를 금해 줄 것을 요구하는 동시에 척왜양의 의지를 강력하게 표명하였다. 삼례 집회에 모인 교도들은 전라도 지방 교도들이 대부분이었으며, 전봉준·유태홍柳泰洪 등 전라도 출신 인물들이 지도자로 브상하여 활동하기 시작하였다. 법소의 명령보다는 전라도 출신 지도자들의 지시를 따르는 경향이 나타남에 따라 해월은 손천민을 시켜「경통」을 보내 교도들의 기강을 확립하고 법소를 중심으로 교도들을 조직화하려 하였다. 삼례 집회의 결과 전라 감영에서도 동학 금단을 구실로 한 전재 수탈을 금지하는「감결」을 하달하였으나 제대로 시행되지 않았다. 오히려 동학교도들의 집단 행동에 자극받은 유생들의 동학 배척 여론이 들끓고, 수령과 이서 토호배들의 침학 행위는 그치지 아니하여 방황할 수밖에 없는 교도들은 해월의 해산 지시에도 불구하고 11월 20일경까지 해산하지 않았던 것으로 확인된다. 특히 삼례 집회 무렵 서학교도들이 무기를 가지고 동학교도들을 멸할 것이라는 소문마저 퍼지고, 가짜 어사들의 행패까지 겹침에 따라 상당수 교도들은 고향으로 돌아가지 못한 채 방황하기도 하여 해월은 거리를 방황하는 교도들이 없도록 '유무상자' 정신을 발휘할 것을 강조하였고, 전라 감영에서조차 재차「감결」을 하달하여 이들을 안접시키도록 지시하였다. 삼례 집회 이후 해월은 교도들의 요구를 수용하여 11월 19일자 「경통」으로 서울에 올라가 상소할 계획임을 널리 알렸다. 충청·전라 양 감영에서 "동학을 금하고 금하지 않는 것은 오로지 조가朝家의 처분이 달렸다."고 답했기 때문이다.

이러한 삼례 집회의 의의는 첫째, 동학교단의 지도부가 대거 참가하여 지도했던* 공식적인 집회였다는 점이다. 당시 삼례 집회를 주도한 동학교단 지도부는 공공연하며 집단적이고 조직적인 시위 운동을 통해 동학의 공인 및 포교의 자유 획득과 같은 교단 내부의 요구, 즉 종교적인 요구를 달성하려 했을 뿐만 아니라, 동학교도 및 일반 민중에 대한 지방관들의 부당한 수탈 금지도 함께 요구함으로써 일반 민중들의 반봉건적 요구를 대변하였다. 둘째, 뿐만 아니라 삼례 집회에서는 공주 집회에서 이미 천명된 바 있으며, 당시 일반 민중들의 요구이기도 했던 '척왜양' 요구를 재차 강력하게 표명함으로써 서학의 만연과 외세의 침탈에 맞서고자 했다는 점이다. 공주 집회에 이어 삼례 집회에서도 척왜양이라는 반침략적 지향은 일관되게 나타나고 있었다는 점에서 삼례 집회의 역사적 의의는 더욱 높이 평가받을 수 있는 것이다. 셋째, 삼례 집회는 또한 집단적이며 조직적인 시위 운동을 장기간 지속함으로써 전라 감사로부터 '지방관들의 부당수탈 금지'라는 일정한 성과를 얻어 냈으며, 이 같은 성과를 통해 동학교단과 일반 민중과의 '결합'의 계기를 만들 수 있었다. 대중적 집회 실험을 성공적으로 이룩함으로써 동학농민혁명을 준비해 가게 되는 것이다. 이런 점에서 삼례 집회는 교조신원운동 가운데에서도 특히 그 역사적 의의가 큰 집회였다고 말할 수 있다.

* 그러나 당시, 해월 최시형은 상주 공성면 旺室에서 말을 타고 삼례로 출발하려다 落傷하여 실제로는 참석하지는 못하였다. 대신 강시원과 손천민 등 해월의 수제자들이 삼례 집회를 직접 주도하였다.

보은 취회와 해월 최시형의 역할

1. 보은 취회의 역사적 배경

1893년 3월 10일 교조 최제우의 조난일遭難日을 맞아 동학 2대 교주 해월 최시형이하, 해월은 제사 봉행을 위해 충청도 청산靑山 포전리浦田里 김연국가에 도착하였다.[1] 김연국, 손병희, 박용호朴龍浩=朴寅浩, 이관영李觀永=李國彬, 권재조權在朝, 권병덕權秉悳, 임정준任貞準, 이원팔李元八 등 동학교단 지도자들도 해월을 찾아 왔다.[2] 이들은 한결같이 "관리들의 압박이 날로 심하여 각 포의 교도들이 장차 모두 죽게 되었으니 불쌍한 이 생명들이 어떻게 지탱하고 보전할 수 있겠는가."[3]라고 각지의 교도들이 겪는 참상을 보고함으로써 해월에게 교조 신원 및 동학의 공인을 위해 적극적으로 나서 줄 것을 설득하였다.

해월로서도 교단 지도자들이 하층 교도들을 보호하기 위한 대책을 요구하였을 때 거절할 이유가 별로 없었다. 그리하여 해월은 교단 지도자들에 지시하여 모든 교도들로 하여금 보은으로 집결하도록 통문을 보내게 하였다. 해월의 명령을 받은 지도자들은 즉각 「통유문」通諭文을 띄워 팔도八道의 교도들로 하여금 보은 장내帳內로 집결하도록 지시하였다.[4] 해월은 3월 11일에 발송한 「통유문」에서 "하나는 도를 지키고 스승을 존경하기 위함이요, 다른 하나는 나라를 바로 잡고 백성을 편안하게 하는 계책을 마련하기 위함"[5]이라 하여 보은 취회報恩聚會 개최 목적을 천명하였다. 여기에는 동학교단의 공인公認이라는 종교적 요구와 더불어 '보국안민' 輔國安민이라는 동학의 정치·사회적 요구도 함께 제시되어 있다. 여기서 주목되는 부분은 바로 교조 수운이 동학 창도 당시 주장했던 보국안민이라는 정치·사회적 요구가 다시 등장하고 있다는 점이다. 보은 취회의 목적의 하나로 천명된 '보국안민'은 원래 교조 재세시에 이미 제시되어 있었지만,[6] 최제우가 처형되고 동학이 불법화不法化되면서 널리 실천되지 못하다가 보은 취회에 이르러 다시 천명되게 되었다.

동학교단 내부에서 '보국안민'이 다시 주장되게 된 시대적 배경에는 몇 가지 주목할 만한 상황 변화가 있었다. 첫째, 1876년 개항 이래 왜양倭洋의 침탈이 심화되는 과정에서 등장하게 되었다는 점이다. 둘째, 1880년대 이래 충청도와 전라도 일대를 중심으로 동학 교세가 급격히 확산되어 가던 시점에서 등장한다는 점이다. 셋째, 동학 교세 확대에 따라 수령·이서·토호배들의 동학 금단을 빙자한 불법적 수탈 행위가 가중되어 가던 시기에 주장되었다는 점을 들 수 있다. 왜양의 침탈이 격화되는 가운데 동학의 교세가 늘어나고 그 같은 과정에서 보국안민이 주창됨에 따라 위기의식을 느끼던 일반 민중들도 동학에 자연스럽게 뛰어들 수 있었으며, 동학교단은 일반 민중들로부터 지지를 받는 보국안민의 기치를 내걸게 됨으로써 지배층으로부터도 동학의 공인을 얻어 낼 수 있을 것으로 판단하였다. 그러므로 보은 취회에서 특히 강하게 드러난 정치·사회적 요구는 동학교단의 지향과 별개의 것이 아니라 보은 취회를 허락한 해월을 정점으로 한 동학교단의 현실적인 선택이었다고 말할 수 있을 것이다.

2. 보은 취회의 전개에 나타난 해월의 역할

해월은 보은 취회를 지도하기 위해 3월 11일 장내에 도착하였다. 먼저 해월이 보은 장내를 취회 장소로 선택한 이유부터 살펴보기로 한다. 보은 장내는 1887년에 동학교단의 중앙 본부격인 육임소六任所가 처음 설치된 이래[7] 해월이 오래도록 주재駐在하면서 포교 활동을 펼치던 곳이었다. 1887년 이래 보은 장내에는 동학교도들의 신앙촌信仰村이 형성되어 있었으며, 주위 100리 안에는 해월이 개척한 비밀 포교지들이 다수 산재하고 있어서* 교도들의 집회 장소로 적격이었다. 또 교도들의 입장에서는 장내야말로 동학교단의 성지聖地와 같은 장소이자 신앙의 구심점 역할을 해 오던 곳이었다. 따라서 장내는 해월을 비롯한 교단 지도자들에게나 교도들에게나 매우 중요하고도 신성한 장소였다. 그렇기 때문에 보은 장내는 1892년 11월 초순경에는 복합상소를 준비하기 위한 도소都所가 임시 설치되어 보은 취회가 열리기 이전부터 이미 상당수 교도들의 출입이 빈번하게 이루어지고 있었다. 또 보은 장내는 충청도, 경상도, 전라도 등 삼남 지방 각지로 연결되는 지점으로 교통이 편리하여 지방 교도들이 집결하기에 유리한 장점이 있었다. 이러한 이유들을 고려한 해월은 보은 장내를 취회 장소로 결정했던 것으로 보인다.

3월 10일자로 각지 교도들에게 「통유문」을 하달한 해월은 3월 11일에 청산靑山 김연국가로부터 장내에 이르렀다. 해월이 도착할 무렵 장내에는 이미 상당수의 교도들이 집결해 있었으며,[8] 보은 관아官衙 삼문 밖에는 척왜양斥倭洋의 의지가 가득 찬 「통고문」通告文이 게시되고 있었다.[9] 이 통고문의 주요내용은

지금 외양의 도적떼가 나라 한복판에 들어와 크게 어지럽힘이 극에 이르렀다. 진실로 금일의 국도를 보건대 결국은 이적의 소굴이다. 임진년의 원수요

* 대표적인 곳이 慶尙北道 尙州 앞재, 尙州 높은터, 尙州 銀尺, 尙州 왕실촌, 尙州 東觀音, 충청북도 靑山 문바위골, 淸州 솔뫼 등이다.

병자년의 치욕을 차마 어찌 말로 할 수 있겠으며 어찌 잊을 수 있겠는가? 지금 우리나라 삼천리 강토가 전부 금수에 짓밟히고 5백년 종묘사직이 장차 끊어지게 됐으니 인의예지 효제충신이 지금 어디에 있단 말인가? 더구나 왜적은 이전의 실수에 후회하는 마음을 가지고 있어서 화를 잉태하고 그 독을 마구 뿌려 위기가 순간에 임박했는데도 태연히 쳐다보면서 편안하다 말하니 지금의 형세는 불더미 위에 있는 것과 무엇이 다르랴. 우리들이 비록 초야의 어리석은 백성이나 선왕의 법을 잇고 임금의 토지에서 경작하여 부모를 봉양하고 있으니 신민臣民의 구분에 있어 귀천은 비록 다르지만 충효가 어찌 다르겠는가? 나라에 충성을 다 바치고자 하나 구구한 사정을 위로 전달할 길이 없었다. 대대로 충직한 집안에서 국가를 영원히 보호해야 하는데도 벼슬을 잃을 것만 근심하고 있으니, 임금을 사랑하고 나라에 충성하는 정성을 우리가 아니면 누가 하겠는가. 옛말에 이르기를 "큰 집이 장차 기울어지려 하면 나무 하나로 지탱할 수는 없는 일이고, 큰 물이 장차 밀려 오면 작은 배 한 척도 뜰 수 없는 것이라"고 하였으나 우리들 수만 명은 힘을 모아 죽기를 맹세하고 왜양을 타파하여 나라의 은혜에 보답하고자 하니 합하께서도 뜻을 모아 협력하여 충의한 선비들을 모아 선발하여 함께 국가를 보존할 것을 간절히 바란다.[10]

라는 것으로, 한마디로 요약한다면 '척왜양'이 중심 내용이었다. 이 통고문은 이미 2월경에 전라도 삼례에서 재차 열렸던 삼례 취회[11]에서 전라 감영에 제출한 소장과 동일한 내용이었다. 2월에 전라 감영에 제출했던 내용을 다시 게시한 것으로 보아* 보은 취회에서 강조된 '척왜양'의 지향은 갑자기 돌출한 것이 아니라 1892년 11월의 삼례 취회, 1893년 2월 복합상소를 전후한 시기에 다시 열린 삼례 취회 및 서울의 척왜양 격문 게시 운동에서 표출된 '척왜양'의 지향과 그대로 일치되고 있음을 보여 준다.

한편 『취어』聚語에 의하면, 3월 20일경 보은 취회에 참가한 동학 교도들은 '척왜양창의'斥倭洋倡義라는 큰 깃발을 세우고, 각 방위를 나타내는 오색기五色旗를 세웠으며, 충의忠義 선의善義 상공尙功 청의淸義 수의水義 광의廣義 홍경洪慶 청의靑義 광의光義 경의慶義 함의咸義 죽경竹慶 진의振義 옥의沃義 무경茂慶 용의龍義 양의楊義 황풍黃豊 금의金義 충암忠岩 강경江慶 등 각 접接을 대표하는 깃발을 세웠다고 한다.[12] 여기서 드러난 '척왜양창의'의 기치는 보은 취회의 목적을 단적으로 드러낸 것이었다. '척왜양'과 더불어 복합상소 시기까지 줄기차게 강조되었던 '교조敎祖의 신원'伸寃이라는 종교적 요구는 척왜양창의의 대의가 실현되면 이루어질 수 있는 것이었으므로 해월을 비롯한 지도자들은 교조의 신원 또는 동학의 공인이라는 종교적 요구를 내리고 척왜양창의의 기치를 내거는 데 동의하였던 것으로 생각된다. 이는 그동안 교조의 신원을 통한 동학의 공인라는 종교적 요구가 중심이 되어 왔던 신원운동이 하나의 정치·사회운동으로 변화되고 있다는 것을 의미하며, 공주·삼례 취회와 광화문 복합상소를 통해 왜양의 실체를 새롭게 인식한 동학교단 지도자들이 새롭게 선택한 신원 운동 방식이기도 했다.

해월이 내린 통유문에 따라 3월 11일부터 3월 20일까지 전국에서 집결한 교도들의 숫자는 2만 3천여 명에 달했다.[13] 이 무렵 해월[14]은 최고 지도자의 위치에서 장내에 주재하면서 직접 취회를 주도하였다. 그의 휘하에는 서병학徐丙學=徐丙鶴, 이국빈李國彬=李觀永,[15] 손병희孫丙喜=孫秉熙, 손사문孫二文=孫天民, 강

---

* 전라 감영에 제출된 소장은 척왜양의 내용이 중심을 이루고 있다. 이 소장은 조선 주재 일본변리공사 大石正已에게 입수되어 2월 26일(양력 4월 12일)에 일본 외무대신에게 보고한 보고서에 실려 있으며, 조선주재 미국 변리공사 겸 총영사 오거스틴 허드가 3월 5일(양력 4월 20일)에 미국무장관에게 보고한 보고서에도 數日 前에 동학교도들이 全羅監營 營門에 붙인 것이라는 설명과 함께 原文이 실려 있다. 또 慶尙道 醴泉 儒生 朴周大의 『羅巖隨錄』癸巳 2월조에도 「東學黨與完伯書」라는 제목으로 동일한 내용이 실려 있다.

가姜哥-次道主 姜時元으로 추정, 신가申哥-忠州 申在蓮으로 추정 등과 그 외 경京·강江·충
忠·경慶, 즉 경기도·강원도·충청도·경상도 접장接長, 그리고 황하일黃河一,
서일해徐一海=徐璋玉, 전라도 접장들이 교도들을 이끌고 있었다. 해월이 직접
주재하며 취회를 이끌어 나감에 따라 참가 지역과 참가 교도들의 수도 대폭
증가하였다. 「취어」에 나타난 참가 지역은 강원도 원주原州 1개 고을, 경기도
광주廣州 송파松坡 수원水原 안산安山 안성安城 양주楊州 여주驪州 용인龍仁 이천利
川 죽산竹山 등 10개 고을, 경상도 김산金山 상주尙州=功城 선산善山 성주星州 안동
安東 인동仁同 지례知禮 진주晉州 하동河東 등 9개 고을, 전라도 나주羅州 남원南原
무주茂州 무안務安 순창淳昌 순천順天 영광靈光 영암靈岩 장수長水 전주全州 태인泰
仁 함평咸平 등 12개 고을, 충청도 공주公州 덕산德山 목천木川 비인庇仁 연산連山
영동永同 옥천沃川 직산稷山 진잠鎭岑 진천鎭川 천안天安 청산靑山 청안淸安 청주淸
州 충주忠州 태안泰安 등 16개 고을 등 모두 46개 고을이었다.[16] 이 외에도 동학
교단사 자료를 보면, 46개 고을 외에 전라도의 경우 장흥長興 익산益山 여산礪
山 진도珍島 임실任實 부안扶安 고흥高興 강진康津 광양光陽 등 9개 고을의 이름이
추가로 확인된다. 특히 전라도 서남부 해안에 자리한 장흥 진도 고흥 강진
광양 등지에서도 보은 취회에 참가하였다는 사실이 주목을 끈다. 다음에
인용한 내용은 교단사 자료에서 확인되는 내용이다.

〈長興〉

소布德천도교 연호 三十四年1893년에 忠淸道 報恩 帳內會에 參席人이 數十人
에 達하엿다.[17]

〈益山〉

布德 三十四年 癸巳에 大神師 伸冤할 事로 伏閤을 하자는 衆議가 一致함으
로 各處敎人이 一齊蜂起함애 本郡 高濟貞 鄭永朝 姜永達 吳敬道 姜水煥 陳

官三 鄭安汝 崔蘭善 諸領이 敎員을 多率하고 京會에 參入하야 伏閤한 바 綸
音이 下曰 各歸其家하야 各安其業하라신 故로 都會所를 報恩 帳內로 移하
다.[18]

〈礪山〉

布德 三十四年 癸巳에 指目이 大熾함에 따라 大神師 伸寃할 事로 各地 敎人
이 一齊히 蜂起함애 本郡 大接主 朴致卿 崔蘭善氏가 敎員을 多率하고 參禮
都會所로 京城까지 參入하야 伏閤함애 綸音이 下曰 各歸其家하야 各安其業
하라는 故로 都會所를 報恩 帳內로 移하얏던니…[19]

〈珍島〉

布德 三十四年 癸巳 二月에 報恩 帳內集會에 羅致炫 羅奉益 梁順達 李文奎
許暎才 諸氏가 參席하엿스며….[20]

〈任實〉

布德 三十四年 癸巳 月에 報恩聚會時 任實에서 崔承雨 金신종 金榮遠 李炳
春 崔由河 趙錫然 許善 韓永泰 崔鳳頊 崔鳳九 崔東弼 等이었다.[21]

〈扶安〉

翌年 癸巳 春 伏閤時에 進參하옵고 連次 報恩 帳內 會가 有하기로 高山等地
에 上去하다가 解散하라신 命令이 有함을 聞하고 還家하엿다가 追後 上謁
하여시며….[22]

〈高興〉

布德 十一年 四月 五日에 全南 高興郡 豆原面 新松里에서 出生하다 (中略)

同三十四年 癸巳 二月에 忠淸道 報恩 帳內에서 海月神師께 拜謁하다.[23]

〈康津〉

布德 三十三年 壬辰 一月 十七日에 入道하야 同三十四年 癸巳 二月에 忠淸
道 報恩 帳內로 海月神師를 처음 拜謁하시고….[24]

〈光陽〉

布德 八年 丁卯 十月 三十日에 全南 光陽郡 鳳岡面 鳥嶺里에서 生하다 布德
三十一年 庚寅 十二月 十二日에 本郡 劉壽德氏에게서 道를 受하다 同 三十
四年 癸巳 二月에 京城光化門伏閤時에 參行하다 同年 三月에 神師의 命令
에 依하야 報恩 帳內에 參席하다.[25]

이들 지역 외에도 『오하기문』梧下記聞에 의하면, 임피臨陂와 함열咸悅에서도
참가하였다는 기록이 있다.[26] 또 3월 22일에는 전라도 도회都會에서 도착한
다는 소문이 있었다는 사실[27]을 고려하면 전라도의 경우 관官 기록에 나타
난 12개 고을, 동학 교단사 자료에 나타난 9개 고을, 『오하기문』에서 확인되
는 2개 고을 등 23개 고을보다 훨씬 더 많은 고을에서 참가하였던 것이 분명
하다. 더욱이 보은 취회에는 이른바 전라도 금구에서 열린 취회를 주도했다
고 알려진 전봉준조차도 보은 취회에 참가하기 위해 보은에서 10리 정도 떨
어진 원암元岩 장터까지 왔다가 되돌아갔다는 기록이 있다. 다음에 인용하
는 내용이 바로 그것이다.

是時에 湖南 全琫準이 徒衆을 率하고 報恩 帳內로 赴會할새 報恩 元岩場坫
에 到하니 帳內 會衆이 業已解歸한 지라 全琫準은 金溝郡 院平里에 回歸하
야 徒衆을 逗留하니 湖南一帶는 風雲이 漸次 濃厚하야 甲午戰亂에 及하얏

더라.[28]

위의 내용 외에도 전봉준이 보은 취회에 참가하려 했다는 증거는 또 있다. 즉 해월의 손자 최익환崔益煥 옹의 증언에 의하면, 1946년 봄 동학농민혁명에 대한 강연회를 서울 천도교 대교당에서 열었을 때, 연사로 나온 오지영이 보은 취회 때 전봉준 장군이 참가했다고 밝힌 것을 들었다고 증언하고 있는 것이 바로 그 예이다.[29] 이처럼 전라도 23개 고을이 참가하고 전봉준까지도 참가하기 위해 원암*까지 왔다는 사실, 그리고 보은 취회 지도부가 일관되게 '척왜양'을 주장했다는 점에서 보은 취회는 같은 시기에 열린 것으로 확인되는 전라도 금구 취회와 대립적일 이유가 없었다고 생각된다.

그러나 보은 취회와 금구 취회가 서로 성격과 지향이 달랐다는 주장이 일부 있는 것도 사실이다. 『취어』에는 보은 취회를 해산하려고 내려온 선무사 어윤중이 보은 취회를 주도한 인물 가운데 한 사람인 서병학으로부터 다음과 같은 말을 들었다고 기록하고 있어 주목된다.

> 그 중의 한 사람이 이름을 밝히면서 말하기를 "나는 서병학徐丙鶴이라는 이름의 사람인데 불행히 동학에 들어와 남의 지목을 받은 지가 오래 되었다. 마땅히 취영聚營하게 된 내력을 상세히 말하겠다."라고 하였다. 그는 또 말하기를 "호남湖南 취당은 얼핏 보면 우리와 같지만 종류가 다르다. 통문通文을 돌리고 방문榜文을 게시한 것은 모두 그들의 소행이다. 그들의 정형은 극

---

* 현재의 충북 報恩郡 三升面 元南里를 말한다. 이곳은 전라도에서 錦山, 沃川을 거쳐 報恩으로 올 수 있는 가장 편리한 길이 지난다. 「聚語」에 의하면, 보은 취회에 참가했던 전라도 교도들이 귀향할 때도 원암을 거쳐 갔다는 기록이 있는 점으로 보아 전봉준이 원암 장터까지 왔다는 내용은 상당한 신빙성이 있다고 생각된다.(張泳敏, 앞의 논문, 1991, 167쪽)

히 수상하니 원컨대 공께서는 자세히 살피고 조사 판단하여 우리를 그들과
혼동하지 말고 옥석玉石의 구별을 해주시오."라고 하였는데, 신은 그 말을 따
로 기록하여 올려 보낼 것이오며….[30]

위의 서병학의 증언에 의하면, 호남 취당[31]과 보은 취회와는 서로 성격이
다르다고 하였다. 그런데 이 같은 서병학의 말은 우선 2월 광화문 복합상소
당시 "교도들에게 명령하여 병복으로 갈아 입혀 군대와 협동하여 정부의 간
당들을 타파하려 했던"[32] 입장과 모순되고 있다. 서병학은 1892년 7월 최시
형에게 교조신원운동을 전개할 것을 요청한 이래 조정에 대하여 강경한 입
장을 견지하며 교조신원운동을 이끌어왔던 인물이었다. 그러므로 그가 어
윤중에게 말한 내용은 자신의 책임을 모면하기 위한 것이거나 거짓 증언일
가능성이 있다. 따라서 그의 말을 전적으로 신용하기는 어렵다고 판단된다.
물론 서병학이 말한 호남 취당이 전혀 실체가 없는 것은 아니었다. 전술하
였듯이 삼례 취회 단계에서부터 서병학이 말한 호남 취당 세력들이 움직이
고 있었던 것은 분명한 사실이다. 또한 호남 취당을 이끌던 중심 인물 중의
한 사람이 전봉준이었다는 것도 확인된 사실이다. 그러나 서병학이 말한 것
처럼 호남 취당을 이끌던 세력과 보은 취회를 주도했던 세력이 분명하게 종
류가 다르거나 그 지향이 대립적이었다고 단정하여 말할 수는 없다고 생각
된다. 왜냐하면 보은 취회와 금구 취회는 기본적으로 서로 '성기聲氣를 통하

---

* 일찍이 보은 취회 참가자를 분석한 金義煥은 보은 취회에 참가했다가 퇴거한 교도 12,403
명 중 전라도 교도들이 52%인 6,409명이라고 집계한 바 있다.(金義煥, 「1892·3年의 東學
農民運動과 그 性格」, 『近代朝鮮의 民衆運動』, 풀빛, 1982, 69쪽) 호남 취당과 보은 취회가
상호 대립적이었다면 이 같은 통계는 잘못된 것일 가능성이 있다. 호남 취당과 보은 취회
는 결코 대립적이지 않았다. 따라서 전라도 지방의 교도들도 보은 취회에 다수 참가할 수
있었던 것이다.

고 있었으며'[33] 전라도 교도들 역시 보은 취회에 대부분 참석하였기* 때문이다. 지향이 통하고 있었고, 대립적일 이유가 없었기 때문에 전라도 금구 취회를 주도하던 전봉준조차도 보은 취회에 참가하려 했던 것이 분명하다.

이상과 같이 전라도 지방을 비롯한 삼남 지방에서 수만 명의 교도들이 집결하였음에도 불구하고 해월은 보은 취회를 평화적으로 이끌어가려 했던 것으로 보인다. 비록 일부 교도들이 몽둥이 등으로 무장했다는 기록이 있긴 하지만,[34] 보은 취회 참가 교도들은 어디까지나 비무장이었으며, 해월이 내리는 지시에 따라 질서 있는 행동을 보이고 있었다. 해월은 또한 보은 취회를 계기로 전국의 동학 조직을 지역 단위 조직으로 묶어 조직화하려고 하였다. 그 같은 증거는 보은 취회에서 등장한 수많은 포명包名을 통해서 확인된다. 보은 취회에서 등장한 포명은 충의忠義 선의善義 상공尙功 청의淸義 수의水義 광의廣義 홍경洪慶 청의靑義 광의光義 경의慶義 함의咸義 죽경竹慶 진의振義 옥의沃義 무경茂慶 용의龍義 양의楊義 황풍黃豊 금의金義 충암忠岩 강경江慶 등으로서[35] 대부분 지역 단위 조직이었다.

동학의 포包 조직은 동학 창도 초기에는 없던 조직이었다. 창도 초기의 조직은 접接이었다. 초기 조직인 접은 전도자의 포교 활동을 통해 동학에 입교한 교도이를 聯臂라고 부른다들이 전도자傳道者를 중심으로 인적人的 관계로 결합한 조직인 반면에, 포 조직은 인적 결합 관계 외에 지역적 결합의 성격이 강한 조직이었다. 동학교단의 포 조직은 대체로 1880년대 후반 동학의 교세가 크게 증가하면서 형성되었던 것으로 추측되고 있다.[36] 포 조직의 형성은 최초 전도자가 활발한 포교 활동을 벌여 교도들이 증가하면 여러 개의 접을 두게 되는데, 이들 여러 개의 접은 모두 한 사람의 전도자를 중심으로 인맥 관계를 이루게 된다. 이 같은 조직은 자연스럽게 어떤 특정 지역을 중심으로 한 조직이 된다. 동학교단은 이같이 한 전도자가 거느린 여러 접의 조직을 특정 지역 이름을 붙여 포包라고 하였다. 이러한 포 조직이 바로 보은 취회 단계에서 해월에 의해 공식화되기에 이른 것이다.[37] 보은 취회에서 포 조직이 공식화되게 된 배경은 각 지역의 동학 조직을 법소를 중심으로 조직화하려는 해월의 의도가 담긴 것이었지만, 실제로는 수백 명 또는 수천 명의 연비聯臂를 거느린 각 지역의 동학 지도자들의 지위를 공식적으로 인정하는 결과를 가져 왔으며, 지역 지도자를 중심으로 한 지역별 조직의 결합을 촉진하는 결과를 가져 왔다. 즉 보은 취회를 통해 각 지역의 동학 지도자들은 포를 지휘하는 대접주大接主의 지위를 해월으로부터 인정받음으로써 교단 내와 교도들로부터 지도력을 확보할 수 있었다. 이처럼 보은 취회에서 지역 단위 성격이 강한 포조직을 공식화함으로써 1894년 동학농민혁명기에 교도들과 일반 농민들을 결합시켜 농민군으로 조직화하는 기반으로 이어진다는 점에서 주목할 만한 조치였다고 생각된다.

동학교도들의 취회가 날로 조직화되고 규모가 커져 가던 3월 20일 보은 군수 이중익李重益은 장내로 달려가 창의倡義한 까닭을 물었다. 이때 동학교도들은 답변하기를 '오로지 왜양을 물리치기를 위주하며 충성을 다하여 나라를 지키며'專主擊倭洋 盡忠扶國,[38] '방백 수령의 탐학을 제거하여 국태민안을 이루고자'到今生靈 幾至塡壑者 方伯守令 貪虐無道 有勢豪家武斷無節 以致塗炭之境 若不及今掃淸 則何時有國泰民安乎[39] 창의하였다고 주장하였다. 여기서도 한결같이 '척왜양'의 의지가 강조되고 있다. 보은 취회를 이끄는 교단 지도자들은 다시 3월 23일자 「동학인방」東學人榜을 통해 재차 척왜양의 뜻을 더욱 강렬하게 천명하였다. 그 내용을 보면,

무릇 왜놈과 양놈이 천한 개와 양 같다는 것은 이 나라의 5척 동자들도 알지 못하는 이가 없고 살피지 않는 이가 없도다. 그런데 어째서 나이가 지긋하고 명찰하신 순찰사께서 왜놈과 양놈을 배척하는 우리를 도리어 간사한 무리들이라 하니 그러면 천한 놈들에게 굴복한 신하들이 바른 무리들인가. 왜놈

과 양놈을 격퇴시키려는 이들을 체포하여 죄를 주고 그들을 용납하며 매국
하는 자는 높은 상을 받아야 하는가. 아 통탄스럽도다. 천운인가 천명인가.
어찌 우리 순찰사의 총명함이 이렇게 샅샅이 살피지 못함이 심할까. 이처럼
길거리에 글을 붙여 보이는 것은 혹시나 정신차리지 못한 백성들이 왜놈과
양놈에게 심부름하라는 관의 명령에 따를까 두려워서이다.[40]

라고 하여 나라를 위해 척왜양하려는 동학교도들을 체포하고 죄를 주는 것
을 강력하게 비난하는 내용과 함께, 일반 백성들에게도 척왜양의 의지를 촉
구하고자 방을 부쳤다고 역설하고 있다.

　한편, 3월 18일 양호도어사에 임명된 어윤중은 보은으로 오는 도중 3월
23일 「효유문」曉諭文을 발표하여 동학교도들로 하여금 "두령된 자로 사리를
이해하는 자가 창의의 사유를 준비하여 기다리도록 하라."[41]고 통보하였다.
3월 25일 어윤중은 양호도어사에서 양호선무사兩湖宣撫使로 개차改差 임명되
었다.[42] 이날 어윤중은 보은에 도착하였다. 그리하여 이튿날인 3월 26일 어
윤중은 보은 장내로 달려가 고종의 「칙유문」飭諭文을 선포하고 동학교도들
을 효유하여 해산을 종용하였다. 그러나 동학교도들은 어윤중에게 「문장초
건」文狀草件을 올려 척왜양을 위해 창의한 동학교도들의 뜻을 임금에게 바르
게 전달할 것을 요구하였다. 어윤중은 동학교도들의 「문장초건」을 받고 3
월 26일자로 고종에게 「장계」狀啓를 올렸다.[43] 「장계」의 요지는 3월 18일 도
어사에 임명된 후, 보은 취회를 해산시키기 위해 3월 26일 공주 영장公州營將
이승원李承遠, 보은 군수報恩郡守 이중익李重益, 순영군관巡營軍官 이주덕李周德을
대동하고 보은 장내에서 동학 지도자들을 만난 결과를 보고하는 내용이었
다. 이 「장계」에서 어윤중은 동학교도들이 제출한 「문장초건」과 함께 취회
를 주도하고 있던 동학 지도자들과 문답한 내용을 가감 없이 보고하였다.
즉,

척양척왜하려는 일치된 마음으로 나라를 위해 충성하려는 것인데 방백과
장리들이 비류로 취급하여 학대하는 것이 지나치다.[44]

라고 주장한 동학교도들의 주장을 그대로 보고했다. 동학교도들이 어윤중
에게 제출한 문장은 다음과 같다.

문장초건 동학인의 글文狀草件 東學人文
황공하게도 저희들은 역대 임금들에 의해 화육된 백성들이요 천지 사이에
무고한 창생으로서 도를 닦아 윤강의 밝은 것을 알며, 심중에는 중화와 오랑
캐를 분별함이 있습니다. 그러므로 왜놈과 서양 오랑캐는 개나 짐승과 같아
서 비록 5척 동자라도 그들과 같은 곳에 있는 것을 부끄러워합니다. 역사에
이르기를 "오랑캐로써 오랑캐를 치는 것은 중국의 장기라." 하였는데 오늘
날 조선으로써 조선을 치게 하는 것은 왜양의 장기이니 통곡할 일이며 한심
한 일입니다.
합하양호선무사 어윤중의 밝게 살피는 것으로써 어찌 이것을 살피지 아니합니
까? 왜양을 물리치자는 것이 어찌 큰 죄가 됩니까? 어찌 한편으로는 체포하
고자 하고 또 한편으로는 소탕하고자 합니까? 천지귀신도 감응하여 비추지
아니함이 없으며 거리에서 뛰노는 아이들 또한 옳고 그른 것을 알고 있습니
다. 충청감사가 저지른 폐막은 이미 심해져서 무고한 창생들로 하여금 모두
도탄 속에 들게 하니 목숨 귀한 것은 위나 아래나 같은데 어찌하여 한쪽만
이렇게 잔인하게 할 수 있습니까? 또한 왜양이 우리 임금님을 위협함이 극
에 달했으나 조정에서는 이를 부끄럽게 여기는 신하가 없으니 "임금이 욕을
당하면 신하가 죽어야 한다."는 의리는 어디에 있습니까?
수의繡衣 합하는 태산 북두와 같은 신망에 의지하여 임금님의 어명을 받들어
각 도의 선비를 효유하니 수만의 선비들이 옷깃을 여미고 바라보지 않는 이

가 없어서 큰 가뭄에 구름과 같습니다. 세상 일은 무궁하지만 의리를 찾아보기가 어렵습니다. 다만 강하다 약하다 하는 세력만을 따져 그것을 치기가 어렵다고 한다면 어찌 천하 만고에 생을 버리고 의리를 따르겠습니까?

저희들이 비록 시골구석의 백성일지라도 어찌 왜양이 강하다는 것을 모르겠습니까? 그렇지만 역대 임금님들의 선비를 높이는 가르침에 의해 왜양을 치다가 죽을지라도 죽는 것이 오히려 삶의 현명한 자세일 것입니다. 이것은 나라에서 칭찬할 일일지언정 걱정할 일이 아닙니다.

바라옵건대 합하께서는 밝게 살피고 잘 이끌어서 이 어리석고 층직한 우리들로 하여금 의리를 깨닫게 하고, 임금님에게 글로 알리시어 정사에 골몰하신 우리 임금님으로 하여금 걱정이 없도록 하소서. 임금님의 회계回啓로써 저희들이 의리를 따를 수 있는 길을 열어 주신다면 감히 돌아가 생업에 안주하지 않겠습니까? 입을 모아 우러러 합하께 부르짖으니 원컨대 살펴주소서.

창의유생 허연 이중창 서병학 이희인 송병희 조재하 이근풍[45]

이 「문장초건」에는 허연, 이중창, 서병학, 이희인, 송병희손병희, 조재하, 이근풍 등 보은 취회를 주도하고 있던 동학교단 지도자들의 이름이 열록列錄되어 있다. 이 명단에 해월의 이름이 누락되어 있는데, 그 까닭은 고령高齡이라는 점과 최고 지도자인 해월의 신변 안전을 고려하여 의도적으로 제외시켰던 것으로 생각된다. 실제로 이들 명단에 열록되어 있는 인물들은 해월을 보좌하는 측근 인물들이 대부분이었으며, 이들이 바로 양호선무사 어윤중에게 취회의 목적을 적은 「문장초건」을 지어 제출하는 역할을 맡았다. 「문장초건」 말미에서 이들은 보은 취회의 동기와 목적을 다음과 같이 밝혔다.

2월 복합상소 때 사알司謁을 통해 내린 전교에 의하면, "너희들이 스스로 도성 밖으로 물러가면 마땅히 안돈하도록 하는 처분이 있을 것이라." 하여 우

리들은 감히 어명을 어기지 아니하고 곧바로 물러나 돌아와 임금님의 덕화
가 훌륭함을 다시 보고 서로 기뻐하였다.

소식을 듣건대 왜양이 우리가 척화하므로 임금을 위협하여 동학교도들을
소탕하도록 강요하고 있다고 한다. 창생들이 울부짖는 소리가 도탄에서 아
직도 들리는데 우리 임금은 백성들 때문에 오랑캐의 침해와 능욕을 당하고
있다. 임금이 욕을 당하면 그 신하는 죽는 것이 의리이니 어찌 살기를 탐하
여 의리를 저버리겠는가. 이번에 대의를 부르짖음은 요악스러운 오랑캐의
기운을 쓸어 버리고자 함이다.

경박하고 저속하게 모함하는 사람들이 있어 "헛된 말로 인심을 부추기어 신
하된 자로써 차마 들을 수 없는 말이 있다." 하고 함은 필시 서학하는 무리들
이 꾸며낸 말일 것이다. 그러나 위로 하늘이 살필 것이니 뒤엎어 놓은 항아
리에도 햇빛이 들어 밝혀질 것이다.

왕명을 받들고 온 양호도어사는 의사義士;동학교도들을 물러가라는 뜻으로 사
방에 선유하나 우리들이 만일 왕명에 따라 오늘 바로 물러간다면 거짓말로
선동한 것이 될 것이다.

바라건대 다시 장계를 올려 우리들이 창의한 연유를 설명하여 삼가 회답이
있기를 기다리고자 한다. 뜻을 돌려 바르게 하는 혜택을 베푼다면 비록 척화
의 목적은 이루지 못한다 하더라도 어찌 감히 명을 거슬리며 물러가지 않겠
는가. 하늘을 우러러 간절히 빌어마지 않는다.[46]

여기서 동학교도들은 "2월 복합상소 당시 임금이 말하기를 '너희들이 스
스로 도성 밖으로 물러가면 응당 안착하게 하는 처분이 있을 것이다.' 라 하
여 우리는 감히 어명을 어기지 아니하고 곧 물러나 돌아왔으며 임금의 덕화
가 훌륭함을 다시 보았다고 기뻐하였는데 왜놈과 양놈들이 우리가 척화한
다 하여 임금을 위협하여 동학도들을 소탕한다는 소식을 들었다."[47]라고 하

여 광화문 복소 이후 열강의 간섭으로 동학교도들에 대한 탄압이 격화되었다고 인식하고, 그에 대응하기 위해 보은 취회를 열고 척왜양을 주창하게 되었다고 밝히고 있다. 이 내용에 의하면, 광화문 복소를 주도했던 동학 지도부나 일반 교도들은 복소 직후 강화된 동학교도들에 대한 탄압을 왜양의 위협 때문이라고 인식하였음을 알 수 있다.

이처럼 충청도 보은에서 1893년 3월 동학교도들의 취회가 대대적으로 열리고 있는 동안 전라도 금구 원평에서도 일군의 동학교도들이 취당聚黨하고 있었다. 보은 취회 당시 전라도 지방에서도 동학교도들이 취당하고 있었다는 사실은 당시 조정이 취한 대책에서 한결같이 확인할 수 있다. 첫째, 3월 17(18)일 고종은 동학교도들의 취당을 해산하도록 어윤중을 양호도어사로 임명하였다. 둘째, 3월 20일 보은 취회의 동정을 정탐한 관리의 보고에 의하면, 3월 22일에 전라도 도회都會에서 보은에 도착할 예정이라고 하였다.[48] 이 같은 사실은 김윤식의 「면양행견일기」沔陽行遣日記에 "전라도는 금구 원평에서 도회하였는데, (중략) 1만여 명을 거느리고 21일3월 21일에 보은에 온다고 사통私通하였다고 한다."[49]라 하여 당시 널리 알려진 사실이었다. 셋째, 3월 21일 고종이 신임 전라 감사 김문현을 소견召見하는 자리에서 나는 대화에 금구 원평 취당 사실이 나타나 있다. 넷째, 3월 25일 양호도어사 어윤중을 양호선무사로 개차改差하였다. 다섯째, 3월 25일 동학교도들의 취당을 해산시키기 위한 대책회의에서 영의정 심순택沈舜澤도 동학교도들이 "양호兩湖, 즉 전라도와 충청도에서 날마다 취당한다."[50]고 보고하고 있다. 여섯째, 4월 3일 양호선무사 어윤중은 재차장계再次狀啓에서 "호남 취당을 선유하여 해산시킬 일은 한때의 근심이었다."[51]고 보고하고 있다. 일곱째, 고종 30년 4월 5일 고종이 시원임대신時原任大臣을 소견하는 자리에서 나눈 대화에서 고종이 "양호에 모였던 무리가 초이일初二日에 모두 해산했다 하니 심히 다행스럽다."[52]고 하고, 또 "보은 취회와 금구 취당은 서로 성기聲氣를 통하고 있었다."[53]

고 말한 내용, 그리고 판부사判府事 김홍집金弘集이 "금구 취당은 보은의 동정을 듣고 같이 해산한 것임에 틀림없다."[54]고 말한 내용 역시 보은 취회 당시 전라도 금구 취당의 실체를 확인시켜 주고 있다. 여덟째, 동학교도들의 집회가 해산된 뒤인 4월 10일 고종이 내린 동학 지도자 체포령에서도 호서湖西의 서병학, 호남湖南의 김봉집, 서장옥 등이 지목된 점 역시 전라도 집회의 실체를 간접적으로 확인시켜 주고 있다. 금구 원평 취회가 열린 사실은 동학 교단사 자료에서도 확인할 수 있다. 천도교 『남원군종리원사』南原郡宗理院史에 의하면,

또 仝 三十四年1893년 癸巳 正月에 全琫準의 文筆로 昌義文을 著作하야 各郡 衙門에 揭示할새 南原에 金榮基 雲峰에 金聖基 求禮에 柳泰洪 谷城에 金在泓氏가 仝十日 寅時에 粘付한 後 大神師 伸寃次로 京 光化門前에서 伏閤하고 또 報恩帳內와 金溝院坪 會集時에 本郡 敎人 數千이 往參하엿는대….[55]

라 하여 금구 원평 취회에 남원 동학교도들이 대거 참여하였다고 하였다. 『시천교종역사』에 의하면,

전봉준은 교도들을 모아 전라도 금구군 원평에 주재하고 있었다. (중략) 이때 전봉준 김개남은 호남지방에서 교도들을 이끌고 혹은 모였다 혹은 흩어졌다 하였는데, 교도들의 집회는 임진년壬辰年 7월부터 갑오년에까지 이르렀다.[56]

그런데 금구 원평 취회는 1892년 11월 삼례 취회의 연장선상 위에서 전개되고 있었다. 전라도 일대의 교도들이 대거 참석한 삼례 취회는 11월 초부터 20일경까지 장기간 계속되었으며, 해산 지시를 담은 해월의 「경통」敬通-11

월 19일자과 전라 감사의 「감결」甘結-11월 21일자이 하달된 이후에도 해산하지 않았다. 삼례 취회에는 특히 지방 수령들의 침학으로 가산을 수탈당하여 오갈 데 없는 상당수의 교도들이 참가함으로써 해월은 이들의 안접에 매우 고심하지 않을 수 없었다. 유무상자有無相資를 강조한 까닭도 살림이 거덜나 갈 데 없는 교도들을 안정시키기 위한 조치였다. 전라도의 동학교도들은 특히 해월이 11월 19일자 「경통」에서 서울에 올라가 복합할 계획을 상의하여 다시 하달하겠다는 지시를 내리고, 12월 초순 복합상소를 위한 도소都所를 보은 장내에 설치하자 더욱 조직화되어 갔던 것으로 보인다. 전라도 동학교도들은 1893년 1월에 접어들자 전봉준을 중심으로 결집하여 척왜양을 주장하는 창의문을 작성하고, 이어 2월 10일경 전라도 각 관아에 게시하였다.

또 소 三十四年1893년 癸巳 正月에 全琫準의 文筆로 昌義文을 著作하야 各郡 衙門에 揭示할새 南原에 金榮基 雲峰에 金聖基 求禮에 柳泰洪 谷城에 金在泓氏가 仝十日 寅時에 粘付한 後 大神師 伸寃次로 京 光化門前에서 伏閣하고 또 報恩帳內와 金溝院坪 會集時에 本郡 敎人 數千이 往參하엿는대[57]

二月 十日 東學稱以倡義 暗付榜書于全羅道諸邑衙門 以爲倭洋淸諸國人橫行本國 罔有制禦吾제欲爲剿滅之擧 各有智勇之人 則自官推送云 噫 此輩之聲言 斥倭洋者 其言可尙矣 然莫 非渠自爲亂階也[58]

또 전라도 동학교도들은 또한 복합상소를 즈음하여 서울로 상경하여 척왜양 운동을 벌였다.

이 伏閣上疏는 國王의 曉諭로서 解散되였으나 우리 敎人들이 繼續的인 上京으로 因하여 한 때 서울의 人心은 흉흉하였고 서울에 남아 있는 우리 東學

敎人들은 外國公館과 基督 敎會堂들에 斥倭斥洋의 掛書를 부치였다. 日本 領事館 門前에 부친 掛書文中에는 日本은 壬辰亂以後 우리들의 不忘의 冤 讐國임을 論하고 모든 日本人이 急히 還國을 主張하였다. 우리 東學에서 表面化한 斥倭運動의 始作이었다. 各國 公事館이 다 같이 이 같은 事實은('에 의 誤字;인용자주) 모두 緊張하였는데 特히 우리 侵略에 앞장 섰던 日本領事는 이때 가장 銳敏한 反應을 이르키여 日本居留民에게 東學敎徒들의 기염이 果然 치성하게 되면 우리 居留民에 대하여 如何한 危險을 늦길는 지 알 수 없는 일이라고 撤收準備令을 내리기까지 하였다 한다.[59]

1893년 2월 10일경 전라도 각읍 관아에 척왜양의 방문을 게시하였던 전라도 교도들은 2월 중순경에는 삼례에 집결하여 전라감사에게 소장疏狀을 제출하여 척왜양을 강력하게 주창하고 동학의 공인을 요구하였으며, 탐관오리의 숙청을 요구하였다. 2월 중순경 삼례 취회가 다시 열렸다는 사실과 전라 감사에게 소장을 제출하였다는 사실은 『천도교회사초고』, 조선주재 일본변리공사 오이시 마사미大石正巳가 일본 외무대신에게 보고한 2월 26일자양력 4월 12일보고서, 조선주재 미국변리공사 겸 총영사 오거스틴 허드 Augustine Heard의 3월 5일자양력 4월 20일보고서, 『나암수록』羅巖隨錄 계사癸巳 2월조 二月條에 실린 「동학당여완백서」東學黨與完伯書 등에서 확인할 수 있다.[60] 보은 취회 당시 함께 열리고 있었던 전라도 금구 원평 취회는 전봉준 등이 지도하고 있었다. 『남원군종리원사』에 의하면 전봉준은 1892년 11월 삼례 취회에서 우도右道를 대표하여 전라 감사에게 소장을 제출하면서 지도자로 부상하기 시작하였다. 전봉준은 다시 1893년 1월에는 창의문을 작성하여 좌도의 유태홍柳泰洪 등과 함께 전라도 각 관아 아문에 게시하였다고 한다. 또『시천교종역사』에 의하면, 전봉준은 임진년 7월경부터 교도들을 이끌고 혹은 모였다 흩어졌다 하였으며, 금구 원평을 중심으로 활동하고 있었다. 금구 원평 취회에 모인 교도들의 규모는 대략 1만여 명에 달했으며,[61] 보은의 동학교도들과 "성기聲氣를 통하고" 있었다.[62] 따라서 금구 취당에서 내세운 주장과 보은 취회에서 내세운 주장은 서로 일치하고 있었다. 그 단적인 증거는 1893년 2월 중순경 전라도 동학교도들이 전라 감영에 제출하였다는 소장의 내용이 보은 취회에서 그대로 수용되어 3월 11일 보은 관아 통고문으로 나타났다는 사실이다. 『나암수록』계사 2월조에 실린 「동학당여완백서」는 2월 중순경 전라도 동학교도들이 전라 감사에게 제출한 소장[63]이 틀림없는데, 이 소장 내용은 3월 11일 보은 취회 동학교도들이 보은 관아에 보낸 통고문과 일치하고 있다.

그런데 「동학당여완백서」와 「보은관아통고문」에서 일관되게 나타나고 있는 내용은 강력한 척왜양의 의지이다. 따라서 금구 취당과 보은 취회에서 나타난 동학교도들의 주장은 동일한 것이었다고 할 수 있다. 동학교도들의 '척왜양'의 의지는 이미 공주 취회 단계에서부터 일관되게 나타난 것이었으며, 특히 광화문 복소 직후 동학교도들은 "듣건대 왜놈과 양놈들이 우리가 척화斥和하므로 임금님을 위협하여 동학도들을 소탕하도록 강요하였다."[64]고 인식한 뒤 더욱 강력하게 척왜양을 주장하게 되었다. 그리하여 보은 취회에서는 3월 11일의 「보은관아통고문」通告文에 나타난

生等數萬 同力誓死 掃破倭洋 欲效大報之義 伏願閣下 同志協力 募選有忠有義之士吏 同輔國家之願 千萬祈懇之至[65]

라는 내용, 또 3월 16일의 「통유문」通諭文에 드러난

外賊乘釁覘機 迫在朝夕 伏願僉員道儒 一心同志 掃清妖氛[66]

이라는 내용과, 3월 23일의 「동학인방」東學人榜에서 주장된

夫倭洋之如犬羊 我東邦三千里 雖五尺之童 莫不知之 莫不警焉[67]

이라는 내용, 그리고 3월 26일 양호선무사 어윤중에게 제출한 「문장」文狀에
드러난

皆曰擊倭洋而死 則死猶賢於生 此國家之可賀 非可憂者也[68]

라는 내용을 통해 한결같이 '척왜양'을 내세웠으며, 이것은 전라도 동학교
도들이 2월 중순경 전라 감사에게 제출한 소장에서 드러난 척왜양의 주장
과 그대로 일치하는 것으로 볼 때 금구 취당과 보은 취회가 기본적으로 동
일한 노선위에서 이루어진 취회임을 확인할 수 있다.

　3월 25일 조정에서는 동학교도들의 취회를 해산시키기 위한 대책회의가
열렸다.[69] 청나라에 원병을 요청하는 일이 거론되었으나 대신들의 반대로
중지되었다. 3월 27일에는 보은 군수가 장내 도회소를 찾아와 퇴산하지 않
고 깃발을 내리지 않은 이유를 따졌다. 이에 동학교도들은 깃발은 각 접接을
표시하기 위한 것이며, 노약자부터 해산하였으니 돌아갈 때 각읍에서 길을
막지 않도록 할 것을 요구하였다.[70] 28일에 동학교도들은 처음으로 진을 설
치하지 아니한 채 휴식을 취했으며, 수백 명의 교도들은 뒷산에 올라 정탐
을 하고 내려오기도 하였다. 29일에는 상주, 선산, 태안, 광주, 천안, 직산, 덕
산 등지의 교도들이 도착하였으나 어린이와 약자弱者들 대부분은 장내帳內를
떠났다. 30일에는 대부분의 교도들이 떠나기 시작하였다. 조정에서는 어윤
중의 「장계」를 받아 본 고종이 3월 28일 전보로 「윤음」綸音을 내렸다. 4월 1
일 청주영장과 병영군관으로부터 「윤음」을 전달받은 어윤중은 지체 없이

장내로 달려가 「윤음」을 선포하고 해산을 명령하였다. 이날 저녁 브은에는 청주영병淸州營兵 100여 명이 도착해 있었으며, 청주에는 장위영병 6백명이 도착하였다. 동학교도들이 해산하지 않을 경우 무력으로 해산시키기 위한 조치였다.[71] 「윤음」의 요지는 "너희들이 계속 뉘우치지 않고 해산하지 않으면 마땅히 큰 처분을 내리겠다."[72]는 위협적 내용이었다. 동학교도들이 그동안 한결같이 주장했던 '교조의 신원' 이나 '동학의 공인' 또는 '척왜양'에 대하여는 전혀 언급하지 아니한 채, 한편으로는 군대를 동원하여 토벌하겠다는 의지를 보이며 해산할 것을 강요한 것이었다.

「윤음」이 내려올 당시 보은 취회 지도부는 20일 이상을 지내면서 식량과 숙소 문제로 시달림을 받고 있었다. 또한 조정에서 파견한 군대를 맞아 저항할 경우 희생자가 속출할 가능성이 많았다. 대부분의 교도들이 비무장이었기 때문이었다. 그리하여 「윤음」을 전달 받은 해월은 4월 2일 보은 장내를 떠나 은신하였다. 4월 2일 보은 취회에 모인 동학교도들이 하산함에 따라 '성기聲氣를 통하고 있던' 전라도 금구 취회에 모인 교도들도 함께 해산하였다.[73] 보은 취회와 전라도 원평 취회가 모두 해산되자 어윤중은 재차장계再次狀啓를 올려 고종에게 보고하였다.[74] 4월 10일 취회를 주도한 인물로 알려진 호서의 서병학, 서장옥과 호남의 김봉집金鳳集-全琫準의 異名에 대한 체포령이 내려짐에 따라,[75] 보은 취회를 주도했던 해월은 칠곡柒谷, 인동仁同, 김산金山, 황간黃澗 등지로 피신하였다.[76]

이상과 같이 1893년 3월 11일부터 4월 2일까지 삼남 지방을 비롯한 전국 각지에서 수만 명의 교도가 참가하여 열렸던 보은 취회에서 해월이 교조 신원과 동학 공인이라는 종교적 요구 대신 '보국안민' 과 '척왜양창의' 라는 정치 사회적 요구를 강력하게 내세우게 된 것은 개항 이래 심화된 왜양의 침탈에 대응하기 위한 동학교단의 스스로의 선택이었다. 해월을 비롯하여 보은 취회를 주도했던 동학 지도자들은 보국안민과 척왜양창의의 기치아

말로 당시 동학교단이 지배층으로부터 인정받고 일반 민중들로부터도 지지받을 수 있는 최선의 선택이라고 인식하고 있었던 것으로 생각된다.

1893년 보은 취회에서 전면에 등장했던 척왜양 노선은 교조 재세시부터 동학 사상 속에 드러난 척왜양의 정신을 기본적으로 계승하고 있을 뿐 아니라, 1892년 10월 공주 취회, 11월의 삼례 취회, 그리고 1892년 광화문 복합상소 단계에서 지방과 서울 일대에서 벌인 척왜양 운동과 궤를 같이 하는 것이었다. 또한 광화문 복합상소가 전개될 무렵 삼례 취회를 다시 열어 척왜양 격문 게시 운동을 전개했던 전봉준, 유태홍 등 전라도 지방 동학 지도자들의 노선과도 일치되는 것이었다. 따라서 보은 취회와 거의 같은 시기에 전라도 금구에서 열린 금구 취회는 서로 동일한 지향을 가졌을 뿐 아니라 대립적이지도 않았다.

결론적으로 말한다면 삼례 취회 이래 전봉준 등 전라도 지방 동학 지도자들이 서서히 부상하고는 있었으나 보은 취회 단계까지는 아직도 해월이 이끄는 동학교단의 틀을 완전히 거부할 만큼 성장하지는 못했던 것으로 판단된다.

금구 원평 취회와 그 역사적 의의

1. 1차 사료에 나타난 원평 취회의 존재

1892년 10월음력부터 이듬해 1893년 4월까지 동학 지도부는 충청도 공주公州, 전라도 삼례參禮, 서울 광화문光化門, 충청도 보은報恩 등지에서 "동학 교조東學教祖의 신원伸寃, 지방관의 가렴주구苛斂誅求 금지, 척왜양斥倭洋" 등 세 가지 요구를 내건 집회를 대대적으로 전개했다. 이를 일러 교조신원운동教祖伸寃運動[1]이라 부른다.

이 같은 교조신원운동은 1893년 3월 10일부터 시작된 보은 취회報恩聚會에서 최고조를 맞이하게 되는데, 4월 초까지 20일 이상 계속된 보은 취회에는 전국 각지에서 약 3만 명 이상[2]의 동학교도 및 일반 민중들이 보은 장내리[3]에 집결하여 '척왜양창의' 斥倭洋倡義의 기치를 내걸고 4월 2~3일경 해산하기까지 대대적인 집회를 개최하였다.

그런데, 보은 취회가 한창 전개될 무렵인 1893년 3월에 전라도 금구현 원평院坪에서도 동학교도들의 집회가 열렸다는 사실이 1980년대 초반에 밝혀진 바 있다.[4] 전라도 금구현 수류면 원평리全羅道 金溝縣 水流面 院坪里[5]에서 집회가 열렸다는 사실은 관찬기록인 『일성록』日省錄과 『취어』聚語, 김윤식의 『속음청사』續陰晴史, 최영년의 『동도문변』東徒問辯, 김석중의 『토비대략』討匪大略, 최병현의 『남원군종리원사부동학사』南原郡宗理院史附東學史, 『시천교역사』侍天教歷史 등 관변 측 자료, 유생 측 자료, 동학 교단 측 자료 등 여러 1차 사료에서 공통적으로 확인되고 있다.

2. 원평 취회의 역사적·지리적·종교적 배경

그렇다면 왜 금구현 원평에서 동학교도들의 집회가 대대적으로 열릴 수 있었던 것일까? 그 역사적·지리적·종교적 배경에 대해 알아보기로 한다.

첫째, 원평은 전라감영全羅監營이 있는 전주에서 서남쪽으로 15km 정도 떨어진 가까운 곳으로, 조선 후기 이래 현재까지도 가장 규모가 큰 5일장이 열릴 정도로 인근에서 생산·유통되는 물산物産이 대단히 풍부한 곳이다. 또한 동북의 내륙 산간지대와 서남의 평야지대가 만나는 곳이자 전라우도全羅右道의 교통로상에 자리한 요충지이며, 금구 관아官衙로부터 적당한 거리를 두고 자리하고 있어 동학교도들이 집회를 열기에 안성맞춤인 곳이었다.

둘째, 원평은 모악산母岳山과 금산사金山寺로 상징되는 독특한 종교적 배경을 가진 지역이라는 점이다. 모악산과 금산사가 자리하고 있는 원평 지역은 삼국시대 이래 지금까지 미륵신앙彌勒信仰을 중심으로 하는 민중 신앙을 비롯하여, 조선 후기와 근대에 들어와 동학과 증산교·원불교 등의 신종교의 성지로, 그리고 서양에서 유입된 천주교와 기독교까지도 원평을 중심으로 활발한 전도 활동을 펼치는 등, 이른바 한국의 종교 문화를 대표하는 모든 종교들이 뿌리를 내린 성지와도 같은 곳이다. 따라서 원평 취회를 이끈 지도부는 민중 신앙의 성지이자 한국 종교의 성지인 원평을 집회 장소로 선택하였을 것으로 보인다.

셋째, 원평에서 대규모의 취회가 이뤄질 수 있었던 또 다른 하나의 배경으로는 이곳이 서남해 연안의 전라우도全羅右道 여러 고을에서 전주를 거쳐 한양으로 가는 노정 상에 위치하는 중간 기착지라는 사실이다. 원평은 해남과 진도, 강진과 장흥, 무안과 목포, 영광과 함평, 장성과 나주, 정읍과 고창 등지에서 서울로 가기 위해서는 반드시 지나가야 하는 지점에 자리하고 있다. 원평을 지난 다음에는 전주, 전주를 거친 다음으로는 전라좌도全羅左道 길과 만나는 삼례參禮로 이어진다.

넷째, 원평이 속해 있던 금구현金溝縣 일대가 전라도 동학 포교와 밀접한 연관을 지닌 지역이었다는 점이다. 금구현 일대는 동학을 삼남 일대에 널리 전파하여 동학혁명의 조직적 기반을 닦았던 해월 최시형 선생이 1890년대 초반에 순회 포교를 통해 교세를 널리 확장했던 지역이었으며, 또한 후일 금구대접주에 임명되는 김덕명金德明이 출생·성장하고 동학 포교 활동을 전개했던 본거지이자, 청소년기의 전봉준이 서당에 다녔던 곳이기도 했다. 특히 김덕명 대접주가 원평 취회를 전후한 시기에 이미 상당한 경제적 기반을 가지고 있었다는 사실도 이곳에서 취회가 가능하게 된 배경의 하나로 볼 수 있을 것이다.*

* 원평은 금구 취회 장소로서뿐만 아니라 동학농민혁명 전개 과정, 전라도 지역 동학 지도자들과의 관계에서도 매우 밀접한 관련을 맺고 있는 곳이었다.

예를 들면, 북쪽으로 삼례가 20km 거리에, 전봉준의 구거(舊居)가 있는 정읍군 이평면 조소 마을이 서남 방향으로 17km 지점에, 대접주 김개남(金開南)의 고향이자 전주화약 이후 전봉준 장군이 기거했다는 정읍군 산외면 지금실이 남쪽 9km지점에 각각 자리하고 있다. 또한, 전봉준 장군이 어린 시절 한때를 보냈던 정읍군 감곡면 계룡리 황새마을이 원평 서쪽 1.5km 거리에 있고, 말목장터가 서남쪽으로 13.5km, 갑오년 음력 3월 25일경 동학 농민군이 결진(結陣)했던 백산성(白山城)이 서쪽 19km가량 떨어진 곳에 자리하고 있다. 또 금구대접주 김덕명이 출생한 용계 마을이 원평 동쪽 1km 지점에 있고, 그가 성장하고 활동 본거지로 삼았던 거야(巨野) 마을이 원평 동쪽 2.5km 지점에 자리해 있다. 이 같은 동학 관련 지역 대부분은 원평을 중심으로 1일 생활권(生活圈) 내지 원평 장시권(場市圈)에 속해 있었다. 이상과 같이, 원평은 동학농민혁명 태동과 그 전개 과정에서 지리적으로 매우 중요한 비중을 차지하고 있었다. 전봉준 장군이 집강소 통치기에 원평에 웅거하면서 전라우

3. 원평 취회의 규모와 주도 세력의 정체

원평 취회는 1893년 음력 3월 21일 이전부터 이루어지고 있었다. 이것은 원평 취회의 개최 시기가 보은 취회의 개최 시기와 일치하고 있음을 뜻한다. 원평 취회 개최 시기를 알려 주는 사료로는 『일성록』이 가장 대표적이다. 『일성록』 고종 30년1893, 癸巳 3월 27일자 기사에는 새 전라 감사로 부임하는 김문현金文鉉이 고종에게 사폐辭陛[6]하는 자리에서 나눈 대화 내용이 다음과 같이 기록되어 있다.

> 고종 가로되, "호남湖南은 왕조가 일어선 터전이고 어진御眞을 모신 경기전慶基殿이 있어 다른 지방과 달리 소중하고 나라 살림의 창고와도 같은 곳이다. 근래에 이르러 어찌된 까닭인지 풍속이 타락하고 인심이 간사하고 교활해져서 동학東學의 무리가 창궐하여 날뛴다 하니 백성들을 안도하게 할 계책과 없애 버릴 방책을 경이 판단하여 처리토록 하라."
>
> 문현文鉉이 답하기를 "신의 역량이 보잘것없어 제대로 보답하지 못할 듯하오나 이른바 비도들이 준동한다는 것은 참으로 변괴라 할 것입니다." (중략)
>
> 고종이 이르기를, "말이란 한 번 두 번 옮기다 보면 터무니없는 말을 지어내게 되는 것이나 족히 믿을 것이 못된다. 호남에서도 금구金溝에 가장 많다 하니 전주 감영에서 어느 정도 거리인가. 먼저 그 소굴을 격파하여 금단하고 일소하는 방도를 삼도록 하라."
>
> 문현이 답하기를, "30리 가량 되는 데 금구 · 원평에 과연 취당하고 있다 하옵니다."[7]

도를 호령하고, 그해 음력 11월 25일 구미란에서 최후 전투를 벌인 것도 원평이 차지하는 중요성 때문이었다.

원평 취회 개최를 알려 주는 또 다른 사료로 김석중의 『토비대략』討匪大略
이 있다. 1894년 11월과 12월의 농민군 토벌 기사를 담고 있는 『토비대략』에
는 "계사년1893년 4월 동학군 4 - 5만 명이 일부는 호서湖西의 보은 장내報恩 帳內
에서 둔거屯據하고 있고, 일부는 호남湖南의 금구 원평金溝 院坪에 둔거해 있었
다."[8]고 하여 보은 취회와 함께 원평에서도 집회가 열렸음을 말하고 있다.

원평 취회에 모인 참가자들의 규모는 대체로 1만 명 이상이었던 것으로
보인다. 그 구체적 증거로는, 1893년 봄에 신임 전라감사 김문현이 전주 감
영에 도착했을 때 군사마軍司馬 최영년崔永年으로부터 "금구에 운집한 동도東
徒가 거의 1만여 명이나 된다."[9]는 보고를 받은 것, 원평 취회 당시 충청도 면
천沔川에 유배돼 있던 김윤식金允植이 쓴 「면양행견일기」沔陽行遣日記에 "또 금
구 원평 취당 수만 인은 장차 제물포로 직주直走하겠다고 큰소리를 쳤다고
한다."[10]는 기록이 있는 것, 그리고 "전라도에서는 금구 원평에서 도회都會
하였는데 그 괴수는 보은 사는 황하일黃河一, 무장 접주 손해중孫海中; 孫化中의
잘못이며, 1만여 인을 거느리고 3월 21일 도착한다는 뜻을 사통私通했다고 한
다."[11]는 기록 등을 종합해 볼 때, 적어도 1만 명 이상의 동학교도들이 집결
하여 그 세력을 과시하고 있었던 것이 틀림없다고 하겠다.

그렇다면, 금구 원평 취회는 과연 누가 주도했으며, 원평에 고인 동학교
도들은 어떤 요구를 내걸고 시위를 벌였던 것일까? 결론부터 말하자면, 원
평 취회를 주도한 인물은 바로 전봉준을 비롯한 전라도 일대 동학 지도자들
이었다.[12] 『일성록』日省錄 등 관련 사료에 의하면, 양호도어사 어윤중魚允中이
보은 취회를 강제로 해산한 이후에 "호서의 서병학徐丙鶴, 호남의 김봉집金鳳
集, 서장옥徐章玉; 徐璋玉의 잘못을 해도該道의 감사로 하여금 영옥營獄에 체포 구금
토록"하는 체포령이 의정부로부터 발령됐는데, 여기에 나오는 '호남의 김
봉집'이 바로 원평 취회를 주도한 전봉준의 가명이라는 것이다.

'김봉집'이 전봉준의 가명이라는 사실은 김윤식의 「면양행견일기」, 오

지영吳知泳의 『동학사』東學史 등이 김봉집을 '전가'全哥나 '전봉준'으로 고쳐 기록하고 있는 데서도 확인할 수 있으며, 실제로 전봉준이 '김봉균'金鳳均 등 여러 가명을 실제 사용했다는 자료들이 그것을 뒷받침한다. 동학교단 측 자료 『시천교역사』는 특히 "법소法所; 동학 2대 교주 해월 최시형이 주재하던 동학 본부에서는 교도의 난동을 금하였다. 그 이유는 전봉준이 교도들을 사사로이 빼앗아서 전라도 금구 원평에 주재하고 있었기 때문이었다."며 금구 원평 취회를 전봉준이 지휘했다고 쓰고 있다.

4. 원평 취회의 성격과 그 특징

전봉준 등 전라도 출신 동학 지도자들이 중심이 된 원평 취회 주도 세력은 일련의 집회 과정에서 어떤 요구를 내걸었으며 어떤 행동을 보였을까? 유감스럽게도 앞에서 예를 든 사료에는 원평 취회를 주도한 지도부와 그 취회에 모인 동학교도들이 어떤 행동을 보였는지, 어떤 요구를 내걸었는지에 대한 언급이 전혀 없다. 이런 점 때문에 원평 취회는 사료상으로만 존재할 뿐, 실제로는 가시적인 시위나 구체적인 요구 등을 하지 않았다고 보는 연구자도 있다. 그러나 일부 사료에는 명확하게 원평 취회 주도 세력이 보은 취회에 참여하여 보은 취회를 일련의 급진적 집회로 바꾸려는 시도를 했으며, 그 과정에 전봉준도 참여했다는 기록이 확인되고 있는 점[13]으로 보아 원평 취회 주도세력은 원평에 모여 있되 별도의 독자적 행동은 하지 않고 보은 취회 지도부와 서로 '성기聲氣를 통하면서' 보은 취회를 통해 그 시위 목적을 달성하려 했다는 견해가 나름대로 설득력을 얻고 있다.

원평 취회 주도 세력이 보은 취회 과정에서 벌인 급진적 행동은 서병학이 선무사 어윤중에 보낸 밀보密報에서 구체적으로 확인된다. 즉, 보은 취회 지도자의 한 사람이었던 서병학은 해산을 종용하는 양호도어사 어윤중에게

“호남 취당湖南聚黨; 금구 원평 취회 세력을 말함은 얼핏 보면 우리와 같지만 종류가 다르다. 통문을 돌리고 방문을 게시한 것發文揭榜한 것은 모두 그들의 소행이다. 그들의 정형情形이 극히 수상하니 원컨대 공께서는 자세히 살피고 조사 판단하여 그들과 우리를 혼동하지 말고 옥석玉石을 구별해 주시오.”[14]라고 말했다고 한다. 이 같은 서병학의 ‘밀고’에 따르면, 보은 취회에서 내걸린 척왜양 기치는 보은 취회 지도부와는 상관 없이 모두 원평 취회 주도 세력이 주도했다는 것이다. 만일 서병학의 ‘밀고’가 사실이라면 원평 취회 세력은 동학 교조 수운 최제우의 신원을 위해 실행된 종교적 성향의 보은 취회를 척왜양斥倭洋이라는 정치적 슬로건을 전면에 내세우는 집회로 변화시키는 동력動力으로 작용했다는 평가를 받게 된다. 이런 점 때문에 학계의 일부 연구자들은 원평 취회의 성격을 탈脫종교적이며 보다 투쟁적이고 정치적 지향을 지닌 세력들의 집회라고 규정하고 있다.

이상과 같은 원평 취회 성격에 대한 학계의 평가는 다음과 같은 두 가지 방향에서 이루어지고 있다. 첫째는 원평 취회가 보은 취회와는 별개로 독자적으로 열렸으며 그 지향 역시 ‘척왜양과 지방관의 탐학 금지’라는 강한 정치적 성향을 지녔다고 보는 시각이다. 이 같은 견해의 연장선상에서 전봉준은 교조신원운동을 통해 최시형을 정점으로 하는 동학 지도부와는 별도로 세력을 갖추기 시작하며, 특히 원평 취회를 계기로 유력한 지도자로 성장함으로써 1894년 동학농민혁명을 주도하게 된다는 견해에 이른다. 둘째는 원평 취회가 ‘전봉준에 의해 주도된 정치성 강한 집회’라는 데는 일단 동의하되, 그 지향이나 성격 면에서 보은 취회와 완전히 분리하거나 지나치게 정치성을 부여하는 데 대해서는 비판적 입장을 보이는 견해이다.

첫 번째 견해는 ‘금구 취당’ 즉 원평 취회의 존재를 가장 먼저 발견하고, 「갑오농민전쟁 연구」라는 박사학위 논문에서 원평 취회의 존재에 대해 대단히 높게 평가한 정창렬 교수에 의해 집대성되었다.[15] 정 교수는 “동학농민혁명의 최대 지도자인 전봉준이 어떤 경로로 고부 민란에서 갑자기 지도자로 출현하고 1893년 11월 사발통문 서명자의 한 사람으로 등장하는가."에 대한 의문을 '금구 취당'이라는 열쇠로 풀고 있다. 전봉준이 주도한 원평 취회 세력은 이미 1893년 2월 중순에서 2월 말 사이 서울에서 척왜양 격문檄文 게시 운동이른바 괘서사건을 전개했으며, 2월 말에서 3월 초까지는 전주에서 비슷한 운동1893년 음력 3월 1일 경 전라 감영문에 붙여진 방문을 벌였을 뿐만 아니라, 3월 7일에는 서울에서 외국인 선교사 및 일본 상인의 축출과 지방관리의 압제 탐학 제거를 위한 일대 정치 공세를 벌이자고 선동하는 등 강도 높은 척왜양 반침략 운동을 전개한 집단이었다는 것이다. 이러한 과정에서 원평 취회 세력은 하나의 세력으로 응집돼 늦어도 3월 초에는 내부적인 규율을 갖춘 집단으로 성립되었고, 적어도 3월 중순에는 금구에서 독자적인 집회를 가질 만큼 완강한 세력으로 성장했다는 것이다.[16] 이처럼 전봉준이 주도한 원평 취회는 이른바 북접北接 지도부와 노선을 달리하면서 투쟁 의식을 강화해 동학농민혁명을 주도하는 주도 세력으로서의 잠재력을 갖춰 나갔다는 것이다.

그러나 이 같은 정창렬 교수의 견해는 그 나름대로 탁월한 주장인 동시에 일정한 설득력을 지니고 있으나 신진학자들의 만만찮은 반론에 직면해 있는 것도 사실이다. 예를 들면, 장영민張泳敏 교수는 「동학의 대선생신원운동大先生伸寃運動에 관한 일고찰」1991이라는 논문을 통해 원평 취회가 비록 독자적으로 회집會集하고 척왜양이라는 정치적 목표를 강하게 내세웠다고는 하나, 공주 - 삼례 - 광화문 - 보은으로 이어지는 동학교단의 신원 운동과 투쟁의 연장선상에서 크게 벗어나 있지 않다고 주장하고 있다. 즉 척왜양은 이미 삼례 취회에서부터 표출됐기 때문에 보은에서 처음으로 등장한 구호였거나, 원평 취회 세력에 의해 영향을 받은 것으로만 볼 수 없다는 것이다. 따라서 보은 취회와 원평 취회가 그 성격 면에서 근본적으로 대립적이지 않았다는 것이다. 실제로 전라도 도인 6천여 명이 보은 취회에 참여했고, 전봉준도 보은 취회 참여를 위해 보은에서 40~50리 떨어진 원암元岩 장터까지 갔다가 보은 취회가 해산하자 돌아갔다는 정황 등이 있어 동학 지도부의 지도력 누수나 보은·금구 양 취회 지도 세력 간의 갈등 또한 그리 큰 것이 아니었다고 보는 것이다. 필자 역시 "금구 원평 취회의 지향이 보은 취회의 지향과 특별히 다른 것이 아니었다."며 장 교수의 견해에 동의하고 있다.[17]

뿐만 아니라 장영민 교수 등은 "서울에서 벌어진 괘서 사건을 원평 취회 세력이 주도했고, 원평 취회 총대總代 20명이 서울에서 운동을 벌이다 포도청에 구류됐다."는 정 교수의 주장에 대해서도 사료의 오독誤讀이거나 지나친 추리라며 의문을 제기하고 있다. 또한 "원평 취회 세력이 남접南接과 합세해 보은 취회를 좀더 정치적으로 몰고 가기 위해 보은에 집단적으로 참여하려 했으나 취회가 해산해 버리자 선발대 1천여 명이 충주로 방향을 돌려 상경하려 했다."는 정창렬 교수의 사료 해석은 명백한 사료 오독이라고 비판하고 있다.[18] 음력 4월 2일 보은 취회가 해산하면서 '사잇길로 원평院坪에서 충주로 간 자가 1천여 명'이라는 보은 장리將吏의 보고서는 정 교수의 주장처럼 서울에서 별도 계획을 실행하려고 상경하려던 원평 취회 세력의 선발대가 아니라 보은 취회에 참여했다가 충주 쪽으로 돌아가던 보통의 동학 교도들이었다는 것. 여기서 나오는 원평은 전라도 금구현 원평이 아니라, 보은군 산외면山外面 원평院坪이었다는 지적이 그것이다.

끝으로 한 가지 더 언급할 것은 금구에서 보은과 별도의 취회가 이뤄진 것은 단순히 참여 교도들의 식량 조달의 한계 때문에 집회를 분산시킨 것뿐이라는 주장도 있다는 점이다. 이 같은 주장은 천도교의 표영삼 상주선도사가 『신인간』新人間 505호(1993)에서 제기한 주장으로, 보은 취회와 원평 취회는 동일한 목적 아래 분산적으로 열렸던 신원집회伸寃集會라며 금구 취당에 대한 별도의 의미 부여를 차단하고 있다. 보은 취회와 원평 취회가 일정한 관련을 가지고 있었다는 사실은 양 취회의 해산 시기가 거의 동일한 점에서도 확인된다.

5. 원평 취회의 역사적 의의

결론적으로, 금구현 원평 취회는 1892~1893년 교조신원운동 과정에서 동학교단이 3만 명이라는 대규모의 민중들을 결집하여 그 세력을 과시한 충청도 보은 취회와 동일한 시기에 전라도에서도 보은 취회와 그 지향을 함께 하는 대규모 집회가 별도로 열렸다는 점, 이 같은 별도의 취회를 통해 전봉준 등이 전라도 지역 동학 조직의 핵심 지도자로 부상하기 시작했다는 점, 1894년 혁명이 일어나기 1년 전부터 이미 삼례와 원평 등 전라도 일대에서 동학의 접포 조직 아래 민중들이 광범위하게 결집하기 시작했다는 점 등을 보여 준다는 면에서 그 역사적 의미는 결코 적지 않다고 할 것이다.

동학농민혁명기 해월 최시형의 활동

1. 문제 제기

1894년 동학농민혁명 당시 동학교단의 최고 지도자였던 해월 최시형^{이하},
해월은 전봉준의 봉기에 대해 어떤 태도를 취했을까? 지금까지 알려진 사실
은 "현묘한 기틀이 아직 드러나지 않았으니 마음을 급하게 먹지 말라는 것
이 스승 최제우의 유훈遺訓이라."는 유서遺書를 내려[1] 자중하기를 종용했으
며, 심지어는 「고절문」告絶文을 지어[2] 경고하였다고 알려져 있다. 그리하여
해월은 역사의 방향을 거스른 '반동적'反動的 인물처럼 설명하기까지 하였
다. 그래서 이 장에서는 1894년 동학농민혁명을 전후한 시기에 해월이 보여
준 구체적 활동을 해명하고, 그러한 구체적 활동을 통해 드러나는 그의 지
향을 추적하여 역사적 진실을 해명하는 데 초점을 두고자 한다.

이 장의 전개 순서는 다음과 같다. 첫째, 1894년 동학농민혁명 당시 해월
이 보여 주는 구체적 행동은 갑자기 돌출되는 것이 아니라는 점에 착안하여
1894년 이전에 이른바 '북접'北接으로 표현되는 그의 지도 체제 확립 과정을
검토하면서 '북접'北接과 '남접'南接의 의미를 검토한다. 둘째, 1894년 1월의
고부 농민봉기와 3월의 1차 동학농민혁명=茂長起包 당시 해월을 중심으로 한
동학교단 지도부의 동향을 새로 발굴된 1차 사료를 중심으로 상세하게 검
토함으로써 이미 알려진 연구 성과들이 잘못되었다는 점을 밝힐 것이다. 셋
째, 2차 동학농민혁명 당시 해월의 구체적 행적을 해명함으로써, 그가 동학

농민혁명에 소극적 태도로 임했다거나, 아니면 전봉준의 노선과 대립적이었다는 기존의 연구 성과를 재검토함으로써 동학농민혁명기 해월의 활동에 대해 재평가를 시도하고자 한다.

2. 남북접의 연원과 형성

1860년 4월 5일 동학을 창도한 교조 수운 최제우는 약 1년간의 수련을 계속한 다음 1861년 6월경부터 본격적인 포교 활동에 들어갔다. 그는 1863년 12월에 체포당할 때까지 주로 경주 부근을 중심으로 포교 활동을 벌였다. 이에 반해 1861년 6월 동학에 입교한 해월은 1862년 6월경부터 경주 이북 지역인 영덕, 상주, 홍해, 예천, 청도, 울진을 중심으로 포교 활동을 펼쳤다.[3] 그리하여 해월은 1863년 7월경 경주 이북 지역에 대한 포교 활동의 공을 인정받아 스승으로부터 '북도중주인' 北道中主人에 임명되었다.[4] '북도중주인' 이라 한 까닭은 해월이 포교 활동을 벌인 대부분의 지역이 수운이 포교 활동을 펼쳤던 경주 지역에 비해 북쪽에 있었기 때문이었다. 1879년에 편찬된 『최선생문집도원기서』에서 북도중주인이라 했던 표현은 1910년 8월에 창간된 『천도교회월보』天道敎會月報에 연재된 「본교역사」本敎歷史에서는 '북접주인' 北接主人이란 표현으로 바뀌었고,[5] 「본교역사」 이후에 간행되는 동학 교단사는 모두 '북접주인' 이라 쓰고 있다. 이처럼 동학 교문에서 널리 사용되어 온 '북접' 이란 말은 원래 북도중주인에서 유래하였다. 북접이란 용어의 유

<사료-1>

A 水雲行錄	先生 卒爲發文罷接 其時會集者 僅爲四五十人也 自罷接後 廢筆書 是時 作道修(德)歌有詩 一句 龍潭水流四海源 龜岳春回一世花[6]
B 道源記書	先生 卒爲發文罷接 定于七月二十三日 其時會集者 僅爲四五十人也 自罷接後 蔽筆書是時 作道歌 有詩一句 龍潭水流四海源 龜岳春回一世花 慶翔適來 久與相談特定北道中主人[7]

래를 보여 주는 사료를 통해 그 의미를 상세하게 검토하기로 한다.

> 〈사료-1-①〉 大先生曰 今以崔慶翔=崔時亨,慶翔은 初名定北接主人.[8]
> 〈사료-1-②〉 大神師=최제우 以神師=최시형로 爲北接主人하시고….[9]

〈사료-1〉의 내용은 교조 수운이 경주 용담에서 수련회[10]를 열었다가 1863년 7월 23일에 수련회를 파하고 난 직후에 찾아온 해월을 북도중주인北道中主人에 임명한다는 내용이다. 그 중 〈사료-1- A〉의 내용은 1865년경에 씌어진 『수운행록』水雲行錄에서, 〈사료-1-B〉는 1879년에 편찬된 『최선생문집도원기서』崔先生文集道源記書에서 인용한 내용이다. 〈사료-1〉의 A와 B 내용은 1863년 7월 23일 파접罷接 후에 있었던 일에 대한 기록이다.

그런데 동일한 사건에 대한 기록임에도 불구하고 『수운행록』에는 해월이 '북도중주인'에 임명되었다는 내용이 없으며, 『최선생문집도원기서』에만 그 같은 사실이 나타나 있다. 『최선생문집도원기서』의 내용에 의하면, 최시형은 1863년 7월 수운으로부터 북도중주인으로 임명되었다. 이때 '북도'는 수운이 주로 포교 활동을 펼쳤던 경주의 북쪽, 즉 경상도 북부 지역을 지칭하는 뜻으로 사용되었다. 수운은 1862년 6월 이래 경상도 북부 지역에서 활발한 포교 활동을 벌였던 해월에 대하여 그 공을 인정하여 북도중주인으로 임명했던 것이다.[11] 그러나 『최선생문집도원기서』가 1879년 최시형 중심의 지도 체제가 확립된 이후에 편찬되었다는 사실을 고려할 때, 1880년 이전에는 '북접'이란 표현이 그다지 널리 사용되지 않았던 것으로 생각된다.*

---

* 「최선생문집도원기서」에는 '南北之接'과 '北接'이란 용어가 각 한 차례씩 사용되고 있는데 이들 용어는 본 논문에서 논하고자 하는 南接 의미와 그 뜻이 달리 쓰이고 있다. 즉 '南北之接'이란 말은 '남쪽과 북쪽 지역의 접'이란 의미로, '북접'이란 말은 북쪽 지역의 접

따라서 1880년 이전에 최시형을 지칭하는 북접주인北接主人이니 '북접도주' 北接道主니 '북접법헌' 北接法軒이니 하는 호칭도 사용되지 않았던 것으로 생각된다. 그러나 1880년대 이후 해월 중심의 지도 체제가 확립된 이후[12], '북접' 이란 용어가 사용되면서 '북접주인' 이라든지, '북접도주' 또는 '북접법헌' 이니 하는 표현이 일반화되었던 것으로 생각된다. 그리하여 『최선생문집도원기서』 이후에 편찬된 동학교단사에서는 '북도' 라는 표현은 모두 '북접' 이란 표현으로 대치되어 사용되었다. 〈사료-1-①〉은 1906년경에 씌어진 필사본筆寫本이며, 〈사료-1-②〉는 1911년에 『천도교회월보』에 연재된 자료로서 『최선생문집도원기서』의 '북도중주인' 이란 표현이 모두 '북접주인' 으로 바뀌었음을 보여 준다. 이같은 사실은 초기에 사용된 '북도중'北道中이란 말이 시간이 흐름에 따라 '북접'北接으로 바뀌었음을 실증해 주고 있다.

1880년대에 이르러 동학교단은 1870년대 강원도 영서 지역의 산악 지대를 중심으로 한 포교 활동을 통해 구축한 해월 중심의 지도 체제를 기반으로 충청도 및 전라도의 평야 지대를 중심으로 활발한 포교 활동을 전개하기에 이르렀다.[13] 충청도 및 전라도 지방을 중심으로 한 포교 활동이 활발해지자 자연 교세도 크게 증가하기에 이르렀으며, 교도수가 증가함에 따라 동학의 교리를 체계적으로 전달할 경전 간행이 요청되었다. 경전 간행 비용은 해월의 지도를 받은 각 지방의 유력한 접주들이 부담함으로써 『동경대전』, 『용담유사』 등 기본 경전이 차례로 집성集成 간행되었다.* 교도수가 늘어나

이란 뜻으로 사용되고 있다.
* 『東經大全』은 初刊(木板)本은 1880년 6월 강원도 麟蹄에서, 再刊(木板)本은 1883년 충청도 木川과 慶州에서, 초간본을 수정한 重刊本은 麟蹄 출신 金秉鼎에 의해 1888년에 간행되었다. 또한 『용담유사』는 1881년 충청도 丹陽에서 간행되고, 1883년 및 1893년에 재간되었다.

경전이 간행되고, 경전이 간행되어 동학 교리를 체계적으로 전파할 수 있게 됨에 따라 해월은 늘어나는 교도들을 관리하기 위한 '통문' 通文들을 각 지방 접주들에게 잇따라 하달하였다.[14] 1880년대에 들어와 간행된 동학교단의 기본 경전과 해월이 각 지방 접주들에게 발송했던 통문에는 '북접' 이란 표현이 보편화되어 사용되고 있었다. 아래의 〈사료-2〉와 〈사료-2①, ②〉 가 그 예이다.

〈사료-2〉 癸未仲春 北接重刊[15]
〈사료-2-①〉 癸未仲秋 北接新刊[16]
〈사료-2-②〉 戊子季春 北接重刊[17]

〈사료-2〉는 1883년 봄에 간행된 『동경대전』東經大全 간기刊記에 실린 내용이며, 〈사료-2-①〉은 1883년 가을에 간행된 『용담유사』 말미에 실린 간기에 나오는 내용이다. 또 〈사료-2-②〉는 1888년에 중간重刊된 『동경대전』 간기에 나오는 내용이다. 이들 사료에 의하면, 1880년대 초반부터 '북접' 이란 표현이 공식적으로 사용되고 있음을 보여 준다. 1880년대 이후 교서 증가에 따라 해월이 각 지방 접주들에게 하달한 통문에도 '북접' 이란 용어가 등장한다. 현재 해월이 발송한 것으로 추측되는 1880년대 통문에는 「통유십조」通諭 十條, 1883, 「을유통문」乙酉通文, 1885, 「무자통문」戊子通文, 1888, 「기축신정절목」己丑 新定節目, 1889 등이 있다. 그러나 유감스럽게도 현존하는 1880년대 통문에는 '북접' 이란 표현이 등장하지 않고, 1890년대에 나온 통문에서만 확인된다. 즉, 1891-3년경에 이르면 '북접법헌' 北接法軒 또는 '북접주인' 北接主人 '북접도 주' 北接道主라 하여 해월의 직임職任과 호號를 지칭하는 표현들이 널리 사용되기에 이른다. 아래의 〈사료-2③,④,⑤,⑥,⑦,⑧〉이 그 예이다.

〈사료-2-③〉北接法軒[18]

〈사료-2-④〉北接法軒[19]

〈사료-2-⑤〉北接法軒[20]

〈사료-2-⑥〉北接主人[21]

〈사료-2-⑦〉北接道主[22]

〈사료-2-⑧〉北接倡義所[23]

이상과 같이 1880년대부터 사용되기 시작한 '북접'이란 표현은 1894 동학농민혁명기에 줄곧 사용되고, 1894년 이후에도 지속적으로 사용되었다. 아래에 인용한 〈사료-2- ⑨, ⑩, ⑪, ⑫〉가 그 예이다.

〈사료-2-⑨〉北接法軒[24]

〈사료-2-⑩〉北接法軒[25]

〈사료-2-⑪〉北接法軒[26]

〈사료-2-⑫〉北接[27]

위에서 검토한 바와 같이 1880년대부터 해월에 대한 호칭을 사용할 때에는 반드시 '북접'을 넣어서 사용하였음을 알 수 있다. 그러므로 동학교단에서 '북접'이란 말이 보편화되는 시기는 1880년대부터이며, 그 의미는 『최선생문집도원기서』에서 사용되었던 '북접'의 의미, 즉 '북쪽 지역에 있는 접'이란 뜻이 아니라 해월을 대표로 하는 당시의 동학 지도부, 또는 동학본부를 지칭하는 뜻으로 사용되었다. 또한 1880년대 이후 '북도'라는 용어는 사라지고 '북접'이란 용어가 일반화되는 동시에 해월을 일컫는 호칭에는 언제나 '북접'이란 접두어가 앞에 붙고 그 다음에 '법헌' 法軒[28] '주인' 主人 '도주' 道主라는 호칭이 붙는 것이 일반화되었다. 즉 해월은 1880년대 이후 1898

년 6월에 처형될 때까지 경전을 간행하거나, 통문을 발發하거나, 각 지역의 접주 또는 육임들을 임명하는 첩지를 내릴 때는 한결같이 '북접법헌'北接法軒 '북접주인'北接主人 '북접도주'北接道主란 말을 사용하면서 '북접'이란 접두어를 고집스레 사용하였던 것이다.

　그렇다면 해월은 어떤 이유 때문에 죽을 때까지 '북접'이란 말을 고수하였을까? 그가 죽을 때까지 '북접'이란 말을 사용한 까닭은 수운으로부터 '북도중주인'에 임명되었던 역사적 사실을 염두에 두었기 때문은 아닐까? 수운은 1862년 12월 말 경상도 일대 15개 고을에 16명의 접주를 임명한 적이 있었다. 수운에 의해 임명된 16명의 접주는 수운의 지도를 받아 포교 활동에 종사하여 많은 교도들을 거느렸다. 해월은 접주에 임명되지는 않았으나 1863년 7월 북도중주인에 임명되었고, 역시 수운의 지도를 받아 포교 활동을 벌여 경상도 북부 지방에서 많은 교도를 확보하였다. 이 같은 사실을 통해서 알 수 있는 것은 16명의 접주와 마찬가지로 해월 역시 수운의 직접 지도를 받았다는 사실이다. 동학교단에서는 나에게 도道[29]를 전해 준 사람을 '연원'淵源이라 하고, 나에게서 도를 받아 간 사람을 '연비'聯臂라 불렀다.[30] 그러므로 수운과 해월의 관계는 바로 연원과 연비의 관계였던 것이다. 16명의 접주 역시 수운과 연원과 연비의 관계였다. 그런데 수운과 연원과 연비의 관계였던 접주들은 1863년 12월 수운이 체포될 때 대부분 같이 체포되어 정배형定配刑에 처해졌다. 그 결과 1864년 이후 동학교단의 재건은 최시형 중심으로 전개될 수밖에 없었다. 그러나 1860년대 후반 일시 재건된 동학 조직은 1871년 3월 10일 최시형이 이필제李弼濟와 함께 일으킨 영해 교조신원운동이 실패하면서 위기에 봉착하였다. 즉 수운의 직접 지도를 받았던 다수의 접주들과 교도들 대부분이 체포되어 처형되거나 정배당함으로써 동학 조직은 붕괴되었고 접주들이 체포됨으로써 지도부의 공백이 초래되었다. 이 같은 위기 상황 속에서 체포를 모면하고 살아남은 인물은 해월을 비

롯하여 극소수였다. 해월은 이미 1863년 12월 수운과 다수의 접주들이 체포
될 때에도 체포 위기에 직면했으나 체포를 면하고 살아남아 동학 조직을 재
건하여, 1871년 3월의 영해 교조신원운동에 적극 참가하였다. 그는 영해 교
조신원운동으로 인하여 관변 측에 의해 차괴次魁로 지목되었으나 운좋게 살
아남았다. 따라서 교도들의 입장에서 볼 때 해월은 교조 수운으로부터 직접
지도를 받은 유일한 지도자로서 동학교단의 위기를 극복해 낼 수 있는 정통
성을 지닌 지도자로 간주되었다. 그 결과 1871년 이후 동학교단의 재건은
해월에 의해서 주도될 수 있었다.

해월이 '북접' 이란 접두어를 고집스레 사용한 이유는 위에서 설명한 동
학 교문의 특수한 상황 때문이었다. 즉 '북도' 에서 유래한 '북접' 이란 말은
곧 해월이 수운으로부터 직접 지도를 받았으며, 도道를 전해 받았다는 징표
였다. 그러므로 해월이 '북도' 또는 '북접' 이란 말을 상용常用한 배경에는
교도들에게 수운으로부터 직접 도를 전해 받았다는 정통성을 보여 주고자
하는 뜻이 들어 있었다고 생각된다. 해월이 '북접' 이란 접두어를 넣어서 각
종 통문을 발하고, 각 지방 접주 및 육임들의 임명첩을 발행하였던 까닭도
수운으로부터 직접 지도를 받았으며 동학 도통道統의 정통성을 계승하고 있
다는 사실을 교도들에게 강조하고자 했기 때문으로 보인다.

1880년대부터 1891·2년에 이르기까지 해월이 줄곧 사용했던 '북접' 이란
용어가 '남접' 에 상대되는 용어가 아니라 동학의 정통성을 상징한다는 사
실은 경상도, 충청도, 전라도 등 삼남 지방의 동학 접주 또는 육임 직임이 모
두 해월에 의해 임명되었다는 사실에서도 확인된다. 심지어 동학농민혁명
당시 그 지향이 서로 달라 해월의 지시에 관계없이 1894년 1월의 고부 농민
봉기, 3월 무장 기포茂長起包를 주도했던 전봉준조차도 해월에 의해 접주로
임명되었음은 주지의 사실이다. 다음의 〈사료-3〉이 실례이다.

〈사료-3〉

　　問　東徒中差出接主 是誰之爲

　　供　皆出於崔法軒

　　問　汝之爲接主 亦崔之差出乎

　　供　然矣

　　問　東學接主皆出於崔乎

　　供　然矣

　　問　湖南湖西 一切同然乎

　　供　然矣[31]

　1893년 11월 전봉준과 함께 사발통문沙鉢通文 모의謀議를 했던 고부古阜의 송두호宋斗浩와 송대화宋大和(아래 〈사료-3-①〉 참조) 역시 해월에 의해 육임직六任職에 임명되었다.

　〈사료-3-①: 辛卯(1891) 11月 敎長 宋斗浩 牒紙〉 北接法軒[32]

　뿐만 아니라 1894년 3월 전봉준과 함께 무장 기포를 주도하는 무장의 손화중孫化中, 태인泰仁의 김개남金開南, 원평院坪의 김덕명金德明 역시 해월의 지도를 받아 대접주로 임명되었던 것으로 알려지고 있다. 또 1894년 4월 부안扶安에서 봉기한 김낙철金洛喆과 김낙봉金洛鳳,[33] 1894년 9월에 이른바 남·북접 쟁단爭端 해소에 기여했다고 알려진 익산益山의 오지영吳知泳, 오지영과 같은 익산 출신 정순경鄭淳敬 등도 해월에 의해 접주 또는 육임직에 임경되었다.* 이같은 사실은 동학의 '북접'이 지금까지 알려진 바와 같이 경상도와 호서湖西 또는 호중湖中으로 일컬어지는 충청도에만 분포되어 있었던 것이 아니라 삼남 지방 전체를 망라하고 있음을 알려 준다. 따라서 〈사료-4〉에서와 같이 '북접'이 충청도 지역의 동학 세력을 가리킨다는 전봉준의 진술은 부정확한 진술이다. 전봉준의 진술이 정확한 사실을 반영하고 있지 못하다는 사실은 〈사료-4-①〉의 오지영의 주장에 의해서도 증명된다.

〈사료-4〉 問　東學中有南接·北接云 依何而區別南北乎
　　　　　供　湖以南稱以南接 湖中稱以北接矣[34]

〈사료-4-①〉 (전략) 또 異常한 것은 地方을 갈라 南北이라는 것보다 黨派를 갈라 南北이라고 한 것은 恰似히 以前 儒道時代에 東西黨法을 그대로 因襲한 感이 있었다. 甲午亂을 當하여 全羅道를 南接이라 이름하고 忠淸道를 北接이라 이름하여 서로 排斥하게 되었고 또 우스운 일은 全羅道에 있어도 北接派가 있고 忠淸道에 있어도 南接派가 있어 그것이 擧義하는데 큰 問題거리가 되었다.[35]

그러면 '남접'이란 용어는 언제부터 등장하는 것일까? 지금까지 공개된 사료에 의하면, '남접'이란 용어는 1894년 이전에는 사용된 예가 보이지 않는다. 1894년에 이르러서야 비로소 사용되기 시작하여 1894년 이후에 보편화되었던 것으로 보인다. 예를 들면, 1894년 당시 우선봉장右先鋒將으로 임명되어 동학농민군이하, 농민군을 토벌했던 이두황李斗璜이 남긴 『양호우선봉일기』兩湖右先鋒日記, 1894년 당시 주한일본공사관駐韓日本公使館에 접수된 문서를

＊ 해월이 아닌 다른 동학지도자를 淵源으로 하여 접주가 되거나 육임직에 임명된 사례도 일부 있었던 것도 사실이다. 1860년대이래 연원이 불분명한 교도들이 있었다는 「도원기서」 내용에 의하면, 1871년 李弼濟를 추종했던 세력과 孔生이란 자는 해월과 연원 계통이 다른 대표적 인물이었다. 그러나 이들 세력은 1892년까지는 미미했다고 생각된다.

모은 『주한일본공사관기록』駐韓日本公使館記錄, 1894년 동학농민혁명을 상세하게 기록하고 있는 황현의 『오하기문』梧下記聞, 그리고 농민군을 토벌하기 위해 조선에 출동했던 일본 동학당정토군사령관東學黨征討軍司令官 육군소좌陸軍少佐 미나미 고시로南小四郎가 남긴 보고서와 「전봉준공초」全琫準供草 등에 '남접'이란 용어가 등장하고 있다.[36] 이들 사료들에 나오는 '남접'의 예는 〈사료-5〉와 〈사료-5①, ②, ③〉, 〈사료5④〉에 나타나고 있다.

〈사료-5〉 同日五邑東學執綱辛在蓮上書曰 (中略) 所謂湖南湖西之道儒者 名以南接 稱以倡義 引衆聚黨 收馬收兵[37]

〈사료-5①〉 南接은 충청도의 서부와 전라도의 전부를 총괄하고 北接은 충청도의 동북부와 그 以東 以北을 총괄하는 것 같았다.[38]

〈사료-5②〉 凡以道人自命者 名其學曰道 其徒曰布 其所聚曰接 其魁曰大接主 次曰 首接主 又其次曰接主 其相尊稱曰接長 其對彼稱己曰下接 或萬人一接 或千人一接 或百或數十亦自一接 大邑數十接 小邑三四接 紛紛穰穰 如敗絮着火 無處不燃 傾汞注地 無隙不入 琫準等亦無以周知而管束之 但相問以徐布法布 南接北接 尋其淵源而已 盖南卽徐 而北卽法也 是時法在者 稱隱居修道故不起 起者惟徐布也[39]

〈사료-5③〉 최시형의 제자로 서장옥이라는 자가 있다. 학력과 재주가 출중하다. 그리고 서장옥의 제자로 전봉준, 金海南김개남을 가리킴, 손화중 등이 있다. 이들 제자는 서장옥의 학력 방술이 공히 최시형보다 위에 있다고 칭하고 마침내 남접南接이라고 부르기에 이르렀다. 그로써 최시형의 제자들은 스승에 권하여 북접北接이라고 부르기에 이르렀다. 이로써 동학당어는 남접 북

접의 칭호가 있었다.[40]

〈사료-5④〉 (전략) 또 異常한 것은 地方을 갈라 南北이라는 것보다 黨派를 갈라 南北이라고 한 것은 恰似히 以前 儒道時代에 東西黨法을 그대로 因襲한 感이 있었다. 甲午亂을 當하여 全羅道를 南接이라 이름하고 忠淸道를 北接이라 이름하여 서로 排斥하게 되었고 또 우스운 일은 全羅道에 있어도 北接派가 있고 忠淸道에 있어도 南接派가 있어 그것이 擧義하는데 큰 問題거리가 되었다.[41]

위의 〈사료-5〉의 줄친 부분에 의하면, '남접'은 충청도와 전라도 지역 동학 교도 중에서 1894년 3월을 전후하여 봉기한 세력들을 지칭하는 뜻으로 사용되고 있다. 즉 남접은 동학농민혁명을 적극적으로 주도하는 세력을 지칭하는 용어로 사용되고 있는 것이다. 남접이 동학농민혁명을 적극적으로 주도하는 세력을 지칭하는 뜻으로 사용되고 있는 예는 〈사료-5②〉에 나타난 남접이란 용어에서도 마찬가지다.

그러므로 위의 사료에 의하면, 남접이란 용어는 일단 1894년 3월 무장 기포를 전후하여 삼남 지방에서 동학농민혁명을 적극적으로 주도했던 세력을 일컫는 용어라 정의할 수 있다.

그런데 〈사료-5②〉와 〈사료-5③〉의 내용에 의하면, 남접 세력은 당시 동학 최고 지도자인 해월을 따른 것이 아니라 해월의 제자였던 서장옥[42]을 종주宗主로 삼아 따랐다고 밝히고 있다. 이는 1894년 당시 동학교도들이 해월의 지시를 일사불란하게 따르지 않고 있었다는 사실을 암시해 준다. 또한 동학교단 안에 지향이 서로 다른 세력들이 병존하고 있었다는 사실을 짐작하게 해 준다. 서장옥은 바로 1894년 당시 동학교단 안에서 최시형의 노선과는 달리 독자적인 노선과 지향을 추구하려 했던 인물 중의 1인으로 여겨

진다. 또한 〈사료5-②〉와 〈사료-5-③〉에 의하면, 1894년 1월의 고부 농민봉기 및 3월 무장 기포를 주도했던 전봉준 역시 서장옥과 비슷한 지향을 가진 인물이었음을 알 수 있다.

서장옥徐璋玉, 1852~1900은 본래 충청도 청주 출신으로 1883년경부터 보은 출신의 황하일黃河一과 함께 동학에 입교하여 해월의 지도를 받기 시작하였다. 그는 1885~6년간에는 해월의 은신처와 생활 대책을 마련하는 데 적극적으로 노력하였다. 1887년 1월에는 해월의 장남 덕기德基와 동서지간이 될 정도로 해월의 최측근 인물이 되었다. 또한 그는 1887년 3월 해월과 함께 강원도 정선에 있는 갈래산 적조암에 입산하여 49일 수련을 하는 등 해월의 가르침을 따라 수련 및 포교 활동에도 적극적으로 참여하였다. 이처럼 해월의 측근 인물이 되어 활발한 포교 활동을 펼치던 그는 1889년 동학에 대한 관의 대 탄압 때 체포되어 정배되었다. 서장옥이 체포되자 해월은 그의 석방을 위해 매 식사 때마다 기도를 올렸고, 석방에 필요한 자금을 모아 보냈으며, 서장옥이 수감되어 있는 기간에는 이불을 덮지 아니하고 잠을 잘 정도로 각별한 관심을 표시하였다.[43] 해월을 비롯한 교단 측의 석방 노력에 힘입어 1890년 석방된 서장옥은 동학에 대한 관의 탄압에 대해 강경하게 대응할 것을 주장하였다. 그는 특히 1890년대 들어와 날로 격화되는 지방관들의 동학에 대한 탄압에 대응하기 위해서는 교도들을 동원하여 교조신원운동을 전개해야 한다고 판단하였던 것으로 보인다. 그리하여 그는 1892년 7월에 서병학徐丙鶴과 함께 경상도 상주尙州 왕실旺實에 은신하고 있던 해월을 방문하여 교조신원운동을 전개할 것을 요청하였다. 이후 그는 1892~3년에 전개된 교조신원운동과 동학농민혁명 단계에서 강경한 투쟁 노선을 지향하였다. 서장옥은 1894년 3월 전봉준이 전라도 무장에서 봉기하자 그에 호응하여 휘하의 교도들로 하여금 전라도 진산珍山에서 봉기하도록 하였다. 최근에 발굴된 『김낙봉이력』金洛鳳履歷이란 자료[44]에는 서장옥이 전봉준의 무장 기포를 전후한 시기에 전라도 진산에서 봉기하였음을 보여 주고 있다. 아래에 인용한 〈사료-6〉의 내용이 바로 그것이다.

〈사료-6〉 適其時하여 徐章玉管下에서 珍山郡防築店에 會所를 設하고 全琫準과 上下相應할 樣으로 數千名이 會同한 事由가 大神師최시형을 말함께 入聞되어….[45]

위의 내용에 의하면, 서장옥과 전봉준은 동학교단 안에서 그 노선과 지향이 서로 상통했음에 틀림없다. 그러나 서장옥과 전봉준의 관계는 일찍이 김상기金庠基 선생이 지적했던 것처럼 "서장옥의 부하 황해일황하일의 오기의 소개로 동학에 입도한"[46] 것은 아니었다. 즉 서장옥과 전봉준의 관계가 수운과 해월의 관계처럼 스승과 제자 사이이거나, 연원과 연비의 관계는 아니었으며, 다만 교조신원운동과 동학농민혁명 과정에서 노선과 지향이 비슷했을 따름이었다. 이처럼 서장옥과 전봉준의 관계에서 볼 때 이른바 '남접' 의 또 다른 의미가 드러난다. 그것은 남접이 1860년대 이래 동학교단을 이끌어 온 해월 중심의 동학 지도부와 차별성을 가지고 강경한 노선과 지향을 추구하려 했던 세력이라는 뜻을 가지게 된다.

다른 한편으로는, 동학농민혁명을 주도했던 전봉준이 최후 진술에서 남접이란 용어를 사용했다는 점이 주목을 요한다. 〈사료-4〉의 내용이 그것이다. 그는 '남접' 의 의미를 '호이남' 湖以南, 즉 '전라도 중심의 동학세력' 이라는 뜻으로 사용하는 동시에, 1894년 3월 이래 동학농민혁명을 주도했던 세력을 가리키는 용어로 사용하고 있다. 즉 1860년대 이래 동학의 근거지가 되었던 경상도나 강원도·충청도 지방의 동학이 아니라 호남, 즉 전라도에 기반을 가진 동학 세력을 가리키는 것으로 설명하고 있는 것이다. 달리 말하자면, 전통적으로 경상·강원·충청도에 존재해 왔던 동학 지도부와 전라도에 기반을 둔 동학농민혁명 주도 세력을 구분하여 스스로를 남접이라 일컫고 있는 것이다. 이 같은 전봉준의 진술 내용을 통해서 또한 남접의 새로운 의미가 발견된다. 즉 남접은 동학교단이나 동학 지도부에서 전통적으로 사용해 왔던 용어가 아니었다. 남접은 바로 동학농민혁명을 주도했던 전봉준 등의 주도 세력을 가리키는 용어로, 또한 1차 동학농민혁명의 진원지인 전라도와 그 외의 지방과 구분하기 위하여 1894년부터 동학농민혁명 주도 세력이 사용했던 것이다. 남접이란 용어가 나타나고 있는 모든 기록들이 남접을 동학농민혁명 주도 세력을 가리키는 말로 사용한 것도 전봉준이 말한 남접의 의미와 상통하고 있다. 그러므로 '북도'에서 유래한 '북접'이란 용어가 동학교단 또는 동학 지도부 안에서 오랜 전통을 가지면서 사용된 용어라면, 남접이란 용어는 1894년부터 전라도 일대 동학농민혁명 주도 세력과 또는 당시의 관변 측, 유생 측, 일본군 측이 동학농민혁명 주도 세력과 동학 지도부 또는 전라도 이외 지방의 동학 세력과 구분하기 위하여 사용했던 용어라고 정리할 수 있다.

이상과 같이 남접이란 용어는 1894년에 이르러 비로소 사용되기 시작하였고, 그 의미는 1894년 1월의 고부 농민봉기, 3월의 1차 동학농민혁명 당시 전라도를 중심으로 '동학농민혁명을 주도한 세력' 이자 경상·강원·충청도에 기반을 두고 있던 '동학 지도부와는 일정하게 구분되는 노선과 지향을 가졌던 독자적인 동학 세력'이라는 뜻으로 사용되었으며, 동학교단이나 동학 지도부에 의해 전통적으로 사용되어 왔던 용어가 아니라 동학농민혁명 주도 세력을 비롯, 관변 측 및 유생 측, 일본군 측에 의해 동학농민혁명 주도 세력을 지칭하는 용어로 사용되었다.

3. 1차 동학농민혁명기의 활동

1893년 4월 2일 보은 취회를 해산한 후 해월은 체포령을 피해 경상도 칠곡, 인동, 김산 등지를 전전하며 피신 생활을 계속했다. 1893년 7월 그가 김산金山 편겸언가片兼言家에 머물고 있을 때, 서병학이 다시 찾아와 신원운동을 계속하기를 청하자 이해관李海觀 이국빈李國彬=李觀永 등이 동조하였지만,[47] 해월은 끝내 불허하고 충청도 청산 문암리로 피신해 버렸다.[48] 그는 1893년 10월경 교단 조직을 다음과 같이 대대적으로 개편하였다.

是時 敎門大闢 稱丈席爲法所又稱法軒 金演局定包所于文巖 孫秉熙李容九
定包所于忠州郡外西村黃山里 孫天民定包所于淸州郡松山里 其餘沃川朴錫
奎 報恩任奎鎬 禮山朴熙寅文義任貞宰(任貞準) 靑山朴元七 扶安金洛喆 茂
長孫華仲(孫化中) 南原金開南 淸風成斗煥 洪川車基錫 麟蹄金致雲等 各自
該郡組織本包 另寘都所[49]

위 내용에 의하면, 장석丈席[50]을 법소法所 또는 법헌法軒이라 칭하고, 각 지역 동학 조직의 근거지에 포소包所*를 두게 하여 청산 문암리에 김연국포의

---

* 都所와 같은 의미이다. 동학의 조직은 원래 인적 관계로 결합되는 淵源制를 근간으로 한 接 조직에서 1880년대 후반부터 교세가 급격하게 증가함에 따라 접이 지역별 조직으로 변화하게 된다. 1890년대 초에는 한 지역의 여러 접을 통괄하는 조직의 필요성이 증대하기 시작하자, 최시형은 그에 호응하여 便義長制를 시행하기도 하였다. 지역 단위 조직의 성격이 강한 '包' 조직이 등장한 것은 대체로 1891-2년경으로 추측된다. 「해월선생문집」 1891년 12월조에 나타나는 '孫秉熙包' 라는 내용, 1892년 10월 27일 전라도 삼례 도회소에서 발한 「敬通」에 나타나는 '各胞諸接長 一齊來會之地' 라는 내용이 그 예이다. 包所는 지역별 동학 조직인 포에 설치되어 지역별 동학 조직을 관장하는 역할을 하는 동학 교문의 지방 본부라 할 수 있다.

포소를, 충주 외서촌 황산리에는 손병희와 이용구포의 포소를, 청주 송산리에는 손천민포의 포소를, 옥천에는 박석규포, 보은에는 임규호포, 예산에는 박희인포, 문의에는 임정준포, 청산에는 박원칠포, 부안에는 김ㄴ철포, 무장에는 손화중포, 남원에는 김개남포, 청풍에는 성두환포, 강원도 홍천에는 차기석포, 인제에는 김치운포의 포소를 두어 교도들을 관할하게 하였다. 이러한 조치는 법소를 중심으로 각 지역별 동학 조직을 일사불란하게 장악하여 법소의 명령이 각 지방의 접주와 교도들 사이에서 철저히 시행되도록 하기 위한 조치였다. 교단 조직의 개편은 특히 전봉준과 같이 사사로이 교도들을 결집하여 독자적인 노선을 추구하려는 움직임을 예방하려는 의도가 있었을 것이다. 『시천교종역사』가 포소 설치 기사를 실으면서 바로 이어 전봉준이 교도들을 모아 전라도 금구 원평에 주재하고 있으며, 그 같은 일은 이미 1892년 7월부터 있어 왔다고 기술하고 있는 사실에서 증명된다.

全琫準募敎徒 駐在於全羅道金溝郡院坪[51]

是時 全琫準金開南於湖南地方 自領敎衆 或聚或散 敎人之會集 始自壬辰七月 延至于甲午也.[52]

1893년 3월 보은 취회 당시 전라도 금구를 중심으로 이미 독자적인 세력을 형성하고 있던 전봉준은 동년 11월에는 40여 명의 고부 군민들과 함께 고부 군아郡衙에 나아가 군수 조병갑趙秉甲에게 불법을 시정하여 줄 것을 요구하였으나 도리어 감옥에 갇혔다가 풀려 났다. 그는 또 11월에 고부 지역 동학교도 19명과 모의하여 "고부성을 격파하고 조병갑을 효수하며, 군기창과 화약고를 점령하여 전주성을 함락하고 경사로 직향할 계획"을[53] 세웠으나 조병갑이 11월 30일 익산 군수로 전임 발령이 남으로써 브류할 수밖에 없었다. 그해 12월에 전봉준은 다시 60여 명의 군민을 이끌고 전주 감영에 정소했다가 역시 쫓겨났다.[54] 그러나 1894년 1월 9일 익산 군수로 전임되었던 조병갑이 다시 고부 군수에 잉임仍任되자 전봉준은 1월 10일[55] 고부군민 5백여 명과 함께 고부 농민봉기를 주도하여 고부 군아를 점령하고 무기고를 부수어 무기를 차지하는 한편, 수세水稅로 거둔 양곡 1,400여 석을 몰수하여 주인에게 돌려주었으며, 만석보 밑에 쌓은 신보新洑를 허물어 버렸다.[56] 1월 17일[57]에는 말목장터로 이진하여 '장두청' 將頭廳을 설치하고* '구지둔취엄수' 久持屯聚嚴守,[58] 즉 장기적인 항쟁에 들어 갔다. 1894년 1월 전봉준이 봉기를 일으켜 고부군을 점령하고 말목장터로 이진하여 장기적인 항쟁에 들어갈 무렵인 1894년 1월 5일 해월은 충청도 청산 문암리에서 '강석' 講席을 열고 각 지방에서 올라온 접주들에게 『동경대전』과 『용담유사』에 대한 교리 강론을 벌이고 있었다.[59] 해월은 교리 강론 기간 중에 전봉준이 고부에서 봉기하였다는 소식을 보고받았다.[60] 전봉준의 봉기 소식을 보고한 인물은 부안 출신 김낙봉金洛鳳이었다. 1937년경 김낙봉이 남긴 『김낙봉이력』金洛鳳履歷에 의하면,

翌年 甲午春을 當하야 古阜郡 全琫準이가 其父親이 該郡守 趙秉甲이의 死한 事로 報讐하기 爲하야 民擾을 惹起하다가 事不如意하야 茂長郡居 孫化中을 運動하야 大亂이 將起할 機微을 見하고 心神이 悚惶하야 舍伯의 書簡

---

* 朴文圭, 「石南歷事」, 『韓國學報』71, 일지사, 1993, 249쪽. 전봉준이 고부 봉기 당시 '장두청' 이라는 일종의 지휘소를 설치했다는 구술 증언도 남아 있다. 현 전라북도 부안군 상서면 감교리 천도교 호암수도원에 거주하던 박기중(朴奇重, 1899~2000) 종법사(宗法師)는 1992년 10월 20일 필자에게 "전봉준이 말목장터에 지휘소를 설치하고 김도삼(金道三)을 장날 초청하여 고부봉기에 가담할 것을 설득하여 성사시켰다."고 증언한 바 있다.

을 奉하고 不日內 騎馬上去하야 大神師최시형을 靑山 文岩里에 拜謁하옵고
事由를 告達한대 大神師分付內의 此亦時運이니 禁止키 難하다.[61]

라고 하여 전봉준의 봉기 소식을 해월에게 보고하였다고 하였다. 그러나 김
낙봉의 보고를 받은 해월은 '이 또한 시운이니 금지하기 어렵다.' 그 말했다
고 한다. 이 같은 사실은 '현묘한 기틀이 나타나지 않았으니 마음을 급하게
먹지 말라.'[62]고 하며 자중하라고 지시했다는 기존의 사실과 달리 전봉준의
봉기가 정당했음을 사실상 인정하는 내용이다. 고부 농민봉기의 정당성을
사실상 인정한 해월의 태도는 고부 봉기 소식을 전문傳聞한 직후에 전봉준
에게 보냈다는「유서」遺書에서도 확인된다. 즉,

欲湔亡父之讐孝也 欲拯生民之困仁也 孝之所感 人倫可明 仁之所推 民權可
復 雖然 經不云乎玄機不露 勿爲心急 此是先師之遺訓也 運旣未開 時亦未至
勿爲妄動 益究眞理 毋違天命也.[63]

위의 내용은 "죽은 아비의 원수를 갚고자 함은 효요, 백성들의 어려움을
건지고자 함은 인이다. 효를 느낌에 인륜이 밝아지고 인을 추구함에 백성들
의 권리가 회복될 것이다. 비록 그러하지만 경에 이르지 아니했던가. 현묘
한 기틀이 아직 드러나지 아니하였으니 마음을 급하게 먹지 말라 함은 돌아
가신 스승의 가르침이다. 운이 아직 열리지 아니하고 때가 아직 이르지 아
니하였으니 망녕되이 움직이지 말고 더욱 진리를 구하여 천명을 어기지 말
라."는 것이다. 여기서도 해월은 전봉준의 봉기가 '백성들의 어려움을 건지
고자 함' 欲拯生民之困에서 비롯되었음을 인정하면서도 전봉준의 봉기가 때이
른 것임을 질책하고 있다. 뒷부분의 내용은 종전에 알려진 내용 그대로다.
그러나 기존의 연구자들은 해월이 전봉준의 봉기가 정당하다고 인정하고

있다는 점에 대해서는 주목하지 않았다. 전봉준의 봉기에 대해 만류했다거나 비난했다고만 강조했을 따름이었다.

그렇다면 해월은 일단 '시운' 時運이라 하여 전봉준이 일으킨 봉기에 대해 정당성을 인정하면서도 왜 "때가 이르지 아니하였으니 망녕되이 움직이지 말라."고 지시하였을까? 해월의 지시는 전봉준의 거사를 만류하거나 비난하는 일방적 의미만을 지닌 지시가 아니라 여러 가지 의미를 함축하고 있는 지시였을 것으로 생각된다. 여기에서 그 의미를 분석하기로 한다.

첫째, 전봉준이 해월에게 봉기의 정당성을 적극적으로 알려 해월의 이해나 동의를 구하지 않았다는 점을 들 수 있다. 전봉준이 동학농민혁명 당시 해월의 동의나 이해를 구하지 아니하였다는 사실에 대해서는 전봉준 자신도 이미 인정한 바 있다.[64] 따라서 전봉준이 고부 농민봉기를 전후하여 해월에게 정확한 경위 설명을 통해 동의나 이해를 구하지 않음으로써 해월은 사태를 정확하게 파악할 수 없었던 것으로 생각된다. 해월은 고부 농민봉기가 일어난 사실을 부안 대접주 김낙철의 동생 김낙봉을 통해 보고받았을 뿐이었다. 김낙봉은 전봉준의 고부 농민봉기를 "부친의 원수를 갚기 위한 것"이라고 왜곡하여 보고하였다.* 이 같은 왜곡 보고는 해월로 하여금 전봉

---

* 「金洛鳳履歷」, 3쪽. 김낙봉의 왜곡 보고로 인하여 교단측 자료『侍天教宗繹史』,『侍天教歷史』,『天道教書』,『天道教會史草稿』 등은 모두 전봉준의 고부 봉기가 부친의 원수를 갚기 위한 것이었다고 기록하고 있다. 이것은 모두 전봉준의 부친(全彰赫)이 고부 봉기 직전 고부 군수 趙秉甲에게 等訴를 올렸다가 杖死당하였다는 사실(吳知泳,「東學史」, 앞의 책, 460쪽 참조)을 전제로 한다. 그러나 자료를 엄밀하게 검토해 보면 고부 봉기 직전인 1893년 11월 1차로 고부 군수에게 등소하고, 2차로 12월에 전라 감사에게 등소한 주역은 전봉준의 부친 全彰赫이 아니라 全瑋準이었다.(鄭昌烈, 앞의 학위논문, 84쪽·95쪽 참조) 전창혁은 등소 때문에 杖死당한 것이 아니라 다른 이유로 죽은 것이 분명하다. 고부 봉기의 동기를 부친의 원수를 갚기 위한 것이었다고 한 김낙봉의 보고는 명백한 왜곡 보고로 판단된다.

준의 봉기에 대한 정당성이나 순수성을 오해하도록 만들었을 가능성이 높다. 둘째, 해월은 1871년 3월에 일어났던 영해 교조신원운동, 1892~3년에 전개된 교조신원운동이 실패함으로써 다수 교도들이 희생되거나 체포당하여 고초를 당했다는 사실을 잘 알고 있었기 때문에 전봉준에게 신중한 처신을 요청했다고 생각된다. 이 같은 요청은 동학교단을 통할하는 지도자로서 하층 지도자에게 취할 수 있는 당연한 지시라고 생각된다. 셋째, 해월을 정점으로 하는 상층 지도부와 전봉준과 같은 하층 지도부 사이에 시국에 대한 인식이나 동학 사상을 이해하는 데 차이가 있었을 것으로 생각된다. 이 점은 김낙봉의 보고에서도 확인된다. 김낙봉의 보고는 어쩌면 당시의 시국을 보는 관점이 서로 달랐기 때문에 전봉준의 봉기를 왜곡 보고했을 가능성을 시사하고 있다. 또한 해월의 주위에 김낙봉의 인식에 동의하는 지도자들이 많았기 때문에 그들의 보고나 건의를 들은 해월이 전봉준에게 신중한 처신을 하도록 지시했을 수도 있다. 넷째, 전봉준의 봉기에 대해 신중한 처신을 하도록 지시했다는 기록들은 모두 동학농민혁명 실패 뒤 살아남은 지도자들이 중심이 되어 기록한 것들이다. 동학농민혁명을 적극적으로 주도한 동학의 지도자들은 대부분은 처형됨으로써 그들은 자신들의 봉기의 정당성이나, 봉기 배경이나 동기, 과정들을 기록으로 남길 수 없었다. 동학농민혁명에 소극적으로 임했거나 온건한 활동을 펼쳤던 지도자들만이 살아남아 동학농민혁명에 관한 기록을 남길 수 있었다. 그들은 살아남은 뒤 동학교단을 지켜야 하는 최대의 과제에 직면하였다. 해월을 비롯한 교단의 지도부를 관의 감시와 탄압 속에서 보호해야만 하였고, 와해된 동학의 지방 조직을 다시 재건해야 하는 과제를 맡아야 했다. 그 과정에서 직면한 문제가 바로 동학농민혁명 실패 책임 문제였을 것이다. 따라서 살아남은 지도자들은 교단 최고 지도자 해월을 보호하고 와해된 교단을 재건하기 위해, 동학농민혁명 실패 책임을 전봉준을 비롯한 동학농민혁명 지도자에게만 전가했을 가능성이 있다. 동학농민혁명 이후에 나온 모든 동학 교단사敎團史들이 한결같이 해월은 전봉준의 봉기를 반대했다거나, 신중한 처신을 요청했다고 기록하고 있는 것이 그 같은 가능성을 시사하고 있다. 그렇지만 실제 사실은 동학 교단사의 기록과 다를 수도 있다. 해월과 전봉준은 결코 적대적 관계가 아니었으며, 일방적으로 상대방을 비난하거나 반대하는 사이가 아니었던 것으로 보인다.* 전봉준은 고부 봉기 직후 해월의 동의와 이해를 구하려는 아무런 조치도 취하지 아니한 채 민군을 이끌고 말목장터로 이진한 다음 장두청을 설치하여 장기 항쟁에 들어 갔던 것으로 알려지고 있다.** 2월 19일 경에는 고부 농민봉기를 주도한 장두將頭를 체포하기 위해 전라 감영에서 파견된 전주 병정들 가운데서 군위軍尉 정석진鄭錫珍과 병정 1명을 처결한 이후*** 전봉준은 2월 25일 백산白山으로 이진하였다. 3월 초에는 안핵사 이용태의 탄압으로 3월 13일경 자신이 이끌던 민군民軍을 해산하고 심복 부하 5~60명만을 이끌고 무장 손화중포로 옮겨가 손화중을 설득하여 3월 20일경 제1차 동학농민혁명을 일으킴으로써 사실상 전면 봉기를 단행하기에 이르

* 최시형과 전봉준의 관계를 시사해주는 새로운 자료가 속속 발견되고 있다. 일본 방위청 방위연구소 도서관 사료 열람실에 소장되어 있는 『戰史編纂準備書類: 東學黨 暴民 全』(11, 日淸, M 27-21)에 들어 있는 「東學黨餘聞」이란 자료에는 성명 미상의 日本人이 1894년 9월 10일(陰 8월 11일)에 全州에 있던 전봉준을 면담하였으며, 9월 15일(陰 8월 16일)에는 尙州 綾巖里에 머물고 있던 최시형을 방문하여 전봉준이 써 준 紹介狀을 제출하였다고 기록하고 있다. 이같은 사실은 최시형과 전봉준이 일정한 연락 관계를 유지하고 있다는 증거이다.

** 필자의 생각으로는 사료가 아직 발견되지 않았을 뿐이지 실제로 전봉준과 최시형은 어떤 형태로든 연락을 유지하고 있었을 것으로 판단하고 있다. 새로운 사료 발굴을 기다릴 필요가 있다.

*** 전주 병정이 변복을 하고 말목장터로 잠입하여 전봉준, 김도삼, 정익서 등 민요 장두를 체포하려다 실패한 사건은 巴溪生의 「全羅道古阜民擾日記」를 비롯, 黃玹의 「梧下記聞」, 朴文圭의 「石南歷事」, 張奉善의 「全琫準實記」 등에 실려 있다.

렸다. 전봉준이 봉기했다는 소식이 전해지자 충청도와 경상도에서도 농민 군들이 잇따라 봉기하였다.

전봉준의 1월 고부 봉기 소식을 처음 접하고 한편으로는 그 불가피성을 인정하면서도 한편으로는 때이른 거사임을 힐책했던 해월은 전봉준이 3월 20일경 전면 기포하고, 그에 호응하여 여러 지방에서 접주와 교도들이 농민 군을 조직하여 봉기하자 태도를 바꾸지 않을 수 없었다. 충청도의 경우 봉기한 교도들이 관병에 의해 타살당하기까지 하였다. 이러한 소식은 해월에게 곧바로 보고되었다. 보고를 받은 해월은 탄압에 대응하기 위해 봉기할 것을 명령하였다. 즉,

> 선생은 진노하는 안색으로 순 경상도 어조로 "호랑이가 물러 들어오면 가만히 앉아서 죽을까! 참나무 몽둥이라도 들고 나가서 싸우자." 선생의 이 말이 즉 동원령이다.[65]

라는 말과 같이 동원령을 선포하여 교도들을 결집시켰다. 해월이 전봉준의 제1차 동학농민혁명과 거의 같은 시기에 동원령을 내린 배경을 구체적으로 검토하면 다음과 같다.

전봉준이 안핵사 이용태의 만행을 피해 무장으로 피신해 갈 그럽인 3월 12일 충청도당시는 전라도 금산錦山에서는 농민군 수천 명이 몽둥이를 들고 흰 수건을 쓰고 읍저邑底에 모여 이서吏胥들의 집을 불태우는 사건이 벌어졌다.[66] 3월 23일에는 금산 군수 민영숙閔泳肅이, 동학교도 1천여 명이 통문을 발하고 취회하여 읍폐邑弊를 교정할 것을 요구하였다는 「첩정」牒呈을 전라 감사에게 올렸다.[67] 4월 3일에는 농민군 수천 명이 전라도 진산珍山 방축리防築里[68]와 옥천沃川 서화면西化面에 모여서 읍저에 돌입하려다가[69] 행상行商=보부상 접장接長 김치홍金致洪=金濟龍 임한석任漢錫 등이 이끄는 보부상인과 읍민 1천

여 명으로부터 공격을 받아 동학교도 114명이 몰살당하고 말았다.[70] 4월 5일 사시巳時에는 진잠鎭岑 평민 수천 명이 동학교도의 집 9채를 불태워 버렸다. 이처럼 동학교도들이 관변 측에 의해 탄압당하고 있는 현실을[71] 좌시할 수 없었던 해월은 전봉준의 무장 기포를 전후한 시기인 4월 초에 기포령을 내렸던 것이다. 그가 기포령을 내렸다는 기록은 『동비토록』과 『주한일본공사관기록』에서도 발견된다. 즉 『동비토록』에서는

東徒崔法軒輪通內 自湖南渠徒一幷打殺 不可坐待 初六日來會于靑山小蛇田 云[72]

라 하였고, 또

즉시 본영의 교졸이 정탐한 보고를 보면, 동학도 최법헌崔法軒이 돌린 통문 내용에 호남에 있는 그 무리들을 모두 타살한 것에 대해, 더 기다릴 것 없이 초2일 청산靑山 소사전小蛇田으로 모두 모이기 바란다고 하였습니다.[73]

라 하여 『주한일본공사관기록』에도 동일한 내용이 실려 있다. 해월의 기포령에 따라 청산 소사전에 집결한 동학교도들은 4월 8일에는 회덕을 공격하여 무기를 빼앗고,[74] 4월 9일에는 진잠으로 향했다.[75] 4월 10일 회덕 진잠 일대에 머물던 동학교도들은 청주 진남영병과 옥천 병정의 공격을 받고 격파당하였다.[76] 그러나 이들 동학교도들은 4월 13~15일경에도 옥천, 회덕, 진잠, 문의, 청산, 보은, 목천 일대에서 무리를 지어 이동하고 있었다.[77] 또한 이들 동학교도들은 "무리를 지어 호남지방으로 내려가 합세하기도" 하였다.[78]

이상과 같이 전봉준이 이끄는 농민군이 고부에서 봉기를 시작한 이후 충청도에서도 그에 호응하여 농민군들이 봉기하고 있었던 것이다. 전라도 무

장에서 3월 20일경 전면 기포한 농민군은 4월 3일에는 금구를 떠나 태인현泰仁縣의 인곡仁谷 북촌北村 용산龍山 등지에 머무르고 있었으며, 농민군의 일부는 이날 6시경 부안扶安 서도면西道面 부흥역扶興驛에 모였는데 이들은 금산과 태인에서 봉기한 농민군과 한 부대로 알려지고 있었다.[79] 이런 사실로 보아 금산의 농민군과 태인 부안의 농민군들은 일정한 연관을 맺고 있었던 것으로 생각된다. 충청도 일대의 농민군들의 봉기가 격화되자 충청 감사 조병호趙秉鎬는 4월 9일자로 회덕의 군기를 탈취한 동학도 수천 명이 진잠으로 향하고 있으며, 체포한 동학도 80여 명을 8일 밤에 문초하였다고 보고하였고,[80] 초토사 홍계훈에게 병력 몇 대를 충청 감영으로 파견해 줄 것을 요청하였다.[81] 또한 조병호는 최법헌崔法軒=최시형의 통문에 의해 청산 소사전에 모인 동학도들이 회덕의 군기를 탈취하려 한다고 보고하였다.[82] 4월 10일자 보고에서는 회덕의 동학도 수천 명이 각지에 둔취해 있다고 보고하였다.[83] 4월 11일자 보고에서는 10일에 청주 진남영병鎭南營兵과 옥천沃川 병정을 동원하여 회덕 동학도를 격파하고 동학도들에게 탈취되었던 무기 중에 총 44, 창 41, 칼 60, 화약 여러 말, 활 3, 화살 300, 도끼 여러 개, 철퇴 5개 등을 회수하였으며 10일 밤 동학교도 천여 명은 귀화하여 해산하였다고 보고하고 있다.[84] 조정에도 4월 12일자로 회덕의 농민군들이 모두 귀화하였다는 보고가 접수되었다.[85] 그러나 충청 감사의 보고와는 달리 이들 농민군은 4월 13~15일경에도 옥천, 회덕, 진잠, 청산, 문의, 보은, 목천 등지에 둔취해 있었으며, 이들 일부는 전라도로 내려가고 있었다. 또 4월 18일에는 괴산, 연풍 등지에서 농민군들이 봉기하여 토호들의 재산을 빼앗고 구타하였으며,[36] 경상도 예천과 상주와 선산 등지에서도 농민군들이 봉기하고 있었다.[87] 이처럼 충청도, 금산, 진산, 회덕, 진잠, 옥천, 청산 일대의 농민군은 3월 12일경부터 무려 한 달 이상 항쟁을 계속하였고, 그들은 전라도 무장, 태인, 부안의 농민군들과 일정하게 연관을 갖고 호응하는 기세였다. 이는 4월 12일 초토사 홍계훈이 전前 영장 김시풍金始豊과 농민군 김영배金永培, 김용하金用夏, 김동근金東根을 체포하여 11일 신시申時경 전주 남문 밖에서 효수하였다고 보고하면서,[88]

> 김영배金永培는 본디 충청도 정산定山 거현車峴에 살던 자로 지난 2월 염후念後(20일)에 서울에서 양성陽城 소사평素沙坪으로 내려와 그곳 동도東徒들과 10여 일을 유연하다가 금구 원평으로 가 동당東黨에 합류하였는데, 도당徒黨 초집招集하는 사통私通을 갖고 충청도로 가던 중 전주의 독교가獨橋街에 이르러 진영 소속 포교에게 잡힌 자이며….[89]

> 김용하金用夏는 본디 태인泰仁에 살던 자로 동도東徒에 투입하여 금산錦山으로 가던 중 전주에 이르러 진영 포교에게 잡힌 자….[90]

라고 한 데서도 충청도 농민군들이 전라도 농민군들과 연락을 취하고 있었음이 분명하다 하겠다. 이는 이른바 '북접'으로 불리던 충청도 옥천, 청산에 있던 동학 지도부가 4월 16일자로 전라도 무장의 농민군에게 '기일 전에는 절대 함부로 동요하지 말고 지휘를 기다리라.'고 통고[91]하였다는 내용을 통해서도 증명된다. 뿐만 아니라 1차 동학농민혁명 당시 경상도 예천, 상주, 선산 등지에서도 농민군이 이미 봉기하고 있었다. 이들 지역은 대체로 해월의 영향력이 직접적으로 미치는 지역이었음에도 불구하고 1차 동학농민혁명 당시부터 봉기하고 있었던 것이다. 그러나 기왕의 연구에서는 제1차 동학농민혁명 당시 충청도와 경상도 농민군들의 동향은 거의 무시되다시피 하였고, 특히 해월이 관할하는 북접은 1차 봉기에 반대하여 참여하지 않았다고 이해하여 왔으나 앞에서 고찰한 충청도 회덕, 진잠, 괴산, 연풍 지역과 경상도 예천, 상주, 선산 지역 농민군들의 동향에 의하면 기존의 연구와 다른 것으로 확인된다. 1차 동학농민혁명 당시 해월의 지시를 직접적으로 받고 있던 이른바 북접 지역의 봉기에 대해서는 앞으로 더욱 구체적으로 검토할 필요가 있다.

4. 2차 동학농민혁명기의 활동

1894년 3월 전봉준이 전라도 무장에서 전면 봉기하자 잇따라 각지의 농민군들이 봉기하였다. 이때 해월은 전라도 부안 대접주 김낙철로부터 전봉준이 봉기하였다는 소식을 듣고 '시운이므로 금하기 어렵다' 고 하면서도 김낙철 등에게 자중할 것을 촉구하였다. 그러나 김낙철은 부안 현감 이철화의 요청에 의해 소속 교도들을 이끌고 4월 1일 서도면西道面 송정리松亭里 신씨제각辛氏祭閣에 도소都所를 설치하였다.[92] 그는 또한 동생 낙봉洛鳳과 신소능申小能으로 하여금 부안 줄포茁浦에도 도소를 설치하도록 하였다.[93] 이처럼 전봉준의 전면 봉기에 호응하여 도소를 설치한 김낙철, 김낙봉 등은 전봉준이 이끄는 농민군들과는 독립적으로 행동하고 있었다. 즉 해월의 뜻에 따라 관내만 장악할 뿐 타 지역으로 이동하지는 않았다. 태인의 김개남 역시 3월 21일 무장에서 함께 기포하였다.* 그는 이후에도 전봉준군과 이합집산을 계속하며 동학농민혁명을 전개하였다. 전주 화약 이후 김개남이 남원에 웅거하며 전봉준군과 별개로 행동한 것은 김개남군이 전봉준군과 독립되어 있었기 때문이다. 한편, 『천도교임실교사』天道教任實教史에 의하면 임실의 농민

---

* 3월 21일 茂長 기포 때 金開南軍은 전봉준군에 합류하지 아니하고, 3월 24일경 泰仁에서 독자적으로 봉기하여 3월 25일 白山에서 합류하였다는 주장이 최근 제기되었다.(李眞榮, 「김개남과 동학농민전쟁」, 『한국근현대사연구』2, 한울, 1995, 76-77쪽) 동학농민군이 대체로 동학조직인 接·包를 기반으로 기포한다는 점, 茂長 기포 이후 농민군들의 離合集散이 무상하였다는 점, 전봉준과 김개남이 동학농민혁명 기간 내내 대체로 별개로 행동하였다는 점 등을 고려할 때 이같은 주장은 상당한 설득력이 있다고 생각된다.

군도 3월 25일경 도접주都接主 최승우崔承雨의 지휘하에 봉기하였다고 한다. 이 같은 내용은 『천도교회사초고』에서도 확인된다. 임실 지역은 해월의 가르침을 직접 받은 지역임에도 불구하고 1차 봉기 때 기포하였다는 점은 중요한 의미를 지닌다. 그러나 임실 농민군 역시 전봉준군과는 별개로 행동하였다. 임실 농민군은 임실 관아에 도소를 설치하고 6개월 정도 통치하였다고 전한다.* 후일 임실 현감 민충식閔忠植이 농민군에 협조하여 전봉준이 전주성을 점령할 때 수행했다는 사실을 고려하면[94] 1차 동학농민혁명 당시 임실 농민군도 봉기했던 것이 분명하다. 또한 『김낙봉이력』에 의하면, 3월경 진산 방축리에서도 서장옥 휘하의 농민군 수천 명이 전봉준군의 봉기에 호응하여 기포하였다는 기록이 있다. 이처럼 1차 동학농민혁명 당시 전라도뿐만 아니라 충청도, 경상도 지역에서도 각 지역의 접주들이 중심이 되어 전봉준군의 봉기에 호응하여 속속 기포하였다. 경상도의 경우, 예천醴泉 수접주首接主 최맹순崔孟淳이 3월부터 접소를 설치하고 농민군을 모으고 있었으며,[95] 김산金山에서는 편보언片甫彦이 활동하기 시작하였다.[96] 상주 화북에서도 4월경에 농민군들의 움직임이 일어나고 있었으며,[97] 진주에서는 백도홍白道弘, 손은석孫殷錫 등이 4월초에 봉기하였다.[98] 이들은 모두 해월의 지시를 받는 '북접'에 속했음에 불구하고 독자적으로 봉기한 세력들이었다. 충청도의 경우는 전술한 바와 같이 회덕 진잠 일대의 농민군들이 3월 12일경부터 4월 12일경까지 한 달 이상 활동을 계속하였으며, 4월 18일경에는 괴산과 연풍 일대의 농민군들이 관아를 포위하고 토호들을 응징하였다.[99]

---

* 1993년 7월 「전북일보 동학농민혁명 특별취재반」은 임실군 雲岩面 仙居里 감나무골에 거주하는 金正甲옹(당시 70세, 임실 동학접주 金榮遠의 손자)을 찾아가 임실 지역 동학농민운동에 관한 증언을 들었다. 증언 내용은 그 후 『全北日報』13622호(1993년 9월 13일자) 7면에 자세히 소개되었다.

이처럼 1차 동학농민혁명 당시 충청도, 경상도 일부 지역의 농민군들이 전봉준군과는 별개로 독자적으로 봉기하였다. 독자적으로 활동하는 농민군 세력은 전봉준의 전주성 점령과 전주 화약 이후 더욱 활성화되었다.** 그러나 독자적인 활동을 벌이는 농민군들에게 해월의 지시를 비롯하여 전봉준의 지시조차도 그다지 효과가 없었다. 전주 화약 이후부터 각 지역의 농민군들은 타 고을의 지경地境을 넘어 강력한 신분 해방 투쟁을 전개하기 시작하였다. 부민富民의 재산을 약탈하는 일도 비일비재하였다. 해월은 '금석지전' 金石之典을 발표하고[100] '집강' 執綱을 임명하여[101] 농민군들이 저지르는 폐단을 방지하려 했지만 역부족이었다. 전봉준 역시 전라도 각 고을을 순회하며 농민군들의 폐정 개혁 활동 가운데 자행되는 폐단을 방지하기 위해 부심하였다.

1차 동학농민혁명 이후 농민군의 활동은 다양하게 나타나고 있었지만 크게 두 세력으로 구분되었다. 하나는 해월의 지시를 받아 전봉준군에 합류하지 않고 해당 지역 내에서 온건한 활동을 벌인 세력이다. 예를 들면, 전라도의 임실과 부안의 경우는 봉기했지만 온건한 활동을 한 세력이었다. 다른 하나의 세력은 전봉준군의 봉기에 적극 호응하여 봉기한 이후 강력한 신분 해방 투쟁을 전개한 세력이다. 이들 두 세력을 황현은 '서포徐布와 법포法布' 또는 '좌포坐布와 기포起布' 라고 표현하기도 하였다.[102] 그리고 오지영吳知泳은 두 세력을 일러 '남접' 과 '북접' 이라 하였다.[103] 1차 봉기에 적극적으로 참여한 세력은 전라도뿐만 아니라 충청도와 경상도에도 있었다. 또한 봉기하지 아니했거나 봉기했어도 온건한 활동을 벌인 세력 역시 전라도에도 있었고 충청도, 경상도에도 있었다. 봉기에 적극적으로 참여한 세력은 대부분

** 이 시기에 최시형과 전봉준은 모두 독자적인 활동을 벌이는 농민군 세력을 통제하기 위해 노심초사하였다.

전봉준의 지시를 따르고 있었지만 해월의 직접적인 지시를 받고 참여한 세력도 있었다. 그러나 봉기에 적극적으로 참여한 일부 농민군들 가운데는 전봉준과 해월의 지시를 무시하고 온건한 활동을 벌이는 농민군들을 핍박하거나 농민군의 규율을 어기는 활동을 벌이기도 하였다. 이같은 농민군 활동의 폐단을 가장 우려하고 있던 해월은 폐단을 일으키는 농민군 세력을 회유하기 위하여 다음과 같은 '금석지전'金石之典을 발표하였다고 한다.

是歲八月 師常憂敎人之不遵成規 嘯聚起訌 又爲文喩如左

天降大運 敎人此法者 盖欲其勸善懲惡 抛迷就悟 益益精進者也 夫何挽近 藉敎凌俗 多行非法 是豈守正之所爲乎 甚至末流之弊 道以害道 防不勝防 强包所脅 弱包難支 悖類所肆 善類難保 噫 知道者之所爲 反不如不知道者 可勝嘆哉 孟氏曰 獸相食 且人惡之 況今人與人食 其違禽獸幾希矣 吾儕於三十年刀山劍水之中 備嘗艱險 纔脫劫灰 而不見胡越之同家 竟作兄弟之抮臂 豈非經訓所謂不面之致 多數之故耶 不俊之面喩札飭 更僕難悉 而一任玩愒 作爲廢紙 寧欲無言 然欲酬師門傳鉢之恩 不忍寧友負乘之災 玆定十一條 另布于各包 勿棄蒭蕘之言 永爲金石之典 一遵毋違 余言不再

一. 各包事務 一遵當該主司 及別任知委事

一. 修身行事 必以忠孝爲本 居家執事 只以耕讀爲務事

一. 勒掘人塚 强奪錢財者 隨現稟官科罪事

一. 各包敎徒 恃黨怙勢 不償其所當報之財 反索其不當得之財者 嚴行懲罰事

一. 無論某甲 久近之債帳 切勿干涉事

一. 他包敎徒 或有侵勒之弊 指名馳報于法所事

一. 本包敎徒 不帶法所布德所文憑 而恣意聚黨者 即爲除案事

一. 以無理之事 互相究詰毆打者 不可以同門敎友待之 鳴鼓回示于各包事

一. 酒賭技騙財 決非敎人之行爲 若有喩而不遵者 永爲除案事

一. 務要服從官令 趁納公稅 勿爲獲罪於營邑事

一. 各包事務 無論巨細 一遵法所與布德所指諭 敬謹奉行事[104]

‘금석지전’에 대한 기존의 연구는 동학교도들의 무장 봉기를 금지하는 내용이라 해석하기도 하지만[105] 그 주된 목적은 동학농민군의 폐정 개혁 활동 과정에서 나타나는 폐단을 방지하고자 하는 것이었다. 이러한 해월의 활동은 전봉준이 농민군의 폐정 개혁 활동에 대해 그 폐단을 방지하고자 부심했던 것과 상통되는 면이 있다.

한편, 1차 동학농민혁명 직후 봉기에 적극적으로 참여한 세력과 소극적이거나 참여하지 않은 세력 사이에 갈등이 빚어지기도 했다. 봉기 주도 세력이 봉기하지 않은 세력을 압박하고 나선 것이다. 이에 해월은 1차 봉기 직후 교도들 사이에 일어난 대립과 갈등을 크게 우려하여 다음과 같은 「통유문」을 보내 갈등을 해소하고자 하였다

夫吾敎 無論南北某包 均是龍潭之淵源 而衛道尊師而已 今聞南接各包 藉稱義擧 侵掠瓶民 戕害敎人 罔有紀極 此若不早絶 則薰蕕莫辨 玉石俱焚乃已 惟願八域各包敎友 文到同時 奮發思想 革面改心 一遵各該包敎頭之知委鈴束 毫無違越敎規 同心戮力 期圖伸雪師寃也[106]

해월은 또한 충청 감사와 협조하여 충청도 각 지역에 집강을 임명하여 교도들의 난동을 방지하고자 하였다. 즉, 7월 9일 임명된 호서선무사湖西宣撫使 정경원鄭敬源은 충청 감사 이헌영과 협의하여 해월로 하여금 동학 접주 중에서 집강執綱을 임명하고 그로 하여금 농민군의 불법 행위를 금지토록 하였다. 이때가 7월 15일 직후였다.[107] 해월은 이같은 제의를 수락하여 각지의 집강을 임명하였는데 실제 충청도 집강 명단이 현재까지도 남아 있으며 그

중에는 공주 지역 농민군을 이끌던 임기준任基準도 전의全義 집강으로 끼어 있었다.[108] 그러나 이같은 해월의 조치는 효과가 별로 없었던 것으로 보인다. 전의 집강에 임명된 임기준의 경우를 보면, 7월 29일 공주 정안면正安面 궁원弓院에서 대대적인 집회를 열고 농민군을 결집시킨 후 8월 2일경에는 공주 감영을 점령하는 등[109] 해월에 의해 임명된 집강들조차 독자적으로 움직이고 있었기 때문이다.

9월이 되자 해월은 새로운 사태에 직면하였다. 서울에서 삼로三路로 내려오기 시작한 경군京軍과 일군日軍이 봉기 세력이거나 봉기하지 않았던 세력이거나 구분하지 않고 모두 토벌 대상으로 삼음으로써 해월을 비롯한 동학 지도부조차도 위기에 직면하였다. 특히 토벌군대의 남진로상에 자리한 경기도 용인, 안성, 장호원 등지와 충청도 진천, 괴산, 음성 등지의 교도들은 토벌군의 토벌에 쫓겨 남하하기 시작하였다. 이러한 소식은 곧바로 해월에게도 전해졌으며 청주 송산松山에 도소를 두고 있는 손천민포, 충주 외서촌에 도소를 두고 있던 손병희포, 신재련포, 이용구포 등이 당장 위기에 처하게 되었다. 그리하여 토벌군에 밀리기 시작한 9월 중순경에 청산에 집결한 손천민, 손병희 등은 해월을 설득하여 기포령을 내리게 하였다. 해월은 9월 18일 휘하 지도자들에게 기포령을 하달하였다. 해월의 기포령은 9월 25일에 김산의 편보언에게도 전달되었고,[110] 9월 하순에는 서산 지역의 동학지도자들에게도 전달되었으며,[111] 전봉준 진영에도 전달되었던 것으로 보인다.[112] 9월 18일 해월의 기포령이 담긴 「초유문」招諭文은 『시천교종역사』에 다음과 같이 실려 있다.

是月十八日 師聞敎徒慘殺之報 將欲叫冤於天陛 伸師冤救生命 而招集各包
敎頭 於是各處敎徒之來詣于靑山丈席者十餘萬人 其招諭文如左
易曰大哉乾元 萬物資始 至哉坤元 萬物資生 人於其間 爲萬物之靈 父生之 師

教之 君養之 其在報酬之義 不知有生三事一之道 則烏得謂人乎哉 先師粤在
庚申 受命斯道 欲明己頹之綱常 將捄己陷之生靈 反被僞學之目 遭難歸天 尙
未伸雪者 迄今三十有一年矣 惟幸天未喪斯道 互傳心法 通國敎徒不知爲幾
十萬 而罔念四恩之報 專事六賊之欲 藉稱斥和 反致猖獗 寧不寒心 顧此老物
年迫七旬 氣息奄奄 而緬想傳鉢之恩 不堪涕泗盈襟 思不獲已 兹又致通 幸望
僉益 諒此老夫之拳拳 剋期會集 庶竭菲誠 大叫天威赫纘之下 快伸先師之宿
冤 同赴宗國之急難 千萬千萬[113]

기포령을 하달한 이후 해월은 손병희가 이끄는 '북접'군을 내려 보낸 후
남쪽으로 내려갔다. 해월이 남쪽으로 내려갔다는 기록은 다음과 같다.

10월 14일. 경군京軍과 왜군倭軍이 청주淸州를 함몰陷沒하자 수천 명의 동학도
들이 보령保寧으로 달아났고 최법헌崔法軒(崔時亨)이라는 자도 도망하였다고
한다.[114]

(10월) 13일에 신사 호남으로 행하실 때….[115]

이처럼 10월 중순경 전라도로 내려온 해월은 임실 갈담葛潭 조항리鳥項里=
새목티 교도가에 은신하고 있었다. 그 후 해월은 10월 중순경 논산에서 전봉
준군과 합류하여[116] 우금티 전투에 참여하였다가 패배한 후 임실 갈담까지
내려온 손병희의 북접군과 함께 1894년 11월말 다시 북상하였다. 임실에서
장수 무주를 거쳐 북상하던 도중 12월 8일에는 황간현을 점령하였고, 12일
에는 영동永同 용산龍山장터에서 경리청經理廳군과 청주병淸州兵을 맞이하여 격
퇴하기도 하였다.[117] 그러나 북상도중 12월 17~18일 이틀에 걸쳐 보은 북실
鍾谷에서 일병日兵과 상주尙州의 민보군에게 공격을 당하여 수백 명이 몰사강

하였으며,[118] 12월 24일에는 충주 외서촌 되자니에서 최후 전투를 치른 후 해산하기에 이르렀다. 이로써 농민군의 조직적인 봉기와 활동은 사실상 막을 내리게 되었다.

5. 결어

해월은 수운에 의해 1863년 7월 '북도중주인'에 임명되었다. 이 북도중주인이란 표현은 1880년대에 들어와 북접주인北接主人이란 표현으로 바뀌었다. 이후 해월을 일러 북접주인, 북접법헌北接法軒, 북접도주北接道主라고 부름으로써 동학교단 및 교도들 사이에서 '북접'이란 용어가 일반화되었다. 북접이란 표현은 해월이 수운으로부터 도道를 전해 받았다는 도통의 정통성을 상징하는 용어였다. '남접'이란 1894년 동학농민혁명을 주도했던 전봉준이 동학농민혁명을 주도했던 세력과 그 외의 세력을 구분하기 위해 사용한 용어였다. 또한 동학농민혁명 당시 관변 측, 유생 측, 일본군 측이 동학농민혁명을 주도한 세력을 가리킬 때 사용한 용어이기도 했다. 그러나 1차 동학농민혁명 당시 북접에 속한 지역에서도 농민군이 봉기하였으며, 남접에 속한 지역에서도 봉기하지 않은 경우도 있었다. 따라서 동학농민혁명 당시 북접과 남접이 대립한다는 주장은 재고되어야 한다. 북접과 남접의 대립설을 주장하는 연구가 문제가 되는 것은 1차 동학농민혁명 당시 해월의 활동을 통해서도 증명되고 있다. 해월은 전봉준의 봉기에 대해 전면적으로 반대했거나 일방적으로 전봉준의 봉기를 비난하지는 않았다. 그는 오히려 '시운時運이니 금하기 어렵다.'라고 함으로써 사실상 전봉준의 봉기를 인정했다. 그럼에도 불구하고 해월은 전봉준의 봉기를 완전하게 인정했다고 볼 수 없다. 해월은 1871년 영해 교조신원운동과 1892~3년의 교조신원운동의 경험을 통해서 농민군의 봉기에 수반될 관의 대탄압이라든지 농민군의 봉기 과정에서 빚어질 수 있는 폐단에 대해서는 크게 경계하고 있다. 이 같은 해월의 태도는 동학교단의 최고 지도자가 취할 수 있는 정당한 인식이자 조치였다고 생각된다. 실제도 전봉준의 경우도 1차 동학농민혁명 기간 동안 12개 규율, 4대 명의 등의 농민군 행동강령을 제정하여 농민군의 봉기 과정에서 빚어질 수 있는 폐해를 최소화하고 있다. 따라서 1차 동학농민혁땅을 둘러싸고 해월과 전봉준, 달리 표현하여 북접과 남접이 대립했다는 기존의 연구는 재고되어야 할 것이다.

전라도 무장 동학 대접주 손화중 연구

1. 가계家系

동학농민혁명 당시 전라도 무장 지역의 동학 대접주였던 손화중은 1861 철종 12년 정읍현 남일면 과교리南一面 科橋里, 현 정읍시 과교동에서 부친 손호열孫浩 烈과 모친 평강 채씨蔡氏 사이에서 장남으로 태어났다. 본관은 밀양이고, 임진왜란 당시 〈전주사고〉에 보관되어 있던 『조선왕조실록』을 내장산 용굴암으로 옮겨 안전하게 보존했던 태인 출신 손홍록孫弘祿의 후예이다. 이름은 정식正植이고, 자가 화중化中, 또는 華仲이며, 호는 정읍의 옛 이름을 따 초산楚山이라 하였다.

비교적 유족한 집안에서 태어난 손화중은 어려서 이웃 마을인 음성리蔭城里, 현 정읍시 상평동로 이사하여 서당에서 한문 등을 배웠는데, 매우 총명하여 주위로부터 큰 기대를 모았다고 전한다. 12세 때 고흥 유씨柳氏와 결혼했다.

2. 입도入道

20대에 처남 유용수柳龍洙를 따라 십승지十勝地를 찾아 지리산 청학동에 들어갔다가 그곳에서 당시 경상도를 비롯하여 지리산 일대에 널리 전파되고 있던 동학을 만나 입도入道하게 된다. 그가 동학에 입도하는 시기는 충청도와 전라도 지방에 동학이 본격적으로 포교되기 시작하는 1880년대 초엽 아니면 중엽의 일이었다. 동학에 입도한 지 약 2년 뒤에 고향으로 돌아온 손화중은 고향을 중심으로 본격적인 포덕布德; 동학의 포교 활동을 시작하였다.

3. 포덕 활동의 근거지: 괴치리 양실 마을

부안에서 시작된 손화중의 포덕 활동은 정읍 농소리農所里, 현 정읍시 농소동, 입암면 신면리新綿里, 음성리 본가를 거쳐 이윽고 무장현茂長縣을 근거지로 삼으면서 활발하게 전개되었다. 무장현을 중심으로 한 포덕은 당초 읍내 김모金某의 집을 접소接所; 포덕 활동의 본부로 삼아 전개되었으나, 얼마 후 무장면 덕림리 양실 마을德林里 兩谷, 현 고창군 성송면 괴치리 양실 마을로 옮겨 자리를 잡았다.

1993년 4월 2일, 필자를 포함한 『전북일보』 특별취재팀이 양실 마을을 찾았을 때, 50여 호로 추정되는 농가가 자리하고 있는 마을 뒤쪽으로는 수령樹齡이 적어도 3백 년 이상으로 보이는 아름드리 노송老松 세 그루가 마을의 역사를 말해 주고 있었다. 당시 마을에서 만났던 정태균鄭太均, 당시 55세 씨는 마을 뒤 소나무는 자신의 10대조 선조께서 심은 것이며, 매년 정월 대보름 때에는 동제洞祭인 천룡제天龍祭를 지내고 있다고 소개했다. 또 같은 마을의 정용균鄭鎔均, 당시 43세 씨는 갑오년 당시 동학 도소都所는 현재 슬레이트집으로 된 마을 입구 농가에 자리하고 있었다는 말을 조부祖父로부터 들었다고 전해 주었다. 동학 도소가 된 그 집은 당시 손화중 대접주가 설득하여 동학으로 끌어들인 이모李某라는 부자의 집으로 규모는 작았지만 마당이 넓었다고 한다. 정태균 씨는 자신이 어렸을 때만 해도 동학天道敎을 믿는 가구가 20여 호에 이르렀었다고 증언함으로써, 양실 마을이 동학과 깊은 관련을 가지고 있었음을 짐작하게 해 주었다. 이렇듯 양실 마을에 도소를 둔 손화중 대접주의 포덕 활동은 무장, 정읍, 고창, 부안은 물론이려니와 광주, 나주, 장성, 담양에 이르기 광범위한 지역을 대상으로 전개되기에 이른다.

4. 포덕 활동의 특징

손화중의 포덕 활동의 특징은 김지하 시인이 붙인 '떠돌이 접주'라는 별명을 통해 어느 정도 짐작할 수 있다. 손화중은 오늘날의 전라남북도 일대를 광범위하게 떠돌아다니며 이른바 '사고'事故가 난 동학 조직을 재건하는 활동을 활발하게 벌이고 다녔다고 한다. 그래서 그에게 붙은 별명이 떠돌이 접주라는 것이다. 이처럼 떠돌이 접주라는 별명은 손화중이 동학의 대조직가였음을 시사한다.

대조직가 손화중의 면모는 역사적 사실을 통해서도 확인된다. 예를 들면, 오지영吳知泳의 『동학사』東學史에 따르면, 1894년 3월 25일 부안 백산白山에서 개최된 동학농민군이하, 농민군의 '백산대회' 白山大會에는 약 8천여 명의 농민군이 집결하였는데, 그 절반에 가까운 3천 5백의 농민군이 손화중 다 접주가 이끄는 농민군이었다고 한다. 이 같은 사실은 손화중 포의 규모가 매우 컸을 뿐만 아니라, 그의 포덕 활동이 매우 광범위한 지역을 대상으로 전개되었을 것이라는 사실을 짐작하게 해 준다. 갑오년 당시 손화중의 나이는 34세였다. 그는 전봉준보다 6세 연하였으며, 김개남42세, 김덕명50세, 최경선36세 등 다른 대접주와 비교해 보아도 최연소의 나이였다. 그럼에도 불구하고 손화중이 최대 규모의 농민군을 거느리고 있었다는 사실은 그가 동학의 일대 조직가組織家로서 탁월한 능력을 소유하고 있었음을 짐작하게 한다. 동학의 대조직가 손화중의 포덕 활동에 대해서는 일찍이 김지하 시인이 주목한 바 있는데, 여기에 그 핵심 내용을 인용한다.

한마디로 남접南接의 핵심은 손화중 포包에 있었다고 보아야 합니다. 손화중의 태인泰仁·무장茂長 포包는 단순히 지역적인 하나의 포를 넘어서 인근의 전라남북도 일대에 엄청난 영향을 가진 큰 붕새와 같은 조직이었음에 틀림없습니다. 그것은 오지영의 『동학사』에 나오는 것처럼, 미륵불의 배꼽 밑에서 천비문서天秘文書, 비결秘訣을 파내는 사건과 관련된 인근 민중들의 격동 중 손화중 밑의 소두목들이 보여 준 행동과 그들의 거취 등에서도 명백히 보입니다. 기록에 의하면, 몇 년 간격으로 여러 포의 접주接主를 전전한 것으로 되어 있습니다. 이 포의 접주였다가 그 다음에는 저 포의 접주이기도 하였습니다. 그렇다면 이것은 손화중이 떠돌이 접주, 즉 근거가 없는 다만 인물만 출중한 접주로서 볼 수밖에 없는 근거가 되는 것일까요? 전혀 그렇지 않습니다. 오히려 그 반대입니다.

동학이 포접제包接制 원리를 기초로 한 매우 유기적이고 세포론적인 조직 활동을 벌였다는 것은 이미 널리 알려진 사실입니다. 동학사나 해월 행장을 보면 당시 동학의 조직자들은 지목指目과 탄압을 받아 붕괴되는 지역 조직, 위태롭고 취약한 조직, 그리고 사람이 갇히고 흩어져 버린 조직들을 수선하기 위해 많은 노력을 기울인 것을 볼 수 있습니다. 그리고, 동학 조직의 특징 중의 하나는 연비제聯臂制, 즉 알음알음, 친척, 가족, 특히나 통혼권에 의한 사돈 간의 관계 '처남포덕' 이란 말에 주목할 것을 통해 이루어지는데, 위험이 닥칠 때는 바로 이런 연비를 끊어 버리며 그와 연비된 사람을 다른 곳으로 이사시키거나 피신시켜 버립니다. 동시에 갇혀 있는 사람에 대해서는 뇌물을 쓰든 포졸이나 옥졸들과의 교분을 터서 빼내든 어떤 방법으로든 그를 빨리 석방시키기 위해서 백방으로 노력하는 일이 허다했다는 기록이 도처에 보입니다. 구명을 위한 빈번한 모금 지시의 사발통문들과 주초어육을 금함1892년 1월 25일자 어육주초를 금지하는 통문 등으로써 저축된 돈을 석방자금으로 사용하는 숱한 사례들서장옥이 옥에 갇혔을 때 석방 자금을 마련한 사례 참조이 그것입니다. 이것은 우리 민중의 일반적인 인정이기도 하지만 동시에 보안을 위한 긴급 조치로서 동학이 우리 민중의 일반적인 생활 태도와 세계에 대한 태도 또는 사람과 사람 간의 관계에 대한 태도, 또는 공동체적인 생활 태도 속에 들어 있는 기초

적인 삶의 세계관, 산 사람들의 세계관, 생명의 세계관을 종교로 또는 사상
으로 조직적인 공동체 삶으로 고양시켰다는 것을 의미합니다. 어떻게든 갇
혀 있는 사람을 빼낼 뿐만 아니라 그와 관련 되어 있는 연비를 끊어 버리고
일단 피신시키는 이런 조직 활동은 고금동서에서 찾아보기 힘든 매우 탄력
있고 유기적이며 기동력 있는, 그리고 살아 생동하는 민중적 조직 운영의 빛
나는 사례라 할 것입니다.[1]

5. 1892년 '석불 비결石佛秘訣 탈취 사건' 과 손화중 포의 조직망

자신의 나이 20대, 즉 1880년대에 이미 동학에 입도하여 활발한 포덕 활
동을 펼치고 있던 손화중은 1891년 3월에 공주 신평薪坪; 현 공주시 사곡면 신영리 신
평 마을에 은거하고 있던 동학 2대 교주 해월 최시형海月 崔時亨을 찾아가 처음
으로 지도를 받은 이래「金洛喆歷史」,『韓國學資料叢書 9: 東學農民運動篇』및『天道敎會月報』
23, 1912년 6월호, 18쪽, 해월이 1891년 5월부터 7월까지 2개월에 걸쳐 전라도 익
산, 부안, 고부, 태인, 금구, 전주를 순회하며 순회 포덕 활동을 전개할 때도
만나서 직접 지도를 받았던 것으로 짐작된다.

해월의 직접 지도를 받은 뒤 손화중의 포덕 활동은 더욱 활발해졌다. 민
심도 점점 손화중에게로 쏠리기 시작했다. 특히 1892년은 임진왜란이 일어
난 지 3백년이 되던 해로 흉흉해진 민심은 미륵불 출세나 정鄭도령 같은 진
인眞人 출현을 대망하는 분위기가 고조되고 있었다. 이 같은 시대적 분의기
속에서 1892년 8월 이른바 손화중 포 관내에서 '석불 비결 탈취 사건' 이 일
어나기에 이른다. 석불 비결 탈취 사건의 전말은 오지영의 『동학사』草稿本를
비롯하여 매천 황현黃玹의 『오하기문』梧下記聞, 남원 유생 김재홍의 『영상일
기』嶺上日記, 한국 천주교회사연구소에 소장되어 있는 『뮈텔문서』 등에서 찾
아볼 수 있는데, 이하 오지영의 『동학사』에 실려 있는 내용을 인용한다.[2]

임진1892년 8월간에 전라도 무장현에서는 큰 지목이 일어났었다. 도내의 유수한 두목은 물론이오 동학당이라고는 개인까지라도 닥치는 대로 잡아들여 수백 명의 사람을 무장 옥獄에 때려 가두었었다. 사건의 내용은 무장 선운사 용문암龍門庵 석불石佛 배꼽 속에 있는 비록秘錄이라는 것을 동학당들이 훔쳐 갔다 하여 강도행위요 역적 모의라 하여 일으킨 사변이다. 이유는 그 석문石門 비록이라는 것이 3천년 전 검당 선사黔堂 禪師라는 도승이 있어 저작한 비록으로 그 속에 있는 말은 이렇다고 하는 것이다. 이조 5백년 후에 이 석문을 여는 자 있을 것이요, 비록이 세상에 나오는 날은 그 나라가 망亡할 것이요라 한 뒤 다시 흥興한다 운운하는 것이며, 동同 비록을 동학당 수백 명이 승야乘夜 돌입하여 동사同寺 승도들을 결박하여 놓고 석불의 배꼽을 떼고 그 비록을 빼갔다는 것으로 관헌들은 이것을 기화로 강도 겸 역모로 몰아 대토벌을 시작한 것이며, 동학당 영수領首 중 강경중姜敬重, 오지영吳知泳, 고영숙高永叔 등 세 사람을 주모자로 몰아 사형에 처하여 옥에 뇌수牢囚하였는데, 각지에 있는 동학당들은 할 수 없이 폭력으로써 해결할 것을 밀의密議하여 수천 명의 도당으로 무장읍茂長邑을 에워싸고 일변一邊 관아를 습격한다 위협하였다. 그리된 결과 무장 쉬원님는 도망하였고 죄수는 탈옥되었었다. 이로부터 전라도 내에서는 지목指目이 점점 더 확대하였다. 그러나 지목의 반면에 동학당의 수는 날로 늘어가는 영향이 현저히 드러났었다. 무장茂長, 고창高敞, 영광靈光, 홍덕興德, 고부古阜, 부안扶安, 정읍井邑, 태인泰仁, 전주全州, 금구金溝 등 각지에서는 이민吏民을 물론하고 도道, 東學을 말함에 안 드는 자가 없었던 것이다.

『동학사』의 내용에 따르면, "동학당 수백 명이 승야 돌입하여 동사 승도들을 결박하여 놓고 석불의 배꼽을 떼고 그 비록을 빼갔다."고 말하고 있는데, 여기에 등장하는 수백 명의 동학당은 바로 손화중 포의 동학교도들이었다. 이 같은 사실은 갑오년 이전부터 이미 상당한 조직력을 자랑하고 있는 손화중 포의 규모와 그 조직력을 웅변雄辯해 주는 사례가 아닐 수 없다. 뿐만 아니라, 석불 비결 탈취 사건 이후 전라도 일대에서는 날이 갈수록 조직화 되어 가는 동학에 대한 관변 측의 지목指目이 확대되어 갔다고 한다.[3] 그러 나 그 같은 지목에도 불구하고 "고창, 영광, 흥덕, 고부, 부안, 정읍, 태인, 전 주, 금구 등 각지에서는 이민吏民을 물론하고 도道, 동학에 안 드는 자가 없을" 정도로 동학이 급속도로 퍼져가기에 이르렀다고 한다. 손화중 포는 또한 『주한일본공사관기록』駐韓日本公使館記錄에서조차 호남의 5대 포의 하나로 지 적하고 있을 정도로[4] 그 규모가 방대하였다. 이 같은 손화중 포의 조직 활동 및 포덕 활동의 거점이 바로 성동면 양실星洞面 陽室; 현 고창군 성송면 괴치리 양설 마을 이었던 것이다.[5]

　이상과 같은 사실을 종합해 볼 때, 1892년 8월에 일어난 석불 비결 탈취 사건은 전라도 일대에서 날로 그 명망이 높아가고 있던 손화중 대접주의 인 물 됨됨이를 비롯하여, 손화중 포의 조직 활동 및 동학 포덕 활동의 추이推移 를 보여 주는 상징적인 사건이라고 할 수 있을 것이다.

6. 손화중과 전봉준과의 관계

　1894년 1월 10일 1천여 명의 농민들을 이끌고 약 두 달여에 걸쳐 고부 농 민봉기古阜農民蜂起; 종래는 古阜民亂이라 불렀다를 주도했던 전봉준은 고부 농민봉 기를 진압하러 온 안핵사 이용태의 탄압을 견디지 못하고 3월 13일경 손화 중 대접주의 근거지인 무장으로 피신하기에 이른다.「全琫準判決宣告書」, 『韓國學 報』39, 1985, 187-188쪽 참조

　전해오는 이야기에 따르면, 손화중은 처음에 전봉준의 전면 봉기 주장에 대해 동의하지 않았다고 한다. 그러나 전봉준의 끈질긴 설득에 따라 자신이

땀 흘려 조직해 놓은 약 4천 명의 포包 조직을 고스란히 전봉준에게 넘겨 주었다고 한다.[6] 이 같은 이야기는 손화중과 전봉준과의 관계를 짐작하게 해 주는 동시에, 손화중의 인물됨을 다시 한 번 생각하게 해 주는 일화가 아닐 수 없다.

갑오년 당시 손화중 대접주의 도소는 괴치槐峙; 현 고창군 성송면 괴치리 양실 마을에 있었는데, 전봉준 장군은 괴치로부터 멀지 않은 무장현 동음치면 당산堂山; 현 고창군 공음면 구암리 구수내 마을을 근거지로 삼아 3월 16일경부터 전면봉기를 위한 준비에 착수하여 20일경 저 유명한 '무장포고문' 茂長布告文을 선포한 뒤, 3월 21일 전국적 차원의 봉기를 단행하기에 이른다.

연구자는 물론이고 일반 시민들 대부분은 적어도 1993년까지는 정읍 고부古阜 또는 부안 백산白山이 동학농민혁명이 시작된 곳이라고 이해하여 왔다. 정읍 고부가 혁명이 시작된 곳이라고 오해한 가장 큰 이유는 동학농민혁명 연구의 고전이 되어 있던 오지영의 『동학사』가 1894년 1월의 고부 농민봉기와 같은 해 3월의 전면 봉기를 구분하지 않고 하나의 사건인 것처럼 서술했기 때문이다. 부안 백산에서 동학농민혁명이 시작되었다고 생각하게 된 것 역시, 오지영의 『동학사』에 나오는 '백산대회' 白山大會를 동학혁명의 처음이라고 잘못 이해한 데서 유래된 것이다.

그러나 이 같은 오해는 1993년 4월 2일, 「전북일보」 특별취재팀이 동학농민혁명의 시발지, 즉 전봉준 장군이 전면 봉기를 단행했던 무장현 동음치면 당산마을을 답사하여 마을에 대한 소개와 함께, 전면 봉기 사실을 기록한 다양한 사료들을 소개함으로써 비로소 바로잡히게 되었다.[7]

전봉준이 1894년 1월의 고부 농민봉기의 좌절 이후, 3월 13일경 손화중 포의 관내인 무장현으로 옮겨와 전면 봉기를 단행하였다는 사실을 기록하고 있는 1차 사료들을 소개하자면 다음과 같다.

첫째, 「全琫準供草 初招問目」, 『東學農民戰爭史料叢書』18, 1996

둘째, 「全琫準判決宣告書」, 『韓國學報』 39, 1985

셋째, 「聚語」, 앞의 叢書 2, 1996

넷째, 「東匪討錄」, 앞의 叢書 6, 1996

다섯째, 「梧下記聞」, 앞의 叢書 1, 1996

여섯째, 「뮈텔문서」, 앞의 叢書 5, 1996

일곱째, 「隨錄」, 앞의 叢書 5, 1996

여덟째, 「石南歷事」, 전봉준 장군의 제자 박문규의 일기, 앞의 叢書 5, 1996

아홉째, 「林下遺稿」, 부안 유생 김방선의 문집, 앞의 叢書 5, 1996

7. 동학농민혁명기 손화중의 활동과 그 최후

1894년 3월 전봉준과 '혁명' 革命을 위해 손을 잡은 손화중은 동학농민혁명 기간 내내, 그리고 혁명이 좌절되어 형장의 이슬로 사라지는 1895년 3월 말까지 끝까지 전봉준과 운명을 같이 한다.[8]

뿐만 아니라 손화중은 동학 2대 교주 해월로부터 깊은 신뢰를 받은 인물이기도 하다. 손화중에 대한 해월의 깊은 신뢰를 엿볼 수 있게 하는 역사적 사실 하나를 소개한다.

병신丙申; 1896년 겨울 하루는 전라도로부터; 주 손병규孫炳奎, 홍계관洪桂寬, 최○서崔益瑞 등 8인이들 여덟 사람은 모두 손화중 포 관내의 접주로서 갑오년 혁명 과정에서 가까스로 살아남은 이들이다. 이 찾아와서 경상도 상주 높은 터高垈 아래의 수용점水春店에 머물면서 아홉 개의 큰 접大接=包을 설포設包한다고 말하는고로 선생님해월 선생께서 분부하시기를 '낙철金洛喆 부안대접주이 즉시 가서 권유하면 바로 구암 김연국을 내려보낼 터이니 잘 타일러서 함께 내려가라.' 고 하시는 고로, 분부를 받들고 내려가 8인과 함께 상주 갈항리葛項里 김치순金致順의 집으로 갔다. 날이 저물자 구암김연국장丈께서 박희인朴羲寅의 집으로부터 왕림하여 유숙하실 새, 구암께서 여덟 사람에 대해 말씀하시기를 여러분들이 두목이 되어 설포設包를 한다고 하니, '그렇다면 손화중의 시체는 운상運喪했느냐.' 고 한즉, 모두가 묵묵부답으로 앉아 있거늘, 구암께서 또 크게 꾸짖으며 말씀하시기를 '두목 시체도 어디에 있는 줄 모르면서 두목이 되려 하니 참으로 무례한 이야기들이라.' 하시고, '즉시 전라도로 내려가서 화중의 시체를 운상하여 장례를 지내면 천사天師의 감응하는 덕으로 접내接內의 일은 자연 크게 드러날 것이다. 김모 김낙철대접주 와 함께 내려가라.' 하시는 고로 즉시 함께 내려왔다.[9]

위의 내용을 보면, 1896년 연말까지도 1895년 3월 말 서울에서 처형된 손화중의 시신은 제대로 수습되지 못했다는 사실이 드러난다. 그리고, 대두목 손화중의 시신을 수습하지 못했으면서도 또다시 '설포' 設包, 起包 즉 재봉기를 위한 동학 포의 재건 활동하려는 8인의 소두목에 대해 해월은 구암 김연국을 통해 "두목의 시신이 어디에 있는 줄도 모르는 주제에 두목이 되려 한다."고 준엄한 꾸중을 내리고 있다. 이 같은 일화는 일찍이 수제자의 한 사람이던 서장옥徐璋玉=徐仁周이 옥에 갇혀 있을 때, 식사 때마다 서장옥을 위해 식고食告를 하고, 지목을 피해 강원도에서 충청도로 피신하는 길에 장대같은 비를 맞고도, 옥중에 있는 서장옥을 생각하여 이불을 덮지 않고 밤을 지새웠던 해월의 인간미를 다시금 엿볼 수 있는 내용임과 동시에 손화중에 대한 해월의 깊은 신뢰를 살필 수 있게 하는 내용이다.

무장포고문茂長布告文

「무장포고문」은 1894년 3월 전라도 무장에서 전봉준 장군이 이끄는 농민군이 전국적 차원의 봉기를 단행하면서 선포한 포고문이다. 3월 21일에 전면 봉기를 단행하고 있기 때문에 이 포고문은 3월 20일 또는 그 이전에 포고되었을 것으로 짐작된다. 이 포고문은 전봉준 장군이 직접 쓴 것으로 널리 알려져 있으나, 당시 농민군 지도부 내에서 참모 역할을 했던 인물이 썼을 가능성도 있다.

종래, 학계에서는 이 「무장포고문」을 농민군이 전라도 무장을 점령했던 1894년 음력 4월 12일에 포고한 것으로 잘못 보았다. 김의환, 『전봉준전기』, 정음사, 1981, 97-100쪽; 강재언, 『한국근대사연구』, 한울, 1982, 168-169쪽 참조 『동학사』를 쓴 오지영 역시 갑오년 3월이 아닌 1월에 포고된 것으로 잘못 보았다. 『동학사』, 영창서관, 1940, 108-109쪽 참조 위와 같은 오해는 첫째, 농민군의 전면 봉기 장소를 무장茂長이 아닌 고부古阜로 잘못 안 데서 비롯된 것이며, 둘째, 갑오년 1월의 고부 농민 봉기와 3월의 무장茂長 기포를 별개의 사건으로 구분하지 못하고 혼동한 데서 비롯된 것이다.

「무장포고문」이 실려 있는 사료로는 오지영의 『동학사』, 황현의 『오하기문』, 경상도 예천 유생 박주대朴周大가 쓴 『나암수록』·『동비토록』, 1893년에서 1894년에 걸쳐 충청도 보은 관아에서 농민군의 동정을 탐지하여 수록한 『취어』, 전라도 무주 관아에서 수집하여 남긴 『수록』, 「뮈텔문서」한국교회사연구소 소장, 일본인 파계생이 쓴 「전라도고부민요일기」 등이 있는데, 이 가운데 『동학사』에는 국한문으로, 「전라도고부민요일기」에는 일본어로 번역되어 실려 있으며, 나머지 사료에는 모두 한문으로 수록되어 있다. 『취어』에는

405자,『수록』에는 400자의 한자로 구성되어 있으나 내용은 거의 동일하다. 『오하기문』과『동비토록』,『취어』등에 실린「무장포고문」을 서로 대조하여 원문과 번역문을 소개하면 다음과 같다.

〈茂長 布告文〉

人之於世最貴者 以其有人倫也 君臣父子 人倫之大者 君仁臣直 父慈子孝然後 乃成家國 能逮無疆之福 今我聖上 仁孝慈愛 神明聖睿 賢良正直之臣 翼贊佐明 則堯舜之化 文景之治 可指日而希矣

今之爲臣 不思報國 徒竊祿位 掩蔽聰明 阿意苟容 忠諫之士 謂之妖言 正直之人 謂之匪徒 內無輔國之才 外多虐民之官 人民之心 日益渝變 入無樂生之業 出無保軀之策 虐政日肆 惡聲相續 君臣之義 父子之倫 上下之分 遂壞而無遺矣

管子曰 四維不張 國乃滅亡 方今之勢 有甚於古者矣 自公卿以下 至方伯守令 不念國家之危殆 徒竊肥己潤家之計 銓選之門 視作生貨之路 應試之場 舉作交易之市 許多貨賂 不納王庫 反充私藏 國有積累之債 不念圖報 驕侈淫佚 無所畏忌 八路魚肉 萬民塗炭 守宰之貪虐 良有以也 奈之何民不窮且困也

民爲國本 本削則國殘 不念輔國安民之策 外設鄕第 惟謀獨全之方 徒竊祿位 豈其理哉 吾徒雖草野遺民 食君土服君衣 不可坐視國家之危 而八路同心 億兆詢議 今擧義旗 以輔國安民 爲死生之誓 今日之光景 雖屬驚駭 切勿恐動 各安民業 共祝昇平日月 咸休聖化 千萬幸甚

〈무장 포고문〉

이 세상에서 사람을 가장 존귀하게 여기는 까닭은 인륜이란 것이 있기 때문이다. 임금과 신하, 아버지와 자식 사이의 윤리는 인륜 가운데서도 가장 큰 것이다. 임금은 어질고 신하는 정직하며, 아버지는 자애롭고 자식은 효도를 다한 후에라야 비로소 한 가정과 한 나라가 이루어지며, 한없는 복을 누릴 수 있는 법이다.

지금 우리 임금님께서는 어질며 효성스럽고 자애로우며, 귀신과 같은 총명함과 성인과 같은 예지를 갖추셨으니, 현명하고 정직한 신하들이 보좌하여 돕기만 한다면 요堯 임금과 순舜 임금 때의 교화敎化와, 한漢 나라 문제文帝와 경제景帝 때의 다스림에 도달하는 것은 마치 손가락으로 해를 가리키는 것처럼 그리 오래 걸리지 않을 것이다. 그러나, 지금 이 나라의 신하라는 자들은 나라의 은혜에 보답할 생각은 하지 않고 한갓 봉록俸祿과 벼슬자리만 탐내면서 임금님의 총명을 가린 채 아첨만을 일삼고 있으며, 충성스러운 마음으로 나라의 잘못을 충고하는 선비들의 말을 요사스러운 말이라 하고 곧고 바른 사람들을 가리켜 도적의 무리라 하고 있다. 또한, 안으로는 잘못되어가는 나라를 바로잡을 인재가 없고 밖으로는 백성들을 수탈하는 관리들만 많으니 사람들의 마음은 날로 거칠고 사납게 변해만 가고 있으며, 백성들은 집에 들어가도 즐겁게 종사할 생업이 없고 집을 나오면 제 한 몸 보호할 방책이 없건마는 가혹한 정치는 날로 심해져 원망의 소리가 끊이지 않고 있으며, 임금과 신하 사이의 의리와 아버지와 자식 사이의 윤리, 윗사람과 아랫사람 사이의 분별은 마침내 다 무너지고 남은 것이라곤 하나도 없는 실정이다.

일찍이 관자管子께서 말씀하시기를 "사유四維, 즉 예의염치禮義廉恥가 떨치지 못하는 나라는 결국 망한다."고 하였는데 지금의 형세는 그 옛날보다도 더 심하기 그지없으니, 예를 들면 지금 이 나라는 위로 공경대부公卿大夫로부터 아래로 방백수령方伯守令들에 이르기까지 모두가 나라의 위태로움은 생각하지 않고 그저 자기 몸 살찌우고 제 집 윤택하게 할 계책에만 몰두하고 있으며, 벼슬길에 나아가는 문을 마치 재화가 생기는 길처럼 생각하고 과거 시험 보는 장소를 마치 돈을 주고 물건을 바꾸는 장터로 여기고 있으며, 나라 안의 허다한 재화財貨와 물건들은 나라의 창고로 들어가지 않고 도리어 개인의 창고만 채우고 있다. 또한 나라의 빚은 쌓여만 가는데 아무도 갚을 생각은 하지 않고, 그저 교만하고 사치하며 방탕한 짓을 하는 것이 도무지 거리낌이 없어 팔도八道는 모두 어육魚肉이 되고 만 백성은 모두 도탄에 빠졌는데도 지방 수령들의 가혹한 탐학貪虐은 더욱 더하니 어찌 백성들이 곤궁해지지 않을 수 있겠는가. 백성들은 나라의 근본인 바, 근본이 깎이면 나라 역시 쇠잔해지는 법이다. 그러니 잘못되어 가는 나라를 바로 잡고 백성들을 편안하게 만들 방책을 생각하지 않고 시골에 집이나 지어 그저 오직 저 혼자만 온전할 방책만 도모하고 한갓 벼슬자리나 도둑질하고자 한다면 그것을 어찌 올바른 도리라 하겠는가. 우리 동학농민군吊徒들은 비록 시골에 사는 이름 없는 백성草野遺民들이지만 이 땅에서 나는 것을 먹고 이 땅에서 나는 것을 입고 사는 까닭에 나라의 위태로움을 차마 앉아서 볼 수 없어서 팔도가 마음을 함께 하고 억조億兆 창생들과 서로 상의하여 오늘의 이 의로운 깃발을 들어 잘못되어 가는 나라를 바로 잡고 백성들을 편안하게 만들 것을 죽음으로써 맹세하노니, 오늘의 이 광경은 비록 크게 놀랄 만한 일이겠으나 절대로 두려워하거나 동요하지 말고 각자 자기 생업에 편안히 종사하여 다 함께 태평성대를 축원하고 다 함께 임금님의 덕화를 입을 수 있다면 천만 다행이겠노라.

제3부　동학농민혁명의 새로운 이해

동학의 남·북접 대립설에 대한 재검토[*]
-백범 김구의 『백범일지』를 중심으로

1. 머리말

동학농민혁명[**]에 대한 지금까지의 연구는 동학교단 내의 남접과 북접은 1892년 10월 충청도 공주에서 시작된 교조신원운동 단계부터 1894년 3월의 제1차 동학농민혁명에 이르기까지 서로 대립되어 왔다고 설명하고 있다. 예를 들면, 1940년에 간행된 오지영의 『동학사』는 충청도와 경상도 지방을 주된 기반으로 하는 북접의 지도자 해월 최시형이하, 해월은 전라도 지방을 기반으로 하는 남접을 이끌고 봉기했던 전봉준의 제1차 동학농민혁명에 대해 반대했을 뿐만 아니라 강하게 비난했다고 쓰고 있다.[1] 동학의 남·북접이 서로 대립했다는 오지영의 『동학사』는 그가 전라도 익산 출신의 동학 접주였다는 사실 때문에 비교적 일찍부터 가장 신빙성 높은 사료로 이해되어 왔다. 그리하여 『동학사』에 기록된 남·북접 대립은 매천 황현의 『오하기문』

[*] 이 논문은 필자가 학위논문(1996)에서 "남북접 대립설은 허구다."라는 점을 제기한 이래, 『백범일지』를 비롯하여 국내외에서 새롭게 발굴된 사료들을 중심으로 남·북접 대립설을 전 면적으로 부정하는 주장을 개진한 논문임을 밝힌다.

[**] 1894년의 농민봉기에 대한 명칭은 다양하다. 이 글에서는 2004년 2월 9일 국회에서 통과되고 동년 3월 5일에 공포된 '동학농민혁명참여자 등의 명예 회복에 관한 특별법'에 근거하여 동학농민혁명이라 부르기로 한다.

에 실려 있는 남·북접 대립에 관한 기록[2]과 함께 남·북접 대립설의 유력한 근거가 되어 왔다. 뿐만 아니라 종래 학계에서는 제1차 동학농민혁명기에 있었던 남·북접 대립은 사실 제1차 동학농민혁명 이전 단계인 1892~3년의 교조신원운동 단계부터 시작되었으며, 그 대립이 가까스로 해소된 것은 1894년 9월에 있게 되는 제2차 동학농민혁명 단계부터라고 주장해 왔다.[3]

그러나 이상과 같은 남·북접 대립설은 동학농민혁명 1백주년을 전후하여 관련 사료들이 대거 새롭게 발굴 소개됨에 따라 점차 그 타당성이 흔들리게 되었다.[4] 필자는 1995년에 제출했던 박사학위 논문에서 백범 김구의 『백범일지』 내용을 근거로 삼아 남·북접 대립설에 대해 재고해야 한다는 견해를 조심스럽게 제기한 적이 있었다.[5] 그러나 당시 필자의 학위 논문은 『백범일지』 등 국내에서 발굴된 한두 가지 사료만을 근거로 남·북접 대립설을 검토했기 때문에 사료적 근거가 빈약하다는 평가를 받았다.[6] 그 결과 남·북접 대립을 재고할 만한 새로운 사료 발굴이 이루어지지 않는 한, 남·북접 대립에 대한 재검토는 더 이상 진행하기 어려운 상황에 부딪치게 되었다.

학위 논문 제출 이후, 남·북접 대립설 문제를 어떻게 극복할 것인가 고민하던 중, 우연한 기회에 일본 홋카이도 대학北海道大學으로 유학을 떠나게 되었다. 유학의 계기는 1995년 7월 일본 홋카이도 대학 문학부 소속 후루카와古河 강당에서 전라남도 진도 출신 동학농민군 지도자 유골이 방치된 상태로 발견된 사건 덕분이었다.* '동학농민군 유골 방치 사건'[7]을 계기로 필자는 1997년 4월부터 2001년 4월까지 만 4년 동안 일본 각지를 돌아다니며 동학농민혁명 관계 사료를 조사하고 수집하는 한편, 새로 찾아 낸 사료를 근거

---

* 1995년 7월, 일본 홋카이도 대학에서 동학농민군 지도자 유골이 방치된 채 발견된 사건의 개요에 대해서는 다음과 같은 보고서가 나와 있다.; 홋카이도 대학 인골문제조사위원회, 『후루카와(古河)강당 구표본고 인골문제 보고서』, 홋카이도 대학 문학부, 1997년.

로 동학농민혁명에 대한 연구, 그 중에서도 특히 기존의 남·북접 대립설을 극복할 수 있는 연구를 심화시킬 수 있었다. 특히 일본에 남아 있는 동학농민혁명 관련 사료에 대한 조사와 수집 활동을 통해서 필자는 지금까지 정설定說로 정착되어 있던 남·북접 대립설과는 정반대의 내용을 담고 있는 사료들, 즉 남·북접이 서로 대립했던 것이 아니라 오히려 서로 연대 내지 협력 관계를 유지하면서 함께 봉기하고 함께 싸웠음을 증명하는 사료들을 상당수 발굴해 낼 수 있었다.

본 논문에서는 일본 홋카이도 대학 유학 기간 동안에 새로 발굴했던 사료들을 중심으로 기존의 남·북접 대립설을 재검토하고자 한다. 이 같은 작업은 『백범일지』에 기록되어 있는 제1차 동학농민혁명 관련 기록이 매우 정확하다는 사실을 증명해 줄 것이며, 지금까지 정설로 여겨 왔던 남·북접 대립설이 그 사료적 근거도 빈약할 뿐만 아니라, 역사적 사실이 아니었다는 점을 증명해 줌으로써 제1차 동학농민혁명에 대한 근본적인 재검토와 새로운 이해의 필요성을 환기시켜 줄 것으로 생각한다.

2. 기존 연구의 문제점

동학의 남·북접 문제에 대해서는 여러 연구자들의 업적이 있다. 그 중에서 가장 대표적인 연구라면 재일在日 사학자 조경달趙景達 교수의 연구와 한국의 정창렬鄭昌烈 교수의 연구라고 할 수 있을 것이다. 두 연구자의 견해로 대표되는 기존의 남·북접 대립설을 요약하면, "동학 조직 안에는 북접과 남접이 존재하고 있었다. 북접은 동학 교문의 최고 지도자인 해월의 지도를 받고 있었으며, 그 주된 지역은 충청도와 경상도였다. 이것에 대하여 남접은 동학의 하급 지도자인 전봉준이 이끌고 있었으며, 그 주된 지역은 전라도였다."는 것이라고 할 수 있으며, 또 "1893년의 척왜양斥倭洋 운동 및 동학농민혁명을 주도한 세력은 북접이 아니라 남접으로 북접은 남접의 봉기에 반대하였으며, 남접의 무장 행위 등을 강하게 비난하기도 했다. 이러한 대립은 1893년의 척왜양 운동으로부터 시작되어 1894년 9월의 제2차 동학농민혁명 직전까지 계속되었다. 남·북접의 대립이 가까스로 해소된 것은 제2차 동학농민혁명에 즈음하여 오지영을 중심으로 한 남접 지도자들에 의한 남·북접 간의 중재가 성공했기 때문이었다."고 요약할 수 있다.

그러나 위와 같은 기존 연구에는 몇 가지 문제점이 들어 있다.

첫째, 남·북접 대립을 설명하는 주된 근거로 삼아 왔던 사료상의 문제를 지적할 수 있다. 기존 연구는 남·북접 대립의 근거를 주로 『시천교역사』1920년, 『천도교창건사』1933년, 『동학사』1940년 등 동학이 1905년을 전후로 천도교·시천교 등 근대 종교로 개편된 이후에 편찬 간행했던 교단사敎團史에서 찾았다. 그런데 이들 각 교파의 교단사는 동학교단이 1894년의 동학농민혁명을 거친 후 여러 교파로 분열된 이후에 각 교파들이 자파自派의 정통성을 주장하기 위하여 편찬했던 사서들이라는 공통점을 지니고 있다. 이들 교단사들이 어떤 문제를 안고 있는가를 알기 위해 1894년의 동학농민혁명에 대한 기술을 검토해 보면, 당시의 역사적 실상을 동학교단이라는 전체의 입장이나 각 지역을 망라하는 전국적 차원에서 기술·설명하기보다는 분파적 입장과 지역적 차원에서 기술하고 있음을 확인할 수 있다.[8] 따라서 이들 교단사들은 동학농민혁명 당시의 동학교단의 동향을 객관적·총체적으로 기술하고 있다고 보기 어려운 실정이다. 뿐만 아니라 이들 교단사들은 동학농민혁명에 관한 1차 사료, 즉 원사료原史料가 아니라 원사료에 근거하여 정리한 2차 사료라는 점도 간과해서는 안 될 문제의 하나로 지적할 수 있다.

둘째, 기존 연구에 나타나고 있는 문제점 가운데 하나는 남접과 북접이라는 용어의 유래, 남접과 북접이라는 조직의 실체에 대한 실증적 분석이 결여되어 있다는 점을 지적할 수 있다. 도대체 동학교단의 남접과 북접이라는 용어는 언제부터 어디서 유래했을까? 그리고 이 남접과 북접은 동학교단 안에서 과연 구체적인 실체를 가지고 존재했던 조직들이었을까? 아니면 또 다른 가능성이 있는 것일까? 유감스럽게도 기존 연구에서는 이런 문제들이 구체적으로 해명되지 못했다.

셋째, 기존 연구들이 한결같이 남·북접 대립의 시작이라고 보는 1893년 3월의 충청도 보은 취회報恩聚會와 전라도 원평 취회院坪聚會; 금구 취당이라고도 한다가 과연 대립적인 관계에 있었던가 하는 점이다. 기존 연구자 가운데 조경달 교수와 정창렬 교수는 척왜양 운동이 한창이던 1893년 3월(양 4월)경, 전라도 금구현 원평에서는 해월을 최고 지도자로 하는 충청도 보은 취회와는 별개로, 전봉준이 지도하는 남접에 의한 금구 취회가 열리고 있었다고 주장한 바 있다. 두 연구자는 특히 이 전라도 원평에서 열린 집회를 각각 '금구 집회' 조경달와 '금구 취당' 정창렬이라고 부르고 당시 서울 및 조선 각지의 척왜양 격문 게시는 바로 이 전라도 금구 취회를 주도했던 세력에 의해 이루어졌다고 설명하고 있다. 그러나 필자가 조사한 바에 의하면, 해월이 이끌던 이른바 북접도 남접과 똑같이 척왜양 격문을 게시하였던 것으로 확인되고 있다.[9] 또한 1995년 3월에 전라북도 남원에서 발굴된 『종리원사부동학사』라는 사료에 따르면,[10] 원평 취회를 주도했던 세력은 보은 집회와 대립했던 것이 아니라 오히려 보은 취회와 긴밀한 관계를 유지하고 있었다고 기록되어 있다. 보은 취회 세력과 금구 취회 세력이 대립 관계가 아니라 상호 긴밀한 관계에 있었음을 증명하는 사료는 또 있다. 시천교 측에서 펴낸 『신세기』1924년라는 사료가 그것이다. 이 『신세기』에 의하면 두 연구자가 금구 취회 지도자로 꼽고 있는 전봉준마저도 보은 취회에 참가하기 위해 보은 바로 인근의 원남元南까지 갔었다[11]는 기록이 있다.

넷째, 두 연구자가 주장하고 있는 것처럼 1894년 제1차 동학농민혁명 당시 남접과 북접이 대립한 것이 과연 역사적 사실일까 하는 문제가 있다.

1894년 3월 전라도 무장에서 전봉준이 전면 봉기를 할 당시 북접의 최고 지도자로 알려진 해월이 구체적으로 어떤 행동을 했는지에 대해 위의 기존 연구는 구체적인 설명을 하지 않고 있다. 즉, 기존 연구는 제1차 동학농민혁명 당시 해월의 행적에 대한 구체적 분석이나 해월이 이끌고 있던 북접의 동향에 대한 명확한 분석 없이 오지영과 황현의 기록에만 의존한 가운데 남·북접 대립을 강조하고 있다.

그러나 일본에서 필자가 새로 발굴한 「조선국 동학당 동정에 관한 제국 공사관 보고 일건」朝鮮國東學黨動靜=關シ帝國公使館報告一件[12]을 보면, 제1차 동학농민혁명 당시 충청도 진잠, 옥천, 연산, 공주, 이인, 문의, 회덕, 금산 등지에서 수백 또는 수천 명 단위의 동학농민군이하, 농민군이 봉기했다는 사실이 기록되어 있다. 뿐만 아니라 봉기한 농민군을 지휘하기 위해 해월이 통문을 발했다는 사실도 기록되어 있다. 이 같은 사실은 제1차 동학농민혁명 당시 해월의 행적이나 북접의 동향에 대한 실증적 분석이 필요함을 시사해 주는 새로운 사실들이라고 할 수 있을 것이다.

3. 새로 발굴된 사료들

이 장에서는 『백범일지』 외에 남·북접 대립설에 대해 전면적 재검토의 필요성을 제기해 주는 사료들을 소개하기로 한다.

첫째, 1920년대 이전에 나온 동학 교단사들이 있다. 전술前述한 바와 같이, 기존 연구자들은 『시천교역사』1920년, 『천도교창건사』1933년, 『동학사』1938년 등 1920년대 이후 동학의 각 교파들이 펴낸 교단사들을 근거로 남·북접 대립을 강조해 왔다. 그러나, 동학농민혁명 1백 주년을 전후하여 1920년대 이전에도 다수의 동학 교단사들이 쓰여졌거나 간행되었다는 사실이 확인되었다. 1920년대 이전에 나온 교단사로는 다음과 같은 것들이 있다.[13]

『수운행록』1865년   『최선생문집도원기서』1879년

『해월문집』1885~1892년   『대선생사적 부 해월선생문집』1906년

『시천교종역사』1915년   『김낙철역사』1917년

『본교역사』1910~1914년, 『천도교회월보』에 연재

위의 동학 교단사들은 기존 연구자들이 이용해 온 동학 교단사들인 『시천교역사』 등에 비해 훨씬 더 이른 시기에 나왔다는 공통점이 있다. 또한 기존의 동학 교단사와 비교해 보면, 기존 사서에 없는 새로운 사실들이 풍부하게 들어 있음을 확인할 수 있으며, 특정 교파의 입장을 강조하려는 경향이 별로 두드러지지 않는다는 특징이 있다. 예를 들면, 1871년 경상도 영해에서 이필제가 주도한 병란兵亂[14]에 해월이 적극 가담했다는 사실, 1892년 10월 공주 취회 당시 취회 준비를 위해 공주의송소公州議送所가 설치됐으며, 이 공주의송소는 당시 청주 송산松山, 솔뫼에 머물고 있던 해월의 지시를 받고 있었다는 사실, 1894년 3월에 북접 교도 수만 명이 집회를 열었다는 사실 등이 그것이다.

둘째, 일본 외무성 외교사료관에 소장되어 있는 동학농민혁명 관련 사료들을 들 수 있다. 외교사료관에는 위에서 이미 설명한 바 있는 「조선국 동학당 동정에 관한 제국공사관 보고 일건」을 비롯하여 수백 건에 달하는 동학 관련 외교 문서들이 파일로 정리되어 소장되어 있다.[15] 이들 사료 속에는 이미 알려진 사료들도 있으나 지금까지 전혀 알려지지 않았던 새 사료도 상당수 소장되어 있다. 이들 새 사료 속에는 지금까지 연구된 동학농민혁명의 역사상을 근본적으로 바꿀 수도 있는 새로운 사실이 풍부하게 들어 있다.[16]

셋째, 일본 방위성 산하 방위연구소 도서관에 소장되어 있는 동학농긴혁명 관계 사료들을 들 수 있다. 현재 일본 방위연구소 도서관에는 농민군을 진압했던 일본군들이 남긴 작전일지, 작전명령, 전투상보, 전황보고 등이

거의 완벽하게 보존되어 있으나, 동 도서관에 소장되어 있는 동학농민혁명 관련 사료는 그 개요조차도 한국 연구자들에게 알려진 바가 없다.[17] 필자는 다행히 유학 기간 동안 홋카이도 대학 문학부 일본사연구실의 이노우에 카츠오井上勝生 교수의 전폭적인 지원을 받아 방위연구소 도서관에 소장되어 있는 상당수의 동학 사료들을 발굴할 수 있었다.[18] 이들 사료 속에도 남·북접 대립설과는 반대되는 내용들이 다수 들어 있다.

넷째, 역시 일본 측 사료 가운데 주목할 사료가 바로 동학농민혁명 당시 조선에 파견되어 동학농민혁명과 청일전쟁을 취재했던 일본 신문사 특파원들이 남긴 기록들이다. 필자의 조사에 의하면, 1894년 당시 일본 각지에서 간행되고 있던 일간지는 2백 종이 넘는 것으로 확인되고 있다.[19] 그 중 조선에 특파원을 파견한 신문사만도 66개사 정도에 이르고 있으며, 파견된 특파원 수만 해도 129명에 이르고 있었다.[20] 이들 신문 기록들은 현재 도쿄대학 명치신문잡지문고와 일본 국회도서관 신문 자료실 속에 소장되어 있는데 그 기사들 속에는 종래 남·북접 대립설과는 판이한 내용들이 다수 들어 있다. 그 대표적인 신문이 바로 현재의 『아사히신문』朝日新聞의 전신인 『도쿄아사히신문』東京朝日新聞과 『미야코신문』都新聞이다. 이 『도쿄아사히신문』에 실린 조선 특파원의 보고 속에는 제1차 동학농민혁명 당시 해월의 동향과 북접의 동향이 비교적 상세하게 언급되어 있다.[21]

다섯째, 동학농민혁명 1백 주년을 전후하여 국내에서 새로 발굴된 사료들 가운데 종래의 남·북접 대립을 부정하는 내용들이 들어 있는 사료들이 있다. 그 구체적 사례를 들면 다음과 같다.

『동비토록』 신용하 교수가 발굴하여 1976년 『한국학보』3집에 소개, 『동학농민전쟁사료총서』 제6권에 재수록

『양호전기』 정창렬 교수가 발굴하여 1991년 『한국학논집』19집에 소개, 『동학농민전쟁사료총

서』제6권에 재수록

『김낙봉이력』 1994년 3월 필자 발굴하여 『한국학자료총서』9를 통해 소개, 『동학농민전쟁사료총서』 제7권에 재수록

『남원군종리원사부동학사』 1995년 3월 이진영이 발굴하여 『전북일보』에 소개, 프린트본

새로 발굴된 사료 속에는 제1차 동학농민혁명 당시의 해월의 언설과 행적을 중심으로 한 동학교단 지도부의 동향, 이른바 북접 계열의 동학농민군 동향이 비교적 상세하게 나타나고 있다. 예를 들면, 『김낙봉이력』에는 김낙봉金洛鳳이 그의 친형님인 부안 대접주 김낙철金洛喆의 명으로 전봉준의 봉기 소식을 전하러 충청도 청산 문암리文岩里 문바위골에 주재하고 있던 해월을 방문했을 때 상황이 상세하게 기록되어 있는데, 김낙봉으로부터 전봉준의 봉기 소식을 보고 받은 해월은 "시운이니 금하기 어렵다"고 말했다고 한다.[22] 이 같은 내용은 전봉준의 제1차 봉기 당시에 해월은 "전봉준은 사문의 난적이다."라고 했다거나, "부모의 원수를 갚기 위한 사사로운 행위"라고 비난했다고 알려진 종래의 사실과 상당히 다르다는 것을 시사하고 있다. 왜냐하면, 만일 『김낙봉이력』의 내용이 사실이라면, 해월은 사실상 전봉준의 봉기를 인정하고 있다고 볼 수 있기 때문이다. 요컨대, 동학농민혁명을 1백주년을 전후하여 새로 발굴된 국내외 사료들은 김구의 『백범일지』에서 해월이 전봉준의 제1차 봉기에 즈음하여 말씀했다는 "호랑이가 물러 들어오면 가만히 앉아서 죽을까! 참나무 몽둥이라도 들고 나가서 싸우자."[26]라는 내용이 역사적 사실일 가능성을 시사하고 있는 것이다.

4. 남·북접의 유래와 그 형성

이 절에서는 남·북접 대립설의 근간을 이루고 있는 남접과 북접이라는

용어의 유래와 그 형성 과정을 검토함으로써 기존의 남·북접 대립설이 역사적 근거가 희박한 허구의 사실임을 밝히고자 한다.

먼저 북접北接이라는 용어의 유래와 형성 과정에 대해 설명하기로 한다. 앞에서 설명했던 동학 교단사의 하나인 『최선생문집도원기서』에 의하면, 1863년에 해월은 스승 수운에 의해 동학의 '북도중주인' 北道中主人에 임명되었다고 한다. 그러나 『최선생문집도원기서』 이전에 나온 『수운행록』에는 이 북도중주인 임명 사실이 없다. 이것은 무엇을 말하는 것일까? 관견管見으로는 1865년경까지 해월은 동학교단을 대표할 만한 위치에 서 있지 못했던 것이 아닌가라고 생각된다. 1865년경의 동학교단은 교조 수운의 처형1864년 3월으로 인한 과도기적 상황에 처해 있었다고 볼 수 있다. 또한 해월보다 유교적 교양 측면이나 경제적 측면에서 더 영향력이 있는 지도급 인물들도 상당수 있었던 것으로 확인된다.[24] 따라서 이 시기에 해월의 교단 내 위치는 유력한 지도자 가운데 한 사람 정도의 위상을 가진 것이 아닌가 생각된다.

그렇다면 동학교단 내에서 해월 중심의 지도 체제는 언제쯤 확립되는 것일까? 관련 사료를 분석해 보면, 1871년 3월 10일 경상도 영해에서 일어난 교조신원운동* 실패로 이필제를 비롯한 지도급 인물들이 대거 희생되고, 1870년대 중반 수운의 유족들이 차례로 체포되거나 사망한 뒤로 생각된다.[25] 『최선생문집도원기서』는 바로 이 같은 시대적 배경 속에서 동학의 도통道統이 수운으로부터 해월로 이어진다는 점을 강조하기 위해 해월 계열의 인물인 강시원姜時元에 의해 쓰여 진 사서라는 특징을 지니고 있다.[26] 따라서 위의 '북도중주인'이라는 표현은 해월으로 이어지는 동학 도통의 정통

---

* 기존 연구들은 이필제가 주도한 민란 또는 병란으로 보는 것이 지배적이다. 그러나 필자는 이필제가 '교조신원'을 명분으로 경상도 각지의 동학교도들을 동원했다는 점, 최시형이 次魁, 즉 제2인자로 적극 참여했다는 점에서 교조신원운동으로 부르고자 한다.

성을 강조하기 위해 사용된 것으로 봐도 무방하리라 생각한다.

그런데『최선생문집도원기서』에 등장했던 '북도중주인' 이란 표현이 1900년대 이후에 나오는 동학사서 속에서 '북접주인' 北接主人 또는 '북접법헌' 北接法軒으로 바뀐다. 북접주인이라는 표현은 1906년경에 필사된『대선생사적』속에서 처음으로 등장한다.『대선생사적』에 따르면, 종래의 '북도중' 北道中이란 표현이 '북접' 北接으로 바뀌고 있다.** 그렇다면 동학 도통의 정통성을 뜻하는 북도중이라는 표현이 왜 북접으로 바뀌었을까? 그리고 정확히 언제부터 바뀌었을까?

필자의 조사에 의하면, 해월은 1880년대 초반부터 70년대 후반의 지도 체제 확립을 기반으로 삼아 강원도 남부와 충청도 북부의 산악지대를 벗어나 충청도와 전라도 평야지대를 중심으로 활발한 포교 활동을 전개하게 된다. 이 과정에서 동학교도들은 해월이 주재하고 있던 처소를 '법헌' 法軒으로 불렀다. 그러나 몇 년 안에 그 '법헌' 은 해월이 주재하던 처소라는 의미에서 해월을 가리키는 용어로 의미 변화를 일으킨다. 이 시기에 해월은 '북도' 대신 '북접' 이라는 용어를 사용하면서 동학의 경전을 간행하거나 각지의 동학 지도자들을 임명하는 첩지에 '북접' 이라는 용어를 사용하며 동학 조직을 조직화해 나갔다. 여기서 흥미로운 사실은 1893년 11월에 전봉준과 사발통문 모의를 함께 했던 송두호末斗浩와 전봉준 자신이 '북접주인' 인 해월로부터 접주에 임명되었다는 사실이다.[27]

1893년 3월의 원평 취회부터 1894년 동학농민혁명 기간 내내 이른바 남접을 이끄는 최고 지도자로 알려진 전봉준이 '북접주인' 해월에 의해 접주

** "대선생이 말씀하시기를 지금부터 최경상(최시형의 초명)을 '북접주인' 으로 정하니 이후부터 나에게 내왕하는 선비들은 매번 먼저 검곡(최시형의 거처가 있던 곳)을 거쳐 오도록 하라."(「대선생사적」,『한국학자료총서 9:동학농민운동편』, 1996년, 352쪽 참조)

에 임명되었다는 역사적 사실은 무엇을 의미하는가? 그것은 바로 1864년 3월 수운의 사후부터 1870년대와 1880년대를 거쳐 1892~3년의 교조신원운동 단계와 1894년의 동학농민혁명 단계에 이르기까지 동학교단 내에서는 해월만이 동학 도통의 정통성을 지닌 유일한 지도자였음을 반증한다고 하겠다. 따라서 기존 연구자들이 북접과는 지향이 달랐다고 주장해 온 이른바 남접 지도자 전봉준도 해월의 지시 또는 지휘를 받고 있었다는 점은 명약관화한 사실이라 할 것이다. 이 같은 사실은 또한 동학 도통의 정통성을 지닌 북접이 이른바 남접을 포함한 모든 지역의 동학 조직을 통괄하고 있었다는 사실을 의미한다. 그런 견지에서 볼 때 북접은 남접이라는 어떤 실체를 가진 조직과 대립되는 의미에서 사용된 것이 아니라 '북도중'에서 알 수 있었던 바와 같이 동학 도통의 정통성을 상징하기 위하여 사용하고 있었다고 할 수 있다. 바로 이 점, 즉 남접에 대립되는 개념이 아닌 "동학 도통의 정통성"을 상징하고 있는 북접의 의미를 기존의 연구자들은 간과해 왔던 것이다. 해월이 북접이란 표현을 고집스레 사용했던 까닭도 바로 여기서 풀린다고 하겠다.

그렇다면 남접이란 용어는 어디에서 유래하고 있는가? 결론부터 말한다면 필자가 조사한 바에 따르면 남접이란 용어는 1894년 이후에 처음으로 등장한다. 1894년 이전 사료 어디에도 남접이란 용어는 등장하지 않는다. 조경달 교수와 정창렬 교수는 1893년 3월 충청도 보은 취회에 대립하는 전라도 원평 취회가 바로 남접이 주도했던 집회이며, 이 집회의 지도자가 바로 남접을 지휘하는 전봉준이었다고 주장하고 있지만, 사실은 1차 사료 어디에도 남접이란 용어는 등장하지 않는다.

남접이란 용어가 최초로 등장하는 사료들은 모두 1894년 동학농민혁명기에 쓰여진 자료들이다. 구체적으로는 『전봉준공초』1894~1895년, 『오하기문』1894~1895년, 『주한일본공사관기록』1894~1895년, 『양호우선봉일기』1894~1895년 등에 남접이란 용어가 등장하고 있다. 여기서 오지영의 『동학사』1938년는 쓰여진 시기가 비교적 후대이기 때문에 제외하기로 한다. 이상의 사료 가운데 가장 신뢰할 만한 사료는 역시 동학농민혁명을 주도한 전봉준 자신의 진술이 담긴 『전봉준공초』라 할 수 있다. 『전봉준공초』에 나오는 남접 관계 내용을 인용하여 검토하기로 한다.

> 문: 동학 가운데 남접 북접이라 일컬어지는 것이 있는 데 무엇에 의하여 남북을 구분하는가?
> 답: 호이남湖以南을 칭하여 남접南接이라 하고, 호중湖中을 칭하여 북접北接이라 합니다.
>
> 「전봉준공초 재초문목」, 1895년 2월 11일, 『동학란기록』 하, 536쪽; 『동학농민전쟁사료총서』 제18권, 36쪽)

위의 전봉준의 진술에 의하면, '호이남', 즉 전라도 일대의 동학 조직을 '남접'이라 하고, '호중', 즉 충청도 일대의 동학 조직을 '북접'이라 했다는 것이다. 그런데 전라도 지방 동학 지도자들은 거의 대부분 북접주인 해월로부터 접주에 임명되고 있다. 앞에서 설명했던 사발통문 모의 참가자의 한 사람이었던 송두호와 전봉준 자신을 비롯하여, 부안대접주 김낙철, 김낙철의 동생 김낙봉, 익산의 오지영과 정순경정용근의 부친 등도 모두 해월에 의해 접주 또는 육임六任의 직책에 임명되고 있다. 이러한 사실은 전라도 지방의 동학 조직, 즉 남접이 동학 조직 내에서 별도로 존재했던 것이 아니라 해월의 지도 체제 아래에 있었음을 의미한다. 따라서 남접과 북접에 관한 전봉준의 진술은 동학교단 내의 어떤 실체적 조직을 가리키는 의미가 아니라 편의상 '호이남과 호중'이라는 지역적 기준으로 나눈 것에 지나지 않는다. 한 가지 더 보충하자면, 전봉준은 동학농민혁명 기간 동안 각종 격문 또는 포고문을 직접 작성하여 발표하였다고 알려져 있다. 그럼에도 불구하고 이들 격문과 포고문 어디에도 남접이란 용어는 등장하지 않는다. 전봉준 스스로 단 한 번도 남접이라 칭한 적이 없었던 것이다. 이 점 또한 기존 연구가 소홀히 해 온 문제임을 지적해 두고자 한다. 다시 남접이란 용어가 등장하는 일본 측 사료를 하나 더 인용해 보자.

> 최시형의 제자로 서장옥이 있다. 학력과 재주가 출중했다. 그리고 서장옥의 제자로 전봉준, 김해남김개남, 손화중 등이 있다. 이들 제자는 서장옥의 학력 방술이 공히 최시형의 위에 있다 칭하고 마침내 남접이라 부르기에 이르렀다. 이에 최시형의 제자들은 스승에 권하여 북접이라고 불렀다. 이로써 동학당에는 남접 북접의 칭호가 있게 되었다.『東京朝日新聞』, 1895년 5월 11일자

이 『도쿄아사히신문』 기사 내용은 아마도 소문을 듣고 기사화한 것으로 추측되는 바, 이것을 역사적 사실로 간주하는 데에는 몇 가지 문제가 있다. 첫째, 위 신문은 전봉준과 김개남 손화중을 모두 서장옥의 제자라 하고 있으나, 이 같은 기사 내용은 그 어디에도 근거가 없는 사실무근의 내용이라는 것이다. 앞에서도 살펴본 바와 같이, 전봉준은 해월에 의해 접주로 임명되었으며, 김개남 역시 1891년 6월에 해월이 직접 그의 집을 찾을 정도로 해월과 관계를 맺고 있었다.[28] 또한 손화중 역시 1891년 3월에 충청도 공주 신평薪坪에 머물고 있던 해월을 방문한 이래 줄곧 해월의 지도를 받고 있었다.[29] 둘째, 서장옥과 전봉준 등이 먼저 남접南接이라 칭했기 때문에 해월의 제자들이 해월에게 권하여 북접北接이라 부르게 되었다고 한 내용도 역사적 근거가 전혀 없는 기술이다. 앞에서도 설명했지만 북접이란 용어는 이미 1880년대 초반부터 해월 스스로 널리 사용하기 시작했으며, 북접이라 칭한 이유는 동학 도통의 정통성을 상징하기 위한 것이었지 남접에 대립되는 개

넘이 아니었다. 그러므로 이 일본 신문에 실린 남·북접 관련 내용은 신뢰할 만한 가치가 없다고 판단된다.

이상으로 남접과 북접의 유래와 그 형성 과정에 대해 살펴보았다. 여기서 확인할 수 있었던 것은 북접이란 용어가 남접과 대립되는 개념으로 사용된 것이 아니라 동학 도통의 정통성을 나타내기 위해 사용된 용어였다는 점이다. 그렇기 때문에 당연히 이른바 남접의 동학 지도자들조차 해월로부터 동학 지도자에 임명되고 있었다. 또한 남접이란 용어는 1894년 이후에 비로소 등장하는 용어이며, 동학 조직 내에서는 전봉준의 최후 진술 과정에서 처음으로 등장하고 있다. 전봉준이 최후 진술에서 언급했던 남·북접은 동학 조직을 편의상 호이남과 호중, 즉 지역을 기준으로 구분하는 뜻에서 사용하였다. 전봉준이 언급했던 남·북접은 결코 어떤 실체적 조직을 가리키는 용어로 사용한 것이 아니었던 것이다.

결론적으로 말한다면, 남접과 북접이란 용어는 상호 대립되는 개념이 아니었으며, 서로 대립할 만한 실체적 조직이 존재하는 것도 아니었다. 북접이란 용어는 단지 1860년대의 '북도중'에서 유래한 말로서 동학 도통의 정통성을 상징하는 용어로 사용되었을 뿐이며, 남접이란 용어 역시 호이남湖以南의 동학 조직, 즉 전라도 일대의 동학 조직을 일부에서 편의적으로 부르는 용어에 지나지 않았을 뿐이었다.

5. 1892~3년 교조신원운동과 남·북접의 동향

앞 장에서 남접과 북접이란 용어의 유래와 그 형성 과정을 검토한 결과, 두 용어가 상호 대립되는 개념이 아니라 서로 다른 차원에서 사용되었으며, 그 형성 과정 또한 서로 상이하다는 사실을 확인하였다.

그렇다면 기존 연구자들이 남·북접 대립의 시작이라고 설명해 온

1892~3년 교조신원운동기 남북접의 동향을 어떻게 설명해야 할 것인가? 필자는 앞 절에서 적어도 1894년 이전에는 동학 조직 내에서 남접이라는 실체적 조직은 존재하지 않았음을 밝힌 바 있다. 이것이 사실이라면 기존 연구자들이 교조신원운동기에 남·북접의 대립이 시작되었다고 주장하는 것은 재고되어야 할 것이다. 이 장에서는 교조신원운동 단계의 동학교단의 동향을 중심으로 남·북접 대립 문제를 재검토해 보고자 한다.

동학 최초의 교조신원운동은 1871년 3월 이필제의 주도 아래 해월도 적극 가담하여 일어났던 영해 병란寧海兵亂이다. 당시 이필제는 동학교도를 가담시키기 위해 몇 개월에 걸쳐 해월을 집요하게 설득하여 해월로 하여금 영해 병란에 가담하도록 하였다. 70년대와 80년대에 걸쳐 새로 발굴된 동학측 사료『최선생문집도원기서』와『대선생사적』, 그리고『교남공적』1871년, 한국학중앙연구원 장서각 소장과『영해적변문축』1871년, 연세대학교 도서관 소장에 의하면, 당시 해월은 영해 병란 참가자들을 위한 식량을 주선하고 이필제와 함께 천제天祭를 지냈으며, 참가자들이 서명하는 도록에 서명까지 했다고 적혀 있다.[30] 물론 참가의 명분은 억울하게 처형당한 교조 수운의 죽음을 신원伸寃하겠다는 이필제의 주장에 동의했기 때문이다. 그러나 영해 병란은 3일 만에 실패로 끝나 경상도 일대에서 참가했던 동학교도 수십 명이 죽음을 당하고 수백 명이 체포당하는 참담한 결과를 낳았다.[31] 병란적 성격을 지닌 영해 교조신원운동의 실패는 해월의 일생에 두고두고 영향을 미치게 되는 커다란 시련이었다고 판단된다.

영해 교조신원운동의 실패 이후 동학 조직은 더욱 가혹한 관의 탄압에 시달리게 되었으며, 경상도 중심의 조직 기반을 거의 상실한 채 해월을 비롯한 소수의 지도자들만이 강원도 남부와 충청도 북부의 산악지대로 은신, 잠행潛行을 통한 지하 포교 활동을 1870년대 말까지 계속하게 된다. 물론 이 같은 지하 포교 활동의 핵심 지도자는 해월이었다. 해월이 산악지대를 중심으로 한 지하 포교 활동에서 벗어나 충청도와 전라도 평야지대를 중심으로 한 공개적인 포교 활동에 나서는 시기는 지도 체제의 정비와 동학 조직의 재건이 어느 정도 이루어진 1880년대 초반부터이다. 그리하여 1880년대 후반과 1890년대 초반의 동학 교세는 충청도와 전라도 평야지대를 중심으로 급격히 성장하였다.

충청도의 경우 단양, 청풍, 충주, 진천, 괴산, 목천, 청주, 공주, 보은, 옥천, 영동, 예산, 아산 등지를 중심으로 동학 교세가 급격히 늘어났으며, 전라도의 경우는 익산, 고산, 삼례, 전주, 고부, 태인, 부안, 무장, 금구, 흥덕, 고창 등지를 중심으로 교세가 늘어났다. 전라도 남부의 경우 순천, 광양, 장흥, 보성, 강진 등지에서도 동학 포교 활동이 활발하게 전개되고 있었다는 사실이 유생들의 일기나 문집,[32] 관에서 발송한 공문서 등에 나타나 있다.*

이렇게 동학 포교가 공공연하게 이루어지자 당연히 지방관에 의한 동학 탄압이 심해졌다. 지방관들은 동학 포교에 대해 나라에서 금하는 사도邪道라는 명분으로 탄압에 나섰으며, 일부 지방관들은 동학 금단을 구실로 삼아 교도들로부터 부당한 수탈 행위를 일삼았다. 이러한 동학 탄압은 이미 교조 수운 시대부터 계속되어 온 것이었으며, 특히 1871년 3월의 영해 교조신원 운동 직후壬申之禍亂와 1885년乙酉之營厄, 그리고 1889년乙丑之冤枉에 가장 혹독했다고 한다.[33] 그 때문에 해월은 한때 자살을 기도하려고까지 했었다. 이러한 탄압에 대해 동학교도들은 1864년부터 1880년대 후반까지는 몸을 피하거나 아니면 속전贖錢=석방금을 지불하는 등 소극적인 방법으로 대응해 나갔다. 그러나 1890년대 들어 동학 교세가 급격히 늘어난 가운데 충청도와 전라도의 지방관들에 의한 동학 탄압이 가혹하게 일어나자 동학교도들은 달

---

* 서울대 규장각에 소장된 고문서 가운데는 1892~3년경 전라도 보성(寶城)에서 동학이 활발하게 포교되었음을 말해주는 내용이 들어 있다.

라진 대응을 보이기 시작하였다. 종래의 소극적 방법에서 벗어나 집단적으로 동학의 정당성을 주장하거나 지방관들에 의한 부당한 수탈을 금해 줄 것을 요구하기 시작한 것이다. 동학 탄압에 대한 교도들의 새로운 대응 양상이 바로 1892~3년 두 해에 걸쳐 전개된 교조신원운동이다.

지금까지의 연구에 의하면 교조신원운동은 1892년 10월의 공주 취회公州聚會에서 시작되어, 동년 11월의 삼례 취회參禮聚會, 1893년 2월의 광화문 복합상소 및 척왜양 격문 게시, 같은 해 3월의 충청도 보은 취회와 전라도 원평 취회로 발전되어 전개되었다고 알려져 있다. 기존 연구는 최초의 교조신원운동인 공주 취회는 해월의 반대로 인해 서장옥과 서병학 2인이 독자적으로 전개했다고 주장하고 있으며, 광화문 복합상소 당시 척왜양의 격문을 게시한 세력은 해월을 중심으로 하는 북접과 구분되는 전라도를 중심으로 하는 남접이 독자적으로 전개했다고 주장하고 있다. 또 기존 연구는 보은 취회와 원평 취회는 동학 조직 내에서 서로 지향이 달랐던 북접과 남접이 따로 연 집회라고 주장하고 있다. 이 장에서는 이상의 세 가지 주장을 중심으로 이들 주장이 잘못되었음을 논증하고자 한다.

첫째, 공주 취회를 서장옥과 서병학이 독자적으로 열었다는 기존 연구의 문제점을 검토하기로 한다. 동학농민혁명 1백 주년을 전후하여 전라북도 부안군 상서면 천도교 호암수도원에서 발굴된 『해월문집』海月文集에는 1892년 10월 17일 '북접주인' 이름으로 발송된 「입의통문」立義通文이 실려 있다.[34] '북접주인'은 1880년 초반 이후 해월이 사용하기 시작했다는 사실은 이미 앞에서 설명한 바 있다. 그러므로 이 「입의통문」은 해월이 각지의 동학 지도자들과 동학 교도들에게 발송한 통문임을 알 수 있다. 해월이 1892년 10월 공주 취회에 즈음하여 「입의통문」을 발송했다는 사실은 『본교역사』1910~1914년를 비롯하여 『천도교창건사』, 『동학사』 등 모든 동학사서에 공통적으로 실려 있다. 당시 해월이 발송한 「입의통문」의 요지는 한마디로

"교조 최제우의 신원이란 대의에 적극 참여하라."는 내용이었다.[35] 이것은 해월이 공주 취회를 허락했다는 사실을 증명하는 유력한 근거라 할 수 있다. 또 『해월문집』에는 공주 취회를 위해 공주의송소公州議送所가 설치됐음을 알려 주는 내용이 나오고 있으며, 이 공주의송소는 청주로부터 오는 명령에 따라 행동하고 있다는 내용도 있다. 여기서 청주란 해월이 주재하던 청주 송산松山 손천민의 집을 가리킨다. 공주 취회를 주관하고 있던 동학 지도자들이 청주의 해월의 지시를 받아 가며 취회를 지도했음을 알 수 있다.

둘째, 1893년 2월 11일부터 전개된 광화문 복합상소를 전후하여 서울의 외국 공사관과 기독교 교회당에 척왜양 격문을 게시한 세력은 해월을 중심으로 하는 북접과는 지향이 달랐던 남접에 의해 주도되었다고 하는 기존 연구의 문제점을 검토하고자 한다.

먼저 동학에서 척왜양斥倭洋 의식이 등장하는 것은 어느 때부터일까 검토해 보기로 하자. 동학의 척왜양 의식은 1892~3년의 교조신원운동 단계에서 처음으로 등장하는 것이 아니다. 척왜양 의식은 이미 동학 창시자 수운이 저술한 한글 경전 『용담유사』와 한문 경전 『동경대전』 속에 등장하고 있었다. 척왜斥倭 의식은 「안심가」라는 작품 속에 매우 격렬한 표현으로 나타나 있다. "개 같은 왜적 놈" 따위의 표현이 그것이다.[36] 척양斥洋 의식 역시 『용담유사』와 『동경대전』 곳곳에 등장하고 있었다. 구체적으로 보자면, 제2차 중영전쟁 당시 영불 연합군이 북경을 점령한 사실을 전해 들은 수운은 당시 조선 조정과 조선 민중들에게 퍼져 있던 위기의식을 "요망한 서양적이 중국을 침범하여 천주당 높이 세워 거 소위 하는 도를 천하에 편만하니 가소절창 아닐런가."[37]라고 노래하고 있다. 이처럼 동학의 척왜양 의식은 동학 창도 당시부터 존재하고 있었으며, 결코 교조신원운동기에 처음으로 등장하는 것이 아님을 확연하게 알 수 있다.

그러면 교조신원운동 단계에서 등장하는 동학의 척왜양 의식과 동학 창도 초기의 척왜양 의식 사이에는 어떤 관계에 있을까? 한마디로 교조신원운동 단계에서 등장하는 척왜양 의식은 동학 창도 초기의 척왜양 의식을 계승하면서도 초기의 그것과 구별되는 측면이 있다고 할 수 있다. 그것은 다름 아니라 교조신원운동 단계의 척왜양 의식이 1876년 개항 이후 일본 및 서양 각국에 의한 침탈을 배경으로 형성되었다는 사실이다. 동학 창도 초기의 척왜양 의식이 임진왜란이나 병자호란 같은 전란이나 서학의 전래에 따른 막연한 수준의 척왜양 의식이었다면, 교조신원운동 단계에서 등장하는 척왜양 의식은 당시 조선 민중들이 일본과 서양 각국의 침탈을 직접 경험하는 현실 속에서 서양의 실체를 구체적으로 실감하는 가운데 형성된 의식이었다고 말할 수 있다. 따라서 개항 이후 왜양의 실체를 구체적으로 실감할 만한 상황에 처하게 된 조선 민중들은 동학 경전 속에 녹아 있던 척왜양 의식에 대해 전면적으로 공감했을 가능성이 크다. 그리하여 민중들은 동학의 척왜양 의식과 자신들의 그것을 아무런 충돌 없이 자연스럽게 결합할 수 있었을 것이다. 이와 같은 시대 상황 속에서 동학의 교단 지도자들은 교조신원운동의 대의명분의 하나로 척왜양 운동을 선택하게 되었다고 생각된다.

척왜양 운동은 교조신원운동의 초기 단계인 1892년 10월의 공주 취회부터 11월의 삼례 취회, 1893년 2월의 광화문 복합상소와 척왜양 격문 게시, 동년 3월의 보은 취회와 원평 취회에 이르기까지 일관된 운동 방침의 하나였다. 기존 연구에서는 1893년 3월 보은 취회 당시에 내걸었던 '척왜양창의'의 기치를 높게 평가한 나머지 척왜양의 기치가 보은 취회에서 처음으로 등장한 것처럼 설명하는 경향이 있지만 그것은 역사적 사실과는 일정한 거리가 있다. 구체적인 증거의 하나로 공주 취회 당시 충청 감사에게 제출된 「의송단자」議送單子에 나타난 척왜양의 내용을 제시해 본다.

방금 서양 오랑캐의 학문이 우리나라에 들어와 뒤섞여 있고, 왜놈 우두머리

의 독이 외진에 도사리고 있으니 망극할 일이며, 음흉하게 거역하는 싹이 임
금님의 수레 밑에서 자라나고 있으니 이것이 바로 저희들=동학교도이 절치부
심하는 일입니다. 심지어 왜놈 상인들은 각 항구를 두루 다니며 싸게 사서
비싸게 팔아 얻는 이익을 제 마음대로 하니 돈과 곡식이 마르고 백성들이 지
탱하고 보전하기 어렵습니다. 심복 같은 땅과 인후 같은 장소의 관세와 시장
세, 산림과 천택의 이익마저 오로지 바깥 오랑캐에게 돌아가니 이것 또한 저
희들이 손을 어루만지면서 눈물을 흘리는 바입니다.[38]

이 내용을 보면, 위에서 지적한 대로 개항 이후 일본 및 서양 각국에 의해
빚어진 경제적 침탈, 문화적 침탈의 문제점을 구체적으로 지적하고 있다.
공주 취회에서 드러난 척왜양의 의지는 11월의 전라도 삼례 취회에서도 한
결같이 강조된다. 삼례 취회 당시 전라 감사에게 제출된「의송단자」에는,

방금 서양 오랑캐의 학문이 우리나라에 들어와 뒤섞여 있고, 왜놈 우두머리
의 독이 외진에 도사리고 있으니 망극할 일이며, 음흉하게 거역하는 싹이 임
금님의 수레 밑에서 자라나고 있으니 이것이 저희들=동학교도이 절치부심하
는 일입니다.[39]

라고 하여 공주 취회와 같은 내용으로 척왜양을 강조하고 있다. 공주 취회
에서 드러난 척왜양의 의지가 삼례 취회에서도 변함 없이 나타나고 있는 것
이다. 한편, 삼례 취회 후반1892년 12월경에 전라 감사에게 보낸「상계서」上啓書
에서 동학교도들은 다음과 같이 척왜양의 의지를 강력하게 천명하고 있다.

방금 왜와 서양의 적이 심복까지 들어와 큰 난리가 극에 달하였습니다. 시험
삼아 오늘날의 이 나라를 보건대 필경 오랑캐들의 소굴입니다. 가만히 임진

년1594년의 원수를 생각하고 병자년1876년의 수치를 생각하면 차마 어찌 말할
수 있으며 차마 어찌 잊을 수 있겠습니까? 이제 우리 동방 삼천리 강산은 모
두 금수들의 본거지가 되고 5백년 종사는 장차 망하여 서직黍稷:기장밭이 될
것입니다. 인의예지와 효제충신은 지금 어디에 있다는 말입니까? 하물며 왜
적=일본은 도리어 임진왜란 때의 패배를 후회하는 마음을 가지고 화란의 태
胎를 가지고 있으며 방금 그 독을 제멋대로 일삼고 있어 위태로움이 조석에
있습니다. (중략) 저희들 수백 만은 한결같은 마음으로 죽음을 가벼이 여기며
왜와 서양 오랑캐를 일소하고 격파하여 대보大報의 의리에 보답하고자 합니
다.[40]

이 건의서와 동일한 내용이 『나암수록』에는 「동학당여완백서」라는 제목
으로,[41] 일본 외무성 외교사료관 소장의 『한국 동학당 봉기 일건』韓國東學黨蜂
起一件에는 「동학파 전라감사에게 보낸 건언서」 또는 「동학당 통고문」부산성
성문에 게시한 것이라는 제목으로,[42] 그리고 『취어』에는 「보은관아통고」라는 제
목으로 실려 있다.[43] 동일한 내용이 시기를 달리하며 전라도 경상도 충청도
등 삼남 지방 곳곳에 게시되었던 것이다.[44]

한편, 1893년 2월 11일 동학교단 지도부 80여 명은 광화문 앞에 엎드려 복
합상소를 올렸다. 이 복합상소는 3일간이나 계속되었고, 복합상소를 전후
하여 서울의 외국 공사관 및 교회당에 척왜양 격문이 게시되었다. 기존 연
구자들은 이 광화문 복합상소와 척왜양 격문 게시를 별도의 집단이 벌인 것
으로 이해하여 왔다. 즉 광화문 복합상소는 북접 동학 지도자들이, 척왜양
격문 게시는 동학과는 별개의 세력 또는 동학 내의 북접과는 구분되는 세력
남접이 주도한 것으로 이해하여 왔다. 그러나 위에서 살펴본 바와 같이 척왜
양 의식은 동학 창도 초기부터 존재해 왔으며, 해월이 직접 지시를 내려 열
린 공주 취회부터 삼례 취회에 이르기까지 변함없이 존재해 왔다는 사실을

감안할 때 광화문 복합상소 당시 게시된 척왜양 격문이 동학과는 별개의 세력, 또는 동학내 북접과는 별개의 세력남접에 의해 게시된 것이라는 기존 연구에는 의문의 여지가 많다. 그보다는 오히려 동학 창도 초기부터 존재해온 척왜양 의식과 개항 이후 빚어진 일본과 서양 각국의 침탈로 인해 민중들이 지니게 된 위기의식이 자연스럽게 결합하여 척왜양이란 요구가 교조신원운동 목표의 하나로 표출되었다고 보는 것이 타당하다고 하겠다. 요컨대 척왜양이란 요구는 동학이나 일반 민중이나, 동학 내의 북접이나 남접이나 그 누구도 공감하는 거역할 수 없는 시대적 요구였다고 생각된다. 1893년 3월 보은 취회에 모인 3만여 명의 동학교도들과 민중들이 내건 '척왜양창의'의 기치는 이상과 같은 배경 위에서 등장하게 된다.

셋째, 교조신원운동의 마지막 단계에서 열리는 1893년 3월의 충청도 보은 취회와 전라도 원평 취회의 관계에 대해서 검토하기로 한다. 우선 보은 취회에 3만여 명의 동학교도와 일반 민중들[45]이 모여 척왜양창의의 기치를 전면적으로 내걸게 된 배경을 알아보기로 하자.

2월 복합상소 때에 사알로 하여금 구전으로 전교하여 말하기를 '너희들은 스스로 물러가거라 그러면 안돈의 처분을 할 것이다.' 라고 하여 즉각 물러나 해산하였으며, 서로 말하기를 '임금님의 덕화가 다시 크게 미치는 것을 보게 되었다.' 고 축하하였습니다. 그런데 전해 들으니 서양 각국과 왜가 저희들이 척화斥和를 한다는 이유로 임금님을 위협하여 강제로 동학 사람들을 제거하도록 요청하여 창생들이 도탄에 빠져 호곡을 하고 있으니 족히 애석해 마지않는 바이며, 임금의 신하요 백성이기 때문에 오랑캐들이 이 나라를 침략함에 이르러 임금께서 욕을 당하시면 신하가 죽는 것이 마땅한 의리이오니 어찌 살기를 욕심 내어 의리를 버릴 수 있겠습니까? 이번에 창의를 일으킨 대의는 요사스러운 기운을 소멸하고자 할 따름입니다.[46]

위의 내용은 국왕의 명령을 받고 보은 취회를 해산시키기 위해 내려 온 양호선무사 어윤중에게 보은 취회 지도부가 제출한 문건 속에 들어 있는 내용이다. 그 내용을 보면 보은 취회에 수많은 민중들이 집결하게 된 동기가 2월 복합상소 때 국왕이 내린 "안돈 처분을 내리겠다"는 약속을 깨고 동학교도들에 대한 탄압을 더 강화한 데서 비롯되었음을 알 수 있다. 또한 보은 취회 지도부는 조정의 동학교도에 대한 강경 탄압이 서양 각국과 왜倭=일본로부터 위협을 받았기 때문으로 인식하고 있음을 알 수 있다. 이 같은 내용은 광화문 복합상소와 거의 동시기에 이루어진 척왜양 격문 게시에 대해 서양 각국과 일본이 군함을 파견하고 군대를 파견하여 경계를 했던 사실,* 그리고 각국 공사들이 다투어 국왕을 만나 동학교도에 대한 탄압을 강력하게 요청했던 사실과도 그대로 일치하고 있다.

주지하듯이 보은 취회의 최고 지도자는 해월이었다. 이 같은 사실은 동학 사료 속에서나 관변 측 사료 속에서나 공통적으로 나타나고 있다. 그렇다면 보은 취회 지도부가 제출했다는 「문장초건」文章草件은 해월의 지시 또는 지휘를 받아 제출되었다고 보는 것이 타당할 것이며, 보은 취회가 이루어지게 된 이유를 설명하고 있는 「문장초건」의 내용은 보은 취회 최고 지도자 해월의 생각을 반영하고 있는 내용이라 해도 좋을 것이다. 앞에서도 설명했듯이 교조신원운동 당시 운동 지도부가 내건 척왜양의 요구는 동학교도나 일반 민중이나, 동학 조직 내의 북접이나 남접이나 누구나 공감하던 시대적 요구였다. 따라서 보은 취회는 그와 같은 시대적 요구를 수용하는 한편, 광화문

* 광화문 복합상소 당시, 일본측은 八重山 艦(야에야마 함), 鳥海 艦(쵸카이 함) 등을 파견하여 경계에 임했다. 이 가운데 八重山 함은 1893년 양력 4월 17일에 인천항에 입항한 이래, 4월 30일 전투 훈련 및 월미도 상륙 훈련, 5월 8일 영종도 등을 정찰하는 등 만일의 사태에 대비하고 있었다.(『東京朝日新聞』1893년 4월 18일자 및 德富猪一郎, 『陸軍大將 川上操六』, 第一公論社, 1942 참조)

복합상소와 척왜양 격문 게시 운동에서 왜양의 위협과 그 실체를 직접 경험함으로써 척왜양창의의 기치를 전면적으로 내걸었다고 판단된다. 따라서 동학 조직 내에서는 '척왜양'이라는 면에서 그 지향을 달리 하는 별도의 세력은 존재할 수 없었다고 생각된다. 즉 보은 취회를 지도하는 세력과 그 지향을 달리 하는 세력남접에 의해 별도의 집회가 전라도 원평에서 열리고 있었다는 기존 연구자들의 설명은 설득력이 결여된 주장이라 하겠다.

6. 제1차 동학농민혁명과 남·북접의 동향

제1차 동학농민혁명은 1894년 1월의 고부古阜 농민봉기로부터 시작되어 동년 3월 전라도 무장에서 전봉준이 이끄는 농민군이 전면 기포함으로써 시작되었다. 제1차 동학농민혁명이 시작될 당시 소위 북접 지도자, 즉 해월은 남접 지도자, 즉 전봉준의 봉기에 대해 어떤 태도를 취했을까? 지금까지는 1940년에 간행된 오지영의 『동학사』의,

> 갑오란을 당하여 전라도를 남접이라 하고 충청도를 북접이라 이름하여 서로 배척하게 되었고 (중략) 처음은 언쟁으로 하다가 차차 육박전으로 내종에는 살상 지경에까지 이르러 자상천답自相踐踏의 불상사를 일으켰다.[47]

라는 내용에 근거하여 남·북접, 즉 해월과 전봉준이 대립했던 것으로 이해하여 왔다. 그러나 1920년대 이전에 나온 동학 교단사 내용들을 보면 『동학사』의 내용과 상당한 차이가 난다. 먼저 1906년에 필사된 것으로 알려진 『대선생사적』大先生事蹟(附 海月先生文集)의 내용은 다음과 같다.

> 갑오년 봄에 인심이 부동하여 거칠고 잡된 무리들이 오늘 입교하면 그 다음

날 행패를 부려 금지하도록 하였으나 그치지 아니하였다. 3월 어느 날 본군
本郡 읍내 숲 우거진 냇가靑山縣 文岩里 小蛇田에 모여 여러 모로 논의하여 규약
을 정하였다.[48]

위의 내용은 갑오년1894년 봄 동학에 입교한 교도들이 동학 조직 내의 규
범을 잘 지키지 않아 새로운 규약 마련을 위해 갑오년 3월 본군, 즉 청산현
문암리 소사전에 있는 숲 우거진 냇가에서 집회를 열었다는 내용이다. 이
내용 속에는 전봉준의 봉기를 지칭하는 표현이나 또는 전봉준의 봉기를 비
난했다는 내용은 들어 있지 않다. 단지 갑오년 3월을 전후한 동학 조직 내의
동향만을 간략하게 요약하고 있을 따름이다. 그렇지만 "갑오년 3월 청산에
서 집회가 열렸다."는 사실은 다른 교단사 사료에는 없는 새로운 내용으로
주목할 만한 내용이라 하겠다.

다음으로 1910년에서 1914년까지 『천도교회월보』에 연재된 「본교역사」
의 내용을 보면 갑오년 12월 기사만 간략하게 소개되어 있을 뿐, 제1차 동학
농민혁명과 관련된 내용이 전혀 실려 있지 않다. 1893년 교조신원운동기 동
학 조직의 동향이 매우 충실하게 실려 있는 것과 비교할 때 궁금증을 불러
일으키는 사실이 아닐 수 없다. 왜 「본교역사」의 집필자*는 갑오년 동학 조
직의 동향에 대한 집필을 생략한 것일까? 가장 먼저 상식적으로 생각할 수
있는 해답은 그 집필 시점이 일제日帝 치하라는 점이다. 조선을 지배하고 있
던 일본 제국주의 체제 아래에 놓여 있으면서 가장 치열하게 일제에 저항했

---

* 「본교역사」의 집필자는 吳尙俊이란 인물로 평안도 출신이다. 그는 1902년에 동학에 입교
  하였으며 그 해에 일본으로 파견되는 24명의 유학생 가운데 1인으로 선발되었다. 1905년
  천도교 성립 이후에는 접주, 종법사를 거쳐 현기관장, 종리사, 성도관정 등을 지낸 천도교
  핵심 간부였다.

던 동학농민혁명의 역사를 어찌 상세하게 소개할 수 있었을 것인가. 그러나 일제 치하라는 시대적 상황 때문에 동학농민혁명의 역사를 상세하게 소개할 수 없었을 것이라는 점에 수긍이 가면서도 또 다른 이유가 있지 않을까 하는 의문이 든다. 그것은 해월을 비롯한 동학 지도부가 직접적이든 간접적이든 동학농민혁명에 참여했기 때문에 동학 지도부 또는 천도교 지도부** 를 보호하려는 의도에서 집필자 오상준이 의도적으로 관련 내용을 상략한 것이 아니겠는가 하는 추측이다. 이 같은 추측이 사실일 가능성이 높다는 점은 제1차 동학농민혁명 당시의 상황을 알려 주는 1차 사료를 보면 분명하게 드러난다.

우선, 해월 또는 충청도를 기반으로 하는 이른바 '북접' 동학교단이 제1차 동학농민혁명에 참여했다는 내용이 실려 있는 1차 사료로는 다음과 같은 것들이 있다. 우선 동학 측 사료로 부안대접주 김낙철의 동생 김낙봉의 자전적 기록인 『김낙봉이력』이 있다. 이 『김낙봉이력』에 실려 있는 관련 내용을 보기로 하자.

> 때마침 그때 서장옥 관하에서 진산군 방축점에 집회소를 설치하고 전봉준과 위아래로 서로 호응할 모양으로 수천 명이 회동한 사유가 대신사大神師 최시형에게 들어가… (하략)[49]

이 내용에는 해월의 지도를 받고 있던 서장옥[50]이 전봉준과 호응하기 위하여 봉기했다는 소식이 해월에게 보고되었다고 기록되어 있다. 만일 이 같은 내용이 사실이라면, 제1차 동학농민혁명 당시 동학교단은 전라도의 남

** 천도교의 교주 손병희 역시 1894년 동학농민혁명 당시 북접 동학농민군을 이끌고 괴일 항전에 나섰던 동학의 대접주였다.

접만 봉기한 것이 아니라 충청도 일대의 북접도 함께 봉기한 것이 사실이라고 하지 않을 수 없다. 이 『김낙봉이력』에는 또한 전봉준의 봉기 사실을 알리기 위해 전라도 부안에서 충청도 옥천 문바위골에 은신해 있던 해월을 찾아 온 김낙봉에게 "이것전봉준의 봉기 또한 시운이니 금하기 어렵다."라고 말했다고 기록되어 있다.[51] 이 같은 내용은 사실상 전봉준의 봉기를 인정하는 내용으로 해월이 전봉준의 봉기를 비난했다는 종래 기록[52]과 분명한 차이가 난다.

한편, 해월이 제1차 동학농민혁명에 참여했다는 기록은 관변 측 사료에도 보이는데, 그 대표적인 사료가 『동비토록』이다. 『동비토록』의 관련 기록에는,

동학도 崔法軒최시형이 통문을 돌려 이르기를 **호남의 교도들이 한꺼번에 타살당하는 것을 앉아서 기다릴 수 없다.** 초 6일1894년 4월 6일 청산 소사전으로 모이라고 했다고 한다.[53](강조는 인용자)

라고 기록되어 있다. "호남의 교도들이 타살당하는 것을 앉아서 기다릴 수 없다."는 『동비토록』의 내용과 유사한 내용이 『주한일본공사관기록』에도 보인다. 『주한일본공사관기록』을 보면,

본영의 교졸이 정탐한 보고를 보면 동학도 최법헌이 돌린 통문 내용에 **호남에 있는 그들 무리가 모두 타살당하는 것에 대해** 더 기다릴 것 없이 초 2일 청산 소사전으로 모두 모이기 바란다고 하였습니다.[54](강조는 인용자)

라고 기록되어 있다. 이 내용은 『동비토록』의 내용과 거의 유사한 내용으로, 초 6일이 초 2일로 바뀌었을 뿐이다. 그런데 위와 거의 동일한 내용이 바

로 『백범일지』에도 나오고 있다. 관련 내용을 인용해 보자.

> 우리김구 일행가 그 방 최시형 선생이 거처하고 있던 방에 있을 때 선생께 보고하는 것을 들었다. 그 내용은 "남도 지방의 각 관청에서 동학당을 체포하여 압박하는 반면, 古阜에서는 전봉준이 벌써 兵事를 일으켰습니다.""아무 군수는 道儒동학교도의 전 가족을 체포하고 가산 전부를 강탈하였습니다." 등이었다. 선생은 진노하는 안색에 순 경상도 어조로 <u>"호랑이가 물러 들어오면 가만히 앉아서 죽을까. 참나무 몽둥이 라도 들고 나가서 싸우자."</u> 선생의 이 말은 곧 동원령이다. 각지에서 와서 대령하던 대접주들이 물끓듯이 밀려 나가기 시작하였다.[55] (밑줄은 인용자)

위의 『백범일지』 내용 역시 『동비토록』, 『주한일본공사관기록』과 매우 유사하다. 그러나 기존 연구자들은 위 『백범일지』의 내용을 가을의 제2차 봉기 당시의 총기포령으로 해석하고 있다. 가장 최근에 『백범일지』를 주해한 도진순 역시 기존 견해를 따르고 있다.[56] 그러나 『백범일지』의 "호랑이가 물러 들어오면 가만히 앉아서 죽을까. 참나무 몽둥이라도 들고 나가서 싸우자."는 동원령은 9월의 제2차 봉기 때의 동원령이 아니라 제1차 봉기 때의 동원령이 틀림없다. 그같이 단정하는 1차적 근거가 위에서 인용했던 『동비토록』과 『주한일본공사관기록』에 나오는 유사한 내용 때문이다.

이상의 사료만으로도 제1차 동학농민혁명에 즈음한 해월의 행적이 단지 전봉준의 봉기를 비난했다고 하는 종래의 견해에 많은 문제가 있음을 지적할 수 있을 것이다. 그런데 필자는 지난 4년간 일본에서 발굴한 사료 속에서 제1차 동학농민혁명에 해월이 적극 참여하고 있었음을 증명해 주는 1차 사료를 대거 발굴할 수 있었다. 이하에서는 새로 발굴한 사료 내용을 소개함으로써 제1차 동학농민혁명 당시 남접과 북접이 함께 봉기했음을 밝히고자 한다. 전봉준과 해월이 결코 대립의 관계가 아니라 상호 연대 내지 협력하는 관계였음을 증명하고자 한다.

먼저 소개할 사료는 일본 외무성 외교사료관에 소장되어 있는 『조선국 동학당 동정에 관한 제국공사관 보고 일건』문서번호 5문 3류 2항 4호라는 사료이다. 이 사료 속에는 다음과 같은 내용이 나온다.

「발發 제57호: 동학당에 관한 속보」

우리=일본 4월 5월의 오기 15일음력 4월 11일 술시 전라 감사 전보

저들 무리의 괴수 최법헌최시형이 통문을 발하여 말하기를 "우리의 군진에는 아홉 개의 부대가 있는데 기로군技路軍 2백 명이 경솔하게 전라도 경계에 들어갔다가 오합烏合의 부대에게 패배를 당하여 우리 군 20여 명이 체포되었다고 한다. 명령를 어긴 기로장은 먼저 참수를 하고 나머지 부대는 세 길로 행군을 하여 먼저 전라도 경계로 향하라. 제일로장一路將은 본부의 수하 5천 명 등을 거느리고 약속한 장소에서 기다릴 것이며, 제이로장二路將은 본부 수하 5천 명 등을 거느리고 약속한 경계에서 기다릴 것이며, 제삼로장은 본부 수하 5천 명을 거느리고 사방으로 파견하여 그 외곽을 순찰하되 망동하지 말고 산의 요새를 견고하게 지키라."고 하였다고 하니 이들 무리의 행동은 갈수록 통분할 일입니다.[57]

이 내용은 『도쿄아사히신문』 1894년 5월 29일자(양) 2면의 「동학당란 속보」에도 그대로 보도되고 있다. 그간 우리들이 이해하여 왔던 해월에 대한 견해와 판이한 내용이 아닐 수 없다. 위의 내용을 사실로 인정한다면 해월은 제1차 동학농민혁명에 반대 또는 비난했던 것이 아니라 적극적으로 지도했음에 틀림없다. 위의 내용을 뒷받침해 주는 또 하나의 기록이 같은 문서 속에 들어 있다. 그 내용은 다음과 같다.

「발 제66호: 동학당 휘보」

동학당의 정형情形

청산靑山: 최시형이 주재하고 있던 곳의 무리들이 무장茂長: 전봉준이 전면 봉기를 단행했던 곳으로 글을 보내 말하기를 "이제 황평黃平의 답장에 5월 그믐에 접응하겠다."고 하여 동남의 여러 부접에 글을 보냈는데 "회덕의 제3대 박두령의 복로군伏路軍이 청영靑營:청주 병영 포교에게 체포되어 지니고 있던 글과 증빙서류를 빼앗겼으니 어찌 통탄할 일이 아닌가. 지금부터는 각 접에 신칙을 해서 다시는 소루됨이 없도록 할 것이며 약속한 기일 전에는 어떤 어려운 일이 있더라도 분노를 삭혀 망동하지 말고 지휘를 기다리도록 하라."고 하였다고 합니다.[58]

이 내용에는 앞의 기로군이 복로군으로 바뀌어 기록되어 있는데 기로군의 장수가 바로 충청도 회덕의 박朴이라는 두령이었음이 나타나 있다. 또 이 내용을 보면 충청도 청산의 해월북접과 전라도 무장의 전봉준남접이 어떤 형태인지 정확하게 드러나 있지는 않으나 일정한 '연락 체계'를 지니고 있음이 드러나고 있다. 또 '기일 전'이라는 표현을 통해서 보면 충청도 청산의 농민군과 전라도 무장의 농민군 사이에는 서로 약속한 날짜가 있었음을 알 수 있다. 위의 "약속한 기일 전에는 망동하지 말고 지휘를 기다리라."는 내용은 『주한일본공사관기록』에도 나온다.[59]

한편, 해월과 전봉준이 제1차 봉기 이래 일정한 '연락 체계'를 유지하면서 지속적인 연락[60]을 취하고 있었다는 사실은 일본 방위청 방위연구소 도서관에 소장되어 있는 『동학당 폭민』(전)에 실려 있는 성명 미상의 일본인이 제1차 동학농민혁명에 대한 상황을 정탐하여 일본군에게 보고한 「동학당 여문」東學黨餘聞이라는 보고서에 의해서 명백하게 드러나고 있다. 관련 내용을 인용해 보기로 한다.

본월 2일양력 1894년 9월 2일 용산을 출발하여 광주, 이천, 죽산, 진천, 청주 등을 거쳐 9일에 전주에 도착하여 동학당 수령으로 세상에 알려진 김봉균전봉준의 가명을 방문하기 위해 전라 감영을 찾았는데 다음날 저녁양력 9월 10일; 음력 8월 11일에 김의 심부름꾼에 인도되어 포정국집강소 뒷방에서 면회하고 세 시간 남짓 필담을 나누었다. (중략) 전주에서 용담으로 가서 부산 상인일본인에게 편지를 부탁하고 다시 전주로 돌아와 청주를 거쳐 귀경길에 오르려고 했으나 이유가 있어 길을 바꿔 보은, 화령 등을 거쳐 15일음력 1894년 8월 16일 상주尙州 능암리綾嚴里로 최시형을 방문하였으나 부재하였다. 김전봉준의 소개장과 한 통의 편지를 남기고 떠나와 문경을 거쳐 마령조령의 오기을 넘어 유곡, 연풍, 충주를 지나 지난 20일 오후 6시 서울로 돌아왔다.[61]

위의 내용을 보면, 성명 미상의 일본인이 전주에서 8월 11일에 전봉준을 만난 다음 전봉준의 소개장을 받아 상주 능암리에 머물고 있다는 해월을 만나기 위해 8월 16일에 능암리에 도착하였다는 사실이 기록되어 있다. 이「동학당여문」은 농민군의 동향을 정탐하여 일본군에게 보고한 일본인 첩자가 남긴 기록이기 때문에 그 신빙성 여부에 대해서는 다각도의 검토가 있어야 할 줄 믿는다. 그러나 당시 해월이 머물고 있었다는 상주 능암리라는 장소는 전봉준과의 면담 과정에서 인지했을 것으로 생각된다. 또한 전봉준의 소개장을 가지고 찾아갔다는 사실도 어느 정도 신빙성이 있을 것으로 생각된다. 자신을 찾아온 일본인의 신변 안전을 보장하기 위해서 전봉준이 소개장을 써 주었을 가능성이 크기 때문이다. 전봉준은 1894년 4월 27일 전주성을 점령한 이후 그해 9월의 제2차 동학농민혁명이 있기까지 모두 세 차례에 걸쳐 일본인들과 접촉한다. 한 번은 순창에서 일본 천우협 회원=낭인만나고, 두번째는 전주에서 이 성명 미상의 일본인과 만나며, 다른 한 번은 나주에서 일본인과 만난다. 일본인과 만날 때마다 전봉준은 신중하면서도 정중한 태도로 그들을 맞이하고 보내고 있다. 이것은 전봉준의 탁월한 전략의 일환이었을 것이다.[62] 전봉준은 여러 가지의 전략상 성명 미상의 일본인에게 정중한 예우를 했을 것으로 생각되며 그 과정에서 해월을 찾아가도록 소개장을 써 주었을 것이다. 이상과 같은 내용을 종합적으로 고려해 본다면 전봉준과 해월은 제1차 동학농민혁명 당시부터 줄곧 '연락 체계'를 유지하고 있었다고 볼 수 있다.

끝으로 일본에서 발굴한 신문 사료를 통해 제1차 동학농민혁명 당시 북접, 즉 충청도 지역의 농민군의 동향에 대해 검토해 보고자 한다. 제1차 동학농민혁명 당시 일본에서는 수백 종의 일간 신문이 간행되고 있었다. 그 가운데 동학농민혁명 및 동학농민혁명을 계기로 촉발된 청일전쟁의 전황을 취재하기 위해 특파원을 파견한 신문사만도 66개사 이상이었으며 조선에 특파된 특파원 수만도 129명이나 되었다.[63] 이들 조선 특파원들은 서로 경쟁적으로 취재에 임하였으며, 타 신문이 입수하지 못하는 특종기사를 발굴하기 위해 열을 올린 나머지 오보誤報도 적지 않았으나 일본 외무성 조는 일본 군부, 즉 대본영이 보도를 금지하는 기밀 사항도 다수 보도함으로써 발행정지 사태를 부르는 일도 비일비재하였다. 이들 신문 가운데『미야코신문』都新聞에는 다른 신문에서 볼 수 없는 동학농민혁명 관계 기사가 있다. 그것은 다름 아니라 제1차 동학농민혁명의 상황을「전라도의 부」와「충청도의 부」로 나누어 연재 기사로 보도하고 있다는 점이다.「전라도의 부」는 종래 널리 알려진 전봉준 중심의 제1차 동학농민혁명에 관한 기사이다. 그러나「충청도의 부」는 전봉준이 이끄는 농민군과는 다른 충청도 농민군의 동향을 상세하게 보도하고 있다. 이하에 보도된 날짜와 기사 제목을 제시하면 다음과 같다.

6월 12일 1면: 충청도의 부 제 1

감사 경병의 파견을 청하다

적도 석성으로 진격하다

원병 도착하다

전도全道 다시 흔들리다

1894년 6월 12일음 5월 9일부터 6월 27일음 5월 24일까지 모두 8회에 걸쳐 충청도 지방 농민군의 동향을 보도하였으며, 이들 충청도 농민군을 지도하고 있던 인물은 해월이었다고 보도하고 있다.[64] 이 『미야코신문』의 기사는 지금까지 검토해 온 동학 측 사료, 관변 측 사료, 일본 외무성 외교사료관 소장 사료, 『주한일본공사관기록』의 내용과도 일치한다. 이것은 『미야코신문』의 「충청도의 부」라는 동학농민혁명 관계 기사가 역사적 사실에 근거하여 쓰여졌음을 의미한다.

7. 맺음말

이상 종래 정설로 정착되어 왔던 남·북접 대립설이 역사적 근거가 빈약한 허구였다는 사실을 『백범일지』의 내용을 근거로 삼고, 동학농민혁명 1백 주년을 전후하여 국내외에서 새로 발굴된 사료를 중심으로, 특히 필자가 일본 홋카이도 대학 유학 기간 동안에 집중적으로 발굴한 새로운 사료들을 중심으로 검토하였다. 검토의 결과를 요약하면 아래와 같다.

먼저 남·북접 대립이 역사적 사실이 아니라는 것을 증명해 주는 사료가 대단히 풍부하게 남아 있음을 확인하였다. 황해도 접주 출신이었던 김구 선생의 자서전 『백범일지』를 비롯하여 『대선생사적』, 『김낙봉이력』 등 동학 교단 측 사료는 물론이거니와, 『동비토록』, 『양호전기』와 같은 관변 측 사료, 『주한일본공사관기록』, 일본 외교사료관 소장 사료, 일본 방위청 방위연구소 도서관 소장사료, 일본 신문 자료 등이 한결같이 종래의 남·북접 대립을 부정하는 내용을 담고 있음을 확인하였다.

둘째, 이렇게 새로 발굴된 사료를 근거로 남접과 북접이란 용어의 유래와 그 형성 과정을 검토한 결과, 남접과 북접은 서로 대립된 개념으로 사용된 것이 아니었음이 확인되었다. 북접이란 용어는 1860년대 동학 교문에서 사용되었던 '북도중'에서 유래한 것으로 동학 교문 내에서 도통의 정통성을 상징하는 용어로 사용되어 왔으며, 남접은 1894년 이후에 생긴 용어로 동학에서는 전봉준이 최후 진술에서 동학 조직을 편의상 지역적으로 구분하기 위한 용어에 지나지 않았다는 사실을 확인할 수 있었다. 뿐만 아니라, 종래 연구에서 대립된 것처럼 여겨 왔던 남접의 동학 지도자들 모두 도통의 정통성을 가진 '북접주인' 해월의 지도를 받아 접주에 임명되었으며, 따라서 남접은 북접에 대립되는 실체적 조직은 아니라는 것을 확인하였다.

셋째, 1892~3년 교조신원운동기 남·북접의 동향을 검토하였는 바, 종래 연구에서 광화문 복합상소 당시 게시된 척왜양 격문이 북접과는 별개의 세력, 즉 남접에 의해 게시되었던 것으로 이해하여 온 견해가 재고되어야 할 것이라는 사실이 밝혀졌다. 1890년 초반의 척왜양 의식은 초기 동학 경전에 나타나는 척왜양 의식과 일정한 관련을 갖는 가운데 형성된 것이었으며, 교조신원운동의 첫 집회였던 1892년 10월의 공주 취회에서부터 척왜양의 요구는 동학 지도자 및 동학교도 공통의 목표였음을 확인하였다. 특히 1893년 3월 교조신원운동의 마지막 단계에서 열린 보은 취회에서 모여든 동학교도들과 민중들이 내걸었던 '척왜양창의'라는 기치는 결코 동학 내의 일부 세력의 요구가 아니라 동학교도와 일반 민중, 북접과 남접이 모두 공감했던 시대적 요구였음을 확인할 수 있었다. 따라서 보은 취회와는 지향이 다른 남접에 의해 전라도 원평 취회가 열렸다는 종래의 연구는 설득력이 약하다는 사실을 확인할 수 있었다.

끝으로 제1차 동학농민혁명 당시 해월의 행적 및 소위 북접, 즉 충청도 동학농민군의 동향을 일본에서 새로 발굴한 사료를 중심으로 검토해 보았다. 그 결과 제1차 동학농민혁명 당시 해월은 전봉준의 봉기에 반대했거나 비난했던 것이 아니라 오히려 "시운이니 금하기 어렵다."라고 하여 사실상 봉기의 정당성을 인정하였음을 확인하였다. 또한 『백범일지』의 "호랑이가 물러 들어오면 가만히 앉아서 죽을까. 참나무 몽둥이라도 들고 나가서 싸우자."라는 해월의 동원령이 바로 제1차 동학농민혁명 당시에 내려진 기포령이었음을 관변 측 자료와 일본 측 자료를 통해 확인하였고, 또 역사적 사실임을 확인할 수 있었다.

뿐만 아니라 새로 발굴된 사료에 의하면, 해월은 제1차 봉기, 즉 제1차 동학농민혁명 단계부터 충청도 일대의 농민군을 지휘하면서 전봉준과 일정한 연락 체계를 유지하면서 활동하고 있었다는 사실도 확인하였다. 새로운 사료에 따르면, 해월과 전봉준은 제1차 동학농민혁명 단계부터 집강소 통치기에 해당하는 1894년 음력 8월까지도 서로가 거처하는 곳을 정확하게 알고 있을 정도로 긴밀한 연락 체계를 형성하고 있었던 것으로 확인되었다.

이상으로 지금까지 알려진 남·북접 대립설, 즉 해월과 전봉준의 대립설이 허구였음을 『백범일지』를 비롯한 관련 사료를 통해 논증하였다.

동학의 남·북접 대립설이 허구였음에도 불구하고 1백년이 넘도록 연구자들의 발목을 잡아 왔던 이유는 무엇일까? 필자는 그 이유를 우리 스스로의 힘으로 근대국가를 건설하는 데 실패하였기 때문이었다고 생각해 왔다. 1894년 농민군은 근대국가 건설의 운명을 짊어지고 그것을 방해하는 외세, 즉 일본군에 맞서다 처절하게 희생당하였다. 필자는 그 역사적 운명의 순간을 맞이하여 해월과 전봉준 장군은 죽는 순간까지 서로에 대한 신뢰와 존경을 잃지 않았을 것으로 믿어 왔다. 그 같은 생각을 한 가장 간단한 이유는 외세에 대한 두 분의 대응 태도에서 차이를 발견하지 못했기 때문이다. 그러나 이 같이 가장 단순하면서도 명쾌한 진실은 1백년이 넘도록 이 땅의 연구자들과 민중들에 의해 무시되어 왔다. 일찍이 백범 김구가 자서전을 통해 남·북접 대립이 역사적 사실이 아니라는 것을 밝혀 주었음에도 불구하고, 또한 김지하 시인이 남·북접 문제를 창조적으로 재해석할 것을 선구적으로 제창했음에도 불구하고 이 땅의 역사가들과 민중들은 허구를 사실로 믿어 왔다. 참으로 낯부끄러운 일이 아닐 수 없다.

필자는 뒤늦게나마 해월과 전봉준 장군 두 사람 사이의 역사적 진실을 밝히는 논문, 동학의 남·북접 대립설이 날조된 허구라는 사실을 밝히면서 '비단 한 아비에 거적 자손'이었음을 고백하지 않을 수 없다.

동학농민혁명과 전주성 전투
- 동학농민군의 전주성 점령을 중심으로

1. 서언

1894년 4월 27일양 5월 31일, 전봉준이 이끄는 동학농민군이하, 농민군 주력부대는 전라도의 수부首府인 전주성을 무혈 점령하였다. 농민군의 전주성 점령은 동학농민혁명 전 기간 동안 농민군이 거둔 최고의 승리이자 최대의 승리였다. 조선 왕조의 발상지이기도 한 전주성을 농민군이 무혈 점령한 사건은 조선 조정은 물론 청나라와 일본에 대해서도 농민군의 위세를 각인시키는 결정적 계기가 되었다. 농민군은 4월 27일부터 5월 7일까지 전주성 점령 기간 동안, 양호초토사 홍계훈洪啓薰이 이끄는 정예부대인 경군京軍과 세 차례에 걸쳐 거의 대등한 전투를 벌이는가 하면, 청국군과 일본군의 출병이라는 국가적 위기 앞에서 폐정개혁안 27조목를 초토사 홍계훈에게 제출하고, 초토사가 그것을 수락하는 조건으로 전주 화약全州和約을 맺은 다음 전주성에서 자진 철수하기에 이른다. 전주 화약은 외세의 개입이라는 목전目前의 국가적 위기 앞에서 농민군과 초토사 홍계훈이 합작하여 이루어 낸 '긴족 대단결'의 자랑스러운 전통이었다. 전주 화약을 계기로 전주성에서 자진 철수한 농민군은 각 군현으로 돌아가 농민군 도소都所; 執綱所를 설치하고 폐정개혁을 단행함으로써 농민군이 중심이 된 '민중자치'民衆自治 시대를 열게 된다. 이처럼 농민군의 전주성 점령은 농민혁명사 및 한국 근대사에서 차지하는 역사적 의미가 대단히 크다. 이 글에서는 농민군의 전주성 점령, 완산 전투完山戰鬪, 전주 화약의 성립, 폐정 개혁의 요구 등으로 나누어 농민군의 전주성 점령이 지닌 역사적 의미를 재조명해 보고자 한다.

2. 전주성 점령

전봉준이 지휘하는 농민군 주력 부대가 전주성을 점령한 것은 1894년 4월 27일양 5월 31일이었다. 금구현 원평에서 국왕 고종이 경군을 위로하기 위해 내탕금 1만 냥을 들려 보낸 선전관宣傳官 이주호李周鎬, 국왕의 「윤음」綸音을 가지고 내려온 이효응李敎應과 배은환裵垠煥 등을 붙잡아 목베임[1]으로써 민씨정권閔氏政權에 대한 항쟁 의지를 새롭게 다진 농민군은 4월 26일 아침부터 전라 감영이 있는 전주성을 향해 진격을 개시했다. 농민군은 금구현의 관아가 있는 금구 방향으로 진격하지 않고, 원평에서 오른쪽 방향으로 길을 꺾었다. 원평에서 전주에 이르는 길은 예나 지금이나 두 갈래이다. 오늘날 국도 1호선이라 불리는 금구-금천-쑥고개-우전효자동으로 이어지는 쑥고개 길이 그 하나요, 원평에서 금산사 쪽으로 가다 김제시 금산면 용화동 삼거리에서 청도리를 거쳐 독배재를 넘는 지방도 712호선이 또 다른 하나이다. 모악산 연봉 사이로 뚫린 독배재 길은 전주시 삼천동으로 이어지며 다소 험하긴 하나 지름길이다. 농민군이 택한 진격로는 바로 이 길이었다.* 전봉준의 주력 부대는 쑥고개 길이 아닌 독배재 길을 넘었던 것이다.

그간 농민군의 진격로를 잘못 추정하도록 빌미를 제공한 자료는 양호초토사 홍계훈이 남긴 『양호초토등록』兩湖招討謄錄이었다. 경군을 이끌고 전라

* 지금까지는 농민군이 금구현을 점령한 뒤 금천-쑥고개 길을 따른 것으로 알려져 왔으나 이는 바로 잡혀야 할 잘못이다.

도 장성에서 줄곧 농민군의 뒤를 추격해 온 홍계훈은 "당일4월 27일 늦거 금구 현에 이른 즉, 적도농민군들이 이곳으로부터 이미 떠나 지금 전주의 삼천에 머물러 있다고 한다. 날이 저물어 더 나아갈 수 없어 숙영을 했다."[2]고 기록 하고 있다. 이 내용을 얼핏 보면, 원평을 출발한 농민군이 금구를 거쳐 전주 에 이른 것으로 오해할 수 있으나, 금구현 관아지금의 김제시 금구면 금구리에 도착 하여 하루를 묵은 것은 홍계훈의 경군이었을 뿐, 농민군들은 금구현에 속한 원평점院坪店, 지금의 김제시 금산면 원평리에 잠시 머물러 선전관 등을 참수한 뒤 4 월 26일 곧바로 전주를 향해 진군했다. 인천을 출발하여 군산포群山浦를 거 쳐 전주성에 입성한 경군을 남쪽으로 유인하여 장성 황룡촌까지 끌어내린 뒤, 4월 23일의 황룡촌 전투에서 대승을 거둠으로써 경군의 기를 꺾어 놓은 농민군은 무방비 상태나 다름없는 전주성을 서둘러 점령하고자 하였다. 이 것이 당시 농민군의 전략이었다. 따라서 촌각이 아쉬운 농민군 부대가 지름 길을 택하려 했던 것은 당연한 일이었다. 더욱이 전봉준이 지휘하던 농민 군 부대는 원평 일대의 지리를 훤히 꿰고 있었다.

전봉준이 이끄는 농민군 주력 부대가 쑥고개가 아닌 독배재를 넘었다는 사실은 갑오년 당시의 자료에서 구체적으로 확인할 수 있다. 예를 들면, 전 라 감사 김문현은 "저들의 선봉이 바야흐로 두정豆亭에 당도하여 감영으로 부터 30리 밖에 이르렀는데 경군의 소식은 일절 알 수 없으니…."[3]라며 급박 한 상황을 조정에 보고하고 있는데, 이 보고는 농민군이 두정이라는 곳을 지났음을 말해 준다. 두정이라는 지명이 보이는 또 하나의 자료는 『주한일 본공사관기록』이다. 1894년 4월 26일에 받은 '전주가도사全州假都事의 전보' 電報라며 실어 놓은 당시 기록은 "당일 동학도들은 장성에서 원평을 거쳐 두 정에 도착하였는데 이곳은 완영完營; 全州과의 거리가 30리 정도 되는 곳으로 그들은 이곳에 주둔하고 있으나…."[4]라고 하여 "전주에서 30리쯤 되는" 곳 인 두정에 농민군이 도착하여 주둔했었다는 사실을 말해 주고 있다.*

농민군이 쑥고개 길이 아니라 독배재 길을 택했다는 사실을 증명해 주는 또 다른 사료로는 1894년 당시 경상도 고성 군수였던 오횡묵吳宖默이 남긴 『고성부총쇄록』固城府叢瑣綠이 있다. 이 자료 속에는 동학농민혁명에 관련된 이야기들이 다수 나오는데, 그 가운데 "비도匪徒가 청도원淸道院에 도착했다….''라고 하여 농민군이 청도원을 지나 전주성에 이르렀음을 기록하고 있다. 이 청도원이라는 지명은 오지영의 『동학사』간행본, 1940에도 나온다. 농민군이 전주성을 점령한 뒤 경군과 벌이는 완산完山 전투 공방전을 묘사한 대목에 "동학군의 일대一隊는 금구 원평으로부터 청도원 고개를 넘어 완산 칠봉 서남방면으로 들어오고….''라고 기록하고 있는 것이다. 청도원은 지금의 김제시 금산면 청도리를 말하는 것으로 이곳은 한때 전주군 우림면雨林面에 속한 적이 있었으며 원院 또는 驛이 있었다고 전해지고 있다. 청도리는 바로 독배재의 초입이자 두정 마을 옆 동네이다.

이상의 내용을 종합해 볼 때, 전봉준이 이끈 농민군 주력 부대는 원평에서 두정·청도를 거쳐 독배재를 넘어 전주성의 코앞인 삼천에 도착했음에 틀림없다. 독배재를 넘은 농민군 부대는 삼천三川; 지금의 전주시 완산구 삼천동 세내 마을로 추정되는데, 독배재를 넘으면 삼천이라는 하천에 이르고 내를 건너면 곧바로 이 마을이 나온다에서 26일 밤을 보낸 것으로 추측된다. 앞에서 인용한 기록들이 두정과 청도원을 명기明記하고 있어서 이 지역에서 둔취했을 가능성도 전적으로 배제할 수는 없다. 그러나 25일 밤을 보낸 태인에서 전주 삼천까지는 70여 리에 불과한데다, 배도培道; 걸음을 두 배로 빨리함를 통해 진격 속도를 빨리한 농민군이

---

* 됴亭은 지금의 행정구역으로 김제시 금산면 금산리 팥정 마을이다. 院坪에서 금산사 방향으로 난 길을 따라 3.5km 지점에 위치한 마을로 들판에 있는 정자가 팥처럼 생겼다 하여 팥정이라 불렸는데, 이를 한자로 표기해 됴亭이라 했다. 이 근처에서 전주 쪽으로 빠지는 삼거리가 이루어지며 전주까지는 12-13km, 즉 30리 정도이다.

30리 정도의 고개 하나를 두고 머뭇거리지는 않았을 것으로 보인다. 또 "27일 날이 밝을녘에 이들이 바로 서문 밖에 이르러 용두치龍頭峙; 용머리 고개로부터 일자진一字陣을 쳤다."[5]는 매천 황현의 『오하기문』梧下記聞의 기록으로 볼 때 26일 밤 농민군이 삼천에서 숙영했다는 것은 더욱 설득력을 갖는다.

전봉준이 이끄는 1만여 명의 농민군*은 27일 아침 일찍부터 전주성 공략에 나섰다. 용머리 고개를 중심으로 진陣을 편 농민군은 전주성 내의 동정을 살피다 정오 무렵부터 공격을 개시했다.** 27일은 마침 서문西門; 지금의 전주시 완산구 다가동 파출소 앞 밖에 장이 서는 날이기도 했다. 농민군의 전주성 입성 장면을 실감 있게 전하는 자료는 『동학사』이다. 관련 내용은 다음과 같다.[3]

동학군은 장꾼들과 함께 섞여 이미 수천 명이 시장 속에 들어와 있었다. 때가 午時쯤에 이르자 장터 건너편 용머리 고개에서 一聲의 대포소리가 터져 나오며, 수천 방의 총소리가 일시에 장판을 뒤덮자 장꾼들이 정신을 잃고 뒤죽박죽되어 西門과 南門으로 물밀듯이 들어가는 바람에 동학군들은 이들과 섞여 문 안으로 들어서며 함성을 내지르고 총질을 했다. 서문에서 파수 보던 병정들은 도망질하기에 바빴다. 순식간에 성 안에도 동학군의 소리요, 성 밖에도 또한 동학군의 소리다. 全大將=전봉준은 유유히 대군을 거느리고 서문으로 들어와 宣化堂에 자리하니…. 이하 생략

---

* 전주성 입성 당시 농민군의 규모는 1만 명에 달하였다(「梧下記聞」, 위의 책, 75쪽). 아무리 적게 잡아도 5천 명 이상의 대부대였음은 확실하다.(「全州城落城後官軍進擊ニ關スル彙報」, 『駐韓日本公使館記録』제1권 참조)
** 용머리 고개 밑으로는 전주천이 흐르고 있었으며, 지금의 完山橋는 갑오년 당시에는 존재하지 않았다. 때문에 농민군은 주로 당시의 西川橋를 건너 전주성에 이르렀을 것으로 추정된다.

농민군은 동문을 제외한 서·남·북문을 공격해 들어왔으며 황룡촌 전투에서 노획한 대환포大丸砲를 발사하면서 서문을 집중 공략하였다. 그러자 곧 성문이 열렸고 전봉준은 전라 감사의 집무실인 선화당宣化堂, 현재 구 전북도청 본관 뒤 2층짜리 부속건물 자리을 접수했다. 이처럼 농민군의 전주성 점령은 이른바 무혈입성無血入城이었다. 당시 전주성이 사실상 무방비 상태였기 때문이다. 전 전라 감사 김문현은 4월 18일자로 이미 파면돼 있었고, 독판교섭통상사무督辦交涉通商事務로 있던 개화파 관료 김학진金鶴鎭이 그 후임으로 임명됐으나 아직 부임하지 않고 있었다. 또한 전라 감영군은 초토사 홍계훈의 경군에 배속되어 있었기 때문에 전 감사 김문현은 아무런 조치를 취할 형편이 못 되었다. 농민군이 물밀 듯 성 안으로 몰려들어오자 김문현은 체통도 잊은 채 가마를 버리고 떨어진 옷과 짚신으로 변복한 뒤 동문을 빠져 나가 멀리 공주까지 도주하였다. 중영장中營將 임태두林泰斗와 전주 판관 민영승閔泳昇도 목숨 도모하기에 바빴다. 조경묘肇慶廟의 관리 책임을 맡고 있던 참봉 장효원張孝遠은 경기전慶基殿에 모셔져 있던 태조 이성계의 영정影幀을 둘둘 말아 허리에 꽂고 조경묘에 있는 전주 이씨의 시조인 이한李翰의 위패를 안고 위봉산성威鳳山城, 지금의 완주군 소양면 대흥리에 소재하고 있는 산성을 향해 내달렸다. 이때 홀로 달아나던 판관 민영승이 장참봉을 발견하고 영정을 재빨리 넘겨받아 위봉사 대웅전에 모셨다. 성을 버렸다는 죄를 훗날 면제받고자 하는 의도에서였다.

선화당에 자리한 전봉준은 농민군의 대오를 정비하여 4문을 군게 방비하는 한편 기강을 세우며 농민군의 질서를 바로 잡아 나갔다. 이들은 성 안에서 검가劍歌와 검무劍舞를 즐겼으며 옷감을 거두어 오랫동안 갈아입지 못한 옷을 새로 지어입기도 했다고 전한다.[7] 한편 전봉준의 계략에 말려 전주에서부터 5백여 리를 뒤쫓아 다닌 홍계훈의 경군은 전주성이 함락된 27일에야 금구에 도착해 "전주성이 비도의 손에 떨어졌다."는 소식을 접하게 된다. 그는 전주성이 점령된 이유에 대해 "감영의 관속배 중 내응하는 자가 많았기 때문"이라고 보고했다.

전주성 점령은 1894년 1월 10일의 고부 농민봉기에서 시작된 동학농민혁명 과정에서 농민군이 거둔 최대의 승리이자 최고의 승리였다. 당시 전주는 조선 왕조의 발상지이자 전라도의 심장부였으며 전라도 53개 고을 가운데서도 으뜸가는 고을, 즉 수부首府였다.* 따라서 농민군의 전주성 점령은 중앙 조정에 대해 엄청난 충격을 주었다. 농민군의 전주성 점령은 곧 농민군이 전라도 일대를 전부 장악했다는 것을 의미했고, 나아가 조정에 대해 무력을 통한 도전, 즉 반란을 도모하는 것을 의미했다. 그러나 농민군에게 전주성이 점령당했다는 소식은 이틀 뒤인 29일에야 조정에 전해졌으며, 그날 밤 긴급 대신회의가 국왕 고종의 주재하에 열렸다.

3. 완산 전투의 전개

전주성을 함락하고 경사京師, 서울로 직향直向하여 권귀權貴를 진멸盡滅하는 것은 농민군의 오랜 꿈이었다.** 전주성 함락을 목표로 내걸었던 1893년 11

---

* 1894년 4월 27일, 농민군이 공격하여 점령했던 전주성의 흔적은 오늘날 좀처럼 찾기 어렵다. 1894년 당시만 해도 돌로 쌓은 성곽과 4대문의 위용이 그대로 살아 있었다. 이 같은 전주성이 헐린 것은 1906년경으로 추정된다. 이때부터 성벽 철거가 시작돼 불과 2-3년 사이에 타원형을 이루며 고도를 감싸던 성곽과 서·북·동 문도 아울러 사라져 버렸다. 전주성에 관한 기록은 자료마다 약간의 차이는 있으나 『完山誌』에 따르면, 둘레가 5,356자, 높이가 8자였다고 한다. 오늘날의 시가지 위에 복원한다면 현재 유일한 흔적으로 남아 있는 풍남문에서 서쪽으로 다가동 파출소 부근을 지나 피카디리 극장과 오거리의 중간 부분을 가로질러 동문사거리에서 다시 풍남문으로 연결하는 타원형 고리가 될 것이다. 중심은 전주 우체국 근처이며 반경 5백m가 예상된다. 1백 년 전 전주는 오늘날에 비하면 왜소할 정도로 규모가 작았다.

월의 사발통문 모의鉢通文謀議로부터 6개월, 3월 21일의 무장 기포茂長起包로부터 한 달여 남짓 동안 전라도 서남부 지역 군현을 차례로 점령하며 치밀한 작전으로 홍계훈의 경군을 유인한 농민군은 마침내 1단계 목표로 삼았던 전주성을 차지하게 되었다. 그러나 싸움은 이제부터였다. 농민군은 전주성에 이르는 동안 유인작전으로 경군을 효과적으로 분산시켰으나 전주성 점령 이후에는 경군과의 정면 승부가 불가피해졌기 때문이다. 농민군은 4월 28일부터 5월 3일까지 완산칠봉 일대에서 경군과 치열한 공방전을 벌이지 않으면 안 되었다. 이것이 이른바 완산 전투完山戰鬪*이다. 완산 전투는 동학 농민혁명의 향방을 좌우하는 대단히 중요한 전투였다. 그러나 그 같은 중요성에도 불구하고 완산 전투는 아직까지도 그 구체적인 전개 과정이 정확하게 밝혀지지 못하고 있으며, 승패에 있어서도 농민군 측의 승리인지 경군 측의 승리인지 그 평가가 엇갈리고 있는 실정이다.

농민군의 뒤를 추격해 온 홍계훈의 경군은 4월 28일 전주 용머리고개에 도착했다. 농민군이 전주성을 점령한 바로 그 다음 날이었다. 경군은 곧바로 완산칠봉完山七峰 일대에 진을 쳤다.** 전략적 요충지인 완산칠봉 일대의

** 전주성을 함락하고 京師로 직향하려는 계획은 이미 1893년 11월의 「沙鉢通文」 모의 단계에서부터 나타나고 있었다.

* 완산칠봉 일대를 중심으로 벌어진 전투이므로 완산 전투라 부르고자 한다. 농민군과 경군 사이에 벌어진 완산 전투는 큰 전투만 모두 세 차례(4월 28일, 5월 1일, 5월 3일)로 확인되고 있으며, 전투는 전주성 외곽 南門 맞은편에서 西門을 거쳐 北門의 맞은편까지 길게 걸쳐 있는 완산칠봉을 중심으로 광범위한 지역에서 벌어졌다. 앞으로 이 같은 전투지에 대한 정밀조사가 반드시 필요하다.

** 완산칠봉은 內七峰과 外七峰, 左右七峰의 삼면 칠봉으로 이루어져 있으며, 최고봉이 해발 186m밖에 되지 않지만 전주성이 훤히 내려다보이는 전략적 요충지였다. 1894년 4월 28일 당시, 전주성 공략을 위해 홍계훈의 경군이 결진한 장소는 아직까지 정확하게 확인되지 않고 있다. 다만 황현의 『오하기문』에서는 南山, 乾止, 小麒麟峰, 오목대, 황학대(현

요소요소에 경군이 진을 치고 성을 점령하고 있는 농민군과 전주천을 사이에 두고 대치함으로써 전주성은 일촉즉발의 전운戰雲이 감돌기 시작했다. 현재, 갑오년 당시 완산 전투의 실상을 구체적으로 추적하는 데는 여러 가지 한계가 있다. 전투 전개 과정은 물론 몇 차례 접전이 이루어졌는지조차 명확하지 못하다. 남아 있는 기록들이 이 부분에 관해 극히 간략하게 서술하고 있고, 기록에 따라 상당한 차이를 드러내기 때문이다. 그러나 여러 자료를 종합해 보면, 완산 전투는 대체로 세 차례 큰 전투가 있었던 것으로 확인되고 있다.***

수성守城과 공성攻城의 입장이 서로 바뀐 농민군과 경군 간의 제1차 완산 전투는 4월 28일에 경군京軍의 선제공격으로 시작되었다. 홍계훈의 경군은 28일의 완산결진完山結陣과 함께 곧바로 농민군이 주둔한 전주성을 향해 대포 공격을 퍼부었던 것이다. 이에 농민군 수백 명이 성을 나와 동서로 나뉘어 완산칠봉을 오르려 했으나 저지당했다. 이날 상오부터 날이 저물도록 양군 간에 공방전이 벌어졌다. 이날의 전투 결과에 대해 홍계훈은 "갑옷을 입고 칼을 휘두르고 천보총을 쏠 수 있는 자 30인을 포함 수백 명의 적을 참획했다."고 하면서 경군의 피해에 대해서는 언급하지 않았다. 홍계훈은 또 "이날 한밤중에 농민군이 성내의 건물에 불을 질러 관청과 민가가 소실됐

다가산) 등 여러 곳에서 길게 진을 폈다고 했으며, 일제 강점기인 1943년 발간된 『전주부사』(全州府史)는 완산, 다가산, 사직단(현 기전여고 자리), 유연대(현 기전여고 북서 최고봉) 일대의 산과 계곡을 이어 결진하고, 본영을 용머리고개 남쪽 산 중턱에 설치했다고 기록하고 있을 따름이다.

*** 농민군 토벌을 진두지휘했던 초토사 홍계훈은 완산 전투에 대해 두 차례에 걸친 전투 상황을 보고하고 있지만, 『林下遺稿』, 『駐韓日本公使館記錄』, 「朝鮮國東學黨動靜ニ關シ帝國公使館報告一件」 등의 자료에서는 세 차례 전투가 있었던 것으로 기록하고 있다. 그러나 기록상에 나타나는 세 차례의 큰 전투 외에도 전주성을 둘러싼 작은 접전은 농민군이 성을 비우는 5월 8일까지 여러 차례 벌어졌던 것으로 보인다.

다.”고도 보고했다. 4월 28일의 전투 결과를 담은 자료로는 양호초토사 홍
계훈이 남긴 『양호전기』兩湖電記, 『양호초토등록』兩湖招討謄錄만 알려져 왔으
나, 최근에는 이들 자료가 자신의 전공戰功을 자랑하기 위해 홍계훈이 과장
보고한 면이 있다는 비판을 받고 있으며, 동학농민혁명 1백주년을 전후하
여 새로 발굴된 자료8에는 완산 전투 결과에 대해 홍계훈의 보고 내용과는
다르게 기록하고 있어서 완산 전투에 대해서는 향후 재검토가 필요하다. 홍
계훈은 또 위의 기록에서 “농민군 측에 의해 관청과 민가가 소실됐다.”고
보고하고 있는데, 그 보고 역시 허위보고일 가능성이 높다. 왜냐하면 홍계
훈의 보고를 반박할 수 있는 자료가 다수 남아 있기 때문이다. 구체적인 증
거로, 농민군 측은 5월 4일자로 홍계훈에게 보낸 소지訴志에서 “경군의 포격
으로 경기전이 훼손됐다.”고 비난하고 있으며, 전봉준도 1차 재판에서 “관
군이 성중을 향해 대포를 쏘아대서 경기전이 훼상했기 때문에….”라고 말
하고 있는 것을 들 수 있다. 이 같은 사실은 농민군 측뿐만 아니라, 농민군과
반대 입장에 서 있던 정석모鄭碩謨의 『갑오약력』甲午略歷에도 보인다. 『갑오약
력』은 “경군의 포격에 의해 성 밖에 있던 자신의 집을 포함 성 안팎 수천 호
가 불탔다.”고 기록하고 있는 점에서 홍계훈의 전과 보고는 허위 또는 과장
된 보고였을 가능성이 높다. 전주성 남문인 풍남문으로부터 2백 미터 거리
의 동쪽에 위치한 경기전 훼손 문제는 이후 농민군과 관군 간의 화약 조건
으로 작용했다는 점에서 그 의미가 적지 않다. 전투 당시 이미 위봉산성으
로 옮겨지긴 했지만 조선을 창업한 태조 이성계의 영정을 봉안한 곳이란 점
에서 경기전을 양 측 모두 소중하게 생각하고 있었기 때문이다.

　4월 29일과 30일에는 큰 전투가 없었던 것으로 보인다. 다만, 29일에 농민
군이 북문으로 나와 황학대를 공격하자 경군이 회선포를 쏘아 농민군 수백
명을 사살했다는 기록이 『오하기문』에 기록되어 있을 뿐이다. 농민군과 경
군 간의 최대의 격전은 5월 1일에 벌어졌다. 제2차 완산 전투가 벌어진 것이

다. 이에 대해 1943년에 일본어로 발간된 『전주부사』全州府史는 집필자의 이름을 밝히지 않은 채 「동학의 변란과 전주」라는 제목으로 완산 전투 상황을 소상히 서술하고 있다. 관련 내용을 인용하기로 한다.

> 5월 1일 상오 10시께 동학농민군이 남문을 열고 미전교싸전다리-지금의 전주교를 건너 남북 2대로 나뉘어 완산 주봉主峰에 있는 관군을 향해 돌진했다. 남쪽으로 향한 1대는 순창으로 통하는 길로 나아가 남고천南固川을 건너 곤지산坤止山 서쪽 계곡을 타고 북진하고, 나머지 1대는 전주천 좌측을 따라 완산동에 들어가 곤지산 북쪽 계곡으로부터 주봉으로 공격해 올라갔다. 이들 두 부대는 합세하여 매곡梅谷 건너편 주봉 서편에 솟은 건두봉투구봉-현 전주교대부속국교 윗산에 포진한 관군을 기습하려 했다.
>
> 농민군은 창·대창·총을 들었고 그 중 무기를 갖지 않은 사람들은 소나무 가지를 꺾어 흔들면서 진격했다. 농민군은 탄환을 물리친다고 황색바탕에 붉은 글씨로 주문呪文이 기록된 종이를 등에 붙이고, 수십 명씩 집단을 지어 절면에 백포白布를 펴 높이 세운 채 수십 백의 대오를 만들었다. 농민군은 비 오듯 퍼붓는 탄환 속을 주문과 함성을 지르며 돌진했다. 동료의 시체를 넘으며 멈추지 않고 계속 진격하는 농민군의 기세에 눌려 관군은 겁을 먹고 도망하려 했다. 그때 후방 완산 주봉에 도착한 강화군江華軍; 江華兵이 내려와 지원함으로써 농민군은 큰 타격을 받고 전주성으로 돌아갔다. 상오 10시부터 하오 4시까지 벌였던 이날 싸움으로 동 학농민군의 시체는 매곡을 가득 메웠다.

『전주부사』가 1차 자료가 아니기 때문에 당시 전투 상황을 소개한 이 같은 내용이 어느 정도 사실에 입각한 것인지는 정확하게 확인할 길이 없다. 따라서 전투 일자와 전투 장소의 정확성에 대해서는 의문의 여지가 있는 것이 사실이다. 그러나 제2차 완산 전투의 모습을 생생하게 증언해 주고 있다는 점에서 평가할 만하다. 한편, 5월 1일의 제2차 완산 전투에 대해『오하기문』은 "남문으로부터 적의 대부대가 몰려나오자 경군이 회선포를 쏘니 적은 위력에 눌려 도로 달아나고 죽은 자가 3백이나 됐다."고 간략히 기록하고 있다. 황현은 5월 2일에도 전투가 있었던 것으로 기록하고 있다. "2일 적이 서문을 열고 몰려나와 바로 용두龍頭의 진陣을 범하려 하였다. 경군이 또 포를 쏘아 계속해서 공격하자 적은 저항하지 못하고 달아났다. 포환에 죽은 자와 상한 자가 그 수를 헤아릴 수 없었다."라고 한 것이다. 이날 싸움에서 경군이 농민군의 깃발과 백포장을 빼앗고 죽은 자 중 남색 기를 든 어린 아이도 있었다고『오하기문』은 기록하고 있다.

농민군과 경군 간의 사활을 건 대접전은 5월 3일에 이루어졌다. 이것이 바로 제3차 완산 전투이다. 농민군은 이날 상오 10시 무렵에 서문과 북문으로 진출해 사마교司馬橋, 지금의 다가교 자리와 부근 하류를 건너 유연대를 공격했다. 농민군의 위세에 눌린 유연대 주둔 경군은 남쪽으로 도주했고 이를 추격한 농민군은 일거에 다가산을 점령한 뒤 경군의 본영이 있던 완산으로 육박해 들어갔다. 이날 농민군의 모습에 대해 황현은 "선봉 이복용이 큰 기를 세우고 유연대로부터 황학대를 지나서 바로 완산으로 나와 죽 늘어선다. 그러나 적들은 다만 좌우만 보고 앞뒤는 보지 못하기 때문에 앞에 가는 자가 자빠져도 뒤에 가는 자는 알지 못했다. 다만 용맹만 믿고 허위적거리며 오르는데 그 날램이 몹시 날카롭다."고 그려 놓고 있다.

두 차례 전투에서 승리하지 못해 설욕을 노리던 농민군은 이날 전투에서도 성과를 올리지 못하고 전주성으로 다시 후퇴했다. 이날 전투에서 농민군은 전봉준이 왼쪽 허벅지에 총상을 입었고 동장사童壯士, 소년장수 이복용李福用, 당시 14세과 용장勇將 김순명金順明을 잃었다. 『오하기문』은 이날 싸움에서 2백여 명의 농민군의 머리가 잘렸다고 기록하고 있고, 홍계훈은 5백여 명의 농민군을 살해했다고 조정에 보고했다. 그 외 대장기와 총검 5백여 자루를 빼앗았으며, 농민군의 반은 도망하였고, 나머지는 중상을 입은 자들로서 성에서 나오지도 못한다고 홍계훈은 그 전과를 자랑했다. 이 같은 보고에 대해 홍계훈의 경군을 지원 감독하기 위해 전주에 파견되어 온 순변사 이원회李元會는 홍계훈이 섬멸했다고 하는 농민군은 모두 피난한 백성들이라고 정부에 보고했다. 홍계훈이 올린 전과가 상당 부분 과장되었을 가능성을 시사하는 내용이라고 할 수 있다.

그러나, 홍계훈이 보고한 전과가 과장되었다고 하더라도 어쨌든 이날 전투에서 농민군의 손실은 경군보다 컸으며, 상당한 타격을 받았던 것으로 보인다. 3일 전투를 끝으로 농민군이 8일 전주성을 완전히 빠져나갈 때까지 양군 간에 더 이상의 전투가 벌어지지 않았다는 것은 농민군 측의 기서가 5월 3일 전투에서 한풀 꺾였음을 시사한다.

이상 세 차례에 걸친 완산 전투 결과에 대한 평가는 관변 기록과 오지영의 『동학사』 기록이 서로 엇갈린다. 오지영은 "여러 날을 두고 싸우던 증 동학군 1대가 금구 원평으로부터 청도원 고개를 넘어 완산칠봉 서남 방면으로 들어오고, 또 1대가 순창에서 임실 등지를 거쳐 완산의 동남방을 에워싸는 바람에 관병은 이에 사면에서 적을 맞아 매우 곤란하게 되었으며 식량 보급도로가 끊겨 어쩔 수 없는 지경에 들어섰다."[9]고 기록하고 있다. 관변 측 기록은 이와 달리 농민군을 압도한 것으로 나타난다. 홍계훈은 5월 3일 전투 이후 퇴각한 농민군이 자중지란에 빠지고 성을 굳게 지키며 총도 쓰지 못하고 전봉준이 죽었다고 연일 선전하며 살기를 애걸했다고 보고했다.

농민군의 동향에 관한 홍계훈의 이 같은 보고가 상당 부분 과장되었지만 3일 대접전 이후 농민군 진영이 크게 흐트러졌음은 분명하다. 농민군 중에 도망자가 속출했고, 일부에서는 전봉준을 잡아 홍계훈에게 바치고 목숨을 빌어 보자는 논의가 이루어지는 등 동요를 보였다는 사실이 그것이다. 그리하여 농민군은 전주성 점령 10일 만인 5월 7일의 전주 화약을 계기로 결국 경군에게 성을 내주기에 이른다. 여기서 농민군의 전주성 퇴각이 관군과의 협약에 따라 이루어진 자발적으로 해산한 것인지, 아니면 완산 전투 패배에 따라 더 이상 저항할 수 없어 부득이하게 해산한 것인지에 대해 해석이 엇갈리고 있다. 이 문제는 그동안 기정사실로 받아들여졌던 전주 화약 성립에 대해 재검토하려는 움직임이 새롭게 대두되면서 전주 화약 성립 유무와 관련돼 학계가 풀어야 할 과제로 남아 있다. 자의에 의한 퇴각이든, 강제 해산이든 전주성을 경군에 넘겨줌으로써 농민군의 전주성 점령은 '10일 천하'로 끝났다. 또한 세 차례의 완산 전투를 모두 이기지 못함으로써 농민군의 사기도 크게 꺾였다. 그리하여 완산 전투와 그 이후에 이어진 전주 화약으로 농민군의 '경사직향'京師直向의 꿈도 후일로 미루어야만 했다.

4. 전주 화약의 성립

보국안민輔國安民과 제폭구민除暴救民을 천명하며 전라도 무장에서 기포起包한 지 한 달여, 파죽지세로 전라도 서남부 지역을 장악하며 물밀듯 지쳐 올라온 농민군이 마침내 전주성을 함락한 때는 4월 27일이었다. 그러나 황토재·황룡촌 전투의 눈부신 승리에 이어진 전주성 입성의 쾌거로 하늘을 찌를 듯하던 농민군의 전주성 수성守城은 꼭 10일 만에 끝나기에 이른다. 남쪽에서부터 농민군의 뒤를 쫓아온 홍계훈 부대와 벌인 접전에서 농민군은 지금까지의 싸움과는 달리 열세를 면치 못했고, 크고 작은 전투가 이어지면서 전열에 큰 타격을 입은 때문이었다. 전주성 입성 다음날인 4월 28일부터 5월 3일 사이에 치러졌던 전주성을 둘러싼 공방전, 즉 세 차례에 걸친 완산 전투에서 승리하지 못한 농민군은 마침내 5월 8일 전주성에서 자진 철수하여 해산하기에 이른다. 바로 이 '농민군 자진 철수'를 있게 한 바탕이 지금까지의 학계가 정리해 놓은 '전주 화약'이다.

동학농민혁명의 역사를 규명하고 평가하는 데 있어 전주 화약이 차지하는 의미는 중차대할 수밖에 없으며, 지금까지 전주 화약의 성립은 역사적 사실로서 학계와 연구자들 사이에서 별 무리 없이 수용되어 왔다. 농민군이 전주성에서 자진 철수하여 해산하기까지의 정황과 배경, 그리고 집강소 설치에 이어지는 과정을 이해하는 데 설득력이 있을 뿐 아니라 몇몇 자료를 통해 전주 화약의 근거가 제시되어 왔기 때문이다. 그러나 최근 들어 전주 화약의 실체 여부를 둘러싼 새로운 문제제기가 이루어지면서 학계의 쟁점으로 부각될 조짐을 보이고 있다. 물론 그 사이에도 몇몇 연구자들이 전주 화약의 성격을 규명하는 문제제기를 해왔지만 장영민 교수의 논문 「동학농민군의 '전주 화약'에 관한 재검토」1993년를 기점으로 전주 화약의 성립 및 그 유무에 대한 본격적인 논의가 이어질 것으로 보인다.

지금까지 학계에서 대체로 전주 화약을 인정해 온 까닭은 당시의 사회적 배경과 농민군·관군이 각각 처해 있던 입장 때문이었다. 물론 근래 들어서는 이들을 해석하는 시각에 따라 화약의 성격이 조금씩 달라지긴 하지만 대부분의 연구는 전주 화약의 성립을 역사적 사실로 인정하고 있다. 당시의 사회·정치적인 상황, 그에 따른 농민군과 경군의 입장을 살펴보면 어떤 형식으로든 전주성을 수성하는 농민군과 공성攻城하는 경군 사이에 일정한 약속이 이루어졌던 것으로 확인되고 있기 때문이다.

그러면 먼저 농민군과 경군이 어떤 상황에 놓여 있었는지를 살펴보기로 하자. 전주성 입성 이후의 농민군은 무장 기포 이후 승승장구, 승리의 쾌거로 이끌어왔던 전세와는 전혀 다른 상황을 맞이하고 있었다. 28일의 첫 전투에서부터 피해를 입은 농민군은 싸움을 걸기도 하고, 때로는 경군으로부터 선공을 당하기도 하면서 치러 낸 전투마다 전과보다는 피해를 거듭 입었다. 특히 두 차례의 전투에서 승리를 거두지 못함으로써 사기가 저하되어 있던 농민군이 또다시 크게 참패한 것은 5월 3일의 전투에서였다. 그간의 접전에서 경군의 신식 무기를 제압한 농민군이었지만 이미 대포로 무장한 경군의 위력을 이겨낼 재간이 없었다.

황룡촌 전투에서 승리를 가져온 독창적인 무기 '장태'도, 전략적으로 짜낸 진세도, 물불 가리지 않는 농민군의 용맹성도 경군의 근대식 무기와 전술 앞에서는 허사였다. 그리하여 농민군은 3일 전투에서 치명적인 피해를 입었다. 농민군의 선봉으로 '소년장수'로 일컬어졌던 이복용이 잡혀 죽었고 지휘자 김순명을 잃었다. 또 전봉준도 총상을 입었다. 이 외에도 대장기大將旗며 총과 창을 빼앗겼다. 경군 측으로는 대승이요, 농민군 측으로서는 참패였다.

그동안 전투마다 승리, 쾌거로 사기가 진작되어 있던 농민군에게 예상치 못한 전세가 펼쳐지자 농민군 내부에서는 예상보다 크게 동요했을 것이고 지도부 또한 이러한 분위기를 진정시키기 위한 전략이 필요했다. 게다가 농심農心을 천심天心으로 알고 살아 온 농민군으로서는 농번기가 닥치고 있는 상황에서 농사 짓는 일에 대한 마음 부침 또한 가볍게 넘겨 버릴 일이 아니었다. 따라서 이 같은 상황을 돌파할 방법이 절실히 요청되고 있었다.

한편, 두세 차례의 전투에서 승리함으로써 지금까지와는 사뭇 다른 우세의 전열로 '용기가 저절로 갑절이나 되었던' 경군 입장 역시 편하지만은 않았다. 홍계훈 휘하의 경군은 유리한 상황을 맞고 있어 농민군과의 싸움은 승산이 클 가능성을 갖고 있었다 할지라도 이미 황토현에서 농민군에게 크게 패한 이후부터 거론해 온 청나라에의 원병 요청이 구체화되면서 청병 출병과 그에 맞물린 일본군의 출병으로 정부는 외국 군대의 진주라는 대외적 위기를 맞고 있었기 때문이다. 청병 요청 이후 이에 대항해 출병을 강행하려는 일본을 막기 위해 정부는 원세개에게 청국군의 상륙을 중지시킬 것을 요구했으나 일본군은 이미 재빠르게 5월 6일 제물포를 통해 입경入京했고, 같은 날 청국군 또한 아산의 백석포白石浦에 상륙함으로써 조정은 곤경에 처할 수밖에 없게 됐다.

농민군의 위세를 외세에 의존해 쉽게 진압하려 했던 정부로서는 스스로의 계책에 옭아 매인 셈이어서 그 해결이 시급했다. 거기에다 전주성어서의 전투가 경군의 승리로 보고되자, 당초의 원병 빌미가 이미 없어진 상황에서 청·일 양국 군대의 출병은 빨리 들어 내야 하는 화약고와도 같은 것이었다. 따라서 정부로서는 어떻게든 빠른 시일에 전주성을 되찾아야 하는 상황에 놓여 있었다.

약세에 있던 농민군이나 우세에 있던 경군 모두 더 이상의 수성·공성의 입장을 견지하고 있을 수만은 없었던 것이다. 이런 상황에서 5월 8일 농민군들의 전주성 자진 철수 및 해산이 이루어졌고, 경군은 농민군에게 '물침표' 勿侵票 등을 주어 고향으로 무사 귀환시켰으며, 농민군은 자진 철수 및 해산을 조건으로 '폐정개혁안'을 제시하였다. 다시 말하면 해산 이전에 농민군과 경군 사이에 합의가 이루어진 것이다.

이상의 내용을 학계에서는 '전주 화약'으로 정리해 놓았다. 물론 주주 화약의 성격을 규명하는 데 보다 구체적인 내용은 서로 다른 차이를 보이고 있지만 대체로 전주 화약의 실체는 인정하고 있는 것이 학계의 입장이다. 그러나 지금까지 정리되어 온 화약의 내용과 그 대체적인 성격에는 약간의 무리가 있었던 것으로 보인다. 전주 화약을 과장되게 해석, 당시의 사회 상황을 고려치 않고 근대적인 인식 위에서 내용을 확대 정리해 놓았던 것이다. 기존의 '전주 화약'에 대한 전반적인 인식은 농민군이 일방적으로 우세한 입장에서 열세에 처해 있는 경군이 먼저 화의和議를 청하자 농민군의 폐정 개혁 요구를 받아들여 이루어졌다는, 이른바 농민군이 일방적인 승세를 차지하고 있었다는 해석 위에서 정리된 내용이다. 이 같은 해석의 근거는 역시 오지영의 『동학사』 기록이다. 『동학사』는 다음과 같이 기록하고 있다.[10]

이와 같이 여러 날을 두고 싸우던 중 홀연 바라보니 동학군 일대一隊는 금구 원평으로부터 청도원 고개를 넘어 완산칠봉 서남 방면으로 들어오고, 또 일 대는 순창에서 임실 등지를 거척 만마관萬馬關으로 들어와 완산의 동남방으 로 에워싸는 바람에 관병官兵은 어시호於是乎 사면수적四面受敵에 곤재핵심困 在核心이며 겸兼해 양도糧道가 끊어져서 어찌 할 수 없는 지경에 들어섰다. 홍 장洪將은 일변一邊으로 동학군진에 향하여 휴전休戰하기를 청請하고 일변으 로 정부에 보고하였다. 이때 정부에서는 의논議論을 거듭한 결과 관민이 서 로 싸우는 것보다 강화講和로써 하는 것이 옳다 하고….

그러나 이 내용은 이 외의 자료들에서 보이는 내용과 상당히 다르게 묘사 되어 있을 뿐 아니라 농민군이 참패했던 것으로 평가되는 전세마저도 왜곡 되게 기록, 『동학사』가 갖는 사료적 가치와 이로 인해 기존 학계의 연구에서 보이는 오류를 다시 한 번 보여 주고 있다.

이처럼 전주 화약 성격이 약간 과장된 내용으로 정리되어 왔던 것으로 보 이지만, 어찌 됐든 경군과 농민군 사이에 어떤 형식으로든 합의가 이루어졌 던 것만은 분명한 것 같다. 그것이 비록 절대 권력인 정부와 민권조차 가지 고 있지 못한 농민군 사이에 이루어진 것이라 할지라도, 또 잠정적이고 애 매한, 혹은 이중적인 속성을 지니고 있는 타협 수준의 것이라 할지라도 화 약의 실체는 분명 인정해야 될 것으로 보인다. 그것은 관변 자료에서조차 "…이에 초토사가 격문을 지어 성중으로 던지고 피고被告, 농민군들의 소원을 들어줄 터이니 속히 해산하라 효유하엿난대… 피고 등이 27개 조목을 내여 가지고 상주하기로 청하였더니 초토사가 즉시 승낙한고로….”[11]라고 하여 양측의 그러한 타협이 있었음을 시사하고 있기 때문이다.

현재 학계에서 화약의 성격이 논의되고 있고 명칭에 대한 여러 문제까지 제기되고 있지만 결국 그것은 당시의 상황을 규명하고 반영하는 위에 해석되어야 할 문제로 남아 있다. 왜냐하면 당시 어떤 명분으로 합의가 이루어졌든 간에 경군과 농민군이 그 합의를 각각의 입장에 따라 다르게 해석할 가능성은 얼마든지 있을 수 있으며, 각자의 명분 또한 분명하게 드러날 수 있기 때문이다. 중요한 것은 경군은 경군대로 이 화약을 주체적으로 해석하고 있는 반면, 농민군은 농민군대로 경군의 입장과는 무관하게 강력한 자기 체제 확립과 발전의 계기로 받아들이고 있다는 점을 주목할 필요가 있다. 이러한 주체적 해석은 동학농민혁명의 성격과 역사적 의의를 규명하는 데 중요한 부분인 집강소 설치에서도 무관하지 않은 바탕으로 작용한다. 바로 이런 점에서 전주 화약의 올바른 성격 규명은 중요한 문제로 부각되어 있다. 최근 학계에서 제기되기 시작한 전주 화약의 재검토에 대한 논의를 주의 깊게 받아들여야 하는 이유도 또한 여기에 있다.

동학농민혁명의 제1차 봉기는 전주 화약이 이루어지고 농민군들이 전주성에서 나와 해산하였으므로 일단 막을 내렸다. 비록 농민군이 당초의 목표대로 중앙으로 직향하여 중앙 권력을 변혁시키지는 못하였다고 할지라도 황룡촌 전투에서 경군을 격파하고 정부가 파견한 경군까지 곤경에 몰아넣어 폐정 개혁의 약속까지 받아냈다는 것은 어찌 됐든 농민군으로서는 눈부신 성과임에 틀림없었다. 바로 이런 점에서 전주 화약은 성공적인 쾌거로 평가되고 있는 제1차 동학농민혁명의 승리를 상징하는 의미를 갖고 있다.

그동안 학계에서는 전주성 해산에 앞서 농민군들이 폐정개혁안을 제시, 이에 대한 약속을 받아 냈고 나아가서는 농민군들의 집정기구인 집강소를 설치하는 등 전라도 일대를 석권할 수 있었던 상황을 배경으로 전주 화약의 실체를 대체로 수용해 왔다. 당시의 사회 정치적 상황, 전주성을 둘러싼 농민군과 경군의 입장, 이미 청국군 출병이 이루어진 상황에서 급박하게 진행됐던 일본군의 조선 출병 및 상륙 등으로 고조된 대내외적 분위기로 볼 때 전주 화약은 상당한 설득력을 충분히 갖고 있었고, 여러 가지 정황들이 이를 뒷받침해 주고 있었기 때문이다.

그러나 최근 들어 학계에서는 전주 화약이라는 구체적 사건을 둘러싼 실체의 인정 여부를 놓고 서로 다른 의견이 제기되고 있다. 전주 화약이 별 무리 없이 수용되어 왔던 동안에도 화약의 성격 규명에는 연구자들 사이에 서로 조금씩 다른 입장을 견지하고 있었지만 넓은 의미에서 전주 화약이 인정되어 왔던 것이 지금까지 학계의 분위기였다면, 최근 들어서는 화약의 성격에 관한 문제를 본격적으로 제기하는 주장까지 일고 있다. 전주 화약의 체결을 사실적으로 제시할 수 있는 자료가 미흡한데다가 당시의 여러 가지 상황들에 대한 해석이 연구자들의 시각에 따라 서로 다르게 평가할 수 있는 요소가 적잖게 존재하고 있기 때문이다.

전주 화약 성립을 별 무리 없이 받아들여 왔던 학계에서도 그것의 성격을 파악하는 데는 다양한 시각의 이설들이 제기되어 왔다. 기본적으로는 화약을 인정하면서도 농민군과 중앙 조정의 입장을 둘러싼 해석이 각각 다른 데서 오는 여러 가지 이설들은 제1차 동학농민혁명의 성과를 어떻게 평가하느냐는 문제와 직결되어 있다. 특히 집강소 설치와 마침내 제2차 동학농민혁명으로까지 이어지는, 다시 말하자면 동학농민혁명의 역사적 의의를 규명하는 바탕이 된다는 점에서 중요한 단서를 제공하고 있다. 화약의 실체는 인정하면서도 성격 규명에 있어 조금씩 차이를 보이고 있는 연구자들의 주장은 대체로 네 가지 유형으로 분류된다.

첫째, 농민군이 전력상 절대 우위를 차지하고 있는 입장에서 홍계훈이 이끄는 경군이 농민군을 이길 수 없게 되자 먼저 강화를 요청했다고 보는 해석이다. 이 주장은 오지영의 『동학사』 기록을 우선적인 근거로 한 것인데 이 기록에 의하면 전주 완산에 진을 치고 있던 관군이, 농민군 원병이 순창에서 임실 등지를 거쳐 전주의 동남방으로 에워싸며, 또 일대는 금구 원평으로부터 서남방으로 들어와 양도糧道가 끊어져 상황이 긴박해지자 휴전을 청하며 정부에 보고하여 강화하게 되었다는 것이다. 그러나 이 주장은 그 근거로 제시하고 있는 『동학사』 기록이 이 외의 자료들에서 보여 주는 전주성 싸움 실상과는 상당히 다르게 묘사되어 있어 일단은 재검토의 여지가 있다는 의문을 받고 있다. 특히 이미 농민군이 수 차례에 걸친 전주성 싸움에서 전열에 큰 손실을 입었다는 전반적인 평가를 바탕으로 할 때, 이에 대한 문제제기는 설득력이 있다고 받아들여지고 있는 분위기이다.

둘째, 신임 전라 감사 김학진이 사람을 보내 홍계훈의 경군과 전봉준의 농민군 간의 화해를 주선하여 전주 화약을 이루어 냈다고 보는 주장이다. 신용하 교수는 김문현의 후임으로 임명된 김학진이 고종과 만난 자리에서 나눈 대화를 바탕으로 "제1차 농민전쟁 봉기 직후의 고종의 민란에 대한 억압적인 태도는 경군의 황룡촌 전투 패전의 보고와 함께 사라지고 농민군을 회유하려는 태도가 분명하게 나타나며 전라관찰사 김학진에게 '화해'의 임무를 주고 있다."고 해석한 바 있다. 그러나 이 주장은 신임 감사가 고종으로부터 얻어 낸 권한이 어디까지 가능했느냐는 문제와 맞물려 있다. 김학진이 고종으로부터 얻어낸 권한은 지방관의 일상적인 권한 이상의 것으로 해석되기는 하지만, 감사의 권한으로 농민군과 경군을 화해시킬 수 있다는 의미로 해석되는 '폐정 개혁과 농민군의 선무宣撫에 대하여 가질 수 있는 상당한 재량권'은 아닌 것 같다는 문제제기가 바로 그것이다. 특히 화해라고 본다면 농민군이 경군을 압도하는 상황이거나 적어도 대등한 입장이어야 하는데 당시의 상황을 그렇게 보기에는 무리가 있다는 것이 문제를 제기하고 있는 연구자들의 주장이다.

셋째, 위의 화해설과는 달리 전봉준과 홍계훈 두 사람이 직접 접촉을 하여 전주 화약이 성립되었다는 해석이 있다. 전봉준이 폐정개혁안의 상계上啓와 그 실시를 조건으로 한 휴전 제의를 했고 이것을 정부가 수락함으로써 화약이 성립되었다고 보는 주장은 청일 양국군의 진입에 따라 우려되는 국제적 전쟁의 위기의식에 우선적 근거를 두고 있다. 정창렬 교수는 그의 논문에서 전봉준과 농민군의 입장을 설명하면서 "첫째, 청병의 농민군 진압을 크게 두려워하였다. 농민군은 전주 화약 후 5월 12일의 통문에서 '듣건대 청병은 3천 명뿐이라고 하는데 수만 명이라고 와전되었고 또 각국 군대가 길에 확 깔려 있다고 하기 때문에 우선 잠시 퇴병하였더랬다. 지금 들으니 그렇지 않아서 후회가 막급이다. 일이 이왕 이렇게 되었으니 청병이 퇴거하기를 기다려서 다시 의기를 들 것이다.' 라고 하였다. 수만 명의 청병이 왔다는 소식에 전력의 열세를 고려하여 휴전 화약케 되었음을 알 수 있다." 고 제시하고 있다. 또 이와 함께 당시 농사철이었던 점, 전봉준이 청일 양국 군대의 출병을 인한 국가적 위기를 막아 보고자 했었다는 사실, 농민군이 태조의 영정이 모셔진 경기전이 더 이상 파괴당하지 않게 하려고 했던 점, 그리고 전세상의 불리함 등을 그 이유로 들고 있다.

넷째, 화약을 어느 정도 인정하면서 또 다른 해석을 보이는 주장은 홍계훈의 「효유문」을 바탕으로 한, 이를테면 효유설曉諭說에 입각한 것이다.

> 어제 너희들이 고한 바는 꾸미고 거짓 아닌 바가 없으니 더 말할 필요가 없다. 너희들이 만약 무기를 가지고 문을 열어 군대를 맞이하면 당연히 앞의 방傍대로 행하여 각자 안업安業토록 할 것이니 수백 명의 생명을 반드시 죽일 리가 있겠는가. - 홍계훈의 「효유문」 중에서

전주 화약에 대해 문제제기를 했던 장영민 교수는 "전주 화약은 동학농민군과 관군경군이나 정부 관리 사이에 이루어진 강화나 화해의 결실이라고 보기 힘들다."고 주장하였다. "커다란 희생을 치르고 이제 막 승리를 거두려고 하던 정부가 그것을 포기하고 불명예스럽고 위험하기 짝이 없는 동학농민군과의 유대 강화, 화해, 휴전을 선택해야 하는 최악의 상황도 발생하

지 않았으며, 반면 농민군은 전주성 공방전에서 경군에게 압도당하여 무너
질 위기에 처하고 있었다. 이런 상황에서 전봉준이 택할 수 있는 여지는 거
의 없었다. 강화나 화해는 생각할 수도 없었고 결사 항전을 하든지 아니면
귀화하는 것뿐이었다. 여기에서 농민군은 귀화를 선택하였다."는 것이 장
교수의 주장이다.

　지금까지 전주 화약은 연구자들 사이에서 대체로 수용되어 왔다. 그것의
성격에 대한 해석이 연구자들마다 조금씩 차이가 있다 할지라도 제1차 동
학농민혁명 승리의 상징인 전주 화약은 동학농민혁명의 역사적 의의를 정
당하게 규명하는 중요한 바탕임에 분명하다. 바로 이런 점에서 최근 본격적
으로 논의되기 시작한 전주 화약의 재검토 작업은 이 분야 연구를 한 단계
진전시키는 계기로서 의미를 갖는다.

5. 폐정 개혁의 요구

　전봉준을 최고 지도자로 한 농민군이 추구하던 폐정 개혁은 동학농민혁
명의 전 과정에서 다각적으로, 그리고 꾸준히 강도를 높여 가며 제기되어
왔다. 폐정 개혁 요구는 멀리는 1892~3년의 공주·삼례·보은의 교조신원운
동 단계에서부터 싹트고 있었으며, 1894년 1월 10일의 고부 봉기, 3월 21일
의 무장 기포, 3월 25일경의 백산 결진, 4월 7일의 황토재 전투 및 4월 23일의
황룡촌 전투, 4월 27일의 전주성 점령에 이르기까지 농민군의 역량이 성숙
해짐에 따라 폐정 개혁의 의지도 보다 구체적이고 실질적인 것으로 발전되
어 갔다.

　특히, 농민군의 폐정 개혁 요구는 전주 화약 단계에 이르러 한 차례 정리
되었다가 이후 도소집강소 체제기를 거치면서 한 차원 높아진 내용으로 조목
화되어 나타난 것으로 보인다. 전주 화약 단계의 요구가 바로 전봉준의 사

형 판결문에서 발견되는 「폐정개혁안 27조목」이며, 도소 체제기의 요구가 바로 오지영의 『동학사』에서 나오는 「폐정개혁안 12개조」로 나타난 것이다.

농민군이 전주성을 물러나면서 초토사招討使 홍계훈으로부터 확약 받았다는 이른바 폐정개혁안의 내용은 현재 구체적인 조목은 전해지지 않고 있다. 이 때문에 전봉준이 개혁안을 문서 형태로 경군 측에 제출했을 것이냐 하는 의문마저 제기되고 있는 실정이다.*

어쨌든 전주성을 장악하고 있던 전봉준 등 농민군 지도부는 그들의 의지를 담은 폐정개혁안을 완산의 홍계훈 진영에 전달했음이 분명한 듯하다. 물론 양측이 둘러앉아 협약문을 작성하고 공동 서명하는 현대적 형태는 아니었을 것이다. 이는 전봉준의 증언에서 확인할 수 있다. 1895년 2월 21일 행해진 2차 심문再招에서 전봉준은 폐정개혁안을 구체화된 조목으로 홍계훈에게 제시했음을 진술하고 있다. 즉 전봉준은 "작년1894년 절목을 홍대장홍계훈에게 전했다 하는데 과연 그러한가."라는 질문에 "그렇다."고 대답했으며, 이어 "절목을 보낸 후 탐관을 제거한 징험이 있었는가."라고 묻자 그는 "특별한 징험이 없었다."고 답했다. 여기에서 절목節目이란 '탐관을 제거하라'는 내용의 폐정개혁안이었음에 이론의 여지가 없다. 『전봉준공초』가 폐정개혁안이 실제로 존재했음을 증명한다면 그 내용이 27개 조항으로 조목화 됐음을 뒷받침하는 자료가 바로 전봉준의 사형 판결문이다. 개국開國 오백사년1895년 3월 29일자 법무아문권설재판소法務衙門權設裁判所가 "피고 전봉준을 대전회통형전중大典會通刑典中의 군복기마작변관문자부득시참軍服騎馬作變官門者不得時斬이라 하난 율律을 조照한 이유로 사형에 처함"이라 선고한 판

---

* 동학농민혁명의 전개 과정을 복원함에 있어 여러 가지 가정과 추정이 따르며 실체적 진상들이 명확히 규명되지 않는 중요한 이유는 필자가 누차 지적한 바와 같이 주인공들이 남긴 기록이 별로 없다는 점이다.

결문에는 이런 대목이 있다.

> 관군보다 몬져 전주성에 드러가니 기시 전라 감사는 임이 도망하야 간 곳을
> 모르거날 기익일其翌日에 다더러 초토사 홍재희홍계훈가 군사를 다리고 성하
> 에 추도追到하여 성 밧하서 거포巨砲를 놋코 공격攻擊하기로 피고전봉즌가 기
> 후其後로 더부러 응전하여 자못 관군을 괴롭게 하니라. 이에 초토사가 격문
> 을 지어 성중으로 던지고 피고들의 소원을 드러줄 터이니 속히 해산하라 효
> 칙曉飭하엿난대 피고 등이 곳 중략 이십칠조목二十七條目을 내여 가지고 상주上
> 奏하기로 청하였더니 초토사가 즉시卽時 승낙承諾한 고로 피고는 동년同年오
> 일 초오·육일께 쾌히 그 무리를 해산하여 각기취업各己就業하게 하고….

위에 인용한 판결문 중 중략된 부분에 14개 조항의 폐정개혁안이 기록돼
있다. 판결문은 분명히 27개 조목의 개혁안을 홍계훈에게 요구했다고 전하
고 있으나 어찌된 이유에선지 14개 항만을 수록해 놓고 있다. 14개 조목의
내용은 다음과 같다.

1. 전운소轉運所를 혁파革罷할 것
2. 국결國結을 더하지 말 것
3. 보부상인들의 작폐作弊를 금할 것
4. 도내 환전還錢은 구舊감사가 거두어 갔으니 민간에 다시 징수하지 말 것
5. 대동미를 상납한 기간에 각 포구 잠상潛商, 외국상인과 그들의 수하인 매판상인들
   의 미곡 무역을 금할 것
6. 동포전洞布錢은 매호每戶 봄가을로 2냥兩씩 정할 것
7. 탐관오리들을 아울러 파면시켜 내쫓을 것
8. 위로 임금을 옹패하고 관작을 팔아 국권을 조롱하는 자들을 아울러 축출

할 것

9. 관장官長이 된 자는 해경該境 내에 입장入葬할 수 없으며 또 논을 거래하지
   말 것

10. 전세田稅는 전례에 따를 것

11. 연호煙戶 잡역을 줄여 없앨 것

12. 포구의 어염세漁鹽稅는 혁파할 것

13. 보세洑稅와 관답官畓은 시행하지 말 것

14. 각 고을에 원이 내려와 백성이 산지山地에 근표勤標하고 투장偸葬하지 말 것

이 같은 14개 조항 외에 증발해 버린 나머지 13개 조목의 내용은 무엇일까? 이를 복원하는 것은 전주성까지 내달려온 농민군이 실현하고자 했던 폐정 개혁의 목표를 밝히는 일이며, 1단계 동학농민혁명의 전체적 성격을 규정하는 작업이기도 하다.

폐정개혁안에 대해서는 그동안 비교적 많은 연구와 검토가 이루어져 왔다. 이 가운데 일부 연구자들은 폐정개혁안을 동학농민혁명의 전 과정에서 드러난 농민군들의 요구로 규정하고 있다. 즉 시기적 구분 없이 전주 화약에서 제시된 개혁안과 이후 집강소 시기에서 실질적으로 행해진 폐정 개혁을 혼재시키는 것이다. 그러나 최근 학계는 전봉준이 판결문에 적시된 27개 조의 폐정개혁안과 『동학사』에서 오지영이 언급한 12개 조목 간에는 그것이 제출된 시기와 내용상 엄연한 구분이 존재한다는 데 견해가 일치되고 있다. 즉, 27개조 개혁안→전주 화약→도소집강소 설치→12개조 개혁안이라는 시간적 순서 배열이 필요하며, 따라서 『동학사』에 나타난 12개조 폐정개혁안은 전주 화약에서 전봉준이 홍계훈에게 제시한 내용과 그 성격을 달리한다는 것이다.

우선 전주 화약의 조건으로 제시된 27조 폐정개혁안은 전봉준의 농민군

이 고부 농민봉기 이후 전주성 점령에 이르기까지 일관되게 주장해 온 제폭구민과 보국안민의 구체적 실천 방안이었다. 따라서 판결문에 전하지 않는 나머지 13개 조항도 이와 관련된 내용이었을 것임에 틀림없다. 농민군들은 기회 있을 때마다 격문橄文·통문通文·소지訴志·원정原情 등을 통해 폐정의 개혁을 주장했다. 27개 조항은 이러한 다발적 주장들을 한꺼번에 정리해 놓은 수준의 것으로 볼 수 있다. 따라서 전주성 점령에 이르기까지 농민군들이 각지에서 여러 형태로 제기한 개혁 요구들을 종합함으로써 행방불명된 13개 조항을 복원시킬 수 있다. 이러한 '13개 조항 복원'은 정창렬 교수에 의해 이루어졌다.[12] 그 내용은 다음과 같다.

15. 균전어사均田御史를 혁파할 것

16. 각읍 시정市井 각 물건에의 분전수세分錢收稅와 도고명색都賈名色을 혁파할 것

17. 백지白紙 징세와 사전私田 진결陣結을 거두지 말 것

18. 대원군을 국정에 간여토록 함으로써 민심을 바라는 바대로 할 것

19. 진고賑庫를 혁파할 것

20. 전보국電報局이 민간에 대해 폐해가 크니 혁파할 것

21. 각 읍 관아에 필요로 하는 물종物種은 시가時價에 따라 사서 쓰도록 할 것

22. 각 읍 아전 자리를 돈으로 임명하지 말고 쓸 만한 사람을 택할 것

23. 각 읍 이속들이 천금千金을 축냈으면 그 자를 처형하고 친족에게 징수치 말 것

24. 오래 된 사채를 관장이 끼고 억지로 거두는 것을 모두 금단할 것

25. 동학교도를 무고히 살육하는 일이 없도록 하며 동학과 관련돼 가두어진 이는 일일이 신원할 것

26. 경영병저리료미京營兵邸吏料米는 과거의 예에 따라 삭감할 것

27. 각국 상인들이 포구에서 장사하고 있으니 도성都城 시장에는 출입을 금
지시키고 아무 곳에서나 함부로 행상하는 일을 금하도록 할 것.

위 내용은 농민군이 법성포 이향法聖浦吏鄉에게 보낸 통문 중에 든 9개 조
항, 함평에서 초토사에게 보낸 '호남유생원정우초토사문' 湖南儒生原情于招討使
文 중의 8개 조항, 전주성에서 홍계훈에게 보냈던 소지訴志 중 폐정 개혁에 관
한 내용, 김윤식의 『속음청사』에 수록된 '전라도유생등원정우순변사이원
회' 全羅道儒生等原情于巡邊使李元會의 14개조와 '원정열록추도자' 原情列錄追到者의
24개조 등을 중복을 피하면서 통폐합하여 추려낸 것들이다.

이상, 전주 화약에서 제시된 27개 조항의 폐정개혁안은 당시 백성들이 체
험했던 각종 수탈 구조의 철폐를 골자로 하고 있다. 전정田政·군정軍政·환곡
還穀이라는 이른바 삼정三政의 문란을 통렬히 고발하며 이의 시정을 강력하
게 촉구했다. 27개 조항 중 절반에 가까운 13개 조항이 이와 관련된 시정 요
구이다. 이와 함께 '도고都賈 혁파'와 '분전수세의 철폐' 등 상인들의 생활에
관련되는 요구, 아전들의 불만, 동학에 대한 탄압 등을 고루 언급하고 있다.
이는 당시 농민군 대열에는 동학교도와 농민들은 물론 상인, 아전층까지 참
여했으며 전체적인 피지배 계층의 요구를 총체적으로 대변하고 있었음을
보여 주는 것이기도 하다. 이들은 탐관오리의 축출, 민씨 정권의 퇴진과 대
원군의 섭정을 요구했다. 이는 정치적 개혁을 의미하는 것이며 잡다하게 열
거한 모든 폐정을 개혁 가능토록 하는 요체이기도 했다.

폐정 개혁 27개 조항은 실천 가능성을 중시한 나머지 '위민제해' 爲民除害
에 집착한 한계를 지니고는 있으나 정치적 지향을 잊지 않았다는 점에서 농
민군의 성숙된 역량을 엿볼 수 있게 한다. 전봉준 등의 농민군 지도부는 이
러한 폐정 개혁 요구를 중앙 정부로부터 파견된 홍계훈에게 당당히 제출하
고 일단 승낙을 받아 냄으로써 명분 있게 전주성을 물러날 수 있었다. 이러

한 점에서 농민군은 전주 화약에 이르기까지 승리를 이어간 셈이다.

전주 화약 단계에서 제시됐던 것으로 잘못 알려져 온 『동학사』의 12개조 폐정개혁안은 전주 화약 이후 집강소 통치기의 폐정 개혁 내용을 종합적으로 나열한 것이다. 따라서 전주 화약 단계의 27조개 폐정개혁안과는 질적인 차이가 존재하며, 봉건 질서의 해체까지도 지향하는 내용을 담고 있다. 그 내용은 다음과 같다.

1. 도인道人과 정부政府 사이에는 숙혐宿嫌을 탕척蕩滌하고 서정庶政을 협력協力할 사事

2. 탐관오리貪官汚吏는 그 죄목罪目을 사득査得하여 일일엄징一日嚴懲할 사事

3. 횡포橫暴한 부호배富豪輩는 엄징할 사事

4. 불량不良한 유림儒林과 양반배兩班輩는 징습懲習할 사事

5. 노비문서奴婢文書는 소거燒袪할 사事

6. 칠반천인七班賤人의 대우待遇는 개선改善하고 백정白丁 두상頭上에 평양립平壤笠은 탈거할 사事

7. 청춘과부靑春寡婦는 개가改嫁를 허許할 사事

8. 무명잡세無名雜稅는 일병물시一幷勿施할 사事

9. 관리채용官吏採用은 지벌地閥을 타파打破하고 인재人才를 등용登用할 사事

10. 왜倭와 간통奸通하는 자者는 엄징嚴懲할 사事

11. 공사채公私債를 물론勿論하고 기왕己往의 것은 병물시幷勿施할 사事

12. 토지土地는 평균平均으로 분작分作케 할 사事

전주 화약 당시 초토사 홍계훈에게 제시된 27개의 폐정개혁안은 농민군이 봉기하게 됐던 이유와 거사의 목적이 담겨 있다. 즉 27개로 압축된 각종 폐정 때문에 농민군들이 봉기하였고, 그 폐정을 개혁하는 것이 이들의 궁극적 목표였던 것이다. 따라서 폐정 개혁의 요구는 전주 화약 당시 일정한 필요에 의해 27개 조목으로 정리됐을 뿐 사건의 전개 과정에서 산발적이긴 하나 일관되게 주장됐다고 할 수 있다. 동학농민혁명의 준비기 성격을 띠고 있는 삼례·보은 취회 등 교조신원운동 단계에서부터 추상적이며 원론적 수준이긴 하지만 폐정 개혁 요구가 있어 왔으며, 농민군의 봉기가 본격화하고 조직적인 힘을 발휘하면서 점차 구체적인 모습을 보이면서 내용 면에서도 사회·정치적 모순의 근원을 해결하려는 수준으로까지 발전해 나갔다. 농민군들의 폐정 개혁에 대한 요구가 전주 화약 당시에 제출되는 27개조로 정리되기까지의 과정을 삼례 취회 단계부터 통문通文 · 의송議送 · 격문檄文 · 창의문倡義文 · 소지訴志 등을 통해 분석해 본다.

1892년 11월 2일 전라도 삼례에 모인 동학교도 및 일반 민중들은 대선생大先生, 수운 최제우의 원한을 풀어 주도록 간청하는 「각도유생의송단자」各道儒生議送單子를 당시 전라 감사 이경직李耕稙에게 보낸다. 장문의 의송은 동학의 정당성을 누누이 설명하고 수운水雲의 억울한 죽음을 신원함으로써 포교의 자유를 공인해 달라는 내용이 주를 이뤘지만, 동시에 탐관오리의 토색과 외세의 창궐을 경고하는 문구도 포함되어 있었다.

> 열읍列邑의 수령들이 빗질하듯 잡아가두고, 재산을 토취討取하여 쓰러져 죽는 자가 끊이지 않으며, 더불어 호민豪民들마저 침학侵虐에 가담하니 도인道人; 동학교도들이 정처 없이 떠돌며 살길이 없다.

라고 호소하는 내용이 바로 그것이다. 이 내용은 물론 동학교도들에 대한 관리들의 탄압과 그들 빙자한 토색질을 고발하고 있으나, 한편으로 피지배층 민중들에게 가해지는 봉건적 억압과 착취 전반의 해소를 요구하는 것이기도 했다. 의송에는 또 "서양 오랑캐의 학學과 왜놈 우두머리의 독毒이 다시 외진外鎭에 들어앉아 날뛰며 제멋대로 행하고 있음"을 경고하는 대목도 담겨 있었다. 삼례역의 동학교도들이 전라 감사에게 보낸 두 번째 의송에는 좀 더 노골적인 요구가 있었다. "이서吏胥의 폭행을 금하고", "각 읍各邑에 공문을 발송하여 아전들이나 교활하고 간악한 향리들의 행패를 엄금토록 해달라."는 대목이 그것이다.

이러한 삼례 취회에 이어 1893년 3월 보은 장내리에서 시작된 보은 취회에서는 다소 진전된 형태의 개혁요구를 엿볼 수 있다. '척왜양창의'의 기치를 내건 보은 취회는 이미 정치적 성향을 보임과 동시에 반봉건에 대한 지향이 나타나고 있다. 보은 취회가 진행되는 도중 보은 관아 3개 성문 밖에 나붙었다는 '보은관아통고'報恩官衙通告에는 "우리 수만 명이 힘을 합쳐 죽기를 기약하고 왜양倭洋을 쓸어 내어 대의를 실현코자 한다."며 외세의 침탈에 직접 나서 싸울 결의를 밝히고 있다. 이는 '왜양이 날뜀'만을 경고한 삼례 취회에 비해 한 걸음 진전된 내용이라 할 만하다.

보은 취회에서는 또 봉건적 수탈 구조에 대한 개혁 요구 또한 좀 더 구체화하고 있다. 3월 23일 회집중민會集衆民은 보은 군수 이중익李重益과의 문답에서 "지금 백성이 구렁에 빠져 거의 죽음에 이른 것은 방백 수령이 탐학무도하고 세력 있는 토호의 무단이 한이 없어 도탄의 지경을 이루었기 때문"이라며 "지금 그것을 소청掃淸하지 못하면 언제 국태민안國泰民安할 수 있겠는가."라고 지적, 수탈이 동학교도뿐 아니라 일반 백성의 문제임을 명백히 하고 있다. 폐정 개혁에 대한 요구는 신원운동이라는 종교적 제한 속에서도 끊임없이 제기되고 있었음을 보여 주는 것이다.

고부 농민봉기가 발발하기 두어 달 전에 나온 사발통문 거사 계획에 포함된 4개항 속에는 차원이 달라진 폐정개혁안이 등장한다. 고부 군수 조병갑을 겨냥한 것이긴 하나 탐관오리의 대표적 사례인 조병갑을 참수하고 "그에게 아유阿諛하야 인민人民을 침어侵魚한 탐리貪吏를 격징"擊懲하겠다는 항목은 종전까지 폐정 개혁을 요구하던 수동적 입장에서 개혁을 직접 수행하겠다는 적극적 의지의 표출이다.

1894년 1월 10일의 고부 봉기 때도 말목장터를 중심으로 한 인근 마을들에 통문이 돌았던 것으로 전해지고 있으나,[13] 그 내용은 구체적으로 알려지지 않고 있다. 이때의 통문 역시 사발통문과 비슷한 정도의 폐정 개혁 실천 방안을 담고 있을 것으로 추정된다. 고부 봉기 즈음의 폐정개혁안은 신원운동 시기의 종교적 한계를 넘어섰다고는 하지만 고부군이라는 국지성을 벗어나지 못하고 있었다.

농민군의 개혁 의지가 본격적으로 나타나는 시기는 무장 기포 단계부터라 할 수 있다. 거사의 대의명분을 당당히 천명한 「무장포고문」은 폐정의 원인과 실태, 그로 인한 정치·사회·경제적 피폐상을 적나라하게 열거하고 있다. 창의문에서 지적된 폐정의 진단은 전주 화약 27개 개혁안이라는 처방과 맥을 통하고 있다. 창의문은 우선 "신하된 자들이 나라에 보답할 것은 생각지 않고 한갓 봉록과 지위만을 도둑질해 차지하고 임금의 총명을 가리우며 갖은 아첨과 아양을 부려 충성되게 간하는 선비를 가리켜 요망한 말이라 하고 정직한 사람을 비도匪徒라 하여 안으로는 나라를 돕는 인재가 없고 밖으로는 백성에게 사납게 구는 관리만이 많다."고 폐정의 핵심 원인을 갈파한 뒤 이로 인해 "사나운 정치가 날로 번짐"을 개탄해 마지 않았다. 즉, 중앙 정부로부터 '윗물 맑기'가 이뤄지지 않음으로써 "백성들이 집에 들어가서는 삶을 즐길 만한 생업이 없고 나가서는 몸뚱이를 보호할 방책이 없는" 상황에 처하게 됐다는 것이었다.

창의문은 또 "공경公卿 이하 방백·수령에 이르기까지 국가의 위태로움은 생각하지 않고 제 몸 살찌우고 제 집을 윤택하게 하는 데만 급급하여 사람을 쓰는 곳을 재물을 생기는 길로 여기고 과거 보는 곳을 돈 주고 바꾸는 저자로 만들고 있다."며 당시 벼슬아치들의 극에 달한 타락상을 고발하고 있다. 창의문에는 벼슬아치들의 무사안일과 보신주의, 매관매직, 백성에 대한 수탈 등의 폐정이 반복 강조돼 있다. 무장 기포 후 고부 관아를 재점령하고 3월 25일 백산에 모여 체제를 정비한 농민군은 「4대 명의」와 「격문」을 발표했는데 여기에도 폐정 개혁 요구는 빠지지 않고 이어진다.

'일본 오랑캐를 축멸', '서울로 군대를 몰고가 권귀權貴를 진멸' 盡滅, 4대 명의, '탐학한 관리의 머리를 베고 횡포한 강적의 무리를 구축' 驅逐, '방백과 수령의 밑에서 굴욕을 받는 소리小吏들은 우리와 같이 원한이 깊은 자' 격문 등의 내용들이 폐정 개혁과 관련을 보이고 있다. 백산 결진에서 비로소 일본의 진출을 명백히 배격했으며, 중앙 조정의 권귀까지 일소한다는 적극적 태도가 주목되고 있다. 다소 격한 내용의 격문 중에는 방백·수령의 탐학과 수탈이 소리小吏들에게도 미치고 있음을 암시, 이 부분에 대한 개혁의 필요성을 처음 제기해 놓고 있다.

조목화된 폐정개혁안이 처음으로 등장한 것은 농민군이 법성포 이향에 보낸 통문에서이다. 갑오년 4월 4일, 전봉준 부대가 부안에서 발송한 이 통문은 전운영이 백성에게 미치는 폐단, 균전관의 폐해, 각 시정市井의 분전수세分錢收稅, 각 포구 선주들의 늑탈, 외국 밀무역상들의 거래 행위, 소금의 시세, 도매상들의 폭리, 백지白紙 징세, 사전기진私田起陳,* 고리대의 발본 등 9개 조목의 폐정을 낱낱이 거론하고 있다. 이 9개 폐정 개혁이 동학농민혁명의 목적임을 분명하고도 구체적으로 천명한 것이다. 이 통문은 또한 폐정 개혁의 내용이 전라도 지방, 나아가 전국적 차원으로 승화·확대됐음을 보여 주고 있다.

---

* 私田起陳이란, 나라의 세금을 피하기 위해 私田을 陳田(황무지)으로 속이는 일을 말한다. 이 私田起陳을 松田起陳이라고 표기하는 경우도 있는데, 이는 사료를 오독한 데서 오는 잘못이다.

4월 16일 함평현을 접수하면서 전봉준의 농민군은 "탐관오리를 징계하고 한편으로 읍폐민막을 교정함으로써 보국안민하기 위하여 각 읍을 두루 다니면서 이 고을에 들어오게 됐다."고 선언한다. 읍폐민막의 교정, 즉 폐정 개혁이 봉기의 목적임을 재삼 강조했던 것이다. 이곳에서 전봉준은 4월 18일에 나주 공형羅州公兄에게 통문을 보냈는데 여기에도 법성포 이향에게 통고한 9개 조목과 유사한 폐정 내용이 담겨 있다.

그러나 이 가운데 '문우천폐 봉국태공감국'聞于天陛 奉國太公監國이라 하여, '국태공', 즉 대원군의 섭정 희망을 밝히는 대목이 있다. 이는 조선 왕조 정치 권력 구조에 대해 언급한 최초의 문건이다. 다만 농민군이 4월 7일 황토재 전투에서 승리한 각 읍 각 리에 내붙였다는 격문이 '임금의 존엄까지 건드리는 내용' 을 담고 있었다 하여 이미 이때 대원군의 섭정 희망을 밝혔을 것을 추측하기도 하나 이를 입증할 기록은 아직 발견되지 않고 있다. 전봉준은 4월 19일께 경군을 이끌고 내려온 초토사 홍계훈에게 「호남유생원정우초토사문」湖南儒生原情于招討使文이라는 정문呈文을 보낸다. 이 정문에서는 또다시 조목화한 폐정 등이 제시된다. 즉,

1) 군전軍錢을 아무 때나 함부로 늘어놓고

2) 환전還錢을 모두 갚도록 독촉하고

3) 조세租稅를 명목 없이 더 받아 내고

4) 여러 가지 항목의 연역煙役을 날마다 징발하고

5) 인척에게 세금을 분배하여 마구 받아 내고

6) 전운영이 가혹하게 토색하며

7) 균전관이 결수結數를 농간하여 세금을 징수하고

8) 각 사司의 교예校隷들이 토색질 등을 하나하나 참을 수 없다

라며 9개 조목과는 약간 다른 내용을 보여 주고 있다. 그러나 전체적인 폐정의 성격은 유사하며 특히 '국태공國太公의 감국監國을 받들고' 라는 대원군 섭정 요구가 다시 등장하고 있다.

전주성을 점령하고 완산 일대에 진을 친 홍계훈의 경군과 대치하던 5월 4일 전봉준은 '제중생등의소' 명의의 소지訴志를 홍계훈에게 제출한다. 이 소지문에서 농민군은 "탐관오리가 아무리 학정虐政질을 해도 정부가 못 들은 척 내버려 두어 백성들만 생명을 보전키 어려운데 탐관오리를 낱낱이 없애버리자는 것이 무슨 죄가 되느냐."며 폐정 개혁의 불가피성을 다시 촉구했으며, 대원군을 받들어 국정을 맡게 하자는 주장을 다시 내세우고 있다. 5월 4일자 소지는 전주 화약 직전의 것으로 폐정개혁안 27조목은, 현재는 전하지 않으나 이보다 앞선 1차 소지에 포함됐을 것으로 추정하고 있다. 4일자 소지에서 전봉준은 "알아차려 속죄하는 길은 오직 합하閤下가 선처하여 임금에게 상계上啓함에 있다."고 했고 홍계훈은 이에 대해 "열읍列邑의 읍폐민막에서 조사할 것은 조사하고 고쳐야 할 것은 고칠 것이거늘 지금 적어 낸 여러 조항은 혼잡하여 조리가 없다."고 했던 것이다. 즉 홍계훈은 '혼잡하여 조리가 없다' 고 한 여러 조항은 전봉준이 5월 4일 이전에 보낸 27개 조목의 폐정개혁안이라는 해석이 정설이다.[14]

어쨌든 농민군이 전주 화약의 조건으로 제시한 폐정 개혁 27조목은 '탐관오리의 제거' 가 핵심이었다. 탐관오리들에 의한 가렴주구는 고부 봉기의 직접적인 도화선이기도 했으며 신원운동 단계에서부터 빠짐없이 지적됐던 고질적인 적폐였다. 그리하여 농민봉기의 시작 단계부터 전주 화약에 이르기까지 제기된 조선왕조의 정치·경제적 모순은 일단 27개 조목으로 정리됐으나 이 시점에서의 요구는 봉건질서의 해체, 즉 왕조의 교체까지 언급하는 수준은 아니었다.

6. 결언 : 전주성 점령의 역사적 의미

이상으로, 전봉준이 이끄는 농민군 주력 부대의 전주성 점령 과정, 점령 이후 경군과 세 차례 걸쳐 벌인 완산 전투의 경과, 전주 화약의 성립과 그 실체 유무, 전주 화약의 조건으로 농민군 측이 양호초토사 홍계훈에게 제시했던 폐정개혁안의 성립 과정 및 그 구체적 내용에 대해 검토하였다. 위에서 살펴본 바와 같이, 농민군의 전주성 점령 기간은 4월 27일에서 5월 7일까지만 10일 정도의 짧은 기간에 지나지 않는다. 그러나 그 기간은 비록 짧았지만 농민군의 전주성 점령은 동학농민혁명 전 과정을 좌우할 만큼 중차대한 의미를 지닌 '역사적 대사건'이었다. 그 역사적 의의를 몇 가지로 정리하면 다음과 같다.

첫째, 1년 이상에 걸쳐 전개된 동학농민혁명 전 과정에서 농민군 측이 거둔 승리 가운데 가장 빛나는 승리였다. 즉 농민군 측에게 있어 최고의 승리, 최대의 승리라는 의미를 지닌다.

둘째, 중앙 조정에서 파견된 최정예 부대인 경군과 맞서 세 차례에 걸친 전투를 통해 농민군 측의 역량과 위세를 한껏 과시하였다. 지금까지의 연구에서는 홍계훈이 남긴 두 자료양호전기, 양호초토등록에만 의존하여 경군 측이 일방적으로 승리한 것으로 알려져 왔다. 그러나 1백주년을 전후하여 새로 발굴된 자료들에 따르면, 홍계훈의 전과 보고는 상당 부분이 허위 또는 과장된 것으로 확인되었다. 따라서 필자는 농민군은 세 차례 전투에서 승리를 거두지 못했지만 그렇다고 일방적으로 패배한 것은 아니었다고 본다. 굳이 표현하자면 무기나 전술의 열세에도 불구하고 거의 대등할 정도의 전투를 벌였다고 본다.

셋째, 세 차례에 걸친 대전투를 통해 나타난 농민군의 역량은 청일 양국군의 출병을 저지하려는 중앙 조정, 그 같은 중앙 조정의 입장을 이해하고

있던 초토사 홍계훈에게 농민군 측과 화의和議를 모색하게 함으로써 전주
화약을 탄생시켰다. 전주 화약은 한마디로 외세의 위협 앞에 농민군고 경군
이 '민족대단결'을 과시했던 역사적 대화해를 상징하는 사건이라 평가해도
지나치지 않을 것이다.

넷째, 전주성을 점령한 농민군은 전주 화약 성립 과정에서 전주성을 자진
철수하는 조건으로 초토사 홍계훈에게 27개조에 이르는 폐정개혁안을 제
시하고 그 구체적 실천을 요구함으로써 농민군이 꿈꿨던 새 세상에 대한 개
혁 청사진을 선명하게 제시하였다. 이 폐정개혁안은 정치 개혁, 사회 개혁,
경제 개혁에 이르는 광범위한 개혁을 포함하고 있을 뿐만 아니라, 반외세
자주국가 건설, 동학에 대한 공인을 중심으로 한 종교의 자유 보장까지를
망라함으로써 개화파가 주도한 갑오개혁에 심대한 영향을 끼친 것으로 평
가받고 있다.

다섯째, 농민군의 전주성 점령은 전주 화약 이후 전라도 각 군현어 농민
군의 자치기구인 도소執綱所를 자율적으로 설치할 수 있는 기반을 확립하는
계기가 되었다. 전주 화약 이후, 농민군이 전라도 각 군현에 설치했던 도소
는 우리나라 근대적 지방자치 제도의 시원으로 평가받고 있는 바, 농딘군의
자치기구인 도소 체제는 바로 전주성 점령을 계기로 이루어졌던 것이다.

〈부록 자료-1〉

내란 지방의 실황

- 『미야코신문』都新聞, 메이지明治 27¹⁸⁹⁴년 7월 14일, 1면

아래 1편은 재조선在朝鮮 인천 제국영사관帝國領事館에서 전라도 지방의 소란^{제1차 동학농민혁명} 실황 조사를 위해 파견한 동 영사관 소속 순사 나리스케 노부시로成相喜四郎의 복명서復命書로 당지 특파원으로부터 보내온 그대로 여기에 전문을 게재한다.

메이지 27¹⁸⁹⁴년 6월 3일^{음 4월 30일} 오후 5시 가와바타川幡 순사, 다카시마高島 유학생과 함께 경성을 출발하여 동월 6일^{음 5월 3일} 공주에 도착하였다. 그 사이 오는 도중에 별다른 일은 없었으며, 다만 청국淸國 순사 3명이 공주로 향하는 것을 만났을 뿐이다. 또한 평양병平壤兵은 동월 2일 경성을 출발하여 자기들 일행의 도착 일시를 공주로 보내 공주에 들어가는 것을 허락받고 청국 섭통령聶士成의 고시문告示文을 내리니, 그 내용은 청병淸兵이 오게 된 연유를 밝힌 동시에 항복하는 자는 용서하고 저항하는 자는 모조리 죽여 용서하지 않겠다는 뜻이었다.

공주의 모양은 민요民擾, 제1차 동학농민혁명 때문에 일어난 소란도 없었고, 사람들도 두려워하는 생각이 없어 마치 무관심한 듯한 모양이면서도 때마침 동지同地 약회시藥會市가 열리는 시기를 당해서는 민요 때문에 방해를 받아 장場이 서지 못하기에 이르러 동지 상인 등이 곤란을 겪고 있었다.

7일^{음 5월 4일}이 되자 6월 6일^{음력 5월 3일}의 대전투大戰鬪, 동학농민군과 京軍 간에 벌어진 제3차 완산 전투를 가리킴에서 난민의 거괴巨魁, 전봉준을 가리킴를 죽였다는 소문이 전해졌다.

8일음 5월 5일 경성 주재 청국이사淸國 理事 당소의唐紹儀가 30여 명의 순사 같은 자들을 이끌고 공주에 도착하였다. 당시 청병이 대거 올 것이라는 소문이 돌았는데 그러나 당 이사는 즉각 돌아갔고 함께 온 순사 같은 자들은 남아 있다. 동일同日 평양병이 공주를 떠나 삼례로 향했다. 떡 50여 상자를 휴대했다. 공주 시내 및 부근 숙역宿驛 각 곳에 게시가 붙었다섭 제독의 게시. 또 공주 감영 문전에도 고시가 붙었다.

12일음 5월 9일 전주 회복, 동일 초토사양호초토사 홍계훈 전주성 입성, 그 다음날 감사신임 감사 김학진 입성.

13일음 5월 10일 전보국電報局을 삼례參禮로 옮긴다고 하여 공주를 출발, 동지同地, 삼례로 향했다. 도중 황산黃山, 지금의 충청남도 연산에 들렀는데 일본인 16명이 머물러 있었다. 그들은 일시적으로 상업을 쉬고 있을 뿐 별다른 피해는 없는 듯했다. 한때는 인천으로 철수하려는 준비를 했으나 점차 동도東徒, 동학농민군의 세력이 쇠퇴함에 따라 계속해서 머물 것이라고 하며 재류자在留者의 명단은 별지와 같다.

16일음 5월 13일 삼례 도착. 그런데 전보국을 전주로 옮긴다고 하므로 즉시 전주로 향하여 동일 전주에 도착했다. 일행이 전주에 도착했을 때는 소란이 이미 진정된 뒤로 주민 등은 이미 돌아와 안도하고 있었으며 달리 재연할 분위기도 없어서 무사했다. 전주에서 병화兵禍를 입은 것은 서문西門 밖 천삼백 호, 문 안 삼사십 호. 전주성 회복 때 도망하여 흩어진 적도賊徒, 동학농민군 등은 태인으로 모였는데 당장 생활할 방도가 없기 때문에 재연再燃할 것이라는 소문은 있으나 전주에서 관리가 출장하여 설유한다면 그들도 진정할 것이라고 한다. 전주 회복과 동시에 적도는 완전히 해산한 듯하다. 전주에서 감사에게 물으니 청병은 오지 않았다고 한다. 평양병 및 순변사巡邊使는 삼례에 머물며 전주에 들어오지 않았다.

20일음 5월 17일 전주 이재민에게 1문전文錢 씩 1만 냥을 국왕이 하사하였다.

순변사이원회는 21일 군창群倉, 지금의 群山港에서 배로 귀로에 올랐다.

22일음 5월 19일 초토사홍계훈는 경군을 이끌고 육로로 전주를 출발했다. 전주에는 강화병江華兵과 청주병淸州兵이 남아 있다.

23일음력 5월 20일 귀경하라는 내용의 전보를 받았기 때문에 24일 전주 출발, 동일 황화대에서 오기와라荻原=荻原秀次郞, 1893년부터 1894년에 걸쳐 경성의 일본영사관 소속 경찰로 근무했던 인물 경부警部 일행을 만났다.

25일음 5월 22일 오기와라 경부 일행과 작별하고 귀로에 올랐다. 황화정을 출발할 때 청병 18명과 만났는데 전주로 간다고 하였다. 동일 12시 비정천比定川에서 청국인 12명을 만났는데 풍채가 병정 같았으며 앞의 청병과 마찬가지로 전주로 향했다. 이날 공주에 도착하였다. 공주에서 들으니 일행이 전주를 향해 출발한 뒤 청병 40명 정도가 공주로 왔는데 곧바로 아산을 향해 떠났다고 한다.

26일음 5월 23일 공주를 출발했다. 동일 초토사도 동지를 출발했다. 이날 12시 육군사관일본군을 만나 아산에 청병 3천 명이 주둔했다는 소식을 들었다.

27일음 5월 24일 청국인 4명병기를 휴대이 총기 들어 있는 상자 두개를 말에 신고 공주로 향하고 있는 것을 보았다. 우리들이 전주를 출발했을 때는 동지同地의 상업은 아직 완전히 회복되지 않은 모습이었으나, 공주에 도착해 보니 평소와 다름이 없었다. 그렇지만 약회시藥會市에 약재를 내는 상인이 없기 때문에 곤란을 겪고 있었다. 전주 부근 및 오는 도중의 농사는 민요로 인한 피해 모습이 별로 없어 모내기도 이미 끝냈으며, 농민들은제1차 동학농민혁명의 경과가 잘 수습된 것을 기뻐하고 있었다. 또 들은 바에 의하면 각 지방 모두 민요 때문에 농사를 못 짓는 곳은 없는 것 같다.

28일음 5월 25일 경성에 도착했다. 귀로歸路에 특별히 이상한 일을 견문한 바 없었다. 출장 중 관군 및 적군동학농민군의 진퇴 동정에 대하여 들은 내용의 요지를 이하에 약기한다.

동학당 진정 후의 조선

- 『풍속화보』 제78호, 10-12쪽, 東京, 東陽堂, 1894년 9월 25일

동학당의 민란 진정 후의 조선국 내정은 여하如何 금일 우리 오기와라荻原 경부警部가 전라도 지방을 순찰한 복명서復命書를 보면, 난 후의 실황을 추찰 推察하기에 충분할 것이다. 그 복명서는 아래와 같다.

민란 지방 시찰복명서*

전라도 전주 지방 민요지 실황 시찰을 위해 6월 21일음 5월 18일 경성을 출발, 동同 지방으로 향했으며, 전주에는 6월 25일음 5월 22일을 기해 도착하기에 이르렀다.

이때는 일단 동도東徒; 동학농민군의 소유로 들어갔던 전주성도 관병官兵; 양호 초토사 홍계훈이 지휘하던 京軍이 회복한 지 20여 일10여 일의 착오, 양호초토사 홍계훈의 경군 은 양력 6월 12일에 전주성에 입성하였다.을 경과하여, 초토사도 서울로 돌아간 뒤초토사 홍계훈은 6월 22일 경군을 이끌고 육로로 전주를 출발하였다.였으며, 서울 출발 후 여행자의 이야기를 통해 왕왕 전주의 참상을 들었는데 그 현장을 시찰함을 당하니 더 한층의 느낌이 일어났다.

---

* 오기와라 경부의 「민란 지방 시찰복명서」(民亂地方 視察復命書)는 1894년 양력 7월 9일자 로 주한일본공사관(駐韓日本公使館)에 제출 보고(『주한일본공사관기록』제1권, 411~413 쪽; 한글판 1권, 110-114쪽 참조)된 이래, 『미야코신문』(都新聞) 메이지 27(1894)년 8월 2일 자 1면에도 보도되었으며, 메이지 27년 9월 25일에 일본 동경 동양당(東陽堂)에서 발행한 『풍속화보』(風俗畵報) 제78호에도 실렸다.

전주는 시골에서도 드문 번화한 곳으로서 그 호수戶數가 7~8천 호 정도인 것으로 생각되며, 재산가大地主를 지칭한다가 다수 있는 이 전라도 지방에서도 유명한 곳이지만, 지금은 그 분위기를 달리하여 서대문西大門; 전주성의 西門을 지칭 바깥 등은 병화兵禍를 입어 재산은 까마귀의 소유로 돌아갔고, 처자식들은 흩어져 각자 불타고 남은 자리에 맥없이 우두커니 서서 수심에 잠긴 채 뒷일을 계획하고 있는 모습은 실로 불쌍하다고 할 수밖에 없을 것 같다.

들으니 초토사는 관병을 지휘하여 전주에 있으면서 상당한 정도의 비상 수단을 쓰지 않을 수 없는 결의를 했다고 한다. 즉, 초토剿討의 사실을 행하고자 한 것이 틀림없다고 하는데, 그런데 한때 극심하게 창궐했던 동도東徒=농민군 또는 평소 지방관의 학정에 시달리고 있던 불평당은 언젠가는 관리들을 내쫓으려고 생각하고 있어서 맨손으로라도 잡아 죽이려는 기세로 마침내 관병과 일전 승부를 내려고 하고 있었다. 관병도 만승萬勝을 기하기 어려워 거포巨砲를 쏘며 양민의 재산을 훼손하지 않을 수 없는 계책으로 나왔다고 한다.

당시에 혹은 1만 관문貫文; 돈의 단위을 지출하여 30리 이내의 재목을 자유롭게 얻어 구조 방법을 실시하려 하고 있다는 소문도 있었으나, 이미 20여 일을 지난 지금을 당해서도 아직 이재민 가운데 단 한 사람도 재건축 등에 착수하지 못하고 있었으며, 전주에 모였던 동도는 만 명을 헤아린다고 하지만, 실제 전사자는 2~3백 명에 지나지 않으며, 기타 도주한 자가 6~7백명이라는 것이 사실이라면 도합 천 명 정도 된다고 생각된다오기와라의 이 같은 추산은 전주성에 모였던 농민군의 규모를 매우 과소평가한 것이다.

전주에서 감사 김학진을 만나 선후책을 물으니, 동 씨는 목하 그들이재민을 구조할 방도가 없어서 단지 각자가 자기 직분에 충실하도록 하라는 뜻을 전달했을 뿐이라고 냉담하게 말해 버리고, 굳이 부민을 보호해야 할 점에 대해서는 걱정 없다는 듯이 말했다.

26일음 5월 23일에는 전주에 체재하였는데 그곳으로부터 태인으로 향하려고 행선지의 형편을 물어보니, 풍설에 의하면 최근 동도의 무리가 각지에 둔집하여 재산 등의 강탈을 하고 있으며이것은 전주 화약 이후 각 고을로 돌아간 농민군이 집강소 체제 아래 폐정 개혁 활동의 일환으로 부민의 재산 등을 몰수하는 행위를 지칭하는 것으로 판단된다, 태인에서는 그들농민군에게 살해당한 자도 있다고 하며, 청나라 사람 4명은 그들을 보고 서둘러 돌아갔다고 하면서 대단히 위험하므로 피하라는 주의를 받았으므로, 우리들은 그들의 실제모습를 목격하기를 바란다면 너일은 틀림없이 출발해야 할 것이라고 하고 되돌아왔다.

다음 날6월 27일=음 5월 24일 아침, 출발 준비에 착수했으나 타고 갈 말을 구할 수 없었다. 그 이유는 우리들과 동시에 20명의 청병淸兵이 전주에 들어와 기르던 모든 말을 전부 인수했기 때문으로 짐작되었다. 어떻게 할 방도가 없어서 가마꾼을 고용하여 27일 전주를 출발, 동일 태인에 도착하여 곧바로 부사현감의 오기를 만나 목하 동도의 상황 등을 물으니, 당지에서는 지금 어떠한 이상도 없으며 장성長城 및 고부古阜에서는 수백 명씩 무리를 지어 갇도와 같은 행동을 하고 있다고 하였으나 확실하다고 할 만한 소식은 없었다. 이곳 태인은 일단 동도가 점령한 곳이 되어 그 피해가 얼마나 클까 하고 생각하겠지만 민가 및 관청 등이 하나도 파손된 곳이 없었으며, 또한 동도가 통과할 때를 당해 그들은 하등의 폭행을 행한 사실이 없었기 때문에 그들에게서 손해를 입지 않았다고 한다.

그 다음 날6월 28일=음 5월 25일은 태인에서 장성으로 향하려고 했는데, 앞에서도 전주에서는 태인 지방은 위험하다는 이야기가 있었으나 일체 그런 사실을 인정할 수 없었기 때문에 장성으로 향하는 것도 또한 그와 같을 것으로 생각하여 길을 바꿔 고부로 향한 것은 28일이었다. 고부는 금번 민요民擾; 1894년 1월 10일의 고부 농민봉기 및 3월 21일의 무장 기포에 가장 관계가 있는 땅이므로 다소 흥미로운 사실을 발견할 수 있을 것이라고 생각하여 출발 전부터 좋아했

다. 태인에서 고부로 향하는 도중에는 산중에서 6~7명의 수상한 자들과 만
난 것과 불타 버린 민가 6~7채를 본 것뿐이었다. 불탄 민가는 촌민이 관부官
府=관가의 각부脚夫; 심부름꾼들에게 음식을 제공한 것에 분노하여 동도가 방화
했던 것이라고 한다.

　고부에 도착하자마자 민란의 원인에 대해 물으니, 역시 전임 부사군수의 오
기가 가혹하게 세금을 거둔 것이 원인이며, 또는 부사에게 탄원하기도 하고,
감사에게 애소哀訴한 것이 하나도 그 목적을 달성하지 못하고 견책당하여
이대로 지나간다면 도저히 생활의 방도가 없어 서로 모의하던 중 무장에서
동도의 봉기가 일어나1894년 3월 21일에 전라도 무장에서 농민군이 전면 봉기한 것을 말함 동
학당이라 칭하고 각지를 누비니, 불평의 무리 또는 동학이란 이름에 끌려
입당한 자, 또는 각지에서 도적을 업으로 하는 무리들이 그 뒤를 따라 마침
내 상호 힘을 합하게 되어 전주까지도 점령하는 기세였으나 목하 이미 그 고
충도 사라져서 각자의 직분으로 돌아가 아무런 이상도 없게 되었다고 한다.

　고부에서 점심을 먹고 그곳으로부터 부안으로 향하던 도중에 지금 동도
의 잔당이 총포를 지니고 부안을 향해 가고 있다는 말을 듣고 가마꾼들이
주저하는 것을 질책하여, 서둘러 추적하여 그들을 만나 상세한 이야기를 들
으려고 하였으나 마침내 그 종적을 찾지 못하고 보람 없이 부안에 도착했
다. 이곳도 한때 동도가 점령한 바가 되어 촌민이 다소 피해를 입었으며, 또
는동학당=농민군에 입당한 자도 있는 것은 사실이나 대수로운 것은 아니라고 한
다. 전주에서 패배한 무리들은 고을로 돌아와 각자의 직업으로 돌아갔다고
하는데 모두 원격 지방에 있어서 직접 이야기를 나눌 수는 없었다. 부안에
서 듣자니, 전주가 관군에 의해 함락되자 부안 옆길을 통과하여 어디론가 도망
간 자 수백 명은 순창으로 가서 그곳에 둔집하고 있다는 소문이 있었다.

　동지同地; 부안에서 1박 하고 29일6월 29일=음 5월 26일에 부안에서 김제에 이르
렀는데 이곳에서는 특별히 동도에 들어간 자가 없어서 아주 조용하게 지나

갔다는 것이며, 동도가 전주에서 패주할 때 이곳을 지나갔는데 민가에 이르러 음식물을 공급받고 부안 지방을 향해 출발한 숫자가 대체로 6~7백 명 정도 되었다고 한다. 그 외 필요할 만한 사실을 얻을 수 없었기 때문에 즉시 금구로 향했다.

금구 부사현감의 오기는 부재중이었으며 관리 역시 한 사람도 없어서 촌민들에게 피해 상황을 물으니, 당초 각 부府·군郡·현縣에서는 동도에 대해 엄하지 않았으며 혹은 우대하는 경향도 있었지만, 금구 부사는 부민 가운데 장정을 모아 항거할 준비를 했으나 동도의 기세 마침내 막기 어려워 난입하기에 이르렀으며, 관청도 파괴되거나 불타 버리고 촌중 사람들은 모조리 피난하기에 이르렀기 때문에 농사 등도 일체 손을 쓸 수 없어 곤란할 따름이었지만 누구도 내색하지 못하고 있었다. 그곳에서는 고복리(?)에 숙박하였다.

이상과 같은 경과지, 즉 전주, 태인, 고부, 부안, 김제, 금구 땅은 민요가 겹친 관계를 가진 땅으로써 다소 분요紛擾; 혼란가 있을 것으로 생각하여 자세하게 조사했지만, 지금까지는 하등 혼란스럽다고 인정할 만한 사실이 없었으며, 일단 동도에 가담했던 무리도 각자 고향으로 돌아가 농사에 종사하고 있었으며, 관부관청 또한 추적하려고 하지 않아 우선은 진정된 것이 틀림없다. 다만 잔당이 각지에서 출몰하고 있다는 소문만을 고려할 경우, 애당초 동도에 들어간 자 가운데 정식 직업이 없는 무리는 패주 후에도 따로 생활할 방도가 없어서 역시 각지에서 도적 기타 부정한 행위를 하면서 동학당이라고 자칭하여 누비고 다니며, 또는 양민을 해치려 하고 있다고 생각된다.

동도가 재봉기에 이르지 않을 것이라는 점을 들어본다면, 첫째, 순회한 지방 각지의 농사는 하나도 지장이 없어 농민들이 모두 풍년을 기원하고 있다는 점, 둘째, 농민군은 이미 병기를 사용할 만한 이유가 없어졌고 관병들이 비교적 성능이 좋은 무기를 가지고 있다는 사실을 알고 있다는 점, 셋째, 동학당에게 요술이 있어서 총알도 뚫지 못한다는 속임수는 전주 전투에서 그 효과가 없어 크게 사기를 잃었다는 점, 넷째, 지방관들이 이번 사건으로 징계를 받아 장차 서로 근신할 것이라는 점 등 이와 같은 사실들은 그들이 재봉기하지 않을 것이라고 추측할 수 있는 점들이며, 금후 지방관들이 자기의 손실을 회복하려고 사욕을 드러내기에 이르면 다시 재난이 일어날 것인지는 추측하기가 어려우나 그들농민군의 속마음 역시 원대한 계산은 없어서 일부 지방관만을 축출하는 데 그칠 것이다.

이상과 같이 필요한 지역의 상황을 시찰하고 돌아오는 길에 공주에 도착하니 청나라 군대 2천 명 정도가 섭 제독聶士成을 대장으로 하여 동지에 있었다. 즉각 전보를 치려고 생각하여 타카시마高島 유학생이 전보국으로 가던 도중 그들청나라 군대에게 폭행당해 도저히 발신할 수가 없었다. 다시 프랑스인에게 부탁하여 전보를 치려고 하였지만 한문을 사용해야 한다고 해서 암호를 사용할 수 없었다. 또 조선전보국은 청나라 사람 손에 들어가 마침내 우리들이 사용할 수 없기에 이르렀다는 것을 알고 그대로 지나쳤다.

메이지 27(1894)년 7월 9일음 6월 7일

경부警部 오기와라 히데지로荻原秀次郎

동학농민혁명과 우금티 전투

1. 머리말

동학농민군 최고 지도자 전봉준은 최후 진술에서 1만여 명의 동학농민군^{이하, 농민군}을 직접 거느리고 우금티 전투에 참가하였다[1]고 회고한 바 있다. 그런데 이들 1만 명의 농민군 가운데 약 4천 명이 전라 우도右道를 기반으로 했던 그의 직속부대였고[2], 나머지 6천 명은 공주로 북상하는 과정에서 삼례·강경과 논산·은진과 노성魯城 등지에서 모여든 농민군들이었다. 이같은 사실에서 본다면, 공주 우금티 전투에 참가했던 전봉준 직속 부대의 약 60%가 충청도 출신 농민군들이었다고 할 수 있다. 그럼에도 불구하고 지금까지의 연구들은 한결같이 충청도 지방 농민군 세력이나 그들의 동향에 대해 주목한 적이 거의 없었다.

이 글에서는 동학농민혁명 전 과정에서 최대의 분수령이 되었던 1894년 10월말에서 11월초에 걸친 공주 전투公州戰鬪*가 있기까지, 첫째, 전봉준을 중심으로 하는 농민군 지도자들이 일본군의 불법적인 경복궁 점령 소식을 듣고 일본군을 몰아내기 위해 전라도 삼례에 대도소大都所를 설치하고 인근 지역의 농민군을 다시 결집시키는 과정, 둘째, 10월 초순 삼례를 출발하여

---

* 공주 전투란 1894년 10월 23일에서 25일에 걸친 제1차 전투와 동년 11월 8일에서 11일에 우금티 일대에서 전개된 제2차 전투를 포함한 개념이다.

강경과 논산, 은진과 노성, 경천敬川과 이인利仁 등을 거쳐 충청 감영이 있는 공주까지 북상하는 과정, 셋째, 공주 남쪽의 우금티 일대에 집중 배치되어 있던 조일朝日 연합군의 방어선을 뚫기 위하여 관군 및 일본군과 농민군 사이의 최대의 전투였던 우금티 전투의 전개 과정 등을 구체적으로 분석하고자 한다. 이 글에서는 특히 전라도 농민군 외에 충청도 농민군들의 동향에 주목하여 그들이 전봉준군에 합류하여 우금티 전투에 참여하는 과정을 개관함으로써 충청도 지방 농민군의 활약상의 재조명을 시도해 보고자 한다.

2. 제2차 동학농민혁명의 배경 : 일본군의 경복궁 불법 점령

1894년 동학농민혁명 당시 조선 내의 일본 거류민 보호 및 천진天津조약*을 명분으로 출병했던 일본군은 사전에 청국과의 전쟁을 예상하고 청군군의 세 배 이상의 병력을 파견했다.[3] 청국보다 대군을 파병한 일본은 농민군이 전주에서 양호초토사 홍계훈이 이끄는 조선정부군과 전주 화약을 맺어 자진 철수함으로써 조선에 주둔할 명분이 없어졌음에도 불구하고 청국에게 공동으로 조선 내정을 개혁하자는 '내정개혁안'을 내세워 철병을 회피하는 책략을 구사했다. 이것은 무슨 수단을 강구하든지 청국과의 일전一戰을 불사하려는 일본 정부의 책략이었음은 두 말할 필요가 없었다. 그리하여 철병을 차일피일 미루고 있던 일본군은 막강한 군사력을 배경으로 6월 21일양 7월 23일 경복궁을 불법으로 점령하고 민씨 정권을 축출한 다음, 대원군

* 갑신정변 직후인 1885년에 청국과 일본 사이에 맺어진 조약. 이 조약은 전문 3개조로 되어 있었으며, 그 가운데는 "조선에서 병란 등 중요사건이 발생하여 어느 한 나라가 출병할 필요가 있을 때는 문서로써 연락한다."는 내용이 들어 있었다. 동학농민혁명 당시 일본은 이 조항을 빌미로 조선에 파병하였다.

과 친일 개화파를 등용하여 친일 괴뢰 정권을 수립했다.**

　6월 21일의 일본군에 의한 불법적인 경복궁 점령은 조정의 관리를 비롯하여 지방 유생들과 일반 민중들에게 커다란 충격을 주었다. 당시 강원도 유생 유인석柳麟錫은 「격고팔도열읍」檄告八道列邑이라는 격문을 통해서 "마침내 갑오년 6월 20일 밤에 이르러 우리 조선 삼천리 강토가 없어진 셈이라."고 통탄하였으며,[4] 공주유생公州儒生[5] 서상철徐相轍은 안동에서 의병을 일으켜 태봉·충주·제천·원주·곤지암 등지로 이동하면서 반일 의병反日義兵 투쟁을 전개하였다.[6] 뿐만 아니라, 당시 조선 인민 가운데 뜻있는 사람들은 "일본은 대병大兵을 파견하여 우리나라를 집어 삼키려고 한다.""조금이라도 나라를 걱정하는 사람은 (중략) 궁중의 일을 물을 겨를조차 없으므로 우리가 먼저 일어나 일병日兵을 막아내야 한다."고 생각하였다.

　이처럼 유생들이 전국 각지에서 봉기하고 있을 때, 농민군들도 일본군이 경복궁을 무력으로 점령하였다는 소식을 접하자 각지에서 곧바로 봉기하였다.[7] 예를 들면, 전라도 장성에서는 6월 29일 "왜병이 장차 이를 것이다. 일이 심히 급박하다." 면서[8] 5~6백 명의 농민군이 성중에 난입하여 군기고를 열고 군기를 모두 빼앗아 갔으며,[9] 7월 3일에는 충청도 이인역利仁驛에서도 농민군들이 봉기하였으며,[10] 7월 하순에는 경상도 함창咸昌에서,[11] 9월 4일에는 강원도 영월·평창·정선 세 읍에서 농민군 수천 명이 봉기하였다.[12] 또한 9월 9일을 전후하여 경기도 죽산과 안성에서도 농민군들이 잇따라 봉기하였다.[13]

　5월 7일의 전주 화약 이후 금구·김제·태인·장성·담양·순창·옥과·창

** 1894년 6월 21일 일본군이 경복궁을 불법적으로 점령하여, 국왕을 포로로 하고, 친일 개화정권을 수립한 사건을 일러 '갑오변란' '경복궁 쿠데타' '조선 왕궁 점령사건' 등으로 부른다. 이 글에서는 편의상 '경복궁 점령 사건' 이라 쓴다.

평·순천·남원·나주 등 전라도 일대를 순회하며 농민군의 폐정 개혁 활동과 집강소 통치를 독려하던 전봉준은 7월 초순 전라도 남원에서 일본군의 경복궁 불법 점령 소식을 듣게 되었다.[14] 그러나 일제의 조선 침략 의도가 명백하게 드러난 경복궁 점령 소식을 들은 전봉준은 이때만 해도 "일본의 행동, 대원군의 행동을 우리는 아직 자세히 알지 못해서 안심할 수 없기 때문에 나는 힘써 동지들의 분격을 가라앉힘과 동시에 우리 정부의 동태를 알려고 하였듯이…"[15] 정국 추이에 대해 신중한 입장을 취하고 있었다. 그는 특히 8월 11일경까지도 일부 농민군 지도자들의 즉각적인 봉기의 움직임을 진정시키는 한편, 경복궁을 점령한 일제 측의 의도와, 대원군을 비롯한 지배층의 동향 파악에 주력하였다. 그러나 서울에서 전개되는 상황을 정확하게 파악하는 데에는 여러 가지 제약이 따랐다. 전봉준을 비롯한 농민군 지도부가 정국의 상황을 정확하게 파악하려는 동안, 일본군은 경복궁 점령 다음 날인 6월 22일 대원군과 친일 개화파를 중심으로 괴뢰 정권을 수립하였으며,[16] 이어 이들 괴뢰 정권에게 강요하여 청국군 구축 의뢰를 받아낸 다음, 6월 23일의 풍도해전豊島海戰을 시작으로 청일전쟁을 도발하였다. 일제는 또한 다른 한편으로는 조선 정부에게 조일양국맹약朝日兩國盟約[17]을 강요하여 조선 정부와 군사 동맹 체제를 수립하였으며, 이를 계기로 조선 정부로 하여금 청일전쟁 수행에 필요한 인부와 식량을 징발하게 하는 등 침략 정책을 노골적으로 강행하였다. 이 같은 상황 전개에 대해 전봉준 등 농민군 지도부는 늦어도 8월 25일의 남원대회南原大會* 이전까지는 그 진상을 어느 정도 파악했던 것으로 확인된다. 그리하여 전봉준 등은 8월 말부터 일본군을 몰아내기 위한 항일봉기, 즉 제2차 동학농민혁명을 준비하기에 이른다.

* 8월 25일 전봉준, 김개남 등 농민군 지도부는 전라도 남원에 모여 재봉기를 논의하였다. 이것을 일러 '남원대회'라 한다.(「오하기문」1필, 『叢書』1, 209~211쪽)

일본군의 침략 의도를 정확하게 파악한 전봉준은 9월 10일경 전라도 삼
례에 항일 구국을 위한 재봉기를 준비하기 위해 대도소大都所를 설치하고 인
근 군현을 공격하여 무기와 식량 확보에 들어갔다. 같은 날 전봉준은 전라
도 각지에 발송한 통문을 통해서 무기와 식량 확보를 독려하였으며, 이후 9
월 중순경까지 여산현礪山縣과 전주, 위봉산성威鳳山城 등지의 무기를 확보하
였다. 이처럼 1894년 9월 초순부터 전봉준이 일본군을 몰아내기 위한 '항일
의병'을 제창하는 통문通文을 보내고, 무기를 탈취하여 무장을 함으로써 제2
차 동학농민혁명이 본격적으로 전개되기에 이른다.

9월 초순부터 12일경까지 전라도 삼례를 거점으로 농민군을 재조직한 전
봉준은 9월 말 무렵[18]에야 충청도 공주를 향해 북상을 시작했다. 삼례에 대
도소를 설치한 지 약 한 달 뒤에야 북상하게 된 까닭은 벼가 익기를 기다려
군량을 준비해야 하고, 인근 고을에서 합류해 오는 농민군들을 규합하느라
시간이 지체되었기 때문이었다.

전봉준이 삼례를 중심으로 농민군을 결집시키고 있을 무렵, 서울에서는
농민군 진압을 위한 정예부대인 장위영壯衛營·경리청經理廳·통위영統衛營 등
경군을 비롯하여, 농민군 진압을 전담하기 위해 일제가 특파한 후비보병後備
步兵 제19대대가 세 길로 나뉘어 남하를 시작하고 있었다. 여기에 맞서 제1
차 동학농민혁명 단계에서는 봉기하지 않았던 충청도·강원도·경기도·경
상도 북부 지방에서도 수많은 농민군이 일제와의 항쟁 대열에 동참하기 위
해 봉기하고 있었다. 즉, 당시 동학교단의 최고 지도자 해월 최시형이하, 해월
의 직접적인 영향 아래에 있던 동학 지도자들이 휘하 교도들을 이끌고 각
지역에서 속속 봉기하여 항일 전선에 동참하였다. 그 중 손병희가 이끄는
충청도 북동부 지역 농민군은 청주·보은·옥천·청산에서 기포한 후 전봉
준과 연합하기 위하여 논산 방향으로 진출하고 있었다. 손병희가 이끄는 농
민군은 10월 중순경 논산 부근에서 합류하였다.[19] 9월 18일 해월의 기포령[20]

에 호응하여 충청도·경상도 각지에서 기포한 농민군들도 북상하는 농민군 주력과 합세하기 위해 공주로 진격을 시도하게 된다.* 그리하여 전봉준군과 손병희군 등을 주축으로 하는 연합농민군과 경군·일본군으로 구성된 진압군 사이에 10월 23일부터 25일까지 1차 대접전이 벌어지고, 다시 11월 8일부터 11일까지 제2차 우금티 대전투가 벌어지게 된다. 두 차례의 대접전, 특히 2차 대접전에서는 4~50차례에 걸친 공방전을 벌이며 분투했던 농민군은 무기와 전력의 열세를 이겨 내지 못하고 패배하고 말았다. 그리하여 1894년 1월 고부 농민봉기 이래 지속되어온 동학농민혁명은 이 1·2차 공주 전투를 고비로 서서히 패퇴기로 접어들게 된다.

물론 11월 15일경의 논산 황화대 전투나 11월 25일 금구 원평 구미란 전투, 12월 5일부터 17일 사이에 전라도 장흥·강진 일대에서 수만 명의 농민군이 집결하여 치열한 항쟁을 했던 장흥 석대石臺 전투 등과 같이 끈질긴 항전을 계속하긴 하였지만 전세를 뒤집기에는 역부족이었다. 특히 원평 구미란 전투를 고비로 농민군 지도자들은 뿔뿔이 흩어져 재기의 기회를 마련하고자 피신하지만 관군과 일본군에 의한 완전 토벌 작전에 밀려 대부분 체포되기에 이른다.

3. 제2차 동학농민혁명의 특징

1) 제2차 봉기와 전라도 농민군의 동향

8월 25일, 김개남은 전라 좌도의 농민군 약 7만 명을 남원에 소집하여 대회를 열고 봉기를 결의하였다.[21] 이때 전봉준은 남원으로 달려가, 김개남에

---

* 예를 들면, 최시형의 관하인 옥천포 농민군들은 10월 23일경 공주 동쪽 30리에 자리한 대교(大橋)까지 진출하고 있었다. (「순무선봉진등록」 10월 25일, 『叢書』 13, 114~115쪽).

게 "각 고을에 농민군의 역량을 보존하면서 시세의 변이를 지켜보자."[22]며 봉기를 서두르지 말 것을 요청하였다. 이 같은 전봉준의 신중한 태도는 일본군의 경복궁 점령 소식을 듣고도 여전히 일제의 구체적 의도를 파악하지 못하고 있었고, 아울러 대원군을 비롯한 지배층의 동향을 알지 못해 당시 시세를 파악하기 위한 조치였다. 그리하여 그는 동지들의 분격을 힘써 가라앉히며 정세 파악에 부심했다. 광주와 나주 일대에서 폐정 개혁 활동을 독려하고 있던 손화중 역시 '남원 대회' 소식을 듣고 달려와 전봉준과 같은 의견을 냈다.[23] 그러나 김개남은 "이 큰 무리가 한번 흩어지면 다시 합하기가 어렵다."[24]면서 전면 봉기 계획을 계속 추진할 것을 주장하였다.

이 무렵, 일제는 6월 23일의 풍도해전, 6월 27일 성환 일대에서 벌어진 육전陸戰에서 일방적으로 청군을 격파하고, 이어 8월 17일의 평양성 전투에서의 승리를 계기로 조선에 대한 침략을 노골화하였다.[25] 청일전쟁 수행에 필요한 조선 인부의 강제 징발 및 식량 약탈,[26] 농민군을 진압하기 위하여 8월 말부터 군대를 투입한 것[27]이 바로 그러한 예이다. 이러한 일제의 침략에 맞서 각지의 농민군들이 봉기를 시작하고, 유생들이나 현직 관리들까지 반일反日 의병을 조직하여 대항을 하게 되자 전술한 바와 같이 전봉준 역시 전면적 봉기를 준비하기에 이르렀다.

그리하여 전봉준은 9월 초순에 전주에서 삼례로 나가면서 김개남에게 통문을 보내 후원이 되어 줄 것을 요청하는 한편,[28] 손화중·최경선崔景善으로 하여금 광주와 나주를 방어하도록 조치하였다. 광주와 나주를 방어하도록 한 까닭은 일본군이 해로를 이용하여 북상하는 농민군의 후방 기습에 대비하자는 것과,[29] 지난 4월 이래로 농민군을 괴롭혀 온 나주성 반농민군의 후방 공격을 견제하기 위한 조치였다.[30] 그 외 영호대접주嶺湖大接主 김인배金仁培는 순천順天에 웅거하면서 경상도 쪽에서 전라도로 진출하려는 일본군과 관군의 진입을 저지하고 있었고, 금구대접주金溝大接主 김방서金邦瑞는 7월 이래 반농민군 측의 탄압이 격화되고 있던 장흥·강진 지역으로 파견되었으며,[31] 담양접주潭陽接主 남응삼南應三을 비롯한 전라 좌도 농민군들은 10월 초순 김개남군이 북상한 뒤 비게 된 남원성을 지키면서 운봉雲峰의 민보군을 방어하였다.[32]

이상과 같이 2차 기포가 이루어질 무렵 김개남·손화중·최경선·김인배·김방서 등 제1차 봉기 때 전봉준군과 행동을 같이 했던 상당수의 농민군 지도자들은 일본군의 후방기습, 각 군현 단위로 조직된 반농민군 세력, 즉 민보군 또는 수성군 측의 후방 공격 대비하기 위하여, 집강소 통치기 이래 계속 주재하고 있던 군현을 떠날 수 없었다. 이 점은 제2차 봉기 당시 전봉준군의 구성과 전력이 1차 봉기 때의 그것과는 상당히 차이가 있다는 사실을 알려 준다.

2) 반일 연합전선의 형성

6월 21일 일본군의 경복궁 불법 점령을 계기로 일제의 노골적인 침략 의도를 확인한 전봉준은 재봉기를 준비하면서 전·현직 관리를 비롯하여 지방 유생들에게 반일 연합전선을 구축하여 함께 싸울 것을 호소한다.[33] 당시 조선 전역의 민심은 일본군의 경복궁 불법 점령 사건 때문에 반일 의지로 가득하였다. 그 중에서도 재야 유생들은 경복궁 점령 사건을 망국의 사태로 인식하였으며, 제천의 유인석, 안동의 서상철, 회덕懷德의 문석봉文錫鳳, 김산金山의 허위許蔿 등은 반일 의병을 적극적으로 주도하였다. 또한, 김복한金福漢과 이설李偰 등은 관직을 버리고 낙향하여 의병 봉기를 준비하고자 하였다. 이러한 분위기 속에서 전봉준은 농민군을 계속 탄압하면서 저항하고 있던 나주성을 방문하여 목사 민종렬閔種烈을 설득 회유한 적이 있었고,[34] 9월에는 전라 감사 김학진에게 운량관運糧官이 되어 줄 것을 요청하여 수락 받았다.[35] 이 같은 전봉준의 반일 연합전선 구축 노력은 삼례에서 봉기한 이후에도 계속되었다. 9월 말경 전라도 삼례에서 공주를 향해 북상하던 전봉준은 충청 감사 박제순朴齊純에게도 함께 힘을 합하여 일본군을 구축할 것을 제안하였다.[36] 뿐만 아니라, 11월 12일에는 경군과 영병營兵; 충청 감영의 군대, 이교吏校; 충청 감영 및 각 군현의 하급 관리와 시민市民; 상인들과 일반 민중에게도 동족끼리 골육상쟁을 중지하고 함께 일병을 격퇴하자고 호소하였다.[37]

그리하여 이같이 끈질긴 전봉준의 반일 연합전선 구축 노력은 어느 정도 결실을 보게 되었다. 전라 감사 김학진이 전봉준의 운량관이 되었을 뿐 아니라, 전 여산 영장礪山營將 김원식金源植=金元植과 공주 유생 이유상李裕尙이 농민군의 대열에 합류한 것이다.[38] 그런데 당시 일부 전·현직관리들과 유생들이 농민군 대열에 합류하게 되는 까닭은 경복궁 점령 사건 이후 노골적으로 드러난 일제의 침략에 맞선 항일 구국 의지가 농민군 측의 그것과 서로 일치했기 때문이었다. 이것은 제2차 동학농민혁명이 일제의 침략을 저지하기 위한 반침략 항쟁이었음을 분명하게 보여 주는 증거라 할 수 있으며, 이같은 반침략 항쟁의 대열에 비록 소수이긴 하나 전·현직 관리 및 보수 유생들도 공감을 보이고 참여함으로써 경복궁 불법 점령 사건 이후 농딘군과 관군, 농민군과 유생들 사이에 반일 연합전선 형성 가능성이 존재하고 있었음을 보여 주고 있다.

3) 대원군과 농민군과의 연계

제1, 2차 동학농민혁명 당시 대원군과 전봉준 사이에 이른바 '밀약'密約이 있었다는 밀약설이 널리 존재하고 있었다. 농민군은 실제로, 1차 봉기 후 전라도 함평에서 초토사 홍계훈에게 보내는 글[39]을 통해 '국태공國太公=대원군을 모셔다가 정치를 맡기라.'는 요구를 내걸기도 하였으며, 전주 화약 무렵에도 '대원군을 받들어 국정을 맡게 하는 것은 이치에 당연하거늘 어찌 불궤라 합니까.' 奉太公監國 其理甚當 何謂不軌라고 주장하기도 하였다.[40] 이 외에도 대원군과 농민군 간의 밀접한 관련을 뒷받침해 주는 자료는 『뮈텔문서』
에도 포함되어 있다. 『뮈텔문서』 중에는 1894년 9월 24일에 대원군이 농민
군 지도자들에게 발송했던 「효유문」曉諭文이 포함되어 있고, 효유문 뒤에는
충청도 지방 18개 지역의 농민군 지도자들이 대원군의 효유에 응하겠다는
답서가 붙어 있다.[41] 이처럼 갑오년 당시 대원군은 농민군들로부터 상당한
신망을 받고 있었다. 대원군은 동학농민혁명이 일어나자 그 추이와 동정을
날카롭게 주시하고 있었으며, 특히 2차 봉기 무렵에는 밀사를 파견하여 농
민군과 손을 잡고자 시도하였다.[42] 전봉준 역시 대원군의 동향을 예의 주시
하면서 재기포를 준비하였다는 사실은 앞에서 설명한 바와 같다. 최근의 연
구에 따르면, 대원군이 북으로는 평양의 조선 군대와, 남으로는 전봉준의
농민군과 연계하여 일본군을 몰아내려고 했던 것은 역사적 사실이었음이
확인되었다.[43]

4) 남·북접 농민군의 연합

동학 교조 수운 최제우가 동학의 가르침을 본격적으로 포교하기 시작한
1861년부터 그가 체포되던 해 1863년 12월까지의 동학 교세의 주된 기반은
경주가 중심이었다. 지도 체제 역시 수운을 중심으로 하였음은 물론이다.
그러나 교조 수운이 체포되고 이어 1864년 3월 순교를 하게 되자 지도 체제
와 교세의 기반이 변화하기 시작하였다. 수운이 체포된 직후에는, 일찍이
1861년 6월부터 동학에 입도하여 정성스레 수련에 힘쓰며 수운과 그 가족
들에 대하여 경제적인 후원까지도 담당했던 해월이 유력한 지도자로 부상
하였고, 교세의 주된 기반은 해월이 포교 활동을 적극적으로 벌인 바 있는
경주 이북 지방으로 옮겨 가기에 이른 것이다. 이 같은 변화는 물론 동학에
대한 보수 지배층의 탄압에 기인한 것이었다. 동학 입도 후 경주 이북 지방
포교에 주력했던 해월은 수운 재세시 이미 '북도중주인' 北道中主人에 임명된

바1863년 7월 있었는데, 이 북도중주인이 후에 '북접주인' 北接主人으로 바뀌면서 '북접' 北接이란 용어가 정착되기에 이르렀다.[44] 따라서 수운 재세시에는 정확히 말하여 남접 북접이란 말은 존재하지 않았던 것으로 생각된다. 다만 해월이 책임을 맡아 동학을 포교하고 교도들을 이끌었던 경주 이북 지방을 일컬어 '북도'라 하고, 이 지역에서의 해월의 역할을 평가하여 '북도중주인'이라 불렀을 뿐이다.

한편, 해월은 갑오년 간에도 북도중주인에서 유래한 북접주인혹은 北接道主이란 용어가 쓰여진 명첩名牒을 사용하여 교단의 주요 지도자를 임명하고 있음이 확인되는데, 이는 남접에 대한 상대적 개념으로서의 북접이라기보다는 스승인 수운이 정해준 북도중주인북접주인이라는 명칭을 충실히 지키려는 의도에서 기인한 것으로 보인다.[45] 따라서 1860년부터 1894년에 이르기까지 동학 조직은 어디까지나 수운-해월을 연원으로 하여 형성되어 왔다고 보는 것이 타당하며, 이른바 남접으로 불렸던 호서·호남지방의 주요 지도자들인 황하일, 서장옥, 서병학, 김개남, 전봉준, 김덕명, 김낙철, 손화중 등 역시 해월의 지도를 받았던 인물들이었다. 따라서 충청도는 북접, 전라도는 남접이라는 지역 구분에 의해 남·북접을 구분했던 오지영과 매천 황현의 기록은 재고의 여지가 있다. 전자는 동학 교문 안에서 자신의 역할을 강조하려는 차원에서 남·북접의 갈등을 부각시켰으며, 후자는 풍문에 의하여 기록하였을 뿐 정당한 역사적 근거가 전무한 실정이다. 그러므로 주로 오지영과 황현의 기록에 의존하여 남·북접의 개념을 이해하고 남·북접의 갈등을 강조해 온 현 학계의 학설은 동학 포교의 특징, 교단의 발전과정, 동학 조직의 원리를 잘못 이해한 데서 비롯된 오류임에 틀림없다.

그렇다면 1893년 3월의 보은 취회와 금구 원평 취회, 1894년 3월의 전봉준의 1차 봉기 당시에 드러났던 동학 하층 지도자들과 동학 상층 지도부 사이의 대립 현상 등은 어떻게 설명해야 할 것인가. 필자는 이를 1890년대 들어 급격히 늘기 시작한 호남 지방의 교세를 당시의 동학 지도부가 여러 한계로 인해 효과적으로 지도할 수 없는 상황에서, 호서·호남의 동학 하층 지도자들이 상층 지도부의 지도보다는 일반 농민들의 요구나 하층 교도들의 요구에 부응하는 독자적인 행동을 추구해 가는 경향이 등장함에 따라 빚어진 약간의 갈등 현상이 아닐까 생각한다. 1891년 해월이 전라도를 순시하고서 '지도자 선의' 知道者 鮮矣[46]라 하여 호남 지방 교도들의 동향에 대해 언급한 것도 동학 지도부의 일사불란한 조직 체계 내로 흡수되지 못한 채 독자적인 교리 해석이나 행동을 추구하려는 당시의 경향을 경계한 것으로 볼 수 있을 것이다. 뿐만 아니라 해월은 1863년 스승 수운과 경주 부근의 동학교도 22명이 체포되어 수난을 당했던 경험과, 1871년 이필제와 협력하여 일으킨 영해 교조신원운동의 실패로 인해 300여 명의 교도를 잃는 뼈저린 수난의 경험을 간직하고 있었으므로, 전봉준의 봉기에 대하여 전적으로 동의하지는 아니하였을 것이다. 그러나 1890년대의 신원운동을 내내 주도적으로 이끈 해월로서는 기포의 정당성을 이해하면서부터[47] 전봉준군의 봉기에 호응하여 일제히 기포하라는 명령을 각지의 동학 지도자들에게 하달하기에 이르고[48] 해월의 기포령에 따라 이른바 남·북접이 동시에 반일의 기치를 내걸고 기포하여 연합하기에 이른다고 보여진다. 물론 1차 봉기 때도 이른바 해월의 영향 아래에 있던 경상·충청도 등지의 일부 동학도들은 전봉준의 1차 봉기에 적극 호응하여 기포한 적이 있었으며,[49] 전라도 일부 지방은 기포하지 않았다.[50] 그러나 제2차 봉기에는 전라도 충청도 경상도를 막론하고 전 지방에서, 그리고 전봉준뿐만 아니라 1차 봉기에 소극적 태도를 취했던* 해월마저도 기포령을 하달함으로써 제2차 봉기는 명실 공히 이른바

* 최시형이 1차 봉기에 소극적 태도를 보였다거나, 반대했다는 것은 역사적 사실과 다르다. 이에 대해서는 박맹수의 앞의 논문, 2001 참조.

남·북접 농민군이 연합하여 반일전선에 뛰어들게 되었다.**

4. 농민군의 북상과 공주 전투

1) 농민군의 북상

전봉준이 이끄는 농민군의 재봉기를 위한 준비는 전술한 바와 같이 8월 말 9월 초순부터 본격적으로 이루어졌다. 전봉준은 9월 14일경부터 삼례를 근거지로 인근의 농민군 지도자들을 불러 모으는 한편, 각 지방의 두령들에게도 소식을 전하여 삼례로 집결할 것을 촉구하였다. 「전봉준판결선고서」全琫準判決宣告書 등 사료에 의하면,[51] 전봉준은 9월 10일에서 12일을 전후하여 삼례역에 대도소=농민군 총본부를 두고 전라도 일대 각 지방의 농민군 지도자들에게 통문을 보내 삼례로 집결할 것을 촉구하였다. 삼례를 농민군 총본부로 삼은 까닭은 전주 인근에 위치한 곳으로서 사방으로 도로가 통하여 교통이 편리하고 농민군들이 집결하기 쉬웠으며, 역촌驛村이 있어 저막邸幕이 많아 집결한 농민군들의 숙식 해결이 용이했기 때문이었다.[52] 뿐만 아니라 삼례는 이미 1892년 11월 동학교단 지도부에 의한 교조신원운동이 20여 일 이상 전개되었던 곳으로 동학 교세가 탄탄한 곳이기도 했다.[53]

통문을 받은 농민군 지도자 중에서 동학농민혁명 기간 내내 전봉준의 오른팔 역할을 했던 최경선이 가장 먼저 달려와 상의한 후, 농민군의 저기포를 독려하기 위해 광주로 내려갔고,[54] 손화중은 광주·나주 방어가 급하여

** 최시형이 기포령을 내림으로써 전라도 충청도 경상도 등 전 지방의 농민군이 기포하지만 이들 모두가 전봉준 진영에 합류했다는 뜻이 아니다. 대부분의 농민군들은 각 고을 단위로 기포하여 반침략 항쟁에 참여하고, 극히 일부 지역 농민군들만이 전봉준 진영에 합류한다.

합류하지 못했으며, 김개남은 전봉준의 후원을 맡아 남원에 머물고 있었다. 그리하여 삼례의 전봉준 진영에는 김개남·손화중·최경선 등을 제외한 금구·전주·정읍·부안·진안 지방의 농민군 지도자들이 휘하의 농민군들을 이끌고 합류하였다.[55] 또 전봉준은 전라도와 근접한 충청도 인근 지방에도 통문을 보내 합류할 것을 요청하였는데, 노성현魯城縣의 보고에 의하면,[56] 양곡과 경비는 물론 짚신 연초까지 준비해 두라는 전령을 보내왔다고 한다.[57]

농사철이 끝나[58] 각지에서 봉기한 농민군들이 삼례로 집결하기를 기다리며, 한편으로는 충청도 인근 지방에도 통문을 보내 봉기를 촉구하고 군량과 군자금을 비축한 전봉준은 10월 14일경 드디어 북상을 시작하여 가장 먼저 강경으로 진격하였다. 당시 전봉준 휘하 농민군은 약 4천 명 가량이었다.[59] 강경으로 진출한 까닭 역시 이곳을 중심으로 한 농민군 세력을 끌어들이기 위함이었다. 당시 강경은 전국 물산의 집합지였고 금강의 두 줄기가 여산·논산을 거쳐 합쳐지는 곳이었다. 따라서 이곳에는 부호와 상인들이 많았고 또 장꾼 이외 어민, 보부상들이 모여드는 곳이어서[60] 군세를 강화하고 군량과 군비를 조달하는 데 유리했던 것이다. 전봉준 부대는 10월 16일경에는 다시 논산을 중심으로 군세 강화에 주력하였다. 10월 16일 전봉준은 논산에서 당시 충청 감사 박제순에게 글을 보내 충의忠義의 입장으로 돌아와 '항일의병' 抗日義兵에 동참해 줄 것을 호소하였다.[61] 전봉준은 이때 특별히 근왕의식勤王意識이 깊이 반영된 서한을 통해서 반일 연합전선을 펼 것을 간절하게 호소하였다. 또한 전봉준은 10월 20일경까지 논산 인근에 계속 웅거하면서[62] 한편으로는 반일 연합전선 형성을 계속 호소하고, 다른 한편으로는 농민군의 군세 강화에 주력한 결과 전봉준 부대는 1만여 명으로 불어났다. 그 중 4천여 명은 전술한 바와 같이 전라 우도를 중심으로 한 전봉준의 직속부대였고, 나머지 6천여 명은 강경과 논산, 은진과 노성, 금산과 진산 등 충청도 각지와 기타 지방에서 참여한 농민군들이었다.*

이 무렵, 전봉준은 당시 동학교단의 지도자 해월에게 사람을 보내 재기포의 대의를 석명하고 함께 기포할 것을 제의하였다고 알려져 있다.** 경복궁 점령 사건으로 인해 반일의 명분이 분명해지고, 해월 관하 각 포包와 접接의 동학교도들이 경군과 일본군으로부터 참살당하는 상황을 직시한 해월은 마침내 총동원령에 해당하는 기포령을 내렸다. 그리하여 해월 휘하의 수많은 두령들이 충청도, 경상도 각지에서 기포하여 충청도 청산靑山 둔바위골로 집결하였으며, 10월 중순경에는 전봉준이 이끄는 농민군과 논산 소토산小土山 근처에서 합류하여 대규모의 남·북접 연합 부대가 만들어졌다. 그리하여 이들 연합 부대는 서울로 가는 길목에 자리 잡고 있는 공주를 점령하기 위하여 함께 북상하기 시작하였다.

2) 공주 전투의 전초전 - 세성산·홍주성·대교 전투

남·북접 연합 농민군들이 전봉준의 지휘 아래 공주로 북상할 무렵, 충청도 서부내포지방와 북동부천안, 청주지역에서는 농민군들이 남쪽의 농민군과 연합하기 위해 봉기하고 있거나 공주로 진격하고자 하고 있었다. 여기에 대해 서울로부터 남하하고 있던 경군 및 일본군은 "전라도 농민군들이 곧 주를 위협하고 있다."는 충청 감사의 급보[63]를 접하고 공주로 몰려들고 있었다. 이 과정에서 경군과 일본군 측은 공주 외곽에서 봉기했거나 공주로 진격하려는 농민군 기세에 위협을 느껴 먼저 공주 외곽에서 봉기한 농민군을 진압

---

* 1만여 명으로 불어난 전봉준 부대의 구성을 자세히 분석하면 전라도 金溝 扶安 全州 井邑 鎭安 등에서 온 주력군 4천 명과 公州 儒生으로 전봉준군에 합류한 李裕尙軍, 前礪山營將, 金源植軍, 魯城·恩津·江景·論山에서 합류한 농민군 등이다.

** 官의 기록이나 동학 교단측 1차 자료 어디에도 전봉준이 최시형에게 사람을 보냈다는 기록이 보이지 않는다. 이 점은 전봉준의 최시형을 설득하기 위한 노력이 어느 정도였는가를 규명하기 위해서라도 좀 더 면밀한 검토가 있어야 할 것이다.

하지 않으면 안 되었다. 그들이 만약 공주로 진격했을 때 후방을 공격해 올 가능성이 높은 농민군을 진압해야만 공주를 안전하게 지킬 수 있을 것이란 판단에서였다.[64] 이런 가운데 10월 21일, 공주 전투의 전초전이라 할 수 있는 천안 근처의 목천木川 세성산細城山에서 남하하는 경군과 농민군이 최초로 접전을 벌이게 된다. 이것이 바로 세성산 전투이다. 세성산 전투의 전개 과정은 다음과 같다.

1894년 9월 천안·전의全義·목천 등지에서 기포한 이른바 북접 계통의 농민군은 그곳 농민지도자 김복용金福用을 중심으로 목천 세성산에 진을 치고 있었다. 이들 농민군들은 천혜의 요새인 세성산을 근거지로 하여 남하해 오는 경군과 일본군을 격퇴한 다음 공주로부터 올라오는 농민군과 합세하여 서울로 진격할 계획이었다. 그러나 10월 21일 남하해 오던 장위영 영관 이두황李斗璜이 이끌고 온 경군이 신식무기로 무장한 일본군의 지원을 받으며 공격해 오자 치열한 저항끝에 300명 이상이 전사하면서 패배하고 말았다.[65] 원래 세성산을 둘러싼 목천 지방은 1883년경부터 김용희金鏞熙 김성지金成之 김화성金化成* 등이 동학에 입도하여 활동하기 시작함으로써 동학교세가 활발하게 일어난 곳이었다. 뿐만 아니라 목천은 1883년 여름 이들 삼로가 중심이 되어 『동경대전』 1천여 권을 간행할 만큼 동학 교세의 기반이 탄탄한 곳이었지만 세성산 전투의 패배로 일거에 모든 것을 잃고 말았다.

10월 21일의 세성산 전투에서 농민군이 패배했다는 소식은 각지의 농민군 진영에 영향을 미쳤다. 즉, 세성산 전투 이틀 후인 10월 23~25일의 제1차 우금티의 전투가 있게 되었을 때, 세성산의 농민군을 진압한 경군과 일본군이 곧바로 우금티 일대에 투입됨으로써 이것이 우금티 전투의 승패에 직접

---

* 이들은 목천 일대에서 '삼로' (三老)라 일컬어질 정도로 막강한 지도력을 지니고 있었다.

적인 영향을 주었음은 물론이다. 또 세성산 전투에서 농민군이 패한 지 불과 4일 후에는 이승우李勝宇**가 거느린 관군에 의해 홍주성洪州城을 공격하던 농민군이 대패하게 됨으로써 세성산 전투 및 홍주성 전투는 우금티 전투에 상당한 영향을 끼치게 된다. 뿐만 아니라 공주 동쪽 30리에 있는 '한다리'大橋까지 진출하여 전봉준군과 연합 작전을 전개하고자 했던 옥천포沃川包의 농민군마저[66] 경리청 부영관 홍운섭洪運燮 군에 크게 패배함으로써 서울에서 세 길로 남하하던 진압군은 전력의 손실이 거의 없는 가운데 무사히 공주로 집결할 수 있었다. 그리하여 진압군의 전력은 크게 강화된 반면에 농민군의 전략은 큰 차질을 빚지 않을 수 없었다.

3) 제1차 공주 전투

세성산 전투와 홍주성 전투, 대교 전투에서 농민군이 패배함으로써 공주 부근의 농민군 전력은 크게 위축되었다. 그러나 이들 전투로 인해 상당한 차질이 초래되긴 하였지만 전봉준과 손병희 등은 마침내 10월 23일부터 25일에 걸쳐 제1차의 대접전을 벌였다. 농민군 약 4만 명[67]이 10월 23일 경천敬川으로부터 이인利仁·효포孝浦·판치板峙·웅치熊峙＝陵峙를 중심으로 하여 충청 감사 박제순이 지휘하는 감영군, 서산 부사瑞山府使 겸 경리청 영관 성하영成夏泳이 지휘하는 경리청군, 스즈키 아키라鈴木彰 소위가 이끄는 약 50명의 일본군, 그리고 경리청 부영관 홍운섭洪運燮이 지휘하는 또 다른 경리청군, 이규태李圭泰가 이끌고 온 좌선봉진군左先鋒陣軍; 통위영군 과 맞서 3일 밤낮을 싸웠다. 이 1차 전투는 무기와 전술 면에서 절대적 열세인 농민군들이 상당한 희생을 입었음에도 불구하고 역전을 했던 전투였다. 그러나 10월 24일 일본군

** 이승우는 당시 洪州 목사로서 충청도 일대 농민군 토벌 임무를 가진 湖沿招討使 직에 있었다.

후비보병 제19대대 서로西路분진대인 제2중대 본대가 공주에 도착하면서부터[68] 전세는 일거에 반전되기 시작하였다. 근대적인 군사 훈련으로 단련된 서로분진대 중대장 모리오 마사카즈森尾雅一 대위의 지휘를 받는 진압군을 군사 훈련을 전혀 받은 바 없는 농민군들이 대적하기에는 역부족이었다. 이에 전봉준은 10월 25일 농민군 진영을 이인과 경천으로 후퇴시켜 전열을 가다듬고 다시 2차 대접전을 준비하기에 이른다.

4) 제2차 공주 전투

2차 대접전은 11월 8일부터 11일까지 우금티 일대를 중심으로 치열한 공방전을 벌이게 된다. 지금까지 알려진 우금티 전투란 바로 이 2차 대접전을 가리킨다. 10월 25일 경천점敬天店으로 후퇴한 농민군은 그곳에서 약 1주일 동안 전열을 재정비하였다. 그리하여 11월 8일 공주 감영을 향하여 진격을 개시하였다. 한편 1차의 접전에서 농민군을 논산까지 후퇴시킨 감영군과 경군, 일본군 등은 제1진이 판치에, 제2진이 이인역 부근에, 제3진은 공주 감영 아래에 각각 배치되어 있었다. 11월 8일 농민군은 이인과 판치의 토벌군 진지 공격을 시작으로 2차의 대접전을 개시하였다. 농민군의 맹렬한 공격을 받은 판치의 구상조具相祖 부대와 이인의 성하영 부대는 공주 감영으로 후퇴하기에 이르렀고, 그리하여 토벌군은 9일부터 공주 감영을 지키는 데 전력을 기울이지 않으면 아니 되었다. 농민군은 8일의 전투에서 이긴 기세를 몰아 9일에는 효포로부터 능치·우금티 일대의 토벌군 진지를 향하여 총공격을 감행하였다. 공주만 함락시키면 '구병입경 권귀진멸'驅兵入京 權貴盡滅; 군대를 몰고 서울로 진격하여 탐관오리를 모두 없앤다의 꿈을 이루고 농민들의 염원을 실현할 새로운 정치 체제를 실현할 수 있기 때문이었다. 이때 경군과 일본군의 배치 상황을 보면, 우금티를 중심으로 밀집 배치되어 있었음을 발견할 수 있고, 토벌군 측이 공주 감영을 지키기 위해 얼마나 고심하였는가를 잘 알 수 있다.[69] 즉 우금티를 중심으로 하여 최고로 높은 견준봉犬蹲峰에는 경리청 대관 백낙완白樂浣이 이끄는 군대가, 그 맞은편 봉우리에는 모리오森尾 대위가 이끄는 일본군이, 고개 바로 밑에는 성하영군이 배치되어 있었다. 또한 감영의 외곽인 두리봉周峰 일대에는 공주 영장公州營將 이기동李基東이 이끄는 감영군이, 금학동金鶴洞에는 통위영 대관 오창성吳昌成의 군대가, 그리고 감영 뒤 봉황산鳳凰山에는 민군들이 배치되어 있었다. 또한 동쪽의 웅치는 홍운섭洪運燮의 경리청군·구상조군이, 효포의 봉수대 부근은 통위영 스속의 장용진張容鎭 군이, 금강 나루와 산성 쪽은 공주목 비장神將 최규덕崔圭德 등이 강력한 방어선을 형성한 가운데 엄히 지키고 있었다.

11월 9일 농민군들은 우금티 일대를 중심으로 자그마치 4~50차려의 공방전[70]을 거듭하면서 치열한 전투를 벌였다. 이때 상황을 후일 관군 측에서는 다음과 같이 기록하고 있다.

> 아아! 그들 비류농민군을 말함 몇 만의 무리가 4~50리에서 걸쳐 두루 둘러싸 길이 있으면 쟁탈하고, 높은 봉우리를 다투어 차지하였다. 동쪽에서 소리치면 서쪽에서 따르고 왼쪽에서 번쩍하다가 오른쪽에서 튀어나와, 깃발을 흔들고 북을 울리면서 죽음을 무릅쓰고 올라왔다. 저들은 그 어떠한 의리이며 그 어떠한 담략인가. 그들의 행동을 말하려 하고 생각함에 뼈가 떨리고 마음이 서늘하다.[71]

이처럼 치열한 전투를 벌였던 농민군이었지만 우세한 무기와 전술 등*을

---

* 金允植은 1894년 10월 12일 日兵 1인은 농민군 수천인을 상대할 수 있었고, 京軍 1인은 농민군 수십인을 상대할 수 있었다고 하였고, 진주지방에서 농민군을 토벌했던 池錫永은 농민군이 사용한 土銃은 사정거리가 1백여 보임에 비하여 일병과 경군이 사용한 洋銃은 자

앞세운 경군과 일본군의 방어선을 돌파하지는 못하였다. 그리하여 전봉준은

> 제1차 접전 후 1만여 명의 군병을 점고한즉 남은 자가 불과 3천 명이요, 그 후 또 2차 접전 후 점고한즉 5백여 명에 불과하였다.[72]

라고 할 정도로 처절한 희생을 치르고 논산으로 후퇴하지 않을 수 없었다. 11월 8일부터 11일에 걸친 연 4일간의 혈전이었던 제2차 우금티 전투에서 밀린 농민군은 이인·경천을 거쳐 11월 12일경 노성魯城에 이르러 일단 진용을 정비하였다. 이곳에서 전봉준은 경군과 영병, 이교 및 시민에게 "조선사람끼리야 도는 다르나 척왜斥倭와 척화斥化; 친일 개화 노선에 반대함 그 의義가 일반이라. (중략) 상의하여 같이 척왜 척화하여 조선으로 왜국이 되지 아니케 하고 동심 합력하여 대사를 이루게 하올세라."는 내용이 담긴 「고시경군여영병이교시민」告示京軍與營兵吏校市民[73]이라는 한글로 된 글을 12일자로 발표하여 반일 연합전선을 펼 것을 호소하였지만 농민군 측의 이러한 호소가 먹혀들리가 없었다. 경군과 일본군은 14일경 노성의 봉화대 근처에 주둔하고 있던 농민군을 공격하였고, 이에 농민군은 노성에서 대촌大村으로, 대촌에서 다시 논산 소토산小土山으로 퇴각하였다.[74] 이후 전봉준을 중심으로 한 농민군 주력은 급격히 패퇴의 길로 접어들고, 지역별 항쟁만 간헐적으로 이루어지게 된다.

발식에 사정거리가 5백여 보라고 하였으며, 예천유생 朴周大는 일병과 농민군 측의 전투력이 1:250의 꼴이라고 밝히고 있다(정창렬, 앞의 논문, 260~261쪽).

5. 맺음말 : 공주 전투의 패배와 그 영향

1) 공주 전투의 패배 원인

첫째, 농민군 전력 구성의 취약성을 들 수 있다. 제1, 2차 공주 전투 당시 농민군 지도부는 농민군의 전 역량을 투입할 수 없는 상황이었다. 김개남 부대는 전봉준 부대와 진로를 달리하여 청주성을 향하여 진격하다가 패배하였고, 손화중과 최경선 부대는 광주 나주 일대에서 머물며 일본군의 후방 기습과 이 일대 수성군을 견제하고 있었다. 이 때문에 공주로 북상했던 전봉준군의 전력은 약화될 수밖에 없었다.

둘째, 공주 전투의 전초전이라 할 수 있는 세성산 전투10월 21일, 홍주성 전투10월 25~27일, 대교 전투10월 23일~24일의 패배로 인해 공주 이남과 이북의 농민군의 연합이 실패로 돌아갔다는 점이다. 10월 21일 목천 세성산에 주둔했던 북접 농민군은 이두황군에게 패하였으며, 옥천沃川에서 올라온 농민군 부대는 전봉준군과 합류하여 서울로 진격하기 위해 공주 근교 대교까지 진격했지만 10월 23일~24일경 홍운섭의 경리청군에게 패배하였다. 또한 10월 25일에서 27일까지 수만 명의 충남 서부 지역 농민군 역시 홍주를 점령하고 서울로 진격하기 위하여 홍주성으로 집결하였으나 홍주목사 이승우군과 일본군 서로분진대 지대支隊에게 패하고 말았다. 이로 인하여 공주 전투에는 전봉준이 이끄는 전라도와 충청도 남부의 농민군 주력 부대만이 혈전을 거듭할 수밖에 없었다. 농민군 전력에 커다란 차질을 가져다준 세성산, 대교, 홍주성 전투는 공주 전투 승패에 지대한 영향을 끼친 것이다.

셋째, 반일 연합전선 형성의 좌절을 들 수 있다. 전봉준은 2차 봉기를 하면서 수 차례에 걸쳐 재야 유생들과 전·현직 관리들에게 반일 연합전선을 이룩하여 싸울 것을 제안하였다. 그리하여 전라 감사 김학진, 공주 유생 이유상, 전 여산 영장 김원식 등의 합류를 끌어 내긴 하였으나 충청 감사 박제순을 위시한 대부분의 현직 관리들이나 재야 유생들의 동조를 이끌어 내지 못하였다. 이로써 농민군은 반일 연합전선 형성은 사실상 좌절되었다.

넷째, 농민군 측의 무기의 절대적 열세를 들 수 있다. 공주 전투 당시 농민군 측 무기는 천보총千步銃이라 불린 화승총과 죽창 등이 주축이 되었고 일부 농민군만이 각 군현 관아에서 탈취한 소총으로 무장하고 있었다. 그러나 경군과 일본군은 유효 사거리만 수백 미터나 되는 카트링식 기관총과 스나이더 소총, 무라타총 등으로 무장하고 있었다. 동학농민혁명 당시 상황을 기록하고 있는 김윤식金允植의 「금영래찰」錦營來札에 의하면,[75] 일본군 1인은 농민군 수천인을 상대할 수 있었고, 경군 1인을 농민군 수십 명을 상대할 수 있었는데 그 이유는 바로 토총土銃; 전근대적 화승총과 양총洋銃; 근대식 소총의 기능 차이라고 밝히고 있다. 진주 지방에서 농민군 토벌에 종사했던 지석영池錫永 또한 토총의 사정거리는 1백여 보임에 비해 양총은 자발식自發式에 5백 보의 사정거리였다고 그 전력의 차이를 기술하고 있다.[76]

다섯째, 농민군 측의 전술상의 오류를 들 수 있다. 공주 일대는 방어하기에는 유리하고 공격하기에는 불리한 지형인데다가 일본군, 경군 및 민병들이 이미 유리한 지형을 차지하고 농민군이 공격해 오기를 기다리고 있었다. 따라서 무기의 열세와 지형적으로 불리한 위치였음에도 불구하고 농민군의 전 역량을 투입한 공주 전투에 보여 준 농민군 측의 전술은 중대한 오류였다고 하겠다.

2) 공주 전투 패배가 끼친 영향

첫째, 제1, 2차 공주 전투의 패배는 농민군의 전력의 핵심을 이루고 있던 전봉준 주력 부대의 몰락을 가져왔다. 전봉준이 이끌던 1만 명의 주력 부대가 두 차례의 대접전 이후 5백 명으로 줄어들었다는 사실은 전술한 바와 같다. 이 같은 전력의 손실 때문에 공주 전투 뒤에도 논산, 전주, 원평, 태인 등지로 남하하면서 농민군을 수습하여 전세를 역전시키고자 했던 전봉준의 재기의 꿈은 실현되기에는 역부족이었다.

둘째, 공주 전투의 패배와 농민군 주력 부대인 전봉준군의 급격한 전력 약화 필연적으로 삼남 일대 농민군들의 움직임에도 커다란 영향을 끼치게 되었다. 우선 공주 전투 이후 농민군은 더 이상의 연합전선을 형성할 수 없었다. 공주 전투 직전 형성되었던 이른바 남·북접 연합농민군 부대도 해체되어 뿔뿔이 흩어져 갔다. 그리하여 공주 전투의 패배는 전 농민군의 몰락을 가속화하도록 강요하는 결과를 낳았다.

셋째, 공주 전투를 계기로 농민군이 몰락해 가자 향촌 사회 유생들을 중심으로 반농민군의 결성 활동이 활발해지고, 유생들이 중심이 된 반농민군들은 남하한 일본군 및 경군과 연합하여 잔여 농민군 세력의 토벌 활동을 전개하게 된다.

넷째, 공주 전투 승리를 계기로 일본군은 조선 각 지방에 출동하여 대대적인 농민군 토벌에 종사하여 이후 조선에 대한 영향력을 더욱 강화하는 결과를 가져왔다.

다섯째, 공주 전투를 계기로 후퇴한 농민군들은 각 지방에서 최후의 항쟁을 계속하였다. 갑오년 말의 장흥 석대石臺 전투라든지, 보은 북실鐘谷 전투가 그 예이다. 이러한 농민군들의 줄기찬 항쟁은 이후 의병 항쟁, 영학당英學黨 투쟁 등으로 계승되어 갑오년 이후로도 줄기차게 계속되었다. 그러므로 공주 전투의 패배는 새로운 차원의 민중·민족운동의 기점이라 할 만하다.

진도 지역의 동학농민혁명

1. 동학 포덕 전 진도 지역의 상황

진도는 조선시대에 들어와서 1409년태종 9부터 1437년세종 19까지 해남군에 통합되어 해진군으로 부르다가 1437년에 독립되어 종사품의 군수가 관할하는 고을이 된 이래, 대체로 통훈대부정삼품가 군수직을 맡아 왔다. 또한 군사적으로는 강진·해남·장흥과 같이 장흥長興 진관鎭管에 배속되었는데, 조선 초기에는 왜구의 침탈이 심하여 한때 섬을 비우기까지 했다.

그러나 진도는 전국에서 일조량이 가장 많을 정도로 맑은 날이 많고 비옥한 토지가 많아 농산물은 1년 농사로 3년을 먹을 수 있을 정도였으며, 사면의 바다에서는 풍부한 해산물이 산출되어 일찍부터 탐관오리들의 가렴주구의 대상이 되기도 하였다.

19세기 말의 조선은 전국 각지에서는 지배 체제의 구조적 모순에 더하여 수령과 향리, 그리고 토호들의 착취가 극심하여 농민 봉기가 자주 일어났다. 이른바 '민란의 시대'가 도래한 것이다. 예를 들면, 1862년 임술년 한 해에만 전국에서 70여 개 고을의 농민이 봉기하였는데, 그 중에서 전라도에서만 38개 고을에서 농민 봉기가 일어났다. 진도의 경우도 무안·구례·화순 등과 같이 농민 봉기가 있었으나, 감사와 수령이 자체 처리하여 중앙에 보고되지는 않았다.[1] 그런데, 『진도군지』珍島郡誌; 1976년에 의하면, 1861년 군수로 부임한 유정로柳鼎魯가 농민에게 과중한 부담을 지우면서 가렴주구를 일삼자 백성들의 분노가 점차 고조되어 고군면古郡面 석현리石峴里에 사는 김모金某가 주동이 되어 드디어 민중 봉기를 일으켜 그 형세가 자못 험악하였는데, 그 이듬해1863에 신임 군수로 조존욱이 부임하여 선정을 펴고 백성들을 어루만져 조용해졌다고 한다.[2]

위 기록들을 종합해 보면, 진도는 군수 유정로가 탐학하여 백성들에게 전세·군포 그리고 환곡의 삼정에서 과중한 부담을 주었고, 그의 예하였던 향리나 토호들이 백성들을 착취하자, 고군면 석현리에 사는 김모 등이 중심이 되어 민중 봉기를 일으켜 수령을 축출하였는데, 1863년에 신임 군수 조존욱趙存昱이 백성을 위무하고 선정을 펴서 진정되었던 것이다. 이러한 자체 수습의 예는 전라도의 경우 진도를 비롯하여 임피, 장수, 용담, 고창, 무안, 화순, 구례, 순창, 태인, 진안, 금산 등의 12개 고을에서 보이는데, 주모자나 적극 가담자도 처벌되지 않고 수령도 징계되지 않으면서 교체 형식으로 농민 봉기를 수습하였던 것이다. 이러한 농민 봉기는 1862년에 집중적으로 전개되었지만 조선 왕조의 기본 구조를 흔들거나 체제 변혁을 이루는 데까지는 나아가지 못했다. 조선 왕조 역시 봉기 초기에는 삼정이정청三政釐正廳을 설치하는 등 부분적 개혁을 시도하였지만 얼마 뒤 폐지함으로써 미봉책에 그치고 말았다. 이후 농민 봉기는 1864년 대원군의 집정執政으로 소강 상태를 보였으나 대원군이 실각한 1870년대 이후 민씨정권기에 이르러 다시 내연內燃하면서 간헐적으로 일어났다. 그렇지만 대부분의 농민 봉기가 한시적이었고 군현郡縣 단위를 뛰어넘지 못하는 고립 분산적 봉기에 그치고 있었다.

이 같은 시대 상황 속에서 시천주侍天主를 근간으로 한 평등사상을 비롯하여, 잘못되어 가는 나라를 바로잡고 도탄塗炭에서 헤매는 백성들을 편안히 하겠다는 보국안민輔國安民 사상과 일본과 서양 열강의 침탈로부터 나라를 지키겠다는 척왜양斥倭洋 사상, 그리고 지금까지 5만년간 지속되어 온 선천先天의 낡은 세상을 타파하고 장차 5만년간 지속될 새로운 후천 세상이 곧 도래한다는 후천개벽後天開闢 사상을 내세운 동학이 1860년 경상도 경주 출신인 수운 최제우이하, 수운에 의해 창도되어 민중들 속으로 파고들고 있었다. 동학은 1864년 교조인 수운이 처형되어 해체의 위기에 직면한 듯했지간, 수운의 수제자 해월 최시형의 헌신적인 노력에 힘입어 위기를 극복하고 1880년대부터는 충청도와 전라도 평야지대에까지 진출하여 농민들을 의식화하고 조직화하기 시작하였다.

2. 전라도 동학 포덕과 진도의 상황

동학이 전라도에 처음으로 전래된 시기는 1861년 11월 이후이며, 처음 전래된 땅은 지금의 남원이었다. 당시 동학 교조 수운은 1861년 6월경부터 경상도 경주 용담을 중심으로 본격적인 포덕布德; 동학의 포교 활동을 시작하였다. 그러나 수운은 포덕을 개시한 지 채 1년도 되지 않아 그의 가르침을 중심으로 한 민중들의 결속을 두려워한 보수 유생들의 탄압에 직면하였고, 이 같은 탄압을 피하기 위해 1861년 11월에 전라도로 피신을 단행하기에 이른다. 수운이 피신을 한 곳은 전라도 남원 근처의 교룡산성 안에 있는 작은 암자 은적암隱跡庵이었으며, 그곳에서 4~5개월 유숙하면서 한편으로는 동학의 교리를 저술하고, 다른 한편으로는 동학 포덕 활동을 펼쳤다. 그 결과 서공서 이하 남원 일대 다수의 민중들이 동학에 입도하게 되었다. 그러나 남원 지방을 중심으로 한 동학 조직은 1864년 교조 수운이 처형당함으로써 지하로 잠복하기에 이른다.

이후 전라도의 동학은 해월 최시형이하, 해월이 전라도 각 지방을 순회하며 포덕 활동을 펼치는 1880년대 초반에 새로운 전기를 맞이하게 된다. 『천도교회사초고』1920, 「익산종리원연혁」『천도교회월보』189, 1926년 9월호, 「여산종리원연혁」『천도교회월보』203, 1927년 11월호 등을 종합해 보면, 해월은 1883년경에 동학에 입도한 전라도 고산 출신 박치경朴致京이라는 제자의 주선으로 1884년 6월에 익산 사자암獅子庵에 들어와 21일 기도 등 수련을 하면서 동년 10월까지 전라도 익산, 여산, 고산, 삼례 전주 일대를 중심으로 포덕 활동을 펼친 것으로 확인되고 있다. 이처럼 1884년 6월 최시형의 사자암 수련 및 포덕 이후 전라도의 동학 교세는 평야지대를 중심으로 널리 확대되기에 이른다.

그런데 전라도 서남해안에 위치해 있던 진도의 경우, 동학이 포교되는 시기가 다른 지역에 비해 상대적으로 늦은 것으로 확인되고 있다. 진도 지역의 동학 포덕 상황을 기록하고 있는 「진도종리원연혁」[3]에 의하면, 진도에 동학이 전래된 시기는 1892년 1월이라는 기록이 있다. 즉, 나주 접사接司인 나치현羅致炫이 진도군 의신면 만길리로 들어와 그 마을에 사는 나봉익羅奉益, 양순달梁順達에게 세상 이야기를 하면서 '사람이 곧 하늘이요人卽天, 덕을 천지에 펴서 광제창생과 보국안민 등을 이룩한다.'고 설법하여 두 사람이 동학을 믿게 되어 진도의 동학은 세 사람에 의해 전파되기 시작했다는 것이다.[4] 나주羅州 출신 인물에 의해서 처음으로 동학이 전파된다는 점, 그리고 의신면 만길리 일대가 최초의 포교 지역이었다는 점이 주목된다. 또한 위의 내용은 전라도 서남해안 일대, 즉 보성, 장흥, 강진, 완도 지역에 동학이 전파되는 시기와 대체로 일치하고 있다.[5] 요컨대, 일반적으로 전라도 북부의 평야지대인 익산, 전주, 삼례 등지에 동학이 전래된 것은 1880년대 초반부터였으며, 전라도 서남부의 해안 지역에 동학이 전파되는 시기는 1890년 초반이 정설이라 하겠다.

3. 교조신원운동기 진도의 상황

주지하듯이, 동학 교세는 1880년대 이후 충청도와 전라도 평야지대를 중심으로 널리 조직화되기 시작하였다. 이 같은 동학의 조직화에 대해 지방 수령들과 보수 유생, 그리고 중앙 정부는 동학을 '사학'邪學 또는 서학-의 아류로 간주하여 탄압 정책으로 일관하였다. 그런데 1880년대 이후, 충청도와 전라도 일대를 중심으로 조직화되기 시작한 동학은 1890년대 초에 이르러서는 동학 탄압에 정면으로 맞서서 동학 공인을 위한 집회, 즉 동학 교조 최제우의 신원伸冤운동을 전개하기에 이른다. 교조신원운동敎祖伸冤運動이 시작된 것이다. 그런데, 동학의 교조신원운동은 동학의 공인이라는 단순한 종교적 요구만 내건 시위운동에 그치지 않고, 동학교도 및 일반 민중에 대한 부당한 수탈을 금지하라는 반봉건적 요구, 더 나아가 1876년의 개항 이후 날로 심해지는 왜와 양의 침탈을 저지하자는 척왜양斥倭洋이라는 반침략적 요구도 함께 내건 일종의 정치적 성격을 지닌 운동으로 발전하고 있었다. 이같은 교조신원운동은 1892년 10월 충청도 공주 집회로부터 시작하여 1892년 11월의 전라도 삼례 집회, 1893년 2월의 광화문 복합상소, 동년 3월의 충청도 보은 집회와 전라도 금구 원평 집회로 이어졌다. 이들 교조신원운동은 동학과 일반 민중의 결합을 촉진하는 결정적 계기가 되었다.

그렇다면 교조신원운동기 진도의 일반 민중과 동학교도들은 어떠한 움직임을 보였을까? 지금까지 알려진 자료에 의하면, 진도의 민중들과 동학교도들이 1892년 10월의 충청도 공주 집회, 동년 11월의 전라도 삼례 집회, 1893년 2월의 광화문 복합상소 운동에 참여한 기록은 발견되지 않고 있다. 그러나 진도의 민중들과 동학교도들이 1893년 3월 10부터 시작되는 충청도 보은 집회에 참여했다는 기록이 남아 있다. 앞에서 예로 들었던 「진도종리원연혁」에 의하면, "1893년 2월3월 10부터 시작되는 집회에 참석하기 위해 2월경에 미리 출발한 것으로 생각됨 진도의 동학교도 나치현, 나봉익, 양순달, 이문규李文奎, 허영재"許暎才 등이 충청도 보은에서 열리고 있던 보은 집회에 참가했다고 되어 있다.[6] 이들 참가자들의 명단을 보면, 동학을 진도에 처음으로 전파한 나치현을 비롯하여 나치현으로부터 처음으로 동학을 받아들인 나봉익, 양순달 등이 포함되어 있다. 이 같은 내용은 진도 지역의 경우 동학에 입도한 인물들을 중심으로 보은 집회에 참여하고 있었다는 사실을 보여 준다. 또한 3월 10일부터 시작되는 보은 집회에 참여하기 위해 2월에 출발했다는 사실은 보은과 진도 간의 장거리를 고려한 사전 출발로 해석할 수 있을 것이다.

충청도 보은 집회는 교조신원운동 가운데서도 '척왜양창의'斥倭洋倡義를 기치로 전국 각지에서 최소한 2만 3천 명* 이상이 참여한 대규모 민중 집회라는 점에서 조선 왕조 지배층뿐만 아니라, 당시 서울에 주재하고 있던 외국공사관을 놀라게 한 대사건이었다.

『취어』聚語에 따르면, 당시 보은 집회에 참가한 고을이 다음과 같이 확인된다. 즉 강원도 1개 고을원주, 경기도 10개 고을 – 광주 송파 수원 안산 안성 양주 여주 용인 이천 죽산, 경상도 9개 고을 – 김산 상주 공성 선산 성주 안동 인동 지례 진주 하동, 전라도 12개 고을 – 나주 남원 무주 무안 순창 순천 영광 영암 장수 전주 태인 함평, 충청도 16개 고을 – 공주 덕산 목천 비인 연산 영동 옥천 직산 진잠 진천 천안 청산 청안 청주 충주 태안 등 모두 48개 고을이다.[7] 또한, 동학 및 천도교 교단사 사료에 따르면, 전라도의 경우 장흥, 익산, 여산, 진도, 임실, 부안, 고흥, 강진, 광양 등 9개 고을이 추가로 확인된다.[8] 그 외 『오하기문』에서는 임피와 함열에서도 참가했다는 기록이 있으며,[9] 또한 『남원군동학사』라는 천도교 교단사 사료에 따르면, 금구 원평에서도 참가한 흔적이 확인된다.[10] 이상의 내용을 종합하면 전국 각지에서 참가한 고을 수가 60개, 그 가운데 전라도만 24개 고을을 차지했다.

* 보은 집회 상황을 기록하고 있는 「취어」(聚語)라는 사료에는 보은 집회에 참여한 민중들과 동학교도들이 한 사람당 한 푼(一分) 씩을 거두었는데, 그 합계가 230냥(兩)이 되었다는 내용이 실려 있다. 이 같은 사실은 100푼이 1냥이라는 사실을 고려할 때 보은 집회에 참여한 사람들의 숫자가 최소한 2만 3천 명 이상이었음을 짐작할 수 있다(「취어」, 『동학농민전쟁사료총서』2, 사운연구소, 1996, 33쪽).

고을 수로만 따질 때 전라도가 무려 40%를 차지한다는 점에서 보은 취회는 진도 지역을 포함한 전라도 동학교도 및 일반 민중들이 적극적인 참여 속에서 열렸다고 말할 수 있다.

그런데 충청도 보은 집회에 참여한 전라도 지역 고을 이름 가운데 주목할 만한 점이 보인다. 그것은 다름 아니라, 진도를 비롯한 전라도 서남해안 지역 고을이 대거 참여하고 있다는 점이다. 서남해안 연안에 위치한 고을 가운데 보은 집회에 참여한 고을은 순천, 영광, 영암, 함평, 장흥, 진도, 고흥, 강진, 광양 등이다. 서남해 연안 고을 가운데 여수와 보성, 완도만 빠져 있다. 그러나 이 가운데 보성·완도 역시 1891년부터 동학이 전파되었기 때문에[11] 보은 집회에 참가했을 가능성이 높다. 그렇다면 전라도 서남해 연안 고을의 경우 여수를 제외한 전 지역에서 보은 집회에 참가했다고 할 수 있을 것이다.

그렇다면 왜 진도를 포함한 전라도 서남해안 연안에 위치한 고을의 동학 교도들과 민중들은 충청도 보은과는 원거리임에도 불구하고 보은 집회에 대거 참여한 것일까? 이 문제에 대해서 구체적인 설명을 담고 있는 사료는 없다. 그러나 당시의 시대 상황과 보은 집회의 성격을 고려하면 어느 정도 그 실마리를 찾아낼 수 있다. 주지하듯이, 보은 집회는 척왜양창의를 전면에 내건 반침략 지향의 정치적 집회였다. 이 같은 사실은 보은 집회 지도부가 1893년 3월 11일에 보은관아 삼문三門에 게시한 「보은관아통고」報恩官衙通告라는 게시문 내용에서 잘 드러나고 있다.[12] 그런데 이 같은 척왜양창의 기치는 1876년 개항 이후 일본 어민들에 의한 어업 침탈**의 대상이 되고 있

** 1876년 개항 이후 일본어민에 의한 전라도 서남해 연안의 어업 침탈의 실태에 대해서는 당시 상황을 전하고 있는 『도쿄니치니치신문』 등에 그 분쟁의 실상이 자세하게 실려 있다. 그러나 이 글에서는 문제제기에 그치고, 자세한 연구는 별고로 넘기기로 한다.

던 전라도 서남해 연안 민중들과 동학교도들의 오랜 염원을 담은 슬로건이 아닐 수 없었다. 물론, 척왜양창의 기치 하나가 진도를 비롯한 전라도 서남해 연안 동학교도들과 일반 민중들이 원거리를 무릅쓰고 보은 집회에 참가한 이유는 아닐 것이다. 그러나 당시 일본 어민들의 주된 침탈 지역이었던 전라도 서남해 연안 지역의 경우, 보은 집회의 슬로건이었던 척왜양창의라는 대의大義가 적지 않은 영향을 끼쳤다고 봐도 무방할 것이다.

충청도 보은 집회는 그러나 조선왕조 지배층의 무력 진압 방침, 지도부에 대한 체포령, 20일 이상 지속된 장기간의 집회에 따른 식량과 숙소 문제, 2만 3천 명 이상 되는 대규모 민중들의 조직화 문제 등으로 인하여 1893년 4월 2일경 지도부가 해산령을 내리고 잠적함으로써 좌절되기에 이른다. 진도의 동학교도들도 보은 집회 해산과 함께 고향으로 돌아오지 않을 수 없었던 것으로 보인다. 이로써 2년여에 걸친 교조신원운동은 일단 막을 내리고 전국 각지로 흩어진 동학 민중들은 새로운 단계의 혁명을 준비하게 된다.

4. 제1차 동학농민혁명기 진도 농민군의 동향

보은 집회는 일단 해산되었지만, 그 의의는 대단히 컸다. 전국 각지에서 모인 동학 민중들이 집회 지도부의 지도 아래 척왜양창의라는 정치 사회적 요구를 내걸고 20일 이상 집회를 열었다는 사실은 그만큼 당시의 동학 민중들의 정치 사회적 의식이 동학을 기반으로 하여 조직적으로 성장하고 있었다는 사실을 반증한다. 이 점은 보은 집회를 해산하기 위해 파견된 양호선무사 어윤중이 보은 집회를 서구의 의회에 해당하는 '민회' 民會라고 지칭한 데서 잘 드러나고 있다. 이처럼 동학 조직이 교조신원운동이라는 대규모 민중 집회를 통하여 무지렁이 같던 농민 대중을 의식화·조직화시켜 가는 가운데, 1894년 1월 전라도 고부의 동학교도들과 일반 민중들이 전봉준을 지도자로 앞세우고 민중 봉기를 일으켰다. 이것이 바로 고부 농민봉기이다. 고부 농민봉기는 종래의 민란과는 달리 전봉준을 중심으로 한 강력하고 조직화된 지도부가 존재하고 있었으며, 1월 10일부터 3월 초에 이르기까지 무려 두 달 이상이나 항쟁을 계속한 장기 지속성, 그리고 그 핵심에는 혈연과 지연으로 맺어진 혈맹적 동지동학교도들이 다수 존재하는 등 새로운 면모를 가졌으나, 끝내 안핵사 이용태의 강경 탄압에 의해 실패로 돌아갔다. 이에 전봉준은 당시 4천 명 이상의 연비聯臂; 동학교도를 거느리며 전라도 일대에서 가장 크고 강력한 동학 조직을 거느리고 있던 무장의 손화중 대접주 휘하로 피신하여, 고부 한 군의 폐정弊政이 아닌 조선 전체의 폐정 개혁을 위한 전면 봉기를 준비하기에 이른다. 이것이 바로 1894년 3월 21일 전라도 무장 기포茂長起包를 계기로 전개되는 제1차 동학농민혁명이다.

3월 20일 전라도 무장 기포를 계기로 전봉준은 손화중과 연합하고, 이어 3월 25일에는 전라도 부안 백산에서 '백산대회' 白山大會를 개최하여, 태인의 김개남군과 함께 약 8천 명의 연합 농민군 부대를 편성하는 데 성공했다. 특히 이들 연합 농민군 부대는 백산에서 저 유명한 백산 격문을 선포하여 농민군의 전면 봉기의 대의大義를 각지의 민중들과 향리, 지방수령들에게 널리 알렸다. 뿐만 아니라, 「4대 명의」와 「12개 군율」[13]을 선포하여 연합 농민군다운 체제와 규모를 갖추었다. 백산에서 선포한 「4대 명의」 속에는 '구병입경 진멸권귀' 驅兵入京 盡滅權貴라는 반봉건적 지향과, '축멸왜이 징청성도' 逐滅倭夷 澄淸聖道라는 반침략적 지향이 선명하게 드러나고 있었다.[14]

그리하여 백산대회 이후, 전라도 각지에서는 농민군의 봉기가 이어졌다. 오지영의 『동학사』에 의하면, 전라도 각 고을에서 봉기가 잇따랐다고 기록하고 있는데,[15] 그 중 전라도 서남해 연안의 경우 영광, 무안, 장흥, 보성, 영암, 강진, 해남, 순천 등지에서 봉기하였다고 쓰고 있다.[16] 이들 봉기 지역은 흥미롭게도 1년 전 충청도 보은 집회에 참가한 고을과 대부분 일치하고 있다. 그러나 『동학사』에는 진도를 비롯한 다수의 고을이 빠져 있어 마치 봉기가 없었던 것처럼 읽힐 수도 있다. 그런데 다행스럽게도 『천도교회월보』에 따르면, 진도에서도 백산대회를 전후한 시기에 봉기가 있었다는 사실이 드러나고 있다. 즉, 영암靈巖 출신 동학접주 김의태金義泰가 1894년 5월 이후에 농민군 지도자가 되어 영암과 해남, 강진과 진도 등지의 농민군과 연합하여 여러 차례 관군과 접전하였다는 것이다.[17] 이 내용에 따르면, 당시 진도의 농민군은 진도만의 단일 지역 농민군이 아니라, 진도 인근 고을인 영암, 해남, 강진 등의 농민군과 연합하여 이른바 연합 농민군 부대를 편성하여 봉기하였음을 확인할 수 있다. 그러나 이들 진도를 포함한 영암, 해남, 강진의 연합 농민군 부대가 오늘날의 전라북도 부안 백산白山까지 올라가 합류했는지는 미지수이다. 합류했다고 하더라도 그 규모는 소규모였을 것으로 생각된다. 이상과 같은 사실을 통해서 제1차 동학농민혁명기 진도 지역 농민군 봉기는 진도만의 단일 지역을 기반으로 한 봉기가 아닌 인근 지역 농민군과 연합한 형태의 봉기였다는 결론을 얻을 수 있다.

5. 집강소 통치기 진도 농민군의 동향

전봉준이 이끄는 농민군은 3월 20일 무장에서 봉기한 이후, 3월 25일의 백산대회를 거쳐 4월 7일 황토재 전투에서는 전라 감영에서 파견된 지방 군대와 싸워 승리하였고, 이후 기수를 남으로 돌려 정읍·흥덕·고창·무장·영광·법성포·함평 등을 차례로 점령한 다음, 4월 23일에는 장성 황룡촌에서는 서울에서 파견된 경군, 즉 중앙의 정부군과 싸워 승리하였다. 이후 농민군은 황룡촌 전투 승리의 여세를 몰아 4월 27일에는 마침내 전라도의 수부首府이자, 조선 왕조의 발상지인 전주성마저 점령하였다. 그러자 조정은 전주성 함락 소식에 큰 충격을 받고, 청나라에 원병援兵을 청하게 되고, 이에 조선 침략의 기회를 엿보고 있던 일본 역시 대군大軍을 파병하기에 이르러 나라 안팎의 정세가 급박하게 돌아가게 되었다. 이에 전주성에 주둔하여 경군과 치열한 공방전을 벌이고 있던 전봉준 등 농민군 지도부는 27개조의 폐정개혁안 수용을 조건으로 경군의 최고 책임자인 양호초토사 홍계훈과 5월 7일에 전주 화약을 체결하고, 이에 농민군은 5월 8일 전주성에서 일제히 철수하여 각 고을로 돌아갔다. 한편, 신임 전라 감사로 부임한 김학진金鶴鎭은 전봉준과 '관민상화책'官民相和策을 논의하여 전라도 각 고을의 폐정 개혁을 각 고을 농민군들이 담당하도록 하였다. 이에 전라도 일대에서는 농민군에 의한 폐정 개혁, 즉 집강소를 중심으로 한 개혁이 이루어지게 되었다. 이처럼 전주 화약 이후, 농민군에 의한 각 고을의 폐정 개혁이 단행되는 시기를 일러 '집강소 통치기' 또는 설시기라 부른다.

그렇다면 집강소 통치기 진도의 상황은 어떠하였는가? 관련 기록을 종합하면, 진도에도 농민군의 집강소가 설치되었던 것이 확실하다. 그 근거를 들면 다음과 같다.

> 1894년 7월에 진도부珍島府 조도면鳥島面 출신의 동학농민군 지도자 박중진朴仲辰이 전라도 영광靈光·무장茂長 등지에서 농민군을 모아 배를 타고 진도부로 침입, 성을 공격하여 사람을 죽이고 재물을 약탈하였으며, 군기軍器; 武器를 빼앗아 마을로 다니면서 불을 질러 재산을 부수고 재물을 약탈하였다. 이에 중민衆民, 진도의 반농민군이 모여 박중진을 비롯한 우두머리 몇 사람을 붙잡아 여러 날을 가두었으나 박중진은 마침내 자결하였다.[18]

위의 내용에 따르면, 진도의 경우 이른바 집강소 통치기인 1894년 7월경에, 조도鳥島 출신 박중진朴仲辰이 이끄는 농민군들에 의해 점령당했다는 사실이 확인된다. 이 같은 사실은 필자가 1996년에 진도를 답사하면서 인터뷰를 했던 이길성李吉成 옹의 증언 내용과도 일치한다.[19] 위의 기록은 특히 조도 출신 농민군 지도자 박중진이 영광과 무장 등지에서 농민군을 모아 진도를 점령했다고 적고 있어서 주목을 요한다. 왜냐하면, 이 같은 내용은 박중진의 지도력이 진도뿐 아니라 영광과 무장 등지까지 미치고 있었다는 증거이기도 하고, 진도의 농민군이 영광, 무장 지역 농민군과 연합하여 폐정 개혁 활동을 수행하였다고 볼 수도 있기 때문이다. 그런데, 위의 내용에 따르면, 박중진 등의 폐정 개혁 활동은 결국 진도의 '중민' 衆民, 즉 반농민군들에 의해 좌절되는 것으로 확인되고 있다. 즉 반농민군들에 의해 박중진을 비롯한 진도 지역의 유력한 농민군 지도자들이 체포되고, 반농민군들의 공세를 피해 다수의 지도자들이 해남 등지로 피신[20]한 가운데 박중진은 마침내 옥중에서 자결함으로써 진도 지역 농민군들의 폐정 개혁 활동은 좌절에 이르고 있다.

당시 박중진을 체포한 반농민군들의 농민군 탄압은 상당히 조직적으로 전개된 것으로 보인다. 그 근거로는 다음과 같은 사실을 들 수 있다.

1894년 7월 경에 진도부珍島府 고군내면古郡內面 내동리內洞里 출신 손행권孫行權이 민요民擾, 동학농민혁명를 일으킨 뒤, 해남海南으로 피신하였다가 12월에 체포되었으며, 고군내면 석현리石峴里에 사는 김수종金秀宗은 손행권을 통해 동학에 입교하여 동학농민혁명에 참여하였다가 집에서 수련 도중 12월에 체포되었다.[21]

1894년 8월 14일에 신임 진도부사珍島府使로 윤석신尹錫莘이 부임함.[22]

1894년 8월 14일 부임 이후, 신임 진도부사 윤석신尹錫莘은 포군砲軍, 반농민군 몇십 명을 조직하여 동학농민군의 침입에 대비함.[23]

1894년 9월 18일에 진도 감목관監牧官이 새로 부임함.[24]

1894년 9월 22일에 중앙 조정朝廷은 진도의 전부사前府使 이희승李熙昇에게 군기軍器; 무기를 빼앗긴 책임을 물어 압상押上조치를 내림.[25]

1894년 10월 10일에 진도 감목관監牧官이 민정民丁, 반농민군 1,322명을 모아 수성소守城所; 농민군 탄압을 위한 반농민군 측 지휘소를 설치하고, 우수영右水營과 함께 남북南北 두 방향에서 농민군의 침입을 막음. 한 방향은 무안務安과 경계인 사도진沙島津이었고, 다른 한 방향은 원문轅門의 험구隘口; 험준한 입구임.[26]

위의 내용을 종합하면, 1894년 7월경에 박중진 등이 이끄는 진도·영광·무장 지역의 연합농민군에게 점령당한 진도는 농민군에 의한 집강소 통치, 즉 폐정 개혁 활동이 활발하게 전개되었다. 이 무렵 진도에는 박중진 외 고군내면 내동리 출신 손행권, 석현리 출신 김수종 등도 농민군 지도자로 활동하고 있었다. 진도를 점령한 농민군은 진도부의 군기를 빼앗고,[27] 부호들의 재산을 몰수하는 한편 동학교도들과 농민들에 대한 가렴주구를 일삼은 악질적인 하급 관리들을 처형하기도 하였다.[28]

그러나 진도 지역 농민군들의 폐정 개혁 활동은 8월 중순을 고비로 반농민군들의 공세에 의해 서서히 종막을 고하게 된 것으로 나타난다. 즉 8월 14일에 부임한 신임 진도 부사 윤석신을 중심으로 포군砲軍, 즉 반농민군이 조직되기 시작하며,[29] 9월 18일 이후에는 진도의 감목관이 새로 부임하여 10월 10일 이후에는 진도 감목관이 중심이 되어 조직된 반농민군이 1,300명 이상[30]이 될 정도로 반농민군의 군세가 강화되어 진도 지역 동학농민혁명은 갈수록 위축되기에 이른다. 그리하여 진도 조도 출신 박중진을 비롯한 진도 지역 농민군들은 대체로 1894년 10월 이후부터 잇따라 체포되거나 피신함으로써 진도 지역 동학농민군들의 폐정 개혁 활동은 사실상 종막을 고하게 되었다고 보여진다.

6. 제2차 동학농민혁명기 진도 농민군의 동향

1894년 6월 21일양 7월 23일, 일본군은 조선의 국왕이 거처하고 있는 경복궁을 불법적으로 점령하여 국왕을 포로로 삼은 다음, 조선 군대를 무장해제시키고, 민비를 비롯한 민씨 정권을 타도한 후 대원군을 위협하여 집정執政으로 삼고, 친일파를 중심으로 한 괴뢰 정권을 수립하는 이른바 '경복궁 불법 점령 사건' *을 일으킨다.

일본군의 이 경복궁 점령 사건은 전주 화약 이후 각 고을에서 집강소 통치를 통한 폐정 개혁 활동에 주력하고 있던 전국 각지의 농민군 진영의 항일 봉기抗日蜂起의 결정적 계기가 되기에 이른다. 특히 전라도의 서남해 연안을 순시하며 집강소 활동을 독려하고 있던 전봉준도 경복궁이 일본군에 의해 점령당했다는 소식을 7월 초순 전라도 남원에서 처음으로 접한[31] 이후, 이를 '변란' 變亂, 즉 국가적 위기로 인식한 가운데 일본군을 구축하기 위한 제2차 기포 준비에 부심하게 된다. 8월 25일경에는 김개남·손화중 등 농민군 지도부와 함께 남원대회南原大會를 개최하여 재봉기를 결의한[32] 전봉준은 마침내 9월 10일경 전라도 삼례에 대도소大都所; 농민군 최고 지도부를 설치하고

* 1894년 6월 21일에 일어난 일본군의 '경복궁 불법 점령 사건'에 대한 국내의 연구는 아직 충분히 이루어지지 못한 상태에 있다. 일본의 나카츠카 아키라(中塚 明) 교수는 1994년에 일본 후쿠시마현(福島縣) 현립도서관에 소장되어 있는 「일청전사초안」(日淸戰史草案)을 발굴하여 이 '경복궁 불법 점령 사건'이 일본 정부와 군부에 의해 사건 당시부터 조직적으로 왜곡·조작되어 왔다는 사실을 밝혀낸 바 있다. (中塚 明,『歷史の僞造をただす』, 高文硏, 1997년; 박맹수 옮김,『1894년, 경복궁을 점령하라』, 푸른 역사, 2002년 참조)

항일 구국抗日救國을 기치로 한 제2차 기포를 단행하기에 이른다. 제2차 - 동학 농민혁명이 시작된 것이다.

그렇다면, 전봉준을 중심으로 한 농민군 지도부가 전라도 삼례에서 재봉 기를 단행할 무렵, 전라도 진도의 농민군들은 어떤 움직임을 보였을가? 진 도의 농민군들이 전봉준이 이끄는 농민군 진영에 참여했는지는 현재까지 알려진 사료에서는 확인되지 않고 있다. 다만, 앞에서 인용했던 「진도종리 원연혁」에서는 김광윤金光允·나치현羅致炫·나봉익羅奉益·양순달梁順達·허영 재許暎才 등이 봉기하여 나주로 향하여 전진하다가, 무안의 고막포古幕浦에서 싸웠다는 기록이 있다. 즉 그 내용을 보면,

> 1894년 11월 16일에 진도珍島의 동학농민군들인 김광윤金光允, 나치현羅致炫, 나봉익羅奉益, 양순달梁順達, 허영재許暎才 등이 무안현務安縣 고막포古幕浦 전투 에 참가하여 18일까지 전투를 벌였으나 패배하였다.[33]

는 것이다. 이 내용에 따르면, 진도의 농민군들은 11월 16일부터 18일까지 무안의 고막포에서 전개된 전투에 참가했다는 것이다. 진도 지역 농민군이 진도 지역을 벗어나 무안 고막포까지 진출하여 전투를 벌였다는 사실은 진 도 지역 농민군들의 조직력을 엿보게 하는 동시에, 제1차 동학농민혁명기 부터 진도 지역 농민군들은 인근 지역 농민군들과 연합부대를 형성하여 함 께 싸우고 있음을 보여 주고 있다. 그러나 진도 농민군들은 고막포 전투에 서 패배하였고, 이후 관군에 의해 많이 학살당한 것으로 확인된다. 즉, 「진 도종리원연혁」에 의하면, 진도에 동학을 처음으로 전파했던 나치현이 나주 에서 관군에게 학살당하였고, 그 외 다른 농민군들도 많은 고통을 겪고 본 군=진도으로 돌아왔다고 기록하고 있다.[34]

7. 공주 우금티 전투 이후 농민군의 동향

1894년 10월 말에서 11월초에 걸쳐 동학의 남북접 농민군들은 충청도 공주 우금티에서 근대식 무기로 무장하고 근대식 훈련으로 단련된 조일연합군을 맞이하여 4~50차례에 이르는 공방전을 벌였다. 농민군 측의 최대이자 최후의 대항쟁이 시작된 것이다. 공주 우금티를 중심으로 대치한 농민군과 조일 연합군은 10월 23일부터 25일까지 1차 대접전을 벌였으며, 다시 11월 8일부터 9일까지 우금티를 중심으로 제2차 대접전을 벌였다. 우금티에서 벌어진 2차 대접전의 광경을 당시 전투에 참가한 관군 지휘관이 남긴 기록을 통해서 살펴보기로 하자.

적병농민군이 삼면을 포위하니 그 머리에서 꼬리까지가 30리에 이르러 마치 상산常山의 뱀을 치는 듯하였고, 효포와 능치=웅치 쪽에서 움직이면서 곧장 공격해 오려는 기세였지만 사실은 그 의도가 언제나 우금牛金=우금티 쪽에 있었다. 그러나 적농민군은 관군과 일본군이 우금티를 엄히 지키고 있다는 것을 알고 또한 공격의 방향을 주봉周峰;두리봉 쪽으로 바꾸었다. 견준봉犬蹲峰;개좆배기봉을 지키는 부대가 그들을 공격하여 물리치고, 주봉周峰을 지키던 부대가 포를 쏘며 호응하니 이에 우금티에서 큰 전투가 벌어지게 되었다.

처음에는 성하영의 경리청군이 홀로 그 충돌을 감당하였으나 가히 지탱할 만한 형세가 되지 못하여 일본군 병관兵官, 후비보병 제19대대 서로 분진대 제 2중대장 모리오 마사카즈=森尾雅一 대위를 말함이 군사를 나누어 우금티와 견준봉 사이에 배치하였다. 관군과 일본군은 산등성이에 벌리고 서서 일제히 사격을 하고 다시 몸을 산속으로 숨겼다가 적이 능선을 넘어오려고 하면 또다시 산등성이로 올라가 일제히 사격을 하였으니, 이렇게 되풀이한 것이 4~50 차례가

되어 적의 시체더미가 온 산에 가득하였다.[35]

아아! 그들 비류농민군 몇만의 무리가 4~50리에 걸쳐 두루 둘러싸고 길이 있으면 다투어 빼앗고, 높은 봉우리가 있으면 다투어 차지했다. 동쪽에서 소리치면 서쪽에서 호응하고, 왼쪽에서 번쩍 하다가 금세 오른쪽에서 튀어나와 깃발을 흔들고 북을 울리면서, 죽음을 무릅쓰고 앞을 다투어 올라왔다. 도대체 저들은 무슨 의리義理와 무슨 담략膽略을 지녔기에 저리 할 수 있었단 말인가. 지금 그때 그들의 행동을 말하려 하니 생각만 해도 뼈가 떨리고 마음이 서늘해진다.[36]

이상과 같이 4~50차례 이상의 공방전이 계속된 제2차 우금티 대전투는 11월 8~9일 이틀간에 걸쳐 양측의 공방으로 이어졌다. 비록 무기 면에서 열세였던 농민군이었지만 그 기세는 하늘을 찌를 듯했고 병력 수도 4만 명 이상이나 되었다. 농민군들은 경군과 일본군 지휘관들의 간담을 서늘하게 할 정도로 용맹하게 싸웠다. 그러나 무기와 근대식 전술을 체계적으로 훈련한 조일 연합군 앞에서 무기와 전략 전술의 열세를 극복하지 못한 농민군 측은 막대한 희생을 남긴 채 패배하고 말았다. 제1, 2차 대접전을 치르고 난 뒤 남아 있는 농민군의 전력에 대해 전봉준은 다음과 같이 회고한 바 있다.

제1차 접전 후 1만여 명전봉준이 직접 지휘하던 부대의 군병을 점고하니 불과 3천 명에 지나지 않았으며, 그 후 다시 2차 접전 후 점고하니 5백여 명에 불과하였다.[37]

이렇게 하여 동학농민혁명은 우금티 전투 패배를 고비로 서서히 내리막 길로 접어들게 된다. 전봉준이 이끌던 농민군은 11월 27일의 태인 전투를 끝으로 전봉준이 장성 갈재에서 농민군을 해산하고 피신길에 올랐으며, 일본군의 후방 상륙에 대비하여 광주와 나주 일대를 방어하고 있던 손화중·최경선 등도 12월 1일을 전후하여 각각 군을 해산하고 피신길에 올랐다. 김개남군 역시 청주성 전투에서 대패한 이후 패배하여 피신길에 오르면서 사실상 제2차 동학농민혁명은 좌절되기에 이른다. 그리하여 공주 우금티 전투 이후 각지의 농민군은 본격적인 농민군 진압에 나선 조일연합군의 진압 작전에 의해 대량으로 학살당하는 처지로 내몰리게 된다. 다음 절에서에서는 일본군 및 일본군에게 지휘를 받고 있던 조선의 경군京軍에 의한 농민군 진압 작전의 실상을 1차 사료를 중심으로 검토하기로 한다.

8. 농민군 진압 전담 부대의 조선 출병과 진도 농민군 학살

1) 농민군 진압 전담 부대의 조선 출병과 살육 명령

1894년 9월 26일에 인천에 주둔하고 있던 일본군 남부병참감부南部兵站監部 사령관 이토 스케요시伊藤祐義는 일본 히로시마廣島에 있던 일본군 대본영의 병참총감兵站總監 가와카미 소로쿠川上操六 참모차장* 앞으로 "동학당農民軍 박멸撲滅의 군대를 따로 파견해줄 것"을 전보로 요청하였다양 10월 24일.[38] 당시 이토 스케요시가 농민군 진압 전담 부대를 따로 파견해 줄 것을 요청한 이유는 일본군이 6월 21일에 불법으로 조선 왕궁인 경복궁을 무력 점령한 사태를 국가적 위기로 인식한 농민군들이 각지에서 봉기하고 있었을 뿐 아니라, 특히 부산에서 서울로 이어지는 일본군 병참선과 군용전선이 농민군들에 의해 끊임없이 공격받는 사태에 직면한 나머지 이미 출병하여 각지의 병참지부에 주둔해 있던 일본군 수비대만으로 농민군의 봉기를 진압할 수 없

---

* 당시 참모총장은 일본 천황이었기 때문에, 참모차장인 가와카미 소로쿠(川上操六)가 사실상 농민군 진압 및 청일전쟁에 대한 총지휘를 담당하고 있었다.

었기 때문이었다. 이토의 출병 요청에 대해 대본영은 즉각적인 회답을 내리지 못하고 있었다.

대본영에 출병 요청을 했던 이토 스케요시는 9월 27일 각지의 병참지부를 중심으로 농민군 진압에 나서고 있던 일본군 수비대에게 "동학당 처분에 대해서는 조선 관리 및 조선 병대의 처분에 맡기고 응원의 취지를 지킬 것이나, 기회가 있으면 혹렬酷烈한 소치所置; 처치를 실시하여 가차 없이 살육을 실행할 것"양 10월 25일39을 지시함으로써 점차 거세지고 있는 농민군의 봉기에 대해 강경 진압을 지시하였고, 같은 날 전임 오토리 케이스케大鳥圭介 즈한일본공사의 후임으로 인천에 도착한 신임 이노우에 카오루井上馨 공사는 부임하자마자 "각지의 동학당, 일도양단一刀兩斷의 처치處置에 적극적으로 등의한다."는 전문을 이토 스케요시 남부병참감 사령관에게 보냄으로써,40 사실상 농민군에 대한 일본군의 강경 진압 작전에 동의하였다. 일본 군부軍部뿐 아니라 일본 정부 역시 농민군에 대한 강경 진압에 동의한 것이다.

이 같은 상황 속에서 9월 28일 인천의 남부병참감부 사령관 이토 스케요시는 다시금 히로시마 대본영의 가와카미 소로쿠 병참총감에게 "동학당농민군에 대한진압을 전담할 2개 중대를 따로 파견해 줄 것을 다시 청구하니 속히 결행해 줄 것"을 요청하는 전문을 보냈다.양 10월 26일41 이토 스케요시 남부병참감 사령관이 농민군 진압을 전담할 일본군 부대의 출병을 다시 요청했다는 사실은 그만큼 당시 조선에 주둔한 남부병참감부가 농민군 진압을 최우선 과제로 인식하고 있었다는 사실을 드러내는 동시에, 농민군의 항일 봉기가 청일전쟁에까지 영향을 끼칠 정도로 거세지고 있었다는 것을 반증한다고 하겠다. 그러나 이토 스케요시의 출병 재요청에도 불구하고 대본영은 여전히 출병에 관한 즉답을 보내지 못하고 있었다. 이에 9월 29일 이토 스케요시는 히로시마 대본영 가와카미 소로쿠 병참총감에게 "농민군 진압을 위한 2개 중대 파견의 일은 크게 서둘러 단행해 줄 것"을 요청하는 전문을 또다시 보냈다.양 10월 27일42 거듭하여 농민군 진압 전담 부대의 출병을 요청한 것이다.

이에 대해 일본 히로시마 대본영의 병참총감 가와카미 소로쿠川上操六는 9월 29일에 인천의 남부병참감부 사령관 이토 스케요시伊藤祐義에게 먼저 "동학당에 대한 처치는 엄열嚴烈함을 요한다. 향후 모조리 살육할 것"을 지시하는 살육 명령을 내렸다.양 10월 27일43 그런데, 이 살육 명령은 대단히 문제가 많은 위법적違法的 명령이었다. 첫째는 조선의 국내법에 위반된 명령이었다. 당시 조선은 일본과 비록 불평등 조약을 맺고는 있었으나 조선 국내법을 위반한 조선인에 대한 사법권은 어디까지나 조선 정부에 있었다. 그런데도 카와카미 소로쿠가 일방적으로 상대국 민중에 대한 살육 명령을 내린 것은 조선 정부의 주권을 무시한 불법 행위였다. 둘째 당시의 국제법은 선전포고를 하지 않은 채 이루어지는 전투 행위나 비전투원에 대한 살상 행위를 위법으로 규정하고 있었다. 1894년 당시 조선과 일본은 선전포고를 한 전쟁 당사국이 아니었다. 그럼에도 불구하고 일본 군부의 총수가 상대국 국민을 살육하라고 명령한 것은 명백한 국제법 위반이었다. 셋째는 지금까지 일본 정부는 농민군에 대한 살육은 조선정부로부터 요청이 있었기 때문이라고 주장해 왔다. 그러나 살육 명령이 내린 9월 29일양 10월 27일 까지 당시의 조선 정부는 일본 정부나 일본군에게 정식으로 농민군 진압을 요청한 적이 없었다. 그러므로 일본이 지금까지 주장해 온 것은 완전히 거짓말이라는 사실이 9월 29일의 전문 살육 명령 발견으로 확인되었다. 9월 29일 조선의 주권과 국제법마저 무시한 살육 명령을 내렸던 히로시마 대본영의 가와카미 소로쿠 병참총감은 9월 30일 마침내 인천의 남부병참감부 사령관 이토 스케요시에게 "농민군 진압 전담 부대인 3개 중대를 인천으로 파견할 예정"이라는 전문을 보냈다.양 10월 28일44 이토가 당초 요청했던 2개 중대보다 1개 중대가 증강된 3개 중대를 파견하겠다고 통보한 것이다. 이로써 그간 조선 각지에서 일본군 병참선 수비대와 맞서 싸우던 농민군은 농민군 진압 전담 부대와 이중으로 맞서 싸워야만 하는 위기에 봉착하게 되었다.

한편, 가와카미의 살육 명령은 명령이 하달된 그 이튿날인 9월 30일부터 일본군 수비대에 의해 그대로 실행에 옮겨졌다. 그 구체적 사례를 들면 다음과 같다. 즉, "9월 30일 오후 7시 10분 경상도 낙동洛東 병참사령관 아스카이飛鳥井 소좌로 부터 인천 남부병참감부 사령관 이토 스케요시에게 '어제9월 29일 경상도 상주尙州에서 농민군 수령首領으로 생각되는 자 2명을 붙잡아 와서 오늘 여러 가지로 취조를 했으나 실토도 하지 않고, 말하는 모양을 살펴보아도 수령이라고는 생각되지 않는데, 이와 같은 자를 당 병참부에서 참살斬殺해도 좋은가.' 라는 문의가 오자, 이토 스케요시 사령관은 '동학당 참살에 관한 일은 귀관貴官의 의견대로 실행하라.' 고 지시하였다는 것이다.양 10월 28일[45] 이와 같은 사실은 가와카미 소로쿠의 살육 명령이 조선 각지의 일본군 수비대에 의해 한치의 오차도 없이 그대로 실행되고 있었다는 것을 반증한다. 조선정부의 주권을 무시하고 국제법마저 위반한 살육 행위가 버젓이 자행되고 있는 것이다.

이처럼 조선 각지에서 일본군에 의한 농민군 살육 행위가 자행되고 있는 가운데, 마침내 농민군 진압 전담 부대인 일본군 후비보병 제19대대가 출병을 단행, 조선에 상륙하기에 이른다. 농민군 진압 전담 부대인 일본군 후비보병後備步兵 제19대대는 10월 5일양 11월 2일에서 7일양 11월 4일 사이에 일본 히로시마廣島를 출발하였으며,[46] 10월 9일에는 인천에 도착하였다.양 11월 6일[47]

2) 출군 훈령과 후비보병 제19대대의 남하

10월 13일, 인천 병참감부 사령관 이토 스케요시伊藤祐義 포병중좌는 후비보병 제19대대장 미나미 고시로南小四郎 소좌에게 농민군 진압을 명령하는 '동학당 진압을 위해 파견대장에게 내리는 훈령', 이른바 출군훈령出軍訓令을 내려 농민군 진압의 기본 계획을 하달하였다.양 11월 10일[48] 이 '출군훈령'

은 농민군 진압 전담 부대인 후비보병^{後備步兵} 제19대대가 전개할 농민군 진압 작전의 전모를 담고 있다는 점, 또한 그 작전의 목적과 기본 방침이 드러나 있기 때문에 중요한 의미를 지닌다고 하겠다. 그러므로 여기에 그 전문을 소개하기로 한다.

一. 東學黨은 現在 忠淸道 忠州·槐山 및 淸州 地方에 群集하여 있고, 그 밖의 나머지 東學黨은 全羅道·忠淸道 各地에 出沒한다는 報告가 있으니, 그 根據地를 찾아내어 이를 剿絶할 것.

二. 朝鮮政府의 요청에 의해 後備步兵 第十九大隊는 다음 項에서 지적하는 세 개의 길로 分進하여 朝鮮軍과 協力, 沿道에 있는 東學黨을 擊破하고 그 禍根을 剿滅함으로써 東學黨이 再興하는 後患을 남기지 않도록 해야 한다. 그리고 그 우두머리로 認定되는 者는 체포하여 京城公使館으로 보내고, 또 東學黨 巨物級 間의 往復文書 或은 政府內部의 官吏나 地方官, 또는 有力한 側과 東學黨間에 往復한 文書는 힘을 다해 이를 수집하여 함께 공사관으로 보내라. 다만 겁에 질려 따르는 者에 대해서는 그 熱誠 정도를 보아 가리고, 순순히 귀순하는 者에 대해서는 이를 寬大히 용서하여 굳이 가혹하게 다루는 것을 피하라. 단 이번 東學黨을 진압하기 위해 前後하여 派遣된 朝鮮軍 各 部隊의 進退와 調達은 모두 우리 士官^{일본군 지휘관; 인용자주}의 命令에 따라서 하게 하며, 우리 軍法을 지키게 해서, 만일 軍法을 위배하는 者가 있으면 軍律에 따라 처리하기로 朝鮮政府로부터 朝鮮軍 各 部隊長에게 이미 示達되어 있으니, 세 갈래 길로 이미 출발했거나, 또는 장차 출발할 朝鮮軍의 進退에 대해서는 모두 우리 士官으로부터 지휘 명령을 받아야 될 것임.

三. 步兵 一個中隊는 西路, 즉 水原 및 公州를 경유 全州府 街道를 前進하여, 그 進路에 근접한 左右의 驛邑을 偵察하라. 特히 恩津·礪山·咸悅·扶安·萬頃·金溝·古阜·興德 地方을 嚴密히 搜索하고 더 나아가 靈光·長

城을 경유 南原으로 나가서 그 진로의 左右 各 驛邑을 偵察하라. 특히 南原 偵察은 嚴密히 하여야 한다.

步兵 一個中隊는 中路, 즉 龍仁·竹山 및 淸州를 경유 星州街道로 前進하여 그 進路의 左右 各驛邑을 偵察하고, 特히 淸安·報恩은 靑山 地方은 搜索을 엄밀히 해야 한다.

步兵 一個中隊는 東路우리 兵站線路, 즉 可興·忠州·聞慶 및 洛東을 경유, 大邱府街道로 前進하여 그 進路의 左右 各 驛邑을 偵察하고, 특히 左側은 原州·淸風 右側은 陰城·槐山 엄밀히 搜索해야 한다.

各 中隊는 될 수 있는 대로 서로 氣脈을 통하고 가능한 한 合同하여 포위 剿滅하는 方略을 取해 다같이 함께 성과를 거둘 수 있도록 꾀해야 한다. 各 中隊는 賊의 무리를 소탕하여 그 敗殘兵이나 흔적을 찾아 볼 수 없을 정도가 되면 慶尙道 洛東에 集合, 다음 命令을 기다릴 것.

大隊本部는 中路 分進隊와 함께 行進하라.

四. 各路로 分進하는 中隊는 大略 別紙와 같은 日程表에 따를 것이며, 東路 分進中隊를 조금 먼저 가게 해서 匪徒를 東北 쪽에서 西南 쪽으로, 즉 全羅 道 方面으로 내몰도록 힘써야 한다. 만일 匪徒들을 江原道와 咸鏡道 쪽, 즉 러시아 國境에 가까운 곳으로 逃避케 하면 적지 않게 後患이 남을 것인즉 엄밀히 예방해야 한다. 단 가능한 한 서로 연락을 취해 각자의 소재를 서로 알 수 있게끔 해야 한다.

五. 各 分進中隊에는 朝鮮 朝廷으로부터 鎭撫使 및 內務官吏 등을 따르게 할 것이다. 鎭撫使에게는 各地에서 監司·府使 등을 독려, 東學黨 무리에게 順逆의 도리를 설득케 하고 利害됨을 잘 타일러 그들로 하여금 反省·歸順토록 하는 일을 전담케 한다. 內務官吏는 各 中隊에 隨行, 隊長의 命을 받들어 沿道 각처에서 糧食 其他 軍需品을 調達하고 人夫와 馬匹의 雇傭과 宿舍 供給 등을 주선하여 各 中隊의 要求를 充足시키는 일을 임무로 한다.

六. 各 中隊는 삼일분의 糧食과 이일분의 携帶 □糧 및 취사도구를 휴대해야 한다. 이를 위해 짐 싣는 말 몇 頭를 소속시킨다. 단, 매일 매일의 糧食과 각종 물품은 가능한 한 현지에서 조달하고, 혹시 휴대한 糧食과 物品을 모두 消費했을 때에는 힘써 빨리 現地物資를 買入하여 補充해야 한다.

七. 東學黨 鎭撫에 關한 諸報告는 大隊長 및 各 分進中隊長으로부터 本官에게 가끔 해야 한다本官은 仁川兵站司令部에 있겠음.

仁川兵站司令官 伊藤祐義

위의 출군훈령에 따르면, 첫째, 후비보병 제19대대는 서울에서부터 세 길, 즉 서로·중로·동로로 남하하면서 농민군을 진압한다. 둘째, 조선군에 대한 지휘 및 명령은 일본군이 담당한다. 셋째, 동로 분진중대를 선행시켜 농민군이 러시아 국경 쪽으로 도망하는 것을 방지하고, 서남西南 방향, 즉 전라도 방면으로 내몰아 후환이 남지 않도록 초멸剿滅한다는 것이 핵심이었다. 이를 위해, 후비보병 제19대대는 10월 15일양 11월 12일 세 길三路로 나뉘어 서울 용산을 출발하여 남하하기 시작하였다. 구체적으로 동로東路는 일본군 병참선로兵站線路를 따라 마츠키 다사야스松木正保 대위가 지휘하는 제1중대가, 서로는 공주가도公州街道를 따라 모리오 마사카즈森尾雅一 대위가 지휘하는 제2중대가, 중로는 청주가도淸州街道를 따라 제19대대 본부 및 이시쿠로 아키마사石黑光正 대위가 지휘하는 제3중대가 남하를 시작하였다.[49]

이들 부대 가운데 후비보병 제19대대 서로분진대인 제2중대중대장, 森尾雅一 대위는 10월 24일양 11월 21일 공주에 도착하여,[50] 전봉준이 이끄는 농민군과 공주 공방전을 벌이게 된다. 또한 10월 26일에는 후비보병 제19대대 본부 및 중로분진대中路分進隊인 제3중대, 중대장 石黑光正 대위 역시 공주 인근의 문의현文義縣에 도착하여 지명至明에서 1만여 명의 농민군과 전투를 벌여 농민군을 격파한다.[51] 이 중에서도 서로분진대, 즉 후비보병 제2중대는 특히 11월 8일부터

11일까지 전개되는 제2차 공주 전투우금티 전투에서 전봉준의 농민군과 4-50
차례의 공방전을 전개한 끝에 농민군을 대파함으로써 동학농민혁명은 사
실상 좌절되기에 이른다.[52]

공주 우금티 전투 패배를 고비로 농민군의 항일 봉기는 더 이상 조직적으
로 지속되지 못하지만, 각지로 흩어진 농민군은 최후까지 산발적인 저항을
이어간다. 이에 대해 일본군은 출군 훈령에 명시된 것처럼, 농민군을 전라
도 서남쪽으로 내몰아 초멸하는 작전을 한층 강화하게 된다. 이와 같은 상
황 속에서 살아남은 농민군들은 일본군의 초멸 작전에 의해 전라도 서남부
방향으로 내몰리면서도 최후까지 항쟁을 계속한다.

공주에서 전봉준이 이끄는 농민군을 격파한 일본군은 남하를 계속하였
고, 후비보병 제19대대장은 주한일본공사 이노우에 카오리와 연락을 취하
면서 섬으로 도망하는 농민군까지 추적하여 섬멸하려는 의지를 나타낸다.
즉, 11월 29일 후비보병 제19대대장 미나미 고시로南小四郎는 이노우에 카오
루井上馨 주한일본공사에게 "농민군이 배를 타고 섬으로 도주할 염려가 있음"
을 보고하고 있다.[53]

12월 10일양 1895년 1월 5일, 후비보병 제19대대는 전라도 나주성羅州城에 도착
하였고,[54] 나주에 도착한 제19대대장은 '장흥이 위태롭다.'는 보고를 접하
여 곧바로 3개의 지대枝隊를 파견하여 장흥 방향으로 파견하였다.[55] 12월 11
일 유시酉時:오후 5시에서 7시 사이 무렵에는 좌선봉진군左先鋒陣軍, 左先鋒將 李圭泰이
전라도 무안읍務安邑에 도착하였으며,[56] 12월 12일양 1895년 1월 7일에는 소모관
召募官 백낙중白樂中이 이끄는 경군京軍이 장흥부에 도착하여 장흥 지역 농민
군과 최초로 전투를 벌였다.[57] 12월 13일1월 8일에는 후비보병 제19대대의 제
1중대 및 제2중대의 지대枝隊, 후비보병 제18대대의 시라키白木 중위가 지휘
하는 교도중대教導中隊가 연합하여 세 방면에서 남방으로 진격하여, 같은 날
일본군 및 조선 경군京軍 일부가 장흥 부근의 농민군을 공격하여 격파하였는

데, 농민군의 시체가 산을 이루었다.[58] 또한 같은 날인 12월 13일에 교장敎長 황수옥黃水玉이 이끄는 경군 및 일본군으로 구성된 통위영병統衛營兵 30명이 장흥부 남문 밖에 주둔하고 있던 농민군과 전투를 벌여 농민군 20여 명을 포살하였다.[59] 12월 15일양 1895년 1월 10일에는 교도중대장 이진호李軫鎬가 이끄는 교도중대와 일본군 후비보병 제19대대 본부 및 제3중대가 장흥부에 도착하여 '석대' 石臺 들판에서 농민군 약 3만 명과 전투를 벌였다. 농민군은 일본군 및 경군의 유인 전술에 속아 수백 명이 포살당하고 나머지 농민군은 자울재眠峙를 넘어 퇴각하였다.[60] 이로써 농민군은 해남을 거쳐 진도를 비롯한 섬 지방으로 쫓기는 수밖에 없기에 이르렀다.

12월 15일의 장흥 전투 이후, 농민군은 조직적 저항을 더 이상 계속할 수 없었다. 특히 "장흥 강진 전투 이후, '농민군을 많이 죽이는 방침' 을 취하였다. 그 이유는 소관小官, 미나미 고시로 한 사람만의 생각으로 한 것이 아니라, 훗날에 재기할 가능성을 제거하기 위해 다소 살벌하다는 느낌을 살지라도 그렇게 하라는 공리公使, 이노우에 카오루 주한일본공사와 사령관司令官, 仁川의 이토 스케요시 남부병참감부 사령관의 명령이 있었기 때문이었다."[61]라고 후비보병 제19대대장 미나미 고시로가 인정하고 있듯이, 살아남은 농민군은 일본군 및 조선 경군에게 일방적으로 학살당하는 처지로 내몰리고 있었다.

3) 일본군의 진도 진주와 진도 농민군 학살

12월 15일, 일본군 및 조선 경군이 장흥 석대에서 장흥 인근의 농민군 3만 명과 전투를 벌여 농민군을 격파하는 시기를 전후한 12월 13일 유시酉時; 오후 5시에서 7시 사이 무렵, 좌선봉진군은 목포진木浦鎭까지 남하하였다. 이 부대는 당초 진도까지 농민군을 추격할 예정이었으나, 13일 밤부터 비가 내리고 바람이 불며 파도가 매우 높아지더니 그 같은 상황이 16일까지 밤낮으로 그치지 아니하므로, 16일까지 목포진에 계속 주둔하였다. 기록에 따르면, 이 부

대는 16일까지 목포진에 머물며 모자란 군량軍糧 등을 진도에서 도착한 공
곡公穀으로 조달하였다고 한다.[62] 좌선봉진군은 12월 17일에는 진도와 가까
운 거리에 있는 해남 우수영에 도착 주둔하였다.[63] 또한, 12월 19일에는 통
위영병統衛營兵마저 해남읍에 도착하여,[64] 장흥 전투 이후 해남과 강진, 기타
섬으로 도주한 농민군에 대한 정탐, 수색, 체포 작전을 수행하였다. 앞에서
설명하였듯이 일본군은 '후환을 남기지 않게 하기 위해' 섬으로 도주한 농
민군에 대한 동향 파악 및 수색, 체포에 특별한 주의를 기울이고 있었다. 이
같은 상황은 다음과 같은 기록에서 잘 드러나고 있다.

> 1894년 12월 20일 좌선봉진군은 일본군 후비보병 제19대대장에게 "우수영
> 및 해남 일대에서 아직 체포되지 아니한 각 읍邑 邑의 동학 거괴東學 巨魁; 동학
> 농민군 지도자들이 섬으로 숨어들어 갔다."고 보고하였다.[65]

> 각 처의 거괴들이 각각 무기를 지니고 모두 섬으로 들어가 무리를 이루고 주
> 둔하고 있다.[66]

> 경내를 정탐한 상황은 장흥의 남면南面과 칠량七良 등지에서 도망한 비투농민군
> 들은 혹은 산골짜기로 숨고 혹은 바다를 건너서 섬으로 도망간 자들이 많
> 다.[67]

위의 기록에 나오는 섬이란 바로 진도와 제주도가 대표적이다. 이 같은
사실은 제19대대장 미나미 고시로의 보고에서 확인된다. 즉, 다음과 같은
기록이 바로 그것이다.

> 이로부터 12월 15일의 장흥 전투 이후, 동학도는 장흥 남면, 대흥면, 호유면 산 속으

로 흩어지고, 또 그 일부는 해남 진도珍島 방면을 향해 도주하였다. 중략 진도에 1개 지대를 파견하여 나머지 적을 찾아서 처형하였다. 중략 제주도濟州島는 진도에서 남쪽으로 500리쯤 되는 곳에 있다. 그런데 우수영에서의 패전 소식을 듣고 비도匪徒 중 약간명은 이 섬으로 도망쳤다고 한다.[68]

1894년 12월 24일, 일본군 후비보병 제19대대장 미나미 고시로南小四郎는 인천의 남부병참감부사령관 이마바시今橋知勝에게 "동당東黨; 농민군 2~3천 명이 해남지방으로부터 진도와 제주도에 있다."고 필기筆記 보고하였고, 이 보고는 다시 1895년 1월 2일양력 1월 27일에 인천 남부병참감부를 통해 히로시마의 대본영으로 보고되었다.[69]

이상과 같이, 장흥 전투 이후 진도와 제주도 등지로 피신하는 농민군들의 동향은 후비보병 제19대대에 의해 일일이 파악되어 인천의 남부 병참감부를 비롯하여 히로시마의 대본영, 즉 일본군 최고 지휘부에 이르기까지 낱낱이 보고가 되고 있었다. 이러한 사실은 농민군 진압 또는 학살이 현지 부대인 제19대대 단독 작전이 아닌, 일본 정부 및 군부에 의한 작전이었음을 반증하는 것이다.

진도와 제주도로 농민군이 도주하였다는 사실을 파악한 후비보병 제19대대장은 일본군 1개 지대를 편성하여,[70] 진도로 파견하기에 이른다. 일본군의 진도 진주 상황은 조선 경군 측 기록과 일본군 측에 공통적으로 나타나는데, 이들 기록을 보면 단 하루의 오차도 없이 정확하게 일치하고 있다. 먼저 조선 경군 측 기록을 보기로 하자.

1894년 12월 24일, 좌선봉진군 및 일진日陣; 일본군 소위少尉 해남읍에 도착하여 25일까지 해남에 주둔함.[71]

1894년 12월 26일양력 1895년 1월 21일, 통위영統衛營 교장敎長 황수옥黃水玉이 이끄는 경군京軍; 조선정부의 중앙군대 30명 및 일진日陣; 일본군 지대 소위少尉, 후비보병 제19대대 제1중대 소속 소대장 植野俊成으로 추정됨→『주한일본공사관기록』6, 한글번 역본, 91쪽 참조가 우수영을 거쳐 진도의 벽파진碧波津에 도착함. 좌선봉진군의 본진本陣 및 일본군 대위 마츠키 마사야스松木正保가 이끄는 후비보병 제19대대 제1중대西路 分進隊는 해남에 머뭄.[72]

1894년 12월 27일양력 1895년 1월 22일, 진시辰時; 오전 7시에서 9시 사이 무렵 경군 및 일진日陣; 일본군 지대 소위少尉가 진도의 읍참邑站; 읍내에 도착하였으며, 경군 및 일본군 지대는 읍내에 도착하자마자 수성군守城軍; 반농민군을 해산하고, 갇혀 있던 죄인罪人; 농민군들을 차례대로 문초問招한 후, 손행권孫行權·김윤선金允善·김대욱金大旭·서기택徐奇宅 등을 '중민衆民과 대질시켜 처형하고對衆酌處', 나머지 죄인들은 신칙申飭; 훈계하여 석방하여 그 본업에 돌아가도록 하였다.[73]

1894년 12월양력 1895년 1월, 진도 고군내면 석현리石峴里 출신 농민군 지도자 김수종金秀宗이 집에서 숨어 수련하던 도중 체포되어 처형당하였다.[74]

1894년 12월 30일양력 1895년 1월 25일, 진도의 조선 경군京軍; 중앙군대 및 일진日陣; 일본군 지대 소위가 회군回軍하여 우수영을 향해 출발하였다.[75]

1894년 12월 30일양력 1895년 1월 25일 일본군 후비보병 제19대대 제1중대中隊長: 步兵大尉 松木正保가 우수영으로 향함.[76]

이상의 조선 경군 측 기록에 따르면, 조선 경군 30명 및 일본군 1개 지대[1]

개 지대는 30명에서 80명까지로 추정됨가 12월 26일에 진도 벽파진에 상륙하여, 12월 27일에 진도 읍내에 도착하여 곧바로 농민군 처형에 착수하였으며, 12월 30일에 우수영으로 철군하였다고 기록하고 있다. 그렇다면 일본군 측의 기록은 어떠한가.

> 1895년 1월 22일음 1894년 12월 27일 일본군 1개 지대枝隊, 진도부중珍島府中에 주둔함.[77]

> 1895년 1월 23일음 1894년 12월 28일 일본군 1개 지대枝隊가 진도부중에 계속 주둔함.[78]

> 1895년 1월 24일음 1894년 12월 29일 일본군 1개 지대枝隊가 진도부중에 계속 주둔함.[79]

> 1895년 1월 25일음 1894년 12월 30일 일본군 1개 지대枝隊가 진도에서 철수하여 우수영의 제1중대와 합류함.[80]

> 1895년 1월 25일음 1894년 12월 30일 일본군 후비보병 제19대대 제1중대 및 지대가 해남읍에 머뭄.[81]

이와 같이 『주한일본공사관기록』에 실려 있는 일본군의 진도 진주 상황은, 조선 경군 측이 남긴 기록과 그 날짜가 정확하게 일치한다. 일본군이 진도까지 진주하여 농민군을 체포하여 학살한 사실이 조선 측 기록에서만 확인되는 것이 아니라, 일본 측이 남긴 기록에 의해서도 틀림없는 사실로 확인되고 있는 것이다.

물론, 진도 지역의 농민군은 일본군에 의해서만 처형당하거나 학살당한 것만은 아니었다. 일본군과 조선 경군의 진도 진주에 앞서, 1894년 10월경부터 자체적으로 조직된 수성군 역시 농민군에 대하여 탄압 및 처형을 행하였다. 그 과정은 『진도군지』에 다음과 같이 기록되어 있다.[82]

陸地에서 몰려든 東學黨 敗軍之卒들이 珍島의 守備가 全無함을 알았던지 主로 靈光 茂長 等地에서 侵入하여 郡內 小數의 不穩共鳴者들과 合作하여 作弊하니 그 勢가 한때는 무시 못할 地境이었다. 그러나 本郡에서의 그이들은 除暴救民하는 것이 아니라, 以暴害民으로 變質하여 放置할 수 없는 形便이므로, 地方民 代表들이 會集하여 對策을 協議한 바 自衛權을 發動하기로 決意하고, 一便 守城, 一便 逮捕 肅情肅正의 誤記; 인용자주케 되어 初代 守城長에 古郡面 石峴里 金益炫이 推擧되어 就任하였다가 이내 老力이라 더 젊은 사람이 必要로 느껴 邑內 사는 曹龍起로 바꾸어 勇敢히 守城하는 한편, 逮捕 肅情肅正에 박차를 가하였다 한다.

이때 東學徒黨들의 擧動을 父老들의 口傳하는 데에 따르면, 머리와 허리에다 靑黃赤 等의 雜色 手巾을 짜 매고 刀槍銃器에 이르기까지 黃色布片을 標識으로 달았으며, 守城軍과 討伐軍은 白色巾을 머리에 짜 매고 彼我의 區別을 하였다. 그러나 夜間에는 彼我 混同하여 我軍을 敵으로 誤認하여 마구 구타하거나 逮捕하려 들면 "나는 守城軍이요." 하여 잡아 調査해 놓고 보건 我軍이더라는 等 不過 80年 前의 일이니만큼 듣고 본 이가 많아서 比較的 昭詳히 알 수가 있다.

그러나 夜間檢問을 當하면 맞을까봐 들고 내빼면서 "나의 頭巾을 보시오." 하더라는 웃기는 挿話도 가지가지가 있다. 이때의 싸움은 武器가 不足했으므로 주로 石戰이 되었던 모양이다. 晝間에는 男女老少 住民들이 돌멩이를 주워 모으기가 일이었다 한다. 晝間에는 討伐, 夜間에는 守城 式으로 싸우기를 몇 個月을 했던지 나중에 鳥島面 出身인 朴重振 等 50餘名을 잡아다 刑廳 其他에 留置하였다가 守城軍이 打殺하여 邑의 西便 속칭 率溪峙솔개재, 솔개재의 誤記로 생각됨에 버렸으므로 한동안은 사람 往來가 끊어졌으며 그 惡臭 때문에 困難을 느끼었다고 한다.

1976년의 시점에서 기록된 내용이기 때문에 1894년 당시의 상황을 있는 그대로 담고 있다고 볼 수는 없으나, 진도의 경우 수성군 측, 즉 반농민군들들의 농민군 탄압 및 처형은 상당히 조직적이었던 것으로 확인되고 있다. 그러나 이들 수성군은 일본군 및 조선 경군이 진도에 진주한 1894년 12월 27일에 해산당하였다.[83] 따라서 12월 27일 이후부터 일본군과 조선 경군이 진도에서 철수하는 30일까지, 진도의 농민군은 오로지 일본군과 일본군의 지휘를 받던 조선 경군에 의해서 체포되거나 처형당했던 것이다.

그렇다면, 일본군과 조선 경군이 진주해 있던 갑오년 12월 27일부터 12월 30일 사이에 진도에서 체포되어 학살당한 농민군의 수는 얼마나 될까? 먼저 천도교 측 자료를 보기로 하자. 천도교의 「진도종리원연혁」에는 동학농민혁명 때에 "본군에서 관군에게 학살을 당한 도인道人; 동학교도만 7~80명이었다."[84]고 기록하고 있다. 이 기록에 따르면, 진도 출신 동학교도로 학살당한 숫자가 7~80명에 이른다는 것이다. 지방사료인 『진도군지』에 따르면,

鳥島面 出身인 朴重振 等 50余名을 잡아다 刑廳 其他에 留置하였다가 守城軍이 打殺하여 邑의 西便 속칭 率溪峙에 버렸다.[85]

라고 되어 있다. 1894년 10월경부터 12월 27일 일본군 및 조선 경군이 진도에 진주하기 전에 수성군 측이 타살한 농민군 수가 50여 명에 이르며, 형청에 가두었던 박중진은 자결하였다는 것이다. 그런데 진도 지역 농민군의 피

해 상황을 알려 주는 사료로 더욱 주목되는 것은 1995년 7월 26일에 일본 홋카이도 대학 문학부 후루카와 강당古河講堂에서 발견된 진도 출신 농민군 지도자의 유골두개골 사진-1 참조 속에 첨부되어 있던 문서이다. 즉, 일본 홋카이도 대학 후루카와古河 강당에서 1995년 7월 26일 아이누민족 등에 의해 신문지에 싸여 종이상자에 넣어진 채 방치되어 있던 사람의 두개골 6구가 발견되었는데, 그 중의 하나의 두개골 표면에 "한국 동학당 수괴의 수급이라고 한다." (사토 마사지로)라는 내용의 붓글씨사진 2 참조가 쓰여진 유골 속에 다음과 같은 내용이 기록된 문서가 들어 있었다. 사진 3 참조

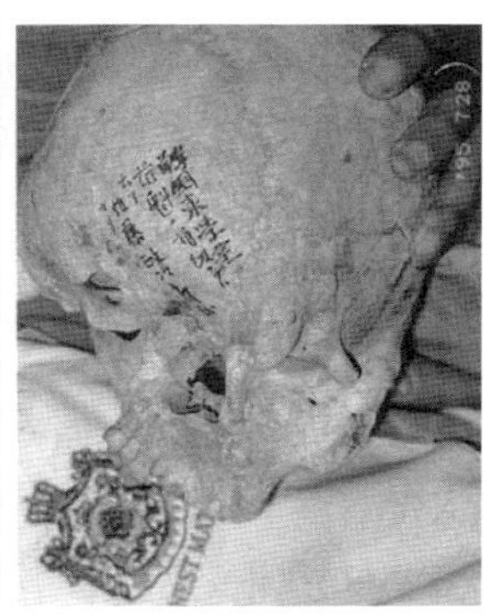

〈사진1. 1995년 7월 28일 촬영, 야마모토 카즈아키씨 제공〉
〈사진2. 1995년 7월 28일 촬영, 야마모토 카즈아키씨 제공〉

촉루髑髏 해골

명치 39년(1906) 9월 20일 진도에서

명치 27년1894년 한국 동학당이 궐기하였다. 전라남도 진도는 그들이 가장 극심하게 창궐한 곳이었다. 그들을 평정하고 돌아올 때, 그 수창자首唱者 수백 명을 살해하여 시체가 길을 가로막고 있었다. 수창자는 효수되었으며, 이것은 그 수창자 중의 하나이다. 해도該島, 珍島를 시찰할 때 채집採集한 것이다.

- 사토 마사지로佐藤政次郎

위의 문서에 따르면, "진도의 동학
당을 평정하고 돌아올 때 그 수창자
수백 명을 살해하여 그 시체가 길을
가로막고 있을" 정도였다는 것이다.
진도가 농민군이 최후로 피신한 섬 가
운데 하나였다는 점, 일본군 1개 지대
와 조선 경군 30명이 4박 5일간이나 진
주해 있었다는 점을 고려하면, "수백
명을 살해하여 시체가 길을 가로 막고
있을" 정도였다는 기록은 당시 상황과

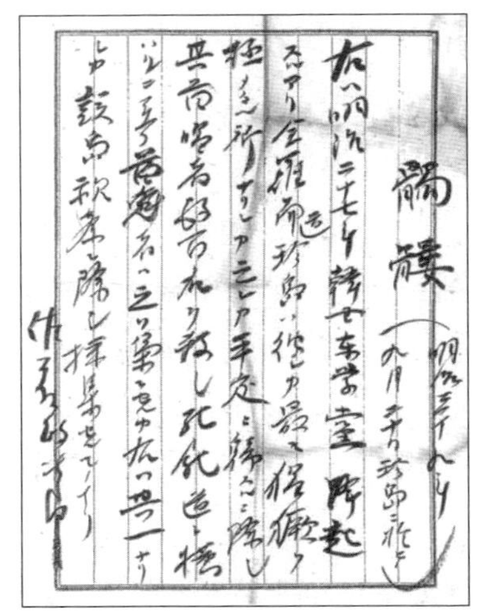

〈사진3. 1995년 7월 28일 촬영, 이노우에 카츠
오 교수 제공〉

상당히 부합된다고 판단된다. 또 『주한일본공사관기록』에 따르면, 일본군
의 지시하에 학살된 농민군이 해남 부근에서 250명, 강진 부근에서 320명,
장흥 부근에서 300명으로 확인되는 점[86]에 비추어 보아도, 진도에서 수백 명
을 학살한 것은 상당한 신빙성이 있다고 판단된다.

동학농민혁명기 전라도 지식인의 삶과 향촌 사회
- 강진 유생 박기현의 『일사』를 중심으로

1. 머리말

전라도 강진은 고려시대에는 고려청자의 주산지로, 조선시대에는 조선 육군의 수뇌부인 전라 감영이 자리하고 있던 곳으로 유명하다. 강진은 특히 조선 후기에 들어와 실학을 집대성하는 다산 정약용이 18년간 유배 생활을 한 곳으로 유명하며, 오늘날의 강진은 '남도 답사 1번지'로 알려질 만큼 문화 유산의 보고로 널리 알려져 있다. 그렇다면, 전근대사회에서 근대사회로 넘어오던 조선 말기, 특히 동학농민혁명*을 전후한 시기의 전라도 강진 일대 향촌에서는 어떤 일들이 있어나고 있었으며, 강진 일대의 재야 지식인인 유생들은 어떤 대응을 보여 주었을까?

주지하듯이, 강진은 동학농민혁명 당시 농민군의 최후 항쟁지의 하나였다. 1894년 12월, 강진에서는 전라 병영을 둘러싸고 농민군과 반농민군=수성군 및 조일 연합군 간의 전투가 치열하게 벌어졌다. 농민군은 한때 수성군을

---

* 1894년 봄부터 1895년 봄까지 1년 이상에 걸쳐 조선 전역에서 일어난 대봉기에 대한 호칭은 다양하다. 이 글에서는 동학 사상 및 동학 조직, 동학 접주(지도자)들이 주도하고, 여기에 농민을 비롯한 일반 민중들이 결합하여 정치·경제·사회 등 전반에 걸쳐 조선왕조 지배체제를 타파하고 새로운 체제를 건설하기 위해 무장 봉기를 단행하였다는 점에서 '동학농민혁명'이라 칭한다.

제압하고 병영을 점령하기도 했으나 서울로부터 남하해 온 조일 연합군에 의해 철저하게 진압당하기에 이른다. 병영을 점령할 정도로 농민군의 기세가 드높았던 만큼 조일 연합군에 의한 농민군 진압은 잔혹하기 그지없었다. 그 결과, 농민군 측의 희생은 말할 것도 없고 일반 민중들 역시 막대한 피해를 입을 수밖에 없었다. 이 같은 사실은 동학농민혁명이라는 전란의 외중에서 전라도 서남부 지역 향촌 사회에서 벌어진 동학농민혁명의 전개 과정을 충실하게 남긴 강진 출신 유생의 일기를 통해서 확인할 수 있다. 강재 박기현朴冀鉉, 1864~1913, 이하 강재라 약칭의 일기 『일사』日史가 바로 그것이다.[*] 이 글에서는 강재의 일기인 『일사』를 토대로 첫째 강재의 가계와 학문 및 주요 저술, 둘째 독서와 강학 활동 및 교유 관계, 셋째 자연 재해 및 호변虎變, 색전索戰 등 향촌 사회를 둘러싸고 일상적으로 일어나고 있던 다양한 사건들, 마지막으로 강재의 동학농민혁명에 대한 인식과 대응 등을 고찰해 봄으로써 19세기 후반 전라도 강진 일대의 향촌 사회의 동향을 파악해 보고자 한다.

2. 가계와 학문, 주요 저술

먼저 강재의 가계를 그의 문집 『강재유고』剛齋遺稿를 통해 살펴보기로 한다. 강재의 본관은 밀양密陽이며, 사문 진사공파 삼參의 15대손이다. 그의 가계는 다음과 같다.[1]

---

* 필자는 1989년에 현 공주대학교 이해준 교수의 제보로 『일사』의 존재를 처음으로 알게 되었으며, 1993년 4월 3일에 필자를 포함한 「전북일보 특별 취재팀」과 함께 원본을 확인하여 동년 4월 19일자 『전북일보』에 소개함으로써 일반에게 널리 알려지게 되었다. 그 후 필자는 강진군의 의뢰를 받아 2002년에 한글 번역본을 내게 되었다.(박맹수 외 옮김, 2002, 『강재 박기현 선생의 일기: 강재일사』(한글판), 강진군 및 영산원불교 대학교 참조.

강재의 가계

參(15대조) – 日(14대조) – 天祿(武科及第, 13대조-彦忠(縣監, 12대조) – 堯民
(縣監, 11대조) – 聖春(縣監, 10대조) – 繼伯(宣略將軍, 9대조) – 得連(8대조) –
成濯(司憲府監察, 7대조) – 廷碩(僉使, 6대조) – 文夏(通德郎, 5대조) – 師正
(高祖父) – 雄俊(嘉善大夫, 曾祖父) – 千益(贈通政大夫工曹參議, 祖父) – 載彬
(童蒙敎官, 父) – 冀鉉

위의 인용에 의하면, 강재 집안은 전통적인 무반 집안이었다. 13대조 천
록이 무과에 급제한 이래, 8대조를 제외하고 5대조에 이르기까지 현감과 선
략장군宣略將軍, 사헌부 감찰, 첨사僉使, 통덕랑通德郎 등 주로 무반직에 나아갔
다는 점에서 그의 집안은 무반 집안이 확실하다. 이 같은 사실은 강재가 강
진 일대 향촌 사회에서 이른바 '향반'鄕班으로 꼽힐 수 있는 기반이 되었던
것으로 보인다. 강재는 전통적인 무반 집안으로 강진 옴천唵川 일대에 세거
하고 있던 밀양박씨 가문에서 1864년 4월 22일 부친 재빈1829-1898과 모친 부
안 임씨 사이의 2남 3녀 가운데 차남으로 태어났다.[2] 자字는 세현世顯이며 호
는 강재剛齋였다.

유년기에 들어 강재는** 전라 병영이 있는 옴천면 인근의 병영면으로 이
사하여 1894년까지 살았다. 그는 1894년 12월, 동학농민군이 병영을 점령하
기 직전까지 병영을 근거지로 생활하면서 가학을 통해 문리를 얻은 다음,
*** '선비', 즉 유교 지식인으로서 갖추어야 할 교양을 위한 독서에 매진하

** 강재의 출생지는 현재의 행정 구역상으로는 강진군 봉림리 梧秋 마을이다. 필자는 2002
년 1월 18일 강재의 증손자 박병채 씨, 강진군청 문화공보과 문화재 계장 김광국 씨와 함
께 梧秋 마을을 답사한 바 있는데, 오추 마을은 산간 지대로써 장흥군 有治面과 인접하
고 있었다. 답사 당시, 탐진댐 건설로 인해 수몰되는 舊 도로를 대신하는 新 도로 건설 공
사가 한창이었다.

는 한편, 인근 유생들과 교유하면서 강학 활동에 힘썼다.[*]

그는 한때 부친의 간곡한 권유로 과거에 등제하여 입신양명하려는 뜻을 두기도 했으나 몇 차례 응시한 향시鄕試에서 매번 낙방하자[**] 과거 등제에 대한 꿈을 접고 인근의 저명한 유생들이었던 능주의 일신재日新齋 정의림鄭義林; 1845~1910[3], 강진의 오남吾南 김한섭金漢燮, 1838~1894[4] 등의 지도를 받으며 학문 연찬에만 힘쓰게 된다. 멀리 구례求禮의 매천梅泉 황현黃玹, 1855~1910과도 교유를 맺어 편지를 주고받기도 하였으며, 매천 사후에는 『매천집』梅泉集 발간에 참여하기도 했던 것으로 보아 그는 강진을 중심으로 한 향촌 사회에서 어느 정도 문명文名이 알려졌던 것으로 보인다.

강재의 사남四男인 윤안潤安; 1909~1993 옹에 따르면,[5] 강재는 성리학뿐만 아니라 상수학象數學과 천문, 의술 등에 두루 통하였으며, 그 가운데서도 특히 천문에 밝았다고 한다. 강재의 증손인 병채炳琛; 현재 강진군 작천면 용상리 201번지 거주 씨 댁에 소장되어 있는 사료 속에는 강재가 쓴 것으로 보이는 천문 관련 자료들이 상당수 남아 있는 것으로 볼 때 윤안 옹의 증언은 신빙성이 있다.

강재는 강진과 장흥 일대의 유생은 물론이려니와 나주와 장성, 능주, 멀리 구례 유생과도 폭넓은 학문적 교유를 하고 있었다. 강재의 학문적 교유

[***] 강재의 부친 재빈은 55세 때인 1885년에 학행이 돈독하다 하여 童蒙敎官에 임명되고 있다. (『강재유고』卷之三, 「先考朏堂公 府君實蹟」 참조) 이러한 사실은 강재 집안의 학문적 기반이 강진 일대에서 '일정하게' 평가 받을 정도로 상당한 기반을 갖추고 있음을 알려 주는 증거라 할 것이다.

[*] 강재의 「행장」에는 "金吾南, 鄭日新, 文龜巖諸公遊 互相質疑"라는 표현이 여러 군데 등장하고 있다. 여기서 김오남은 강진의 김한섭, 정일신은 능주의 정의림, 문구암 역시 능주 일대에서 文名이 있던 유생이다.

[**] 강재는 부친의 간곡한 권유에 따라 과거에 급제하기 위해 열심히 독서를 하였으며, 1891년 8월에 시행된 寶城鄕試와 1893년 8월에 시행된 綾州鄕試에 응시했지만 낙방한 사실이 있다.

관계를 보여주는 사실은 그의 문집 『강재유고』 및 일기 『일사』 등에 김병휘_{金炳輝, 강진}, 박계명_{朴啓明, 강진}, 이병수_{李炳壽, 나주}, 김기경_{金箕璟, 능주}, 기참봉_{奇參奉=奇宇萬, 장성} 등의 이름이 자주 등장하고 있음을 통해서도 증명되며, 이들 유생들의 문집 속에 강재와 관련된 내용이 들어 있는 점에서도 분명하다.

강재는 28세 되던 1891년부터 40세가 되던 1903년까지 13년간의 일기를 남겼다. 앞에 언급한 『일사』가 바로 그것이다. 그의 일기 속에는 매일의 날씨 기록을 필두로 하루의 주요 일과, 강진 일대 향촌 사회의 동향, 인근 유생들과의 교유 관계, 강진과 장흥 일대에서 일어난 중요 사건 등이 상세하게 기록되어 있으며, 중앙 조정에서 일어난 일들도 견문 형식으로 기록되어 있다. 이 일기에 따르면, 강재는 특히 1890년대 초반을 전후하여 강진과 장흥 등 전라도 서남부 해안 지역을 중심으로 급속하게 퍼져 가고 있던 동학을 의식하기 시작했던 것으로 보인다. 대대로 성리학을 기반으로 삼고 있던 강재의 눈에 비친 동학은 그저 이단사술_{異端邪術}에 지나지 아니했지만, 민중들 사이로 급속히 전파되는 동학을 무시하지는 못했던 것으로 보인다. 1893년 1월 14일의 일기에 따르면, 강재는 그날 강진 유생 오남 김한섭을 찾아가 문안 인사를 드리고 동학이 급속히 전파되고 있는 현실을 개탄하고 있다.[6] 그 이후 강재는 강진 장흥 일대에까지 널리 퍼지고 있던 동학의 전파를 막고 정학인 성리학을 수호하기 위한 활동에 적극적으로 나선다. 강재는 강진 유생 오남 김한섭,[7] 연파_{蓮坡} 김병휘_{金炳輝, 1842~1903}, 박계명_{朴啓明, ?~1893} 등과 함께 향약계를 조직하기도 하고,[8] 1894년에는 농민군들의 활동을 저지하려는 유생들을 중심으로 조직된 반농민군 활동에 참여하기도 한다. 그렇지만 강재는 오남 김한섭, 연파 김병휘와는 달리 농민군과 직접적으로 맞서 싸우지는 않았던 것으로 확인된다.*** 그는 직접적인 행동에 나서기보다는 일기를 통해서 강진 일대 향촌 사회에서 일어났던 역사를 매일같이 구체적으로 기록하는데 힘썼다. 이런 점은 강재와 교유 관계를 맺고 있던 구례의 마천 황현의 태도와 아주 흡사하다.*

강재는 특히 농민군과의 직접적인 대결을 애써 피하려 했던 것으로 보인다. 하지만 농민군이 강진을 점령하고1894년 12월 7일, 이어서 병영을 점령하여 초토화하는 과정12월 10일에서 자신은 물론 그의 가문 전체가 커다란 피해를 당하게 된다. 구체적으로 살펴보면, 우선 그의 오랜 삶의 터전이었던 집이 농민군이 병영을 점령하는 과정에서 불타 버렸다. 또한 친형 장현章鉉이 농민군에게 체포되는 수난을 당했으며, 종형 창현昌鉉은 병영의 최고 지휘관인 병사兵使마저 도망가 버린 병영을 지키기 위해 외롭게 농민군에 맞서 싸우다가 12월 10일에 전사하고 만다.** 그리하여, 『일사』에 따르면, 1894년 12월 10일 농민군의 병영성 점령은 강재의 일생에 커다란 전환을 가져온 것으로 확인된다. 강재는 농민군이 퇴각한 직후에 전사한 종형 창현의 시신 수습에 나섰다. 그러나 수많은 전사자들 가운데서 시신을 수습하기란 용이한 일이 아니었다. 증손 병채 씨의 증언에 따르면, 종형 창현은 효심이 지극

*** 오남 김한섭은 강진현을 지키기 위해 조직된 守城軍의 都統將이 되어 농민군의 강진현 관아 점령을 저지하려다가 1894년 12월 7일 농민군과의 전투 도중에 전사한다.

* 매천 역시 강재와 마찬가지로 반농민군 측 입장에 서 있었지만 직접적으로 반농민군 활동에 가담하지는 않았다. 그는 비록 반농민군 입장이 반영되긴 했지만 농민군 측의 동향을 가장 상세하게 기록한 『梧下記聞』이란 사료를 남겼다. 『오하기문』은 현재 동학농민혁명을 연구하는 데 빠뜨릴 수 없는 필수 자료의 하나로 꼽히고 있다.

** 박기현의 종형 昌鉉은 농민군이 전라 병영을 공격할 때, 전라 병사마저 도망가 버린 병영을 사수하기 위해 金柄輝, 金柄潤 형제 등과 수성군을 조직하여 병영으로 들어갔다. 12월 9일 밤, 박창현은 병영 수성도총 尹衡殷에게 포군 3백여 명으로 君子村(현 강진군 작천면 군자리)에 주둔하고 있는 농민군에 대한 기습 공격을 감행할 것을 건의하지만 묵살당하고 만다. 병영 수성군 약 1천여 명은 12월 10일 새벽, 농민군의 대대적인 공격을 받아 분전했지만 중과부적으로 괴멸당한다. 前 都正 박창현은 갑옷을 입고 농민군에 맞서 대포를 쏘며 저항하다가 전사하였다.(졸고, 「장흥 동학농민혁명사」, 『장흥 동학농민혁명사』, 1991, 195쪽 및 2002년 1월 18일 박창현의 집이 있었던 강진군 옴천면 봉림리 오추마을 답사 때 오추마을에 거주하고 있던 金又岩(1915년생) 옹의 증언에 따름)

하여 모친이 위급했을 때 단지斷指를 한 사실이 있었다고 한다. 그래서 강재는 단지斷指의 흔적이 남아 있는 시신을 찾아 냄으로써 비로소 종형의 시신을 수습할 수 있었다고 한다.*** 종형의 시신 수습을 마친 강재는 불타 버린 병영 집터를 뒤로 하고 1894년 12월 28일에 용정龍井 마을현 강진군 작천면 용상리 용정 마을로 이주하였고, 그 이후에는 조용히 강학講學에만 몰두하기에 이르렀다.**** 물론 일기 쓰기는 계속되었다.

1910년 일제에 의해 국권이 상실되자 그는 울화병에 걸려 고생했다고 전한다. "나라가 망했다."고 하는 견디기 어려운 현실에 대한 지식인의 고뇌가 그를 울화병으로 몰아갔을 것이다. 특히 매천 황현과 교유했다는 사실에서 짐작해 볼 때 '지행일치'知行一致를 강조하는 양명학의 계보를 잇고 있던 매천의 죽음이 강재에게도 큰 충격을 주었을 것이며, 울화병의 한 원인이 되었을 가능성이 크다. 강재는 일제 강점의 현실에 대한 고뇌를 계속하다가 1913년 6월 1일 50세를 일기로 타계하게 된다. 슬하에는 윤량潤亮, 윤평閏平, 윤간潤侃, 윤안潤安 등 네 아들을 두었다.

강재의 사후, 그의 학통은 신묵재·김기경과 4남 윤안 옹이 이었다. 신묵재는 강재의 사후 강재가 강학을 했던 홍운재로 이거해 와 한동안 강재의 제자들을 가르쳤다. 윤안 옹은 강진향교의 전교를 지냈으며, 1988년에 강재가 남긴 글 등을 모아 『강재유고』를 간행하였다. 한편, 그가 오래도록 근학에 힘쓰던 용정 마을에는 그의 후손 및 후학들이 강재를 추모하는 〈용전사〉龍田祠라는 사당을 세우고 배향하였다. 용전사 앞에는 사당 건립을 기념하는

*** 필자는 2000년 11월 2일과 2002년 2월 3일 강진 작천면 용상리 박병채 씨를 방문하여 강재 박기현의 생애에 대한 증언을 듣는 과정에서 이같은 증언을 되풀이하여 들었다.

**** 강진군 작천면 용상리 龍井 마을에는 강재 박기현이 1894년 12월 28일에 병영으로부터 이사하여 1913년에 타계할 때까지 거처했던 집, 후학들을 모아 가르쳤던 강당인 興雲齋, 강재 선생의 사후 후학들이 건립한 사당 龍田祠가 현존하고 있다.

기념비가 서 있고, 그 비문은 나주·광주 지역 동학농민혁명에 관한 기록인 『금성정의록』錦城正義錄을 남긴 나주의 겸산 이병수1855~1941가 지었다. 이병수 는 1988년에 간행된 강재의 문집 『강재유고』에 서문을 남길 정도로 강재 집 안과는 두터운 세교가 있었던 인물이다.

3. 독서와 강학, 교유관계

강재의 독서 및 강학 활동, 교유관계를 그가 남긴 일기 『일사』를 중심으 로 살펴보고자 한다. 먼저 강재의 독서 생활은 과연 어떠했을까? 강재는 매 일매일 읽었던 서책 이름을 자신의 일기 속에 상세하게 적고 있다. 편의상 『일사』 상권1891년분부터 1896년분까지에 기록된 강재의 독서 목록을 연도별로 열 거해 보고자 한다.[9]

강재의 연도별 독서 목록

1891년 : 近思錄, 蘆沙集, 論語, 大學, 孟子鄒傳, 文暢師序韓愈作, 賦, 小學, 頌, 夙興夜寐箴陳茂卿作, 詩經商頌, 魯頌, 周頌, 毛詩, 禮記, 義, 中庸, 楚辭離騷와 九歌, 孝 經

1892년 : 居官要覽, 論語魯論, 東邦備禦考, 東史東史綱目, 賦, 尙書書傳=書經, 小 學, 續史略, 詩, 濂洛, 堯典書傳, 韻, 律, 醫書運氣篇, 左傳春秋左氏傳, 朱子書, 懲毖 錄, 鄒傳孟子, 華西雅言, 孝經

1893년 : 蘆沙集, 賦, 尙書書傳, 詩, 律, 離雅詩經, 資治通鑑宋鑑, 左傳春秋左氏傳, 周易, 漢書藝文志

1894년 : 擊蒙要訣, 近思錄, 墓誌, 四字小學, 性理大全, 韻, 律, 義, 人易盤谷 先 生作, 左傳, 周易, 皇極經世書

1895년 : 擊蒙要訣, 小學, 延平 李先生書, 韻 , 朱書朱子書, 漢書天文志

1896년 : 朱子家禮, 擊蒙要訣, 敬齋箴朱子 作, 繫辭周易, 大學, 栢夙陳茂卿 作, 三國
志, 尙書詩經, 小學, 詩, 夜寐箴陳茂卿 作, 韻, 律, 義, 黃帝素問=黃帝內經素問, 醫書
1897년 : 擊蒙要訣, 大學, 大學或問, 三國志, 小學, 資治通鑑宋鑑, 龍匣經, 程子
傳, 周易, 彰善感義錄, 폐경, 黃帝素問=黃帝內經素問의 上古天眞論과 사시조신
대론

이상과 같이, 연도별로 열거된 강재의 독서 목록들은 그 특징에 따라 몇
가지로 분류할 수 있다. 첫째, 강재는 성리학의 기본 경전인 『논어』, 『대학』,
『맹자』, 『중용』, 『시경』, 『서경』, 『역경』주역 등 사서삼경을 열심히 독파하고
있었다. 뿐만 아니라 강재는 이들 기본 경전 외에 성리학 이론 서적들도 열
심히 독송하였다. 강재가 즐겨 읽었던 성리학 이론서로는 주자서를 비롯하
여 『성리대전』性理大全, 『근사록』近思錄, 『황극경세서』皇極經世書 등이 있다.

둘째, 강재는 『예기』禮記를 필두로 『가례』家禮, 주자가례를 비롯하여 『소학』,
『효경』孝經 등 유생들의 일상생활의 예법禮法에 관련된 서책을 열심히 읽고
있었다. 이 같은 독서는 '봉제사奉祭祀 접빈객' 接賓客으로 대변되는 재야 '선
비' 로서의 일상생활의 기반이 되었음은 물론이다.

셋째, 강재는 『춘추좌씨전』春秋左氏傳, 『통감』通鑑, 『속사략』續史略, 『삼국지』
를 비롯한 역사서를 즐겨 읽었으며, 『한서천문지』漢書天文志를 비롯한 천문서
天文書도 함께 독파하고 있었다.

넷째, 그런데 강재가 읽은 서책 가운데 특별히 주목되는 것은 『황제내경
소문』黃帝內經素文을 비롯한 의서醫書가 다수 포함되어 있다는 점이다. 『일사』
를 살펴보면, 강재는 1892년부터 의서를 읽기 시작하여 1896년경부터는 상
당한 노력을 기울여 의서를 읽고 있음을 확인할 수 있다. 또한 강재는 부친
을 비롯한 가족들에게 빈번하게 각종 한방 처방을 하고 있는 사실도 확인할
수 있다. 이는 강재가 의술에 상당한 조예가 있었음을 암시하는 대목이 아

닐 수 없다. 이를 통해서 볼 때 강재는 전통 한의학에서 말하는 '유의'儒醫였을 가능성이 없지 않다.*

다섯째, 강재의 독서 목록에서 더욱 주목되는 것은 중국에서 나온 서책만을 독파하는 것이 아니라, 우리나라에서 나온 서책들도 함께 읽고 있다는 사실이다. 강재가 독파했던 우리나라 서책은 다음과 같다.

강재가 독파한 우리나라 서책

居官要覽 저자미상, 조선 후기

蘆沙集 노사 기정진 문집

東史 東史綱目, 실학자 안정복 작

懲毖錄 서애 유성룡 작

華西雅言 華西 이항로 작

擊蒙要訣 율곡 이이 작

東邦備禦考 이근 편집

續史略 홍인모 작

彰善感義錄 조성기 작

이들 우리 서책을 보면, 조선 후기에 편찬 간행된 목민서牧民書의 하나인 『거관요람』居官要覽을 시작으로, 아동들의 기초 교육 교재인 『격몽요결』擊蒙要訣, 조선후기 성리학에서 유기론唯氣論을 대표하는 노사蘆沙 기정진奇正鎭, 1798-1876의 문집인 『노사집』, 조선 말기 위정척사사상의 원류를 이루는 화서 이항로1792~1868의 저작을 모은 『화서아언』華西雅言, 실학자 안정복安鼎福, 1712-1791이 쓴 『동사강목』東史綱目, 서애西崖 유성룡柳成龍, 1542~1607이 임진왜란에 대한

---

* 2001년 2월 3일 강재의 '儒醫' 내력을 조사하기 위하여 필자는 강진군 병영면 지로리에 거주하는 朴炳河(1924년생)씨 댁을 답사한 적이 있다. 박병하 씨는 강재의 친형 章鉉의 증손이다. 답사 결과, 박병하 씨 댁에서 高祖父 載彬(강재의 부친)이 韓藥房을 하고 있었을 당시의 醫書(東醫寶鑑 등) 및 각종 處方書들을 대량으로 발견했다. 이로써 강재가 '儒醫'였을 가능성이 더욱 확실해지게 되었다. '儒醫'로서의 강재의 면모에 대해서는 後考를 기약한다.

당시 조선 조정의 대응을 중심으로 남긴 일기인 『징비록』懲毖錄 등을 읽었음을 알 수 있다. 이 외에도 강재는 『창선감의록』彰善感義錄과 같은 고대소설도 독파하고 있다. 뿐만 아니라, 강재는 시문에도 관심이 많아 많은 시문을 암송하고 있으며, 자신이 지은 시문도 종종 남기기도 하였다.**

이상과 같이 다양한 분야에 걸친 독서를 했던 강재는 병영 인근에 널리 설립되어 있던 서재書齋[10]에 출입하면서 강진 일대 유생들과 활발한 교유를 하면서 강학 활동에도 힘썼다. 그의 강학 활동의 터전이던 서재란 조선 말기 재야 지식인들이 독서 및 학문 활동에 종사하면서 한편으로는 지역 사회 학동들에 대한 기초 교육의 장으로도 활용되었던 사설 교육기관으로 오늘날의 사립 초등학교와 같은 성격의 교육기관이라 할 수 있다. 강재 자신이 설립했거나 교류하면서 지역사회를 위한 학문 활동 및 강학의 장으로 활용되었던 강진 인근의 서재 현황은 다음과 같다.

강재와 관계있는 서재 현황

개산재盖山里	군자재君子里
낙산재樂山里	남산재南山里
당산재堂山里	도롱재道弄里
박동재博洞里	방촌재長興 有治 芳村里
산천재兵營 東方	상고재上古里
성전재城田面	송정재松亭里
신기재新基里	신지재新池里
양사재康津邑 康津鄉校 內	영신재新池里

** 강재가 남긴 저작과 시문은 유감스럽게도 대부분 산실되고, 그 일부만이 1988년에 『剛齋遺稿』로 집성된다.

<table>
<tr><td>오복동재綾州 五卜洞</td><td>용강재龍頭里</td></tr>
<tr><td>용두재龍頭里</td><td>용정재龍井里</td></tr>
<tr><td>원수재源水洞</td><td>죽산재竹山里</td></tr>
<tr><td>중고재中古里</td><td>하고재下古里</td></tr>
<tr><td>화방재錦川面 花枋里</td><td>흥운재龍井里 용정마을</td></tr>
</table>

이 〈서재 현황〉에 의하면, 강재와 관련이 있는 서재가 무려 26개소에 달한다는 사실을 확인할 수 있다. 이처럼 많은 수의 서재들이 설립되어 운영되고 있었다는 점에서 조선 말기 전라도 강진 일대 향촌 사회는 재야 지식인들에 의한 학문 활동독서, 시회 등 및 강학 활동이 대단히 활발하게 이루어졌음을 짐작하게 한다. 이들 서재에서는 매년 어린 학동들과 선비들을 모아 공부를 시작하는 설접례設接禮를 시작으로, 공부 기간 중에는 공부 내용을 겨루는 강회講會를 정기적으로 열었다. 강회에서 뽑힌 인재들은 다시 면강面講에 나섰으며, 면강에서 뽑힌 인재들은 강진 읍내의 향교鄕校에서 실시하는 강회에 나가 실력을 겨루었다. 한편 각 서재를 대표하는 선비를 재장齋丈이라 하는데, 재장들은 때때로 다른 서재에서 공부하고 있는 선비들이나 재장들을 초청하여 향약계鄕約契나 향음주례鄕飮酒禮를 실시하여, 선을 권장하고 악을 징계하는 활동을 전개하였다. 그리고 서재에서 공부를 마칠 때에는 파접례罷接禮를 행하고 그간의 공부 성과를 서로 축하하는 잔치를 벌였다.

이렇듯 강진 일대에 설립된 많은 서재들이 활발한 강학 활동을 하고 있었다는 사실은 무엇을 의미하는 걸까? 또한 강재가 이들 서재를 중심으로 한 강학 활동에 활발하게 참여하였다는 사실은 어떤 의미가 있을까? 약 120여 년 전에 강진 일대는 서재를 중심으로 향촌 사회 학동들에 대한 교육과 함께 상호 간에 활발한 학문적 교류를 하고 있었다고 말할 수 있다. 이 같은 사실은 당시의 강진 일대가 역동적으로 움직이고 있던 사회였음을 시사해준다 할 것이다. 또한 강재는 그 같은 향촌 사회의 움직임에 적극적으로 참여하고 있었다는 사실도 확인할 수 있다. 강재가 강진 일대의 향촌 사회와 매우 밀접한 관계를 가진 가운데 활발한 강학 활동을 하고 있었다는 사실은 그와 교류한 인물들이 무려 4백 명 이상에 이르고 있다는 사실을 통해서도 알 수 있다. 강재와 교유 관계를 가진 인물 가운데 강재와의 관계에서 특기할 만한 재야 유생들은 다음과 같다.

강재와 교유관계를 가진 유생

겸산 이병수1855~1941 : 나주 출신. 『겸산유고』라는 문집이 있다. 강재와 마찬가지로 전라도 나주 일대의 동학농민혁명에 관한 기록『금성정의록』을 남겼다. 강재에 대해서는 「강재선생박공단양실적비병병소서」,1938 『강재유고』 속에 「강재유고서」1988, 「묘비명병서」 등을 남겼다.

노사 기정진1798~1876 : 장성 출신. 조선 후기 성리학자로 유기론唯氣論의 대표자. 『노사집』蘆沙集이란 문집을 남겼다. 강재는 『노사집』을 즐겨 읽었으며, 강재는 자신의 장질長姪을 노사 문중門中으로 보내 공부를 시킬 정도로 노사 문중과 밀접한 관계를 맺고 있었다.

송사 기우만1846~1916 : 장성 출신. 강재의 일기 속에서 '장성 기참봉' 長城 奇參奉으로 자주 등장하는 인물이다. 『송사선생문집』松沙先生文集이란 문집을 남겼다. 강재의 장질長姪 윤원潤瑗이 한때 송사 문하에 수학한 적이 있었다.

신묵재 김기경?~? : 능주 출신. 『신묵재유고』愼默齋遺稿라는 문집이 있다. 『강재유고』 속에 강재의 행장行狀과 제문祭文을 지었다. 강재의 증손 박병채의 증언에 따르면, 1913년 강재의 사후에 강재가 강학을 했던 '흥운재' 興雲齋에 머물며 강재의 제자들을 가르쳤다고 한다.[11] 이런 까닭으로 강재의 사당 '용전사' 옆에는 신묵재의 학덕을 기리는 단비壇碑가 서 있다.

연파 김병휘1842~1903 : 강진 출신. 1893년에 강재와 함께 향약계鄕約契를 조직하여 반동학反東學 활동에 참여하였고, 1894년에는 강재의 종형 창현과 함께 반농민군을 조직하여 농민군 진압 활동에 참여하였다. 『연파집』蓮坡集이란 문집을 남겼다. 강재의 부친 재번공載彬公, 강재의 종형 창현昌鉉의 제문祭文을 지었다.

매천 황현1855~1910 : 구례 출신. 『매천집』梅泉集 등 시문집을 비롯하여 『매천야록』, 『오하기문』 등의 사서史書를 남겼다. 강재와는 편지로 교유하던 사이였다. 강재는 매천 사후 『매천집』 간행에 참여하였다고 한다. 매천은 1896년에 강진을 다녀간 일이 있는데, 이때 강재를 비롯한 강진 유생들과 만남이 있었을 것으로 추측된다.[12]

오남 김한섭1838~1894 : 강진 출신. 『오남집』吾南集이란 문집이 있다. 강재는 1891년 9월 11일, 1892년 9월 10일, 1893년 1월 14일에 오남을 찾아가 인사를 드린 적이 있다. 계사년1893년 1월 14일에는 오남에게 인사를 드린 자리에서 당시 전라도 서남부 지역 일대에 동학東學이 널리 전파되고 있는 현실에 우려를 표명한 바 있다. 1894년 12월에 오남이 농민군에 의해 희생당하자 강재는 오남을 추모하는 제문祭文을 지었다.

일신재 정의림1845~1910 : 화순또는 능주 출신. 『일신재집』日新齋集이란 문집을 남겼다. 강재는 1893년 1월 27일과 동년 8월 23일에 일신재를 찾아 인사를 드린 이래, 1897년 1월에도 능주 덕현에 머물고 있던 일신재를 찾아가 인사

를 드린 적이 있다. 1910년에 일신재가 죽은 뒤 강재는 일신재를 추고하는
제문祭文을 지었다.

4. 향촌 사회의 제상諸相

한편,『일사』에는 19세기 후반 전라도 강진 일대 향촌 사회의 동향을 알
려주는 흥미로운 기사들이 다수 실려 있어 주목된다. 첫째로 주목할 것은
매일 매일 기록된 날씨와 함께 그에 따른 자연 재해 상황이 자세하게 드러
나고 있다는 점이다. 예를 들면, 계사년인 1893년은 전국적으로 가뭄 때문
에 흉년이 들게 되는데 강진도 예외가 아니었음이『일사』를 통해 확인되고
있다. 즉,『일사』를 보면 1893년 여름 내내 가물다가 7월 22일부터 23일까지
는 폭우와 함께 태풍이 불었던 것으로 드러나고 있는 것이 그것이다. 당시
일기를 보자.[13]

7월 22일 : 새벽부터 비가 내리더니 아침에 조금 그쳤다가 다시 바뀌어 주룩
주룩 내리기 시작하였다. 저물 때까지 그치지 아니하였다. 산들이 모두 샘
이 되고 골짜기 골짜기가 내를 이루었다.
7월 23일 : 동풍이 비를 몰아오니 그 기세가 대단하여 지붕 끝이 말려 들어가
뜰 위로 떨어졌다. 오후에 비로소 비가 그치고 바람도 조금 누그러졌다. ―
집에 도착해 보니 담이 많이 허물어지고 사촌 형님 댁의 수십 년 된 감나무
가 뿌리가 뽑혀 넘어져 있었다. ― 정오에 들에서 사람들이 올라왔다. 오는
사람들 모두 말하기를 "1년 농사가 크게 잘못되었다. 지난 번 날이 오래 가
물어 물이 마른 논의 벼는 이미 말할 필요도 없고, 마르지 아니한 논의 벼도
금방 이삭이 패어나려고 하는데 큰바람이 이삭을 때려 모두 하얗게 말랐
다."고 한다.

위의 7월 23일자 일기를 보면, 날씨가 오래 가물어서 상당수의 논이 말랐는데 설상가상으로 7월 22일부터 23일에 걸쳐 태풍과 함께 폭우가 쏟아져 이삭이 패려던 벼들이 모두 하얗게 말랐다는 것이다. 계사년에 강진은 가뭄에 이은 태풍과 홍수 피해로 실농失農을 하고 있었던 것이다.

이어 1895년 7월에는 홍수 피해가 극심했다고 한다. 『일사』 1895년 7월 17일부터 20일 일기에는 홍수 피해상이 다음과 같이 기록되어 있다.

> 7월 17일 : 비가 하루 종일 내리고 밤에도 계속 내렸다.
>
> 7월 18일 : 비가 오후에 점점 세지더니 밤새 내리고 바람도 불었다.
>
> 7월 19일 : 아침밥 먹을 때부터 비가 쏟아 붓듯이 내리기 시작하여 오후에 비로소 그쳤다. 동네 사람과 동쪽 언덕에 올라 바라보니 — 들판이 문득 큰 바다와 같고 밭과 논들이 사태가 나고 붕괴된 곳이 헤아릴 수 없었다.
>
> 7월 20일 : 들으니 무너진 집이 스무 채 남짓이나 되며 압사한 사람이 두 명으로 참으로 근래에 보지 못한 물난리였다. 그러나 신해년1851과 신묘년1891년 물난리에는 미치지 못했다.

이처럼 당시 강진 일대의 향촌 사회는 가뭄, 태풍, 홍수 등 자연 재해가 일상적으로 일어나고 있었다. 이 같은 자연 재해는 당연히 농사에 일대 타격을 주어 흉년이나 기근이 일상적으로 일반 민중들을 엄습하고 있었던 것이다. 『일사』의 자연 재해와 관련한 흥미로운 사실 가운데는 지진에 관한 기록1898년 8월 12일과 '흙비', 즉 오늘날의 황사 현상으로 추측되는 자연 재해에 관한 기술1896년 1월 15~17일, 2월 18일~19일 등도 언급되어 있다는 점이다.

둘째, 호변虎變에 관한 내용을 들 수 있다. 강진 일대는 수인산修仁山, 유치산有峙山, 수암산秀岩山 등 산림이 울창한 산들이 많았는데, 19세기 후반만 해도 이들 산에는 호랑이들이 상당수 서식하고 있었다. 『일사』에 따르면, 호랑이들은 땔나무를 하러 간 나무꾼은 물론이고 백주에 마을이나 읍내까지 출현하여 사람을 물어 죽이는 일이 비일비재하였다는 것이다. 1896년 일기 중 호변에 관한 내용을 인용하면 다음과 같다.[14]

(1896년) 4월 5일 : 들으니 어제 낮에 학사동學士洞 동네 앞에서 호랑이가 강아지를 쫓아왔다고 한다.

6월 23일 : 전해 들으니 지난 19일 밤 호랑이가 학사동으로 들어와 잠자던 한 사람을 물어 팔이 몹시 상했으며, 오추동梧秋洞을 침범하여 한 여자를 끌고 가는 것을 이웃 동네 사람들이 발견하여 소리를 질러 쫓았는데, 그 다음날 점심 때 상림 고개 아래에서 나무꾼 한 사람을 물어 죽였으며, 그 외 강아지들이 곳곳에서 물렸다고 하니 큰 변괴였다.

7월 9일 : 어제 저녁 송정리에 사는 열네 살 난 여자 아이가 호식虎食을 당했다고 한다. 또 황도리에 사는 부인이 호랑이에게 잡혀갔으나 다행히 시신을 찾았으며, 또 열수列樹 행정동에 사는 여인이 호랑이에게 물려 죽었다고 한다.

7월 16일 : 전해 들으니 어제 저녁에 호랑이가 강진 읍내 성 안으로 들어와 17세 된 남자 아이를 잡아가 먹었는데, 읍이 생긴 이래로 처음 있는 변이라고 한다. 또 송지촌松峙村에서도 부녀자 한 사람이 물렸으며, 또 외지의 인근 마을 곳곳에서도 호변虎變이 있었다고 한다.

이처럼, 19세기 후반 강진 일대에서는 호랑이가 읍내까지 출몰할 정도로 호변虎變이 빈번하게 일어나고 있었던 것이다. 『일사』에는 모두 10회에 걸쳐 호변에 대해 언급하고 있다. 즉 위에 인용한 1896년의 경우 총 4회, 1897년 2회4월 18일, 4월 23일, 1900년 1회, 1901년 2회6월 7일, 7월 19일, 1902년 1회8월 28~29일 등이 그것이다. 이 같은 사실은 강진 일대 향촌 사회는 자연 재해뿐만 아니라 호변마저도 일상적으로 겪고 있었음을 보여 준다.

셋째, 색전素戰이란 민속놀이에 대한 내용에 주목할 필요가 있다. 강진 인근의 전라 병영에서는 정월 대보름을 전후하여 주야에 걸쳐 색전이란 민속놀이가 이루어지고 있었다고 한다. 『일사』에서 색전이 처음으로 언급되고 있는 것은 1892년 1월 15일자 일기이다.[15]

1월 15일 : 아침을 먹은 뒤에 병영 장대將臺 앞에서 색전素戰을 구경하였다.

색전에 관한 이 같은 언급은 이듬해 1월 15일자 일기에도 보이며,[16] 1894년의 경우에는 1월 11일, 1월 13일, 1월 15일 등 3회에 걸쳐 색전을 구경했다는 내용이 언급되고 있다.[17] 그러나 1895년 이후부터는 색전에 대한 언급이 전혀 눈에 띄지 않는다. 1895년 이후에 색전에 대한 언급이 없는 이유는 아마도 동년 8월 13일 일기에 나타나듯이 팔도의 병영과 수영이 모두 파하여 없어졌기 때문으로 보인다.[18]

그렇다면 색전은 과연 어떤 형태의 민속놀이였을까? 『일사』에 따르면, 색전은 정월 대보름을 전후하여 4~5일 동안 주야로 계속된 민속놀이로, 주로 병영 장대 앞에서 이루어졌다고 한다. 또한 병사가 영을 내려 관내의 백성들에게 참관하도록 하고 있는 점으로 보아 병영에서 주관했던 민속놀이가 아닐까 추측해 볼 수 있다. 그러나 이 색전은 1895년 8월에 있었던 팔도 병영과 수영 폐지 조치에 따라 자연적으로 소멸되고 만 것으로 보인다.

5. 동학농민혁명에 대한 인식과 대응

『일사』에서 가장 주목할 부분은 역시 동학농민혁명에 관한 내용이라 하겠다. 강재는 동학농민혁명이 일어나기 이전부터 이미 강진과 장흥 일대를 중심으로 조직화되어 가고 있던 동학 교세 및 그에 대한 향촌 사회의 대응을 기록하기 시작하였으며, 동학농민혁명이 일어난 1894년 당시에는 강진과 장흥 일대 동학농민군들의 동향은 물론이고, 농민군과 맞서기 위한 재야 유생 및 각 지방관들의 움직임, 1894년 12월에 강진과 장흥을 중심으로 농민군 및 조일 연합군 사이에 벌어진 전투 상황, 조일 연합군의 남하 이후에 활발해진 반농민군 측의 동향 등을 상세하게 기록하였다. 『일사』는 한마디로 강진과 장흥 일대에서 펼쳐진 지역 단위 동학농민혁명의 실상 해명에 필요한 결정적인 내용을 담고 있을 뿐만 아니라, 19세기 말에서 20세기 초에 걸쳐 전라도 강진 일대 향촌 사회의 변화를 파악하는 데 필수적인 내용을 담고 있다고 할 수 있다.

　『일사』는 상하 두 권으로 되어 있으며, 순한문 붓글씨로 쓰여 있다. 상권은 1891년부터 1896년까지, 하권은 1897년부터 1903년까지의 일기를 담고 있다. 그 내용을 보면, 먼저 매일 매일의 날씨를 시작으로 하루 일과와 함께 강재 자신이 교유하고 있던 인근 유생들의 이름, 자신과 교류 관계에 있는 마을 이름 등을 기록하고 있다. 이 가운데, 계사년1893부터 갑오1894, 을미1895, 병신1896년의 일기 속에 강진·장흥 일대에서 차츰 세력화되고 있던 동학 포교 상황과, 동학의 확산에 따른 유생들의 대응 활동, 갑오년 당시 농민군의 동향, 갑오년 말에 벌어진 농민군과 조일 연합군 간의 전투, 반농민군의 동향, 농민군 잔당들의 동향 등이 날짜별로 상세히 기록되어 있다. 그러므로 이 일기를 통해 동학농민혁명 직전의 강진·장흥 향촌 사회의 움직임과 함께 동학의 조직화 과정, 재지 유생 및 일반 농민들의 동향을 구체적으로 파악할 수 있다. 또 갑오년 일기를 통해서는 1894년 5월 7일의 전주 화약 이후 강진 장흥 일대 농민군의 활동과 그에 따른 재지 보수 유생이 중심이 된 반농민군 측의 대응 활동, 농민군의 최후 항쟁 과정 등을 날짜별로 상세하게 파악할 수 있다. 『일사』에 기록되어 있는 동학 포교 상황, 1894년 동학농민혁명 관련 내용을 발췌 소개하기로 한다.

1) 동학의 확산과 그에 대한 대응

강재가 『일사』에서 동학에 대해 최초로 언급하고 있는 것은 1893년 1월 14일자 일기이다. 그 내용은 다음과 같다.[19]

> 1893년 1월 14일 : 길을 떠나 양사재養士齋, 강진향교 내의 오남장吾南丈, 강진 유생 오남 김한섭을 찾아뵙고 인사를 드렸다. 예를 갖추어 말씀을 나누는 가운데, 요즘 세상에 떠들썩한 동학東學에 대한 말이 나오자 통탄해 마지 않으셨다. 떠나올 무렵에 즈음하여 나에게 독서에 힘쓸 것을 부촉附囑하며 말씀하시기를 "세상이 기위 이렇게 되었으니 그대는 더욱 부지런히 경전을 읽지 않으면 안 될 것이다."라 하셨다. 나와 계명啓明= 강진 유생 朴啓明은 각기 집으로 돌아왔다.

여기에는 동학농민혁명 1년 전인 계사년에 강재가 당시 강진 향교의 장의掌議로 있던 오남 김한섭을 찾아가 세간에 널리 전파되고 있던 동학에 대한 염려를 함께 나누고 있는 사실이 쓰여 있다. 강재의 방문을 받은 김한섭은 이런 때일수록 더욱 경전을 부지런히 읽을 것을 부탁하고 있다. 동학의 급속한 전파에 대해 오남은 강재에게 성리학적 이념에 충실하기 위한 학문적 연찬을 게을리하지 말기를 강조하고 있는 것이다.

그런데 강재와 오남은 동학에 대해 단순한 염려의 차원에 머물지 않고 적극 대응하는 방향으로 의견을 결집하고 있었다. 다음 1893년 7월 19일자 및 7월 26일자, 8월 7일자 일기가 그 예이다.[20]

> (1893년) 7월 19일 : 향약계鄕約契를 만들기 위해 면 사람들이 하고재下古齋에 모

였다. 나도 또한 가서 참여하였다. 계에 들고자 하는 모든 사람들은 문서文書
에 이름을 적고 그 이름으로 계전契錢 1냥 1전씩을 거두었다. 저녁에야 집에
돌아왔다.

7월 26일 : 향약계 계안을 만드는 일로 다시 신지재新池齋에 모였다. 계전이
아직 모두 걷히지 아니했기 때문에 계안을 정하지 못하고 돌아왔다.

8월 7일 : 향약계鄕約契 관급전官給錢의 이식利殖을 수납收納하려고 김병휘金柄
輝,강진 유생 씨와 함께 재를 넘어 명륜당明倫堂,강진향교 내으로 갔다. 어저 향교
鄕校로부터 회문回文이 있었기 때문이다.

강재는 그의 일기에서 향약계를 조직하고자 하는 이유에 대해 명확히 밝
히지는 않고 있으나 여러 정황으로 미루어 볼 때, 이른바 이단사술異端邪術의
사학으로 간주하는 동학이 널리 전파되고 있던 강진 일대의 당시 상황과 무
관한 것으로 생각되지 않는다. 일찍이 동학이 창도되어 널리 전파되고 있던
1864년경 경상도 유생 행호군行護軍 이원조李源祚가 상소를 올려 동학 배척 및
금지 방안의 하나로 향약 실시를 강조하고 있었던 사실,[21] 1893년 12월 나주
목사로 부임한 민종렬閔種烈이 나주 유생들과 협력하여 향약의 규칙을 정한
사실[22] 등을 감안하면, 동학의 교조신원운동이 전국 각지에서 활발히 전개
되는 가운데 1893년 3월에는 충청도 보은에서 수만 명의 교인들이 대대적
인 시위를 벌이는 대규모 집회가 공공연하게 벌어지는 시대적 상황을 전후
하여, 전라도 강진 유생들이 향약계를 결성한 이유는 당시 전라도 서남해안
지역특히 강진, 해남, 진도, 장흥, 보성, 순천, 광양 등 일대를 중심으로 동학이 널리 전파
되고 있는 상황에 대비한 대응책의 하나로 보아도 무방할 것이다. 또한 이
시기의 향약계는 이듬해인 1894년 12월에 강진 유생 김한섭, 박창현, 김병
휘, 김병윤 등이 반농민군을 조직하여 농민군에 대항한 것과도 맥을 함께
하고 있는 것으로, 향약계는 강진 일대를 중심으로 널리 전파되던 동학을

배척하고 금하려는 방안의 하나로 시행되었다고 말할 수 있다.

2) 집강소기 농민군 활동과 그 대응

강진과 장흥 등 전라도 서남부 지역의 농민군 집강소는 1894년 6월경에 설치되었던 것으로 보인다. 『일사』에 따르면, 집강소일명 도소가 장흥 용계면龍溪面 별번지鼈番地, 자라번지에 1894년 6월 중순경에 설치된 사실이 확인되고 있기 때문이다. 별번지, 곧 자라번지는 장흥 출신 농민군 지도자의 한 사람인 이사경李士敬, 1860~1895 대접주의 근거지로 1894년 당시 그 조직적 기반이 장흥 남상면南上面 묵촌墨村의 이방언李芳彦 접接을 능가할 정도였다고 전해진다.* 자라번지에 설치된 집강소=도소에 관련된 내용은 『일사』 갑오년 6월 조에 보인다.[23]

6월 20일 을축乙丑 맑음 : 아버님께서 더위를 피하시고자 수사당守思堂으로 올라가셨다. 동학東學, 농민군이라고 칭하는 도인道人들이 오늘 장흥 자라번지에 모여 각처의 죄인들을 잡아 다스리고 있으며, 어제 저녁에는 산성별장山城別將, 강진과 장흥 사이에 있는 修仁山城의 수비를 맡고 있던 최고 책임자도 또한 체포되었다는 소식을 들었다.

6월 21일 병인丙寅 맑음 : 오후에 서실書室로 돌아오려 할 적에 마을 사람 여럿이 자라번지의 집회集會를 구경하고 돌아왔다는 소식을 들었다.

6월 27일 임신壬申 아침에 맑다가 오후에 흐림 : 동학농민군이 신지新池, 현 강진군 병영면 三仁里 신지 마을에 사는 강경심姜敬深의 아들을 체포하였다고 한다.

* 용반마을지편찬위원회, 『우리의 보금자리 지와몰』, 1990, 동편찬위원회, 56쪽 및 1991년 10월 28일부터 30일까지 필자가 '자라번지'를 비롯한 장흥 일대를 현지 답사할 때 동행했던 장흥군 부산면 용반리 출신 소설가 金碩中 씨 증언에 의함.

위의 6월 20일자 일기에서는 농민군들의 집결 장소가 지금의 장흥 부산면 자라번지에 있었음이 밝혀지고 있다. 또한 6월 21일자와 27일자 일기를 통해서는 농민군이 자라번지를 근거지로 삼은 가운데 동학도인들에 대한 탄압과 일반 민중들을 대상으로 가렴주구苛斂誅求를 일삼던 토호 등 죄인들을 잡아 징치懲治하는 활동, 즉 폐정 개혁 활동을 활발하게 전개하고 있는 사실을 확인할 수 있다. 이처럼 6월 20일 경부터 본격적으로 시작된 장흥 일대의 집강소 활동은 7월 초에는 인근 강진까지 확대되기에 이른다. 계속해서 『일사』 갑오년 7월 3일자 일기를 보기로 하자.[24]

> 7월 3일 정축丁丑 맑음 : 저녁 무렵 당질堂姪 예기禮基가 급히 찾아와 "형님이 장에서 돌아오는 길에 동학농민군에게 잡혀 무수한 곤욕을 당한 후 현재 결박 당해 있다."는 소식을 전하므로 듣고 매우 놀랐다. 형님朴章鉉; 강재의 큰 형이 급히 정선오鄭善五에게 본 읍강진으로 가서 이 일을 도소都所도 알고 있는지 알아보도록 청하니 선오가 그 청을 승낙하였다. 이때 동학농민군이 장흥으로부터 본 읍으로 와 도회都會하고 있었는데 정선오는 그 도소都所에 아는 사람이 있었기 때문이었다.

위의 내용에 의하면, 7월 초 장흥에서 강진으로 온 농민군들이 강진현 관아에도 도소를 설치하였음을 알 수 있으며, 강진의 도소 또한 장흥 자라번지의 도소와 대동소이한 활동을 전개하고 있음을 알 수 있다. 이런 사실은 곧 강진 일대에도 농민군의 집강소가 설치되어 폐정 개혁 활동을 활발히 수행하였음을 말해 주고 있다.

3) 반농민군 조직과 농민군 측의 대응

강진 일대에서도 농민군에 의한 폐정 개혁 활동이 활발히 진행되고 있을 무렵인 1894년 7월, 박제순朴齊純의 후임으로 박헌양朴憲陽이 장흥 부사로 부임하면서 장흥부와 병영을 중심으로 반농민군 측의 농민군 탄압이 본격화되기 시작했던 것으로 보인다. 『일사』는 전봉준이 이끄는 농민군이 제2차 기포를 단행하여 서울의 일본군을 몰아내기 위해 북상을 시작할 무렵인 1894년 9월 이후 강진과 장흥 일대 농민군에 대한 반농민군 측의 공세 및 탄압 과정을 상세히 기록하고 있다. 박헌양이 장흥 부사로 부임한 이후 반농민군 측이 농민군에 대하여 취한 공세와 탄압 내용을 『일사』 9월 16일 이후의 일기를 통해 살펴보기로 한다.[25]

9월 16일 강진현 이교吏校들이 강진현에 동학 도소都所를 설치하는 것을 막고 수성을 함.

10월 1일 병영에 설치된 동학 도소를 혁파하고 수성소守城所, 반농민군 측 본부를 설치함.

10월 18일 강진 병영에 설치된 수성소에서 수천 명의 민군民軍, 반농민군을 징발하여 병영 장대에서 훈련을 실시함.

11월 3일 강진 병영의 무사와 이노吏奴들이 모여 병영에 살고 있는 동학교도의 집을 부수었으며, 수성별장守城別將 방관숙房管叔은 장령將令, 공식 명령도 없이 임의로 동학교도인 선달先達 김응일金應日을 체포하여 포살함.

11월 22일 장흥에서 급보急報가 왔기에 강진 도총장都摠將 윤권중尹權仲, 수성별장 방관숙 등이 2백 명의 민군을 인솔하고 강진 읍군 2백 명과 함께 장흥으로 진격함.

11월 23일 장흥 웅치熊峙에 집결한 농민군이 행인 3, 4명을 살해함. 장흥 수성장이 웅치 농민군을 추격하여 격퇴시킴.

11월 29일 병영군이 벽사역에 주둔한 농민군 3명을 참수하고 웅치로 진격하다 병영군이 농민군 3명을 참수하고 1명을 생포하여 병영으로 이송하고 웅치 농민군을 토벌하고자 하다.

위의 내용을 종합하면, 강진·장흥 일대에서는 병영 내의 수성군, 즉 반농민군을 중심으로 한 공세가 9월 초순부터 본격적으로 이루어지고 있었던 것을 알 수 있다. 반농민군 측은 먼저 농민군이 설치한 도소를 철폐하고 그 대신에 농민군을 진압을 위한 수성소守城所를 설치하는 한편, 동학교도를 체포하여 포살하는 등 강경한 탄압을 지속적으로 전개하였다. 위의 11월 3일자 일기 내용과 11월 29일자 일기 내용이 그 점을 뒷받침하고 있다. 그런데 농민군에 대한 반농민군 측의 강경 탄압은 오히려 농민군 측의 결집을 자극하고 마침내는 장흥부, 강진현, 전라 병영 등에 대한 농민군 측의 대공세를 부추기는 결과를 낳았던 것으로 보인다. 이 같은 사실은 다음 절의 강진 장흥 농민군의 최후 항쟁 과정에서 잘 드러나고 있다.

4) 강진·장흥 농민군의 최후 항쟁

『일사』는 1894년 12월 초순부터 중순에 걸쳐 강진 장흥 일대에서 이루어진 농민군의 결집과 최후 항쟁 과정에 대해서 자세히 기록하고 있다. 그 주요 내용은 정리하면 다음과 같다.[26]

10월 16일 농민군 1천여 명이 장흥 사창社倉 장터에 집결하였으며, 영암 덕교德橋와 강진 석진石塵 장터에도 각각 잇따라 모였다.

11월 7일 농민군이 10월 30일경 광주, 남평, 보성, 장흥, 금구, 능주 등지를 출발하여 장흥 흑석黑石 장터현 장흥군 장평면 봉림리 흑석 마을에 집결하다.

11월 21일 농민군 수천 명이 장흥 웅치현 보성군 웅치면 소재에 집결하다.

11월 22일 장흥에서 급보가 와서 강진 도총장 윤권중, 수성별장 방관숙이 2백의 민군을 인솔하여 강진 읍군 2백 명과 함께 장흥으로 진격하다.

11월 23일 웅치에 집결한 농민군이 행인 3, 4명을 살해, 장흥 수성장이 웅치 농민군을 추격하여 농민군을 격퇴시키다.

11월 25일 장흥 동학접주 이인환李仁煥이 대흥면大興面현 장흥군 대덕면에서 기포하여 웅치 농민군에 합류하다.

11월 29일 병영군이 벽사역에 주둔함. 농민군 3명을 참수하고 웅치로 진격하다 병영군이 농민군 3명을 참수하고 1명은 생포하여 병영으로 이송하고 웅치 농민군을 토벌하고자 하다.

11월 30일 보성에서 민군 수백 명이 죽창을 들고 농민군과 대치하다.

12월 1일 강진 도총장 농민군 3명을 압송하는 도중 1명은 도주하다.

12월 2일 강진 도총장이 농민군 20여 명을 체포하고 화약과 창총槍銃, 몽둥이와 소 등을 압수하다.

12월 3일 동학의 무리가 어제 이미 벽사역碧沙驛을 함락하고, 오늘 밤에는 장흥군을 함락하여 장흥 부사가 죽다.

12월 7일 사시巳時와 오시午時 사이에 농민군이 강진을 함락하다.

12월 10일 농민군이 병영을 함락하고 관사와 민가에 방화하다.

위의 내용을 통해서 보면, 강진·장흥 지방 농민군들은 10월 16일경부터 장흥 사창을 중심으로 집결하기 시작하였다. 이후 11월 중순경까지는 장흥부 외곽인 사창, 웅치, 회령, 대흥 등지를 거점으로 세력을 강화했다. 그리하여 강진 장흥 일대 농민군은 11월경에는 수천 명에 달하는 농민군을 이끌고 장흥부 외곽 지대에 웅거하고 있었다.[27] 그러나 강진과 장흥 일대의 농민군이 장흥 외곽 지대를 중심으로 세력을 강화함에 따라 장흥부와 강진 병영, 그리고 재지 유생들을 중심으로 한 수성군 측의 대응 또한 만만치 않았던 것으로 보인다. 11월 23일 웅치의 농민군들이 장흥 수성군에 밀려 보성으로 퇴각한 것이라든지, 29일 벽사역에서 농민군 3명이 병영의 수성군에게 잡혀 참수당한 사실 등은 반농민군 측의 공세가 활발했음을 보여 준다.

하지만, 강진·장흥 일대 농민군은 반농민군 측의 공세에도 불구하고 전력을 강화하여 12월 3일에는 벽사역과 장흥부를 점령하고, 이어서 병영이 있는 강진 방면으로 진격하여 12월 7일에는 강진, 이어 12월 10일에는 병영마저 점령하기에 이르렀다고 『일사』는 기록하고 있다. 이는 강진·장흥 일대 농민군의 군세가 강대하였을 뿐만 아니라, 우금티 전투 이후에도 동학농민군은 각지에서 치열한 항쟁을 계속하였음을 보여 주는 사례라 할 것이다.

6. 맺음말

이상으로 『일사』를 중심으로 그 주인공 강재 박기현의 가계와 학문, 주요 저술, 강재의 독서 및 강학 활동, 교유관계, 향촌 사회의 제상諸相, 동학농민혁명에 대한 인식과 대응 문제를 고찰해 보았다. 강재는 전통적인 무관 집안 출신으로, 성리학을 정학으로 삼고 평생토록 성리학적 이념에 충실하고자 했던 유생 출신이었음에도 불구하고, 그의 독서 경력에서 확인했듯이 의서를 읽고 한방 처방을 하는 유의儒醫로서의 면모를 보이는 등 전근대 사회에서 근대 사회로 넘어오는 격동기 재야 지식인으로서 흥미로운 모습을 보여 주고 있다.

그는 특히 1893년에는 강진과 장흥 일대에 동학이 급속하게 전파되는 것을 우려하여 향약계를 조직하여 이단사술異端邪術인 동학의 확산을 방지하려고 하였고, 1894년에는 농민군을 탄압하는 반농민군 측 입장에 섰지만 반농민군 활동에 직접 참여하지는 않았다. 그는 반농민군 활동보다는 오히려 강진 일대 향촌 사회에서 벌어진 동학농민혁명이라는 대전란의 전개 과정을 상세하게 기록하는 동시에, 동학농민혁명에 대한 재야 유생들의 대응을 기록으로 남기는 활동에 주력하였다. 이는 매천 황현의 태도와 매우 흡사한 것으로 동학농민혁명을 전후한 격동기를 사는 지식인의 한 전형을 보여 주고 있다고 할 수 있다. 이런 측면에서 강재의 일기 『일사』는 1890년대 초반부터 1900년대 초반까지의 강진 장흥 일대 향촌 사회 동향을 연구하는 데 없어서는 안 될 귀중한 사료라 할 것이다.

동학농민혁명과 천도교의 성립

1. 동학농민혁명의 전개

1894년 동학농민혁명은 우발적으로 일어난 일회적 사건이 아니었다. 동학농민혁명은 조선 후기 내내 빈발했던 수많은 민란의 연장선 위에서 종래의 민란을 집약한 것이었으며, 또한 그 배경에는 조선 후기 내내 계속된 민란에서 표출되고 있던 민중들의 변혁 의지를 수용하여 체계화한 동학이라는 새 종교가 혁명적 이념으로 자리하고 있었다. 1894년 동학농민혁명은 대체로 다음과 같은 다섯 단계를 거치면서 전개되었다.

첫째, 1892년 10월부터 1893년 4월까지 두 해에 걸쳐 동학교단의 지도부에 의해 주도된 시위 운동 단계이다. 이를 학계에서는 교조신원운동이라 부른다. 동학교단이 중심이 된 집단적 시위 운동, 즉 교조신원운동은 동학 교조 최제우의 억울한 죽음을 풀어달라는 요구동학 포교의 자유를 인정해 달라는 요구와 같은 뜻이다, 동학을 금지한다는 핑계로 동학교도 및 일반 민중들의 재산을 함부로 빼앗아 가는 각 고을 수령들의 부당한 행위를 막아 달라는 요구, 서학의 만연 및 일본 상인의 침탈을 막아 내자는 요구척왜양의 요구 등 세 가지 요구를 내걸고 동학교단이 중심이 되어 집단적이고 조직적으로 전개한 시위 운동이었다. 이 같은 교조신원운동은 1892년 10월 서병학·서인주가 중심이 된 충청도 공주 취회를 계기로 시작되어, 그해 11월 전라도 삼례에서는 동학교단 지도부의 공식적인 승인에 따라 전국 각지에서 참여한 동학교도 1

천여 명 이상이 모여 이십 일이 넘는 기간 동안 집단적인 시위를 벌였다. 이것이 바로 삼례 취회이다. 공주 취회 및 삼례 취회를 통하여 동학교단 지도부는 충청 감사 조병식과 전라 감사 이경직으로부터 동학교도에 대한 부당한 수탈을 금하도록 조치하겠다는 약속을 받아 내었다. 이로부터 각지의 일반 민중들은 지방관들의 부당한 수탈을 막아 줄 유일한 조직인 동학교단에 다투어 입교하기에 이른다. 공주 취회 및 삼례 취회를 통해 동학 조직과 일반 민중의 결합의 계기가 만들어진 것이다.

한편, 동학 교조 수운 최제우의 억울한 죽음에 대한 신설伸雪=신원과 동학의 공인에 따른 포교의 자유 문제는 중앙 조정의 권한에 속한다는 양兩 감사의 입장 표명에 따라 삼례 취회 직후인 11월 말부터 동학교단 지도부는 서울로 올라가 국왕에게 직접 호소하려는 계획을 추진하기 시작하였다. 동학교단의 이러한 계획은 동학교도들이 서울로 올라와 외국인을 배척하는 집단적인 시위 운동을 벌일 거라는 소문으로 번져 당시 주한 외국 공사관과 주한 외국인들에게 커다란 위기감을 불러일으키게 되는데, 동학교도들의 상경투쟁은 실제로 1893년 2월에 현실로 나타났다. 1893년 2월 9일, 40여 명의 동학교단 지도자들은 서울 광화문 앞에 엎드려 동학을 공인해 줄 것과 동학 교조 수운 최제우의 억울한 죽음을 풀어 달라고 3일 밤낮을 호소하였다. 뿐만 아니라 14일부터는 외국인들을 배척하는 내용을 담은 괘서, 곧 척왜양 격문을 교회와 외국 공사관, 외국인이 거주하는 집의 담에 게시하기 시작함으로써 서울 장안은 외국인 배척 분위기가 조성되었다. 이것이 이른바 광화문 복합상소와 척왜양 격문 게시 운동의 단계이다. 그러나 이 광화문 복합상소와 척왜양 격문 게시 운동은 외세의 간섭과 조정의 강경 탄압책에 의하여 실패하고 말았으며 복합상소 및 척왜양 격문 게시 운동을 주도했던 동학교단 지도자들은 대부분 체포되거나 수배되었다. 체포를 간신히 면한 일부 지도자들은 다시 동학의 대도소 곧 중앙 본부가 있던 충청도 보은으로 내려가 새로운 대응책을 마련하기 시작하였다.

당시 동학교단 최고 지도자 해월 최시형이하, 해월은 전국의 동학교도들에게 통문通文을 띄워 1893년 3월 10일 교조 최제우가 처형된 날을 기해 동학 본부가 있는 보은으로 모일 것을 지시하였다. 이렇게 하여 이른바 보은 취회가 열리게 되었다. 3월 10일부터 4월 2일 해산하기까지 보은으로 모인 교도의 수는 대략 2만 7천여 명에 이르렀으며, 이들은 한결같이 나라를 온통 좌지우지하고 있는 외국 세력을 몰아내야 한다고 주장하였다. 즉, 척왜양창의斥倭洋倡義라는 기치를 전면에 내건 시위 운동을 전개한 것이다.

그런데, 보은 취회에 호응하기 위한 또 하나의 집회가 전라도 금구현 원평에서도 열린 것으로 확인되고 있다. 학계에서는 이 집회를 금구 취회金溝聚會 또는 금구 취당金溝聚黨이라 하며, 이 집회를 통해 장차 동학농민혁명을 주도하게 될 전봉준을 비롯한 동학농민혁명 지도부가 성장하기 시작하는 것으로 이해되고 있다. 그렇지만 보은과 원평에서 열린 두 집회는 조정에서 파견한 양호선무사 어윤중의 설득과 회유, 그리고 군대를 동원하여 트벌하겠다는 중앙 조정의 강경책에 의해 해산되고 말았다. 이리하여 약 2년에 걸친 동학교단 주도의 집단 시위 운동, 즉 교조신원운동은 표면상 막을 내리게 되었다.

그러나, 동학농민혁명이 일어나기 2년 전부터 두 해에 걸쳐 전개된 교조신원운동의 역사적 의의는 주목할 만하다. 그 의의를 든다면 첫째, 동학농민혁명의 전사前史로서 장차 동학농민혁명을 주도할 지도부가 성장하는 계기가 되었으며, 둘째, 삼례 취회와 보은 취회·금구 취회에서 발견할 수 있듯이 동학교단 조직이 당시 일반 민중들과 급격히 '결합' 結合하는 현상이 나타나 대내외적 모순이 심화되어 가고 있던 당시의 시대적 정세가 바야흐로 폭발 직전의 혁명적 정세에 도달하고 있었음을 보여 준다는 것이며, 이로써 장차 동학농민혁명이 일어날 객관적 조건이 성숙되고 있음을 발견할 수 있다.* 셋째, 교조신원이라는 합법적인 요구를 내걸고 전개된 집단적 시위 운동을 통해 동학 사상과 동학교단이 하나의 혁명적 사상으로서, 또는 혁명적 조직으로서 일반 민중들을 일정하게 계몽하고 조직화하는 데 크게 기여하였다는 점을 들 수 있다特히 동학의 유무상자 사상과 포접으로 대표되는 동학의 전국적 조직망.

동학농민혁명의 제2단계는 1894년 1월 10일 전라도 고부에서 일어난 농민봉기의 단계이다. 이 고부 농민봉기는 1월 10일 당시 고부에 거주하고 있던 전봉준·김도삼金道三·정익서鄭益瑞 등이 고부 농민들을 이끌고 봉기하여 1893년 이래 온갖 폭정을 저지른 고부 군수 조병갑을 몰아내고 농민들에 대한 가혹한 수탈의 상징이 된 만석보를 허물어 버리고 말목장터에 진을 치고 장기적인 항쟁을 계속했던 사건을 말한다. 그런데 이 같은 고부 농민봉기는 몇 가지 측면에서 종전의 민란에서 볼 수 없었던 주목할 만한 특징을 보여 주었다. 하나는 1892~3년에 일어났던 교조신원운동 및 고부 지역 동학교도 들이 중심이 되어 준비했던 1893년 11월의 사발통문 모의와 깊은 관련을 보여 줌으로써 교조신원운동 및 사발통문 모의와 밀접한 연관성을 지닌 사건 이었다는 점이며, 다음은 1월 10일에 봉기하여 3월 13일 완전 해산하기까지 무려 두 달간이나 계속되는 장기 항쟁을 함으로써 종래 민란에서는 볼 수 없는 장기 지속성을 보여 준다는 점이다. 끝으로 전봉준을 비롯한 강력한 봉기 지도부가 조직되어 고부군 여러 면에서 참가한 농민들을 조직하여 민 군民軍을 만들고, 고부 군아에서 탈취한 무기를 비롯하여 자체적으로 만든 죽창 등으로 무장을 강화함으로써 강력한 조직성을 보여 준다는 점이다. 요 컨대, 동학교단이 주도했던 교조신원운동 및 동학교도들이 중심이 되어 모 의했던 사발통문 모의와 연관성을 가진 것 외에, 장기 지속성, 강력한 조직

* 보은 취회에 참여한 3만여 명의 시위 군중이 그 구체적 예이다.

성의 측면에서 종래의 민란과는 커다란 차이를 보이고 있었던 것이다. 이 같은 고부 농민봉기의 특징은 그것이 한 고을 단위에서 일시적 봉기에 머물고 마는 단순한 민란에 그치지 아니하고 1894년 3월 21일 전라도 무장에서 일어나는 동학농민군이하, 농민군의 전면 기포로 발전하게 만드는 요인이 되었던 것으로 생각된다.

동학농민혁명의 제3단계는 고부 농민봉기를 주도했던 전봉준 등 지도부가 고부 농민봉기를 수습 진정시키기 위해 파견된 안핵사 이용태李容泰의 가혹한 탄압을 견디지 못해 3월 13일경 민군을 해산한 후 무장茂長으로 피신하였다가 무장의 동학 대접주 손화중의 도움을 받아 3월 21일 전면적으로 봉기하는 단계를 말한다. 학계에서는 이 무장 기포 단계부터 본격적으로 동학농민혁명이 전개되기 시작하는 것으로 이해하고 있다. 그런데, 지금까지 대다수 연구자들은 3월 21일의 무장 기포와 1월 10일의 고부 농민봉기를 혼동하여 기록한 오지영의 『동학사』를 지나치게 신뢰한 나머지, 농민군이 전면적으로 봉기했던 시기와 장소를 3월 21일의 무장이 아닌 1월 10일의 고부로 잘못 이해하여 왔다. 그러나 신용하 교수의 연구[1]가 나옴으로써 동학농민혁명이 본격화되는 시기와 장소는 1월의 고부농민봉기가 아니라 3월 무장 기포라는 사실이 확인되었으며, 신 교수의 무장 기포 학설은 1985년 이후 새로 발굴된 1차 사료들인 『수록』隨錄 『석남역사』石南歷事, 『임하유고』林下遺稿 등에 의해 뒷받침됨으로써 정설이 되었다.

전라도 무장에서 전면적으로 봉기한 농민군은 「창의문」**을 발표하고 고부로 진격하여 3월 23일경 고부를 다시 점령하였으며, 3월 25일경에는 고부 농민봉기 단계에서 한때 진을 치기도 했던 백산白山***으로 이동하여 각

** 이 창의문이 바로 '人之於世最貴者(이 세상에서 사람을 가장 존귀하게 여기는 까닭은)' 로 시작되는 「무장포고문」이다.

지에서 참가한 농민군을 모아 진영을 확대 개편하였다. 또한 호남창의대장 소湖南倡義大將所라는 이름으로 격문을 발표하여 민중들의 봉기와 호응을 촉구하였고, 4대 명의四大名義와 12개조의 군율軍律을 제정하였다. 이어 4월 7일 새벽에는 황토현에서 전라 감영군을 격파하고 그 길로 전라도 서남해안으로 기수를 돌려 정읍·흥덕·고창·무장·영광·함평을 차례로 점령하였으며, 4월 23일 장성 황룡촌에서는 홍계훈이 이끄는 경군 즉 중앙 정부군과 싸워 승리를 거두었다. 그리고 4월 27일에는 호남의 수부首府이자 조선 왕조의 발상지인 전주성을 점령하고 5월 7일에는 경군과 전주 화약全州和約을 체결하고 이튿날 자진 해산하였다. 전주 화약을 계기로 농민군들은 출신 고을로 돌아가 악정의 개혁, 즉 폐정 개혁을 단행하기에 이른다. 그런데 이 1차 기포, 즉 3월 21일의 무장 기포에 참가한 고을 대부분은 서남해 연안을 끼고 있는 군현郡縣들이라는 특징이 있다. 이른바 전라 우도全羅右道 지역이 제1차 기포의 중심을 이루고 있는 것이다. 이것은 동학농민혁명이 당시 전라 우도 고을을 중심으로 격화되고 있던 사회·경제적 모순, 구체적으로는 농업 및 어업 문제와 연관이 있음을 시사한다고 하겠다.

　농민군들이 각 고을로 돌아가 집강소2를 설치하고 폐정 개혁을 실시하는 시기부터를 이른바 집강소執綱所 통치기 또는 도소都所 체제기라 부르는데, 이 시기가 바로 동학농민혁명의 제4단계에 해당한다. 집강소의 설치와 폐정 개혁 활동은 새 전라 감사로 부임한 김학진과 농민군 최고 지도자 전봉준 사이에 담판이 이루어지면서 가속화되어 몇 개 고을을 제외한 전라도 전역에 설치되다시피 하였다. 그러나 집강소의 설치와 폐정 개혁 활동은 각 고을별로 서로 다른 양상을 보이며 이루어졌던 것으로 알려지고 있다. 농민

***　白山은 1894년 당시에는 전라도 古阜郡에 속해 있었지만 현재는 전라북도 부안군에 속해 있다.

군의 영향력이 절대적인 고을에서는 집강소 설치가 수월했을 뿐만 아니라 과감한 폐정 개혁 활동이 이루어진 반면에, 그 반대의 경우도 있었다. 나주·운봉·순창의 경우는 집강소 설치를 거부하는 향리와 유생 및 지방 포군으로 구성된 수성군과 농민군 사이에 치열한 전투가 벌어지기도 하였다. 경상도 예천의 경우는 농민군을 토벌하기 위한 보수保守 집강소가 설치되어 농민군을 체포 처형하기도 하였다. 그런데, 집강소 통치기에 들어와 농민군의 구성이 크게 변하는 것으로 확인되고 있다. 이른바 천민들로 구성된 농민군들이 과감한 폐정 개혁 활동에 나서게 되는데 양반 불알 까기, 양반집 처녀에게 장가 들기 등, 이 같은 천민군의 폐정 개혁 활동의 의미에 대해 학계서는 '분풀이식 개혁'이라고 냉정한 평가를 하고 있다.* 한편, 집강소 통치기에 전라도 각지를 돌며 집강소 활동과 폐정 개혁 활동을 독려하던 전봉준은 6월 21일 일본군이 경복궁을 점령하고 친일 정권을 수립하는 '변란'變亂을 일으켰다는 소식을 접하고 전라 감사 김학진의 협조를 얻어 일본군을 몰아내기 위한 재기포를 준비하게 된다. 재기포는 그해 9월 14일경 전라도 삼례에서 이루어지는데, 이로써 집강소 통치기는 사실상 종결되고 동학농민혁명은 전혀 새로운 단계로 접어들게 된다.

전봉준 등이 이끄는 농민군이 일본군을 몰아내기 위해 재봉기하는 9월 14일부터 그해 12월 체포되기까지의 단계를 제2차 기포 또는 삼례 기포 단계라 부른다. 이 단계는 동학농민혁명의 마지막 단계에 해당한다. 7월 초순경, 일본군이 경복궁을 불법으로 점령했다는 소식을 접한 전봉준은 8월에 전라도 남원에서 '남원대회'를 통해 김개남 등과 재봉기를 협의한 후, 9월

---

* 집강소 시기에 천민 농민군들에 의한 급격한 폐정 개혁 활동과 과격한 신분 해방 운동은 신분제 질서 유지에 매달리고 있던 광범위한 지방 유생들의 반발을 유발한다는 점에서 주의를 요하는 것이었다.

초순경 재봉기를 위해 삼례를 거점으로 하여 농민군을 재조직, 10월 초순경 서울을 향해 북상을 시작한다. 농민군의 재봉기 소식을 접한 조정에서는 농민군을 토벌하기 위한 경군을 일본군에 배속시켜 세 길로 나누어 남하하도록 한다.* 그러나, 전국 각지에서는 일본군의 경복궁 불법 점령 소식에 분노한 농민군들이 일본군을 몰아내기 위해 잇따라 봉기하기에 이른다. 이 단계에서는 특히 제1차 무장 기포 단계에서 봉기하지 않았던 충청도·강원도·경기도·경상도 북부 지방에서도 수많은 농민군들이 '항일' 抗日 투쟁의 대열에 동참하기 위해 봉기하였으며, 2대 교주 해월의 영향 아래에 있던 동학 교단 지도자들도 휘하 교도들을 이끌고 봉기하여 10월 14일경에 충청도 논산에서 전봉준이 이끄는 농민군과 합류 연합 부대를 편성하기에 이른다. 이들 연합 농민군은 서울을 향해 공주로 북상하였지만, 공주 일대는 이미 서울에서 내려온 경군과 일본군으로 구성된 조일 연합군이 강력한 방어선을 형성하고 있었다. 이에 연합 농민군과 농민군 진압 부대인 조일 연합군 사이에 격렬한 전투가 벌어지게 되었다. 양측에서는 10월 23일부터 25일까지 1차 대접전이 있었고, 11월 8일부터 11일까지 제2차 대접전이 우금티 일대에서 치열하게 벌어졌다. 두 차례의 대접전에서 막대한 희생을 치르며 선전했던 연합 농민군은 근대적 무기와 근대적 전술로 무장한 조일 연합군에게 끝내 패배하고 말았다. 그리하여 동학농민혁명은 우금티 전투를 고비로 서서히 내리막길로 접어들게 된다. 물론 11월 15일경의 논산 황화대 전투나 11월 25일 전라도 원평 구미란 전투 등에서 보는 바와 같이 농민군은 최후까지 끈질긴 항전을 계속하였지만 한 번 역전된 전세를 뒤집기에는 역부족이었다. 이에 원평 구미란 전투를 고비로 농민군 지도자들은 뿔뿔이 흩어져

* 재봉기한 농민군 토벌 및 진압은 일본군의 지휘와 명령에 따라 전개되었다는 점에 유의할 필요가 있다.

재기의 기회를 엿보기 위해 피신하지만 대부분 체포되고 동학농민혁명은 통한의 좌절을 맛보게 된다.

동학농민혁명이 좌절되고 난 뒤, 봉기 대열에 참가했던 지도자들과 민중들은 재야 유생들을 중심으로 조직된 민보군에 의해, 한편으로는 경군과 일본군에 의해 철저하게 진압되었다. 그리하여 극히 일부의 농민군 지도자와 일반 농민군들은 외래종교인 천주교나 개신교로 숨어들기도 하고, 1895년의 '을미사변'乙未事變을 계기로 일어난 의병 대열에 합류하기도 하였다. 또한 일부 농민군 세력은 지리산 등과 같은 깊은 산골로 숨어들어 1900년대 의병으로 다시 조직화되어 등장하기도 하였으며, 이용구李容九와 같은 이는 일진회一進會와 같은 친일 단체에 참여하여 친일파로 변신함으로써 구차한 목숨을 이어가기도 하였다.

2. 동학농민혁명의 좌절과 한국 근대 신종교

동학농민혁명이 통한의 좌절을 맛봄으로써 동학교단은 유수한 지도자 다수를 잃고, 수십만 교도들이 희생되었으며, 삼남 지방을 중심으로 전국 각지에 광범위하게 조직되었던 교단 조직 대부분이 파괴되었다. 뿐만 아니라 가혹한 탄압과 살육의 와중에서 거우 살아남은 해월 이하 소수의 지도자들은 살아남기 위한 방도 찾기에 겨를이 없을 지경이었다. 이러한 참담한 현실은 살아남은 교단 지도자들로 하여금 그간의 지도 노선에 대한 심각한 자기 반성과 성찰의 기회를 갖도록 영향을 주었던 것으로 보인다. 그리하여 1894년 봉기의 실패와 좌절에 대한 반성의 분위기는 갑오 이후 동학교단 안에 여러 경향의 지도 노선이 혼재하도록 만들었으며, 그러한 노선들은 1898년 7월 20일음 6월 2일에 해월이 체포되어 순교함으로써 더욱 구체적으로 드러나기 시작하였다. 해월 사후, 의암 손병희에 의하여 교단을 수습하기 위한 일련의 노력이 진행되고 있긴 하였으나 각 지방의 동학교도들은 지속적인 탄압으로 숨마저 제대로 쉴 수 없는 지경에 처하여 있었다. 이러한 현실에 대해 손병희 중심의 새로운 지도부가 펼 수 있는 대책은 지하 조직의 형태로서 연락망을 구축하는 한편, 후일을 기약하기 위해 관의 탄압으로부터 멀리 피하라고 연락하는 정도였다. 이 같은 실정은 가혹한 현실에 비하여 교단 지도부가 할 수 있는 조치가 거의 없었음을 증명해 주는 것이다. 그리하여 해월의 사후부터 1905년 12월 동학의 후신인 천도교가 등장하기 전까지의 기간에 동학교단 지도부는 지도부대로 각 지방의 동학교도들은 교도 나름으로 독자적인 길을 걸어갔다. 이 기간에 드러나는 다양한 노선들은 대체로 다음 다섯 가지로 분류할 수 있다.

첫째, 갑오년 봉기의 정신을 그대로 계승하여 반봉건·반외세 투쟁을 지속적으로 전개하고자 했던 세력이다. 이들 대부분은 갑오 봉기 이후 의병·영학당英學黨·활빈당, 만주의 독립군 등에 편입되어 투쟁을 계속한다.

둘째, 반봉건·반외세의 노선을 포기하고 반동화 내지 친일화하는 세력이 있다. 이들은 동학교도를 탄압·체포하는 봉건 관료로 진출하거나 일제의 앞잡이로 변신하여 일진회·시천교侍天敎 등을 만든다. 기억해야만 할 점은 갑오 봉기의 중심 무대를 이루는 전라도 전역은 대부분 시천교의 근거지로 변화한다는 점이다.

셋째, 민족적·민중적 입장을 지향하고 있던 동학이 창도 이래 줄곧 배척해 왔던 일본으로부터 근대 문명을 수용하여 동학교단의 유지 발전을 도모하고자 일제에 대한 인식과 태도에 일정한 변화를 보이는 세력이 있다. 이들은 손병희를 중심으로 천도교를 창건하게 된다.

넷째, 갑오 봉기의 실패 원인을 동학교단의 지나친 현실 참여에서 찾으면서 난세 은둔, 철저한 현실 불간섭, 종교적 수련만을 강조하여 입산 수도하는 세력이 있다. 이들은 경상북도 상주와 충청남도 계룡산을 중심으로 경천

교敬天敎 · 청림교靑林敎 · 동학교東學敎 등 동학의 새로운 별파別派를 창건하게
된다.

다섯째, 타종교로 개종하거나 동학과는 완전히 결별을 선언하여 새로운
종교 운동을 전개하는 세력이 있다. 동학에서 타종교로 개종하는 주된 이유
는 대부분 가혹한 탄압으로부터 살아남기 위한 목적이었는데, 이 들 가운데
는 천주교와 개신교로 개종하는 경우가 대부분이지만 갑오 봉기 훨씬 뒤에
창교되는 증산교나 원불교로 귀의하는 사례도 있어 주목된다.[3] 동학과는
전혀 다른 새로운 교단 창건은 강일순姜一淳의 증산교甑山敎,1901 박중빈朴重彬
의 원불교圓佛敎,1916 등을 꼽을 수 있다.

이상과 같이 갑오 이후, 특히 해월의 사후 다양한 분화 현상을 보였던 동
학교단은 1900년부터 1920년대에 걸쳐 천도교1905.12 · 시천교1906.12 등으로
분화하고, 이후 경천교 · 청림교 · 동학교 · 상제교 · 증산교 · 원불교 등의 분파
나 새로운 신종교로 나뉘게 되어, 일제하에 무수히 일어나는 신종교 창건의
역사적 · 사상적 배경을 형성하기에 이른다.

3. 천도교의 성립

동학농민군의 갑오년 봉기가 실패로 끝난 뒤 동학교단은 전봉준을 비롯
한 대다수의 지도자들이 체포 · 처형되었으며, 봉기에 적극 참여했던 일반
교도들도 수십만 명이 희생되었다. 특히 농민군 봉기의 중심 기반이 되었던
전라도 · 충청도 · 경상도 등 이른바 삼남三南 지방의 동학 조직은 거의 와해
되고 말았다.

그뿐 아니라 갑오년 봉기의 와중에 가까스로 살아남은 해월을 비롯한 소
수의 지도자와 일부 교도들은 관변 측과 향촌 사회로부터 더욱 가혹한 지목
과 탄압에 직면했다. 예를 들면, 동학농민혁명이 거의 종결된 1894년 12월

전라 감영에서는 '오가통절목' 伍家統節目과 '향약장정' 鄕約章程을 발하여 동학을 향촌 사회에서 완전히 추방하려는 정책을 펼쳤다.[4] 이러한 가혹한 탄압이 가해지는 가운데 해월은 강원도 산간을 전전하면서 피난 생활을 계속했다. 따라서 호남 지방에 일부 잔존하고 있던 동학 지도자 및 교도들과의 연락 체계도 거의 단절되었으며 극히 일부의 지도자들이 해월과 연락을 취하며 교단 조직의 재건을 시도하긴 했으나 이 같은 시도도 사실상 성공하기 어려웠다.

한편 참담한 패배로 귀결된 갑오년 봉기에 대한 동학교단 내부에서의 책임 문제는 심각한 양상을 드러내고 있었다. 즉 가까스로 살아남은 동학 지도자들 사이에서는 갑오년에 이르기까지의 교단의 지도 노선에 대한 비판과 반대의 분위기가 강해지고 있었으며 이러한 분위기 속에서 일부 지도자와 교도들은 동학교단을 이탈하는 현상도 적지않게 일어나고 있었다. 구체적인 사례를 하나 든다면, 1892~3년의 교조신원운동敎祖伸寃運動과 1894년 동학농민혁명 당시 유력한 지도자의 한 사람이었던 서장옥徐璋玉이 1896년 12월 해월에게 편지를 보내 "불도佛道를 숭상하라"[5]고 했다는 것이다. 서장옥의 편지 내용은 여러 측면에서 검토될 수 있겠지만 무엇보다도 주목되는 것은 갑오년 봉기 이후 동학교단의 분화 현상의 하나로 볼 수 있다는 점이다. 그러나 이러한 현상도 여전히 도통道統의 정통을 대변하는 해월이 재세在世하는 1898년광무2까지는 그다지 급격하게 대두되지는 않았던 것으로 보인다. 비록 봉기 실패의 책임 문제는 있었을지라도, 해월이 지니고 있던 도통의 정통성을 거역할 만큼의 힘을 가진 지도자가 부재했기 때문이었다.

동학교단의 분화 현상이 전면화되는 결정적 계기는 1898년 해월의 체포·처형이었다. 해월은 갑오년 봉기 후 극소수 지도자 및 교도들의 도움을 받아 가며 강원도 산간지대에 은신하고 있었다. 그러나 앞에서 서술한 바와 같이 관변 측과 향촌 사회의 동학 탄압은 가혹하기 그지없었으며 특히 동학

교단의 최고 지도자 해월에 대한 지목은 해가 갈수록 격화되어 갔다. 이 같은 상황 아래에서 1898년 1월에는 해월의 측근 김낙철金洛喆[6]이 경기도 여주에서 체포되었으며,[7] 이때 가까스로 체포를 면했던 해월도 마침내 그해 5월 24일음력 4월 5일 강원도 원주 송골에서 체포되기에 이르렀다.[8] 서울로 압송된 해월은 7월 18일 고등재판소의 사형 판결을 받아 7월 20일음력 6월 2일 교수형에 처해졌다.[9] 뿐만 아니라 1900년에는 해월의 3대 제자였던 손천민孫天民과 김연국金演局이 잇따라 체포되었고 갑오년 봉기 이후에도 살아남았던 서장옥마저도 1900년 9월경에 체포되어 그달 20일에 손천민과 함께 사형 판결을 받고 처형되었다.[10] 이로써 동학교단은 거의 전면적인 와해의 위기에 직면하게 되었다.

그런데, 1898년의 해월의 체포·처형 및 김연국의 체포 등으로 사실상 동학교단의 최고 지도자가 된 손병희는 관변 측의 감시와 탄압 아래에서 교단 재건을 위한 일련의 활동을 전개하고 있었던 것으로 확인된다. 사료에 의하면, 그는 해월이 체포·처형당하던 시기를 전후하여 서울로 올라와 동학 사상에 공감하는 일부 민중들의 보호를 받으면서 몇몇 개화파 인사들과 접촉하여 문명 개화의 공기를 들이마셨던 것으로 확인된다. 즉 후일 3·1독립운동의 33인 '민족대표'의 한 사람이 되는 묵암默庵 이종일李種一은 1898년 1월 손병희와 서울에서 대면하였다.[11] 이종일은 손병희에게 민권 운동을 펼칠 것을 설득하였지만, 오히려 그는 손병희와의 교제를 거듭해 가는 가운데 손병희의 감화를 받아 1898년에 동학에 입교하게 된다.[12] 1898년에 손병희가 지었다고 알려져 있는 「각세진경」覺世眞經·「수수명실록」授受明實錄·「도결」道訣 등의 저작은 손병희와 개화파 인사와의 교류를 통해서 이루어진 것으로 보인다.[13]

개화파 인사와의 교류를 통해 문명개화에 대한 일정한 인식을 가질 수 있었던 손병희는 한편으로는 관변 측의 지목을 피하고, 다른 한편으로는 근대 문명 섭취를 위해 외유外遊의 길을 떠난다. 즉 그는 1901년 미국으로 외유의 길을 떠나려고 했으나 그것이 여의치 않게 되자 일본으로 건너가게 되었다. 1901년 3월 일본으로 건너간 손병희는 동년 9월 일시 귀국하여 국내 동학 지도자를 평안도 지방으로 파견하여 교도들을 격려하도록 한 뒤 1902년 3월에 다시 정광조鄭廣朝 등 유학생 24명을 이끌고 일본으로 건너갔다. 손병희의 일본 생활은 도중 반년 정도의 일시 귀국 기간1901년 10월~1902년 3월을 제외하고 1906년 1월 말까지 계속되었다. 일본에서 그는 이상헌李祥憲이라는 가명을 쓰면서 박영효朴泳孝 · 오세창吳世昌 · 권동진權東鎭 등 망명 개화파 인사들과 교제를 맺고,[14] 동학의 장래에 대한 전망을 모색하였다. 이 시기의 손병희는 근대 문명 수용을 통한 이른바 근대적인 동학교단 체제 구상은 1902년 국내의 교도를 대상으로 쓰여진 「삼전론」三戰論에 잘 나타나 있다. 즉 「삼전론」에서 손병희는 도전道戰 · 재전財戰 · 언전言戰을 통한 문명 개화의 방도를 제시함으로써 동학교단의 근대적 체제 구상의 일단을 개진하고 있다.[15]

그러나 손병희에 의한 동학교단의 근대적 체제 구상이 정비되어 가는 상황 아래에서도 관변 측의 동학 탄압은 끈질기게 이어지고 있었다. 그리하여 손병희는 동학교단의 근대적 체제 정비를 위해서는 무엇보다도 체제 측으로부터의 공인이 필요하며 이 공인을 위하여 일대 전기를 마련하지 않으면 안 된다고 판단했던 것으로 보인다. 1902년 2월 국내에 있는 이용구李容九에게 보낸 「경통」敬通에서 손병희는 천하의 대세가 삼전三戰에 있다고 강조하고 특히 언전言戰 편에서 "외교적 담판의 중요성을 강조하여 러 · 일 양 세력의 각축 속에서 우리나라가 어느 편이 승전할 것인가의 국제 정세를 잘 살펴 예견하는 외교적 자립책을 강구"[16]하고 있다. 손병희는 러 · 일 간의 전쟁 위기가 목전에 다가오고 있음을 주시하고 국내 교도들에게 한국과 일본이 공동 출병하여 한국도 전승국의 지위를 차지하도록 해야 함을 설득하는 한편 일본 육군 당국과도 비밀리에 접촉을 시도하였다. 『천도교창건사』에 의

하면 손병희는 당시 일본 육군참모본부 차장인 타무라 이요조田村怡与造, 1854 ~1903를 만나 동학교도를 상인으로 가장시켜 한국에 상륙하는 일본군을 돕게 하고 동학교도와 일본군이 연합하여 친러파 정권을 타도하자는 제안을 하였다.[17] 그러나 이 제안은 참모본부 차장 타무라의 급작스런 사망으로 인해 수포로 돌아간 것으로 알려지고 있다.[18] 손병희의 이러한 제안은 1894년 동학농민혁명 당시의 반일 투쟁과는 정반대로 가는 것이었다. 여기에 종래의 동학교단과 손병희가 지도하는 1900년대 동학과의 노선 차이가 존재하고 있다. 요약하자면 1898년 해월의 체포·처형 이후 손병희에 의해 지도되는 동학교단은 이른바 문명 개화의 근대주의 노선을 수용하는 대신 종래의 반일 투쟁 노선에 친일 연합 노선 쪽으로 한 걸음 내딛게 되었던 것이다.

손병희의 친일 노선은 타무라에 대한 제안이 수포로 돌아간 뒤에도 계속되었다. 즉 그는 1904년 2월 러·일이 개전하자 자신의 성의를 표시하기 위해 일본 육군성에 1만엔을 기증하였으며, 또 일본과의 협력 토대를 만들기 위해 러·일 개전 직후 일본에 있던 동학 간부 40명 정도를 동경의 처소로 소집하여 민회民會 개설 운동을 전개하도록 지시하였다.[19] 이 같은 손병희의 지시에 따라 국내의 동학 지도자들은 먼저 1904년 4월 대동회大同會를 조직하였으나 정부에 의해 강제 해산당하였다. 이에 9월에 다시 대동회를 이은 중립회中立會를 설립했으나 친일 또는 친러 단체로 오해되어 다시 진보희進步會로 개칭되었다.

진보회는 손병희의 심복이라고도 할 수 있는 이용구에 의해 지도되고 있었는데 진보회는 ① 황실을 존중하고 독립 기초를 공고히 할 것, ② 정부를 개선할 것, ③ 군정 및 재정을 정비할 것 등 입헌군주제를 일단 인정하면서 독립 국가의 보전, 근대적인 조정 개혁을 선언하고 16만명의 동학교도들이 일제히 단발을 단행하게 했다.[20]

동학교도의 단발은 진보회가 개화주의임과 동시에 반일 단체가 아니라

는 사실을 보여 주는 것이었다.[21] 이것은 당시 일본 군부를 배경으로 일진회
一進會를 조직한 송병준宋秉畯과 진보회를 사실상 이끌고 있던 이용구와의 결
합을 촉진하는 계기가 되었다. 즉 단발을 단행하여 개화주의와 반일이 아님
을 증명해 보인 진보회를 본 송병준은 진보회와의 합동을 결심하고 이후 줄
곧 진보회를 옹호하는 활동을 펼치게 된다.[22] 송병준 등의 지원을 받은 진보
회는 스스로 자신들은 옛날의 동학도가 아니라 개명한 단체이므로 각지에
서 체포당하고 있는 동학도들은 당연히 석방되어야 한다는 운동을 펼쳤다.
진보회와 일진회는 1904년 12월 합동하여 '합동일진회'로 개칭된 이후 공
공연한 친일 정치 활동을 펼쳐가게 된다.

진보회와 합동한 일진회는 이후 일본이 군용으로 필요로 하고 있던 경의
선 부설공사와 한국의 북방으로의 군수물자 수송에 전면적인 협력을 하는
한편, 러시아군에 대한 첩보 수집 활동에도 종사하였다. 특히 서울과 신의
주를 잇는 경의선 부설공사의 경우 일진회는 평안도·황해도의 동학도를 대
동원하여 지원을 자청하였다고 한다.[23] 사상자가 나올 정도로 위험한 공사
였지만 일진회원들은 사료에 의하면 '자비조역'自費助役할 정도로 헌신적인
협력을 아끼지 않았다고 한다.

이 같은 일본에 대한 협력은 원래 일본에 체류하고 있던 손병희의 지시에
의한 것으로 진보회 설립 단계로부터 이루어지고 있었다. 그러나 한국에 대
한 보호국화가 결정된 1905년 11월 17일의 이른바 '을사조약' 체결 직전인
11월 5일 일진회가 '일진회 회장 이용구'의 명의로 일본의 보호를 요청하는
성명서를 발표함으로써 여론이 반일진회反一進會를 외치게 되자 일본에 머물
고 있던 손병희는 깊은 위기감을 갖게 되었다. 앞에서 살펴본 바와 같이
1900년대의 손병희는 종래의 동학 지도자들과는 달리 이른바 '친일 연합노
선' 논자였지만,[24] 『천도교창건사』에 의하면 당시 한국의 독립을 실질적으
로 포기하는 것과 다름이 없는 이용구 등의 보호국론에 대해서는 반대했다

고 한다.[25] 또한 그는 무엇보다도 동학의 정치적 분신인 진보회일진회에 대한 비판이 동학교단에 대한 비판으로 이어지는 것을 가장 염려했던 것으로 생각된다.

이용구의 행위에 위기의식을 느낀 손병희는 이용구를 불러 보호 독립의 허구성을 지적하면서 다음과 같이 호령했다고 한다.

> 보호를 받으면 독립이 아니오, 독립을 하면 보호가 불필요할 텐데 보호독립이란 말이 성립된다 말인가(『天道敎創建史』 3編 7章, 甲辰革新運動 참조).

또한 손병희는 1905년 12월 천도교의 탄생을 고하는 광고를 당시 일간지에 게재하여 동학에 대한 일반 인심의 일신을 도모하게 하였다. 그리고 다음해 1월 일본으로부터 귀국하여 교단 정비에 착수하였다. 즉 1906년 2월에는 「천도교대헌」天道敎大憲을 공포하여 동학을 근대적 체제를 갖춘 종교로 정비하고, 친일 매국단체로 전락한 일진회의 이용구 등에게는 정교 분리政敎分離를 내세워 친일 정치 활동을 중단하고 천도교의 종교 운동에 귀의할 것을 요구하였다. 그러나 이용구 등은 손병희의 요구를 거절하고 친일 정치 활동을 계속해 갔다. 천도교가 출범하게 되는 초기의 복잡한 내부 사정은 다음과 같은 오지영吳知泳의 지적에 잘 나타나 있다.

> 천도교중앙총부 안에는 내지일본로부터 선생손병희과 같이 나온 오세창·권동진·양한묵 등 일파와 일진회 골자인 이용구·송병준 일파와 비개화파인 김연국 일파가 한 곳에 섞여 있어 외면으로는 비록 번번한 듯하나 그 내각에 있어서는 옹치격雍齒格으로 구수仇讐같이 되어 있었던 터이다(吳知泳, 「東學史」, 『東學思想資料集』 2, 亞世亞文化社, 1979, 555쪽).

이른바 오월동주吳越同舟의 상황이었다. 손병희는 마침내 1906년 9월 17일 이용구와 송병준에 대해 일진회를 탈퇴하라는 통첩을 내려 최후의 설득을 시도했다. 그러나 그것이 거부될 것으로 판단한 손병희는 이용구를 비롯한 일진회원 62명의 출교黜敎 처분을 내렸다. 이 같은 손병희의 용단은 천도교로 하여금 인적·재정적 고립에 직면하게 만들었으나 친일 단체라고 여론의 강한 비판을 받고 있던 일진회로부터 천도교를 분리해 내는 데 성공하게 만들었으며, 이후 일진회 등과는 일정한 거리를 둔 독자적인 노선을 걷는 기반이 되게 하였다.

한편 손병희로부터 출교 처분을 당한 이용구 등은 같은 해 12월 새로이 시천교侍天敎를 창립하는 한편 일진회 활동도 계속해 간다. 뿐만 아니라 인적·재정적으로 고립된 손병희가 이끄는 천도교에 대해 와해공작마저 시도하였다[26]고 한다. 그러나 손병희는 그에 굴하지 않고 천도교의 근대화와 그 재건을 위해 적극적인 활동을 펼쳐 갔다. 우선 그는 1906년부터 천도교의 기본 의례에 해당하는 오관五款; 呪文, 淸水, 侍日, 祈禱, 誠米 등의 5대 의례를 제정하고 교도들에게 그것을 성실히 지킬 것을 선언하였으며, 그때까지도 표준화가 되지 않고 있던 종래의 제사 의례를 개혁하여 제단에 오직 청수 한 그릇만 차리는 방향으로 간소화하였다. 또한 1907년 4월에는 천도교의 부구총회部區總會를 개최하여 천도교 재정의 유지 방안을 논의하였다. 이때 오지영이 제안한 '성미의 납부' 즉 교도 1인당 식사 때마다 쌀 한 숟갈씩을 거두는 방안이 채택되어 대대적인 '성미 운동'으로 발전하게 되었다. 뿐만 아니라 근대적인 교리 해설서 출판을 위해 천도교 산하에 보문관普文館이라는 인쇄소를 설치하여 1907년부터 천도교 '중앙총부발간' 中央總部發刊이라는 간지가 인쇄된 『동경연의』東經演義·『대종정의』大宗正義 등을 비롯한 다수의 근대적 교리서를 인쇄·보급하였다. 1908년에는 제1차 교리강습회를 개최하여 천도교의 중견 지도자 양성에도 힘을 기울였다.

이상과 같이 근대적 의례의 제정, 성미운동의 전개, 근대적 교리서의 보급 및 교리 강습회를 통한 중견 지도자의 양성 등으로 천도교는 그간의 인적·재정적 고립이라는 위기를 극복하고 근대적 체제를 갖춘 종교 체제의 확립에 성공하게 된다. 그러나 동학에서 근대적 종교로 확립을 본 천도교는 한편으로 종래 동학 사상 속에서 강하게 표출되고 있었던 '보국안민' 輔國安民이라는 민족주의적 성격이 점차 약화되어 간다[27]는 문제점을 안게 된다.

4. 천도교의 중심 사상

먼저 천도교 사상의 유래와 연원을 말한다면 두 말할 나위도 없이 1860년에 창도된 동학 사상을 말할 수밖에 없다. 그러나 동학은 1894년 동학농민혁명이 실패로 돌아간 뒤 사실상 여러 갈래로 분화되어 천도교만이 동학 사상을 계승했다고 볼 수는 없다.

여기서 1894년의 봉기 실패 이후 분화된 동학의 여러 갈래를 다시 한 번 소개하면 다음과 같다. 첫째, 갑오년 봉기에서 강하게 드러나고 있었던 반봉건·반외세 투쟁을 계속해 가는 세력을 들 수 있다. 예를 들면 제2차 동학농민혁명 때부터 나타나는 의병, 갑오년 이후의 영학당英學黨·활빈당活貧黨에 의한 투쟁, 1910년 이후 만주 지방의 독립군 등에 편입되어 활동하는 동학 세력 등을 들 수 있다. 둘째, 갑오년의 반봉건·반외세의 이념을 완전히 저버린 채 급격히 체제내화하거나 일면 개화를 표방하여 친일화하는 세력이다. 여기에는 동학교도를 탄압하는 관료로 진출하거나 침략자 일제의 앞잡이로 변신한 일진회 및 시천교 등을 대표적으로 들 수 있다. 특히 주목되는 것은 갑오년 봉기의 중심 무대였던 전라도 지역의 경우 그 대부분이 일진회 또는 시천교의 세력권으로 전화되어 간다는 점이다. 셋째, 1894년 동학농민혁명은 '반봉건적임과 동시에 반자본주의적·반식민주의적이며 반

근대적 변혁'이라고 할 수 있는 것이었는데,[28] 종래 동학이 표방했던 반근대적 노선을 버리고 일본을 통해 근대 문명을 수용하여 종래의 동학교단을 크게 쇄신하려고 한 세력을 들 수 있다. 그것이 바로 손병희를 중심으로 한 망명 개화파 인사들이 이끄는 천도교이다. 넷째, 갑오년 봉기의 실패는 동학교단의 지나친 현실 참여 내지는 정치 참여에 있다고 비판하고 1894년 이후 철저하게 종교적 수도주의, 은둔, 현실 불간섭을 표방하여 순수한 종교운동에만 전념하는 세력이다. 여기에는 경상북도 상주를 비롯, 충청남도 계룡산 등을 근거지로 삼아 활동하는 경천교敬天敎 · 청림교靑林敎 · 동학교東學敎 · 상제교上帝敎 등의 동학계 신종교들이 있다. 시천교 창립 초기에 일시 가담했던 김연국의 경우에는 1920년경에는 수도 은둔주의를 내걸고 계룡산으로 들어가 상제교를 창립하여 활동한다. 다섯째, 동학과는 완전 결별하여 새로운 종교운동에 나서거나 다른 종교로 개종하는 세력을 들 수 있다. 새종교 운동의 대표적 사례로는 1901년에 창립되는 강증산의 증산교甑山敎, 1916년에 전라남도 영광에서 창립되는 박중빈朴重彬의 원불교圓佛敎 등을 꼽을 수 있으며, 다른 종교로 개종하는 사례로는 가톨릭으로의 개종황해도의 경우가 대표적이다을 들 수 있다. 이상에서 지적한 바와 같이 천도교는 갑오년 봉기 이후 여러 갈래로 분화되는 동학의 한 갈래로 이해함이 타당할 것이다. 따라서 종래 1860년에 성립을 본 동학과, 1905년에 성립을 본 천도교를 동일선상에 두어 이해하려는 견해[29]는 수정되어야 마땅할 것이다.

그렇다면 천도교와 동학 사상의 차이는 어디에 있는 것일까? 양자의 차이는 천도교를 성립시키는 손병희의 갑오년 직후부터 1905년까지의 행적, 그리고 해당 시기의 천도교의 교리서에 대한 분석을 통해 구명할 수 있을 것으로 생각된다.

앞에서도 이미 지적한 바와 같이 1898년 7월에 해월이 체포되어 처형되는 시기를 전후하여 손병희는 서울로 올라와 이종일을 비롯한 문명 개화적

인사들과 접촉하였다.[30] 이 같은 사실로 미루어 손병희는 1898년경부터 이미 동학 사상에 근대 문명을 결합시키고자 하는 생각을 가졌던 것으로 보인다. 따라서 1901년 손병희의 일본으로의 외유는 표면적으로는 관변 측의 탄압으로부터 벗어나려는 의도였다고 하더라도 그보다 더욱 중요했던 의도는 '근대 문명 섭취를 위한 외유'[31]로 보는 것이 타당하다고 하겠다. 일본에서의 외유 기간 동안 손병희는 앞에서도 지적한 바와 같이 박영효·오세창·권동진·양한묵 등 망명 개화파 인사들과 교유하며 근대 문명에 대한 이해를 심화시켜 갔던 것이다.

손병희의 근대 문명에 대한 이해는 드디어 1902년에 이르러 「삼전론」이라는 저술을 통해 구체화되었다. 이 삼전론은 물론 종래 동학의 천도天道 사상에 그 근간을 두고 있는 것이었지만 더욱 주목해야 할 것은 근대 문명에 대한 이해에도 기반을 두고 있다는 점이다. 「삼전론」의 구성은 먼저 서언에 이어, 도전道戰·재전財戰·언전言戰으로 이어지고, 마지막에 결어로 되어 있다. 우선 손병희는 서언에서 천도의 근본 원리는 불멸이지만 시세의 변화에 의해 다스리는 방법은 변한다治異道同 時異規同也고 자신의 견해를 밝히고 있다. 또 도전·재전·언전, 즉 사상전·경제전·외교전의 세 가지를 들면서 새로운 정세에 대응하는 동학 사상의 문명 개화적 방도를 제시하고자 하였다. 그런데 이것이 "동학이 근대적으로 다시 태어났다는 사실을 재빠르게 선언하는 것에 다름이 아니었다."[32]고 하는 평가가 있다. 그러나 그보다 더욱 주목할 만한 내용은 동학이 지니고 있었던 민족주의적 성격에 변화가 나타나고 있다는 점이다. 즉 「삼전론」에서 손병희는 제국주의가 각축하는 시대에 대외적으로는 천도의 원리를 고지固持하여 국가 간의 분쟁을 병력이 아니라 담판에 의해서 해결해야 한다고 지적하였고, 대내적으로는 신 사회를 향한 구태의 탈피를 위해서 필요한 기본적인 권력의 문제를 제기하지 않고 인화지책人和之策으로써 국교의 확립을 기본 과제로 제기하는 등 근대 문명과 동학 사상을 일체화시키고 있다. 그 결과 동학이 본래 지니고 있었던 보국안민輔國安民이라는 민족주의적 성격은 점차 약화되어 갔던 것으로 생각된다.

「삼전론」 외에 손병희의 저작으로 알려지고 있는 「각세진경」覺世眞經, 1899·「수수명실록」授受明實錄, 1899·「도결」道訣, 1899·「명리전」明理傳, 1903·「대종정의」大宗正義, 1905 등에는 초기 천도교의 천관天觀이 드러나고 있어 주목되고 있다.33 예를 들어 종래 동학교조 수운이 제시했던 '시천주'侍天主의 관념은 초기 천도교 교리서 속에 어떻게 반영되어 있을까. 1899년에 지었다고 알려진 「각세진경」에서는 시천주 대신 단지 '시천'侍天이라고만 기록되어 '주'主 자가 탈락하고 있다. 본래 동학에서 말하는 시천주의 '주'는 하늘天에 대한 존칭을 뜻하는 것인데 천도교에 들어와 탈락되고 있는 것이다.

또 이 시천주와 관련된 표현이 초기 천도교 교리서에 자주 등장하고 있는데, 예를 들면 「수수명실록」 및 「도결」 등에 있어서는 '인시천인'人是天人이란 표현이 보이고 있으며, 이 표현은 또한 1903년에 지었다고 하는 「명리전」에도 나타나고 있다. 그리고 1905년경에 지어진 것으로 생각되는 「대종정의」에서는 그 유명한 '인내천'人乃天이란 표현이 등장하고 있다.

요약하면 동학의 시천주가 천도교 초기에 들어와 '주' 자가 탈락된 인이시천人以侍天이란 표현으로 나타나고, 그것이 다시 인시천인人是天人이란 표현으로, 그리고 마침내 1905년경에는 '인내천'이란 표현으로 정리되고 있는 것이다.

그러면 왜 천도교에서는 종래 동학의 '시천주'에서 굳이 '주'를 탈락시키고 '시천'이라고만 했을까. '시천'은 하느님天主이 아니라 하늘天을 모시는 것으로, 이것은 하느님의 의지적 성격을 부정하려는 의식적인 의도였다고 한다.34 다시 말하면 '시천'에서 말하는 천, 즉 하늘은 만물의 생성을 설명하는 원리 또는 원소를 뜻한다. 그러므로 존경의 대상일 수 없고 따라서 존칭을 뜻하는 님主을 붙일 필요가 없게 된다35는 것이다.

다음을 '인내천' 이란 천도교의 종지宗旨에 대해 부언하고자 한다. 일반적으로 인내천은 조선 민중 사상의 도달점이며 평등 사상을 가장 간명하게 선언한 것으로 간주되어 왔다. 그러나 천도교 초기 저작에는 오히려 성리학性理學=朱子學의 방향[36]이 농후하다고 지적하면서 그 표현이 지나치게 철학화되고 있을 뿐[37]이라고 설명하는 견해가 있다. 뿐만 아니라 "인내천이란 있는 그대로의 인간에게 전일적으로 인정될 수 있는 것이 결코 아니었으며,"[38] 오히려 "최시형이 범신론적 천관의 통속적 전개에 의해 한 걸음 진전시킨 우민관愚民觀의 극복이 오히려 후퇴하고 있다."[39]고 하는 비판적 견해도 있다. 위의 두 견해는 반드시 정당하다고 볼 수 없을지라도 종래 동학에 강조되어 온 인격적 천관天觀의 측면이 천도교에 들어와 후퇴하는 가운데 하늘天의 철학적·원리적 측면이 강조되는 인내천으로 정리되었다는 점만은 부정할 수 없을 것이다.

끝으로 천도교 사상과 관련하여 지적해 두고자 하는 것은 보문관普文館이라는 근대적 인쇄 시설에 대해서이다. 천도교 직할 인쇄소이기도 한 보문관은 1907년 이후 집중적으로 천도교의 교리 해설서[40]를 간행하고 있다. 그리고 1910년 8월에 창간호가 나온 『천도교회월보』天道敎會月報에 관해서도 언급하지 않을 수 없다.

보문관 판 천도교 교리서들은 이미 지적했듯이 '중앙총부발간' 中央總部發刊이라는 이름으로 나왔다. 그 중에서도 가장 주목할 만한 교리서는 1907년에 나온 『동경연의』東經演義가 아닐까 생각된다. 이것은 지강芝江 양한묵梁漢默의 집필로서 동학의 기본경전인 『동경대전』東經大全을 근대주의의 입장에서 체계적으로 해석한 저술이다. 이것은 천도교 초기 사상을 연구하는 데 매우 중요한 위치를 차지하고 있으며, 특히 종래 동학 사상과의 비교 검토를 하는 데 있어서 참고하지 않으면 안 되는 교리서로 볼 수 있다. 『천도교회월보』는 1910년에 천도교의 기관지로서 창간되었기 때문에 천도교 초기의 교리에 관한 기사가 풍부하여 초기 천도교사상 연구에 없어서는 안 될 자료라 할 것이다.

5. 천도교의 민족운동

천도교의 1905년의 성립 당시부터 1945년 해방에 이르기까지 다양한 방법으로 민족운동을 전개하였다. 천도교 민족운동은 대체로 3단계로 구분할 수 있다. 제1단계는 천도교 성립에서 1919년 3·1독립운동 직전까지, 제2단계는 1919년 3·1독립운동에 있어서 천도교의 역할을 중심으로, 그리고 마지막 제3단계는 1919년 3·1독립운동 이후, 즉 이른바 '문화통치' 기부터 1945년 해방에 이르기까지이다. 이 글에서는 제1단계와 제2단계까지의 민족운동의 전개 양상과 그 특징을 주로 고찰하기로 하겠다.

1) 제1단계

먼저 제1단계인 1905년부터 1919년 3·1독립운동 직전까지 천도교가 펼쳐 온 민족운동을 교육운동·출판문화운동·3·1독립운동의 기반 조성 운동 등으로 3대별하여 고찰한다.

천도교의 교주大道主 손병희는 1907년에 대도주의 지위를 박인호朴演浩에게 물려 주고 교육·출판문화운동의 전면에 나섰다. 그는 우선 인재 양성을 위해 한말에 이용익李容翊이 설립했던 보성학교普成學校·보성중학교普成中學校·보성법률상업학교普成法律商業學校; 이것은 뒤에 보성전문학교로 개칭된다. 현 高麗大學校의 전신 등을 인계받아 경영했다. 보성중학교 교장 최린崔麟과 보성전문학교 교장 윤익선尹益善 등은 모두 손병희가 육성한 인재였다. 보성전문학교의 경우를 보면, 교주인 이종호李鐘浩가 신민회新民會에 참여하여 간부로서 해외 독립기지 건설을 위해 안창호와 더불어 망명하자 당시 보성전문의 학감 윤익선

은 손병희의 도움과 천도교로부터 나온 재원으로 학교를 경영할 수 있었
다.[41] 손병희는 그 밖에도 서울의 동덕여학교同德女學校; 현 동덕여자대학교를 비
롯한 여러 학교를 설립했으며, 지방에는 전주의 창동학교昌東學校를 비롯한
여러 학교의 설립과 경영을 지원하였다. 또한 교단 내 지도자 양성을 위한
종학원宗學院 등을 설립하여 교육운동을 펼쳤다.

손병희는 또 1905년에 이미 근대적 인쇄 시설을 갖춘 보문관을 설립하여
천도교 사상을 해설한 근대적 교리서를 간행했으며, 그의 지도로 천도교인
이 된 이종일·오세창 등을 시켜 1906년에 『만세보』萬歲報를 창간하도록 함
으로써 출판을 통한 애국계몽운동에도 적극적으로 나섰다. 한말의 우명한
언론인이자 대표적인 신소설 작가로 알려진 이인직李人稙은 『만세보』의 주
필로 활동하였을 뿐 아니라 '혈血의 누' 淚라고 하는 신소설을 발표하기도 하
였는데 이것은 근대 한국 최초의 신소설로 평가되고 있다.

한편 손병희는 1907년 4월 5일에 천도교 부구총회를 소집하여 천도교의
재정 자립책을 논의하였다. 이 회의에서는 전라북도 익산교구益山敎區의 오
지영이 제안한, 교인 1인당 매 식사 때마다 쌀 한 숟갈씩 거두는 방안이 채
택되어 이른바 천도교의 대대적인 '성미운동' 誠米運動으로 발전하게 되었다.
이 성미운동에 의해 축적된 천도교의 재정은 교단의 조직이 정비되고 교도
수가 증가함에 따라 그 규모가 크게 팽창하였다. 예를 들면, 1919년 3·1독
립운동 직전에는 10만 신도들이 낸 성미를 통해 조성한 자금이 100만원의
거금이 되었다고 전한다.[42] 이때 조성된 자금은 3·1독립운동의 거사 자금
뿐만 아니라 기독교 쪽에도 거사 자금으로 제공되었다.

손병희가 전개한 운동의 또 다른 측면은 교리강습회를 통한 지방의 중견
지도자 양성 그리고 대교구제大敎區制 도입을 통한 천도교 조직의 정비를 들
수 있다. 교리강습회는 1908년에 제1차가, 1912년에는 제2차가 개최되었으
며, 제2차의 강습회 때에는 500명에 이르는 지방의 중견 지도자들이 참가했

다고 한다.[43] 손병희는 또한 교단 조직 정비에도 눈을 돌려 1910년 4월에는 천도교 간부 74인을 한 자리에 불러 공동전수심법식共同傳授心法式을 거행하였다. 이 공동전수심법식은 교단의 도통을 교도들에게 공동 전수하여 과감한 대중화의 길을 여는 것이었으며 1914년에는 '중의제' 衆議制를 채택하여 종래의 비민주적이며 권위적인 교주제를 폐지하게 하였다. 또한 같은 해 7월에는 전국에 대교구제를 시행하니 전국은 37개 대교구, 185교구에 달했으며 북간도北間島 · 서변西邊 지역의 교구을 합치면 194교구를 넘었다고 한다.[44]

이상과 같이 1905년 이후 손병희를 중심으로 한 천도교는 근대적 교단 체제를 갖추어 나가는 한편으로 교육운동 · 출판문화운동 · 3 · 1독립운동을 위한 인재 양성, 재정 기반의 확충, 교단 조직의 정비를 성공적으로 이룩하였다. 그 결과 종래 동학 교리 속에 혼재되어 있던 민간 신앙적 요소가 제거되고 합리화되어 천도교의 종지는 인내천人乃天으로 정리되었다. 또 사회개벽을 내세워 현실주의적 색채를 선명히 했으며, 그 구체적 슬로건은 보국안민輔國安民 · 포덕천하布德天下 · 광제창생廣濟蒼生 · 지상천국地上天國 건설로 요약할 수 있다. 이와 같은 조직적 에너지를 기반으로 삼아 천도교는 1919년 3 · 1독립운동에 대대적으로 참가할 수 있게 된다.

2) 제2단계

천도교 민족운동의 제2단계인 1919년 3 · 1독립운동은 1894년 동학농민혁명과 함께 동학 · 천도교의 민족운동사상 그 정점을 이루는 운동이었다.

3 · 1독립운동에 있어서 천도교 측의 역할을 분석 · 검토해 보기로 한다. 주지하듯이 1919년 3 · 1독립운동은 3월 1일 오후 2시, 이른바 '민족대표' 33인 가운데 29인의 대표가 서울의 조선요리점 태화관太華館에 모여 독립선언서를 발표한 것을 계기로 촉발되었다. 당시 독립선언서에 서명한 민족대표

33인을 종교별로 구분해 보면 천도교인 15인, 기독교인 15인, 불교 2인, 기타 1인이다.

이들 가운데 천도교인 15인의 주요 직력 및 경력을 분석해 보면 다음의 〈표 1〉과 같다.[45]

<표 1> 천도교인 민족대표 경력표

이름	직력	정치력
손병희	천도교 제3세 교주, 보성학원, 문종, 종학, 교남, 동덕, 일신, 보창, 명신, 양덕, 창동 각 학교 설립 경영	동학농민혁명(이하 동학) 참가, 보국안민 3책 제창
양한묵	탁지부 주사, 능주세무관, 보성전문, 동덕여학교 경영	동학 참가, 진보회 조직, 헌정연구회 조직, 자강회 참가, 이재명 사건 관여
박준승	임실 천도교 접주, 수접주, 대교구장, 순유위원, 지주	동학 참가
최린	함남관찰부 집사, 외사부 주사	활빈당 가입, 일심회 가입, 신민회 가입, 보호조약 반대 구금 처분
이종훈		동학 참가, 갑진혁신운동, 계몽운동 참가, 이완용가 방화 사건 관여
김완규	여수통신 주사, 한성부 주사, 봉도법암장	
홍기조	천도교 황해·평안 양도 수접주	동학 참가, 창의대령 갑진혁신운동 참가
이종일	대한황성신문 사장, 정삼품 의관, 천도교월보과장	성수망세 불경 사건 관여
오세창	박문국 주사, 한성순보 기자, 군국기무소 비서관, 농상공부 참의, 우정국 통신국장, 만세보, 대한민보 사장, 대한협회 부회장, 광성학교 부교장	
권병직	천도교 대접주, 시천교 종무장, 금융관장, 보문관장	
권동진	함안군수, 육군장교	임오군란 참가, 개화당 입당, 혁신운동 참가, 동학 참가
라용환		동학 참가
라인협		동학 참가
임예환		동학 참가
홍병기		동학 참가

〈표 1〉에 의하면 15인의 천도교인 가운데 11인이 1894년의 동학농민혁명에 참가하여 반봉건·반외세 투쟁을 했던 경험을 가지고 있음을 알 수 있다. 또한 동학농민혁명에 참여하지 않았던 4인, 즉 최린·김완규·이종일·오세창의 경우를 보면, 활빈당·헌정연구회·자강회·대한협회·신민회 등 1900

년대에 활발히 전개되었던 애국계몽운동에 적극 참여한 경력을 가진 인물들임을 알 수 있다. 그러므로 3·1독립운동을 적극 주도하는 천도교인들은 동학농민혁명 및 애국계몽운동·의병전쟁의 투쟁 이념 및 그 전통을 계승하고 있다고 볼 수 있다.

이상과 같이 1894년 동학농민혁명 및 애국계몽운동·의병전쟁의 투쟁 이념을 계승하고자 했던 천도교인들은 3·1독립운동을 어떻게 준비해 왔는가. 그 구체적 준비 및 실행 과정을 천도교 측의 동향을 중심으로 고찰해 보기로 한다.

1910년대 말 세계적인 추세가 되고 있던 민족 자결 및 독립운동의 고양을 계기로 국내외 민족운동가들은 그것을 조선 독립의 절호의 기회로 받아들이고 적극적인 독립운동을 개시하게 된다.

국내에서는 1918년 11월경에 미국 대통령 윌슨의 민족자결론 제창과 관련된 신문 보도를 접한 천도교의 중견 간부 권동진權東鎭·오세창吳世昌·이종일李鍾一·최린崔麟 등이 중심이 되어 그해 12월에 이르러 민족자결에 관한 의견을 나누었다. 그들은 이 모임에서 조선의 '자치' 自治운동을 개시하기 위해 다음 해 봄 동경으로 갈 것을 결정했다. 그 뒤 1919년 1월 말에서 2월 초경에는 최린을 중심으로 송진우宋鎭禹, 중앙학교교장, 현상윤玄相允, 중앙학교교사, 최남선崔南善, 역사가 등이 모여 독립운동 실행 계획을 토의·결정했다. 그 내용은 ① 동지를 모을 것, ② 독립선언서를 작성·발표할 것, ③ 일본 정부 및 일본의 귀족원과 중의원·조선총독에게 의견서를 제출할 것, ④ 미국 대통령과 파리강화회의에 청원서를 보낼 것 등이었다.[46]

2월 초순경부터 그들은 독립운동 계획을 실현하기 위한 구체적인 준비 행동에 들어갔다. 즉 선언서의 기초는 최남선이 담당하며 선언서를 민족대표의 이름으로 발표하기 위해 대한제국 시대에 고관을 지냈던 박영효朴泳孝·윤용구尹用求·한규설韓圭卨·김윤식金允植·윤치호尹致昊·송병준宋秉畯 등을 포섭 대상으로 역할을 분담하고 교섭에 들어갔다. 그러나 그들은 독립운동 계획에 협조해 줄 것을 요청하는 천도교 인사들의 제안을 모조리 거절했다. 이에 천도교 측 인사들은 2월 8일경 기독교 측과 제휴하기 위한 접촉을 시도하였다. 이 무렵 평양의 장로교파 기독교도들 사이에서도 독립운동 계획이 독자적으로 검토되고 있었는데 천도교 측의 호소에 따라 오산학교장五山學教長 이승훈李昇薰이 교섭에 나섰다. 그 뒤에 여러 우여곡절을 거친 끝에 서울의 기독교도감리교파도 참여를 결정하여 2월 24일 천도교와 기독교의 연합이 결정되었으며,[47] 기독교 측의 참여가 결정되자 불교 측도 그 연합에 참여하여 3교 연합이 성립되었다.

2월 25일에는 독립선언서에 서명하는 민족대표에 대한 심사가 있었으며 선언서의 발표를 3월 1일 서울의 탑골공원에서 할 것, 그리고 선언서를 서울 및 각 지방에 배포할 것 등이 결정되었다. 27일에는 천도교가 경영하고 있던 보성사普成社 인쇄소에서 21,000매의 선언서가 인쇄되었으며, 28일부터 3월 초에 걸쳐 천도교를 비롯한 기독교 조직, 학생들을 통해 서울과 각 지방에 비밀리에 배포되었다. 이들 천도교 측·기독교 측·학생 측에 의해 각지에 배포된 독립선언서는 지방에서의 독립만세 시위 운동의 기폭제가 되었음은 두말할 필요가 없다.[48]

3월 1일 오후 2시 독립선언서는 33인의 민족대표 가운데 29인이 참석한 가운데, 본래 선언서가 발표될 예정이었던 탑골공원이 아닌 조선요리점 태화관에서 발표되었고, 선언서를 발표한 직후 민족대표들은 즉각 자수하였다. 그러나 민족대표들의 이 같은 애매모호한 투쟁에도 불구하고,[49] 탑골공원에 모인 학생 및 일반 민중에 위한 독립만세 시위 운동은 높이 고양되어 갔으며, 그 열기는 이윽고 각 지방에까지 파급되었다. 각 지방에서 전개되는 3·1독립만세 시위 운동은 특히 지방의 천도교·기독교 조직 및 서울에서 파견된 학생들에 의해 지도되는 경우가 많았다. 예를 들면, 전라북도 임

실의 경우 천도교 임실교구가 임실 지방의 만세시위 운동을 적극적으로 주
도하였으며,[50] 임실과 이웃한 남원에서도 천도교 남원교구장 유태홍柳泰洪
등이 남원지방 시위 운동을 주도하였다.[51] 이상에서 고찰한 바와 같이 천도
교는 1905년 성립 직후부터 손병희의 지도 아래 근대적인 종교로 재정비되
었으며, 그 같은 재정비 과정에서 교육·문화·출판운동을 대대적으로 전개
하고, 교구 조직을 정비하여 3·1독립운동의 전개 기반을 확립하였다.

또한 1919년 3·1독립운동에서 그 구체적인 전개 방법상으로 적지 않은
문제점을 안고 있었지만, 천도교가 주도적인 역할을 하였다는 사실을 부정
할 수는 없을 것이다. 뿐만 아니라 지방교구 중심의 만세 시위 운동도 활발
히 전개되었다는 사실을 통해서도 3·1독립운동에 있어 천도교의 역할을
과소평가할 수는 없을 것이다.

제4부　동학농민혁명과 제국 일본

『시사신보』의 조선 문제 인식
- 1894년 동학농민혁명을 중심으로

1. 서언

『시사신보』時事新報는 근대 일본의 대표적인 사상가로 일컬어지고 있는 후쿠자와 유키치福澤諭吉, 1834~1901, 이하 후쿠자와로 약칭함가 1882년에 창간한 일간지로 근대일본의 대표적인 신문 가운데 하나이다. 『시사신보』는 창간 당초에는 게이오기주쿠 출판사慶應義塾出版社 이름으로 발행되었으나 1884년 4월 22일자 제639호부터 시사신보사時事新報社 이름으로 발행되었다. 1880년대 당시 대부분의 일본 신문들이 특정 정당이나 정파政派의 기관지 또는 계열지화되어 있던 일반적인 경향 속에서 『시사신보』만이 거의 유일하게 '불편부당不偏不黨, 독립불기' 獨立不羈의 기치를 내걸어 주목받았으며,[1] 여기에 후쿠자와 개인의 명성이 더해짐으로써 창간하자마자 도쿄의 최유력지의 하나로 발전하기에 이른다.[2] 이러한 『시사신보』는 메이지明治 1868~1911 중기부터 타이쇼大正 1912~1926 후반기에 걸쳐 편집과 경영 두 측면에서 일본 신문계를 선도하였으며, 특히 조선 문제를 비롯한 해외 뉴스에 관한 상세한 보도와 풍부한 광고로 유명했다.

『시사신보』의 사주이자 발행인이었던 후쿠자와는 수많은 논설을 집필하여 동 신보新報에 게재하였다. 유명한 「탈아론」脫亞論을 비롯한 그의 많은 논설은 근대 일본 민중들의 여론 형성과 일본 정부의 대외 정책 수립에 지대한 영향을 끼쳤다는 점은 주지하는 바와 같다. 그가 남긴 논설 대부분은 『후쿠자와 유키치 전집』福澤諭吉全集, 全21권, 別集 1권, 岩波書店版 제8권부터 제16권에 걸쳐 수록되어 있다. 이 가운데 많게 잡으면 절반 정도가, 아무리 적게 잡아도 3분의 1 이상이 이른바 '조선 문제'에 관한 논설이다.[3] 이 같은 사실은 조선 문제에 대한 후쿠자와의 관심이 지대하였음을 뒷받침하는 명백한 증거가 아닐 수 없다. 조선 문제에 관한 그의 논설은 1875년의 운양호 사건一名 江華島事件에서부터 시작하여 1882년의 임오군란, 1884년의 갑신정변, 1880년대 후반의 방곡령 사건, 1893년의 동학 교조신원운동과 1894~5년의 동학농민혁명 및 청일전쟁, 1895년의 '민비 시해 사건', 1897년의 대한제국의 성립, 1900년의 '북청사변'義化團戰爭 등에 이르기까지 매우 광범위한 시기에 걸쳐 있다. 이렇게 후쿠자와가 쓴 조선 문제 논설들은 『시사신보』를 통해 공표되어 일본인들의 조선 인식 형성과 일본 정부의 대조선 정책 수립 및 추진에 결정적인 영향을 끼쳤다. 그러므로, 『시사신보』에 실린 후쿠자와의 조선 문제에 관한 논설은 양적인 면뿐만 아니라, 당시 일본 정부와 일본 민중들에게 끼친 영향이 다대했다는 측면에서 결코 간과할 수 없는 중요한 연구 주제가 아닐 수 없다.

최근, 후쿠자와의 조선 및 중국에 대한 인식은 '멸시와 편견, 제국주의적 지향'으로 가득 차 있다는 지적이 일본인 연구자에 의해서 나온 바 있긴 하지만,[4] 후쿠자와의 논설 가운데 조선 문제에 대한 논설만을 집중적으로 분석한 국내의 연구는 나온 바가 없으며, 특히 1893년 동학의 교조신원운동과 동학농민혁명에 대한 후쿠자와의 논설을 검토한 연구 역시 나온 바가 없다.

이 글은 1893년의 교조신원운동과 동학농민혁명을 전후한 시기[5]에 『시사신보』에 실린 후쿠자와의 조선 문제 논설 및 동학 관련 기사에 나타난 조선 인식을 분석하는 데 그 목적이 있다. 분석 대상 시기는 조선에서 동학교단이 중심이 된 교조신원운동이 가장 활발하게 전개되었던 1892~3년과, 동학농민혁명이 치열하게 전개되었던 1894년, 그리고 동학농민혁명이 좌절되어 조선에 대한 일본의 영향력이 증대되는 1895년까지이지만, 이 글에서는 지면 관계상 교조신원운동기1893년와 제1차 동학농민혁명기1894년3~5월로 한정하기로 한다.

2. 교조신원운동에 대한 인식

동학교단이 중심이 되어 1892년 10월부터 1893년 4월까지 2년간에 걸쳐 조선 각지에서 전개했던 교조신원운동에 대해 일본의 신문, 그 중에서도 일본 정부의 대조선 정책에 강력한 영향을 끼치고 있던 『시사신보』 및 동 신보의 주필 후쿠자와는 언제부터 관심을 가졌으며, 어떠한 시각으로 바라보고 있었을까?

주지하듯이, 동학의 교조신원운동은 "동학교조의 신원,[6] 동학 금단을 구실로 한 동학교도 및 일반 민중에 대한 가렴주구의 금지, 척왜양" 이라는 세 가지 요구를 내걸고, 동학교단 지도부가 동학교도 및 일반 민중들을 광범위하게 동원하여 공개적으로 전개한 운동이었다.[7] 이 교조신원운동은 1892년 10월 충청도 공주 집회를 시작으로, 동년 11월 전라도 삼례 집회, 이듬해인 1893년 2월의 서울 광화문 복합상소 및 척왜양 격문 게시 운동, 동년 3월의 충청도 보은 집회 및 전라도 금구 집회로 이어졌다. 이 같은 교조신원운동 전개 과정에서 가장 주목해야 할 문제 가운데 하나가 바로 교조신원운동 초기 단계부터 종결 단계에 이르기까지 '척왜양' 斥倭洋이라는 반침략적 요구가 일관되게 주창되었다는 점이다.

1892년 10월부터 시작된 교조신원운동에 대해 일본에서 발행되고 있던 신문 가운데 그 소식을 최초로 보도한 신문은 『도쿄아사히신문』東京朝日新聞이었다. 이 신문은 1893년 양력 2월 18일음 1월 2일자에서 일본 신문 가운데는

최초로 동학에 관해 보도를 하고 있다. 그 내용은 다음과 같다.[8]

당파黨派 : 근래近來 한인韓人 중中에 동론당東論黨 일명一名 동학당東學黨이라 칭칭稱하는 당류黨類가 생겼다. 그 목적은 제일第一 국내 재류在留의 외국인을 구축驅逐하고 이미 빼앗긴 국인國人의 산업産業을 회복恢復하는 일, 제이第二 야소교도耶蘇敎徒를 망멸亡滅시키는 일, 제삼第三 간상오리奸相汚吏를 제除하여 정도政道를 개혁改革하는 일이라 하며, 작금昨今 그 세력이 크게 증가하는 움직임이 있어 불온한 거동이 있을지 모른다 하여 정부는 그 수모首謀의 포획捕獲에 진력盡力 중中이다.

위 기사를 분석해 보면, 1892년 음력 10월부터 전개되기 시작한 동학교단의 교조신원운동에 대해 보도한 기사라는 사실이 분명하게 드러난다. 왜냐하면 위의 동학당이 내걸었다는 세 가지 목적과 교조신원운동의 세 가지 요구가 대단히 유사하기 때문이다. 『도쿄아사히신문』이 보도한 제일의 목적은 바로 교조신원운동이 표방하고 있던 척왜양 운동과 일치하고 있고, 동학당의 제2의 목적인 야소교耶蘇敎 배척은 바로 동학 공인을 추구하려 했던 교조신원운동의 목적과 일치하며, 제3 간상오리奸相汚吏를 제하여 정도政道를 개혁하려 했다는 것은 바로 교조신원운동의 탐관오리에 의한 가렴주구 금지 요구와 통하는 것이다. 그런데 위 기사에서 주목할 것은 바로 동학당이 내걸었다는 세 가지 목적 가운데 이른바 척왜양 관련 항목을 첫 번째로 꼽고 있다는 점이다. 이것은 곧 『도쿄아사히신문』을 비롯한 일본 신문이 동학에 대해 관심을 보인 것은 어디까지나 동학의 교단 조직이나 교리에 대한 관심이 아니라, 동학교단이 내걸었던 척왜양 기치 때문이었음을 시사한다. 교조신원운동이 내걸었던 척왜양 기치는 바로 1876년 개항 이후 조선에 대한 영향력 확대에 부심하고 있던 일본의 대조선 정책과 직결되는 문제였으며, 조선에서의 일본의 정치·경제적 이익과 그대로 직결되는 문제였기 때문이다. 뿐만 아니라, 일본은 바로 교조신원운동의 요구 중의 하나였던 척왜양의 핵심 대상이 되고 있었기 때문에 일본 정부를 비롯하여 일본 신문들 역시 주목하지 않을 수 없었던 것으로 보인다.

교조신원운동에 대해 일본 신문 가운데는 이례적일 정도로 비교적 이른 시기에 보도를 했던 『도쿄아사히신문』과는 달리, 『시사신보』는 한 달 이상 뒤늦게 보도하고 있다. 『시사신보』가 교조신원운동에 대해 처음으로 보도한 것은 1893년 양력 4월 8일음 2월 22일의 일이다.[9] 이 같은 사실은 교조신원운동에 관한 한, 『시사신보』는 『도쿄아사히신문』에 비해 뒤늦게 관심을 갖기 시작했다는 것을 말해 준다. 『시사신보』가 처음으로 보도한 동학 관련 기사 내용을 보기로 하자.

조선국 동학파 포획朝鮮國東學派捕獲

조선국朝鮮國에서 동학파東學派 포획捕獲의 건件에 관關해 동국주차同國駐箚 오이시大石 변리공사辨理公使로부터 지난 달 12일양력 3월 12일자로 그 근筋에 대해 좌左와 같이 보고報告가 있었다.[10]

위 내용을 보면, 『시사신보』는 오이시 마사미大石正已 변리공사가 양력 3월 12일자로 일본 정부에 보고한 내용[11]을 근거로 「조선국 동학파 포획」朝鮮國東學派捕獲이라는 제목으로 보도하고 있다. 『시사신보』에 실린 제목과 같은 기사가 메이지 20년대 일본의 국수주의를 대표하는 신문인 『일본』에서도 확인되고 있는 사실[12]에 비추어볼 때, 『시사신보』의 보도는 독자적인 취재망을 통한 보도라기보다는 일본 정부 당국의 공식 자료에 의거하고 있으며, 일본 내의 다른 신문도 일반적으로 보도하는 내용을 차별성 없이 그대로 보도하는 수준에 머물고 있음을 알 수 있다. 동학교단에 의한 교조신원운동이 한창이던 1893년에 『시사신보』가 동학교단이나 교조신원운동과 관련하여 보도한 기사는 〈표-1〉에서 보는 바와 같이 총 26건이다.

〈표-1〉 교조신원운동기(1893) 『시사신보』의 동학 관련 보도 현황

순번	날짜(양력)	면	기사제목
1	4월 8일	2면	조선국 동학파 포획
2	4월 11일	8면	조선경성통신: 동학당 대궐을 압박하다
3	4월 18일	2면	조선의 政情(社說)
4	4월 18일	3면	조선경성통신: 동학당에 대해
5	4월 18일	4면	경성의 풍운 과연 어떻게
6	4월 18일	4면	경성 근황의 公報
7	4월 19일	3면	경성의 변보: 난입 우려
8	4월 19일	3면	군함 八重山 인천에 도착하다
9	4월 19일	3면	동학당에 대한 처치
10	4월 19일	4면	조선 경성의 變報
11	4월 21일	3면	조선 근황담: 동학당의 정세
12	4월 22일	3면	동학당의 요청서
13	4월 25일	4면	동학당의 榜示
14	4월 26일	4면	朝鮮無事의 전보
15	4월 29일	3면	동학당의 퇴거
16	5월 3일	3면	조선 동학당에 대해
17	5월 7일	4면	동학당의 퇴산
18	5월 14일	3면	조선경성통신: 동학당 事變
19	5월 14일	3면	實地 視察 위해 堺, 松永 2명을 파견
20	5월 14일	7면	동학당 해산
21	5월 24일	3면	동학당 아산으로 달려가다
22	5월 26일	2면	조선경성통신: 동학당
23	5월 27일	4면	동학당 어음을 만들다
24	5월 27일	4면	동학당 開戰 준비
25	6월 2일	2면	조선경성통신: 동학당의 말로
26	6월 4일	2면	조선의 近情; 조선의 동학당(社說)

위 26건의 기사는 2편의 사설과 24편의 기사로 나눌 수 있다. 보도 시기가 가장 빠른 것은 4월 8일자 기사이고, 가장 늦은 것은 6월 4일자 기사이다. 그 가운데 4월 18일자와 19일자에는 모두 4건의 기사가 보도되고 있고, 5월 14

일자에 3건, 5월 27일자에 2건의 기사가 실리고 있다. 이런 내용에서 볼 때, 『시사신보』는 4월 중순경에 동학의 교조신원운동에 관한 기사를 집중적으로 게재하고 있었다는 사실을 알 수 있다. 이것은 동학교도들과 일반 민중들이 음력 3월 7일양 4월 22일을 기해, 서울에 거주하고 있던 일본인들을 비롯한 외국인들을 구축驅逐하는 거사를 일으키겠다는 '척왜양 격문斥倭洋檄文 게시 운동'과 관련이 있는 것으로 판단된다.

그러나, 4월 중순경을 전후하여 동학의 교조신원운동에 관해 집중적으로 보도했던 『시사신보』의 '동학당'東學黨에 대한 관심은 6월 초순경에는 거의 사라지고 있다. 6월 4일자 기사 이후에는 동학 관련 기사가 나오지 않는 사실이 그것을 증명한다. 이에 비해 『도쿄아사히신문』은 6월 11일, 6월 13일, 6월 15일, 6월 16일, 6월 23일, 6월 25일자에 계속해서 동학의 교조신원운동 관련 기사를 게재하고 있다. 따라서, 이 같은 『시사신보』의 보도 태도는 다른 신문들과 비교해 볼 때 특별히 주목할 만한 수준은 아니었다고 볼 수 있다. 여기서 다만 한 가지 특기할 만한 것이 있다면, 5월 7일자 4면에 실린 「동학당東學黨의 퇴산」退散이라는 기사 속에 실린 동학당의 「게시」揭示13 내용이다.

국가의 안태安泰를 도모하고 사회의 질서를 바르게 함으로써 국초國礎의 조고肇固를 천재千載에 전傳하고자 존엄尊嚴, 임금에 대한 禮義을 범범犯하면서까지 주상奏上하였지만, 간신奸臣들 때문에 배척을 당했으니 이것 또한 천시天時와 인화人和가 이르지 못했기 때문이다. 그러므로 이에 중략 다시 의기義旗를 들어 적년積年의 숙지宿志를 관철貫徹하고자 한다.

한력韓曆, 陰曆 3월 10일

『시사신보』의 보도에 따르면, 위의 격문은 1893년 음력 2월 10일부터 시작된 광화문 복합상소, 그리고 그 뒤를 이어 음력 3월 7일경까지 계속되었던 척왜양 격문 게시 운동이 모두 실패로 돌아간 뒤, 서울을 빠져 나가던 동학 지도부가 음력 3월 10일양 4월 25일에 서울 근교 야산에 내걸었던 격문이라고 한다.[14] 서울에서의 교조신원운동이 비록 간신들 때문에 실패했지만, 또다 시 교조신원운동을 일으키겠다는 강한 의지를 표명한 이 격문은 『시사신 보』 외에 『일본』日本과 『초야신문』朝野新聞 1893년 5월 7일자에도 동일한 내용 [15]이 보도되고 있는 점에서 볼 때, 실재했던 문서였을 가능성이 높다. 향후 면밀한 검토가 필요한 문제라고 판단된다. 그 외에 『시사신보』는 교조신원 운동을 주도한 동학당東學黨의 동정動靜에 관한 기사를 빈번하게 싣고 있는 데, 이 같은 동학당의 동정 기사 내용 속에는 지금까지 전혀 알려지지 아니 한 지역에서 활동하고 있던 동학당 동정이 드러나고 있다. 『시사신보』가 거 명하고 있는 지역 이름으로는 아산牙山, 순창淳昌, 문경聞慶 등이 있다. 그러나 이들 지역이 『시사신보』가 보도한 것처럼 교조신원운동과 직접적인 관계가 있는지는 향후 구체적인 확인이 필요하다.

3. 제1차 동학농민혁명에 대한 인식

1894년 음력 3월 21일양 4월 26일, 전봉준이 이끄는 약 4천 명의 동학농민군 이하, 농민군은 전라도 무장에서 보국안민輔國安民의 대의를 담은 「무장포고문」 茂長布告文을 선포한 후, 전면적인 무장 봉기를 단행하게 된다. 바로 제1차 동 학농민혁명이 시작된 것이다. 3월 21일에 무장에서 전면 봉기한 농민군은 3 월 25일경양 4월 30일에는 부안 백산을 점령하고 각지에서 참여한 농민군을 더 하여 약 8천 명에 달하는 농민군들을 대상으로 4대 명의와 12개조 군율을 제정함으로써 규율 엄정한 대오를 갖추기에 이르렀다. 또한 4월 7일양 5월 11 일에는 백산 근처의 황토현에서 향군鄕軍인 전라 감영군을 맞아 대승리를 거둠으로써 농민군의 위용을 널리 과시하는 데 성공하였다.

황토현 전투에서 승리한 농민군은 방향을 서남쪽으로 돌려 전라도 서남해 연안에 있는 부안·정읍·흥덕·무장·고창·영광·함평 등을 차례로 점령하여 군세를 강화하였으며, 4월 23일양 5월 27일에는 장성 황룡촌 전투에서 경군京軍, 즉 서울에서 파견된 중앙 군대마저 격파하였고, 4일 뒤인 4월 27일양 5월 31일에는 마침내 전라도의 수부首府인 전주성마저 점령하는 파죽지세의 승리를 거두었다. 이상과 같이 음력 3월 21일의 봉기로부터 농민군이 전주성을 점령하는 음력 4월 27일까지가 제1차 동학농민혁명기에 해당한다. 한편, 전봉준이 이끄는 농민군이 전라도 일대를 장악하고 있을 때, 동학 교단 최고 지도자인 해월 최시형의 영향력이 강하게 미치고 있던 충청도의 옥천·보은·영동·회덕·진잠·금산·진산 일대에서도 음력 3월 10일경부터 4월 초에 이르기까지 수천 명의 농민군이 봉기하여 전봉준의 봉기에 호응하고 있었다. 제1차 동학농민혁명기 때부터 이른바 '남접'과 '북접' 소속 농민군이 함께 봉기하고 있었던 것이다.

그렇다면 조선의 양호 지방, 즉 충청도와 전라도 일대에서 농민군이 봉기하여 조선의 지방군과 중앙 군대를 잇따라 격파하면서 파죽지세의 기세를 보이고 있을 때, 『시사신보』는 과연 어떤 움직임을 보여 주고 있었을까? 『시사신보』가 제1차 동학농민혁명에 대해 보도를 시작한 것은 1894년 5월 22일음 4월 18일로 확인되고 있는데,[16] 6월 21일까지 보도한 기사목록을 〈표-2〉로 제시한다. 『시사신보』가 동학농민혁명에 대해 처음으로 보도한 기사는 5월 22일자에 실려 있다. 이 기사는 5월 14일 조선의 경성, 즉 서울발 기사를 보도한 것으로, '동학당 점점 창궐'猖獗이라는 소제목의 기사 일부를 인용해 보면 다음과 같다.[17]

전라도全羅道의 난민亂民은 마침내 그 세勢를 더해 이제는 관군官軍도 그 봉鋒

을 당할 수 없다. 양삼일전兩三日前 전라도全羅道 감사監司의 급전急電에 의하면, 적세賊勢 드디어 대단히 창궐猖獗하여 파죽지세破竹之勢로 전주를 함락陷落시키려 하여 관군官軍이 방어防禦를 위해 싸웠으나 마침내 적賊에게 져서 패주사산敗走四散하였다는 전문電文의 간簡으로, 그 상세詳細를 알 수는 없지만 대략 그 상황을 찰察하기에는 충분할 것이다.

〈표-2〉 제1차 동학농민혁명기 논설 및 기사 현황

순번	날짜(음력)	면	기사제목
1	5월 22일(4월 18일)	1면	朝鮮京城通信: 동학당 점점 창궐
2	5월 22일(4월 18일)	1면	조선경성통신: 양호초토사의 급전
3	5월 22일(4월 18일)	1면	조선경성통신: 충청도 동학당 역시 창궐
4	5월 24일	2면	조선의 소동
5	5월 24일	2면	別報: 동학당 거괴 崔時亨
6	5월 24일	2면	동학당의 격문(茂長布告文)
7	5월 26일	8면	동학당 상황
8	5월 29일	2면	조선경성통신: 민란사건 一束
9	5월 30일(4월 26일)	1면	조선 동학당 소동에 대해(社說)
10	5월 30일(4월 26일)	7면	조선의 내란 점점 심해지다
11	6월 1일(4월 28일)	8면	동학당 米穀을 약탈하다
12	6월 2일	9면	조선경성통신: 괴수 각 부장에게 슈하다 (12條戒軍令)
13	6월 3일(4월 30일)	9면	동학당 貢米를 빼앗다
14	6월 3일(4월 30일)	9면	동학당과 쌀 産出地
15	6월 3일(4월 30일)	9면	동학당 占據地
16	6월 3일(4월 30일)	9면	外人에게 危害를 가하지 않다
17	6월 5일(5월 2일)	3면	속히 出兵해야 한다(社說)
18	6월 5일(5월 2일)	3면	동학당의 창궐
19	6월 5일(5월 2일)	3면	조선에 巡査 파견
20	6월 6일	2면	時事新報의 特派員(高見龜氏)
21	6월 6일	2면	計劃의 綿密보다 着手의 迅速을 願함(社說)
22	6월 6일	3면	朝鮮內亂彙報: 전라도 전주
23	6월 6일	3면	조선내란휘보: 동학당의 前途
24	6월 7일	2면	조선통신(5월 27일 경성발): 동학당 동점
25	6월 7일	4면	조선의 兵
26	6월 8일(5월 5일)	2면	조선사건과 山陽鐵道(社說)
27	6월 8일	2면	동학당의 군대
28	6월 8일	3면	京城 重圍 속에 있다

순번	날짜(음력)	면	기사제목
29	6월 8일	4면	조선정부 援(兵)을 淸國에 청하다
30	6월 8일	4면	파견의 청병 대략 1만
31	6월 8일	4면	支那兵 이미 조선으로 향하다
32	6월 8일	4면	김씨(김옥균)의 실제 東徒에 加盟說
33	6월 8일	4면	동학당의 紀事(폭도의 거괴는 崔時亨)
34	6월 8일	6면	電報: 支那兵의 (인천)상륙
35	6월 8일	6면	동학당 명칭의 기원(南學, 東學)
36	6월 9일	3면	다시 2명의 특파원(廣嶋縣 山崎知遠氏, 山口福岡縣 石川信氏)
37	6월 9일(5월 6일)	3면	인천상륙은 誤報
38	6월 9일	3면	경성 重圍의 虛報
39	6월 9일	7면	(일본)정부 군대를 파견하다
40	6월 9일	7면	일본 어선의 피난(동학당 때문)
41	6월 9일	8면	본사 특파원, 오늘중 인천 도착 예정
42	6월 9일	8면	동학당의 勢
43	6월 9일	8면	동학당의 內情
44	6월 9일	8면	동학당은 혹은 退散
46	6월 9일	8면	조선파견의 支那兵 사령관
47	6월 10일(5월 7일)	4면	동학당의 수령 참모
48	6월 10일	4면	支那兵 이미 상륙하다
49	6월 10일	號外	大鳥公使의 仁川着(6월 9일)
50	6월 10일	號外	전주함락 詳報
51	6월 10일	號外	조선정부의 狼狽
52	6월 10일	號外	汽船 漢陽(號)의 遭難
53	6월 10일	號外	長城의 戰況
54	6월 13일(5월 10일)	4면	電報: 大鳥公使의 着韓
55	6월 13일	4면	電報: 牙山의 淸兵
56	6월 13일	4면	電報: 仁川 碇泊의 軍艦
57	6월 13일	4면	조선정부의 狼狽
58	6월 13일	4면	동학당의 模樣
59	6월 15일(5월 12일)	3면	조선 內地에 특파(6월 11일 杉幾太郎氏)
60	6월 15일	3면	조선정박 제국군함
61	6월 15일	3면	(조선의) 我兵, 二軍으로 나누다
62	6월 15일	3면	동학당 近況
63	6월 15일	3면	金堤全州間
64	6월 16일(5월 13일)	2면	韓廷의 策略에 잘못되지 않도록 하라(社說)
65	6월 16일	4면	조선사건의 通信電報에 대하여
66	6월 19일	8면	第五師團 出師 實況(第二報)
67	6월 19일	8면	出兵瑣談(廣嶋十五日午後 特派員 山崎知遠)
68	6월 21일	4면	水陸兵의 入韓

위 기사에서 가장 주목되는 것은 농민군을 어디까지나 '난민' 또는 '적'
賊으로 규정하고 있다는 점이다. 1894년 3월 21일양 4월 26일 농민군은 전라도
무장에서 선포한 「무장포고문」을 통해 '보국안민' 의 대의를 당당히 내걸고
봉기한 사실을 비롯하여, 3월 25일경 부안 백산에서 「4대 명의」와 「12개조
군율」을 제정하여 규율 엄정한 대오를 편성한 다음에 일반 민중들에게는
추호도 피해를 끼치지 않고 있었던 사실, 그리고 이 같은 농민군의 질서정
연한 모습에 대해 농민군이 지나가는 각 지역의 부호나 양반들이 다투어 식
량이나 음식을 제공하는 등 일정하게 지지를 보내고 있었던 사실을 고려할
때, 농민군은 결코 난민이나 적으로 규정할 수 없다. 그러나 『시사신보』의
기자나 편집자의 눈에 그 같은 사실이 눈에 들어올 리가 없었다. 따라서 그
들의 눈에 비친 농민군은 단지 사회의 질서를 어지럽히는 난민이나 토벌해
야 할 적으로로밖에 보이지 않았던 것이다. 이것은 농민군에 대한 무지와 편
견에서 비롯된 평가라 할 수 있다. 『시사신보』의 입장에서는 사회의 질서를
어지럽히는 난민, 즉 농민군들의 봉기는 단지 '소동' 騷動에 지나지 않았으
며,[18] 이 같은 난민의 소동은 그저 하루속히 병대兵隊를 보내 '진제' 鎭制해야
할 대상에 지나지 않았다.[19] 5월 30일자 1면에 게재한 사설에서 후쿠자와는
이렇게 말하고 있다.[20]

어찌 됐든 충청忠淸 전라全羅 양도兩道의 변邊에서 발호跋扈하여 실제로 관리官
吏를 죽이고 병기兵器를 빼앗으며 관병官兵을 쳐부수는 등의 보도가 속속續續
도래到來하는 것을 본다면, 폭도暴徒의 세勢는 용이容易하지 않은 것 같다. 조
선 정부로서도 크게 병兵, 軍隊을 발發하여 기지其地로 향向하게 하는 것이 좋
겠지만, 원래元來 조선의 병대는 거의 무규율無規律하여 지방으로 나갈 때는
인人을 괴롭히고 물건을 빼앗는 등 난폭亂暴에 이르지 않는 바가 없는 습관이
있어, 인민人民은 적도賊徒를 두려워하기보다도 오히려 관병官兵을 두려워하

며 中略

조선의 내란內亂은 일본입국日本立國의 이해利害를 위해 결코 등한等閑히 해서
는 안 될 것이라고 할 수 있다. 뿐만 아니라 만일 적세賊勢 대단히 창궐猖獗하
여 정부의 력力으로써 진제鎭制할 수 없을 뿐만 아니라 정부 자신自身마저도
거의 위기존망危機存亡에 처하여 일국제어一國制御의 권력權力을 잃어 흡사 무
정부 상태에 빠질 때에 만일 다른 강국强國이 그것을 기회機會로 크게 간섭干
涉을 시도하는 일이 있게 되면 어떻게 할 것인가. 中略
우리나라일본 사람이라면 저 나라의 소동을 타국의 내사內事라 하여 간과看過
하지 말고 예민銳敏하게 관찰하는 것을 게을리 하지 말아서 마침내 자국自國,
朝鮮의 력力으로 진제鎭制할 전망展望이 없을 때에 이르면 아我 병력兵力을 빌
려 진제鎭制의 효效를 거둘 것을 각오하지 않으면 안 될 것이다.

위 내용 속에는 후쿠자와의 침략주의적 사고를 단적으로 드러내는 내용
이 다수 들어 있다. 난민인 농민군을 진제鎭制의 대상으로 간주하는 데 그치
지 않고, 조선 정부의 진제 과정을 예민하게 관찰하고 있다가, 마침내 조선
정부가 진제하지 못할 때는 다른 나라가 먼저 간섭하게 하지 말고 서둘러
일본의 병력을 보내 진제할 것을 주장하고 있는 것이다. 이 같은 후쿠자와
의 언설 속에는 농민군에 대한 멸시와 편견뿐만 아니라, 조선 정부군 및 조
선국에 대한 멸시와 편견이 깊게 배어 있으며, 조선의 국권을 무시한 채 일
본군의 출병을 공공연하게 선동하는 침략주의적 사고로 가득 차 있다. 메이
지 일본 지식인들에게 관통되고 있던 정한론적 사고가 후쿠자와의 언설 속
에서도 단절되는 일 없이 드러나고 있는 것이다.
6월 5일자에 실린 사설 「속히 출병해야 한다」에서 후쿠자와는 더욱 노골
적으로 농민군 진제를 구실로 한 일본군의 조선 출병을 주장하고 있다. 그
내용의 일단을 인용한다.[21]

근보近報에 의하면, 조선 동학당東學黨의 소동은 점점 더 심甚해져서 점차 경성京城으로 가까이오고 있는 기세氣勢로 저들 정부만 낭시狼猜하는 것이 아니어서, 이번 일에 대해서는 목하目下 귀조중歸朝中의 오토리공사大鳥公使도 지급至急 저들의 땅으로 향하고 있다 한다. 中略

아배我輩는 일청관계日淸關係에도 관계하지 않으며 동양 문제에도 관계없이 오직 목하目下의 급急으로써 저들 나라에 있는 아거류민我居留民의 생명 재산을 보호하기를 원할 따름이며, 저들 난민亂民의 난폭亂暴함이 일본인에 대해 어떤 위해危害를 가加할지 모른다는 사실을 알아야 한다는 점을 말하는 것은 물론이며, 저들 정부의 관병官兵 역시 난민亂民과 똑같은 난폭亂暴의 무리들이어서 관민官民 모두 병兵, 군대이라면 병兵이라 할 수 있으나, 기실其實은 무뢰한無賴漢에게 흉기를 준 것과 같다. 적세賊勢의 창궐猖獗, 관병官兵의 발호 이 모두 대단히 위험한 지경에 이르고 있어서 그 중中에 생명 재산을 맡겨야 하는 아거류인민我居留人民의 불안심不安心은 그 보다 더함이 없을 것이다. 절차야 어찌 됐건 속速히 상당의 실력을 준비하여 보호 수단을 취取해야 할 것이며, 혹或은 병대兵隊, 군대를 발發함에 있어서는 천진조약天津條約의 내용에 대해서도 말해야 할 것이다. 아배我輩의 금일今日의 급急은 오직 인민보호人民保護를 하기 위함일 뿐이다. 下略

위의 내용은 농민군에 대한 진제를 위해 일본 정부에 대해 출병을 강력하게 촉구하는 내용이다. 후쿠자와는 출병의 명분을 주장하기 위해 두 가지 사실을 들고 있다. 하나는 농민군의 기세가 대단해서 마침내 경성을 위협하는 지경에 이르고 있으나 조선 정부는 그것을 진제할 능력이 없다는 것이고, 다른 하나는 조선 정부군 역시 농민군과 마찬가지로 난폭의 무리들이어서 조선에 재류在留하는 일본인들의 생명 재산을 담보할 수 없다는 것이다. 이 같은 후쿠자와의 언설 속에는 농민군에 대한 멸시와 편견뿐만 아니라,

조선 정부 및 조선 정부군에 대한 멸시와 편견도 깊게 배어 있다. 문제는 여기서 그치지 않는다. 후쿠자와는 이 같은 멸시와 편견을 합리화하는 명분으로 '아거류인민我居留人民의 생명 재산 보호'를 주장하면서, 그것이 '일청관계'를 해치든, '동양 문제'를 야기하든 상관없다는 태도를 취하고 있다. 이처럼 동학농민혁명기에 후쿠자와의 눈에는 오직 일본인의 생명 재산 보호라는 관점만 있었지, 조선이나 청국 인민의 생명 재산 보호는 전혀 안중에 없었음을 알 수 있다.

그렇다면 실제로 후쿠자와가 강조하고 있는 것처럼 당시의 농민군들은 난폭의 무리에 지나지 않았으며, 조선 거류 일본인의 생명 재산을 크게 위협하고 있었던 것이 사실이었을까? 이 점에 대해, 『시사신보』에 실린 농민군 관련 기사를 통해 살펴보기로 한다. 먼저, 『시사신보』 1894년 6월 2일자에 실린 「괴수魁首 각咨 부장部長에게 령令하다」라는 제목의 기사를 인용하기로 한다.[22]

관군의 간첩 손에 들어온 동학당 군령장軍令狀을 의역하면 다음과 같다

동도대장東道大將이 영令을 각咨 부장部長에게 내려 약속하기를, 날마다 적敵을 대할 때에는 칼에 피를 묻히지 아니하고 이기는 것을 수공首功으로 삼으며, 어쩔 수 없이 싸울 때에도 간절히 사람의 목숨을 헤치지 아니하는 것을 귀하게 여기며, 행진할 때에도 간절히 남의 물건을 헤치지 아니하며, 효제충신孝悌忠信의 사람이 사는 마을 십리十里 안에는 주둔하지 아니한다.

십이조계군령十二條戒軍令

항降(伏)한 자者는 사랑으로 대하라, 귀순歸順한 자는 경복敬服시켜라, 주走도망하는 자는 쫓지 말라, 거역拒逆하는 자者는 효유曉諭하라, 곤궁困窮한 자는 구제救濟하라, 기飢한 자는 먹여 주라, 빈貧한 자自는 진휼賑恤하라, 병病든 자者

에게는 약藥을 주라, 탐貪하는 자는 쫓아 내라, 간활姦猾한 자는 그치게 하라,

불충不忠한 자는 제除(去)하라, 불효不孝한 자는 형刑을 주라

위의 내용은 일본 외무성 외교사료관에 소장되어 있는 『조선국朝鮮國 동학당東學黨 동정動靜에 관한 제국공사관帝國公使館 보고報告 일건一件』이라는 파일문서 속에도 들어 있으며,[23] 『시사신보』 외의 다른 일본 신문에도 게재되어 있는 점[24]에서 볼 때 실재했던 문서가 틀림없다. 위의 내용에 나타난 바와 같이, 동도대장東道大將, 여기서는 全琫準이 내린 군령軍令은 매우 엄정하면서도 도덕적인 내용으로 가득차 있다. '칼에 피를 묻히지 아니하고 승리하는 것'을 '수공' 首功, 즉 으뜸가는 공功으로 삼겠다는 내용을 비롯하여 '12조계군령' 十二個條戒軍令 모두는 규율 엄정하게 행동하고 있는 농민군과 높은 도덕률道德律로 무장하고 있었던 농민군을 연상하게 만든다. 『시사신보』에 따르면, 실제로 농민군은 이 같은 규율 엄정한 행동과 높은 도덕률 덕분에 가는 곳마다 "부농호상富農豪商을 자기 편으로 만들고 있었기 때문에 많은 돈과 곡식을 저축하여 양식에 전혀 문제가 없었다."고 한다.[25] 이처럼, 『시사신보』나 후쿠자와가 '난민', '적', '난폭의 무리', '폭도' 등으로 표현하고 있던 농민군은 사실은 규율 엄정하고 높은 도덕률을 가진 '정의의 군대' 로서, 조선의 일반 민중은 말할 것도 없고 '부농호상' 들로부터도 광범위한 지지를 받고 있었던 것이다. 따라서 『시사신보』 및 후쿠자와가 '난폭의 무리' 로부터 재조在朝 일본거류민日本居留民의 생명 재산을 보호하기 위해 일본군의 조선 출병을 주장한 것은 역사적 사실에 어긋나는 것이며, 그것은 오로지 일본의 조선 침략을 정당화하는 구실에 지나지 않았다고 단언할 수 있다.

또 다른 사례 하나를 더 들어 보기로 한다. 농민군은 과연 제1차 동학농민혁명기에 외국인 그 중에서도 일본인에 대해 직접적인 위해危害를 입힌 사례가 있을까? 즉, 후쿠자와가 주장한 대로, 농민군이 실제로 재조在朝 일본인

들의 생명 재산을 위협한 일이 있었을까? 관련 기사를 인용해 본다.[26]

> 조선의 동학당은 외인外人 구축驅逐을 대목적大目的으로 한다는 설설說說이 있어 소란 지방의 외국인 안부安否를 걱정하는 사람들이 많지만, 이 무렵 전라全羅 지방에 사는 불국佛國 선교사宣敎師로부터 인천항仁川港의 모某 양인洋人에게 동학당의 외국인에 대한 거동擧動은 작년昨年과 크게 달라 오히려 친화親和에 힘쓰고 있기 때문에 지극至極히 평온平穩하다는 뜻을 전해 왔다고 한다.

이 기사는 『시사신보』에 실린 기사로, 프랑스 선교사의 말을 그대로 보도한 것이다. 프랑스 선교사의 말은 농민군은 외국인에게 전혀 위해를 가加하지 않을 뿐만 아니라, 오히려 '친화'에 더욱 힘쓰고 있다는 것이다. 농민군이 일본인을 비롯한 외국인에게 어떤 위해도 가하지 않고 있다는 사실은 조선에 특파된 『도쿄아사히신문』 특파원 야마모토 타다스케山本忠輔의 보고에서도 확인된다. 여기에 야마모토가 보고한 내용을 인용한다.[27]

> 이 무렵 전라 충청의 소란지에 있는 일본인 27명 이상은 여행공허旅行公許를 얻은 자들이며, 기타 공허를 얻지 못한 채 상용商用 때문에 내지內地에 들어간 자들도 수십 명 있다. 이 가운데 현재 동학당과 만난 자들도 있지만, 아직 동학당 때문에 위해危害를 입었다는 소식은 들리지 않는다.

이렇듯, 일본 특파원의 현지 보고 역시, 외국인 특히 일본인이 위해를 입었다는 소식은 들리지 않는다고 보고하고 있다. 적어도 제1차 동학농민혁명기의 농민군은 규율 엄정하고 높은 도덕률을 지녔을 뿐만 아니라, '척왜양'을 주창하면서도 실제로 조선에 거주하던 일본인을 포함한 외국인에 대해서 그 어떠한 위해도 가하지 않았다. 즉 후쿠자와의 주장과는 정반대로 일본인을 비롯한 외국인은 조선에서 그 어떠한 위해에도 직면하지 않고 있었던 것이 엄연한 역사적 사실이었던 것이다.

4. 맺음말

이상으로 『시사신보』에 실린 후쿠자와의 논설 및 동학 관련 기사를 중심으로 『시사신보』의 조선 인식, 그 중에서도 농민군에 대한 인식을 주로 살펴보았다. 고찰의 결과는 다음과 같다. 첫째, 교조신원운동에 관한 보도에서 확인된 바와 같이 『시사신보』 및 후쿠자와의 동학에 대한 인식은 일본의 다른 및 편집자에 비해 비교적 늦게 시작되었다. 둘째, 제1차 동학농민혁명에 대한 보도에서 확인한 바와 같이, 『시사신보』 및 후쿠자와는 농민군에 대한 멸시와 편견에 그치지 아니하고, 조선 정부 및 조선 정부군에 대해서까지도 강한 멸시와 편견을 보여주고 있었다. 셋째, 『시사신보』 및 후쿠자와는 농민군 및 조선 정부, 조선 정부군에 대한 멸시와 편견을 토대로 일본군의 조선 출병을 정당화하고 선동하는 언설을 서슴지 않고 있었다. 즉 침략주의적 사고로 가득찬 언설을 끊임없이 반복 게재하고 있었다. 넷째, 역사적 사실의 면에서 농민군은 규율 엄정하고 높은 도덕률을 가졌으며, 적어도 제1차 동학농민혁명 기간 동안은 외국인에 대해 그 어떠한 위해도 가하지 않았다.

동학농민혁명기 일본군의 정보 수집 활동

1. 머리말

1894년 봄부터 이듬해 봄까지 전개된 동학농민혁명^{이하, 농민혁명}의 실패 요인은 다양하다. 그 다양한 실패 요인 가운데서도 근대식 무기와 전술을 앞세운 일본군이 동학농민군^{이하, 농민군} 진압에 직접 가담한 것, 그리고 근대식 무기와 전술을 앞세운 일본군에 의한 농민군 진압이 당시 제국주의 일본의 군사 외교적 전략 아래 실행되었기 때문이라는 데는 이론의 여지가 없다. 그러나 일본군의 농민군 진압의 실상은 오랫동안 베일에 가려져 있다가 1990년대 후반부터 한일 양국 연구자에 의해 그 실상이 조금씩 밝혀지고 있

---

* 일본군의 농민군 진압의 실상에 대한 한일 양국 연구자에 의한 최근의 연구는 다음과 같다.

井上勝生,「東學黨農民軍指導者と推定される頭骨について」,『古河講堂「舊標本庫」人骨問題報告書』, 北海道大學文學部, 1997;「甲午農民戰爭と日本軍」,『近代日本の内と外』, 吉川弘文館, 1999;「日本軍による最初の東アジア民衆虐殺」,『世界』2001年 10月號;「第2次 東學農民戰爭の日本軍, 農民大虐殺-兵士の鄕土, 四國各地を訪ねて-」,『札幌鄕土を掘る會2004年活動記錄集』2004;「東學農民軍包圍殲滅作戰と日本政府, 大本營」,『思想』2010年 1月號.

姜孝叔,「第2次東學農民戰爭と日淸戰爭」,『歷史學硏究』762, 2002年 5月號;「第2次 東學農民戰爭と日淸戰爭-防衛廳防衛硏究所圖書館史料を中心に-」, 千葉大學大學院博士論文,

는 중이다.*

그런데, 일본군의 농민군 진압 과정을 살펴보면, 다수의 농민군 측 사상자 수에 비해 일본군 측 사상자는 거의 나오지 않거나 극히 소수였다는 사실을 알 수 있다. 이 같은 결과는 농민군과 일본군 양자의 무기와 전술의 차이에서 오는 당연한 결과라 할 것이다. 하지만, 무기와 전술의 차이 외에 농민군이 일방적으로 패배와 진압을 당할 수밖에 없었던 또 다른 요인의 하나가 바로 농민군에 대한 일본군 측의 인프라가 '근대적'이었다는 데 있다.

농민전쟁 당시 일본군 측이 활용한 근대적 인프라에는 근대적 통신 수단을 비롯하여 여러 가지를 들 수 있겠지만 그 중에서도 빼놓을 수 없는 것이 바로 조선 농민군을 대상으로 한 근대적 정보 수집 활동과 그 활용이라 할 것이다. 일본군은 농민군 진압 당시 군용전신선軍用電信線을 포함한 근대적 통신 수단뿐만 아니라, 인적·물적 수단을 총동원하여 전방위적인 정보 수집 교신을 통해 농민군 진압을 위한 작전을 수행하고 있었으며, 이에 반해 농민군은 통문通文 등의 전통적 방법을 통한 정보 수집 활동에 그치고 있어 정보 수집 및 그 활용에 있어 절대적으로 불리한 위치에 있었던 것이다. 그러나, 농민혁명 또는 청일전쟁 연구에서 일본군 측의 정보 수집 활동에 대해서는 연구가 전무한 실정에 있다. 이에 본 논문에서는 농민혁명의 결정적 실패를 가져왔을 뿐만 아니라, 일방적으로 수많은 농민군의 희생을 강요한 요인 가운데 하나로 꼽히는 일본군의 정보 수집 활동의 실태에 대하여 개관

2005; 「제2차 동학농민전쟁과 일본군-일본군의 생포농민군 처리를 중심으로-」, 『전북사학』 30, 2007년 4월호; 「제2차 동학농민전쟁 시기 일본군의 농민군 진압」, 『한국민족운동사연구』 52, 2007년 9월호.
申榮祐, 「1894年 日本軍 中路軍의 鎭壓策과 東學農民軍의 對應」, 『歷史와 實學』33, 2007; 「1894년 일본군의 동학농민군 학살」, 『제노사이드와 한국근대』, 경인문화사, 2009.

해 보고자 한다.

　글의 전개 순서는 다음과 같다. 첫째, 일본군의 농민군 진압 작전 수립을 위한 기본 정보를 제공했던 주한일본공사관駐韓日本公使館, 이하 공사관 측의 정보 수집 활동을 분석한다. 농민혁명 당시 공사관은 서울[1]과 인천, 부산 소재의 세 영사관領事館을 중심으로 영사관 소속 경찰을 비롯하여 일본상인 및 재조在朝 일본인 유학생 등 다양한 채널을 구사하여 정보 수집에 나선 바 있는데, 이들에 의한 정보 수집 활동의 실태를 분석하고자 한다. 둘째, 군부軍部, 즉 일본군 자체적인 정보 수집 활동을 개관한다. 일본군 군부는 농민혁명 당시 외무성과 그 산하의 공사관과 영사관을 중심으로 한 외교 라인과는 별개로 육군 참모본부 중심으로 독자적이면서도 적극적으로 정보 수집 활동을 벌였을 뿐만 아니라, 공사관 소속 주재무관駐在武官을 통해서도 광범위한 정보 수집 활동을 전개했다. 또한 필요에 따라서 해군군령부海軍軍令部 소속 군함軍艦을 파견하여 정보 수집을 하기도 했다. 셋째, 자유당自由黨을 비롯한 일본 내 각 정당政黨 및 정파政派들의 정보 수집 활동을 분석하고자 한다. 농민혁명 기간을 전후하여 일본 내에서 가장 유력한 야당이었던 자유당의 경우에는 당수가 직접 조선을 방문하여 조선의 정세를 파악하는 한편, 특파원까지 파견하여 정보 수집 활동을 벌인 바 있다. 넷째, 대륙낭인大陸浪人 그룹의 정보 수집 활동을 분석한다. 대륙낭인을 대표하는 단체인 천우협天佑俠은 일본군 참모본부와 밀접한 관계를 유지하는 가운데 조선 각지를 여행하면서 조직적으로 농민군에 대한 정보 수집 활동을 벌였으며, 그 외 개별적으로 정보 수집에 나선 대륙낭인도 다수 확인되고 있다. 다섯째, 개별 신문사 특파원들에 의한 정보 수집 활동의 내용도 주목하고자 한다. 농민혁명 기간 중에 조선에 파견된 일본 각 신문사 특파원 수는 무려 129명에 이르는 것으로 확인되고 있는데, 이들 가운데는 외무성이나 참모본부, 각 정당 및 정파 소속의 특파원이 다수 포함되어 있었다. 그들은 조선 각지에 흩어져 견문한 정보를 외무성을 비롯하여 일본군 참모본부 또는 각 정당 및 정파에 제공한 바 있다.

2. 주한일본공사관의 정보 수집 활동

1) 공사관의 정보 수집 활동

농민군에 대한 주한일본공사관이하, 공사관 측의 정보 수집 활동은 시기적으로는 이미 1893년 봄부터 시작되고 있었다. 이는, 1892년 음력 10월 공주집회公州集會로부터 시작된 동학교단의 교조신원운동教祖伸寃運動이 내걸었던 기치旗幟 가운데 하나가 바로 '척왜양 斥倭洋＊이란 반외세적 기치가 포함되어 있었기 때문이다.

도쿄에 있는 외무성 산하 외교사료관外交史料館에는 『조선국 동학당 동정에 관한 제국 공사관 보고 일건』(朝鮮國東學黨動靜ニ關スル帝國公使館報告一件, 이하, 『보고일건』)2이라는 제목의 파일이 소장되어 있는데, 바로 그 파일 속에는 1893년에 일어난 척왜양 운동, 즉 교조신원운동과 관련하여 수집한 각종 정보 보고서가 1차 사료의 형태로 보존되어 있다. 이 『보고일건』을 보면, 1893년 음력 1월 24일자양력 3월 12일자로 「재경성 제국공사 통상보고 제9호: 동학파 포획되다 - 일종의 혁명당이라고도 한다」라는 제목으로 척왜양 운동을 전개하고 있는 조선의 동학당東學黨, 즉 동학교도의 동향을 외무성에 보고하였으며, 외무성은 그 보고를 양력 3월 29일자로 접수하였음을 발견할 수 있다.

＊ 1892년 음력 10월의 공주 취회부터 1893년 3월의 보은 취회에 이르기까지 약 2년여에 걸쳐 전개된 교조신원운동은 첫째, 동학 교조 수운 최제우의 억울한 죽음을 신원해 달라는 요구(동학 공인 및 포교의 자유 요구), 둘째, 동학교도 및 일반 민중들에 대한 지방관들의 가렴주구 금지(가렴주구 금지 요구), 셋째, 나날이 만연하는 서학과, 민중의 생존권을 위협하는 일본상인들의 부당행위 금지(척왜양 요구) 등 세 가지 요구를 내걸고 전개되었다.

당시 조선국주차변리공사朝鮮國駐箚辨理公使였던 오이시 마사미大石正己, 1855~1935 ** 이름으로 된 이 보고야말로 조선의 동학당 동정에 관한 주한일본공사관 최초의 정보 보고서이다. 당시 공사관 보고는 '통상보고'通常報告 형태로 외무성에 보고되는 것이 일반적이었으나, 중요 기밀사항의 경우에는 '기밀'機密로 분류되어 별도로 보고되었으며,[3] 발신자가 공사公使일 경우에는 외무대신外務大臣 앞으로, 발신자가 영사領事일 경우에는 외무차관 앞으로 보내졌다.

이렇게 1893년 음력 1월부터 시작된 공사관 측의 동학당 관련 정보 수집 활동은 1894년 농민혁명 기간 내내 지속되었으며, 그렇게 수집된 정보는 현재 방대한 양의 파일로 외교사료관에 소장되어 있다. 그 중 1894년의 농민혁명에 관한 정보를 가장 많이 담고 있는 문서 파일이 바로 한국 연구자에게도 잘 알려진 『한국 동학당 봉기 일건』韓國東學黨蜂起一件이다.[4]

그런데 위의 『보고일건』을 비롯하여 그 외 농민혁명 관련 1차 사료 파일을 보면, 공사관 측은 공사관 자체로 정보 수집 활동을 전개하는 한편, 산하에 있는 경성京城 영사관, 인천 영사관, 부산 영사관으로 하여금 경쟁적으로 정보 수집에 나서게 했다는 사실을 확인할 수 있다. 이 글에서는 공사관 및 세 영사관이 벌인 정보 수집 활동 내용에 대한 자세한 분석은 후일로 미루기로 하고, 다만 1892년 음력 10월부터 시작된 교조신원운동이 점점 그 기세가 강화되고, 그들의 요구 가운데 척왜양의 요구가 들어 있음을 알게 된 이후에 경성 영사관의 영사領事 스기무라 후카시杉村 濬, 1848~1906, *** 인천 영

** 메이지 및 다이쇼 시대 일본의 정치가로 일찍이 자유민권운동에 참가하였으며, 1892년에 조선주차 변리공사에 임명되어 '방곡령 사건'의 담판을 담당하여 조선 정부로 하여금 11만 엔의 손해배상금을 지불하도록 하였다. 방곡령 사건 종결 후 사직하고 1893년에 귀국하였다.

*** 스기무라 후카시는 제1차 동학농민혁명 당시 임시대리공사로 일본으로 일시 귀국해

사관 영사 노세 타츠고로能勢辰五郎, 1857~1911, 부산 영사관 무로다 요시후미室田
義文, 1847~1938 등에 의해 수집된 정보 가운데 지금까지 한국 연구자들이 주목

〈표-1〉 교조신원운동 관련 정보 보고서 현황

〈주한일본공사관의 정보 보고서〉
1. 재경성제국공사관통상보고 제 9호: 동학파 포획되다(명치 26년 3월 12일 보고)
2. 동 통상보고 제 11호: 동학당 건백서를 봉정하다(명치 26년 4월 1일 보고)
3. 동 통상보고 제 13호: 동학당에 관한 상유上諭(명치 26년 4월 20일 보고)
4. 동 통상보고 제 14호: 동학당의 건(명치 26년 5월 6일 보고)
5. 동 통상보고 제 15호: 동학도의 일(명치 26년 5월 18일 보고)
6. 동 통상보고 제 16호: 도어사 동학당에 설유를 가하다 동학당 해산 전보(명치 26년 5월 21일 보고)
〈경성 영사관의 정보 보고서〉
1. 공신公信 제 58호: 동학당 동요의 요지에 대해(명치 26년 4월 12일 보고)
2. 동 제 61호: 동학당의 건에 대해 탐정을 위해 순사 및 인민 파견의 요지 계출(명치 26년 4월 20일 보고)
3. 동 제 63호: 동학당 관계 사건 휘보(명치 26년 4월 20일 보고) 　　갑호 거류인민에 대한 내유(명치 26년 4월 13일) 　　을호 동학당 동정 관련보고 얻기 위해 한성판윤에 서한(4월 14일) 　　병호 복명서(4월 16일) 　　정호 복명서(4월 17일) 　　무호 일본국 상려관 전견(계사 3월 2일; 음력) 　　기호 동학당파 동요 탐정보고(4월 18일) 　　경호 복명서(4월 19일) 　　신호 공주지방 동학당 동정보고(4월 20일)
4. 동 제 64호: 동학당 동정 후보後報(명치 26년 4월 22일 보고)
5. 동 제 65호: 동학당 동정 실정 보고를 얻기 위한 한성부 판윤과 왕복의 건(명치 26년 4월 24일 보고)
6. 동 제 66호: 동학당 동정에 대해 충청도 공주 등지 지방 탐정서 　　(명치 26년 5월 5일 보고)
7. 동 제 74호: 동학당의 재연(명치 26년 5월 18일 보고)
8. 동 제 76호: 동학당 비등沸騰에 대해 진무 유시의 건(명치 26년 5월 18일 보고)
〈부산 영사관의 정보 보고서〉
1. 공 제 72호: 부산성문에 동학당 통고문 첩부貼付에 대한 보고의 건 　　갑호: 통고문 　　을호: 부산진으로부터 각 마을 전령 초(명치 26년 4월 27일 보고)
2. 공 제 100호: 동학당 동정에 대해 프랑스선교사로부터 전문傳聞의 건(명치 26년 5월 26일 보고)
〈인천 영사관의 정보 보고서〉
1. 문서번호 209호: 동학당에 관해 인천의 실상 보고의 건, 부속서 (『일본외교문서』 제 26권, 425-429쪽)
2. 문서번호 210호: 동학당에 관해 인천의 실상 보고의 건, 부속서 (『일본외교문서』 제 26권, 429-430쪽)

하지 않았던 정보 보고서를 소개하는 데 그치기로 한다.

〈표-1〉의 정보 보고서 가운데 특기할 만한 것은 부산 영사관이 1893년 양력 4월 27일에 보고한 「부산성문에 동학당 통고문 첨부에 관한 보고의 건」이다. 이 보고서에 갑호甲號로 첨부되어 있는 통고문을 분석해 보면, 그 내용이 1893년 음력 3월 10일경 충청도 보은 관아에 게시된 「보은 관아통고」報恩官衙通告[5]와 동일한 문건임을 확인할 수 있다. 따라서, 부산 영사관의 이 보고서에 의하면, 1893년 음력 3월 10일경에 충청도 보은 관아 삼문三門에 게시된 척왜양 관련 격문이 같은 시기에 부산 성문에도 게시되었다는 것을 알 수 있다. 이러한 사실은 교조신원운동의 3대 요구 가운데 하나였던 척왜양의 요구가 동학교도들만의 요구이거나, 동학교도 가운데도 이른바 급진 세력들의 요구가 아니라, 동학교도 전체 나아가 일반 민중들의 요구이기도 했다는 사실을 알려 준다. 향후 이들 공사관 및 각 영사관의 정보 보고서에 대한 심층적인 연구가 필요하다고 하겠다.

2) 영사관의 정보 수집 활동

위의 스기무라, 노세, 무로다 등 일본 영사관 영사들의 정보 수집 활동 가운데 무엇보다도 주목되는 것은 영사관 소속 경찰[6]의 정보 수집 활동이다.

앞에서 언급한 바 있는 경성 영사관의 정보 보고서 「공신公信 제61호」명치 26년 4월 20일자 보고서를 보면, 공사관이 척왜양 운동이 격렬해지기 시작한 1893년 초부터 이미 영사관 소속 경찰을 동원하여 정보 수집 활동을 벌였다는 사실을 알 수 있다. 영사관 경찰은 수시로 임무 교대 또는 추가 파견 형태로 조선에 파견되어 각지의 영사관에 소속되어 정보 수집 활동에 임하고 있었

있던 오토리 케이스케를 대리하여 공사직을 수행하였으며, 그 후임은 1895년 1월부터 4월까지 전봉준에 대한 심문을 담당했던 우치다 사다즈치(內田定槌, 1865-1942)이다.

는데, 영사관 소속 경찰의 활동이 본격적으로 전개되기 시작한 것은 1893년 음력 2월 광화문복합상소光化門 伏閣上訴를 전후하여 고조되기 시작한 척왜양 운동 때부터였던 것으로 확인된다. 즉, 전술한 『보고일건』에 의하면, 경성 영사 스기무라 후카시는 1893년 양력 4월 20일에 「공신 제61호: 동학당의 건에 대해 탐정을 위해 순사 및 인민 파견 계출」이라는 제목으로 영사관 경찰과 경성 거주 일본인을 충청도 공주 지방에 파견하여 정보 수집 활동에 임하고 있음을 보고하였다. 그리고, 동일자 「공신 제63호: 동학당 관계 사건 휘보」 부속문서를 보면, 양력 4월 15일에 과천 일대에서 정보 수집에 임했던 와타나베 타카지로渡邊鷹次郎 순사 및 나리스케 노부시로成相喜四郎 순사의 복명서復命書, 4월 16일자, 4월 17일에 서울 한강 일대의 정황을 조사한 동 와타나베 순사 및 미야하라 이치로宮原一郎 순사의 복명서4월 17일자, 역시 4월 18일에 과천을 거쳐 수원 일대의 정황을 조사한 동 와타나베 순사 및 가와바타 나오스케川幡直介 순사의 복명서4월 19일자 등이 실려 있다.*

이들 영사관 경찰의 정보 수집 활동은 이듬해 1894년에도 내내 계속되는데, 『도쿄아사히신문』東京朝日新聞 1894년 양력 6월 8일자 3면의 「경부 순사警部 巡査의 파출」이라는 기사를 보면, "일본 경시청은 다음과 같이 경관 21명을 선발하여 오토리 공사 일행과 함께 조선에 파견하였다."고 하면서 경부 다카사키 켄지高崎堅治 외 20명의 순사 이름을 소개하였다. 그들 영사관 소속 경찰 21명은 오토리 공사가 대동한 육전대陸戰隊와 함께 양력 6월 8일 인천에 입항한 뒤 6월 10일에 입경入京; 서울에 들어감하여 곧바로 정보 수집 활동에 종사한 것으로 확인된다.

* 이들 영사관 소속 경찰들이 정탐한 농민군 동향에 관한 보고서는 '복명서' (復命書)의 형태로 먼저 경성영사 스기무라에게 보고되었고, 스기무라는 복명서를 수합하여 다시 본국의 외무성으로 보고하였다.

농민혁명 기간에 영사관 소속 경찰로서 농민군에 대한 정보를 수집하여 기록으로 남긴 대표적인 인물로는 경성 영사관 소속 경부警部 오기와라 히데지로荻原秀次郎, 인천 영사관 소속 순사巡査 나리스케 노부시로成相喜四郞, 경성 영사관 소속 순사 와타나베 타카지로渡邊鷹次郞 등이 있다. 오기와라가 수집한 정보 보고서는 『주한일본공사관기록』에 「남부 민란지방 시찰복경서」南部民亂地方 視察復命書라는 제목으로 실려 있다.**

또한, 앞에서 이미 설명했듯이 인천 영사관 소속 순사 나리스케는 1893년 척왜양 운동 때부터 정보 수집에 임하였으며, 1894년에는 양력 6월 3일 경성을 출발하여 6월 6일부터 13일까지 공주, 6월 16일부터 24일까지는 전주, 다시 6월 25일부터 26일은 공주 등에서 정보 수집을 한 후 6월 28일 경성에 도착하기까지 본인이 경유한 지방의 농민군 동향을 상세하게 파악한 보고서를 남겼다. 그의 보고서는 「나리스케 순사 복명필기」라는 제목으로 외무성에 보고되어 전기前記의 『보고일건』이라는 파일 문서 속에 남아 있다.[7]

경성 영사관 소속 와타나베의 경우 역시 1893년 척왜양 운동 때부터 정보 수집에 임하고 있었다. 농민혁명 기간 중에는 주로 대원군의 동정을 탐문하였는데, 그가 탐문한 대원군의 동정은 「와타나베 타카지로 구두 복명 필기」라는 제목으로 일본 방위성 산하인 방위연구소 도서관에 소장되어 있는 『전사편찬준비서류 (58) 동학당 상황』 속에 들어 있고, 외교사료관에 소장되어 있는 『한국 동학당 봉기 일건』 속에도 들어 있다. 여기서 주목할 것은 경성 영사관 소속 순사 와타나베가 탐문한 정보가 외무성뿐만 아니라 일본

** 국사편찬위원회, 『주한일본공사관기록』제1권 (한글본, 110-114쪽). 이 보고서는 그 후 도쿄에서 간행되고 있던 『미야코신문』(都新聞) 1894년 양력 8월 2일자 1면과 동년 양력 9월 25일에 발행된 『풍속화보』(風俗畵譜) 제78호 등에도 소개되어 일본 내에서 널리 알려졌다.

군 참모본부, 즉 대본영大本營에 그대로 보고되었다는 사실이다. 이것은 일본의 외무성-참모본부가 혼연일체가 되어 농민군 진압에 임하고 있음을 보여주고 있는 증거라 할 것이다.

이상 3인의 영사관 경찰 외에도 다수의 영사관 소속 경찰들이 농민혁명 기간 내내 조선 전역에서 농민군에 대한 각종 정보를 수집하여 공사관과 영사관, 나아가 일본군 군부, 즉 참모본부대본영에 보고하고 있었다.

3) 재조 일본인 및 유학생의 정보 수집 활동

다음으로 주한일본공사관과 조선에 출병한 일본군은 재조在朝 일본인 가운데 조선어에 능통한 상인 또는 유학생 등을 고용하여 통역 및 정보 수집 활동에 임하고 있었다. 재조 일본인 가운데 통역으로 참여한 일본인은 서울에서 한어학교韓語學校 '낙천굴' 樂天窟을 경영하고 있던 구마모토국권당熊本國權黨의 사사 마사유키佐佐正之와 역시 서울에서 여관과 목욕탕을 경영하고 있던 우라오 후미쿠라浦尾文藏 등이 대표적이며,[8] 그 외 일본 육군 참모본부의 명에 따라 조선 내 주요 지점 측량이라는 특별 임무를 띠고 1887년에 건너온 미쿠리야 켄지로御廚健次郎[9] 등이 있었다.

재조 일본인은 통역으로 참가하여 제국주의 일본의 침략 전쟁에 협력했을 뿐 아니라 정보 수집 활동, 즉 스파이 활동에도 참가하였다. 그 대표적 사례가 바로 1893년 척왜양 운동이 한창일 때 경성 영사관 스기무라 후카시가 마츠나가 한지로松永牛次郎와 사카이 헤이조堺平造라는 2명의 일본인을 고용하여 벌인 정보 수집 활동이다. 그들의 정보 수집 활동 내역은 전기前記의 『보고일건』 속에 「공신 제66호 동학당 사건에 대해 충청도 공주 등 지방 탐정서」라는 제목으로 실려 있다. 이 탐정서에 의하면, 마츠나가와 사카이 두 사람은 1893년 양력 4월 15일 경성을 출발하여 16일 수원을 경유, 19일에 공주에 도착하여 21일까지 정탐 활동을 벌인 후, 다시 22일 공주를 출발하여

24일에 경성에 도착하였다. 그들의 정탐 활동에 의하여 공주 일대 동학당의 동향이 속속들이 경성 영사관을 거쳐 일본 외무성으로 보고되고 있었음은 위 『보고일건』이 증명하는 바다.

이처럼, 공사관은 필요에 따라 조선에 거주하던 일본 상인이나 유학생 등을 고용하여 정탐 활동을 벌이는 것은 물론, 조선 각지를 다니며 행상을 하던 내지 행상內地行商의 일본인, 또는 조선 각지에 거주하고 있던 일본인들로부터도 광범위하게 정보 수집을 하고 있었다. 그 대표적 사례가 『주한일본공사관기록』 1권에 실려 있는 파계생巴溪生이라는 일본인이 정탐하여 보고한 「전라도고부민요일기」全羅道古阜民擾日記이다.[10] 이 일기를 쓴 파계생은 1894년 당시 전라도 고부군 줄포茁浦에 거주하면서 음력 1월의 고부 농민 봉기부터 음력 4월 11일까지 전봉준이 지휘하는 농민군 동향을 매우 정확하고도 상세하게 보고하고 있다.

『주한일본공사관기록』에는 파계생 외에도 다수의 일본인 내지 행상들이 수집한 정보들이 실려 있는데, 1894년 말 기준으로 조선에 거주하고 있던 일본인은 8,980명에 달하고 있었다.[11] 그들을 거주지별로 보면 경성 848명, 인천 3,201명, 부산 4,028명, 원산 903명 등이었는데,[12] 이들 일본인들 가운데서도 직간접으로 농민군의 동정을 정탐하여 공사관이나 영사관에 보고하고 있다. 이 같은 사실은 재조 일본인 대부분이 농민군에 대한 정보를 수집하여 보고하는 정보원, 즉 스파이 역할을 하고 있었음을 알려 준다.

요컨대 1893년 척왜양 운동이 고조된 이후 동학교도들의 동향, 그리고 1894년 1월 10일(음력)의 고부 농민봉기 이래 농민군들의 동향은 공사관과 영사관으로부터 날카로운 감시 및 정탐 활동의 대상이 되고 있었음은 물론, 일본인 내지 행상과 재조 일본인들로부터도 감시와 정탐 대상이 되고 있었다. 이 같은 일본 측의 감시와 정탐 활동은 1894년 내내 지속되었음은 두 말할 필요도 없으며, 일본 외무성과 대본영을 중심으로 한 일본군 군부는 이 같은 정보들을 종합하여 농민군 진압 작전에 유용하게 사용하였다.

3. 일본 육해군의 정보 수집 활동

농민혁명 당시 일본 측은 공사관과 영사관을 중심으로 한 외교 라인에서 뿐만 아니라 군사軍事, 즉 육군의 참모본부와 해군 군령부 소속 상비함대를 비롯한 군부軍部가 직접 나서서 외교 라인의 정보 수집 활동과는 별도로 정보 수집에 나서고 있었다. 이 장에서는 농민혁명 당시 일본 육해군 측의 정보 수집 활동의 실상에 대해 설명하기로 한다.

1) 가와카미 소로쿠의 정보 수집 활동

『도쿄아사히신문』東京朝日新聞[13] 1893년 양력 4월 22일자 1면, 4월 26일자 1면, 4월 28일자 1면, 5월 3일자 1면, 5월 14일자 1면, 5월 17일자 2면, 6월 4일자 1면, 6월 7일자 1면, 6월 16일자 2면, 6월 29일자 2면, 7월 4일자 1면, 7월 8일자 1면 등을 보면, 1893년 조선에서 척왜양 운동이 한창일 때 당시 일본군 최고 지도부의 동향에 관한 중요한 기사들이 눈에 들어온다. 대본영大本營 참모본부 참모차장인 가와카미 소로쿠川上操六, 1848~1898가 그해 4월부터 7월까지 조선과 청국淸國을 방문하고 돌아왔다는 기사가 바로 그것이다. 가와카미의 동정에 관한 총 12회 기사 중에 3회를 제외하고는 모두 1면에 실릴 정도로 중요 기사로 취급된 가와카미의 조선과 청국 방문의 목적은 과연 무엇이었을까? 가와카미의 방문 목적을 살필 수 있는 기사 하나를 『초야신문』朝野新聞 1894년 양력 4월 26일자 2면 기사에서 인용해 보기로 한다.

가와카미 참모본부 차장

가와카미 중장이 조선朝鮮으로 향했다는 풍설이 있는 나도는 가운데 『나가

사키신보』長崎新報는 한 가지 괴보怪報를 전했다. 그 괴보에 이르기를, 지난 16일 사츠마마루薩摩丸에 4명의 상인商人이 승선하고 있었는데 모두 상등 선객으로 포람사덕浦藍斯德; 블라디보스톡 관광이라는 명목으로 승선하고 있지만, 그 용모와 위풍이 심상한 일개 상인들로 볼 수 없으며 반드시 어떤 이유가 있어 변명變名했을 것이라고 생각해서 탐문을 했더니, 과연 그들은 참모본부 차장 가와카미 소로쿠, 제1국 국원 보병소좌 타무라 이요조田村怡与造, 포병대위 오하라 덴小原伝, 육군대학교 교원 모 등 4명이었다. 이것을 보면 동 중장 등이 조선으로 미행微行하고 있다는 것은 의심할 수 없는 사실이다.

이 기사에 의하면, 가와카미 일행은 '미행' 微行 즉 비밀리에 조선으로 건너가고자 하였다는 것이다. 그렇다면 그들이 '미행' 을 하면서까지 조선으로 향했던 목적은 어디에 있었을까? 가와카미 일행의 조선과 청국 방문 목적은 한마디로 일본이 이미 오래 전부터 예상하고 있는 청국과의 전쟁에 대비한 전략적 시찰이 그 주목적이었다. 구체적으로는 먼저, 조선 정부 지도자 및 조선에 주재하고 있는 청국 고위관리들을 만나 조선을 둘러싼 정세를 파악하는 한편, 강화도와 인천에서 시작하여 서울에 이르는 한강 유역의 전략적 요충지들을 시찰하고, 조선에 주재하고 있는 일본군함 야에야마-함八重山艦을 비롯하여 주한 일본 공사관 및 각 영사관 관리들을 만나 정보 수집 활동을 독려하는 것이었다. 가와카미의 조선 시찰 목적이 비교적 잘 드러나 있는 『도쿄아사히신문』 1894년 양력 5월 14일자 1면 기사를 인용한다.

가와카미 육군중장 일행
가와카미 중장 등이 미행微行으로 조선으로 향했다는 사실은 이미 보도한 그대로이며, 동 중장 및 공병소좌 타무라 요시이치田村義一, 보병소좌 이지치 코스케伊地知幸助, 포병대위 시바고로柴五郎, 회계감독 사카다 이와조坂田巖三

4인은 지난 (4월) 26일 인천에 도착, 그 다음 다음날인 28일에 육로로 경성으로 향하여 진고개泥峴의 영희정永喜亭에 투숙하였으며, 30일은 지나공사관支那公使館; 청국공사관 원유회園遊會에 초대를 받았다. 5월 1일 대원군 을 운현궁에서 면알面謁하고, 5일 입궐하여 국왕 전하를 배알하였으며, 6일 용산진龍山津에서 강화협江華峽의 정족산성鼎足山城 기타 한강 연안의 고전장古戰場 순시 도중에 있었으며, 그 사이 원세개 씨를 비롯하여 조선 관민의 방문이 끊임이 없었다. 일행은 지난 9일 인천에서 켄카이마루玄海丸를 타고 천진天津으로 향했을 터이다.

여기서 가와카미의 조선 방문 목적을 노골적으로 드러내는 기사를 『도쿄아사히신문』 1894년 양력 5월 17일자 2면 기사를 다시 인용한다.

가와카미 참모본부 차장 일행
(전략) 그간 인천 경성 간 체재 중에는 **근방 각지 병요상兵要上의 형세를 정밀精密하게 답사**를 했는데, 차장이 다른 사람에게 말한 바에 따르면 이번 답사는 책상 위에서 하는 조사와는 달리 **군사상軍事上 크게 발명發明한 바가 있었다**고 한다. (강조는 인용자)

'근방 각지 병요상의 형세를 정밀하게 답사' 함으로써 책상 위에서 하는 조사와는 달리 '군사상 크게 발명한 바가 있었다' 는 것이 바로 가와카미가 '미행' 으로 조선을 방문한 주목적이었다. 즉, 군부 최고 지도자인 가와카미 자신이 몸소 조선을 직접 답사함으로써, 즉 장래 예상되는 청국과의 전쟁에 대비하여 군사상 필요한 지형을 눈으로 직접 확인하는 동시에, 필요한 군사 정보를 수집하는 것이 주목적이었던 것이다. 이 점에 대해서는 가와카미에 대한 전기傳記를 쓴 도쿠토미 초이치로德富猪一郎, 1863~1957 역시도 "대장은 비단 그 부하 장교를 조선, 지나支那; 청국, 중앙아시아, 남양군도에 파견하여 각지의 정보를 수집하고, 대륙 작전의 조사 연구에 도움이 되도록 했을 뿐만 아니라, 또한 자신이 직접 조선과 지나 여행을 계획하여 작전 준비에 차질이 없도록 하고자 하였다."[14]고 지적한 바 있다.

주지하듯이 가와카미의 조선과 청국 방문이 있었던 이듬해인 1894년에는 조선에서 농민혁명이 일어나고, 그것을 계기로 청일전쟁이 발발하였다. 이때 가와카미는 대본영 참모차장 겸 병참총감으로서 농민군 진압과 청일전쟁을 선두에서 지휘하였다. 이 과정에서 가와카미가 히로시마에 설치된 대본영에서 조선 농민군에 대해 '미나고로시 작전', 즉 전원 살육 명령을 내림과 동시에, 농민군을 전라도 서남부 연안으로 내몰아 궤멸시키는 작전을 구사했다는 사실은 이미 널려진 바이다.[15] 하지만 가와카미가 농민군 전원 살육 명령을 내린 배경에 그가 1893년에 조선을 방문하여 사전에 치밀한 정보 수집 및 답사를 하였다는 사실은 국내외에서 지금까지 전혀 알려진 바가 없었다. 그리고 1893년 가와카미의 조선 방문 사실과 함께 한 가지 더 주목해야 할 것은, 가와카미의 조선 방문을 수행한 참모본부 요원들 역시 이듬해에 벌어지는 농민군 전원 살육 작전 수행 과정에 한 사람도 빠짐없이 참여하고 있었다는 사실이다. 가와카미를 비롯하여 그를 수행한 참모본부 요원의 인적사항은 다음과 같다.[16]

참모차장	육군중장	가와카미 소로쿠川上操六
참모본부 제1국 국원	육군소좌	타무라 이요조田村怡与造
참모본부 제2국 국원	육군포병소좌	이지치 코스케伊地知幸助
육군경리학교 교관	육군삼등감독	사카다 이와조坂田嚴三
참모본부 제2국 국원	육군포병대위	시바 고로柴五郎

위 수행원 가운데, 이지치伊地知는 참모본부 요원으로서 1894년 농민혁명 기간 내내 조선과 일본을 오가며 정보 수집 활동에 임하고 있었으며, 타무

라田村의 경우는 후일 농민혁명과 청일전쟁 당시 자신이 수행한 역할 및 참모본부의 움직임을 수기로 남긴 바 있다.[17]

2) 해군 상비함대의 정보 수집 활동

일본군 최고 지도부, 즉 참모본부 외에 정기적이며 지속적으로 정보 수집 활동을 벌인 것은 해군 군령부 소속의 상비함대常備艦隊였다. 일본 해군은 이미 1876년 조선 개항 이전부터 조선 해안 일대를 순항하며 해안선 측량을 비롯하여, 조선에 대한 광범위한 정보 수집 활동을 벌인 바 있다. 그 대표적인 사례가 바로 1875년 운양함雲揚艦에 의한 강화도 연안의 영해 침범 및 '운양함 사건'雲揚艦事件이었음은 주지하는 바와 같다. 그런데, 1875년 운양함에 의한 정보 수집 활동 상황 및 '운양함 사건'에 관련하여 지금까지 알려진 사실과는 전혀 다른 최초의 보고서가 존재하고 있다는 사실, 그리고 동 '운양함 사건'이 일본 해군 지도부에 의해 '왜곡'되어 알려졌다는 사실 등 그 전모가 최근 일본 나라여자대학奈良女子大學의 나카츠카 아키라中塚明 명예교수에 의해 국내에도 소개된 바 있다.[18]

이처럼 1876년 조선 개항 이전부터 일본 해군의 상비함대에 의해 시작된 조선에 대한 정보 수집 활동은 1893년의 척왜양 운동을 계기로 더욱 조직적이며 지속적으로 전개되기 시작했다. 다음 〈표-2〉와 같이 상비함대에 의한 정보 수집 활동의 내용을 개관한다.[19]

이상과 같이, 일본 해군은 사세보佐世保 진수부 소속 포함砲艦 초카이鳥海와 요코스카横須賀 진수부 소속 포함 아타고愛宕, 순양함巡洋艦 다카오高雄 등 상비함대를 통한 정기적인 정보 수집 활동 외에도 특별한 사안事案이 발생한 경우에는 군함을 증파하여 정보 수집 활동 외에 무력시위武力示威까지 벌였다. 그 대표적 사례가 1893년 척왜양 운동기에 특별 파견된 야에야마함八重山[23]의 활동이다. 야에야마함의 증파 사유는 다음과 같았다.[24]

〈표-2〉 1893년 일본 상비함대의 정보 수집 활동

〈초카이함〉鳥海艦20			
1월 3일	사세보진수부경비함	초카이鳥海	인천 출항, 전라 거쳐 부산으로
1월 20일	상동	상동	부산 기항
1월 25일	상동	상동	부산에서 다케시키竹敷항 귀항
2월 2일	상동	상동	다케시키항 출항, 경상도와 부산으로
2월 8일	상동	상동	부산 기항
3월 1일	상동	상동	부산 출항, 전라를 거쳐 인천으로
3월 9일	상동	상동	인천 기항
5월 30일	상동	상동	인천부에서 사격연습
7월 20일	상동	상동	인천 출항, 부산으로
7월 23일	상동	상동	부산 기항
7월 24일	상동	상동	부산 출항, 사세보佐世保 항으로
〈아타고함〉愛宕艦21			
4월 30일	요코스카진수부경비함	아타고愛宕	모지門司 출항, 원산진으로
5월 1일	상동	상동	부산 기항
5월 6일	상동	상동	부산 출항, 원산진으로
5월 8일	상동	상동	원산 기항
6월 5일	상동	상동	부산 기항
6월 8일	상동	상동	부산 출항, 인천으로
6월 10일	상동	상동	인천 기항
7월 5일	상동	상동	부산 출항, 인천으로
7월 14일	상동	상동	인천 기항
〈다카오함〉高雄艦22			
6월 24일	상비함대군함	다카오高雄	부산 기항
6월 26일	상동	상동	부산 출항, 거문도, 제주로
7월 10일	상동	상동	부산 기항
7월 11일	상동	상동	부산 출항, 나가사키長崎로
7월 12일	상동	상동	나가사키 귀항

현금 경성 재류 일본인은 거의 7백 명에 이르고 있으며 혹시 참화慘禍를 당할 수도 있는데 인천에 정박 중인 경비함은 1척초카이함뿐으로 이 군함은 소형小型이며 그 승조 인원도 적어서 유사有事의 날에는 충분히 보호를 제공할 수 없어 자못 어려운 일이 될 것이므로, 이번 기회1893년 광화문 복합상소 당시 격렬하게 전개된 척왜양 격문 게시 운동을 말함에 1척의 군함의 증파가 가장 필요한 시기라

고 생각되므로 지급至急 파견해 주실 것을 희망함.

1893년 양력 4월 10일 재경성 변리공사 오이시 마사미

이와 같은 사유로 주한일본공사 오이시로부터 증파 요청이 있자, 일본 해군은 즉각 야에야마함八重山艦을 증파하여, 서울을 비롯하여 조선 각지에서 동학당, 즉 동학교도들을 중심으로 격렬하게 전개되고 있던 척왜양 운동에 대비하는 동시에, 상비함대와 더불어 다각적인 정보 수집 활동을 벌이게 된다. 일본『관보』에 나타난 야에야마함의 동정은 아래와 같다.

〈야에야마함의 동정〉

4월 13일	요코스카진수부경비함	야에야마八重山	요코스카橫須賀 출항
4월 17일	상동	상동	인천 기항
5월 23일	상동	상동	인천 출항, 나가사키로
5월 25일	상동	상동	나가사키 기항
5월 29일	상동	상동	나가사키 출항, 고베神戶로
5월 31일	상동	상동	구레吳 출항, 다도진으로
6월 2일	상동	상동	고베 기항
6월 3일	상동	상동	고베 출항
6월 5일	상동	상동	요코스카 귀항

특별 증파된 야에야마함은 1893년 양력 4월 17일 인천항에 기항한 이래, 동년 5월 23일 인천항을 출항하기까지 1개월 이상을 인천에 정박해 있으면서 정보 수집 활동을 벌였다. 또한 야에야마함은 정보 수집 활동 외에도 당시 '방곡령사건'防穀令事件 담판을 진행하고 있던 오이시 마사미 일본공사의 담판을 위해 무력시위 등도 벌였다. 그 내용은 다음과 같다.[25]

야에야마함은 지난 4월 12일 마츠오카松岡 외무참사관을 탑재하고 조선을 향해 급행하여 17일 인천에 입항한 이래 지금 현재는 그곳에 있으며, 지난 30일즉, 동학당이 폭발할 무렵은 동항에서 전투준비 전투연조戰鬪練操 및 육전대陸戰

隊를 편제하여 대월미도大月尾島에 상륙하여 공포발화空砲發火 월차 연습을 하였다.

1893년 척왜양 운동기를 전후하여 특히 활발해진 일본 해군의 정보 수집 활동은 1894년에 들어와 최고조를 맞이하게 된다. 1894년에 일본 해군이 벌였던 정보 수집 활동으로 가장 대표적인 사례는 쿠로오카 다테와키黑岡帶刀, 1851-1927 함장이 지휘하는 츠쿠바함筑波艦*이 1894년 1월부터 3월까지 벌였던 정보 수집 활동이다.

츠쿠바함이 1894년 양력 1월부터 3월까지 인천에 정박해 있으면서 수집한 정보는 방대하다. 그 자세한 내용은 현재 방위성 방위연구소 도서관에 『명치 27년 1월, 2월, 3월 조선국 경비 사건 ─ 군함 츠쿠바』明治二十七年一月, 二月, 三月 朝鮮國警備事件-軍艦筑波, 이하 〈츠쿠바사료(筑波史料)-1〉이라 칭함라는 제목으로 소장되어 있다. 또한 이 보고서와는 별도로 『요코스카진수부 사령장관에게 제출한 경력서 ─ 쿠로오카대좌』橫須賀鎭守府司令長官＝提出シタル 経歴書-黑岡大佐, 〈츠쿠바사료(筑波史料)-2〉라는 문서와 『군함츠쿠바 조선파견중 경력보고 ─ 원츠쿠바함장』軍艦筑波 朝鮮派遣中 經歷報告 元筑波艦長)』, 츠쿠바사료(筑波史料)-3) 이라는 문서도 남아있다.[26]

〈츠쿠바사료-1〉은 츠쿠바함이 1894년 양력 1월 초순부터 3월 하순까지 조선의 인천항에 정박해 있으면서 무력시위를 벌임과 동시에 작전 재료를

---

* 橫須賀 鎭守府 소속으로, 함종은 코베트(CORVETT), 함선 재질은 목재, 배수량 1978톤, 實馬力 526, 속력 8노트, 탑재 무기로는 前裝 16미리포 8문, 기관포 2문, 승조원 251명으로 1851년 영국령 말래카에서 진수, 1871년 8월에 영국인으로부터 구입한 군함이다. 1892년에 練習艦이 되었으며, 청일전쟁 당시에는 구식 老朽艦이었다.

(梅溪昇,「日淸開戰前後における隱れたる諸事實について-軍艦筑波の行動を中心に-」,『鷹陵史學』19, 鷹陵史學會, 1994年 3月, 150-151쪽)

수집하여 해군 군령부에 보고한 정보 보고서이다. 이 보고서 속에는 조선 수군이 배치된 수영水營의 위치를 비롯하여 인천에서 서울에 이르는 육로陸路 주변의 지형도까지 포함되어 있다. 〈츠쿠바사료-2〉와 〈츠쿠바사료-3〉은 츠쿠바함 함장이었던 쿠로오카 다테와키의 후손이 소장하고 있었던 것을 교토불교대학京都佛教大學 사학과 교수였던 우메타니 노보루梅谷昇 교수가 1994년에 공개[27]함으로써 알려진 자료로서 츠쿠바함의 정보 수집 활동을 규명하는데 유용한 자료이다.

이처럼, 1894년 농민혁명 초기에 인천에서 정보 수집 활동에 임했던 츠쿠바함은 농민혁명이 막바지에 이르는 1894년 말에는 부산에서 순천, 진도, 제주도에 이르는 항로를 순항하면서 서남해 연안 및 섬으로 숨어드는 농민군 진압에 앞장선다. 이 과정에서 농민혁명 초기에 수집된 각종 정보를 최대한 활용하였음은 재언을 요하지 않는다.

3) 주재무관들의 정보 수집 활동

일본군은 주한일본공사관에 배치된 육해군 주재무관駐在武官을 통해서도 광범위한 정보 수집에 임했다. 그 한 예를 『도쿄아사히신문』 기사를 통해 살펴본다.[28]

니이로新納 소좌의 인천 안착

깊이 조선 내지內地에 들어간 뒤 소식이 전혀 없기 때문에 한인韓人; 조선 사람에게 살해당했다는 소문이 돌았던 니이로 해군 소좌가 어제 인천에 안착했다는 요지의 전보가 해군성海軍省에 도착했다고 한다.

위의 니이로 소좌란 1893년부터 주한일본공사관 소속 주재무관으로 근무하고 있던 니이로 도키스케新納時亮 해군소좌를 말한다. 공사관에 소속된 주재무관은 외무성 지시가 아니라 일본군 참모본부參謀本部, 육군 및 군령부軍令部, 해군로부터 직접 지시를 받아 독자적인 정보 수집에 임하고 있었다.[29] 니이로는 조선에 파견되기 이전에 이미 "1886년 3월부터 약 3년간 군사밀정으로서 청국의 강소江蘇, 복건福建, 절강浙江 세 성의 병요지리조사兵要地理調査에 종사한"[30] 적이 있었으며, 1893년 양력 2월에 주한일본공사관 주재무관이 되어 조선에 부임했다.[31] 그는 조선 내륙 깊숙이 들어가 정보 수집을 하라는 해군성의 지시를 받고 농민군의 동정을 포함한 정보 수집 활동을 벌이다 한때 소식이 끊겨 조선 민중들에게 살해당했다는 소문이 나돌았으나,[32] 6월 23일 무사히 인천에 안착했던 것이다. 이때 군사밀정 니이로가 수집한 정보가 해군 군령부의 농민군 대응책 수립에 어떤 식으로든 반영되었을 것은 두말할 나위가 없을 것이다.

니이로 소좌와 함께 주한일본공사관 소속 주재무관으로 활동한 또 다른 인물로는 육군 소속의 포병대위나중에 포병소좌로 진급 와타나베 테츠타로渡邊鐵太郎가 있다.

와타나베는 1891년 음력 8월 23일에 경성의 일본공사관 주재무관으로 부임한 바 있으며[33] 당시 계급은 육군 포병대위였다. 그는 조선에서 척왜양 운동이 격렬하게 전개된 직후인 1893년 5월 2일에는 함경도와 평안도 일대의 정황을 정탐하기도 했으며,[34] 1894년에 농민혁명이 일어나자 공사관 소속 주재무관 해군소좌 니이로 도키스케 등과 함께 공사관의 정보 수집 활동과는 별개로 독자적인 정보 수집 활동에 임했다. 와타나베 테츠타로 육군 포병대위포병소좌는 특히 조선에서 정보 수집 활동 중인 대륙낭인들과도 긴밀한 연락 체계를 유지하면서 정보 수집 활동에 임하고 있었다. 와타나베와 대륙낭인과의 관계에 대해서는 뒤에서 상술하기로 한다.

4. 정당·정파의 정보 수집 활동

외무성을 중심으로 한 일본 정부와 일본군 참모본부 및 해군 군령부의 상비함대를 중심으로 한 군부의 정보 수집 활동 외에도, 일본의 정당 특히 조선의 농민혁명을 즈음하여 일본 내 최대의 정파였던 자유당自由黨 역시 적극적인 정보 수집 활동을 벌였다. 자유당은 우선 척왜양의 기치를 내건 교조신원운동이 활발하게 전개되던 1893년에는 당수黨首가 직접 조선으로 건너가 정보 수집 활동을 벌였으며, 1894년 농민혁명이 발발한 뒤에는 자유당 본부에서 직접 특파원까지 파견하여 정보 수집에 열을 올렸다. 이 글에서는 1893년 자유당 당수의 조선행을 즈음한 정보 수집과 1894년 농민혁명 기간 중 조선에 파견된 특파원에 의한 정보 수집 활동에 대해 언급하기로 한다.

1892년부터 1893년에 일본의 제4의회에서 자유당을 이끌면서 이토 히로부미伊藤博文 내각과 예산 문제를 둘러싸고 격렬하게 대항했던 코노 히로나카河野廣中, 1849~1923는 1893년 조선에서 동학교도들이 중심이 된 척왜양 운동이 벌어지자, '동학당東學黨 폭발에 관한 질문 재료 수집'[35]을 위해 1893년 양력 5월 2일 같은 당 국회의원 스즈키 반지로鈴木萬次郎를 대동하고 조선으로 향했다. 『초야신문』朝野新聞에 보도된 그의 조선행 행적은 다음과 같다.

〈1893년 코노 히로나카 자유당 당수 일행의 조선 방문 행적〉

5월 2일	켄카이마루玄海丸로 고베항 출항
5월 9일	인천항 도착
5월 10일	경성으로 향함
5월 11일	일본공사관으로 오이시 마사미 공사 방문 면담
5월 13일	운현궁으로 대원군을 방문 면담통역, 國分象太郎 배석
5월 16일	일본인 인천구락부 도착
5월 17일	인천 출발
5월 21일	나가사키 도착
5월 25일	오사카 상업구락부 간담회에서 강연

그런데, 자유당 당수 코노의 조선 '동학당'에 관한 정보 수집은 이듬해인 1894년에도 계속되었다. 그 같은 사실은 일본 국회도서관 헌장자료실에 소장되어 있는 코노의 동학 관계 문서에 잘 드러나 있다.

코노 외에 1893년 동학교도들의 척왜양 운동 당시 조선에 건너가 정보 수집 활동을 벌인 또 한 명의 인물이 있는데, 그가 바로 구마모토熊本 출신의 국권주의자 삿사 토모후사佐佐友房, 1854-1906이다. 그의 연보에 따르면, 삿사는 1893년 양력 5월 5일에 일본 모지門司 항을 출발하여 조선을 향했으며, 6월 10일에 시모노세키로 귀항했다.[36] 그 사이에 삿사는 원세개袁世凱를 만나 의견을 교환하고 대원군과도 만났으며,[37] 남산에서 열린 '감사회'感謝會 모임에도 참석했던 것으로 확인되고 있다.[38]

한편, 조선 '동학당'의 동정을 비롯하여 조선의 정세에 깊은 관심을 가지고 있던 자유당은 1894년 봄, 농민혁명이 일어나자 자유당 본부에서 특파원을 보내 농민군의 동정에 관한 정보 수집에 나섰다. 즉, 자유당은 지방당원에게까지 격문을 보내 조선에서 일어나고 있는 농민군의 봉기에 대해 관심을 갖도록 촉구함[39]과 동시에, 6월 11일에는 '조선시찰원' 다나카 켄도田中賢道를 특파하였다. 다나카의 조선행에 관한 내용은 다음과 같다.[40]

다나카 켄도 씨의 출발
자유당의 조선시찰원 다나카 켄도 씨가 어제 11일 오후 9시 신바시新橋 발 기차로 출발하게 됨을 당하여 재경(在京; 東京) 자유당원은 동일 5시부터 쿄비키쵸木挽町 만안萬安에서 송별회를 열었다.

6월 11일 도쿄를 출발한 자유당 특파원 다나카는 다른 신문사 특파원들과 함께 히고마루肥後丸를 타고 조선을 향해 출발, 인천항에 입항하기 전날 밤인 6월 20일 각 신문사 특파원이 참석한 선상회의船上會議에 출석하였으며,[41] 6월 25일부터 농민군의 동정을 비롯한 조선의 상황을 보고하였다.[42] 이후 그의 보고는 자유당 기관지 『자유신문』自由新聞[43]에 연재되며, 자유당의 대조선對朝鮮 정책에 크게 반영되기에 이른다.

5. 대륙낭인의 정보 수집활동

대륙낭인大陸浪人이란 주로 메이지明治 시대 제국주의 일본이 아시아를 침략할 때 그 첨병尖兵으로 활동했던 특정 개인이나 집단을 말한다. 대륙낭인을 대표하는 단체로는 현양사玄洋社와 흑룡회黑龍會 등이 있으며, 이들은 주로 조선과 중국을 무대로 활동했다. 대륙낭인들은 일본군 최고 지도부, 정치가, 재벌 등으로부터 자금 원조를 비롯한 각종 지원을 받아 조선과 중국 등지로 건너가 동학농민혁명과 청일전쟁, 러일전쟁을 전후하여 현지 공작원으로서 각종 정보 수집, 지세地勢 조사 등을 하여 일본군이나 외무성, 각 정당 및 정파에 제공하는 역할을 수행하였다. 농민군에 대한 대륙낭인의 정보 수집 활동 사례로는 천우협天佑俠의 사례가 가장 잘 알려져 있다.[44]

농민혁명을 전후한 시기 조선에서 활동한 대표적인 대륙낭인들은 우선 1891년부터 1892년에 걸쳐 건너온 다나카 지로田中侍郎, 세키야 오노타로關谷斧太郎, 혼마 쿠스케本間九介; 당시는 安達九郎이라 했음 등이 있다. 이들은 후일 '경성파' 京城派를 형성한다. 1893년에는 수많은 대륙낭인들이 부산으로 건너오는데, 요시쿠라 오세이吉倉汪聖, 오자키 마사키치大崎正吉, 치바 쿠노스케千葉久之助 등이 그들이다. 이들은 다케다 한시武田範之, 시라미즈 켄기치白水健吉, 카세이 스케아키葛生修亮 등과 함께 '양산박' 梁山泊 즉 '부산파' 釜山派를 만들어 활동했다. 1894년 3월, 조선에서 농민혁명이 일어나자 오카모토 유노스케岡本柳之助, 동방협회의 이나가키 만지로稻垣滿次郎, 후쿠모토 마코토福本誠=福本日南, 미야케 유지로三宅雄次郎 등이, 자유당으로부터는 다나카 켄도田中賢道와 츠쿠다시노부佃信夫 등이, 천우협으로부터는 스즈키 텐간鈴木天眼, 우치다 요헤이內田良平 등이 건너왔다.[45] 이들은 "시종 조선의 내란동학농민혁명과 개도開導에 힘을 기울이고 있는 바"[46] 주된 활동 목적은 제국주의 일본을 위한 "청일전쟁을 도발挑發하기 위함" 이었다.[47]

농민혁명 기간 중에는 천우협 외에도 다수의 대륙낭인들이 단독으로 또는 외무성이나 참모본부, 각 정파政派 등에 고용되어 조선 각지에서 정보 수집 활동을 벌였다. 천우협 외에 단독으로 조선에 들어가 농민군에 대한 정탐 활동을 벌인 대표적인 인물이 바로 우미우라 아츠야海浦篤彌, 1869~1924이다. 우미우라는 1890년 12월 하순에 입헌개진당立憲改進黨 의원 오자키 유키오尾崎行雄, 1858~1954의 권유로 『초야신문』朝野新聞 및 『유빈호치신문』郵便報知新聞 두 신문의 통신원 자격으로 조선으로 건너갔다.[48] 그는 1883년 1월에 일시 귀국했다가 동년 11월에 재차 조선 경성으로 향했다. 그리고 1894년 양력 7월 20일음력 6월 18일에 전라도 일대를 순행하고 있던 농민혁명 최고 지도자 전봉준을 능주綾州에서 만나 필담을 나누고, 그 필담 내용을 본국으로 보고했다. 그가 전봉준을 만나 필담을 나눈 사실은 농민혁명 당시 이미 일본의 지방신문 『토오일보』東奧日報 1894년 양력 8월 5일자에 보도된 바 있으며, 전봉준과 면담한 그의 수기手記는 「동학당시찰일기」東學黨視察日記라는 제목으로 『일본인』日本人이라는 잡지[49]에도 게재된 바 있다. 우미우라의 「동학당시찰일기」에 의하면, 우미우라와 면담한 전봉준은 김봉균金奉均이라는 가명을 쓰고 있었다는 사실이 드러난다. 정체불명의 일본인과의 면담에 임했던 전봉준의 용의주도함을 엿볼 수 있는 대목이다.

그러면, 우미우라는 단독으로 전봉준을 면담하러 간 것일까? 그렇지 않다. 앞에서 이미 지적했듯이, 대륙낭인들은 거의 대부분 외무성, 참모본부, 각 정파와 관련을 가지고 있었기 때문에 우미우라 역시 예외가 아니었다. 『니로쿠신보』二六新報 1895년 11월 15일자 「동학당의 진상」이라는 기사 내용에 따르면 그는 입헌개진당立憲改進黨이라는 정파의 의뢰로 전봉준을 만나러 갔다는 것이다. 이 같은 사실은 대륙낭인들 역시 대부분 일본 정부나 군부, 정당의 정보원, 즉 스파이였다는 것을 반증한다.

우미우라 외에 농민군에 대한 정탐 활동을 벌인 대륙낭인으로는 성명 미상의 일본인이 있다. 방위성 방위연구소 도서관 소장의『전사편찬준비서류 동학당 폭민 전』戰史編纂準備書類 東學黨 暴民 全를 보면, 일본인 모某가 보고한「동학당여문」東學黨餘聞이라는 보고서가 실려 있다. 이 일본인 모는 대본영의 지시를 받고 있던 인물[50]로서,「동학당여문」에 의하면, 제2차 동학농민혁명 즉 전봉준이 이끄는 농민군들이 전라도 삼례參禮에서 봉기하기 직전인 1894년 음력 8월 11일양력 9월 10일에 전주에서 전봉준을 만나고 있다. 그는 전봉준과 필담을 나눈 뒤 전봉준으로부터 소개장과 함께 서간 한 통을 전달 받은 다음, 그것을 휴대하고 경상도 상주 능암리에 은거해 있던 해월 최시형을 찾아갔으나 최시형은 만나지 못하였으며, 귀경한 후인 양력 9월 21일에「동학당여문」을 썼다고 밝히고 있다.

여기서 주목되는 것은 이 일본인 모의「동학당여문」이라는 보고서를 입수한 인물이 주한일본공사관 소속 주재무관인 육군 포병소좌 와타나베 테츠타로渡邊鐵太郎라는 사실이다. 앞에서 설명했듯이, 와타나베는 1891년 음력 8월에 경성의 일본공사관 주재무관으로 부임하여, 척왜양 운동이 격렬하게 일어나던 시기에 함경도와 평안도 일대의 정황을 정탐하기도 했으며, 이어 농민혁명이 일어나자 공사관 소속 주재무관 해군소좌 니이로 도키스케 등과 함께 참모본부의 지휘를 받아 독자적인 정보 수집 활동에 임하고 있었다. 그는 아마도 대본영의 연락을 받아 위의 일본인 모로부터「동학당여문」이라는 보고서를 입수하여 대본영으로 보고했던 것으로 보인다.

끝으로 오카모토 유노스케岡本柳之助, 1852~1912에 대해 약간 언급해 두고자 한다. 주지하듯이 오카모토는 1895년 명성황후 시해 사건의 주범主犯 가운데 1인이다. 그런 그가 '명성황후 시해 사건' 있기 1년 전인 1894년 4월경에 이미 조선으로 건너와 첩보 활동을 벌이고 있었다. 이 같은 사실은 『도쿄아사히신문』에 실려 있는 「입한일록」入韓日錄 기사를 통해서 확인할 수 있는데, 「입한일록」의 필자 니시무라 텐슈西村天囚[51]는 6월 27일에 오카모토를 만났다고 쓰고 있다.[52] 신문사 특파원 니시무라가 대륙낭인 오카모토와 만나 과연 무슨 이야기를 나누었을까? 그 구체적인 내용은 알 길이 없지만 그들이 제국주의 일본의 '국권' 國權 확장을 위해 상호 긴밀하게 정보 교환을 하고 있었을 것이라는 점을 의심할 여지가 없을 것이다.

6. 신문사 특파원의 정보 수집 활동

농민혁명기 일본에서 간행되고 있던 일간지중앙지 및 지방지 포함는 대체로 200종이 넘으며, 이들 각 신문사가 조선과 청국으로 파견한 특파원 수는 129명에 달했다. 그런데 이들 특파원 가운데는 순수한 기자 출신 특파원도 있었지만, 앞에서 살펴본 바 와 같이 일본의 각 정파, 군부와 연결된 특파원뿐만 아니라, 대륙낭인 출신의 특파원도 적지 않았다. 따라서 이들 특파원은 순수하게 종군 취재만 한 것이 아니라, 농민군의 동정을 비롯한 각종 정보를 외무성이나 일본군 군부, 각 정당정파 및 그 기관지에 정기적으로 제공하는 임무도 동시에 수행하고 있었다. 그 전형적인 사례가 앞에서 살펴본 바 있는 자유당 특파원 다나카 켄도田中賢道의 사례이다. 그러나 특파원 신분으로 정보 수집 및 제공에 임했던 사례는 다나카 켄도 한 사람에 그치지 않았다. 그 구체적 사례를 『도쿄아사히신문』 기사를 통해서 살펴본다.[53]

히고마루肥後丸 회의의 결의

이 무렵 조선으로 향하는 히고마루편肥後丸便에 승선한 부하府下 각 신문 사원은 지난 20일1894년 양력 6월 20일 즉 인천 입항 전날 밤 배 안에서 회의를 열고 이번 조선사변朝鮮事變; 제1차 동학농민혁명에 대한 방침에 대해 종종 숙의를 한 후 결국 만장일치로 다음 3개조를 결의하였다

일. 이번 조선에서 일어난 사건은 근래 일대 이변에 속하므로 이번에 인방제국隣傍諸國의 정태情態를 깊이 살펴서 끊임없이 정확한 보도를 제국帝國; 일본에 전달하여, 제국으로 하여금 그것에 대해 광휘光輝 있는 행위를 취하도록 한다.

일. 외교관 및 육해군의 일진일퇴는 국권國權의 신축伸縮 국익의 소장消長에 관계되므로 이번에 충분히 그 행위를 감시하여 제국의 광영光榮을 발양發揚하도록 할 것을 기하고자 한다.

일. 위의 목적을 달하기 위하여 일역一役; 특파원의 임무이 끝날 때까지 일의 형편에 따라 인천 경성 사이에 신문 특파원 파출소 본부를 설치한다.

위의 결의사항을 보면, "정확한 보도를 제국에 전달하여 제국으로 하여금 그것에 대해 광휘 있는 행위를 취하도록"하며, "외교관 및 육해군의 일진일퇴를 충분히 감시하여 제국의 광영을 발양하도록" 하기 위하여 "인천-경성 사이에 신문 특파원 파출소 본부"를 둔다는 내용이다. 요컨대, 특파원들의 보도 목적이 제국, 즉 일본으로 하여금 '광휘 있는 행위'를 하게 하여 '광영을 발양'하는 데 있음이 노골적으로 드러나고 있는 것이다. 위의 결의에 참가한 각 신문사 및 통신사 특파원은 아래와 같다.

히고마루 회의 결의에 참가한 특파원 현황
국민신문: 久保田米僊, 同米太郎
내외통신: 弓削田精一
대판조일신문: 西村時彦

동방협회: 福本誠

매일신문: 柵瀨軍之佐

부상신문: 鈴木經勳

시사신보: 杉幾太郎

우편보지신문: 遲塚金太郎, 前川九萬人, 住田淺吉

이육신보: 伊達九郎

자유당본부: 田中賢道

자유신문: 今西恒太郎

일본: 櫻田文吾

위의 결의에 참가한 신문사는 9개사, 통신사 1개사, 정파 및 정당이 2개로 나타나 있고, 참가한 특파원 수는 15명에 이르고 있다. 15명의 특파원 가운데 『코쿠민신문』國民新聞의 구보다 베이센久保田米僊, 1852~1906은 삽화가 포함된 기사로 유명한 인물로서 그의 기사는 후일 『일청전투화보』日清戰鬪畵報로 간행된다. 또한 『오사카아사히신문』大阪朝日新聞의 니시무라 도키히코西村時彦는 「입한일록」入韓日錄, 1894년 양력 7월 4일~29일을 『도쿄아사히신문』에 연재함으로써 유명해졌고, 그의 동생 니시무라 도키스케西村時輔 역시 특파원으로 경성에 주재하며 취재에 임했는데, 그 기사는 1895년에 『갑오조선진』甲午朝鮮陣으로 간행되고 있다.

이 외에도 1894년 9월, 『추오신문』中央新聞 특파원으로 파견되어 일본군 제1군 사령관 야마가타 아리토모山縣有朋 일행과 함께 평양으로 들어갔던 가와사키 사부로川崎三郎가 있다. 가와사키는 평양에 들어간 직후, 적리병赤痢病에 걸렸기 때문에 종군 취재 활동을 중단하지 않으면 안 되었다. 그러나 그는 1895년 청국과 일본 사이에 시모노세키강화조약下關講和條約이 성립하기까지 서울에 머물며 기사를 써서 보냈으며, 청일전쟁이 끝난 직후에 민간인으로서는 처음으로 방대한 『일청전사』日淸戰史[54]를 저술하였다. 가와사키는 조선으로 특파될 당시 이미 신문기자 또는 사론가史論家로서 높은 평가를 받고 있었던 인물이었기 때문에 『추오신문』에서도 큰 기대를 걸고 특파원으로 파견했다[55]고 한다.[56]

7. 맺음말

1892년부터 1893년까지 2년여에 걸친 교조신원운동과 1894년 1월 고부 농민봉기부터 이듬해 봄까지 조선 전역에서는 적어도 수십만의 동학교도들과 일반 민중이 봉기하여 조선 왕조의 지배 체제의 모순을 개혁하고, 그 같은 개혁을 방해하는 일본군을 물리치기 위해 치열하게 싸웠다. 그 중에서도 1894년 음력 3월에 시작된 제1차 동학농민혁명에 이어 음력 9월부터 시작된 제2차 동학농민혁명에 이르기까지 농민군은 지배 체제 개혁을 위해, 그리고 그 개혁을 저해하는 일본군에 맞서 세계사에 유례가 없는 대규모의 장기·지속적 항쟁을 전개하였다. 그러나 이 같은 농민군의 항쟁은 끝내 근대식 무기와 전술을 앞세운 일본군의 농민군 전원 살륙 작전에 의해 비극적 패배로 귀결되었다.

농민군이 패배할 수밖에 없었던 요인에 대해 기존 연구는 농민군 측의 열악한 무기, 그리고 전근대적 전략 전술을 들었다. 그러나 농민군이 패배한 요인 속에는 기존 연구가 지적한 무기의 열세, 전근대적 전략 전술 외에도 농민군에게는 전쟁 수행에 필요한 근대적 인프라, 즉 정확한 정보의 수집과 그 활용 능력이 일본군에 비해 매우 열악 했다는 점도 결코 간과해서는 안 될 요인의 하나이다.

이에 반해 일본군은 지금까지 고찰한 바와 같이, 기본적으로는 공사관과 영사관의 외교 라인을 중심으로 근대적 통신 수단, 즉 전신선電信線을 통한 정보 수집에 의존하면서도, 그 외에 일본 육해군 지도부와 주재무관, 각 정당정파의 지도자 및 정당 측의 특파원, 농민혁명이 발발하기 이전부터 조선에 잠입하여 활동하고 있던 대륙낭인들, 그리고 조선에 파견된 각 신문사 특파원들과 '연계' 함으로써 농민군에 대한 정보뿐만 아니라 조선 전체의 정세에 관한 광범위하고 비교적 정확한 정보를 확보할 수 있었다. 바로 이같은 정보 수집 수단 및 수집된 정보의 양, 그리고 정보 수집 속도 등에서 농민군은 일본군과 현격한 '수준차'를 보일 수밖에 없었으며, 바로 그것이 농민혁명의 비극적 패배의 한 요인이 되었다고 볼 수 있다.

끝으로 본 논문에서는 일본군이 다양한 채널을 통하여 수집한 정보를 농민군 진압 작전을 수행하는 과정에서 구체적으로 '어떻게' 활용하였는지는 미처 해명하지 못했다. 이 문제는 향후 연구 과제로 남기기로 한다.

동학농민혁명기 재조 일본인의
전쟁 협력 실태와 그 성격

1. 머리말

1894년 봄부터 이듬해 봄까지 전개된 동학농민혁명의 실패 요인은 다양하다. 그 다양한 실패 요인 가운데서도 근대식 무기와 전술을 앞세운 일본군이 동학농민군^{이하, 농민군} 진압에 직접 가담한 것, 그리고 근대식 무기와 전술을 앞세운 일본군에 의한 농민군 진압이 당시 제국주의 일본의 치밀한 군사 외교적 전략 아래 실행되었기 때문이라는 데는 이론의 여지가 없다.

일본군에 의한 농민군 진압 실상은 오랜 기간 베일에 가려져 있었으나 1990년대 후반부터 한일 양국 연구자에 의해 그 실상이 밝혀지고 있는 중이다.[1] 그런데, 일본군의 농민군 진압 과정에서 발생한 한일 양측 사상자 수를 보면, 다수의 농민군 사상자에 비해 일본군 사상자는 거의 나오지 않았거나 극소수였다는 것을 알 수 있다.[2] 이 같은 결과에 대해, 일본군에 의한 농민군 진압은 쌍방 간의 대등한 전투라기보다는 일본군이 일방적으로 농민군을 학살하는 일종의 '제노사이드'에 가깝다는 지적이 나온 바 있다.[3] 다수의 농민군이 대량 학살에 가까운 형태로 희생된 것은 농민군과 일본군 양자의 무기와 전술의 차이에서 오는 필연적인 결과라 할 것이다.

그러나, 다수 농민군이 일방적으로 희생될 수밖에 없었던 데에는 두기와 전술의 차이라는 요인 외에도 다양한 요인들이 혼재하고 있었다. 그러한 요인 중의 하나로 바로 양 측의 전쟁 지도 체제戰爭指導體制를 들 수 있다. 1894년 당시 일본군은 군관민軍官民이 일체가 되어 전쟁에 임하고 있었다. 이에 비해, 농민군은 경군京軍, 조선 정부군의 탄압을 비롯하여 지방관과 보수 유생들을 중심으로 조직된 민보군反농민군으로부터 탄압을 받고 있었으며, 재조 일본인在朝日本人[4]들의 광범위한 스파이 활동에도 전면적으로 노출되어 있었다. 그리하여 농민군은 일본군, 조선정부군, 민보군 외에 일본군 스파이로 활동하는 재조 일본인과도 맞서 싸우지 않으면 안 되었던 것이다.

농민군의 '또 하나의 적'이라고 할 수 있는 재조 일본인 인구는 1890년 7,245명, 1891년 9,021명, 1892년 9,137명, 1893년 8,871명, 1894년 9,354명 등 농민혁명기를 전후하여 대체로 9천 명 내외로 알려져 있다.[5] 개항장별로 보면, 부산1876년 개항이 가장 많고, 그 다음이 인천1883년 개항, 서울1884년 개시, 원산 1880년 개항 순이다.[6] 그런데 이들 재조 일본인들은 동학농민혁명이 일어나자 1894년 6월 7일 일본 내각 및 육해군성 앞으로 출병을 청원하는 청원서를 제출한[7] 것을 비롯하여, 출병한 일본군을 위한 식사와 숙사를 제공하고,[8] 일본군을 위한 조선어 통역[9]으로 참여하는 것은 물론이고, 일본군에 필요한 군사 물자 조달을 위한 어용상인御用商人[10] 등으로 활동함으로써 적극적으로 전쟁에 협력했다. 한 걸음 더 나아가, 일부 재조 일본인은 1894년 7월 23일 일본군에 의해 자행된 불법적인 조선 왕궁 점령 사건에도 주도적으로 참여하여 국왕 고종을 포로로 삼고 대원군을 추대하는 데 적극 협력하였을 뿐만 아니라,[11] 농민군 동향을 정탐하는 스파이 활동에도 적극적으로 참여함으로써 농민군 진압에 직간접적으로 참여하였다.[12]

이처럼 동학농민혁명기에 재조 일본인이 다방면으로 전개했던 전쟁 협력 실태를 구체적으로 해명하는 작업은 일제의 동학농민혁명 진압이 단순히 정치가나 관료, 군인에 의해서만 주도된 것이 아니라, 이름 없는 재조 일본인들의 광범위한 협력 속에서 이루어졌음을 밝히는 데 기여할 수 있을 것이다. 하지만, 동학농민혁명 당시 재조 일본인들의 전쟁 협력 실태에 관한 연구는 아직 본격적으로 이루어지지 않고 있는 실정이다. 다만, 청일전쟁기 재조 일본인에 관한 연구를 시도한 다카사키 소지高崎宗司[13]와 1894년 당시 일본에서 간행된 『마이니치신문』每日新聞 기사를 중심으로 재조 일본인들의 실태를 밝히고자 했던 히구치 유이치樋口雄一[14], 그리고 재조 일본인들이 남긴 회고록을 중심으로 그들의 의식과 행동을 분석한 신미선辛美善[15] 등에 의해 극히 부분적인 연구가 시도된 바 있다. 따라서, 이 글에서는 동학농민혁명기 재조 일본인의 전쟁 협력 활동에 주목하여 그 구체적 실태와 성격을 규명해 보고자 한다. 글의 전개 순서는 다음과 같다. 첫째, 동학농민혁명 시기를 전후한 재조 일본인 인구 증가 추이를 고찰한다. 둘째, 재조 일본인 증가를 초래한 역사적 배경을 고찰한다. 셋째, 동학농민혁명 시기를 전후하여 재조 일본인이 전개한 다양한 전쟁 협력 사례와 그 실태를 분석한다. 넷째, 전쟁 협력 사례 가운데 가장 대표적인 스파이 활동 실태를 분석한다.

2. 재조 일본인 증가 추이

일본인들의 합법적인 조선 도항이 가능해진 것은 조선이 일본과 조일수호조규朝日修好條規를 체결하고 부산을 개항한 1876년 이후부터이다. 조선 정부는 1876년 부산 개항에 이어 1880년 원산, 1883년 인천을 차례로 개항하였고, 1884년에는 한성서울의 개시開市마저 단행함으로써 일본인들의 조선도항朝鮮 渡航이 합법화되었다. 이처럼 1876년의 개항을 계기로 일본인들의 조선 도항이 가능해진 이래, 1894년 농민혁명기까지 재조 일본인 인구는 과연 어떤 추이를 보이고 있었을까?[16] 이 장에서 다루는 1876년 개항부터 1894년 농민혁명을 전후한 시기까지의 재조 일본인 인구 추이에 관한 통계 자료는 불완전한 경우가 많고, 또한 사료에 따라 수치가 다르게 나타나고 있다. 그러므로 필자가 이 글에서 제시하는 수치와 관련 자료는 일정한 제한점이 있다는 것을 미리 말해 두고자 한다.

일본인 연구자 다카사키 소지高崎宗司는 「재조 일본인在朝日本人과 일청전쟁」日淸戰爭이라는 논문에서 1876년부터 농민혁명을 전후한 시기까지의 재조 일본인 인구 추이에 대해 밝히고 있는데, 우선 먼저 1876년부터 1889년까지의 재조 일본인 인구 추이를 다음과 같이 제시하고 있다.[17] 단위 명

연도	명	연도	명	연도	명	연도	명
1876년	54	1877년	345	1878년	117	1879년	169
1880년	835	1881년	3,417	1882년	3,622	1883년	4,003
1884년	4,356	1885년	4,521	1886년	609	1887년	641
1888년	1,231	1889년	5,589					

위의 통계에 따르면, 1876년부터 1881년까지의 재조 일본인 인구는 급격한 증가를 보이고 있음을 알 수 있다. 5년간에 걸쳐 3,363명이 증가하여 개항 초기인 1876년의 54명에 비하면 무려 63배의 증가를 보이고 있다. 그에 비해, 1881년부터 1889년까지는 비교적 완만한 증가를 보여 8년간 2,172명, 약 64% 증가에 그치고 있다. 1882년의 임오군란과 1884년의 갑신정변 등 조선을 둘러싸고 청일, 조일 간의 정치 군사적 대립과 갈등 요인이 재조 일본인 인구 증가에 일정하게 영향을 끼쳤기 때문이다.

그러면 이 글에서 중점적으로 다루는 시기, 즉 농민혁명 직전과 직후의 인구 추이는 어떻게 되고 있을까? 다카사키 소지高崎宗司에 의하면, 1890년부터 1893년까지 4년간 재조 일본인 인구 추이는 다음과 같이 나타난다.[18]

	1890년	1891년	1892년	1893년
남	4,564	5,601	5,532	5,168
여	2,681	3,420	3,605	3,703
계	7,245	9,021	9,137	8,871[19]

위의 통계 가운데 남녀별 인구 추이에 대해 주목하면, 1891~1893년까지 남자가 약간 감소하고 있는 데 반해, 여자는 오히려 약간 증가하고 있음을 알 수 있다. 이 점에 대해 다카사키 소지高崎宗司는 "재조 일본인在朝日本人의 역사가 일시적 돈벌이에서 정주기定住期로 옮겨 가고 있는 중이라는 사실을 말해주고 있다."고 해석하였다.[20] 그리고 1892년까지 재조 일본인이 꾸준히 증가한 배경의 하나로 일본 국내의 식민열의 고조를 지적하면서, 1893년 3월의 식민협회殖民協會 설립이 그 도달점이었다고 밝히고 있다.[21]

일본인의 조선 도항에 일정하게 영향을 끼친 식민협회는 설립 당초 회원이 약 4백 명 정도였으며, 회장은 에노모토 다케아키榎本武揚, 1836~1908, 평의원 가운데는 1882년에 조선으로 건너와 『한성순보』漢城旬報 창간에 관여하는 이노우에 카쿠고로井上角五郎, 1860~1938, 1895년에 도한渡韓하여 법부고문法部顧問이 되는 호시 토오루星亨, 1850~1901, 극우 정당인 구마모토국권당熊本國權黨 당수黨首로서 1893년 조선을 방문한 바 있고 농민혁명기 내내 대조선 및 대청 강경론을 주장한 삿사 토모후사佐佐友房, 1854~1906, 제국주의 일본의 식민 지배를 이론적 실천적으로 뒷받침하기 위해 설립된 삿포로 농학교札幌農學校, 지금의 北海道大學 출신으로 국수주의를 지향했던 시가 시게다카志賀重昂, 1863~1927, 1895년 명성황후 시해 사건 가담자의 1인인 시바 시로柴四郎, 1852~1922 등이 포함되어 있었다.[22] 이런 사실은 식민협회가 이른바 조선에 대한 식민열植民熱이 강한 인사들로 구성되어 있었음을 반증하며, 이들의 식민열이 재조 일본인 인구 증가에 영향을 끼쳤다. 그 구체적 내용은 다음과 같은 식민협회 설립 취지서에 잘 나타나고 있다.

식민협회 설립취지서

첫째, 우리나라日本의 과다 인구를 예방한다. 둘째, 일본 인종의 번식을 도모한다. 셋째, 우리나라의 해권海權, 해양권-주을 수람收攬한다. 넷째, 우리나라의

상권商權을 신장한다. 다섯째, 대외對外의 정신을 발양하고 그 기량을 넓히
며, 또한 신지식을 수입함으로써 우리나라 인심人心을 바꾼다.[23]

'일본의 과다 인구를 예방' 하고, '일본 인종의 번식을 도모' 하며, '일본
의 해권海權과 상권商權을 신장' 하기 위해 '대외對外의 정신을 발양' 할 목적
을 가지고 설립된 식민협회는 설립 목적을 널리 선전하기 위해 『식민협회
보고』殖民協會報告를 창간했다. 또한 회장은 앞에서 언급한 바 있는 에노모토
다케아키榎本武揚, 1836~1908였으나, 실제로 협회에서 주도적으로 활약했던 인
물은 식민협회 설립에 앞서 일본이주조합日本移住組合을 설립했던 조선 재주
在住의 츠네야 세이후쿠恒屋盛服 등이었으며,[24] 이들에 의해 일본인의 조선 도
항이 활발하게 추진되었음은 재언을 요하지 않는다.
　그렇다면 동학농민혁명이 일어난 해인 1894년에 들어와 재조 일본인 인
구는 어떤 추이를 보이고 있었을까? 이 시기 재조 일본인 인구 추이에 대해
서는 하구치 유이치가 이미 밝힌 바 있다. 하구치 유이치樋口雄一는 동학농민
혁명기에 일본인의 조선 도항渡航이 급증했음을 『마이니치신문』每日新聞 기
사를 통해 실증하고[25] 있는데, 그 내용은 다음과 같다.

아산牙山에서 아군의 승리에 이어 평양平壤 및 해양도海洋島에서 대승리가 보
도된 이후, 한때 동요했던 당항當港, 仁川의 인심人心도 갑자기 정온靜穩으로 돌
아갔으며, 지금까지 귀국한 노유부녀老幼婦女는 다시 점차 도항渡航의 길에 오
르고, 그와 동시에 당항 상업의 혼란을 기회로 뜻밖의 이익을 얻으려 하는 자
및 군인, 군대의 부속附屬 인부人夫를 상대로 하는 각종 상인들이 속속 도래하
여, 당시 도한취재규칙渡韓取締規則이 엄중함에도 불구하고 9월 중순 이후 입
항하는 선편船便을 기해 도래한 자는 다음과 같다.

肥後丸	9월 20일 입항, 250인	潮州府號	9월 25일 입항, 9인
豊島丸	10월 7일 입항, 23인	肥後丸	10월 8일 입항, 312인
潮州府號	10월 10일 입항, 35인	豊島丸	10월 20일 입항, 38인
肥後丸	10월 22일 입항, 327인	계	994인

위와 같이 동학농민혁명이 한창이던 1894년 당시로서는 엄청난 조선 도항자들이 존재했다. 이것은 청일전쟁 승리를 틈탄 일시적 증가 현상이었지만, 일시적 도항자들이 급격하게 증가함에 따라 장기 유학자 그 자체도 증가하기에 이르렀다. 다음 『마이니치신문』 기사를 보기로 한다.[26]

경성 재류在留 본방인本邦人=日本人의 증가

동지同地 주재 內田 일등영사로부터 보고에 의하면, 종래 당지에 거주하는 본방인은 공사 영사관원을 제외하고 그 수 대체로 7백 5~6십 인에서 8백 인 사이를 드나들어 3년간 어느 정도 일정한 평균을 유지해 왔으나 지난 겨울 1894년주이래 당지에 도항하는 자 점차 많아져 현재 지난 달1895년 3월 말일의 조사에 의하면, 이미 1천 인 이상을 초과하였고, 또 목하目下 한강漢江 수로水路도 열려 경인 간京仁間 왕래편도 복구된 것은 이제 곧 점점 더 재류자在留者의 증가를 보게 될 것이며, 참고를 위해 아래에 재류 인원을 밝힌다.

연월	호수	남	여	합계
27년(1894) 3월	247	464	357	831
28년(1895) 2월	261	570	358	928
28년(1895) 3월	269	657	375	1,032

비고-위 표에서는 조선정부의 고문관, 고용원 등과 군인, 군속, 기타 일시적 목적으로 체류하는 자는 계산하지 않음

위에 인용한 통계는 서울 재류 일본인 인구이다. 이 통계에 의하면, 서울의 일본인 거류자는 1894년 3월부터 이듬해 3월까지 1년 사이에 2백 명 이상

증가하였음을 보여준다. 청일전쟁 승리로 일시적 도항자가 급격히 증가함에 따라 장기 재류자 역시 증가하였음을 보여주는 사례이다. 동학농민혁명을 전후한 시기에 재조 일본인 인구가 급격하게 증가함을 보여주는 통계는 또 있다. 다음의 『제국통계연감』帝國統計年鑑의 통계 자료가 바로 그것이다.[27]

부산				인천			
연도	남	여	계	연도	남	여	계
26년(1893)	2,653	2,097	4,750	26년(1893)	1,530	974	2,504
27년(1894)	2,406	1,990	4,396 (-354)	27년(1894)	2,193	1,008	3,201 (+697)
28년(1895)	2,759	2,194	4,953 (+557)	28년(1895)	2,608	1,540	4,148 (+947)

서울				원산			
연도	남	여	계	연도	남	여	계
26년(1893)	498	325	823	26년(1894)	487	307	794
27년(1894)	510	338	848 (+25)	27년(1894)	520	389	909 (+115)
28년(1895)	1,115	725	1,840 (+992)	28년(1895)	833	529	1,362 (+453)

위 『제국통계연감』에 의하면, 1893년에서 1894년까지는 부산은 오히려 354명이 감소하고 인천이 697명, 서울은 25명, 원산 115명이 각각 증가하여 결과적으로 불과 483명밖에 증가하지 않은 데 비해, 1894년에서 1895년까지는 부산 557명, 인천 947명, 서울 992명, 원산 453명 등 총 2,949명으로 1년 사이에 무려 3천여 명 가까운 증가를 보이고 있다.

요컨대, 동학농민혁명을 전후한 시기의 재조 일본인 인구는 청일전쟁에서 일본이 승리한 것을 계기로 서울을 포함한 각 개항장, 즉 부산, 인천, 원산 등지에서 급격한 증가를 보였던 것이다. 그러면 이 같은 재조 일본인 인구 증가를 촉진한 배경에는 어떤 것들이 있었을까? 다음 장에서는 재조 일본인 인구 증가를 초래한 다양한 배경에 대해 고찰한다.

3. 재조 일본인 증가 배경

동학농민혁명을 전후한 시기에 재조 일본인 인구가 급격하게 증가한 결정적 요인은 무엇보다도 청일전쟁에서 일본이 승리한 것이다. 그러나 청일전쟁 승리 외에도 일본인들의 조선 도항을 촉진하고, 그들의 조선 정주定住를 부채질한 배경에는 다양한 요소들이 자리하고 있었다. 이 장에서는 그같은 다양한 요소들을 분석한다.

첫째, 일본 정부 및 일본 공사관 차원의 조선 도항자 보호 및 보조 정책을 들 수 있다. 제1장에서 설명한 바와 같이, 조선 재류 일본인, 즉 재조 일본인 인구는 1876년 개항 이래 1893년까지 꾸준히 증가하였으며, 1894년 동학농민혁명을 전후하여 일본이 청일전쟁에서 승리한 것을 계기로 급격한 증가를 보였다. 이 같은 재조 일본인 인구 증가는 1894년 이후에도 계속되었으며, 특히 1904~5년의 러일전쟁에서 또 다시 일본이 승리한 것을 계기로 가히 폭발적인 증가를 보여 1910년 '병합' 시점에는 그 인구는 이미 17만여 명에 이르렀다.[28]

이처럼 재조 일본인 인구의 급격한 증가 배경에는 무엇보다도 일본 정부 및 조선 주재 일본 공사관의 도항자 보호 및 보조 정책이 자리하고 있었다. 도항자 가운데서도 특히 상인층에게 다양한 편의가 부여되었다. 예를 들면, 일본이 조선과 체결한 제 조약은 한마디로 조선에게는 불리하고 일본에게는 유리한 불평등조약이었는데, 이 불평등조약 안에는 조선에 진출한 일본 상인에 대한 일본화폐유통권, 영사재판권, 저율관세권당초는 무관세 등이 포함되어 있었으며, 1876년 개항 이래 러일전쟁에 이르기까지 9개의 개시開市 및 개항장開港場의 설정, 1880년 원산 개항에 즈음한 점포 및 견본진열소의 건설, 군의 파견, 병원 건설, 군의의 선발 파견, 도항渡航 수속의 간소화, 여권 휴대 의무의 철폐, 내지행상內地行商 추진 장려, 보조금 인가 등등 일본 정부와 일본 공사관이 도모한 도항자 보호 및 보조 정책은 이루 다 언급하기 어려울 정도였다.[29] 이러한 사실은 하와이와 미국 본토로의 도항이 '이민보호법'移民保護法이란 이름 아래 엄격하게 관리되고, 일단 도항이 이루어진 뒤에는 일본 정부로부터 외면당했던 것과는 좋은 대조를 이루는 것이다.

그러면 일본 정부와 일본 공사관 등은 왜 조선 도항자들에 한해서 다양한 보호 및 보조 정책을 펼쳤을까? 그에 대한 대답이 바로 동학농민혁명과 청일전쟁이 개시된 지 얼마 되지 않은 시기에 제1군 사령관으로 조선에 출정하고 있던 야마가타 아리토모山縣有朋, 1838~1922의 "평양 이북에서 의주에 이르기까지 추요樞要의 땅에 방인邦人=일본인을 이식"移植하고, 그것을 통해 "청국의 영향을 끊도록 해야 할 것"이라는 발언에 잘 나타나 있다.[30] 요컨대, 청국과 러시아, 일본 등이 각축하는 조선에서 재조 일본인들을 교두보 삼아 자신들의 세력을 확장하기 위한 의도 아래 조선으로 도항하는 일본인들에 대한 각종 보호 및 보조 정책을 펼쳤던 것이며, 이 같은 일본 정부의 보호라는 우산 아래 재조 일본인 인구는 급격한 증가를 이룰 수 있었다.

둘째로 전쟁이라는 비상 상황을 이용하여 "일확천금의 기리奇利를 몽상夢想하고 새로 출정出征하는 군대를 추수追隨하여 오는"[31] 모험상인冒險商人의 증가가 농민혁명기 재조 일본인 인구 증가의 중요한 요인의 하나였다는 사실도 지적해 두지 않으면 안 될 것이다.

앞의 제1장에서 고찰한 바와 같이, 동학농민혁명이 일어나기 전인 1893년 말에 8,871명이었던 재조 일본인은 1894년 말에는 9,354명으로 늘어 전년도에 비해 483명, 약 5% 증가했다. 하지만, 일본이 청일전쟁에서 승리하고 농민군 진압작전을 '성공적으로' 종결한 1895년 연말에는 12,303명으로 증가하여 전년도에 비해 무려 2,949명이나 증가했다. 이것은 동학농민혁명과 함께 발발한 청일전쟁을 계기로 "일본군의 물품을 운반하거나 또는 일본군에게 물품을 조달하여 이익을 얻기 위해"[32] 일본으로부터 모험상인들의 도항이 급증했기 때문이다. 그 중에서도 특히 일본군이 상륙한 인천의 경우는, 일본인 군인 및 군부를 상대로 장사하려고 하는 소상인들이 속속 입항하여 들어왔는데, 그 수는 1894년 9월 20일부터 10월 22일까지 약 한 달 동안에만 무려 994명에 달했다.[33]

그런데, 전쟁을 호기로 삼아 일확천금을 꿈꾸며 조선으로 건너온 일본인 모험상인들은 거의 대부분은 무자본이거나 영세자본의 빈곤층이었다. 그 대표적인 사례의 하나가 바로 조선에 도항하기 직전까지『요미우리신문』讀賣新聞 주필 대리로 근무했던 나카이 키타로中井喜太郎, 號錦城, 1864~1924[34]의 경우이다. 1892년에 도항하여 후일 경성거류민단京城居留民團 단장까지 역임했던 나카이 키타로는 도항 당시의 상황을 다음과 같이 회고하고 있다.

사람의 운명이라는 것은 실로 기이한 것이다. 메이지 25년1892 초에 나는 요미우리신문讀賣新聞 주필主筆 대리로 근무하고 있었다. 중략 그리고 나서 무직의 실업자가 되었다. 거의 3개월이나 놀고 있자니 돈은 없어지고 아내는 임신하여 불평이 많아지고, 그런가하면 실업상實業上의 머리는 없고 회사로부터 월급 받는 것도 어렵게 되었기 때문에, 이때 한 번 해외에서 비약해 볼까 하는 기분이 일어났다. 그렇다면 가까운 조선이 좋다. 그 나라의 최근 모습을 보면, 며칠 전에도 대원군大院君의 거실 밑에 폭탄을 장치한 일이 있었던 모양이니, 이 기회를 타서 새 운명을 개척하는 것도 또한 재미있을 것 같아 홀연 조선행을 결정하였다.[35]

이 내용으로부터 나카이 키타로라는 인물은 『요미우리신문』 주필 대리까지 근무할 정도의 지식인이었으나 실업을 계기로 '돈벌이'를 위해 조선 도항을 결심했음을 알 수 있다.

이렇게 무자본 또는 영세한 자본을 가지고 조선에 건너온 모험상인들은

그야말로 악랄한 수법으로 폭리를 취하기에 급급했다. 그 실태를 보기로 한
다.[36]

당지當地義州는 청한淸韓 국경에 자리하고 있어서 자못 중요한 땅으로, 군인軍
人과 군마軍馬 기타의 인부人夫 등 들어오는 식객食客이 몇천이 되는 지 알 수
없으며, 또한 나가는 자나 들어오는 자, 군인軍人과 군부軍夫 등이 대부분 한
번 정도는 이곳에 체재하여 쌓인 피로를 위로하는 일이 있다. 그러므로 한상
韓商이 개점開店하고 있는 것이 적지 않은데도 관계없이 일본 상인도 각소各
所에서 모여들어 각자의 생각대로 상업을 경영하고 있는 자가 1백 명 이상에
달하고 있으며, 그런데 이들 상인 모두는 간활奸猾해서 수심獸心이라고 미워
할 만한 일이 말로 다할 수 없다. 병든 군인 또는 군부 등이 다리를 절질 끌며
지팡이에 의지해서 가게 앞에서 짚신이나 계란, 연초煙草, 버선 등을 사려고
하면 그들은 이들 불쌍히 여겨야 할 동포에게 몇 푼어치 동정同情도 표하지
않은 채, 도리어 부득이不得已 필요로 하고 있음을 알아차리고는 짚신 한 켤
레를 10전, 계란 1개를 7전, 우편엽서 4~5전 등 법외法外의 대가代價를 취하고
있다.

위 내용은 「의주부義州府로부터 병참부兵站部 근무 소위少尉의 사신」私信이
라는 형태로 『마이니치신문』에 보도된 내용이다. 이 내용에 따르면, 당시
조선에 건너온 일본 모험상인들은 전쟁을 기회 삼아 '불쌍히 여겨야 할 동
포에게 몇 푼어치 동정도 표하지 않은 채' '법외法外의 대가' 代價, 즉 폭리를
취하고 있었던 것이다.

그러나 조선으로 건너온 도항자 가운데 무자본 또는 영세자본의 일본인
들만이 일확천금이나 폭리를 취했던 것이 아니다. 업자業者, 즉 상당한 자본
을 가진 회사들마저 군軍과 결탁하여 일확천금을 하려고 했다, 그 대표적인

업자가 바로 오쿠라 구미大倉組이다.

　동학농민혁명 이전부터 조선에서는 일본의 1리厘 동화銅貨를 수입하서 조선 화폐에 섞어 2리厘 이상으로 통용시켜 '큰 이익을 얻는 자' 들이 있었는데[37] 1894년 동학농민혁명을 계기로 일본군이 출병하자 물품 구입과 인부 고용 등에 조선 화폐가 대량으로 필요하게 되었다. 바로 여기에 눈을 돌린 오쿠라 구미는 조선인이 사용하는 목면木棉을 일본으로부터 수출하여 거기서 모은 조선 화폐를 군대의 제비용으로 충당하도록 했다. 이때 오쿠라 구미는 어용선御用船＝官用船을 사용하여 운임과 관세 등을 면제 받아 보통 상품보다 저렴하게 판매함으로써 조선 화폐를 대량으로 모을 수 있었다. 이에 반해 일반 상인들은 운임과 관세 등이 소요되었기 때문에 당연히 장사에 지장이 생기지 않을 수 없었다. 이리하여 당연히 「오쿠라 구미의 한전韓錢 수집책에 관한 분의」紛議[38]라는 사건이 발생했다.

　신문기사만으로 오쿠라 구미가 얼마나 많은 폭리를 취하였는지 알 수는 없으나, 전쟁을 호기 삼아 일확천금을 노리고 조선으로 도항한 모험상인들의 존재야말로 동학농민혁명기를 전후하여 재조 일본인 인구가 급격하게 증가한 하나의 배경이 되었음에 틀림없다고 할 것이다.

　셋째, 동학농민혁명기 전후에 재조 일본인이 증가하는 또 다른 요인 가운데 하나로 당시 일본에서 간행되고 있던 신문·잡지 등 매스컴의 조선 관련 기사와 함께 도항을 장려하는 기사가 끼친 영향을 들 수 있다.[39]

　동학농민혁명과 청일전쟁을 전후하여 조선에 특파원을 파견했던 신문사는 무려 66개사, 특파원 수는 129명에 달했다.[40] 이들은 인천과 서울, 부산, 평양, 그 외의 조선 내지까지 들어가 동학농민혁명과 청일전쟁 관련 기사를 비롯하여 조선의 각종 내정에 관한 다종다양多種多樣한 기사를 써서 본사로 송고했으며, 일본의 각 신문사들은 그것을 경쟁적으로 보도하였다.[41] 뿐만 아니라, 이들 특파원들은 자신들이 견문한 바를 토대로 동학농민혁명과 청일전쟁에 관한 다양한 서적을 다투어 출판함으로써 일본 내의 '조선열' 朝鮮熱과 일본인들의 조선 도항을 자극하는 데 일조하였다. 동학농민혁명기 조선특파원 출신으로 농민혁명과 청일전쟁 관련 종군기從軍記를 단행본으로 출판한 인물로는 『오사카아사히신문』大阪朝日新聞 특파원 출신인 니시무라 도키스케西村時輔 1867~1894의 『갑오조선진』甲午朝鮮陣 1895년[42], 『추오신문』中央新聞 특파원 출신인 가와사키 사부로川崎三郎의 『일청전사』日清戰史 전 7책1896~1897[43] 이 대표적이다.

또, 일본인의 조선 도항을 적극적으로 장려하는 기사도 빈번하게 보도되었다. 그 전형적인 사례를 하나 소개하자면, 1894년 12월 18일자 『마이니치신문』에 실린 「서정소감」西征所感이라는 기사가 바로 그것이다. '군대시찰원' 軍隊視察員 코이즈카 류肥塚龍라는 이름의 인물이 쓴 이 기사에서는 "그 나라 정부가 뭐라고 하든 관계없이 일본인이 점거하는 곳은 일본국이 되며, 더군다나 그 토지를 우리 동포들이 피를 흘려 점령한 곳이야"라는 침략주의적 논리를 펴면서, 신新 점령지에서 유리한 장사 몇 가지 사례를 들면서, "이상 여러 개의 것은 오늘 문을 열어 오늘부터 의외의 이익이 있을 것을 필정必定, 당분간은 집세도 들지 않고, 지대地代도 필요 없으며, 이방인의 빈 집에서 영업도 자유롭게 할 수 있을 것이며"라 하여, 일단 도항을 해서 장사를 시작하고 보면 마치 신천지가 열릴 것처럼 조선 도항을 적극적으로 권하고 있다. 그 결과, 이 같은 무지개 같은 도항 기사에 끌려 조선에서 신천지를 개척하고자 하는, 무자본 또는 영세자본의 일본인들이 다투어 조선 도항에 나섰음은 앞에서 이미 검토한 바 있다.

4. 전쟁 협력 실태와 성격

제2장에서 고찰한 바와 같이 조선에서 세력 확대를 노리는 일본 정부 및

일본 공사관의 조선 도항자에 대한 각종 보호 및 보조 정책이라는 우산 속에서 동학농민혁명과 청일전쟁을 호기로 삼아 일확천금을 꿈꾸는 일본인들이 속속 도항했다. 그 결과 농민혁명을 전후한 시기에 재조 일본인 인구는 급격한 증가를 보였다. 그런데, 이들 재조 일본인들은 전쟁에서 일본이 승리하는 것이 바로 자신들의 이익에 직결된다는 것을 알고, 다양한 방법으로 전쟁에 협력했다.

이 장에서는 동학농민혁명에 즈음하여 재조 일본인들이 전개한 전쟁 협력 활동의 실태를 밝히고, 이들의 전쟁 협력 활동이 역사적으로 어떤 의미를 가지는 것인지 그 성격을 파헤쳐보기로 한다.

동학농민혁명기에 재조 일본인들이 벌인 전쟁 협력 사례의 첫째로는 일본군 파병을 요청한 것을 들 수 있다. 동학농민혁명 당시 서울에 거주하고 있던 후치카미 타다스케淵上貞助라는 일본인의 회고에 따르면[44], "메이지 27년1894 청일 개전淸日開戰 직전의 경성재주京城在住 내지인內地人일본인은 극도로 긴장하여 풍운이 마침내 급해지기에 이르자, 노유부녀老幼婦女는 대개 내지로 귀환하였고, 다시 경성 거주 내지인의 이름으로 그 당시의 내각 및 육해군성으로 전신 혹은 서면으로 그 실정을 보고하고, 출병을 독촉하였다"는 것이다. 농민혁명 당시 서울의 재조 일본인들이 일본군 파병을 청원한 사실은 1936년에 간행된 『경성부사』京城府史에도 상세하게 실려 있다. 『경성부사』에 따르면, "1894년 6월 7일에 거류민 중에 대표가 될 만한 68명의 이름으로 출병 청원문을 제출했다"[45]는 것이다. 이들은 일본 정부의 출병 방침을 모르고 있었기 때문에 청원문을 제출한 직후인 6월 10일에 오토리 케이스케大鳥圭介 주한일본공사가 육전대陸戰隊를 이끌고 서울로 들어오자 마치 재생한 듯 환호했다고 한다.[46]

둘째, 재조 일본인은 출병한 일본군을 위하여 식사와 숙소를 제공하는 등 각종 편의를 도모하였다. 농민혁명 직후, 일본군은 6월 10일 오토리 케이스케 공사가 인솔하고 입경한 육전대陸戰隊 433명인천 상륙은 6월 9일,[47] 6월 12일 혼성여단混成旅團 선발대 1200명, 6월 16일 혼성여단 제1차 수송대 4천 명, 6월 27일 혼성여단 제2차 수송대 2천 명, 7월 4일 군악대 등兵力數 不明 등이 속속 인천에 상륙하여 서울로 들어 왔다.[48] 그 외 부산과 원산 등지에도 적지 않은 일본군이 들어왔다.

이리하여 인천과 서울 등지에서는 대규모 병력이 일시에 주둔하게 되자 그 식사와 숙소 마련이 급선무였다. 이에 부족한 숙소를 위해 재조 일본인들은 자진하여 자신들의 집을 숙소로 제공하는 한편, 군인들의 식사 편의 등을 제공하였다. 이 같은 전쟁 협력 분위기에 대해 당시 재조 일본인은 "주택도 1인 다다미 1매로 하고 그 외는 전부 군인에게 제공하였으며, 식사 등을 보살피는 데서부터 만사만단萬事萬端 열심히 일하였으며, 넘치는 희열심喜悅心으로 군국軍國에 봉공하였다."[49]라고 회고하고 있다. 그 외 인천의 재조 일본인들은 "숙영에 사용할 야구夜具는 현품 및 의연금을 모집하여 조달"했으며, 원산에서는 원산수산회사元山水産會社의 어선이 많았기 때문에 이들 어선을 이용하여 군용물자의 하역과 운반을 도모했다.[50]

셋째, 재조 일본인들은 대거 조선어 통역으로 또는 어용상인御用商人으로 군수물자를 조달함으로써 전쟁에 협력했다. 당시 재조 일본인들은 "결코 수당이나 보수 때문에 참여한 사람은 단 한 사람도 없었고, 오직 의용봉공義勇奉公 정신의 발로로써 앞을 다투어 지원했다."[51]고 한다. 실제로 동학농민혁명기 당시 서울에 거류하고 있던 일본인 중에서 통역으로 종군한 자들을 열거하면, 서울에서 한어학원韓語學院 '낙천굴' 樂天窟을 주재하고 있던 구마모토국권당熊本國權黨 출신의 사사 마사유키佐佐正之[52], 역시 서울에서 여관과 목욕탕을 경영하고 있던 우라오 후미쿠라浦尾文藏[53], 참모본부參謀本部 명에 의해 조선 내 주요 지점 측량이라는 특별 임무를 띠고 1887년明治 20에 건너온 미쿠리야 켄지로御廚健次郎 등이 있다.[54] 이 3인 가운데 미쿠리야 켄지로란 인

물은 독특한 경력을 가지고 통역으로 참여하였다. 그의 회고를 보자.[55]

> 메이지 20년1887 봄 참모본부參謀本部의 명命에 의해 공사관부公使館附 두관武官
> 으로 부속하여 특별임무를 띠고 도선渡鮮했다. 일행은 6명으로, 즉 교도단敎
> 導團과 근위近衛, 히로시마廣島, 도쿄東京의 세 사단師團에서 1명씩, 구마모토사
> 단熊本師團에서 2명 등 모두 현역現役 하사下士를 선발選拔 간파簡派했다. 그 임
> 무는 말할 것도 없이 장차 청일국교淸日國交 평온을 결缺하여 동아東亞의 풍운
> 風雲 차례로 험악險惡으로 옮겨갈 때를 맞이하여 조선 내內 추요지점樞要地點
> 의 측량에 종사하는 것이었다. 원래 외국 토지를 공연히 측량한다든지 조사
> 한다든지 하는 것은 불가능한 일이므로, 때로는 매약상賣藥商이라 가장하기
> 도 하고 박물학자博物學者라고 가장하여 명분을 곤충채집昆蟲採集이라고 하기
> 도 하고 혹은 광업시찰鑛業視察이라고 칭하여 산림원야山林原野의 답사에 종
> 사했는데, 그 일이 곤란한 것은 필지筆紙로 이루 다할 수 없었다. 그 중에서
> 도 동학당東學黨의 박해를 받는 일이 빈번하여 따라서 죽음을 각오한 적도 한
> 두 번이 아닌 형편이었다. 업무業務 아직 반도 달성하지 못한 가운데, 마침내
> 청일淸日 개전開戰의 막幕이 열렸기 때문에 나는 다시 조선어朝鮮語 통역通譯으
> 로 전轉하여 종군從軍하였다.

위의 내용에 따르면, 미쿠리야 켄지로御廚健次郎는 원래 참모본부의 밀명密
命으로 청일전쟁에 대비한 '조선 내 추요지점 측량'이라는 특별임무 수행
중에 청일 개전이 되어 통역으로 참여하였다고 회고하고 있으며, 특수임무
수행 중에 '동학당'東學黨 즉 동학교도들로부터 박해를 받은 적이 한두 번이
아니었다고 술회하고 있다. 이것은 아마도 동학교도들과 조선의 일반 민중
이 '척왜양창의'를 내걸고 교조신원운동을 전개할 무렵의 체험을 술회한
것으로 보인다. 서울의 재조 일본인 외에 인천에서는 3차에 걸쳐 연인원 57

명이 통역으로 참여했으며, 원산元山에서는 "일본군의 진군을 맞이하여 통역의 필요가 있었기 때문에 처음은 거류민 중에서 조선어를 아는 장정을 종군시켰지만, 대부대가 출동함에 이르러서는 마침내 조선어의 빈부를 가리지 않은 채 어떤 점주나 점원이라 할지라도 징발하여 종군시켰"으며, 대구에서도 2명의 재대구在大邱 일본인이 통역으로 종군했다.[56] 그 외 나카무라 사이조中村再造와 세키 시게타로關繁太郎는 일본군 육군 소속 어용상인으로 군수물자 조달을 통해 전쟁에 협력했다.[57]

넷째, 재조 일본인들이 일본의 군인이나 군부 못지않게 전쟁에 앞장서 협력한 대표적인 사례의 하나로 1894년 7월 23일, 일본군 혼성여단이 불법으로 도발한 조선 왕궁 점령 사건을 꼽지 않으면 안 될 것이다. 일본군에 의해 자행된 7월 23일의 조선 왕궁 점령은 당시의 국제법과 조선의 국내법을 동시에 위반한 불법 행위이자 침략 행위였는데, 일본군의 조선 왕궁 점령 과정에 참여한 재조 일본인은 당시 일본 군부의 밀명을 받고 청일전쟁을 도발하기 위해 조선으로 건너와 있던 오카모토 유노스케岡本柳之助, 1852~1912를 비롯한 대륙낭인들이 중심이었다. 7월 23일 미명未明에 일본 공사관과 일본군 혼성여단은 사전에 주도면밀하게 준비한 작전 계획[58]에 따라, 국왕 고종을 포로로 삼고, 반일적인 관료 대신에 친일적인 관료들로 괴뢰 정권을 수립하고 그 수반에 대원군을 억지로 추대하는 일종의 쿠데타를 일으키는데, 이 쿠데타에 서울의 재조 일본인들이 대거 참여하였던 것이다. 이 쿠데타의 목적은 대원군을 입궐시켜 조선 정부를 장악한 후 "조선 정부의 의뢰에 의해 조일연합군을 조직하여 청국군을 구축하는 것"을 조선 정부가 승인하도록 하는데 있었다. 이른바 청일 개전開戰을 위한 형식상의 명분을 손에 넣기 위한 것이었다. 당시 일본 공사관은 이 쿠데타를 일으키기 전에 먼저 청일전쟁의 필요성을 역설하는 선전문을 작성하여 조선의 각 대신大臣, 대관大官, 지사志士들에게 비밀리에 배포하였는데, 이 선전문은 『오사카아사히신문』大阪朝日

新聞 특파원이었던 니시무라 텐슈西村天囚[59]가 기초했다. 또한 스기무라 후카시杉村 濬, 1848~1906 주한駐韓 임시 대리공사의 지시를 받은 오카모토 유노스케岡本柳之助는 입궐을 거부하고 있던 대원군을 설득하기 위해 대원군 저택으로 침입하였으며, 이때 그는 서울의 거류민 스즈키 순미鈴木順見, 기타가와 요시사부로北川吉三郎, 『코쿠민신문』 조선 특파원 기쿠치 겐조菊池謙讓 등을 대동했다. 또 오카모토岡本 등이 가까스로 대원군을 설득하여 마침내 대원군이 입궐할 때는 서울의 거류민 호즈미 토라쿠로穗積寅九郎, 스즈키 순미鈴木順見, 기타가와 요시사부로北川吉三郎, 니시무라 텐슈西村天囚 등이 그 경호에 임했다.[60]

이처럼, 7월 23일 일본군의 조선 왕궁 점령 때 서울 거주 재조 일본인 다수가 참가한 이 사건은 당시 재조 일본인들이 상업 등 그저 개인적인 생업에만 종사하면서 생활을 영위했던 것이 아니라, 조선에 대한 일본 국가의 침략 행위를 청부 맡아 제국주의 일본이 일으킨 침략 전쟁에 솔선하여 협력하고 있었다는 사실을 웅변하고 있다. 재조 일본인 가운데서도 특히 정치적 변동이 자신들의 처지에 직접 영향을 끼칠 수 있었던 서울 거주 재조 일본인들은 조선에서 일어나는 정치적 소요 사태에 주체적으로 온몸을 던짐으로써 일본이라는 국가 차원의 침략을 저변에서 뒷받침하고 있었던 것이다.

다섯째, 동학농민혁명기 재조 일본인의 전쟁 협력 사례 가운데 가장 주목해야 할 내용은 바로 농민군에 대한 스파이 활동이다. 일본 공사관과 일본군은 재조 일본인 가운데, 영사관 소속 경찰을 비롯하여 조선어에 능통한 상인 또는 유학생 등을 수시로 고용하여 농민군에 대한 정보를 포함한 조선 내정 전반에 관한 스파이 활동에 임하고 있었고, 이 같은 방침에 재조 일본인들은 전면적으로 협력하였다. 그 전형적인 사례가 『코쿠민신문』 1894년 6월 11일자에 「시찰원 출장」이라는 제목으로 다음과 같이 보도되고 있다.

재경성일본대사관在京城日本領事館은 나리스케 노부시로成相喜四郎, 가와바타

나오스케川幡直介 양兩 순사巡査 및 다카하시 아하치高島吾八;留學生 세 사람을 시찰원視察員=스파이으로 삼아 이번 달 3일양 1894년 6월 3일 오후午後 충청도忠清道를 향해 파견派遣하였는데, 그 시찰視察 개소個所는 아직 미정未定이다.

위 내용을 보면, 2명의 순사 즉 영사관 소속 경찰과 유학생 1명이 '시찰'이라는 명목으로 충청도 지방을 향해 스파이 활동을 하러 떠났다는 것이다. 그런데 이 같은 농민군에 대한 스파이 활동에 재조 일본인이 적극 협력하기 시작한 것은 이미 1893년부터였다. 그 대표적 사례가 바로 1893년의 척왜양 창의, 즉 교조신원운동이 한창일 때 경성 영사관 스기무라 후카시杉村 濬는 마츠나가 한지로松永半次郎와 사카이 헤이조堺平造라는 2명의 재조 일본인을 고용하여 농민군에 대한 스파이 활동을 벌이도록 한 것이다. 이들의 스파이 활동 내역은 일본 외무성 산하 외교사료관에 소장되어 있는 『조선국 동학당 동정에 관한 제국공사관 보고 일건』朝鮮國東學黨動靜＝關シ帝國公使館報告一件이라는 문서 파일 속에 「공신 제66호 동학당사건 부 충청도 공주 등 지방탐정서」公信 第66號 東學黨事件＝付忠清道公州等ノ地方探偵書라는 제목으로 실려 있다. 이 탐정서에 의하면, 마츠나가松永와 사카이堺 두 사람은 1893년 양력 4월 15일 경성을 출발하여 16일 수원을 경유, 19일에 공주에 도착하여 21일까지 정탐 활동을 벌인 후, 다시 22일 공주를 출발하여 24일에 경성에 도착하였다. 그들의 정탐 활동에 의하여 공주 일대 '동학당'의 동향이 속속들이 경성 영사관을 거쳐 일본 외무성으로 보고되고 있었음은 위 『보고일건』이 증명하는 바다.

이처럼, 공사관은 필요에 따라 조선에 거주하던 일본 상인이나 유학생 등을 고용하여 정탐 활동을 벌이는 것은 물론, 조선 각지를 다니며 행상을 하던 일본인 내지행상內地行商, 또는 조선 각지에 흩어져 거주하고 있던 일본인들로부터도 광범위한 정보 수집에 나서고 있었다. 그 대표적 사례가 『주한

일본공사관기록』駐韓日本公使館記錄 1권에 실려 있는 파계생巴溪生이라는 일본인이 정탐하여 보고한 「전라도고부민요일기」全羅道古阜民擾日記이다.[61] 이 일기를 쓴 파계생은 1894년 당시 전라도 고부군 줄포茁浦에 거주하면서 음력 1월의 고부 농민봉기부터 음력 4월 11일까지 전봉준이 지휘하는 농민군 동향을 매우 정확하고도 상세하게 보고하고 있다.

『주한일본공사관기록』에는 파계생 외에도 다수의 일본인 내지행상들이 수집한 정보들이 실려 있는데, 1894년 말 기준으로 조선에 거주하고 있던 일본인은 앞에서 살펴본 바와 같이 9,354명에 달하고 있었다.[62] 그들을 거주지별로 보면 서울 848명, 인천 3,201명, 부산 4,396명, 원산 909명 등이었는데,[63] 이들 일본인들 가운데서도 직·간접으로 농민군의 동정을 정탐하여 공사관이나 영사관에 보고하는 경우가 비일비재하였다. 이 같은 사실은 재조일본인 대부분이 농민군에 대한 정보를 수집하여 보고하는 정보원, 즉 스파이 활동을 하고 있었음을 알려 준다.

요컨대 1893년 척왜양 운동이 고조된 이후부터 1894년 동학농민혁명기에 이르기까지 동학농민군들의 동향은 일본 공사관 및 영사관, 일본군으로부터 날카로운 감시 및 정탐 활동의 대상이 되고 있었으며, 그들의 정탐 활동 대부분은 영사관 경찰을 비롯하여 내지행상, 유학생 등 이른바 재조 일본인들에 의해 이루어졌다. 재조 일본인들의 농민군에 대한 감시와 정탐 활동은 1894년 내내 지속되었음은 두 말할 필요도 없으며, 외무성을 중심으로 한 일본 정부와 대본영을 중심으로 한 일본군 군부는 이 같은 정보들을 종합하여 농민군 진압에 나섰던 것이다.

5. 스파이 활동 사례 : 『코쿠민신문』 특파원 기쿠치 겐조菊池謙讓의 경우

농민군에 대한 재조 일본인들의 스파이 활동은 앞에서 살펴본 바와 같이 1893년부터 이미 시작되었으며, 1894년 제1차 동학농민혁명기, 즉 1894년 3월양 4월에 농민군이 전라도 무장에서 기포하여 전주성을 점령하는 4월 27일양 5월 31일 직후부터 본격화되고, 농민군이 전주성에서 자진 철수하여 각 군현으로 돌아가 집강소 통치를 하는 9월 초까지 절정을 이루고 있었다. 이 기간 동안에 스파이 활동에 참여한 재조 일본인은 영사관 소속 경찰을 필두로 하여, 참모본부 파견으로 영사관에 소속되어 근무하고 있던 육·해·군 주재무관, 1890년 초부터 건너와 스파이 활동을 벌이고 있던 대륙낭인들, 서울과 인천 등지의 일반 상인과 내지행상, 유학생, 특파원 등 다양한 계층에서 참여했다.

우선 1894년 동학농민혁명 당시 일본 공사관 및 영사관 소속 경찰 현황을 보면, 서울의 공사관에 경부警部 1명과 순사巡査 4명이 배치되어 있었고, 경성 영사관에는 경부 1명과 순사 12명, 인천 영사관에는 경부 1명에 순사 17명, 부산은 경부 1명과 순사 13명, 원산 경부 1명과 순사 6명 등 경부 5명에 순사 52명이 배치되어 있었다.[64] 이들 가운데 스파이 활동을 전개했던 대표적인 경찰로는 경부警部 오기와라 히데지로荻原秀次郎,[65] 순사巡査 와타나베 타카지로渡邊鷹次郎,[66] 순사 나리스케 노부시로成相喜四郎[67] 등이 널리 알려져 있다.

다음으로 주재무관 신분으로 스파이 활동을 벌인 인물로는 니이로 도키스케新納時亮 해군소좌와 와타나베 테츠타로渡邊鐵太郎 육군 포병대위가 있다. 니이로新納 해군소좌는 조선에 파견되기 이전에 이미 "1886년 3월부터 약 3년간 군사밀정으로 청국의 강소江蘇, 복건福建, 절강浙江 삼성三省의 병요지리조사兵要地理調査에 종사한 적이 있는 인물"[68]로, 1893년 2월에 재조선일본공사관부무관在朝鮮日本公使館付武官으로 부임하여,[69] 조선 내지 깊숙이 들어가 스파이 활동을 전개하였으며, 동학농민혁명기에는 후술後述하는 『코루민신문』 특파원 기쿠치 겐조菊池謙讓과 함께 충청·전라 지방에 대한 스파이 활동을 전개하였다.[70] 와타나베 테츠타로渡邊鐵太郎 포병대위는 1891년 음력 8월 23일에 서울의 일본공사관 주재무관으로 부임하였는데[71] 당시 계급은 육군 포병대위였다. 그는 조선에서 '척왜양' 운동이 격렬하게 전개된 직후인 1893년 5월 2일에는 함경도와 평안도 일대의 정황을 정탐하였으며,[72] 1894년에 동학농민혁명이 일어나자 공사관 소속 주재무관 해군소좌 니이로新納소좌 등과 함께 공사관의 스파이 활동과는 별개로 독자적인 스파이 활동에 임했다.

그 다음, 대륙낭인 출신으로 농민군에 대한 스파이 활동을 벌인 인물들로는 1894년 7월 9일 밤에 전라도 순창에서 전봉준을 만난 천우협天佑俠 소속의 스즈키 텐간鈴木天眼, 다나카 지로田中侍郎, 다케다 한시武田範之, 오자키 마사키치大崎正吉 등과, 7월 20일에 전라도 능주綾州에서 농민군 지도자 전봉준을 회견한 바 있는 우미우라 아츠야海浦篤彌, 1869~1924와, 역시 9월 9일 전주에서 전봉준을 만난 성명 미상의 일본인 등이 있다.

일반 상인 또는 내지행상 신분으로 농민군에 대한 스파이 활동을 벌인 인물로는 1893년의 척왜양 운동, 즉 교조신원운동 당시 스기무라 후카시杉村 임시 대리공사에게 고용되어 정탐 활동을 벌인 마츠나가 한지로松永半次郎과 사카이 헤이조堺 平造를 비롯하여, 전라도 고부군 줄포茁浦에 거주하면서 1894년 2월음 1월부터 5월까지 농민군의 동향을 정탐하여 「전라도고부민요일기」라는 기록을 남긴 파계생巴溪生 등이 있으며, 유학생 신분으로 정탐 활동을 벌린 인물로는 『도쿄아사히신문』東京朝日新聞1894년 7월 12일자 부록 1면에 「전주탐험보고」全州探險報告라는 기사를 남긴 다카시마 아하치高島금八 등이 있다.

그런데, 필자가 새롭게 주목하고자 하는 사례는 바로 농민혁명 당시 『코

쿠민신문』 특파원으로 서울에 주재하고 있는 기쿠치 겐조菊池謙讓, 1870~1953라
는 인물이 농민군에 대한 스파이 활동에 직접 참여한 후, 스파이 활동을 통
해 정탐한 내용을 『코쿠민신문』에 3회에 걸쳐 연재했다는 사실이다.

　주지하듯이, 기쿠치 겐조는 수많은 조선 관계 저술을 남긴 이른바 '조선
통' 朝鮮通으로 알려진 인물로,[73] 1893년 『코쿠민신문』 특파원으로 도한渡韓한
이래, 1945년 일제가 2차 세계대전에서 패전敗戰함으로써 본국으로 철수하
기까지 53년간이나 조선에서 활동하였다. 그의 조선에서의 활동은 단순히
언론 분야에만 그친 것이 아니라, "광범위하게 한국에 대한 각종 정보를 수
집함과 동시에 일본 정부의 밀명을 수행하는 정보원으로서의 역할도 하였
다".[74] 즉 그는 일제의 이른바 '고등 스파이' 였던 것이다. 스파이로서 기쿠
치 겐조의 활동은 동학농민혁명기에도 예외가 아니었다. 그러나 기존 연구
에서는 기쿠치가 동학농민혁명기에 수행한 스파이 활동에 대해서는 전혀
주목하지 못했다. 다행히 이번에 필자는 『코쿠민신문』 1894년도 기사 속에
서 특파원 기쿠치가 조선 현지에서 송고한 다양한 조선 관계 기사를 찾아낼
수 있었다. 그 가운데에는 우선 동학농민혁명 당시 특파원 기쿠치 겐조의
동정이 상세하게 실려 있고, 그 다음으로 기쿠치 겐조 자신이 농민군 동정
을 정탐하기 위하여 서해 연안을 중심으로 충청·전라도 지방의 농민군 동
정을 광범위하게 정탐하여 보낸 기사가 특집 형태로 3회에 걸쳐 보도되고
있으며, 기쿠치 자신의 농민군에 대한 논평 기사인 「동학당론」東學黨論도 3
회에 걸쳐 실려 있다.

　『코쿠민신문』 기사를 중심으로 먼저 동학농민혁명 당시 기쿠치의 동정
을 정리해 보면, 우선 1894년 '5월 7일 저녁 경성에서 장풍생' 長風生이라는 이
름으로 「정지중停止中 조선으로부터 도착한 보報 제일」第一이라는 기사가 눈
에 들어온다.[75] 여기서 '장풍생' 은 기쿠치의 필명 또는 아호인데,[76]이 기사
에 의하면 기쿠치는 적어도 5월 7일 이전까지 서울에 주재하고 있었음이 분

명하다. 한편, 동 신문 7월 3일자 3면에는 기쿠치가 충청도 지방의 농민군 동정에 대하여 정탐한 「동학당 탐정기」東學黨 探偵記라는 기사가 실려 있다. 그 기사 속에 '5월 10일 인천을 발정發程한 이래'라는 내용이 나오는 것으로 봐서 기쿠치는 5월 9일경 서울에서 인천으로 내려와 10일에 충청·전라 지방을 향해 배를 타고 정탐 활동을 떠난 것으로 확인되고 있다. 또한 동 신문 7월 7일자 3면에 실린 「동도 탐정기」 3회분 기사 속에는 '6월 19일 제물포에 도착하였다.'는 내용이 나오는데, 이 기사 내용으로 보아 기쿠치가 충청 전라 지방에 대한 정탐 활동을 모두 마치고 인천으로 귀환한 날짜가 6월 19일 이었음을 알 수 있다. 그리고, 동 신문 6월 24일자의 「기쿠치 겐조菊池謙讓 씨」라는 기사 속에는 다시 '6월 21일 씨氏는 경성에서 타전'打電이라는 내용이 나오는 점에서 6월 20일을 전후하여 서울로 돌아왔다는 사실도 알 수 있다. 또, 동 신문 8월 16일자 1면에 『코쿠민신문』 사보 형태로 실린 「어떻게 청일 대전쟁을 보도할 수 있을까」라는 기사 속에는 기쿠치가 경성 주재 특파원 으로 소개되고 있다는 점에서, 6월 20일 이후부터 8월 16일 전후까지는 종 전과 변함 없이 경성 주재 특파원으로 활동하고 있었음을 알 수 있다. 한편, 동 신문 9월 19일자 1면 사고에는 기쿠치가 평양 주재 특파원으로 소개되고 있는데, 이것은 아마도 일본군이 북상하면서 기쿠치 역시 종군기자로서 평 양까지 올라갔다는 것을 짐작하게 한다. 그러나 동 신문 11월 1일자 2면 사 고에 기쿠치菊池는 다시 경성 주재 특파원으로 소개되고 있다. 이것으로 보 아 일본군을 따라 평양까지 올라갔던 기쿠치는 10월 말경에는 다시 경성 주 재 특파원으로 활동하고 있었다는 것을 알려준다. 서울로 되돌아온 기쿠치 의 동정 가운데 주목되는 것은 12월 4일부터 6일까지 3회에 걸쳐 그 자신의 농민군에 대한 논평 기사인 「동학당론」을 3회에 걸쳐 연재하고 있다는 점이 다.

　이상과 같이, 1894년 동학농민혁명 당시 기쿠치는 주로 경성 주재 특파원으로 활동하면서 인천과 평양, 충청도와 전라도 지방까지 내려가 농민군에 대한 정탐 활동을 전개하였고, 그것을 기사화하여 『코쿠민신문』에 연재하였다.

『코쿠민신문』 1894년도에 실린 기쿠치 자신이 직접 정탐한 내용을 바탕으로 쓴 농민군 관계 기사는 다음과 같다.

동학당東學黨 탐정기探情記(一)*77	7월 3일 3면
동학도東學徒 탐정기探情記(二)	7월 1일 3면
동도東徒 탐정기探情記(三)	7월 7일 3면
동학당론東學黨論(上)	12월 4일 1면
동학당론東學黨論(中)	12월 5일 3면
동학당론東學黨論(下)	12월 6일 3면

위의 기사 중에서 농민군 동정에 대한 정탐 내용을 기사화한 것이 바로 「동학당 탐정기」(一)7월 3일자, 「동학도 탐정기」(二), 「동도 탐정기」(三) 등이다. 이들 기사에는 전술한 바와 같이 기쿠치 자신이 5월 10일 인천을 출발하여 6월 19일 다시 인천으로 귀환하기까지 41일간의 행정行程이 상세하게 묘사되어 있다. 기쿠치의 정탐 대상 지역 또는 체재지滯在地를 날짜별 정리하면 다음과 같다.

5월 10일	배로 인천 출항
5월 10일~17일	안산만安山灣, 남양만南陽灣 연해 정탐

---

* 탐정기探情記(一)이 탐정기探情記(二)보다 늦게 도착한 관계로 게재 일자가 늦어진 것임.

5월 18일   아산牙山 후만後灣을 거슬러 소사하素沙河를 거처 둔포屯浦
                 에 상륙

5월 18일~20일   소사하素沙河 일대 정탐

5월 21일   아산 후만 선화천宣化川을 거슬러 구만포九萬浦에 도착

5월 22일   선화천 하류에 정박

5월 23일   아산만 안의 한 섬에 정박

5월 24일   아산만을 출발 태안반도泰安半島 일대 정탐

5월 25일   당진만唐津灣을 거처 당진현唐津縣에 도착

5월 25일~27일   당진현 일대 정탐

5월 28일   황금만黃金灣 안의 장도촌長都村에 도착

5월 29일   안흥현安興縣 밀촌密村에 도착

5월 30일   밀촌의 부호富豪 최모崔某 방문

5월 31일~6월 1일   안흥해협安興海峽을 배회

6월 2일   천수만淺水灣 안의 적석촌積石村에 도착 숙박

6월 4일   태안현泰安縣으로 들어가 정탐 활동

6월 5일   천수淺水 동만東灣으로 들어감

6월 6일   천수 남만南灣을 출발하여 보령保寧의 충청忠淸 수영水營
                 도착

6월 7일   수영 본진으로 들어가 충청수사忠淸水使 이봉구李鳳九를
                 면회함. 원산도元山島 근처 서양인西洋人이 운영하는 항구
                 를 정탐하고 송도松島에 도착 정박함

6월 9일   송도를 지나 남곡藍谷에 도착함

6월 10일   남포藍浦로 들어감

6월 11일   남포를 출발하여 마량馬梁 구진舊鎭에 도착함

6월 12일   서천군舒川郡으로 들어감

6월 13일	서천 출발, 한야도閑也島, 開也島의 오기를 거쳐 군산群山 도
	착. 이날 밤 마침 인천에서 온 광제호廣濟號 일본인 선장船
	長으로부터 일본군이 인천에 이미 출병했다는 소식을 듣
	고, 서둘러 귀환할 것을 결심함. 이날 밤 삼경三更에 전운
	사轉運使 조필영趙弼永을 면회하고 농민군의 동정에 대해
	자세히 문답함.
6월 14일	군산을 출항했으나 폭풍우를 만나 죽도竹島 근처에서 이
	틀간 표류
6월 16일	천수만 도착
6월 17일	안흥 경유
6월 18일	아산 전만前灣 통과
6월 19일	제물포인천 도착 귀환

이상으로 41일간에 걸친 일정 속에서 기쿠치는 충청도 아산 근처의 둔포屯浦와 구만포九萬浦로부터 전라도 군산群山에 이르기까지 서해 연안 지방을 중심으로 농민군에 대한 동정을 광범위하면서도 상세하게 정탐해서 기록으로 남겼다. 기쿠치가 정탐 대상으로 삼았던 지방이 비록 농민군이 봉기한 진원지는 아니었으나 그가 남긴 정탐기 속에는 동학농민혁명 당시 일반 민중들이 농민군에 대하여 어떤 인식을 가지고 있었는가를 생생하게 보여 준다. 기쿠치는 가는 곳마다 일반 민중들의 농민군 인식은 매우 우호적이었다고 정탐기에 적고 있다. 그 구체적 사례는 다음과 같다.

어제5월 29일 안흥영사安興令使=안흥현감 엄명을 내려 안흥 密村 일대의 동도東徒를 포박할 것을 명했으나 인민人民들은 모르는 척하여 돌아보는 자가 없었다고 한다. 아무래도 동도에 대한 풍평風評은 찬성하는 것 같았다.[78]

이로부터 2~3일6월 7일~9일사이 동도東徒가 保寧의 忠清 수영水營을 습격할 것이라는 풍설이 무성했지만 실제로는 뜬구름 잡는 것 같아서 어디로부터 내습來襲할지, 목하目下 동도는 어디에 본영本營을 설치하고 있는지, 동도의 수령首領, 인물 전반에 관한 평론 등은 알려지지 않은 채, 일반의 인기人氣는 동도東徒의 창궐猖獗을 희망하는 듯하고, 동도에 대한 평판은 오히려 환대歡待의 뜻을 나타내는 것 같았다.[79]

내가 지금까지 경과經過한 곳은 중요한 해읍海邑들로써 동학에 대한 그들의 사상思想은 몹시 단순하여 다만 풍성학려風聲鶴唳 겁을 집어먹은 사람이 당치 아니한 사물에도 놀라는 모양으로 동학의 거동擧動을 귀로 듣고 이설異說을 평판하고 있지만, 대체로 동학에 대한 동정同情을 표하고 있다는 것은 단언斷信할 수 있다.[80]

이렇듯 기쿠치의 「동학당 탐정기」 속에 나타난 충청도 전라도 서해 연안의 조선 민중들의 농민군에 대한 인식은 '동도東徒의 창궐猖獗을 희망' 하며, '동학에 대한 동정을 표하고' 있을 정도로 우호적이었으며, 이것은 곧 당시의 농민군이 민심을 크게 얻고 있었다는 것을 반증한다.

그렇다면 이상과 같은 기쿠치의 농민군에 대한 정탐 활동이 단순히 취재만을 위한 것이었을까 아니면 스파이 활동의 일환이었을까 하는 문제가 남는다. 결론을 먼저 말한다면, 기쿠치의 충청도 전라도 서해 연안 정탐은 단순한 취재 목적이 아니라, 일본 정부외무성와 일본 군부참모본부 및 동학농민혁명 당시 일본군의 조선 출병을 포함한 대외 강경론對外强硬論을 주장한 『코쿠민신문』을 위한 명백한 스파이 활동의 일환이었다는 점이다. 기쿠치의 정탐 활동이 단순 취재가 아니라 스파이 활동이었음을 반증하는 사례는 동학농민혁명 당시 기쿠치가 바로 일본 해군의 군사밀정 니이로新納 소좌少佐의 집에 거처하고 있었다는 점,[81] 1894년 6월 24일자 『코쿠민신문』의 「기쿠치 겐조菊池謙讓 씨」라는 기사 속에 "아사我社의 특별통신원으로써 피지彼地=조선 서울에 있는 장풍생長風生 기쿠치 겐조 씨氏는 니이로新納 소좌少佐를 따라 여행하고 있어서"라는 내용이 나오고 있는 점, 그리고 니이로新納 소좌의 동향이 『코쿠민신문』 6월 24일자의 「기쿠치 겐조菊池謙讓 씨」라는 기사 옆에 소개되면서 그가 "충청·전라 해안 지방을 여행지로 하고 있었다"고 보도하고 있는 점, 그리고 기쿠치가 동학농민혁명 당시 일본 외무성 특별촉탁特別囑託을 겸직하고 있었다는 점[82]을 종합할 때 너무나 자명하다고 하겠다.

6. 맺음말

19세기 세계 역사상 유례를 볼 수 없을 만큼 대규모적이며 장기적인 민중항쟁이었던 동학농민혁명은 제국주의 일본의 정치 군사적 개입으로 실패했다는 것은 주지의 사실이다. 그러나 동학농민혁명이 실패하게 된 배경에는 단순히 일본의 정치 군사적 개입, 달리 표현하자면 일본의 정치가, 관료, 군인들의 침략주의 때문만은 아니다. 사실은 그들의 조선 침략 및 농민군 진압을 밑으로부터 지지하고 협력했던 무명의 일본인들의 역할도 매우 컸다. 무명의 일본인들의 전쟁 협력이 바로 동학농민혁명이 좌절하게 된 또 다른 요인의 하나인 것이다.

이 논문에서는 동학농민혁명기를 전후하여 다양한 전쟁 협력 활동으로 제국주의 일본의 조선 침략 및 농민군 진압을 뒷받침했던 재조 일본인의 인구의 급격한 증가 추이를 살펴본 다음, 그 같은 인구 증가를 초래한 역사적 배경에 대해 고찰하였다. 그리고 재조 일본인들이 어떤 방법으로 제국주의 일본의 침략 전쟁 및 농민군 진압에 협력했는지 그 구체적 실태를 밝혀 보았다.

　동학농민혁명기 재조 일본인들은 자신들의 기득권 유지를 위해 일본군의 출병을 청원하였을 뿐 아니라, 출병한 일본군을 위하여 식사와 숙소 제공 등 갖가지 편의를 제공하였다. 또한 다수의 재조 일본인들이 조선어 통역으로 종군하였으며, 어용상인의 신분으로 군수물자 조달에 협력한 재조 일본인도 적지 않았다. 뿐만 아니라, 대륙낭인 출신 재조 일본인들은 일본군에 의한 불법적인 조선 왕궁 점령 사건에도 적극 가담하였으며, 반일적인 관료를 축출하고 친일 관료를 중심으로 대원군을 추대한 '경복궁 쿠데타' 과정에서 최일선에 서서 활동하였다.

　그러나, 동학농민혁명기 재조 일본인들의 다양한 전쟁 협력 활동 가운데서도 가장 주목할 만한 사례는 바로 다양한 계층의 재조 일본인들이 농민군에 대한 정탐 활동을 중심으로 한 스파이 활동에 적극 가담하였다는 것이다. 영사관 경찰, 공사관 소속 주재무관駐在武官, 내지행상, 유학생, 신문사 특파원 등이 중심이 된 스파이 활동 사례 중에서도 특히 『코쿠민신문』 특파원 기쿠치 겐조菊池謙讓가 벌인 스파이 활동은 종래 밝혀지지 않은 사례로, 동학농민혁명에 관한 새로운 사실과 함께, 특파원들마저 스파이 활동을 통해 전쟁에 협력했다는 점에서 충격적이다.

　이 글이 향후 동학농민혁명기 조선에 특파된 신문사 특파원들의 구체적 행적, 동학농민혁명을 보도한 일본 신문들의 보도 태도 등에 나타나는 제반 문제점을 실증적으로 규명하는 데 작은 단서가 될 수 있기를 기대한다.

동학농민군 유골과 제국 일본의 식민지적 실험
- 일본 홋카이도 대학의 동학농민군 지도자 유골 방치 사건을 중심으로

1. 유골 방치 사건의 개요

1995년 7월 25일, 일본 홋카이도北海道 대학 문학부 후루카와古河 강당 인류
학 교실 구표본고舊標本庫 정리 작업 중에 헌 신문지에 싸여 종이 상자에 넣어
진 채로 나무 책장 위에 방치되어 있던 사람의 두개골 6구가 발견되었다.[1]
6구의 두개골 가운데는 놀랍게도 1906년 9월 20일 전라남도 진도에서 사토
마사지로佐藤政次郎라는 일본인이 '채집' 한 동학농민군이하, 농민군 지도자 두
개골[2] 1구도 포함되어 있었다. 이 같은 사실은 당시 구표본고 정리 작업을
위해 고용된 아이누 민족으로부터 제보를 받은 아이누 민족 인권 운동 단체
인 '아이누 민족에 관한 인권계발 사진 판넬전 실행위원회' 대표였던 야마
모토 카즈아키山本一昭 씨가 일본의 3대 일간 신문의 하나인 『마이니치신문』
에 제보함으로써 널리 알려졌다.[3]

유골 방치 사건이 일본 국내외에 널리 알려지면서 당시 후루카와 강당 관
리 책임을 맡고 있던 홋카이도 대학 문학부는 사건의 중대성을 인식하고,
유골이 발견된 직후 '후루카와古河 강당講堂 구표본고 인골문제조사위원회'
人骨問題調査委員會 이하, 홋카이도 대학 조사위원회라 약칭함를 설치하여 농민군 유골을
포함한 6구의 두개골이 홋카이도 대학으로 반입되게 된 경위 조사를 포함
한 진상 규명 작업에 착수하였다.[4] 당시 홋카이도 대학 측이 이례적으로 신

속하게 공식적 대응에 나섰던 배경에는 유골 방치 사건을 일간지에 제보하여 일본 국내에 널리 알린 아이누 민족 인권 운동 단체를 비롯하여, 민단계의 재일청년동맹 홋카이도 지구본부, 총련계의 조선총련 홋카이도 본부, 주삿포로 한국총영사관 등 두개골 방치 사건의 진상 규명을 요구하는 일본 국내·외 관련 단체들의 진상 규명 요구가 거셌기 때문이었다.[5]

그런데, 6구의 두개골 가운데 농민군 유골도 포함되어 있다는 소식이 국내에 알려진 것은 8월 4일이었다.[6] 『한겨레신문』 등의 보도를 통해 농민군 유골 방치 사건 소식을 접한 한국 국내에서도 즉각적인 반응이 일어났다. 우선 정부의 외교통상부를 비롯하여 사단법인 동학농민혁명기념사업회당시 이사장 한승헌, 천도교중앙총부당시 교령 김재중, 전라남도 진도군의 향토사연구자박주언 등이 홋카이도 대학 문학부 앞으로 공문을 발송하여 진상 규명 및 농민군 유골의 국내 봉환을 강력히 요구하기에 이른다.[7] 이로써 홋카이도 대학에서 일어난 유골 방치 사건은 일약 국제적인 문제로 비화하였다.

유골 방치 사건이 알려진 직후 일본 국내·외로부터 동 사건의 정확한 진상 규명 및 유골 봉환 등의 압력을 받은 홋카이도 대학 조사위원회는 전라남도 진도와 목포를 포함한 한국 현지 조사[8] 결과를 담은 조사 결과를 정리하여 1996년 4월에 『후루카와 강당 구표본고 인골문제조사위원회 중간보고서』이하, 「중간보고서」라 약칭함라는 이름으로 공표하였다. 홋카이도 대학 조사위원회는 이 『중간보고서』에서 농민군 유골 속에 들어 있던 「첨부문서」를 근거로 농민군 유골이 전라남도 진도 출신 농민군 지도자의 유골임을 최종 확인하고, 그해 5월 30일에 농민군 유골을 한국으로 봉환하였다.[9] 조사위원회는 또한 『중간보고서』 공표 및 농민군 유골 봉환 이후에도 진상 조사 작업을 계속하여 1997년 7월에는 『후루카와 강당 구표본고 인골문제보고서』이하, 「최종보고서」라 약칭함를 공표하고,[10] 공식적인 활동을 종료하기에 이른다.

그런데, 홋카이도 대학 조사위원회가 1997년 7월에 공표한 『최종보고서』

는 한국으로 봉환한 농민군 유골의 주인공이 40대의 한국인 남성으로 전라남도 진도 출신 농민군 지도자였다는 사실까지는 밝혀 냈지만, 어떤 경로를 거쳐 한국의 최남단에 있는 전라남도 진도로부터 일본의 최북단에 있는 홋카이도 대학으로 반입될 수 있었는지, 그 자세한 반출·반입 경위는 끝내 밝혀 내지 못했다. 또한 동학농민혁명 당시 전라남도 진도에서 활동한 다수의 농민군 지도자들의 인적사항을 일부 확인하는 성과는 거두었지만, 누구의 유골인지는 끝내 특정하지 못함으로써 미해결 과제를 남겼다. 뿐만 아니라, 『최종보고서』는 농민군 지도자 유골과 함께 발견된 윌타 민족[11]의 유골 3구를 비롯한 나머지 5구의 유골의 출처에 대해서는 형식적인 조사에 그침으로써 사할린과 홋카이도에 현주하고 있는 윌타 민족과 홋카이도에 거주하고 있던 아이누 민족 등으로부터 강력한 비판에 직면하여, 추가적인 진상조사 활동을 벌이지 않으면 안 되게 되었다.*

홋카이도 대학에서 발견된 농민군 지도자 유골은 국내 관련 단체 및 관련 연구자들의 유기적인 협력 체제 덕분에 비교적 단기간 안에 국내로 봉환될 수 있었다. 그러나 동학농민혁명이 일어난 지 1세기 이상 경과한 1995년 7월에 일본의 최북단에 위치한 홋카이도에서, 그것도 옛 제국대학의 후신인 홋카이도 대학 문학부 인류학 교실 구표본고 한구석에서 오랜 기간 방치된 상태로 있던 농민군 지도자 유골이 발견된 사건은 한국과 일본의 연구자들에게 다음과 같은 많은 문제를 제기하였다.

---

* 윌타 민족 등의 강력한 비판에 직면한 홋카이도 대학 문학부는 결국 최종보고서 공표이후 진상조사 작업을 종결하려던 당초 계획을 취소하고 추가적인 진상조사에 착수하였다. 그리하여 2004년 3월 윌타민족 유골에 대한 추가적인 조사 결과를 정리한 『古河講堂 舊標本庫 人骨問題 報告書 II』(홋카이도 대학 문학부 후루카와강당 구표본고 인골문제 조사위원회) 를 공표하기에 이른다.

첫째, 타민족의 두개골을 '채집'이란 이름으로 불법적으로 수집하여 일본으로 반출·반입하도록 만든 역사적 배경은 과연 무엇일까.

둘째, '시찰' 視察을 빙자한 일본식민정책日帝植民政策의 구체적인 전개 과정은 어떠했으며, 1876년 개항 이래 일본인들의 조선 '시찰'의 이면에는 어떤 문제점들이 자리하고 있었을까.

셋째, 전라남도 진도 현지에서 불법적으로 '채집'된 농민군 지도자 유골은 어떤 경로를 거쳐 일본으로 반출되었으며, 일단 일본으로 반출된 농민군 지도자 유골이 홋카이도 대학으로 반입되기까지 동 대학은 과연 어떤 역할을 했을까.

넷째, 1894년 12월말, 전라남도 진도에서는 일본군이 진주한 상태에서 수백 명의 농민군이 일본군에 의해 처형당하였다. 그렇다면 이들 농민군 처형 및 진압의 진상은 과연 어떠하였으며, 일본 정부 및 일본군이 져야 할 책임은 무엇인가.

다섯째, 전라남도 진도는 러일전쟁 이후 일제의 '면화재배' 사업의 주무대가 되며, 동 사업을 지도·감독하던 통감부 하급관리 사토 마사지로라는 인물에 의해 농민군 유골이 채집되어 반출된다. 면화재배 사업을 통해 본격화되었던 일본의 조선 침략 실상은 과연 어떠했는가.

이상과 같은 복잡다기하면서도 중대한 문제를 포함한 농민군 유골 방치 사건은 필자가 영산원불교대학교靈山圓佛敎大學校[12]에 재직하고 있던 1995년에 일어났다. 당시 필자는 '사단법인 동학농민혁명 기념사업회'[13] 학술 간사도 겸무하고 있던 때여서 이 사건이 국내에 알려지게 된 1995년 8월 4일 이후 유골 방치 사건과 관련한 진상 규명 작업에 처음부터 참여하게 되었다. 진상 조사 작업은 1996년 2월, 당시 동학농민혁명 기념사업회 이사장으로 재직 중이던 한승헌 변호사와 함께 일본을 방문하여 홋카이도 대학 조사위원회 측의 진상 조사 경과를 확인하는 일에서부터 시작되었으며,[14] 같은 해 5월에는 농민군 유골 국내 봉환단의 일원으로 다시 홋카이도 대학을 방문하였다. 이 2차 방문 때는 기자회견을 통해 홋카이도 대학 조사위원회가 공표한 『중간보고서』의 문제점을 지적하는 한편, 농민군 처형 및 진압에 대한 일본군의 책임 소재를 명확히 할 것을 요구하였다. 그 결과, 1997년 7월에 공표된 북해도 대학의 『최종보고서』는 한국 측의 요구가 비교적 충실하게 반영될 수 있었다. 그러나 이미 지적한 바와 같이 『최종보고서』 역시 여러 가지 문제점을 안고 있었다. 이에 필자는 농민군 유골 방치 사건을 둘러싼 여러 문제에 대한 총체적 조사를 진행하는 동시에 한국 측에서 납득할 만한 조사 결과를 얻고자 도일渡日을 결심하여, 1997년 4월부터 2001년 3월까지 만 4년 동안 홋카이도 대학에 체재하면서 농민군 유골 방치 사건에 대한 진상 조사를 진행하였다.

이 글은 이상과 같은 진상 조사 과정에서 확인된 성과의 일부이다. 또한 이 글은 홋카이도 대학 문학부 인골문제조사위원회 조사위원이자, 필자의 지도교수이기도 했던 홋카이도 대학 문학부 일본사연구실의 이노우에 카츠오井上勝生 교수를 비롯하여 유골 방치 사건이 일어났을 당시 홋카이도 대학 교육학부의 특별연구원으로 있으면서 이노우에井上 교수의 진상조사 작업을 도왔던 쿠시로釧路 단기短期 대학大學의 이노우에 카오리井上 薰 교수, 아이누 민족 인권운동가 야마모토 카즈아키山本一昭 씨 및 재일 인권운동가 임병택林炳澤 씨 그룹 등으로부터 귀중한 교시敎示와 전면적인 협력, 방대한 분량의 사료 제공이 있었기에 집필이 가능하였다. 지면을 빌어 이분들에게 감사의 마음을 표한다.

2. 진상 규명의 단서가 된 「첨부문서」

1995년 7월 25일, 6구의 두개골이 발견된 홋카이도 대학 문학부 후루카와 강당 구표본고를 오랜 기간 사용했던 인물은 동 대학 문학부 인류학 교실을 1995년 3월 말에 퇴직한 요시자키 마사카즈吉崎昌一 교수였다.[15] 그는 홋카이도 대학 조사위원회에 출두하여 증언하는 과정에서 자신이 후루카와 강당으로 옮겨오기 전부터 6구의 두개골을 보관해 오고 있었다는 사실은 인정하면서도 언제 동 대학으로 두개골의 반입이 되었는지, 누구로부터 두개골을 인수했는지에 대해서는 명확한 증언을 거부하였다.[16] 유골의 출처와 유래를 비롯하여 홋카이도 대학으로의 반입 과정 등에 대해 누구보다도 가장 잘 알고 있을 것으로 짐작되는 사건 당사자 요시자키 씨의 비협조 때문에 홋카이도 대학 조사위원회는 6구의 두개골이 어떤 경로로 동 대학으로 반입되었는지 그 경위를 조사할 만한 단서는 거의 찾아 낼 수 없었다. 이렇게 하여 진상 규명의 단서가 될 만한 것이라고는 겨우 다섯 구의 두개골 각각에 붙어 있던 글씨가 쓰인 쪽지사진-1 참조, 나머지 1구에 쓰여 있는 "한국 동학당 수괴의 수급이라고 한다, 사토 마사지로佐藤政次郎로부터"라는 붓글씨사진-2 참조, 그리고 그 붓글씨가 쓰여 있는 두개골 대후두공大後頭孔 속에 들어 있던 '촉루' 髑髏라는 제목의 「첨부문서」뿐이었다. 사진-3 참조 6구의 두개골의 출처와 유래를 규명할 만한 유일한 사료라고 할 수 있는 농민군 유골 「첨부문서」에는 아래와 같은 내용이 적혀 있었다.

촉루

明治 39년1906년: 필자註 9월 20일 진도에서

명치 27년1894년 한국동학당 봉기가 있었다.

전라남도全羅南道 **진도**珍島는 그들이 가장 창궐했던 곳이었는데, 그들을 평정하고 돌아올 무렵에 그 수창자 수백 명을 죽여서 시체가 길을 가로막고 있을 정도였다. 수괴자首魁者는 효수하였는데 이 촉루는 그 가운데 하나로 그 섬을 시찰視察할 때 채집採集한 것이다.

사토 마사지로佐藤政次郎

(이상 강조는 필자)

유골 표면에 "한국동학당 수괴의 수급이라고 한다. 사토 마사지로佐藤政次郎로부터"라는 붓글씨가 쓰여져 있는 농민군 유골 속에 들어 있는 이 「첨부문서」는 농민군 유골이 '명치 39년1906년 9월 20일' 에 '전라남도 진도' 를 '시찰' 하는 과정에서 '사토 마사지로' 佐藤政次郎라는 인물에 의해 '채집' 採集되었으며, 채집 시점으로부터 12년을 거슬러 올라가는 '명치 27년 한국 동학당 봉기', 즉 1894년 동학농민혁명 당시의 '수괴자' 首魁者, 즉 농민군 지도자의 것이라는 내용이 기록되어 있다. 요약하면, 이 「첨부문서」에는 누가, 언제, 어디서, 어떤 과정을 통해 농민군 유골을 채집했는지가 육하원칙에 따라 상세하게 기록되어 있다. 그런데, 이 같은 기록 방식은 유골 채집자가 사람의 두개골을 채집하는 방법을 사전에 체계적으로 교육받았을 것이라는 사실을 강력하게 시사하고 있다. 즉, 「첨부문서」는 농민군 유골이 '우연하게' 채집된 것이 아니라, 사람의 두개골 채집과 관련된 인류학적 지식과 방법을 사전에 몸에 익히고 있었던 인물에 의해 '의도적' 으로 채집되었음을 뒷받침하고 있다.

또 농민군 지도자 유골 표면에 쓰여진 것과 똑같이 「첨부문서」 맨 마지막에도 사토 마사지로佐藤政次郎라는 이름이 선명하게 쓰여져 있는데, 이 사토 마사지로란 이름을 근거로 홋카이도 대학 조사위원회는 농민군 유골을 채집했던 채집자가 바로 동 대학 전신인 삿포로札幌 농학교 제19기 졸업생1904

년 졸업임을 밝혀 내게 된다. 채집된 유골의 「첨부문서」에 자신의 이름을 분명하게 밝힌 것 역시 유골 채집과 관련된 근거를 명확하게 해 둠으로써 유골 채집 과정 및 방법의 신뢰성을 확보하려는 의도라고 볼 수 있다. 이 점 역시 채집자가 사전에 인류학적 지식·방법에 대한 전문적인 훈련을 받았던 흔적이라 생각된다.

「첨부문서」 및 유골 표면에 쓰여 있는 사토 마사지로라는 인물에 의해 일단 채집된 농민군 유골은 또 다른 일본인에게 넘겨졌던 것으로 확인되고 있다. 그런데 사토 마사지로와 또 다른 일본인 사이에 농민군 유골이 수수授受되는 시점은 「첨부문서」 및 농민군 유골 표면 등 두 곳에 쓰여진 '한국'이라는 단어를 통해서 유추해 볼 때 국호가 '한국' 大韓帝國에서 '조선' 朝鮮으로 바뀌는 1910년 8월 29일의 '한국 병합' 시점으로부터 그다지 머지않은 시기로 추측되고 있다.[17]

홋카이도 대학 조사위원회에 의한 진상조사와 더불어 한국 측의 진상 조사 작업 역시 "한국 동학당 수괴의 수급" 속에 들어 있던 이 「첨부문서」에 기록되어 있는 내용이 과연 역사적인 사실인지 아닌지를 검증하는 작업에서부터 시작되었다.

3. 붓글씨의 주인공 사토 마사지로와 일제 식민 정책

1997년 4월부터 홋카이도 대학에 체재하면서 진행한 진상조사 과정에서 필자가 가장 먼저 착수한 일은 동 대학 조사위원회의 조사위원 가운데 1인이던 이노우에 카츠오井上勝生 교수와 동 조사위원회 조사보조원 이노우에 카오리井上薰 특별연구원으로부터 홋카이도 대학 조사위원회 측의 조사 과정과 조사 성과를 청취하는 일이었다. 동 조사 과정 및 조사 성과에 대한 청취는 거의 1년에 걸쳐 수십 차례의 면담을 통해 이루어졌다.[18] 이 같은 과정을 통해 필자는 홋카이도 대학 조사위원회가 가장 역점을 두고 조사한 내용이 바로 붓글씨의 주인공 사토 마사지로佐藤政次郎가 과연 누구인가를 밝히는 문제였다는 사실을 파악할 수 있었다. 또한 사토 마사지로에 대한 추적 조사 작업의 대부분을 이노우에 교수와 이노우에 특별연구원이 사실상 전담했었다는 사실도 확인하였다. 아래에 인용하는 내용은 당시 이노우에 교수로부터 조사 의뢰를 받아 붓글씨의 주인공 사토 마사지로에 대한 추적 조사 작업을 맡았던 이노우에 특별연구원의 회고이다.* 홋카이도 대학 조사위원회 측의 진상 조사 과정을 이해하는 데 도움이 되겠기에 조금 길지만 관련 내용 전문을 인용한다.

> 의뢰를 받은 것은 北海道大學 附屬 中央圖書館에 있는 두 개의 한국 신문 『대한매일신보』와 『황성신문』으로부터 「첨부문서」에 쓰여 있는 내용을 단서 삼아 '사토 마사지로' 佐藤政次郎라는 인물과 관계가 있는 기사를 조사하는 일이었다. 두 신문 모두 일간지日刊紙였기 때문에 '9月 20日' 이라는 첨부문서의 날짜를 단서 삼아 '사토 마사지로' 관계 기사를 찾았다. 앞뒤 2개월분을 찾아보았지만 관련 기사가 발견되지 않아 일단 단념하고 필자 자신의 논문 작업을 했다.

* 필자가 이노우에 카오리 특별연구원으로부터 자신의 조사경험을 처음으로 청취한 것은 1996년 2월 한승헌 변호사와 함께 홋카이도 대학을 방문했을 때였다. 그러나 그 당시 필자는 유골 방치 사건에 대한 사전 지식이 거의 없었기 때문에 그 내용을 정확하게 이해하지 못했다. 다행히 1997년 4월 홋카이도 대학에 유학한 이후 이노우에 특별연구원과는 친밀한 교유관계를 맺을 수 있었으며, 그 과정에서 홋카이도 대학 조사위원회 측의 진상조사 과정에 얽힌 자세한 이야기와 함께 이노우에 카오리 연구원 자신의 경험을 상세하게 청취할 수 있었다. 참고로 위의 이노우에 특별연구원의 글은 다음의 글에서 인용했음을 밝힌다. 井上薰「北海道大學文學部古河講堂頭骨放置事件」(『知の植民地支配』, 社會評論社, 1998), 18~19쪽.

며칠 뒤,『매일신보』『대한매일신보』를 조선총독부가 御用紙化했던 신문 1911년 1월 12
일자에 실린 기사「학무협의회」라는 제목의 기사를 보다가 회의 출석자 이
름 가운데 우연히 '사토 마사지로'라는 이름을 찾아 낼 수 있었다. 직책은
'진주실업학교장' 晉州實業學校長이라고 되어 있었다. 진주는 경상남도에 있
는 도시로 전라남도 진도와는 비교적 가까운 편이다. 토요일 오후였지만 도
서관 폐관 시간까지는 시간 여유가 있었기 때문에 서둘러 1907년, 1909년분
대한제국 학부學部『직원록』職員錄, 影印本을 확인하러 갔다. 그러나 유감스럽
게도『직원록』에 '사토 마사지로'는 없었다. 그러나 이전에 1920년대 농업
교육에 대해 조사했을 때 실업학교장이 쓴 문장이 농업 관계 잡지에 이따금
게재되어 있었던 사실을 기억해 내고, 해당 잡지가 소장된 도서관 서고 쪽으
로 발길을 향했다.

홋카이도 대학의 전신은 삿포로 농학교이다. 이 때문에 홋카이도 대학 부속
중앙도서관에는 농업 관계 잡지가 풍부하게 소장되어 있다. '한국병합' 직
후에 나온『한국중앙농회보』韓國中央農會報를 조사하던 중 "진주晉州 도기사道
技師 사토 마사지로佐藤政次郎"에 의해 쓰여진 조사 보고를 발견하였다. '진주
실업학교장'의 직함은 아니었지만 '사토'佐藤라는 이름을 확인할 수 있었기
때문에 다시 좀 더 시대를 거슬러 올라가 조사했다. 그러자 1908년 목포木浦
임시면화재배소장臨時棉花栽培所長에 사토 마사지로라는 이름이 들어 있는 기
사를 확인하였다. 목포는 진도와 똑같이 전라남도에 있는 도시였기 때문에
목포로부터 진도를 '시찰'하는 것은 얼마든지 가능하다고 판단했다. 그러
나, '사토'가 1906년 시점에 목포 또는 그 인근에 있었다면 1908년의 '사토'
와는 무언가 '차이가 나는 것이 이상하지 않은가'라고 생각하여 다시 더 조
사를 했다. 그랬더니『한국중앙농회보』1907년 11월호의 농회農會 가입회원
명단 속에도 '사토 마사지로' 이하 '목포의 사토'란 이름이 있었으며, 또 가입회
원 명단 두 줄 왼쪽에서 군산群山의 사토 마사지로佐藤政次郎, 이하 '군산의 사토'

도 찾아냈다. 군산은 전라북도로 두 사람의 사토 마사지로의 거주지가 서로 다르다는 사실을 통해서 동명이인同名異人임이 분명했다.

이상과 같은 조사 과정을 거친 필자는 이노우에 교수에게 목포와 군산에 있던 두 명의 사토 마사지로의 존재를 보고하였다. 이로부터 필자와 두거골 문제와의 관계는 시작되었다. 그 다음 주 월요일 필자가 찾아낸 사료 내용을 보고하러 이노우에 교수 연구실을 찾아 갔다가 알게 된 사실이었지만, 『홋카이도대백과사전』北海道大百科事典을 펼쳐 보면, 하코다테函館 출신 사회사업가에 사토 마사지로佐藤政次郎란 인물이 있음을 쉽게 찾아낼 수 있었다고 한다. 그리하여 이노우에 교수는 하코다테 시립도서관으로 출장을 가서 부재 중이었다. 또 이 무렵 동경에 있던 조선대학교朝鮮大學校 금병동琴秉洞 교수는 군산의 사토를, 홋카이도 대학 부속 중앙도서관 북방자료실에 근무하고 있던 야마모토山本 씨는 동 자료실에 소장 되어 있는 목포안내지도木浦案內地圖를 통해 홋카이도가 본적인 ‘사토’ 라는 인물을 각각 찾아냈다고 한다. 또한 『오사카마이니치신문』大阪每日新聞 기자로 러일전쟁 기간 중에 목포흥농협회木浦興農協會를 포함한 한국농업에 관한 기사를 쓴 사토 마사지로佐藤政次郎 라는 인물도 있음이 밝혀졌다.

사토 마사지로에 대해 이상과 같은 광범위한 기초 조사 과정을 거친 뒤 홋카이도 대학 조사위원회는 붓글씨의 주인공 사토 마사지로가 동 대학의 전신인 삿포로 농학교 제19회 졸업생일 가능성이 크다는 사실에 주국하기 시작하였다. 왜냐하면, 농민군 유골이 채집된 시점1906년 9월 20일을 고려해 볼 때 삿포로 농학교 제19회 졸업생 사토 마사지로만이 농민군 두개골 채집에 관련되었을 가능성이 가장 높았기 때문이었다.

이리하여 동 대학 조사위원회의 조사는 다시 계속되었다. 이 과정에서 조사위원회 측은 삿포로 농학교 출신인 사토 마사지로가 농민군 유골 채집 시점을 전후하여 한국 통감부 권업모범장 목포지장木浦支場에서 근무했다는 사실을 추가로 밝혀 냈으며, 그의 본적이 홋카이도 대학 부속 중앙도서관 북방 자료실에 소장되어 있는 목포 안내지도 「한국 전라남도 주요지 명세도」[19]의 저자로 나오는 사토 마사지로와 동일한 홋카이도라는 사실도 확인하였다. 이 같은 조사를 통해서 삿포로 농학교 출신인 사토 마사지로가 바로 이노우에 특별연구원이 찾아낸 '목포의 사토'와 동일 인물이며, 목포 안내지도를 만든 홋카이도 출신 사토 마사지로와 동일 인물이라는 것이 확실해졌다. 한편, 『오사카마이니치신문』의 사토는 신문사를 퇴직한 뒤 군산으로 건너와 벼농사를 경영하는 지주가 되었던 사실도 함께 밝혀졌으며, 그가 바로 이노우에 특별연구원이 찾아낸 '군산의 사토'와 동일 인물이라는 사실이 판명되었다.[20]

이상과 같은 조사 결과, 홋카이도 대학과의 관련 및 채집 장소인 진도에서 비교적 가까운 거리에 있었던 '목포의 사토', 진도와 가까운 목포에 대한 관심을 보였으며 목포와 비교적 가까운 거리의 군산에 거주하고 있었던 '군산의 사토', 그리고 한국의 의병 처형 광경을 도안으로 삼은 조선 풍속 그림 엽서를 유품으로 남겼으며, 출신 학교인 철학관현 東洋大學의 은사로 대륙 진출을 주장했던 이노우에 엔료井上円了와 관계가 깊은 '하코다테의 사토' 등 3인의 사토에 대한 정밀 조사가 다시 계속되었다.

4. 농민군 유골 반출·반입과 일제의 '면화 재배 사업'

이노우에 교수 및 이노우에 특별연구원으로부터 홋카이도 대학 조사위원회 측이 상술한 바와 같은 조사 과정을 거쳐 농민군 유골 채집과 관련하여 3인의 사토를 찾아냈다는 사실을 확인한 필자는 다시 새로운 단계의 확인 작업에 착수하였다. 그것은 바로 농민군 유골을 채집했을 가능성이 가장 높은 '목포의 사토'의 행적을 정밀하게 추적 조사하는 일이었다.

'목포의 사토'가 1906년 전후 한국 통감부가 주도한 면화 재배 사업에 참여했던 하급 농업 관리였다는 사실을 알게 된 단계부터[21] 필자는 홋카이도 대학 조사위원회의 진상 조사와는 별개로 한국 통감부에 의한 면화 재배 사업을 보도했던 당시의 신문, 농업 잡지, 구한국 관보 및 통감부총독부 직원록 등을 대상으로 한 독자적인 조사를 시작했다. 이 과정에서 필자는 국내의 농업사 연구자를 비롯하여 홋카이도 대학 조사위원회의 조사위원 이노우에 교수와 이노우에 특별연구원이 이미 조사한 각종 관련 자료를 제공 받아 정밀하게 검토하는 작업을 병행하였다. 그 결과, 『조선총독부 농사시험장 이십오주년기념지』 상권을 통해 삿포로 농학교 출신 사토 마사지로가 목포 임시면화재배소의 농업관리로 임관된 날자가 1906년 5월 4일이며, 퇴직 일자가 1910년 2월 15일*이라는 사실을 확인할 수 있었다.

여기서 삿포로 농학교 출신 사토 마사지로, 즉 '목포의 사토'가 농민군 유골 채집이 이루어지는 1906년 9월 20일 이전에 이미 목포에 부임했었다는 사실은 확인한 것이 어떤 의미를 지니는가에 대해 설명할 필요가 있다. 농민군 유골 채집일인 1906년 9월 20일 이전에 삿포로 농학교 출신 사토 마사지로가 목포에 부임했다는 것은 곧 홋카이도 대학 조사위원회가 찾아낸 3인의 사토 가운데 삿포로 농학교 졸업생으로서 한국 통감부 하급 농업관리로 부임한 사토 마사지로, 즉 '목포의 사토'가 농민군 유골을 채집했을 가

---

* '목포의 사토'는 목포를 떠난 뒤 경상남도 진주에서 도기사(道技師) 겸 진주실업학교장, 평안북도 의주에서 도기사로 근무하였으며, 도기사를 그만둔 뒤에는 경성에서 벼농사를 경영하였고, 1945년 패전 뒤 일본으로 귀국했다.(『최종보고서』, 38쪽) 그리고 1910년 사토의 전근에 대해서는 『경남일보』(영남대학교 민족문화연구소편, 영인본, 1995년)가 「종묘장 기사 임명」(1910년 2월 22일부), 「진주 종묘장장 임명」(동년 2월 28일부) 사실을 브도하고 있으며, 또한 동년 3월 13일경 진주에 도착한 사실(동년 3월 16일부) 등을 보도하고 있다.

능성이 가장 크다는 것을 증명하는 구체적인 증거를 확보했다는 것을 의미했다. 이에 고무된 필자는 계속해서 이노우에 교수와 이노우에 특별연구원으로부터 적극적인 협조를 받아 가면서 일본 국회도서관 소장의 『조선신보』朝鮮新報22에 실려 있는 「목포 권업모범장 기수 사토 마사지로, 목포 수원 권업모범장 근무를 명함」이라는 기사와23 『통감부공보』統監府公報의 사령辭令을 통해서 사토 마사지로라는 인물이 적어도 1907년 초까지는 목포에 있었다는 사실도 새롭게 확인하게 되었다. 그리고 정밀 검토한 『대한매일신보』와 『황성신문』에 1906년 9월 상순 진도를 포함한 전라남도 각 군의 '면화 재배' 성적 '시찰'을 위해 대한제국 정부가 농상공부 주사 윤주찬을 파견한다는 기사가 게재되어 있는24 사실도 확인하였다.

그 결과 전라남도 진도는 1906년을 전후하여 한국 통감부 권업모범장에 의한 면화 재배 사업25과 관련이 깊은 지방이었으며, 1906년 9월경 면화재배상황을 알아보기 위한 대한제국 관리의 시찰이 이루어졌다는 사실을 확인할 수 있었다. 사토 마사지로 본인에 대하여 시찰 참가 명령을 내린 기록이 혹시나 남아 있지 않을까 생각하여 대한제국 정부 및 통감부 관계 문서를 조사했지만 1906년 9월 전후의 관련 공문서는 찾아낼 수 없었다.

한국 통감부 권업모범장勸業模範場 목포지장=목포출장소은 1905년에 대일본면화재배협회大日本棉花栽培協會가 그 기초를 닦고, 대한제국 정부가 인수하지만 얼마 뒤 권업모범장 설립과 동시에 통감부의 손으로 넘어가게 된다. 그 뒤 통감부는 다시 형식적으로 대한제국 정부에게 이관한다. 그러나 일본 정부는 실질적으로는 통감 정치를 통한 '지도'를 계속하였으며, 1908년에는 농상공부대신 소관의 임시면화재배소로 바뀐다.*

전남 진도에서 농민군 유골을 채집하게 되는 1906년 9월 20일까지의 상황을 조금 구체적으로 설명하면 다음과 같다. 대일본면화재배협회는 대한제국 정부와 "한국정부는 전라남도 기타 면작 적지에 면채종포綿採種圃를 설치하여 일본인으로 하여금 그것을 관리하도록 할 것"[26] 등의 조항이 포함된 협정을 맺는다. 동 협회는 그 협정에 따라 1906년 3월 대한제국 농상공부로 하여금 "면화재배 채종포 사업을 대일본면화재배협회에 위탁"하도록 만든 다.[27] 『주한일본공사관기록』에 의하면, 1906년 무렵의 목포 면화 재배 사업 은 권업모범장 "목포출장소에서 관리"하게 되어 있었으며, 이 출장소는 "당 분간 목포 이사청 안에 둔다."라고 기록되어 있다.[28] 1906년 당시의 독포 출 장소 건물은 현존하지 않으나 그 옆에 있었던 이사청 건물은 현재도 남아 있으며, 지금은 목포문화원으로 사용되고 있다. 부연 설명을 하자면, 대일 본면화재배협회 설립에는 일본의 관민 가운데 유력인사들이 참여하였으 며,[29] 설립에 참가한 유력자 가운데는 하라 다카시原敬[30] 등도 있었다.

진도의 면화 재배 상황은 목포 임시면화재배소에서 간행한 『임시면화재 배소보고』에 상세하게 기록되어 있다. 홋카이도 대학부속 중앙도서관 소장 자료 목록에는 제2호1910년만이 실려 있었으나,[31] 조사 결과 제1호1909년도 미 정리 팜플렛 더미 속에 묻혀 있었다. 이렇게 찾아낸 『임시면화재배소보고』 를 통해서 전라남도에 설치된 면채종포가 10개소에 달하고 있었다는 사실 을 확인할 수 있었다. 그 가운데 진도 부내면府內面의 경우, "이미 개간된 땅 을 매수하여 그 작인에게 면작을 하게 하다." "매수한 땅 10.18정"[32]과 "개 간되지 않은 땅을 개간하여 면채종포를 창설하고 이른바 자영自營 방법에 의 한다." "자영지는 1정으로 되어 있었다."[33] "종래 중략 전라남도 중에서도 유 명한 면작지" 였던 진도의 면화재배 성과는 "재배자 열심을 결여하여 연래

---

* 권업모범장 설립과 변천 과정에 대해서는 김도형 「권업모범장의 식민지 농업지배」, 『한 국근현대사연구』제3집(1995년 9월)을 참조하기 바란다. 통감부 권업모범장은 1910년 '한 국합병'에 의해 조선총독부 권업모범장으로 바뀌었으며, 1929년에 다시 조선총독부 농사 시험장으로 이름이 바뀐다.

의 작황이 오르지 않는" 상황을 보였는데, 같은 진도에서도 "자영 재배하는 자는중략 그 성적이 양호" 했던 점[34]에서 미루어볼 때 면채종포 '매수' 방법 등에서 현지 주민의 반발을 초래할 만한 문제점이 있었을 가능성도 있다. 여기에 더하여 의병들에 의한 '피해 상황' 도 보고가 되고 있었다.[35] 1900년 대 한국을 식민지화하려는 일제에 대한 의병들의 공격은 진도 지역만의 문 제가 아니었다. 게다가 진도의 경우, 동학농민혁명 당시 일본이 청국과의 전쟁과는 전혀 별개로 일본군을 조선 남부까지 남하시켜 진도를 포함한 전 라남도를 중심으로 농민군을 대대적으로 '학살' 했던 역사적 사실[36]을 고려 할 때, 진도 지역민들은 일본에 대한 저항감이 대단히 강했을 것이라는 사 실을 어렵지 않게 짐작할 수 있다.

그런데, 어려운 조사 과정을 통해 찾아낸 『임시면화재배소보고』 내용들 은 모두 1908년 이후의 보고였으며, 그 뒤의 조사 과정에서 다시 진도 면채 종포에 장려금을 수여하는 날짜가 '9월 20일' 임을 알려 주는 『면화재배협 회 제2회 보고서』임시면화재배소가 되기 전에 나온 보고서를 찾아 낼 수 있었다.[37] 이 보고서 내용에 의해 '목포의 사토' 가 농민군 유골을 채집했다는 사실이 거 의 틀림없는 사실로 드러났다. 홋카이도 대학 조사위원회는 3인의 사토 가 운데 '군산의 사토' 와 '하코다테의 사토' 역시 1906년 9월 20일에 진도에 없었다는 사실을 증명할 수 있는 사료를 입수하지 못했다는 이유로 『최종 보고서』에서 농민군 유골을 '채집' 한 인물에 대한 확실한 단정을 내리지는 않았다.

5. 농민군 유골 반출·반입과 삿포로 농학교장 사토 쇼스케와의 관계

조사위원회 조사위원인 이노우에 교수는 농민군 유골이 어떤 경로를 거 쳐 한국에서 일본 홋카이도 대학으로 반입되었을까를 규명하기 위하여 '목포의 사토', 즉 삿포로 농학교 제19기 졸업생인 사토 마사지로가 조선에서 근무하게 된 경위를 조사했다. 조사 결과, 사토 마사지로와 삿포로 농학교의 관계 규명을 통해 다음과 같은 사실을 알 수 있었다.

이노우에 교수는 홋카이도 대학 부속도서관 북방자료실과 동 대학 농학부 도서실에 소장되어 있는 삿포로 농학교 관계 사료를 통해 제19기생 사토가 1901년에 삿포로 농학교장인 사토 쇼스케佐藤昌介로부터 「식민론」殖民論을 수강한 사실[38]을 밝혀냈으며, 역시 북방자료실에 소장된 사토 쇼스케 일기를 통해서는 사토 쇼스케가 사토 마사지로 본인 및 사토佐藤의 부친과 여러 차례 편지를 주고받고 있었다는 사실을 밝혀 냈다.[39] 사토 쇼스케는 학교장이라는 위치를 활용하여 졸업생들의 취직 알선도 하고 있었는데, 당연하지만 그 같은 취직 알선에는 타이완대만, 한국대한제국, 만주까지 포함되어 있었다. 『최종보고서』에는 사토 쇼스케가 삿포로 농학교 교수 미야베 긴그宮部金폼 앞으로 보낸 다음과 같은 1908년 10월 16일자 편지가 인용되어 있다.

> (전략) 1. 관동주關東州 ; 만주 산림 기사의 건은 시기가 서로 여의치 않기 때문에 따로 결정하겠다는 뜻을 지난번에 당국이 니토베新渡戶 씨에게 말했다는 사실을 어젯밤 통보를 통해서 접했다는 이야기를 고이데小出 씨로부터 듣고 유감천만이 아닐 수 없었습니다.
>
> 1. 타이완에 화학 전공자 1명을 보내는 일에 대해 지난 번 오시마大島 씨로부터 거절을 당해 새로 대신할 만한 인물에 대해 니토베 씨로부터 전화가 있었습니다. 그에 따라 오시마 씨로부터 가능한 인물을 선발 파견하되 성적이 양호한 인물을 원한다는 전언이 있었습니다.[40]

이노우에 교수는 또한 『최종보고서』 발표 이후의 추가 조사 과정을 통해서 1906년 5월에도 사토 쇼스케 교장이 만주의 봉천奉天에 있는 일본군 사령관 앞으로 보낸 다음과 같은 전보를 발견하기도 하였다.

> 니토베 박사의 전보에서 말한 농사시험 기수技手는 적임자가 있기 때문에 월
> 봉月俸 150엔씩에 2명을 채용했다는 사실을 요코야마横山 기사로부터 전달받
> 았습니다.[41]

이상의 두 가지 사료에 의하면, 사토 쇼스케는 1906년 당시 삿포로 농학
교를 이미 떠난 니토베 이나죠新渡戶稻造와도 연락이 닿고 있었으며[42], 특히
농업 기술자의 취직 알선에 있어서는 사토 쇼스케 - 니토베 이나죠 라인을
통한 알선도 존재하고 있었다는 사실을 알 수 있다. 사토 쇼스케 교장은 특
별히 농상무성 관계자와도 서간을 주고받고 있었는데, 당시 농상무성 인맥
은 조선에 대한 식민 정책, 즉 식산殖産 및 면업綿業과 깊은 관련을 맺고 있었
다. 구체적인 예를 들자면, 사토 쇼스케는 농상무성 농사시험장장農事試驗場長
으로 한국에 체재한 적이 있던 코자이 요시나오古在由直, 1864-1934, 조선의 면업
상황을 시찰했던 농업관리 츠키타 후지사부로月田藤三郎, 도쿄 제국대학 교수
로 재직하던 시절에 일본 농상무성 조사단의 일원으로 한국의 토지 농산 조
사를 수행하였으며, 나중에 한국 권업모범장장이 된 혼다 고스케本田幸介 등
과도 서신을 주고받았다. 사토 쇼스케는 또한 동향인이기도 한 니토베 이나
죠, 하라 다카시原敬, 사토 마사지로의 부친 사토 쇼고로佐藤庄五郎 등과도 서
간을 교환하고 있었다. 사토 쇼스케 교장과 서신을 주고받은 인물 가운데
한 사람인 니토베 이나죠는 미야베 긴고, 우치무라 간조內村鑑三 등과 함께 삿
포로 농학교 제2기 졸업생이었으며, 사토 쇼스케는 자신은 바로 니토베의
선배이기도 했다. 죠오지 오시로가 쓴 『니토베 이나죠』[43]에 따르면, 니토베
의 미국 유학 시절에 당초 유학중이던 대학을 다른 대학으로 바꾸는 데 직
접 관여한 인물이 바로 사토 쇼스케였으며,[44] 니토베는 쇼스케와 함께 볼티

모어에서 2년 동안 함께 생활할 정도로[45] 절친한 사이였다. 미국 유학을 마친 니토베는 사토 쇼스케의 주선으로 1891년부터 1897년까지 삿포로 농학교 교수로 근무하기에 이른다.[46]

사토 쇼스케 교장은 제19기생 사토 마사지로의 졸업 이후의 이동 상황에 대해서 잘 알고 있었다. 이 같은 사실은 사토 쇼스케와 사토 마사지로 사이에 교환된 서신 내용을 통해서 확인되고 있다.[47] 1901년 7월에 삿포로 농학교를 졸업한 사토 마사지로는 1년 지원병으로 입대하여 츠키사무月寒 연대에서 근무했으며 제대 후에는 목축업을 경영한다. 러일전쟁이 일어나자 소집에 응하여 쿠시로釧路 연대구에 소속되었으며, 1906년 3월 소집 해제됨에 따라 도쿄로 건너가 잠시 체재하다가, 그해 5월 4일 한국 통감부 권업모범장 기수로 임명되어 6월 5일 도쿄를 출발하여 한국으로 향했다.[48]

이런 일련의 상황 속에서 사토 쇼스케는 1905년 7월과 9월, 12월에 각각 홋카이도 쿠시로 연대구에 있던 마사지로 앞으로 편지를 '발신'發信하였으며, 1906년 3월에는 극히 단기간밖에 체재하지 않았던 도쿄 아라카와구荒川區의 사토 마사지로 앞으로 편지를 발신한 사실이 있는 것으로 보아 두 사람의 관계가 단지 마사지로의 편지를 수신하여 그의 이동 상황을 알고 있는 것 이상으로 매우 밀접한 관계였음을 알 수 있다. 이 외로도 1906년 1월에는 마사지로의 부친 사토 쇼고로가 쇼스케 교장을 내방來訪한 사실도 확인되었다.[49]

『최종보고서』 발표 뒤 계속된 추가 조사를 통해서,[50] 사토 마사지로는 삿포로농학교 4학년 시절에 교비생校費生으로 선발되어 "수업료 면제 외에 학비로 '월 7엔' 씩 지급 받았다."는 사실을 확인하였다. 이 때문에 사토 마사지로는 "졸업 후 만 5개년간 그 신분 진퇴에 관해서는 교장의 허가를 받아야 한다."라는 교칙 제53조 이행을 위해 사토 쇼스케 교장에게 허가를 요청하였으며, 쇼스케 교장은 그 같은 마사지로의 요청을 허가했던 것으로 생각된다.

사토 쇼스케 교장이 마사지로의 취직 알선에 직접 관여했는지 아닌지는 명확하지 않지만 관여했을 가능성이 크므로 향후 조사해야 할 과제라 할 것이다. 또한 적어도 사토 쇼스케 교장이 마사지로의 한국 통감부 권업모범장 기수 취직을 허가했다는 사실만은 틀림없다고 하겠다.

6. 농민군 유골의 반출·반입 동기와 반입 경로

삿포로 농학교 제19회 졸업생 사토가 면화재배 사업 관계로 전라남도 진도로 시찰을 갔다 해도 사람의 '두개골' 頭蓋骨에 흥미를 지니고 있지 않았더라면 농민군 유골 채집은 이루어지지 않았을 것이다. 사토는 인류학에 관한 어느 정도의 흥미나 관심, 지식을 가지고 있었기 때문에, 연구를 위해서, 아니면 단순한 관심이나 흥미 때문에 농민군 유골을 채집했을 가능성이 높다. 그러나 '목포의 사토', 즉 삿포로 농학교 제19회 졸업생 사토佐藤 자신은 인류학 연구자는 아니었다. 그러므로 농민군 유골을 채집한 그는 채집 뒤에 사람의 두개골에 관심이 많은 또 다른 그 누군가에게 인도했을 가능성이 높다. 이 경우 사토 마사지로와 그 누군가의 사이에 중개자가 있었을 가능성도 존재하고 있다. 한국의 식민 지배에 깊은 관계가 있는 홋카이도 대학에 한국의 농민군 지도자 유골이 존재했다는 사실은 한국의 농민군 유골이 홋카이도 대학으로 반입되는 과정에 삿포로 농학교 관계자가 깊숙이 개입했을 가능성이 높다는 사실을 시사한다.

홋카이도 대학 조사위원회의 『최종보고서』는 삿포로 농학교 출신인 니토베 이나죠와 미야베 긴고가 사람의 두개골에 지대한 관심을 지니고 있었다는 사실을 보여 주는 사료로, 1883년 7월 11일자로 니토베 이나죠 앞으로 보낸 미야베 긴고의 서간과 「미야베 긴고 씀─홋카이도의 다시마 조사 여행

일기」 가운데 1894년 7월 23일과 24일의 쿠시로 조사 항목을 소개하고 있다.[51]

전자는 도쿄제국대학의 "박물학·고물학 담당 사사키佐々木"의 부탁을 받은 미야베가 사사키와 "에조인아이누인 촉루"를 주고받을 때 당시 도쿄에 있던 니토베가 그 지불 금액 교섭에 관여한 기록이며, 후자는 "전습과傳習科 졸업생이자 삿포로 교회 멤버인 나츠호리夏堀가 나미야베를 위해 아이누인의 두개골 한 개를 수집해 주었다."라는 사실이 기록되어 있는 사료이다.[52] 요약하자면, 삿포로 농학교에서는 최소한 미야베 긴고가 두개골 수집에 지대한 관심을 가지고 있었으며, 삿포로 농학교 졸업생을 통해서 실제로 두개골 수집이 이루어지고 있었다는 사실을 알 수 있다. 니토베 이나죠 역시 1906년 시점에서 삿포로 농학교에 있진 않았지만 1895년에 삿포로 인류학회를 창설했던 사람 가운데 한 사람으로서,[53] 두개골에 관한 관심이나 지식이 전혀 없었다고는 볼 수 없는 인물이다.

농민군 지도자 유골이 한국에서 홋카이도 대학으로 반입되게 된 경로 해명을 위해서는 우선 '목포의 사토'의 근무 이동 상황을 밝히는 일이 중요했다. '목포의 사토'는 통감부의 하급 관리였기 때문에 공무로 인한 이동 상황출장 등이 공문서에 남아 있으며, 또한 당시의 신문 등에 보도되었을 가능성이 높았다. 1906년 당시 목포에는 거류 일본인이 발행하고 있던 『목포신보』木浦新報라는 신문이 있었다. 그러나 현재 그 소재 및 현존 여부는 확인되지 않고 있다.[54] 재조선在朝鮮 거류 일본인이 발행하고 있던 신문 가운데 1906년 9월 전후 상황을 보도하고 있는 신문으로써 그 원본을 확인할 수 있었던 신문은 당시 인천에서 발행되고 있던 『조선신보』朝鮮新報뿐이었다. 목포와의 거리를 고려할 때 인천의 『조선신보』에서 목포의 사토 마사지로 관계 기사를 기대하기 어렵다고 판단하여 주로 목포와 진도 관계 기사를 조사했다. 또한 채집일 직후 사토 마사지로의 이동을 알려 주는 사료가 발견되지 않았기 때문에, 채집일 직후에 사토 마사지로와 접촉했을 가능성이 있는 인물들에 주목하여 조사를 진행하였다. 이러한 조사 과정에서 최종적으로 사토 마사지로 개인의 동정을 알려주는 기사를 찾아내지는 못했다. 그러나 다음과 같은 기사들을 발견할 수 있었다.

① 도쿄제일고등학교장 농·법학 박사 니토베 이나죠 씨는 금번 이토히로부미 통감의 요청에 따라 곧 내한하여 한국 농사에 대해 조사를 할 것이라고 한다. 1906년 10월 7일자

② 니토베 박사 도한渡韓의 용무는 면작棉作 사탕 등의 식부植付에 관한 조사를 하기 위해서 라고 한다. 동년 10월 12일자

③ 농학박사 코자이 요시나오古在由直, 동 혼다 고스케本田幸介, 기사技師 나카무라 히코中村彦, 동 안도 고타로安藤廣太郎 제 씨는 면작 재배 정황 기타 농사 시찰을 위해 목하 목포 지방을 순회중이라는 소식, 동지同地로부터의 최근 소식에서 볼 수 있다. 동년 10월 12일자

④ 농·법학 박사 니토베 이나죠 씨는 미네네峰根『도쿄경제잡지』 기자와 함께 5시 도착 열차로 인천에 도착. 그날 밤은 거류민 유지有志들이 가토加藤 총영사와 동 니토베 박사를 위해 개최한 만찬회에 참석하고 하라가네原金 여관에서 일박. 어제 아침 귀경하였다. 동년 10월 20일자

⑤ 목포 대구大邱 지방 면화 시작試作 때문에 출장 중인 통감부 권업모범장 혼다本田 박사가 귀경한 뒤의 보고에 의하면 전라남도의 면화 작황은 대단한 성적이며 중략 전반적으로 한국의 면화 작황은 전도前途가 대단히 유망하다고 한다. 동년 10월 26일자

⑥ 농학박사 니토베 이나죠 씨는 모범 농장의 마치다町田 기사와 함께 군산群山 지방 농황 시찰을 위해 지난 4일 군산에 도착하였으며 중략 그날 밤은 오산리五山里의 후지이藤井 농장에서 1박 하고, 다음날 정오 군산으로 돌

아와 6일 출범하는 오하요호로 목포로 향했다. 동년 11월 10일자

　이상의 기사에서 주목되는 것은 전 삿포로 농학교 교수였던 니토베 이나죠가 1906년 11월 4일 군산을 경유하여 6일에 목포로 향하고 있다는 기사이다. 이 기사를 통해 니토베와 목포의 농업 기수 사토 마사지로가 목포에서 만났을 것이라는 점을 충분히 추론할 수 있다. 왜냐하면, 1906년 말까지 사토 마사지로는 목포에서 근무하고 있었기 때문이다.

　사토 마사지로는 1907년 1월 15일자 사령辭令에 의해 목포 근무로부터 수원·목포 겸직 근무 명령을 받게 되는데,[55] 채집일 이후부터 겸무 직전까지도 위의 기사 ③과 ⑤에 등장하는 혼다 고스케本田幸介나, 기사 ①, ②, ④, ⑥에 언급되고 있는 니토베 이나죠의 예에서 알 수 있는 바와 같이, 그들의 용무가 '면작 시찰'에 관계된 것이었다는 점에서 볼 때 목포에서 사토 마사지로와 대면했을 가능성은 대단히 높다.[56] 물론 그들이 설령 만났다 하더라도 진도에서 채집한 두개골을 건네주었는지 어떤지는 명확하지 않다. 여기서는 다만 혼다와 니토베 등의 목포 면작 상황 시찰이 농민군 지도자 유골의 일본으로의 반출, 즉 한국으로부터 홋카이도 대학으로 반출되는 경로로 활용되었을 가능성이 있다는 사실을 환기해 두고자 한다. 다만, 니토베의 경우, 앞에서 이미 설명한 바와 같이 1895년에 삿포로 인류학회를 창설했다는 점, 삿포로 농학교 시절의 사토 마사지로의 은사 가운데 한 사람이었다는 점, 삿포로 농학교를 떠난 뒤에도 사토 쇼스케 삿포로 농학교 교장과 교류가 지속되고 있었다는 점[57] 등에서 삿포로 농학교와 관계가 깊은 인둘이기 때문에 『최종보고서』 발표 후에도 그의 행적에 관한 조사는 계속되고 있다.

　사토 마사지로는 겸직 근무 명령을 받은 뒤부터 서울과 가까운 경기도 수원과 전라남도 목포 사이를 왕래하였을 것으로 생각되기 때문에 서울 근처에서 농민군 유골을 수수授受했을지도 모른다. 『경성신보』京城新報를 개제改題

한 『경성신문』京城新聞, 일본어신문58에는 사토 마사지로가 서울에 체재했다는 사실을 다음과 같이 보도하고 있다.

> 1908년 7월 17일자, "그저께 내경來京 파성관"
> 동 7월 21일자, "그저께 수원으로 귀임"
> 동 12월 8일자, "5일 입성入城 파성관"
> 동 12월 13일자, "11일 수원을 향해 출발"

한편, 홋카이도 대학 부속 중앙도서관 북방자료실에 소장되어 있는 『삿포로 농학교 동창회 보고』에는 농학교 졸업생들이 모교로 보낸 엽서를 자주 게재하였는데, 그 엽서들은 "만주·몽고·타이완·조선 등지에 거주하던 동창생들이 보낸 '요세가키' 여러 명이 함께 쓴 엽서-필자" 였다.59 그들 농학교 졸업생들은 외지에 나가 있었기 때문에 현지에서 옛 은사나 친구들을 맞이하여 접대하는 일도 자주 있었다. 또한, 사토 마사지로가 자신의 고향인 이와데현岩手縣 하나마키시花卷市로 귀성하던 도중에 삿포로에 들렀을 가능성도 고려할 수는 있으나, 편도 일정만으로도 며칠씩 걸리는 먼 거리이기 때문에 쉽사리 귀성을 할 처지는 아니었던 것으로 확인된다. 현재 시점에서 사토 마사지로가 삿포로에 들렀을 것이라는 사실을 시사하는 자료는 한 가지도 발견되지 않고 있다.

이상으로 전남 진도의 농민군 지도자 유골이 한국으로부터 반출되어 홋카이도 대학으로 반입되는 경로로는 다음과 같은 경로를 고려할 수 있다.

> 첫째, 목포의 하급 농업관리로 부임한 삿포로 농학교 19회 졸업생인 사토 마사지로佐藤政次郎 자신이 직접 삿포로 농학교로 보내는 경로
> 둘째, 앞에서 설명한 바와 같은 인맥佐藤政次郎 → 중개자 → 니토베 이나죠 등 삿포로

등을 포함한 다양한 경로를 생각할 수 있다. 그러나 이 같은 반입 경로 규명은 사토 마사지로와 관계가 있는 인물들을 일일이 조사해야 하는 번거로운 조사 과정을 수반하지 않으면 안 되었기 때문에 지금도 조사 작업을 진행하고 있는 중이다. 이 반입 경로 규명은 삿포로 농학교, 즉 홋카이도 대학을 중심으로 한 일본인들의 조선 인식, 조선과의 관계가 어떠했는가를 밝히는 중요한 문제이다.

7. 농민군 유골의 주인공은 과연 누구?

홋카이도 대학의 『중간보고서』1996년 4월는 「첨부문서」와 유골 표면에 쓰여 있던 사토 마사지로란 인물이 누구인가는 거의 밝혀 냈다. 그러나 농민군 지도자 유골의 주인공이 누구인지, 갑오년 12월 말 진도에서 살해된 수백 명의 농민군들이 누구에 의해 어떻게 살해되었지 그 구체적인 학살 과정에 대해서는 전혀 밝혀 내지 못했다. 이 같은 『중간보고서』의 문제점에 대해 필자는 1996년 5월 29일 동 대학 문학부에서 행해진 "동학농민혁명군 지도자 유해 봉환식" 때 있었던 기자회견 과정에서 엄중히 지적하였다. 또 동 봉환식장에서 한국 측 봉환단 대표인 한승헌 변호사*가 낭독한 「고유문-

---

* 한국 측 봉환단 대표는 오랜 기간 인권 변호사로 활동해 온 한승헌(韓勝憲) 변호사가 맡았다. 한 변호사는 당시 동학농민혁명 기념사업회이사장이기도 했다. 유골 사건 직후 한국에서는 동학을 계승한 천도교(天道敎) 측이 동학농민군 지도자 '유해' 를 인수하겠다는 의사 표명을 하는 등 몇 개의 관련 단체 사이에 '유해' 안치 장소, 봉환식 거행 절차를 둘러싸고 의견 대립이 있었다. 이 같은 대립 상황을 한변호사가 나서서 일원화하였으며, 또한

동학농민혁명 지도자로써 싸우다 순국하신 님께」와 봉환단과 함께 동행한 한 MBC가 제작한 다큐멘터리 「님은 누구십니까?」[60]에서도 역시 홋카이도 대학 조사위원회 측에 대해 농민군 지도자 유골의 주인공은 과연 누구이며, 이 유골을 포함한 진도 농민군들이 어떻게 살해당했는지 추가적인 조사를 해서라도 제대로 규명할 것을 강력하게 요청하였다.

1996년 4월의 『중간보고서』 공표와 유해 봉환 과정에서 드러난 문제점에 대한 반성을 토대로 홋카이도 대학 조사위원회의 제2차 한국 현지 조사1996년 7월가 이루어졌다. 제2차 한국 현지 조사는 농민군에 대한 일본군의 진압 과정, 진도 지역 농민군 지도자에 대한 조사가 중심이 되었다. 제2차 현지조사 때에는 준비 단계부터 진도의 향토사가 박주언 씨, 목포의 향토사가 이성렬 씨, 그리고 동학농민혁명 연구자인 필자가 전면적인 협력을 하는 동시에 한국 측의 관련 사료를 제공하였다.* 한일 공동으로 이루어진 제2차 한국 현지 조사를 진행하는 과정에서는 홋카이도 대학 조사위원회 조사위원인 이노우에 교수의 노고는 말할 것도 없거니와, 여러 분야에 걸쳐 두 나라 연구자들과 농민군 후손들로부터 사료를 제공받았다. 이 같은 조사 과정에는 또한 홋카이도 대학 문학부 대학원생과 한국 유학생도 참여하였으며, 홋카이도 대학 조사위원회 측 역시 농민군 진압과 관련한 일본 측 사료외교사료관, 국회도서관, 방위 연구소 도서관 자료 등를 한국 측 연구자 및 관련 단체에 전면적으로 제공하는 등 문자 그대로 공동 연구와 공동 조사가 이루어졌다. 그 결과,

한국 측과 홋카이도 대학 측 사이의 이견 조정도 담당하는 등 농민군 유골의 한국 봉환을 위해 여러 모로 진력하였다.

* 이 같은 협력은 1996년 5월의 농민군 지도자 '유해 봉환'이 성공적으로 이루어짐으로써 한·일 두 나라 연구자들 사이에 한일의 과거사에 대한 직시를 통해 바람직한 미래를 열어 가고자 하는 문제의식이 공유될 수 있었기 때문에 가능해졌다고 생각된다.

이상과 같은 커다란 성과들이 나올 수 있었다. 그러나 미해결의 과제 역시 만만치 않게 남아 있다. 미해결 과제에 대한 연구는 공식적인 조사가 종결된 지금도 조사에 참여했던 한일 두 나라 연구자에 의한 개별적 연구 형태로 계속 진행되고 있다.

8. 맺음말 - 농민군 유골 방치 사건에서 확인한 것들

한일 두 나라 연구자들의 조사를 통해서 1906년 9월 20일 전라남도 진도에서 농민군 지도자 유골을 채집한 사토 마사지로는 바로 1890년대 이후 조선 침략 및 식민 지배 정책을 이론적·실천적으로 뒷받침하고 있던 홋카이도 대학의 전신인 삿포로 농학교 출신자라는 사실이 밝혀졌다. 그러나 여전히 밝혀지지 아니한 문제도 많다. 아직 정확하게 밝히지 못한 문제들을 간추려 보면 다음과 같다.

① 사토 마사지로로부터 홋카이도 대학으로 농민군 유골이 반입된 구체적인 경로에 대하여 몇 가지 경로가 존재했을 가능성은 확인되었지만 관련 인물이 대단히 많고 사토 마사지로 자신이 일본으로 돌아온 흔적이 없다는 점에서 누군가 중개자가 있었을 가능성도 고려 중에 있다.
② 사토 마사지로가 '의도적으로' 농민군 유골을 '채집'하려는 생각을 가지게 된 결정적 계기에 대하여 농민군 지도자의 유골, 즉 사람의 '드개골'에 관심을 가졌다고 하는 사실은 사토 마사지로 본인이 인류학적 지식이나 관심을 가졌거나, 아니면 인류학에 관심을 가진 인물이 마사지로의 교유 관계 속에 포함되어 있었을 것이라는 사실을 시사한다. 특히, 사토 마사지로의 삿포로 농학교 시절의 은사인 니토베 이나죠 등이 삿포로 인류학회를 창설하고, 사람의 두개골 수집에 깊숙이 관련되어 있다는 사실은

매우 시사적이다.

③ 사토 마사지로가 조선朝鮮으로 건너오게 만든 배경은 어떤 것일까?

　　공식적인 조사가 종결된 현재도 개별 연구자 중심으로 진행 중인 조사에서는 삿포로 농학교 시절의 교육, 특히 삿포로 농학교 교장 사토 쇼스케로부터 수강한 『식민론』, 니토베 이나죠 등으로부터 수강했을 것으로 생각되는 『인종론』 강의로부터 영향을 받았을 가능성이 크다. 추가적인 조사가 필요한 부분이다.

④ 삿포로 농학교 시절부터 홋카이도 제국대학에 이르기까지 사람의 두개골에 대한 연구를 담당했던 해부학교실 및 인류학교실의 변천 및 표본 입수 경로 등

조사 대상이 된 세 명의 사토 가운데 '군산의 사토' 역시 조선과 관계가 깊은 인물로 특히 미곡 수탈 구조 속에서 두드러진 역할을 하고 있다. 그 때문에 '군산의 사토 마사지로'가 비록 이번에 일어난 유골 방치 사건에 관련이 없다 할지라도 재조선 일본인 신분으로 조선 땅에서 저지른 침략 및 수탈 행위에 대한 책임으로부터 자유로울 수는 없을 것이다.

유골 방치 사건이 일본 국내는 물론이거니와 한국과 러시아 등으로 널리 알려지자 홋카이도 대학 문학부는 즉각 조사위원회를 설치하고 진상 규명에 착수하였다. 또한 관련 당사국의 요구에 따라 한국의 농민군 유골과 러시아의 윌타 민족 유골은 정중한 절차를 밟아 본국으로 봉환하고 해당국 정부 및 국민들 앞에 유골을 오랜 기간 방치해 온 잘못에 대해서 사죄했다는 점에서 평가할 만하다. 특히, 이 같은 사죄의 토대 위에서 전개된 한 · 일 두 나라 연구자들의 공동 조사, 공동 연구는 유골 방치 사건을 두 나라 간의 바람직한 미래를 위한 전향적 계기로 삼고자 노력했다는 점에서 종래보다 진일보하였다고 할 수 있다.

그러나 아직도 산적한 문제들이 많다. 한국 측이 농민군 유골 방치 사건이 지닌 문제의 심각성을 홋카이도 대학 전체 차원에서 인식하여 대응해 줄 것을 시종일관 강력하게 요구하였음에도 불구하고, 유골 방치 사건과 일정한 관련이 있는 것으로 확인된 농학부, 이학부, 의학부 등이 문학부에 의한 공식조사가 종결되는 순간까지 철저하게 비협조적으로 일관했던 사실은 결코 망각해서는 안 될 중대한 문제이다. 홋카이도 대학 체재 시절에 필자는 일본의 구舊제국 대학을 계승하고 있는 7개의 국립대학 박물관에 식민지 시대에 반출된 한국인의 두개골이 500구 이상 '표본'으로 정리되어 있는 사실을 확인한 바 있다.[61] 그리고 이들의 상당수가 불법적인 방법으로 반출된 사실도 확인하였다. 따라서 현재 일본 국립대학 박물관 안의 한국인 두개골 표본들은 그것이 비록 표본으로 등록되어 있다고 할지라도 그 수집 및 반출 과정이 수탈이나 다름없는 방법으로 이루어졌다고 단언할 수 있다.

농민군 유골 방치 사건이 일어난 홋카이도 대학의 경우, 특히 의학부가 문제이다. 동 대학 의학부에서는 사람의 두개골을 연구 재료로 삼기 위해 1945년 이전 인류학자 고다마 사쿠자에몬兒玉作左衛門, 1895~1970 등이 중심이 되어 아이누 민족 두개골을 대량으로 수집한 적이 있으며, 현재도 1천 구 이상의 아이누 민족 인골이 의학부 표본고에 안치되어 있다. 홋카이도 대학 의학부는 여전히 농민군 유골 방치 사건과 의학부 표본고에 안치된 인골과는 아무런 직접적인 관계가 없다고 주장하고 있다. 그러나 그 같은 견해는 어디까지나 의학부의 일방적인 주장일 뿐 아이누 민족이나 관련 시민단체들은 의학부 주장에 대해 강한 의문을 제기하고 있다.[62] 따라서 이번 농민군 유골 방치 사건은 향후, 어떤 형태로든 과거 홋카이도 대학 의학부를 비롯하여 구舊 제국대학의 전통을 잇고 있는 일본 내 국립대학들에 의해 이루어진 인골 수집 방법의 문제나 인골을 조사 연구 대상으로 삼은 데 따른 책임 문제를 재검토하는 계기가 될 것이다.

19세기 말 동아시아 전쟁에 대한
일본인들의 왜곡된 기억

- 동학농민혁명과 청일전쟁을 중심으로

1. 머리말 : 이시하라의 '화려한' 등장, 그 심층의 해부

2003년 4월 13일, 일본에서는 통일지방선거가 실시되어 현직의 이시하라 신타로石原愼太郎 도쿄도東京都 지사가 재선에 성공했다.[1] 70%의 득표율이라는 도쿄도 지사 선거 역사상 최고의 득표율을 올린 이시하라 신타로는 도대체 누구일까? 그의 과거를 잠시 살펴보기로 한다.

이시하라 신타로는 2000년 4월 '제3국인'* 발언으로 일본 국내·외에 커다란 파문을 던졌던 대표적인 극우 정치인 가운데 한 사람이다. 그가 정치인으로 화려하게 등장한 것은 최근 일본에서 심화되고 있는 우경화右傾化=신군국주의화 현상, 수정주의적 역사관=자유주의 사관의 등장, 역사교과서 왜곡 문

---

* 2000년 4월 9일 육상자위대 제1사단 기념식 식전에서 이시하라는 다음과 같이 발언하였다. "백인들의 입장에서 본다면, 일본인만이 유색인종 가운데 유일하게 훌륭한 근대국가를 만들었다는 것 그 자체가 의외의 일이었겠지요. 그 때문에 우리 일본을 대단히 위험시했던 미국은 저 일그러진 헌법(1946년에 공포된 일본의 평화헌법; 인용자주)에서 상징되는 바와 같이 일본의 해체를 도모하여, 유감스럽게도 그 결과가 오늘날 노정되고 있다는 사실을 그 누구도 부정할 수 없다고 생각합니다. (중략) 오늘의 도쿄를 돌아보게 되면 불법 입국한 수많은 삼국인(三國人)·외국인들이 대단히 흉악한 범죄를 되풀이하고 있습니다. 다."(『世界 第696號 別冊: 歷史敎科書 問題』, 岩波書店, 2001年 12月, 195~196쪽)

제 등과 불가분리不可分離의 관계에 있다.

일본에서는 현재 이시하라 신타로를 포함한 우익들의 역사 인식이 점점 더 위험스런 수준에 이르고 있다. 예를 들면, 그들은 19세기에 조선과 중국을 침략했던 청일전쟁에 대해서 "국위가 크게 신장되고, 서양 각국으로 하여금 일본의 진가를 새롭게 인식하게 만든 전쟁"[2]이라고 이해하고 있다. 또한 그들은 거품경제 붕괴 이래로 장기적인 불황에 허덕이는 현대 일본을 구하기 위해서는 '좋았던 시대'인 메이지 시대의 청일·러일 전쟁 때의 승리의 영광을 재현할 것을 꿈꾸고 있다.

그런데 이시하라 신타로로 대표되는 일본의 우경화 현상이 최근에 갑자기 나타난 현상이 아니라는 데 그 심각성이 있다. 1945년 8월 15일 연합국에 무조건 항복한 일본은 미국과 전후 처리 문제를 둘러싼 협상 과정에서 교묘한 전술을 구사한 결과,[3] 천황天皇의 전쟁 책임에 대한 면책을 얻어 내는 데 성공했다. 그 이후로 일본 정부는 천황의 전쟁 책임 면책을 근거로 삼아 일본의 침략 전쟁 때문에 막대한 피해를 입은 한국·중국을 비롯한 아시아 각국에 대해 지금까지 단 한 번도 자국의 전쟁 책임 문제에 대해 '명확한' 태도를 표명하지 않았다.* 이 때문에 일본 내의 진보적인 역사가·지식인들의 노력에도 불구하고, 일본에서는 1945년 이전의 천황제天皇制를 근간으로 하

* 1945년 8월 15일 연합국에 무조건 항복한 이래, 전쟁 책임을 방기하고 있는 일본의 태도를 극명하게 보여 준 사건이 바로 1995년 6월 9일 일본 국회 중의원(衆議院)에서 이루어진 '전후 50년 결의'이다. 일본이 일으킨 침략전쟁(1894년 청일전쟁에서 1941년 태평양전쟁까지)으로 희생당한 아시아인은 2천만 명 이상에 달한다. 그럼에도 불구하고 '전후 50년 결의'는 "조선과 중국을 비롯한 아시아 여러 나라를 침략한 것은 서양의 다른 여러 나라들도 했던 '세계 근대사에 있었던 수많은 식민지 지배·침략 행위'와 동일한 것이므로, 일본만이 특별히 책임을 져야 하는 것은 아니다."라고 결의하였다.(中塚明, 앞의 책, 1997, 233~234쪽)

는 군국주의 사상이 극복되지 않은 채 지금까지 온존되어 왔다. 극우 정치인 이시하라 신타로의 '화려한' 등장 배경에는 현대 일본인들의 심성 속에 남아 있는 군국주의 사상과, 군국주의 일본에 의해 침략으로 점철되고, 그 침략으로 점철되어 온 역사를 왜곡하여 오히려 '좋았던 시대'로 기억하고 있는 현대 일본인들의 '병든' 역사 인식이 자리하고 있는 것이다.

이 논문은 이시하라 신타로로 대표되는 현대 일본인들의 동학농민혁명과 청일전쟁에 대한 기억을 중심으로, 그 잘못된 기억의 '뿌리'를 규명하는 것을 목적으로 한다. 구체적으로는 첫째, 최근 그 심각한 왜곡이 문제시되었던 '새로운 역사교과서를 만드는 모임'이 간행한 『새로운 역사교과서』[4]를 중심으로, 현대 일본인들의 동학농민혁명 및 청일전쟁에 대한 '왜곡된' 기억의 실상을 검토한다. 둘째, 이 같은 현대 일본인들의 동학농민혁명과 청일전쟁에 대한 왜곡된 기억의 형성 과정을 동학농민혁명 및 청일전쟁 종결 직후 편찬된 역사교과서, 전사류, 연구서 등을 예로 들어 해명한다. 셋째, 동학농민혁명과 청일전쟁에 대한 일본인들의 왜곡된 기억 형성에 결정적인 계기를 제공한 것으로 알려지고 있는 청일전쟁 최초의 무력행사인 '조선 왕궁 점령 사건'의 진상을, 1994년 봄 일본 후쿠시마현福島縣 현립도서관 사토문고佐藤文庫에서 발견되고,[5] 2002년 8월 한국의 신문 지상에 최초로 공개된[6] 「일청전사 초안」日淸戰史 草案에 근거하여 검토한다. 끝으로 네 번째는 1894년 당시 조선의 지식인 및 민중들은 조선 왕궁 점령 사건에 대해 어떻게 인식했으며, 그 같은 인식이 1894년 이후 어떻게 전승·기억되어 왔는지를 해명해 보고자 한다.

2. 『새로운 역사교과서』에 나타난 동학농민혁명과 청일전쟁

2001년 6월 일본에서 간행된 『새로운 역사교과서』는 문부성 검정 단계에서부터 일본 국내외로부터 그 심각한 왜곡을 우려하는 비판에 봉착했다. 그 결과 이 교과서는 문부성 검정 과정에서 이미 1백 수십 개소 이상을 수정하여 가까스로 검정을 통과했다. 그러나 이 검정 통과본 역시 왜곡이 심하여 교육 현장을 비롯한 시민단체들의 격렬한 채택 반대 운동에 직면하였으며, 그 결과 채택률은 불과 0.039%521개 학교에 그친 것으로 확인되고 있다.[7] 문제는 1996년에 검정을 거쳐 1997년부터 사용된 종래의 교과서에 비해 역사 왜곡의 정도가 심각한 『새로운 역사교과서』가 문부성 검정을 통과했다는 사실이다. 이것은 현대 일본인들의 역사 인식이 2000년대 들어와 크게 후퇴하고 있음을 보여주는 구체적인 사례라 할 수 있다. 예를 들면, 1997년도 사용 역사교과서에 처음으로 등장했던 '종군위안부'에 관한 기술이 『새로운 역사교과서』를 비롯한 2001년도용 역사교과서에서는 대부분 삭제되었으며, '조선인 강제 연행'에 관한 기술도 모두 삭제되었다.[8] 동학농민혁명과 청일전쟁 관련 기술 역시 과거에 비해 크게 후퇴하거나 왜곡된 기술이 다수 등장하게 된다.

일본인들의 역사 인식이 후퇴하고 있는 사실을 확인하기 위해 먼저 『새로운 역사교과서』 등장 이전인 1997년부터 널리 사용되어 왔던 중학교용 역사교과서[9]의 동학농민혁명과 청일전쟁에 관한 기술을 살펴보기로 한다.

일청전쟁

조선으로 세력을 넓히려고 했던 일본의 정책은 조선을 속국으로 여기는 청과 대립했다. 조선에서는 전제적 지배와 외국 세력의 진출에 반대하는 움직임이 높아져 1894년 조선 남부에서 동학을 신앙하는 사람들을 중심으로 농민 반란이 일어났다甲午農民戰爭 조선 정부의 요청으로 청국 군대가 출병한 것에 대항하여 일본도 군대를 파견하게 되어 동년 7월 청일전쟁이 시작되었다. 전쟁은 조선과 남만주를 전장으로 삼아 전개되었다. 근대화에 뒤처져

있던 청국은 전투력을 발휘하지 못해 전쟁은 일본의 승리로 끝났다.[10]

한국의 입장에서 보면 매우 미흡한 기술이다. 청일전쟁 최초의 무력행사인 조선 왕궁 점령 사건에 대해 전혀 언급이 없는 점, 조선과 중국에 대해 일본이 저지른 침략 행위에 대한 구체적 기술이 없는 점 등 허점 투성이이다. 그렇다면 『새로운 역사교과서』는 동학농민혁명과 청일전쟁에 대해 어떻게 서술하고 있을까? 관련 부분을 인용한다.

일청전쟁과 일본의 승인勝因

1894년메이지 27 조선 남부에서 동학의 난갑오농민전쟁이라고 불리는 농민 폭동이 일어났다. 동학당은 서양의 기독교서학에 반대하는 종교동학를 신앙하는 집단이었다. 그들은 외국인과 부패한 지방 관리 추방을 목적으로 한때는 수도 한성현재의 서울을 위협하는 기세를 보였다. 얼마 되지 않는 병력밖에 가지지 못한 조선은 청나라에 진압을 위한 출병을 요청하였는데, 일본도 갑신정변 뒤 청나라와의 합의천진조약에 따라 군대를 파견하여 일청日淸 두 나라 군대가 충돌하여 일청전쟁이 시작되었다. 전장은 조선 외에 남만주 등으로 확대되어 육전에서도 해전에서도 일본은 청나라에 압승하였다. 일본의 승인勝因으로는 훈련된 군대, 규율, 새 병기와 장비가 우수했던 점을 들 수 있으며, 그 배경에는 일본인이 자기 나라를 위해 헌신하는 '국민' 이 되어 있었다는 사실이 있다.[11]

위 두 교과서 내용을 비교하면, 전자와 후자의 차이가 명백하게 드러난다. 전자에 비해 후자가 동학이나 동학농민혁명에 대해 훨씬 더 부정적인 기술을 하고 있음을 확인할 수 있다. 구체적으로 지적하자면 후자는 전자에 없는 '동학의 난' , '폭동' 등의 표현을 빌려 동학농민혁명을 묘사하고 있다.

이 같은 용어들은 다분히 동학농민혁명의 의미를 폄하하는 표현들이다. 또 후자는 일본의 군대 파견에 대해 "일본도 갑신정변 뒤 청나라와의 합의에 따라 군대를 파견하여"라는 긴 설명을 늘어놓으며 일본의 군대 파견 이유를 합리화함으로써 침략 의도를 애써 숨기려 하고 있다. 뿐만 아니라, 청일전쟁 승리 요인을 설명하는 부분에 이르러서는 "일본인이 자기 나라를 위해 헌신하는 '국민'이 되어 있었다."고 서술함으로써 일본이 저지른 침략전쟁을 긍정하는 태도마저 보이고 있다. 청일전쟁을 도발하기 위한 전초전으로 일본군이 국제법을 위반하면서까지 조선 왕궁을 불법으로 점령했던 사실이라든지, 조선 남부에서 일본군이 불법으로 동학농민군 수만 명을 학살했던 사실, 또는 아산 앞바다에서 청군 군함을 기습하여 격침해 놓고서 물에 빠진 청국 병사들을 그대로 방치함으로써 익사하게 만든 사실, 그리고 청국의 여순旅順 반도에서 청국의 민간인들을 대량 학살한 행위에 관해서는 어디에도 언급이 없다. 이 같은 기술은 이미 앞에서 지적한 바와 같이 청일·러일전쟁을 좋았던 시대로 기억하려는 일본 우익들의 왜곡된 역사 인식과 그대로 일치한다. 이처럼 과거 일본이 저지른 침략 전쟁을 공공연하게 긍정하는 『새로운 역사교과서』의 등장에 대해, 일본의 역사교과서 왜곡에 대해 오랜 기간에 걸쳐 비판 및 반대운동을 전개해 온 타와라 요시후미俵義文는 다음과 같이 구체적으로 그 문제점을 지적하고 있다.

> 첫째, 역사학의 연구 성과를 무시하고 '역사는 과학이 아니다.'라고 단정
> 둘째, 일본의 헌법, 교육 기본법을 정면에서 부정
> 셋째, 일본의 아시아 침략 전쟁을 '자위전쟁' '아시아해방전쟁'이라고 위장
> 넷째, 남경대학살 등 일본의 가해加害, 전쟁 범죄를 부정
> 다섯째, 전쟁 그 자체를 긍정
> 여섯째, 아시아 제諸 민족을 멸시하고 식민지 지배를 정당화

일곱째, '천황 중심의 신의 나라'라는 역사관을 심는 것을 목적으로 함

여덟째, 일본 국가, 일본 문명의 우수성을 과도하게 강조함[12]

타와라가 지적하고 있는 이 같은 문제점들은 『새로운 역사교과서』 간행이 일회적이거나 역사교과서라는 하나의 문제에 국한되는 단순한 것이 아니라, 일본에서 일고 있는 우경화 현상과 깊숙하게 관련되어 있는 동시에, 1894년 이래 계속되어 온 동학농민혁명과 청일전쟁에 대한 왜곡된 기억을 청산하지 못한 근대 일본의 역사와 깊숙하게 관련되어 있다는 데 그 심각성이 있다. 여기에 대해 나카츠카 아키라中塚明 교수는 다음과 같이 지적한다.

일본 정부는 1945년 이후 새로 제정된 헌법을 통해 겉으로는 평화와 민주주의, 인권을 외치고 있지만, 다른 한편으로는 그것들을 공동화空洞化하려는 움직임을 계속해 왔습니다. 역사교육 분야에서는 교과서 검정제도를 통해 일본이 아시아 여러 나라를 침략했던 사실을 숨기려는 노력을 다양한 방법으로 획책해 왔다는 사실은 주지周知의 사실입니다.

이 같은 상황을 배경으로 삼아 1995년경부터는 특히 자민당自民黨과 자민당 외의 다른 보수정당 내부에서 공공연한 '우경화' 움직임이 나타나기 시작합니다. 자민당 내의 역사검토위원회가 펴낸 『대동아전쟁의 총괄』1995년 8월 15일 발행은 그 전형적인 움직임의 하나입니다. 이 검토위원회는 자민당 내에 있던 '영령들께 보답하는 의원협의회', '유가족의원협의회', '모두 함께 야스쿠니 신사에 참배하는 국회의원 모임' 이상은 이른바 야스쿠니신사 관련 세 단체임을 모체로 하여 만들어진 것입니다. 위원으로는 중의원衆議院 의원 76명과 참의원參議院 의원 29명 등 모두 105명이 이름을 나란히 하고 있습니다. 20회나 열린 이 검토위원회 회의에 강사로 출석하여 강연을 한 '학자' 가운데는 금번 후쇼샤扶桑社가 출판한 역사=『새로운 역사교과서』 및 공민교과서 집필에 주

도적인 역할을 했던 니시오 칸지西尾幹二와 니시베 스스무西部邁, 다카하시 시로高橋史郎 등도 있습니다. 중략 위의 『대동아전쟁의 총괄』을 펴낸 검토위원회 회의는 일본의 우경화에 동조하는 자민당을 중심으로 하는 보수 정치가 2세 의원들에게 2차대전 당시의 천황제 군국주의 사상을 확실하게 계승하도록 만들고자 하는 책략이었다고 말할 수 있을 것입니다.[13]

이상과 같이 역사에 대한 왜곡된 기억을 조직적으로 공공연하게 끊임없이 재생산해 내고 있는 일본인들의 잘못된 역사 인식은 어디로부터 유래하는 것일까? 그리고 그 왜곡된 기억의 뿌리는 어디에 있는 것일까? 다음 장에서는 현대 일본인들의 역사에 대한 왜곡된 기억의 뿌리를 동학농민혁명과 청일전쟁을 중심으로, 그 중에서도 특히 청일전쟁 관련 최초의 무력 행사이자, 제2차 동학농민혁명의 직접적 계기로 작용한 일본군의 조선 왕궁 점령 사건을 중심으로 고찰하기로 한다.

3. 동학농민혁명과 청일전쟁에 대한 일본인의 왜곡된 기억

청일전쟁 연구자인 후지무라 미치오藤村道生에 따르면, 청일전쟁에는 세 가지 국면이 중층적으로 자리하고 있다.[14] 조선에 대한 종주권을 배제하기 위하여 청국과 무력 투쟁을 벌이는 제1 국면과, 서양 열강의 조선 및 청국 분할 정책에 맞서서 열강과 경쟁하려 했던 제2 국면, 그리고 일본의 침략에 맞서 싸운 조선 및 청국 민중들을 탄압했던 제3의 국면이 그것이다.[15] 후지무라가 지적하고 있는 제3의 국면 속에 동학농민혁명이 포함되어 있다.

중층적 구조를 지닌 청일전쟁의 진상을 규명하려는 연구는 일본에서는 적어도 1945년 이전까지 공식적으로 엄격하게 금지되어 왔다. 연구의 자유가 허락된 1945년 이후에도 청일전쟁의 진상을 정확하게 규명하고자 하는 연구가 충분히 진전되었다고 보기는 어려운 실정이다.

그리하여 현재 대다수 일본인들은 청일전쟁은 "조선의 독립을 지키기 위해 싸운 전쟁"이라고 기억한다. 우리나라와 이웃 중국인들이 청일전쟁을 "후발 제국주의 국가 일본이 조선을 장악하기 위해 일으킨 침략 전쟁"이라고 기억하는 것과는 판이한 인식이다.

또한 일본인들은 '조선의 독립'을 위해 싸운 청일전쟁 최초의 무력 행사가 청국 군대가 아닌 조선의 군대와 조선 왕궁을 향한 것이었다는 사실에 대해서는 거의 알지 못한다. 그렇다면 왜 일본인들은 동학농민혁명 및 청일전쟁에 대해서 왜곡된 기억만 가지고 있는 것일까? 그리고 그 왜곡된 기억은 언제부터 시작되었으며, 어디로부터 유래하는 것일까? 그것은 이미 지적한 바와 같이 청일전쟁 당시부터 일본 정부 당국과 군부가 조직적으로, 그리고 장기 지속적으로 자행해 온 역사적 사실의 축소·왜곡·위조에 기인하는 동시에, 그 같은 일본 정부의 역사 위조를 아무런 비판 없이 방관해 오면서, 위조된 사실을 일본 국민들에게 일방적으로 선전해 온,[16] 일본의 언론 및 저널리스트들의 잘못된 역사 인식에도 한 원인이 있다.

오늘의 일본인들의 동학농민혁명 및 청일전쟁에 대한 왜곡된 기억의 뿌리 가운데 첫째는 1894년 8월 1일 일본 천황의 청일전쟁 선전조칙宣戰詔勅이다. 1894년 당시 천황의 선전조칙은 청일전쟁의 목적을 "제국=일본이 솔선해서 여러 독립국의 대열에 들게 한 '조선의 지위'와 그것을 표시하는 조약을 업신여기는 청조淸朝 중국의 잘못된 욕망 때문에 일본은 부득이 전쟁을 하지 않을 수 없다."라고 표현하고 있다. 이 선전조칙은 일본이 먼저 도발하여 일으킨 청일전쟁을 마치 조선을 독립을 지키기 위한 전쟁인 것처럼 호도하고 있다. 왜곡된 기억의 뿌리가 된 두 번째 근거는 1894년 8월 26일에 조인된 '대일본·대조선 양국 맹약'이다. 양국 맹약 제1조는 "이 맹약은 청국 군대를 조선의 국경 밖으로 철퇴시켜 조선국의 독립 자주를 공고히 하고 조일朝日양국의 이익을 목적으로 한다.''라고 명시하여 청일전쟁을 "조선의 독립을 지키기 위해 싸운 전쟁''이었음을 강조함으로써 동학농민혁명 및 청일전쟁에 대한 일본인들의 왜곡된 기억 형성에 기여한다.[17] 세 번째로 청일전쟁이 "조선의 독립을 위해 싸운 전쟁''이었다고 기억하는 일본인들은 당연히 청일전쟁 최초의 무력 행사는 1894년 7월 25일의 풍도豊島 해전이었다고 기억한다. 물론 이 같은 기억은 왜곡된 기억이다. 실제로 청일전쟁에서 일본군에 의해 이루어진 최초의 무력 행사의 상대국은 청국이 아닌 조선이었으며, 청국 군대가 아닌 조선의 국왕이 거처하는 왕궁을 향해서였다. 그런데도 일본인들은 일본군 최초의 무력 행사를 '조선 왕궁 점령'이 아닌 풍도 해전으로 잘못 기억하고 있는 것이다. 이렇게 된 배경에는 역사적으로 뿌리 깊은 일본의 역사 왜곡과 날조가 자리하고 있다. 여기서는 역사교과서, 전사戰史류, 연구서 가운데 대표적인 것들을 중심으로 왜곡된 기억의 뿌리들을 추적해 보고자 한다.

1) 『소학 일본역사』小學 日本歷史 최초의 국정교과서

이 교과서는 러일전쟁을 눈앞에 둔 1903년 일본의 의무교육 과정에서 최초로 문부성이 펴낸 국정교과서이다. 이 교과서에 실린 동학농민혁명 및 청일전쟁 관련 기술을 보자.

> 전략 메이지 27년 조선에서 동학당의 난이 일어났다. 그 세력이 성대하여 청국은 속국의 난을 구한다고 칭하며 천진조약을 어기고 제멋대로 군대를 아산으로 보냈다. 이에 우리나라=일본도 또한 공사관과 우리 거류민 보호를 위해 군대를 조선으로 보냈다. 이리하여 동년 7월 우리 군함이 풍도 앞바다에서 청함에게 요격을 받아 비로소 해전을 시작했다. 이어서 육군도 청병과 성환·아산에서 싸웠다. 이에 8월에 천황이 선전조칙을 내려 마침내 청국 정

토의 군대를 발하였다. ^{중략} 이 전쟁에서 승리함에 따라 우리 국위가 크게 오르고 서양제국으로 하여금 우리나라의 진가를 잘 알게 하였다.[18]

이 교과서의 기술 내용에는 조선 왕궁 점령 사건에 대해서 전혀 언급이 없다. 풍도 해전에 대해서만 간단하게 언급하고 있을 따름이다. 또 청일전쟁 과정에서 일본이 조선과 청국에 대해 자행한 침략 행위에 관한 기술 역시 그 어디에서도 찾아볼 수 없다. 여기에는 오히려 청국이 조약을 먼저 어기고, 청국이 먼저 도발한 것처럼 기술되어 있다. 특히 조선 왕궁 점령 과정에서 일본군이 저지른 불법 행위에 대해서는 전혀 언급이 없다. 그뿐만 아니라, 일본의 침략에 맞서 조선의 민중과 농민군들이 벌였던 항일 투쟁에 대해서도 언급이 없다. 오직 청일전쟁이라는 최초의 대외 침략 전쟁에서 승리한 전승국 일본의 국위가 국제적으로 크게 신장되었다고 칭송하는 기술만이 있을 뿐이다. 나카츠카 교수에 따르면,[19] 1903년 일본 역사교고서가 국정교과서로 최초로 간행된 이후 지금까지 다섯 차례 그 내용이 개정되었지만, 일본이 자행한 침략에 관한 역사적 사실이나 조선·청국의 인민들이 벌였던 자주적인 민족운동에 대해서는 그 맹아적 사실조차 가르친 적이 전혀 없었다고 한다. 이것은 일본 최초의 역사 국정교과서가 바로 동학농민혁명 및 청일전쟁을 비롯한 과거 침략의 역사에 관한 일본인들의 왜곡된 기억의 뿌리임과 동시에, 일본의 역사교과서가 바로 과거사에 대한 왜곡된 기억을 끊임없이 재생산해 내는 원천임을 반증하는 것이라 할 수 있다.

2) 『메이지 이십칠·팔년 일청전사』 ^{일본 육군참모본부편, 1904~1907}

이 『메이지 이십칠·팔년 일청전사』 ^{이하 『공식 전사』라 칭함}는 청일전쟁이 끝난 다음 해인 1896년 2월부터 편찬에 관한 구체적 논의가 이루어지기 시작하였으며, 육군참모본부가 그 사업을 맡아 1904년에서 1907년에 걸쳐 전 8권,

부도附圖 2권이라는 방대한 분량으로 간행한 것이다. 청일전쟁에 관한 일본군 최초의 『공식 전사』戰史라는 점에서 주목할 만한 가치가 있다고 하겠다. 그런데 이 『공식 전사』 제1권에 조선 왕궁 점령 사건에 대한 비교적 상세한 기술이 들어 있다. 일본어로 약 8백 자 정도의 기술이다. 약간 길지만 대단히 중대한 의미를 갖는 내용이므로 그 핵심 내용을 인용하기로 한다.

전략 최근 한정韓廷이 갑자기 강경한 태도를 취하여 우리 일본 측의 요구를 거부하고 있고, 조선 인민들도 청국 군대 증발 또는 입경 소문에 의지하여 점점 불손해져서 사태가 매우 쉽지 않게 되므로 중략 이에 따라 혼성여단장은 보병 제21연대 제2대대와 공병 1개 소대를 왕궁 북방산지로 이동시켜 막영하려고 하였으며, 특별히 인민의 소요를 피하기 위해 1894년 7월 23일 새벽 이전에 위의 여러 군대를 경성으로 투입하였던 바, 진격 도중 왕궁 동쪽을 통과하려고 하자 왕궁 수비병과 그 부근에 주둔하고 있던 한병韓兵이 돌연 우리 군대를 향해 사격하므로, 우리 군대 또한 급작스럽게 응사 방어하였다. 또한 이 규율 없는 한병을 경성 바깥으로 물리치지 않는다면 언제 어떤 사변을 다시 일으킬지 예측할 수 없으므로 마침내 왕궁으로 들어가 한병의 사격을 무릅쓰고 그들을 점차 북쪽 성 밖으로 내쫓고, 일시 그들을 대신해서 왕궁의 사방을 수비하였다. 야마구치山口 대대장은 이미 국왕이 옹화문雍和門 안에 있다는 소식을 듣고 부하들의 발포를 제지하고 국왕의 행재소로 향했다. 문 안에 있던 한병이 떼지어 소요하는 상황 속에서 한정의 관리와 교섭하여 그 무장을 해제한 뒤 우리에게 건네 주게 하고, 이어서 국왕에게 알현을 청해 양국 군대의 예기치 못한 충돌로 신금宸襟을 괴롭힌 점을 사죄하였으며, 또한 맹세코 옥체를 보호하여 결코 위해가 없도록 할 것임을 아뢰었다.[20]

위의 『메이지 이십칠·팔년 일청전사』 제1권의 내용은 동학농민혁명 및 청일전쟁에서 일본군이 행사한 최초의 무력 행사인 조선 왕궁 점령에 대한 일본 측의 공식 견해의 근거가 된 기술이다. 이 기술 내용 요지는 조선 정부와의 교섭* 진행에 따라 일본군이 왕궁 뒤편의 언덕에 진을 치기 위해 왕궁을 따라 진격하고 있을 때, 왕궁 주변에 배치되어 있던 다수의 조선 병사들이 일본군을 향해 발포했다. 그래서 일본군은 어쩔 수 없이 응전하였으며, 언제 다시 일으킬지 모를 조선 병사들의 사변으로부터 왕궁을 보호하고자 왕궁으로 들어가 왕궁을 수비하였다. 또한 국왕에게는 일본 정부에게는 조선을 침략하거나 국왕을 위해할 의도가 전혀 없다는 뜻을 보증했다는 것이다. 이 같은 『공식 전사』의 기술은 기본적으로 일본 정부의 공식 견하라 해도 좋을 것이다. 그 이유는 이 『공식 전사』의 내용과 조선 왕궁 점령 사건에 관한 조선 주재 일본공사의 보고1894년 7월 23일 오전 8시 10분 발신 내용과 그대로 일치하기 때문이다. 또한 이 공식 전사가 공식 간행된 이래, 모든 전사류의 기술들과 교과서, 연구서들이 공식 전사의 기술을 그대로 답습하고 있기 때문이다.

3) 『일청전역 국제법론』日淸戰役 國際法論 有賀長雄 著, 일본 육군대학교

그렇다면 일본인 학자들의 동학농민혁명과 청일전쟁에 대한 인식은 어떠했을까? 청일전쟁 직후, 청일전쟁 과정에서 일본군이 얼마만큼 국제법을

* 1894년 4월(음력 3월)에 일어난 동학농민혁명을 빌미로 조선에 불법 출병한 일본군은 6월에 접어들어 농민군과 조선정부군 사이에 화약이 체결되고, 그에 따라 농민군이 자진 해산하자 더 이상 조선에 주둔할 명분이 없어지게 되었다. 이에 일본은 일본군의 조선 주둔 명분과 청일전쟁 도발을 위한 명분을 만들기 위해 청국에 대해 청일 양국에 의한 '조선내정개혁안'을 제안하게 되고, 조선정부는 이 개혁안에 대해 내정간섭이라 하여 거부하고 있었다. 여기서 교섭이라 함은 당시 조선주재 일본공사 오토리 케이스케(大鳥圭介)가 조선정부로 하여금 개혁안을 수용하도록 강요하고 있던 상황을 가리킨다.

잘 지켰는지를 유럽의 국제법 학자들에게 전달하고자 프랑스 파리에서 프랑스어판_{그 뒤 다시 일본어로 번역 출판됨}으로 출판한 아리가 나가오_{有賀長雄}의 『일청전역 국제법론』에 실려 있는 조선 왕궁 점령 사건 관련 기술을 보기로 하자.

> 오토리 공사는 조선 정부에 대해 독립국임에 부끄럽지 않은 체면을 완수하려면 우선 아산에 주둔하는 청국 군대를 국외로 물리쳐야 한다고 요구하였다. 그러나 우유부단한 조선 정부가 몇 차례나 회답 기일을 어기므로 일본 공사는 병력을 이끌고 왕궁으로 들어가 결단을 촉구하였다. 그런데 한병이 공사의 병력을 습격하여 그들을 물리치니, 그것은 7월 23일의 일이었다.[21]

아리가 역시 조선 왕궁 점령 사건에 대해 왜곡된 기술을 하고 있다. 청일전쟁 당시 직업군인으로서 육군대학교에서 간부들을 교육시키고 있었던 아리가는 조선 왕궁 점령 사건의 진상에 대해 전혀 언급하지 않았다. 만일 그가 조선 왕궁 점령 사건의 계획 단계부터 실시에 이르기까지 그 자세한 경위를 몰랐다고 한다면, 그는 허위의 사실을 가르쳤을 것이다. 위의 아리가의 저술 내용은 군의 최고위 간부를 양성하는 교육 과정에서도 역사적 사실은 전혀 가르쳐지지 않았다는 사실을 뒷받침해 주는 사례라 하겠다.

4. 조선 왕궁 점령 사건에 대한 왜곡된 기억의 원천 - 사료 조작

청일전쟁 과정에서 벌어진 일본군 최초의 무력 행사가 전쟁 당사국 청국이 아니라, 일본이 그 독립을 지키기 위해 싸운다던 독립국 조선의 국왕이 거처하는 왕궁을 향해 자행된 이유는 무엇인가? 그리고 그 같은 조선 왕궁 점령 사건은 왜 일어나게 되었던가?

1894년 4월_{음 3월}의 제1차 동학농민혁명을 조선에 대한 주도권 장악을 위한 호기로 보고, 조선 정부의 강력한 반발에도 불구하고 8천 명 이상의 대규모 군대를 출병시켜 서울에 주둔시킨다.* "농민군의 위협으로부터 일본 거류민을 보호"하고, "조선 유사시 청국과 일본은 공동 출병한다."는 천진조약이 출병 이유였지만, 일본군 출병 이전이나 출병 직후를 막론하고 일본군에 의한 조선 왕궁 점령 사건이 일어나기 전까지 농민군이 일본인을 공격하거나 살상 행위를 한 사례는 현재 단 한 건도 발견되지 않고 있다.[22] 따라서 거류민 보호라는 일본 측의 출병 이유는 단지 출병을 위한 억지 구실에 지나지 않았음을 알 수 있다.

또한 5월 31일 전주성을 점령했던 농민군은 청일 양국 군대의 출병이라는 초유의 사태를 맞아 6월 10일음 5월 7일 정부군과 전주 화약을 체결하고 전주성에서 자진 철수·해산한다. 농민군의 자진 해산에 따라 청일 양국군이 조선에 주둔해야 할 이유, 즉 '조선 유사' 有事의 상황은 자연스럽게 해소되었다. 이에 조선 정부는 청일 양국에게 철병을 요구하게 되며, 조선 정부의 요청을 받은 청국은 일본을 향해 양국 군대의 '공동철병안'을 제안하였다. 그러나 1882년 임오군란에서 청국 군대에 패퇴한 이래, 조선에 대한 주도권 장악을 노리고 있던 일본은 청국의 공동철병안을 거부하는 한편, 일본군의 장기 주둔 구실을 마련하고 청국과의 전쟁 구실을 찾기 위해 양국이 공동으로 조선의 내정을 개혁하자는 '조선내정개혁안'을 청국에 제안하였다. 이 일본 측의 조선 내정 개혁 제안은 독립국 조선의 주권을 무시하는 행위일 뿐만 아니라, 당시 서양 열강이 묵인하고 있던 조선과 청국 사이의 전통적인 조공朝貢 관계마저 부정하는 것이었기 때문에 조·청 양국은 '조선내정개

---

* 6월 9일 오토리 공사가 인솔하는 육전대 420명이 인천에 상륙한 것을 시작으로, 6월말까지 인천, 부산, 원산을 거쳐 서울로 들어온 일본군의 수는 오시마 요시마사(大島義昌) 여단장이 이끄는 혼성여단 7천 명을 주력으로 하는 8천 이상의 대병력이었다.

혁안'을 완강히 거부했다. 양국 정부의 완강한 태도 때문에 진퇴양난의 지경에 빠진 일본은 어떻게든 청일전쟁의 구실을 마련하지 않으면 안 되었다. 이런 상황을 돌파하기 위해 일으킨 사건이 바로 7월 23일음 6월 21일 새벽 경복궁을 향한 일본군의 무력 행사, 즉 조선 왕궁 점령 사건*이었다.

일본군의 조선 왕궁 점령은 당시의 국제법을 명백히 위반한 불법 행위였다. 국제법을 무시한 행동이었기에 당시의 일본 정부 및 일본 군부는 사건 당시부터 진상의 은폐와 날조에 급급하고 있었다. 당시의 일본 언론 또한 정부 및 군부의 강력한 통제 아래, 이미 날조된 내용을 앵무새처럼 그대로 보도할 따름이었다. 조선 왕궁 점령 사건의 진상 날조는 7월 23일 오전 8시 10분경 당시 조선주재 일본공사였던 오토리 케이스케大鳥圭介가 일본 외상 무츠 무네미츠陸奧宗光에게 보낸 공식 전문電文에서부터 시작된다.

> 조선 정부가 본 공사의 전신電信에 설명되어 있는 제2의 요구에 대해 심히 불만족스런 회답을 했기에 어쩔 수 없이 왕궁을 포위하는 단연斷然한 조치를 취하였다. 본 공사는 7월 23일 이른 아침에 이 수단을 취했으며, 조선병이 일본병을 향해 발포하여 양쪽이 서로 포격하였다.[23]

이 전문이 바로 조선 왕궁 점령 사건에 대해 조선 주재 일본공사 오토리 케이스케가 1894년 7월 23일 오전 8시 10분에 일본 외상 무츠 무네미츠 앞으로 보낸 최초의 공식 전문 제1보이다. 지극히 간략한 보고에 지나지 않는다.

---

* 일본군에 의한 '조선 왕궁 점령 사건'은 한국에서는 '갑오변란', '경복궁 점령', 또는 '경복궁 쿠데타'라는 이름으로 알려져 있었지만, 그 진상은 최근까지도 정확하게 밝혀지지 않았다. 그러나 中塚明 교수의 『歷史の僞造をただす-戰史から消された朝鮮王宮占領-』(1997년)이 일본에서 간행되고, 필자에 의해 『1894년, 경복궁을 점령하라』(푸른역사, 2002년)라는 제목으로 국내에 번역 소개되면서 사건의 정확한 진상이 알려지게 된다.

오토리는 같은 날 오후 5시 조금 더 상세한 상황을 담은 전문을 보낸다. 오후 5시에 발신한 전문의 내용은 다음과 같다.

전략 대략 15분간 발포가 계속되었으나 지금은 모두 정밀靜謐; 조용하고 태평함 해졌다. 독판교섭 통상사무는 왕명을 받들고 와서 본 공사에게 참내參內; 왕궁으로 들어가 왕을 배알하는 것할 것을 청했다. 본 공사가 왕궁에 이르자 대원군이 몸소 본 공사를 맞이했다. 국왕은 국정 및 개혁에 관한 다른 일들을 도두 대원군에게 전임한다는 뜻을 말하고, 모든 일을 본 공사와 협의해야 할 것이라고 알렸다. 본 공사는 외국 사신들에게 회장回章; 외교문서을 보내 일한日韓 간 담판 과정에서 용산에 있는 우리 군대 일부를 경성으로 진입시킬 필요가 있어 오전 4시경 입경하여 왕궁 뒤 언덕에 진을 치기 위해 남문에서 왕궁을 따라 진격하는데, 왕궁 호위병과 길거리에 배치되어 있던 다수의 조선 병사가 군대를 향해 발포하므로, 우리 군대도 어쩔 수 없이 발포하게 되었으겨, 왕궁으로 들어가 국왕에게 일본 군대가 조선 군대를 대신하여 왕궁을 지키게 되었다고 알리고, 또한 일본 정부는 결코 침략 의도가 없다는 뜻을 보증하였다.[24]

조선 왕궁 점령 사건 당시에 조선 주재 일본공사가 일본 외상 앞으로 보낸 두 개의 전문의 요지를 요약하면 다음과 같다. 첫째, 먼저 발포한 쪽은 조선 병사들 쪽이며 조일 양국 군대 간의 충돌은 우발적이었고, 둘째, 양국 군대의 충돌은 15분에 지나지 않은 지극히 소규모적인 것이었으며, 셋째, 왕궁 점령은 조선병사들과의 충돌 과정에서 왕궁을 보호하기 위한 부득이한 조치에 지나지 않고, 넷째, 따라서 일본 측에게는 침략 의도가 전혀 없으며, 이 같은 일본 측의 입장을 조선 주재 외국 사신들에게도 널리 알렸다는 것이다.

일본군에 의한 조선 왕궁 점령 사건은 몇 개월 전부터 조선 주재 일본 공사관과의 협의 아래 주도면밀하게 준비되고 계획적으로 자행된, 국제법을 어긴 불법 행위에도 불구하고 오토리는 공식 전문을 통해서 그 진상을 왜곡 날조하여 보고하고 있다. 조선 왕궁 점령 사건에 대한 날조를 담은 전문 내용은, 당시의 각종 신문 및 전기류戰記類를 거쳐, 1904년 일본 육군 참모본부가 공식 간행하는 『메이지 이십칠·팔년 일청전사』에서 일단 정착을 보기에 이른다. 그리고 1945년 이후에 간행되는 전기류 및 최근의 청일전쟁 연구서에서도 그대로 답습되고 있는 실정이다. 그 결과 오늘의 일본인들은 "조선 왕궁 점령 사건은 먼저 발포한 조선 병사와의 우발적 충돌로 시작되었고, 일본군은 어쩔 수 없이 응전하여 왕궁으로 들어가 국왕을 보호했으며, 소규모 충돌 사건에 지나지 않은"[25] 사소한 사건으로만 기억하고 있다. 이 조선 왕궁 점령 사건이 제2차 동학농민혁명의 직접적 원인이 되어 수십 만 조선 민중이 항일 투쟁에 나서게 된 역사적 사실은 거의 망각하고 있는 것이 현실이다.

그렇다면 이 같은 일본의 공식 견해에 대해 의문을 제기하거나 비판적 시각을 가진 연구자들은 없었던 것일까? 조선 왕궁 점령 사건을 비롯한 동학농민혁명과 청일전쟁 전반에 걸친 진실을 규명하려는 연구가 없었던 것은 아니었다. 우선 앞서 언급했던 청일전쟁의 세 국면 가운데 제2국면, 즉 조선과 청국의 주도권 장악을 둘러싼 일본 정부와 열강과의 경쟁 국면에 대한 진실 규명의 노력이 무츠 무네미츠,* 시노부 세이자부로信夫淸三郎,[26] 다보하시 다케시田保橋潔,[27] 후지무라 미치오藤村道生[28] 등에 의해 시도되었다. 그러나 이들의 진실 규명 노력은 일본 정부 당국에 의해 금지되거나 제한되어,

---

* 1894년 당시 일본 외상이었던 무츠는 열강과의 경쟁을 강하게 의식한 가운데 전개했던 외교비사를 서술한 회고록 『건건록』蹇蹇錄을 1895년에 탈고했지만 간행금지 처분을 당하고 만다. 그의 회고록이 일본 정부의 공식 입장에 위배된다고 판단되었기 때문이다.

보통의 일본인들에게 청일전쟁의 진실은 거의 전달되지 못했다.

다음으로 청일전쟁의 제3국면, 즉 조선과 청국의 민중 탄압 및 학살 또는 조선과 청국 민중들의 자주적 항쟁에 대한 진실 규명 노력 없이 전혀 시도되지 않았던 것은 아니다. 야마베 겐타로山邊健太郎,[29] 나카츠카 아키라,[30] 후지무라 미치오,[31] 박종근朴宗根,[32] 히야마 유키오檜山幸夫[33] 등이 제3국면의 해명에 나섰다. 이들 연구자 가운데, 조선 왕궁 점령 사건의 진실에 대해 최초로 본격적인 문제 제기를 한 연구자는 박종근이었다. 그는 1982년에

> 일본군이 조선 왕궁을 점령한 데에는 첫째, 국왕 고종이 왕궁으로부터 탈출하는 것을 막아 포로로 삼기 위함이었으며, 둘째, 조선 정부로부터 청국 군대에 대한 '구축驅逐 의뢰'를 얻어 내기 위함이었고, 셋째, 민씨정권을 타도하고 친일 괴뢰 정권 수립을 꾀하기 위한 세 가지 목적이 있었다.[34]

고 지적하여 조선 왕궁 점령 사건의 진상을 전면적으로 새롭게 조명하였다. 박종근의 문제제기가 있은 뒤, 히야마는 일본군에 의한 조선 왕궁 점령 사건을 일본이 조선에 대해 일으킨 전쟁, 즉 조일전쟁朝日戰爭으로 보아야 한다고 주장하면서,[35] 조일전쟁 전후의 조선과 일본 간의 외교 문제를 자세히 검토하였다.

그러나 이들 연구자들이 애써 규명한 역사적 진실은 일본인의 동학농민혁명 및 청일전쟁에 관한 왜곡된 기억을 바로 잡는 데까지는 도달하지 못했다. 그 같은 사실을 상징적으로 보여 주는 사건이 바로 전前 도쿄교육대학 교수 이에나가 사부로家永三郎 씨가 제기했던 교과서 소송에 대한 일본 최고재판소의 판결이다. 1983년 당시 이에나가 교수는 문부성에 검정 신청을 한 『신일본사』에서 동학농민혁명 및 청일전쟁에 관해 다음과 같이 기술하였다.

1894년메이지 27 마침내 청일전쟁이 시작되었다. 그 다음 해까지 일본군의 승리가 계속되었지만 전장인 조선에서는 인민의 반일 저항이 여러 차례 일어났다.[36]

여기에 대해 교과서 검정을 담당한 문부성은 '조선에서 일어난 반일 저항'이라는 표현이 무엇을 가리키는지 알 수 없으며, 가령 특수한 연구서에서 발표된 내용이라도 계몽서로 널리 보급된 사항 이외에는 다뤄서는 안 된다면서 '전장이 됐던 조선에서는' 이하를 삭제할 것을 지시하였다. 이 같은 문부성의 지시에 불복한 이에나가家永 교수는 제3차 교과서 검정 소송을 제기하였고, 그 판결이 1997년 8월 29일 최고재판소 최종 판결을 통해 일단락되었던 것이다. 최고재판소 판결을 보면, 다섯 명의 재판관 가운데 두 명만이 문부성의 지시가 위법이라 했고, 다른 세 명은 문부성 측 지시를 정당하다고 지지함으로써 이에나가家永 교수는 결국 승소하지 못했다. 이 같은 최고재판소의 판결은 일본인들의 동학농민혁명 및 청일전쟁에 관한 정확한 인식이 아직까지도 지극히 불충분하다는 사실을 극명하게 보여 주는 사례라 할 것이다. 1894년 당시부터 일본 정부 및 군부, 언론 등에 의해 일상화되다시피 한 '역사의 날조'에 익숙해짐으로써, 날조된 역사를 오히려 역사적 진실이라고 믿어 버리는 왜곡된 기억의 구조 속에서 오늘의 일본인들은 살아가고 있다 해도 과언이 아닌 것이다.

5. 조선 민중들의 조선 왕궁 점령 사건에 대한 인식

그러면 조선 민중들에게 조선 왕궁 점령 사건은 어떻게 인식되어 왔을까? 1894년 7월 23일 국제법마저 위반하면서까지 조선의 왕궁에 대하여 불법적인 무력 행사를 자행한 일본은, 고종을 포로로 삼고 대신들을 협박하여 조선 정부군의 무장 해제를 강행한 다음, 대원군을 강제로 추대하ㅇ 친일 괴뢰 정권을 수립한다. 이 과정에서 조선 정부군은 새벽부터 오후 늦게까지 서울 전역에서 일본군에 저항, 치열한 전투를 벌였다. 그러나 근대적 전술 훈련과 근대식 무기로 무장한 일본군의 막강한 전력을 당하지 못한 조선 정부군은 당일 오후 늦게 모두 항복함으로써, 조선 정부는 일본군에 의해 완전 장악 당하게 된다.[37] 그렇다면 국가의 일대 변란이었던 조선 왕궁 점령 사건은 당시 조선 민중에게는 어떻게 기억되었을까가 궁금해진다. 왕궁 점령 사건에 대한 민중들의 기억을 대표하는 사례로는 다음의 두 가지 예를 들 수 있다. 첫째 제2차 동학농민혁명을 주도한 전봉준의 최후 진술이다.

> 귀국일본은 개화라 칭하고 처음부터 한마디도 민간에 전달한 일 없이, 또 한 고시문을 내는 일도 없이 군대를 이끌고 서울로 들어와 야반에 왕궁으로 쳐들어가 국왕을 놀라게 했다. 그 때문에 세간의 일반 서민들은 충군애국忠君愛國의 마음으로 분노를 이기지 못해 의군義軍을 모아 일본인과 싸우고자 한 것이다.[38]

이 진술에 나타나는 조선 왕궁 점령 사건에 대한 전봉준의 인식은 명확하다. 일본 정부 및 일본 군부가 왕궁 점령의 진상을 어떻게 날조하려 했든 간에, 전봉준을 대표로 하는 농민군들은 왕궁 점령 사태를 조선의 국권이 침략자 일본에게 유린당한 사건으로 인식하고, 침략자 일본군을 응징하려는 충군애국의 마음으로 재봉기를 하게 되었던 것으로 확인된다.

일본군의 조선 왕궁 점령을 침략으로 규정하여 재봉기를 준비하고자 하는 농민군들의 움직임은 북접北接, 즉 최시형을 중심으로 하는 교단 지도부의 영향력 아래에 놓여 있던 충청도 지역에서도 확인된다. 전봉준의 1C월음 9월 봉기보다 이른 시기인 8월 초음 7월 초 충청도 보은에서 농민군들이 '창의

倡義'=의병를 일으키려 했던 것도 왕궁 점령을 국가의 위기로 기억하는 동학 농민군들의 인식의 일단을 잘 보여 준다. 그 구체적 내용을 확인해 보기로 하자.

> 이달 초 2일1894년 7월 2일=양력 8월 2일 동학도 수백 명이 사각면 고승리思角面 高升里=현재의 報恩郡 炭釜面 高竹里 냇가에 모였다는 소문을 듣고, 그 소문이 사실인지 확인하여 효유하기 위해 몸소 군수가 그곳으로 가 보았더니 소문대로 동학도들이 이미 모여 있었다. 중략 이번 소요일본군의 조선 왕궁 점령 사건을 말함를 당하여 마땅히 창의倡義; 나라를 위해 의로운 군대를 일으킴를 해야 할 것이니 관가官家=군수가 이미 이곳으로 행차를 하였으니 우리들의 창의에 우두머리가 되어줄 것을 청하므로 군수가 대답하기를…. 이하 생략 39

이 내용은 조선 왕궁 점령 사건에 대한 농민군들의 움직임 가운데 가장 최초의 사례로 알려지고 있으며, 농민군 최고 지도자 전봉준의 움직임보다 거의 한 달 이상 앞선 사례로 확인되고 있다. 특히 주목되는 것은 이 같은 움직임이 이른바 북접 관내에서 나타나고 있다는 사실이다. 이 같은 사실은 조선 왕궁 점령 사건에 대해서 동학의 남·북접은 그 소속에 관계없이 공통된 인식과 대응을 보이고 있음을 증명한다고 하겠다.

둘째 조선 왕궁 점령 사건이 있은 두 달 뒤인 9월음 7월에 경상도 안동에서 서상철徐相轍이 의병을 일으키기 위해 돌린 격문을 들 수 있다. 격문의 일부를 인용한다.

> 호서충의 서상철 등은 특히 대의로써 우리 동토의 의군자 및 평민에게 포고합니다. 산에 올라가서 고함을 지르면 사면이 모두 호응하는데, 그것은 소리가 높거나 커서 그런 것이 아니라 그 소리를 들은 사람이 많기 때문입니다.

그러므로 집집마다 전달하여 일깨워 주시고, 또 모두 일체가 되어 돌려가면서 살펴보시기 바랍니다. 중략 변란變亂=조선 왕궁 점령 사건이 일어난 지 한 달이 지났으나 아직까지도 소문 한 번 내지 못하고 조용하기만 하니, 이것이 어찌 우리 열성조들이 오백년 동안 아름답게 길러온 의리라고 하겠습니까? 이 삼천리 강토에서 관을 쓰고 허리띠를 두르고 사는 마을에 혈기를 가진 사람이 한 사람도 없단 말입니까? 중략 조약을 들어 말하더라도 그것은 우리나라가 당연히 우리나라의 일을 한 것인데, 어찌 그들이 정해야만 하는 것읍니까? 그리고 우리 주상을 위협하고 백관을 핍박한 것과 호위병을 쫓아내고 무고武庫를 약탈한 것은 신민臣民들도 너무나 슬퍼하여 차마 말할 수가 없었습니다. 하략40

조선의 독립을 위한다면서 왕궁을 공격한 7월 23일의 일본군의 행위에 대해, 재야 유생 서상철 역시 일본이 저지른 명백한 침략 행위로 간주하고, 대신들과 지방 관리 가운데 봉기하는 사람이 없음을 개탄하면서 의병을 일으키고 있다.

위의 두 사례를 통해 농민군과 의병을 중심으로 한 조선 민중들의 조선 왕궁 점령 사건에 대한 기억의 구조의 일단이 드러난다. 전봉준으로 대표되는 농민군과 갑오 의병의 의병장 서상철은 왕궁 점령 사태를 민족적 위기 사태로 인식하고 있었던 것이다. 그리하여 그들은 조선 왕궁 점령 사건을 직접적인 계기로 삼아 민족적 위기 극복을 위해 정부를 대신한 전면적인 항일 투쟁에 나서게 된다. 일본 민중들이 일본 정부 및 군부에 의해 날조된 사실을 역사적 진실로 기억해 버리는 왜곡된 기억 구조로 매몰되어 갈 때, 조선의 민중들은 그와 반대로 외세 앞에 무력한 정부를 대신하여 민족적 위기 극복을 위한 항일 투쟁의 선봉에 서게 되는 것이다.

1894년 7월 23일의 조선 왕궁 점령을 일본에 의한 침략으로 규정하고 침략자 일본을 구축하기 위한 봉기를 일으킨 농민군과 유생들의 인식은, 그 뒤 매천梅泉 황현黃玹이 쓴 『매천야록』을 통해 사건에 대한 기억이 생생하게 살아난다. 관련 내용을 보기로 하자.

오토리 케이스케가 궁중을 범했을 때 평양병 5백 명이 때마침 호위에 임하고 있었다. 그들은 총을 연발하여 폭음을 울리며 사격했다. 협문을 통해 고종 임금이 머물고 있는 곳으로 간 오토리는 임금을 위협하여 '함부로 움직이는 자는 목을 베겠다.' 라는 뜻을 선고하도록 하였다. 병사들은 모두 통곡하며 총을 부수고 군복을 찢으며 도망했다. 모든 영營의 병사들 또한 서로 인솔하여 하도감下都監으로 모여 맹세하며 말하기를 "우리들은 병졸로 미천한 계급에 속하지만 모두 극진하게 나라의 은혜를 입고 있다. 지금 나라의 변이 이 지경에 이르러 궁중의 일을 알 수가 없게 되었다. 저들은=일본군 모든 영이 해산하지 않은 사실을 알면 반드시 감히 제멋대로 횡포한 일은 하지 못할 것이다. 만일 의외의 일이 일어난다면 다같이 결연히 죽기로 하자. 그러므로 대포를 담장 옆에 설치하여 방어하며 지킨다. 만일 일본 군대가 궁중에서 나와 장차 영을 탈취하려고 하면 영 내의 대포를 일제히 발사할 것이다."고 하였다.
오토리는 임금의 재가를 얻어 병사들로 하여금 병기를 버리게 하였다. 모든 영의 병사들이 분노하여 울부짖으며 소동을 피우고, 칼을 빼서 돌을 부수었다. 병사들의 곡성으로 마치 산이 무너진 듯했다. 중략 국가가 수백 년간 축적해 온 것이 하루아침에 없어졌다. 그리고 서울에는 단 한 명의 병사도 남아 있지 않게 되었다.[41]

황현은 당시 전라도 구례에 거주하면서 고종 원년1864년부터 융희 4년1910 까지 47년간의 역사를 자신이 보고 들은 대로 기록하여 이 『매천야록』을 남

졌다. 그러므로 여기에 등장하는 일본군의 왕궁 점령과 그에 따른 조선 병
사들의 저항 내용은 직접 목격한 것이 아닌 전해 들은 내용을 기록했을 가
능성이 높다. 이런 점에서 조선 병사들의 저항 모습은 역사적 사실과 다를
가능성도 있다. 그러나 황현의 기록은 일본군의 조선 왕궁 점령에 대해 조
선 병사들을 비롯한 당시 조선 지식인 및 민중들의 분노가 위와 같은 형태
로 조선 각지에 널리 퍼져 있었을 것이라는 사실을 추측하게 해 주는 기술
이라 판단된다. 또한 황현의 『매천야록』에 기술되어 있는 내용은 1894년 이
후 조선 민중들의 동학농민혁명 및 청일전쟁에 관한 기억 형성의 근간이 되
었을 가능성도 어렵지 않게 짐작할 수 있다.

요약하자면, 일본군에 의한 불법적인 조선 왕궁 점령은 조선의 경우 당초
부터 전봉준을 비롯한 농민군·재야 유생·지식인 및 일반 민중할 것 없이
모두 명백한 침략 행위로 인식하고, 침략자 일본 군대를 구축해야 한다는
데 공감하고 있었다. 이 같은 인식은 1894년 7월 23일 이후 전개되는 조선
민중들의 항일 투쟁의 원천으로 자리 잡아 갔다고 보아도 무방할 것이다.

6. 맺음말 : 과거사에 대한 한일 민중들의 공통된 인식 지평은 열릴 수 있을까

2003년 4월 13일에 실시된 일본 통일 지방 선거의 결과에 대해 나카츠카
아키라 교수는 "우경화 바람이 한층 강해진 결과"라는 우울한 메일을 필자
에게 보내 온 적이 있다. 나카츠카 교수는 그 메일에서 또한 "이 같은 우경
화 바람은 일본으로 하여금 북한 핵문제를 구실로 중국을 포위·압박하는
전략을 구사하려는 미국과 한통속이 되게 해서 다시금 동아시아에서 전쟁
을 일으키는 유력한 기지로 만들어갈 것"이라고 우려하면서, 이런 시기일
수록 '한·일 교류를 통한 민중적 연대'가 중요하다는 점을 강조했다.

앞에서 고찰한 바와 같이 일본의 우경화 현상은 과거에 대한 왜곡된 기억

의 강화와 밀접한 관련이 있다. 그 중에서도 특히 동학농민혁명과 청일전쟁이 종결된 이래, 일본 정부·군부·언론 등에 의해 조직적으로 그리고 지속적으로 왜곡·날조되어 온 역사는 오늘의 일본인들로 하여금 과거사에 대한 왜곡된 기억을 역사적 사실로 믿어버리는 병든 의식 구조를 갖도록 만들었다. 그 같은 병든 일본인들의 의식 구조 극복을 위한 일본 지식인들과 역사가들의 분투와 노력이 계속되어 왔음에도 불구하고 일본의 역사 왜곡은 지금도 정부 당국과 국회·언론·우익계 지식인들에 의해 되풀이되고 있으며, 그로 인해 보통 일본인들의 과거사에 대한 왜곡된 기억 역시 끊임없이 재생산되고 있다. 여기에 대해 한국의 경우, 동학농민혁명과 청일전쟁 이래 일본에 왜곡되어 온 역사적 사실을 사실대로 기록하고 밝히려는 노력을 지속적으로 전개해 왔다고 할 수 있다. 그 대표적인 사례가 바로 제2차 동학농민혁명과 청일전쟁의 직접적 계기가 된 조선 왕궁 점령 사건이었다.

오늘날, 한·일 두 나라 민중들은 동일한 역사적 사실에 대해 명백하게 서로 다른 기억의 구조 속에 살고 있다고 해도 과언이 아니다. 한국의 경우는 역사적 사실 규명을 통해 과거사에 대한 기존의 불완전하고 잘못된 기억을 극복하려는 움직임이 대세를 이루고 있는 데 반해, 일본의 경우는 청일전쟁 이래 고질화된 역사의 왜곡과 날조를 청산하기는커녕, 확대재생산하려는 움직임이 대세를 형성하고 있다. 이처럼 역사에 대한 서로 다른 기억이 공통의 기억으로 수렴되어 가지 않는 한, 한·일 두 나라 민중의 연대는 결코 쉬운 일이 아닐 것이다.

동학농민군 명예 회복 어떻게 할 것인가
- 동학농민군 유족 관련 문제를 중심으로

1. 문제 제기

1894~1895년의 동학농민혁명*은 한국 근대 역사 가운데 최고 및 최대 규모의 민족·민중운동으로서 안으로는 봉건적 구제도 개혁을 통한 근대국가 건설을 지향했으며, 밖으로는 일본 제국주의를 비롯한 외세의 침략에 맞서 반 외세 자주국가 건설을 지향했다.

그러나 한국 근대사 속에서 가장 빛나는 민족·민중운동이었던 동학농민혁명은 근대적 무기를 앞세운 일본 제국주의의 군대, 보수 유생들이 조직했던 반농민군, 그리고 일본군에 지휘권을 빼앗긴 조선 정부군 등으로 구성된 연합 토벌군의 철저한 진압 작전에 의해 실패로 귀결되고 말았다. 동학농민혁명의 실패는 1895년 이후에 전개되는 한국 근대사의 실패로 이어졌으며, 그 최종 결과는 1910년의 국권 상실과 36년에 걸친 식민지 시대로 나타났다.

1894~1895년의 동학농민혁명의 실패가 그 원인이 된 한국 근대사의 실

---

* 1894년 동학농민군의 봉기에 대해서는 그 호칭이 매우 다양하다. 이 글에서는 1894년 동학농민군의 봉기에서 東學 사상 및 동학 조직의 역할이 지대하였다는 점, 농민군의 대다수는 당시의 농민들이었다는 점, 그리고 봉기한 농민군이 전근대적인 조선왕조의 지배체제를 무장봉기를 통해 개혁하려 했다는 점등을 고려하여 '東學農民革命'으로 부른다.

패는 1895년 이후에 전개되는 우리 역사를 크게 왜곡하게 된다. 그 가장 큰 왜곡은 우리 민족사에 나타난 자주적이며 주체적인 움직임을 애써 부정하는 것이다. 이 때문에 동학농민혁명의 의미 역시 철저하게 왜곡되었으며 그 정당한 평가는 1895년 이후 거의 1세기 동안 제대로 이루어지지 못했다. 물론 1907년 7월 친일적 성향의 종교단체인 시천교 측의 노력에 의해 동학 교조 수운 최제우와 제2대 교주 해월 최시형^{이하, 해월}에 대한 사면 조치[1]가 내려진 적이 있고, 1960년대 이후 학계에 의한 동학농민혁명 연구가 진척되어 한국 근대 최고·최대의 민족·민중운동이라는 학문적 평가를 받은 바 있지만, 이들은 유감스럽게도 동학농민혁명 전반에 걸친 정당한 평가나 동학농민혁명 참가자들의 명예 회복으로 이어지지는 못했다.

동학농민혁명 전반에 대한 정당한 평가를 하고 그 평가를 바탕으로 동학농민혁명 참가자들의 명예 회복을 해야 한다는 논의는 동학농민혁명 1백 주년을 전후하여 본격화되었다고 해도 과언이 아니다. 사회 민주화의 진전, 동학농민혁명에 대한 실증적 연구의 축적, 근현대사에 나타났던 우리 민족의 자주적 주체적 움직임에 대한 대중들의 관심 고조, 각 지역을 중심으로 동학농민혁명을 재조명하고자 하는 관련 단체 설립의 활성화가 그 주된 배경이 되었다고 볼 수 있다. 만시지탄의 감이 없는 것은 아니나 〈가칭동학농민혁명군 명예 회복을 위한 특별법〉 제정 움직임은 그간 학문적 차원에 그친 평가를 법률 제정을 통해 완결 짓는 의미를 지닌다는 점에서 그 역사적 의의를 아무리 강조해도 지나치리 않으리라 생각된다.*

이 글은 동학농민혁명에 대한 정당한 평가를 완결 짓는 역사적 의미를 지닌 〈동학농민군 명예 회복을 위한 특별법〉^{이하 특별법이라 부름} 제정에 즈음하여 동학농민군^{이하, 농민군}의 명예 회복과 그 유가족들에 대한 예우 또는 '보상'** 과 관련된 여러 문제들을 다루는 것이 주된 목적이다. 참가자 수가 최소 수십 만 명에서 최대 수백 만 명으로 추산되고, 참가 지역도 함경도를 제외한

조선 팔도를 망라하고 있으며,*** 혁명의 전개 기간만 해도 최소 1년 이상
이나 된다는 사실, 거기에 다시 시간적으로 이미 1세기 이상이 흐른 과거의
사건이라는 점에서 특별법 제정을 통한 명예 회복 문제는 매우 복잡하고도
미묘한 쟁점들을 안고 있는 것이 사실이다. 더욱이 필자에 의해 거론되는
내용들이 현재 생존하고 있는 농민군 유가족들의 명예 회복 및 예우 문제에
대해 일정한 영향을 끼칠 수도 있다는 점에서 필자는 조금도 긴장을 늦출
수 없는 문제이다. 여기서는 다만 한국 근현대사를 전공해 온 역사학 전공
자의 입장에 서서 최대한 역사적 사실에 근거한 실증적인 문제제기가 될 수
있도록 유의하고자 한다.

글의 전개 순서는 다음과 같다. 제1장에서는 농민군 명예 회복과 보상을
위한 전제가 되는 문제들을 검토한다. 구체적으로 첫째, 농민군이 일제의
국권 침탈에 맞서 항거하기 시작한 시점을 어디로 볼 것인가 하는 시점 문
제, 둘째, 농민군 가운데 일제의 국권 침탈에 맞서 싸운 중심 세력이 누구인

* 동학농민혁명에 대한 정당한 평가와 동학농민군 명예 회복이라는 숙원(宿願)을 실현하
고자 장기간 진력해 온 사단법인 동학농민혁명기념사업회 한승헌 이사장을 비롯하여 각
지역의 기념사업 단체 회원, 국회 내의 '갑오동학농민혁명연구회' 소속 국회의원, 1994년
에 결성된 동학농민혁명 유족회 정남기 회장을 비롯한 유족, 그리고 이이화 선생님을 비
롯한 관련 연구자 여러분들의 노고에 대해 먼저 감사의 마음을 표하고자 한다.
** 농민군 유가족들에 대하여 '보상'이란 용어를 적용할 수 있는지는 면밀한 검토가 필요
할 것이다. 이 글에서는 농민군의 명예 회복이 이루어지면 그 유가족들에 대해 정부 차
원에서 어떤 형태로든 예우가 필요하다는 뜻으로 사용하기로 하고, 법률적 의미에 대해
서는 추후에 자세하게 검토하기로 하겠다.
*** 1894년부터 1895년에 걸쳐 일어난 동학농민혁명은 평안도 황해도 등 지금의 북한 지역
에서도 일어났으며, 함경도의 경우만 지금까지 동학농민혁명이 일어났다는 사료가 발
견되지 않고 있었다. 그러나 필자는 지난 1997년부터 2001년까지 4년 동안의 일본 유학
기간에 함경도에서도 동학농민혁명이 일어났음을 시사해 주는 신문 자료들을 찾아낼
수 있었다. 함경도의 동학농민혁명에 대해서는 별도의 기회를 통해 상세하게 논하기로
하겠다.

가 하는 중심 세력 문제남북접 문제 포함, 셋째, 농민군이 일제의 국권 침탈에 맞
서 항거하였다고 해도 농민혁명에 참가했던 개개인들의 항거 사실을 구체
적으로 입증할 사료가 많지 않다는 점과 관련하여 항거 사실을 어떻게 객관
적으로 입증할 것인가 하는 사실 입증의 문제, 넷째, 동학농민혁명을 진압
한 측의 행위에 대한 진상 규명 및 책임 문제를 어떻게 할 것인가 하는 문제
를 다루기로 하겠다.

최근 연구에 의하면, 농민군 3만에서 5만 명 이상이 근대 전시국제법戰時
國際法 및 조선 왕조 국내법을 무시한 일본군에 의해 대량 학살되었다고 한
다.[2] 이 내용은 농민군 진압 전담부대였던 일본군 후비後備보병 제19대대의
작전일지 등이 최근 공개됨에 따라 역사적 사실로 확인되었다.* 그러므로
특별법 제정에 즈음하여 우리 정부는 마땅히 동학농민혁명 불법 진압 및 농
민군 대량 학살에 대한 일본군의 책임 규명 문제, 진압 및 대량 학살에 따른
진상 규명 및 보상 문제를 일본 정부에 대해서도 제기해야 할 것이며, 불법
진압 및 대량 학살 관련 사료의 공개를 강력하게 요청할 필요가 있다. 만약
특별법 제정 과정에서 일본 측이 책임 문제를 간과할 경우, 1965년 한일회
담 및 '한일 국교 정상화' 타결 때 범했던 역사적 잘못을 또다시 되풀이할
수도 있다는 점에 주의해야 할 것이다.

제2장에서는 특별법에 포함할 명예 회복과 보상 대상의 범위 및 그 한계
에 대해서 다루고자 한다. 이 문제는 제1장의 전제들에 대한 합의가 어느 정
도 원활하게 이루어지느냐에 따라 결정될 것이다. 즉 일제의 국권 침탈에

---

* 日本 北海道大學의 이노우에 카츠오(井上勝生) 교수는 2001년 5월 31일부터 6월 3일까지
전라북도 전주시에서 "東學農民革命의 東아시아적 意味"라는 주제로 개최된 국제학술대
회에 참가하여 1894년에 농민군 진압을 전담했던 日本軍 後備 步兵 第19大隊의 작전일지
등을 공개하였다.

대한 항거 시점이 정해지고, 항거 세력의 범위가 결정되며, 항거 사실을 입증할 구체적 방법에 대한 합의가 이루어지면 명예 회복과 보상 대상의 범위와 한계도 저절로 명확해지리라 생각된다. 그러므로 이 장에서는 제1장의 문제들과 연관지어서 명예 회복과 보상 대상의 범위와 한계를 다루기로 하겠다.

제3장에서는 생존 유가족의 범위와 현황 파악을 어떻게 진행할 것인가에 대해 다루기로 한다. 위에서도 잠깐 언급했듯이 동학농민혁명은 실패하였고, 그 실패 때문에 혁명 참가자는 물론이려니와 그 가족 또한 대량으로 희생당하였다. 또한 동학농민혁명은 시간적으로 이미 1세기 이상이 흐른 과거의 사건이기 때문에 많은 유족들이 이미 고인이 되었다. 이러한 요인 때문에 방대한 규모의 참가자 수에 비해 현재 생존하고 있는 직계 유족을 확인하기란 쉬운 일이 아니다. 설령 직계 유족이 아직 생존하고 있다 해도 그들의 선조가 농민군에 참가하여 일제에 항거했다는 사실을 객관적으로 증명해 줄 기록을 소장하고 있는 경우는 극소수에 불과하다. 여기서는 농민군 '유가족'의 범위를 어떻게 규정할 것이며, 그 현황 파악을 어떻게 진행할 것인가를 중심으로 제반 문제점을 다루어 보기로 하겠다.

끝으로 제4장에서는 농민군의 명예 회복과 그 유가족들에 대한 보상 내용을 어떻게 할 것인가에 대해 다루기로 한다. 이 문제는 정부에 대한 요구 사항과 직결되는 문제이자, 이미 제정되어 시행중인 유사 법안들과의 형평성과 관련되는 문제이기도 하다. 이 글에서는 이미 제정 시행중인 〈독립유공자 예우에 관한 법률〉**과 〈광주 민주유공자 예우에 관한 법률〉[3]을 원용하고, 기타 국내외 관련 법률을 참고하면서 필자 개인의 의견도 함께 개진해 보고자 한다.

2. 동학농민군 명예 회복의 전제

1) 농민군이 일제의 국권 침탈에 맞서 싸우기 시작한 시점 문제

동학농민혁명이 한국 근현대사에서 차지하는 역사적 의의에 대한 평가는 학술적 영역에서는 이미 완결되었다고 생각된다. "근대국가 건설을 위한 아래로부터의 혁명이자 일본을 비롯한 외세의 침략에 맞서 싸운 반외세 구국 전쟁"이라는 것이 대체적인 결론이다. 그런데 현재 시행 중인 〈독립유공자 예우에 관한 법률〉를 보면,

> 일제의 국권 침탈 전후로부터 1945년 8월 14일까지 국내외에서 일제의 국권 침탈을 반대하거나 독립운동을 하기 위하여 항거하다가 그 항거로 인하여 순국한 자동 법률 제4조 1항, 항거한 사실이 있는 자동 법률 제4조 2항

등을 독립유공자로 인정하고 있다. 이 법률을 원용하여 해석해 보면 "일본을 비롯한 외세의 침략에 맞서 싸운 구국 전쟁"인 동학농민혁명에 참가한 농민군 역시 독립유공자의 범주에 마땅히 포함되어야 함을 알 수 있다. 문제는 동학농민혁명이 1년 이상이나 되는 장기간 동안에 걸쳐 진행되었다는 데 있다. 그 때문에 언제부터 농민군이 일제의 국권 침탈에 맞서 싸웠는가 시점을 확정하는 것이 특별법 제정에 있어 매우 중요한 전제가 된다고 볼 수 있다.

** 이 법률은 1994년 12월 31일 법률 제4856호로 제정되어 지금까지 몇 차례의 개정 과정을 거쳤다. 현재 시행중인 법률은 2002년 1월 26일 개정된 법률 제 6646호이다. 이 법률 제정 및 개정에 관해서는 曺圭泰 박사(전 국가보훈처 보훈선양국 공훈심사과 재직)로부터 교시를 받았다. 본 지면을 빌려 심심한 감사를 드리는 바이다.

농민군이 일제의 국권 침탈에 맞서 항거하기 시작한 시점으로 고려할 만한 시기는 다음의 네 가지가 있다고 생각된다. 첫째, 1894년 9월부터 전개되는 제2차 동학농민혁명삼례 기포, 둘째, 농민군의 전면 봉기를 대표하는 1894년 3월의 제1차 동학농민혁명무장 기포, 셋째, '척왜양창의'의 기치를 내걸고 20여 일 이상이나 집회를 계속했던 1893년 3월의 보은 집회, 넷째, 주한 일본 공사관 등 외국 공관을 대상으로 척왜양 격문 게시 운동을 격렬하게 전개했던 1893년 2월의 광화문 복합상소 등이 그것이다.

일제의 국권 침탈에 대한 항거 시점의 하나로 맨 먼저 거론한 제2차 동학농민혁명의 직접적 계기는 1894년 6월 21일에 일어난 일본군에 의한 왕궁=경복궁점령 사건이었다. 이 같은 사실은 전봉준의 최후 진술[4]에서 명확하게 확인되고 있고, 또 제2차 동학농민혁명 기간 내내 농민군이 일본군과 치열한 전투를 벌였기 때문에 이 시점부터 농민군이 일제에 의한 국권 침탈에 항거했다고 보는 데에는 아무런 이의가 있을 수 없다.

그렇다면 둘째로 거론한 제1차 동학농민혁명은 일제의 국권 침탈에 대한 항거와 어떤 관련이 있을까? 6월 21일의 사건일본군에 의한 왕궁 불법 점령 사건과 직접적인 관련이 없다는 점에서 이 시기부터 농민군이 일제의 국권 침탈에 항거했다고 보는 데 대해 의문을 표시할 사람이 적지 않을 것이다. 그러나 제1차 동학농민혁명 당시 농민군이 포고布告 또는 게시揭示했던 각종 포고문, 격문을 자세히 검토해 보면 일제의 국권 침탈에 대한 항거 의지를 분명하게 내세우고 있음을 확인할 수 있다. 우선 1894년 3월 25일을 전후하여 전라도 백산白山에 모인 농민군이 혁명의 대열을 정비하면서 포고했다는 '4대 명의'[5]에는 "축멸왜양 징청성도" 逐滅倭洋 澄淸聖道: 일본과 서양세력을 몰아내어 성인의 도덕을 깨끗이 함라는 반외세의 지향이 선명하게 제시되어 있으며, 당시 전라도 순창부사 이성렬李聖烈은 조정에 올린 보고서 속에서 농민군의 지향이 '왜양 지빈척' 倭洋之擯斥; 일본과 서양을 물리침에 있다고 지적하고 있다.[6] 뿐만 아니라

1894년 4월 4일 전라도 법성포 향리를 대상으로 포고한 격문에서는 일본 상인이 중심이 된 외국 상인들의 불법 상행위를 지적하고 그 근절이 바로 '보국안민' 輔國安民의 길임을 천명하고 있다.[7] 이 같은 내용들은 제1차 동학농민혁명은 '반봉건', 제2차 동학농민혁명은 '반외세' 라고 이해하는 기존 견해가 잘못되었음을 반증하는 실증적 근거들이라고 할 수 있으며, 동학농민혁명의 반외세적 성격은 제1차 동학농민혁명 단계에서도 명확하게 드러나고 있음을 증명해 준다 하겠다.

셋째, 1893년 3월의 보은 집회가 농민군이 일제의 국권 침탈에 항거를 시작한 시점이 될 수 있는가 하는 문제이다. 우선 1893년 보은 집회의 성격을 학계가 어떻게 보고 있는가를 간단하게 살펴보기로 하자. 역사학계는 보은 집회를 "동학 교조 최제우의 신원과 동학 포교의 공인을 주된 목표로 하던 종교 운동에서 '척왜양창의' 라는 정치 사회적 요구를 내건 사회운동으로 전환한 민중 집회=民會"라고 높게 평가하고 있다. 비록 보은 집회를 주도한 세력이 동학이라는 특정 종교의 지도부였지만 그 지향은 그 시대 민중들의 정치 사회적 요구를 반영한 사회운동으로 보아야 한다는 것이다. 보은 집회는 경상도·충청도·전라도 등 이른바 삼남지방을 비롯하여 경기도·강원도 등지에서 3만여 명의 동학 교도 및 일반 민중들이 참가하였으며, 20일 이상이나 계속되었고, 일부 참가자들은 몽둥이로 무장하여 봉건 왕조에 대항하려는 의지를 보이기도 하였다.

보은 집회에 나타난 '척왜양' 의 의지를 몇 가지 사료를 통해서 확인해 보자. 보은 집회를 지도하던 집회 지도부는 "창의를 한 데는 결코 다른 이유가 없다. 오로지 일본과 서양을 물리치고자 함이다." 倡義斷無他故 專爲斥倭洋之義[8]라고 집회 목적을 천명하고 있다. 이 내용은 1893년 3월 22일 보은 집회를 해산시키기 위해 찾아온 보은 군수에게 보은 집회 지도부가 대답한 내용에 나온다. '척왜양을 이루는 것' 이 보은 집회의 목적이라는 대답이다. 보은 집

회의 목적인 척왜양은 집회 초기부터 해산 직전까지 집회 지도부의 일관된 방침이었다. 이러한 사실은

> 우리들의 의거는 오로지 왜와 양을 물리쳐 진충부국하려 할 따름이다 吾儕此擧 專主擊倭洋 盡忠扶國而已, 3월 23일 보은군수와의 문답9

> 창의는 왜와 양을 물리치고자 함인데 어찌 큰 죄가 되는가 倡義擊倭洋 有何大罪, 3월 26일 양호도어사 어윤중에게 제출한 문건10

> 왜와 양이 교대로 침략하여 임금을 위협하므로 우리들은 그들과 함께 살고 싶지 않아 이 집회를 열었다. 倭洋交侵 威脅君父 生等不欲共生 有此聚會, 3월 26일 양호도어사 어윤중과 보은 집회 지도부 사이의 문답11

등과 같은 내용을 통해 실증적으로 확인할 수 있다. 그렇다면 보은 집회에서는 왜 위에서 인용한 것처럼 척왜양의 의지가 이다지도 강력하게 천명되었을까? 해답은 바로 1876년 '조일수호조규' 朝日修好條規, 일명 강화도조약 체결을 통한 개국 이래 일본 정부가 저지른 각종 침탈 행위와 일본 상인에 의한 불법적 상업 활동에 있다. 일본은 1876년 개항을 계기로 조선을 그들의 '이익선' 利益線*으로 설정하고 조선에 대한 종주권을 주장하는 청국을 배저하기 위한 갖은 외교적 음모를 기도하고 있었다. 이러한 외교적 음모에 비려하여 일본 상인들의 불법적인 상업 활동이나 일본 어민들의 불법적인 어업 활동 또한 더욱 심화되었다. 이러한 현상은 1882년 임오군란, 1884년의 갑신정

---

* 일본 수상 야마가타 아리토모(山縣有朋)는 1888년 1월에 기초한 「軍事意見書」에서 조선 반도를 일본의 利益線이라 규정하여 조선에 대한 침략 의도를 드러냈다.

변, 1889년에 일어난 방곡령 사건 등을 거치면서 더욱 노골화되어 가고 있었다. 보은 집회에 참가한 동학 교도 및 일반 민중들은 이 같은 일본 측의 침탈에 직면하는 가운데 척왜양의 의지를 가다듬어 왔다고 생각된다. 한편, 보은 집회에서 척왜양이 강력하게 천명된 또 다른 이유는 보은 집회 직전에 전개된 광화문 복합상소 상소 및 척왜양 격문 게시 운동이 일본을 비롯한 여러 외국 정부의 간섭에 의해 실패했기 때문이었다. 1893년 2월 10일을 전후하여 동학 교도들은 주한 일본공사관을 비롯한 외국 공관에 척왜양 격문을 게시하는 한편, 동학 지도자 수십 명이 광화문 앞에서 동학 교조 최제우의 신원과 동학 포교 공인을 요구하는 복합상소를 한 바 있었다. 그러나 이같은 동학 교도들의 움직임은 군함 등을 파견하여 조선 정부를 위협한 일본 등의 간섭에 의해 실패로 돌아갔다.[12] 뿐만 아니라 광화문 복합상소 이후 동학교도들은 더욱 가혹한 탄압에 직면하게 되었다.[13] 이것이 바로 보은 집회를 강력한 척왜양 집회로 몰고 간 또 하나의 배경이었다.

끝으로 1893년 2월의 광화문 복합상소 및 척왜양 격문 게시 운동을 일제의 국권 침탈에 대한 농민군의 항거 시점으로 볼 수 있는가 하는 문제를 검토해 보기로 한다. 우선 광화문 복합상소 및 척왜양 격문 게시 운동은 1892년 10월 충청도 공주 집회로부터 시작된 동학 교조신원운동의 일환으로 전개되었다는 점을 먼저 확인할 필요가 있다. 교조신원운동의 당초 목표는 "동학 교조 최제우의 신원伸寃, 동학 포교의 공인, 동학교도 및 일반 민중에 대한 가렴주구苛斂誅求=부당한 수탈행위금지, 척왜양" 등이었다. 문제는 이 같은 요구 속에 동학 교문을 둘러싼 종교적 요구뿐만 아니라, '가렴주구 금지' 라는 반봉건적 요구, '척왜양' 이라는 반 외세적 요구가 결합되어 있었다는 데 있다.[14] 이것은 교조신원운동을 단순히 동학이라는 특정 종교의 테두리에서만 이해해서는 안 된다는 점을 일깨워 준다. 다시 말하자면 교조신원운동은 동학의 입장에서는 종교운동이라 할 수 있을 지 모르나, 일반 민중들의 입장에서는 자신들의 절실한 요구들이 반영된 일종의 정치운동이었다. 그러므로 일반 민중들의 절실한 정치 사회적 요구, 즉 '가렴주구 금지'와 '척왜양' 마저 포괄한 교조신원운동 역시 넓은 의미에서 일제의 국권 침탈에 항거한 운동으로 해석할 수 있다고 할 때, 주한 일본 공사관 문전에 척왜양의 격문을 게시했던 1893년 2월의 광화문 복합상소 역시 일제의 국권 침탈에 대한 항거가 시작된 시점의 하나로 간주할 수도 있을 것이다.

2) 동학농민혁명 과정에서 일제의 국권 침탈에 항거한 중심 세력의 문제

중심 세력의 문제 역시 위에서 설명한 시점 문제와 관련되어 있다. 여기서는 주로 남북접 문제를 중심으로 중심 세력의 문제를 다루기로 하겠다.

첫째, 제2차 동학농민혁명 단계에서는 동학의 남접과 북접이 모두 봉기하여 일제의 국권 침탈에 항거하였다. 즉 전라도를 주된 기반으로 전봉준이 이끌던 남접, 충청도와 경상도를 주된 기반으로 동학 제2대 교주 해월 최시형이 이끌던 북접 모두 6월 21일 조선 왕궁을 불법 점령한 일본군을 몰아내기 위해 봉기하여 연합전선을 형성 일본군에 대항하였다. 그러므로 제2차 동학농민혁명 단계에 있어서 동학의 남북접은 모두 일제의 국권 침탈에 항거한 중심 세력이었다고 할 수 있다.

둘째, 제1차 동학농민혁명 단계에 있어서 남북접의 동향은 어떠했는가? 지금까지의 연구에 의하면, 북접의 지도자 최시형은 남접 지도자 전봉준이 주도한 제1차 동학농민혁명을 반대했다고 알려져 왔다. 그러나 필자가 지난 1997년부터 2001년 3월까지 일본 외무성 외교사료관 및 방위청 방위연구소 도서관에 소장되어 있는 동학농민혁명 관련 자료, 1894년 당시에 간행된 『도쿄아사히신문』東京朝日新聞, 『미야코신문』都新聞 등에 실린 동학농민혁명 관련 기사를 조사한 결과,* 제1차 동학농민혁명 당시 북접의 해월 역시 봉기를 지시하고 적극적으로 지도했음이 확인되었다.[15] 뿐만 아니라 해월은

제1차 동학농민혁명 당시부터 제2차 동학농민혁명 직전까지 남접의 전봉준과 일정한 연락 체계를 유지하면서 협력 관계에 있었다는 사실도 확인할 수 있었다.[16] 그리고 제1차 동학농민혁명 당시 남접과 북접이 갈등 관계에 있었다고 기술했던 오지영의 『동학사』, 황현의 『오하기문』등은 사료적 근거가 빈약한 것으로 확인되었다. 제1차 동학농민혁명 당시 동학의 남접과 북접이 함께 봉기했다는 내용은 사실 국내 사료에서도 일부 확인되고 있었다. 그러나 기존 연구자 대부분은 오지영이나 황현의 기록에 지나치게 의존한 나머지 국내 사료에 나타난 제1차 동학농민혁명 당시의 남북접 동시 봉기 사실을 간과하고 말았다. 제1차 동학농민혁명 당시 남북접이 동시에 봉기했다는 사실을 담고 있는 국내 사료는 백범 김구 선생의 자서전인 『백범일지』,* 전라도 부안 대접주 김낙철의 동생 김낙봉의 자서전 『김낙봉이력』,[17] 관변 측이 남긴 『동비토록』[18]과 『양호전기』,[19] 그리고 『주한일본공사관기록』[20] 등이 있다.

위의 사료를 종합하면, 제1차 동학농민혁명 당시 농민군은 남접·북접에 관계없이 경상도, 충청도, 전라도 각지에서 함께 봉기하였다. 농민군 최고 지도자 전봉준은 물론이려니와 동학 제2대 교주 해월 역시 봉기를 독려하고 지도하였다. 그리하여 제1차 동학농민혁명 당시 경상도에서는 진주와 상주 등지의 농민군이 잇따라 봉기하였으며, 충청도에서는 공주·회덕·진잠·이인·옥천·청산·청주·충주·청풍·금산·진산 등지의 농민군이 봉기하였다. 전라도에서는 전봉준·손화중·김개남 등이 중심이 된 고부·무장

* 필자의 조사는 日本 北海道大學 文學部 井上勝生 敎授의 적극적인 후원이 있었기에 가능했다. 지면을 통해 井上勝生 교수께 깊은 감사를 드린다.
* 도진순 주해 『백범일지』, 돌베개, 1997년, 46쪽. 창원대학과 사학과에 재직중인 都珍淳교수는 1997년에 기존의 『백범일지』 판본들을 정밀하게 검토한 주해본을 펴내, 멀리 일본에 있던 필자에게까지 우송해 주었다. 도교수의 후의에 깊은 감사를 드린다.

·태인·원평 등의 농민군이 봉기하였다. 이것이 바로 제1차 동학농민혁명의 역사적 진실이며, 동학의 남접과 북접을 제1차 농민군의 중심 세력으로 포괄해야 하는 근본적 이유이다.

셋째, 1893년 3월 충청도 보은에서 열렸던 보은 집회 단계에 있어서 동학의 남접과 북접의 동향을 검토해 보기로 한다. 기존 연구에서는 충청도 보은 집회를 해월을 중심으로 하는 북접 중심의 집회로, 그리고 보은 집회와 거의 같은 시기에 열린 것으로 알려진 전라도 금구현 원평院坪 집회를 전봉준을 중심으로 하는 남접의 집회로 간주하고, 이들 두 집회는 서로 대립적이었다고 보아 왔다. 그러나 동학농민혁명 1백주년을 전후하여 새로운 사료들이 연이어 발굴됨에 따라 두 집회는 대립적인 관계에 있었던 것이 아니라 상호 긴밀한 관계에 있었음이 새로 확인되었다. 두 집회가 긴밀한 관계에 있었음을 증명하는 사료로는 『신세기』시천교 종무본부, 1924년,** 『남원군 동학사』최병현 지음, 1924년*** 등 동학 측 사료와 , 『취어』1894년 『일성록』1893년 등 관변 측 사료가 있고, 『동학사』를 저술한 오지영의 구술 증언도 있다.[21] 그러나 기존 연구는 또 보은 집회와 원평 집회가 대립 관계라는 점을 강조하기 위해 '척왜양'이라는 반외세적 요구를 둘러 싼 두 집회 사이의 노선 차이를 부각시키고 있다. 즉 보은 집회를 주도하고 있던 해월을 비롯한 북접

** 『新世紀』(시천교 종무본부, 1924년)라는 사료는 한국학중앙연구원에 소장되어 있다. 이 사료의 존재에 대해서는 강원도 원주시 상지대학교 교양학부에 재직중인 張泳敏 교수로부터 교시를 받았다. 장 교수께 감사 말씀을 전한다.

*** 이 사료는 국가기록원에 근무하는 李眞榮 학예연구관(당시 전북대학교 강사)가 1995년 3월 21일 『전북일보』에 소개함으로써 일반에게 알려졌다. 귀중한 사료를 발굴하여 학계에 소개한 이진영 학예연구관의 노고에 감사 드린다. 필자는 1996년 9월 29일 사료 소장자인 金東圭 씨의 자택(전라북도 남원시 이백면 남계리 계산마을)을 방문하여 필사본을 얻어 그 내용을 검토하였다.

지도부는 보은 집회를 어디까지나 '교조 신원'이라는 종교적 지향 중심의 집회로 끌고 가려고 했음에 비하여, 원평 집회를 주도하고 있던 전봉준 등의 남접 지도부는 척왜양을 지향하는 정치운동으로 끌고가고자 했다는 것이다.[22] 이 견해에 따르면, 원평 집회를 주도했던 전봉준 등이 보은 집회에 참가하려 했던 것도 종교적 지향 중심의 보은 집회를 척왜양 중심의 정치 운동으로 바꾸기 위한 것으로 이해된다.

이러한 기존 견해는 교조신원운동이 지니고 있던 양면적 성격, 즉 한편으로는 종교 운동의 성격이 있고 다른 한편으로는 사회 운동 또는 정치 운동의 성격이 있었다는 점을 간과한 데서 비롯된 잘못이라고 생각된다. 교조신원운동 단계에서 운동 지도부가 내걸었던 여러 요구 가운데 하나인 척왜양이라는 반 외세적 요구에 있어서 동학의 남·북접은 물론, 동학 상층 지도부와 하층 지도부, 동학교도와 일반 민중들 사이에는 어떤 갈등도 없었다. 왜냐하면 척왜양이라는 반 외세적 요구는 당시 그 누구도 거부할 수 없는 시대적 요구였으며, "교조의 신원, 동학 포교의 공인, 동학 신자 및 일반 민중에 대한 가렴주구 금지"라는 여타의 요구를 달성할 수 있는 중요한 매개고리이기도 했기 때문이다. 여기에 더하여 초기 동학 교리 속에 내재되어 있던 '척왜斥倭 의식'과도 상통되고 있었다는 점도 무시할 수 없을 것이다.

요약하자면 1893년 3월에 충청도와 전라도에서 각각 열린 보은 집회와 원평 집회는 모두 척왜양이라는 동일한 지향 위에 서 있었으며, 해월과 전봉준은 대립이 아닌 긴밀한 연대 관계에 있었다.

넷째, 1893년 2월 광화문 복합상소 당시 척왜양 격문 게시 운동을 주도한 세력이 누구인가 하는 점이다. 여기에 대한 기존 연구는 동학 상층 지도부 주도설, 동학 하층 지도부측 남접 지도자 전봉준 등 주도설, 동학과는 별개 세력 주도설 일반 민중 등로 나뉘어 있다.[23] 여기서는 동학과는 별개 세력 주도설이 허구임을 밝혀 광화문 복합상소 당시 전개된 척왜양 격문 게시 운동이 동학 지도부에 의해 조직적으로 이루어졌음을 실증해 보고자 한다.

광화문 복합상소 당시 일본공사관 등 외국 공관과 외국인 교회당에 게시된 척왜양 격문은 지금까지 세 종류가 알려져 있었다. 2월 7일자로 발송되어 미국인 존스의 교회당과 프랑스 영사관 등에 게시된 「위효유서학교두등사」爲曉喩西學敎頭等事라는 격문, 계사1893년 2월 야반 '백운산인 궁을선생' 이름으로 게시된 '차차소자 경수차서'嗟嗟小子 敬受此書로 시작되는 격문, 1893년 3월 2일자 '조선국 삼사원 우초'라는 이름으로 나온 「일본국상려관전견」日本國商旅關展見이라는 격문이 그것이다. 그런데 2월 7일자 격문의 경우 당시 광화문 복합상소 지도부의 한 사람이었던 손천민孫天民의 이름으로 발송되었다는 사실이 『동학도종역사』東學道宗繹史[24]라는 새 사료를 통해서 확인되었다. 이 같은 사실은 척왜양 격문 게시 운동에 동학 지도부가 깊숙이 관여했음을 실증해 준다.

필자는 1997년부터 2001년까지 4년 동안 일본에 소장되어 있는 동학농민혁명 관련 자료 조사과정에서 광화문 복합상소 당시 게시된 격문 가운데 지금까지 전혀 알려지지 아니한 4종의 새로운 격문을 찾아냈다.[25] 격문 제목과 격문이 실려 있는 사료 명을 열거해 보면 다음과 같다.

〈新 격문 1〉: 동학파 유생파에 대한 변소典據-「韓國 東學黨 蜂起 一件」
〈新 격문 2〉: 동학당의 격고典據-『日本』(新聞)
〈新 격문 3〉: 동학당의 방시典據-『時事新報』
〈新 격문 4〉: 동학당의 방시典據-『朝野新聞』,『時事新報』

위의 〈신 격문 1〉은 광화문 복합상소 당시 국왕에게 상소를 올려 동학 배척 운동을 하던 유생들에 맞서 동학의 정당성을 알리는 격문이며, 〈신 격문 2〉는 동학을 배척하는 유생들에 대항하기 위해 서울에 머물고 있던 동학교도들로 하여금 3월 23일 서울 남산으로 집결할 것을 알리는 격문이다. 또 〈신 격문 3〉은 동학교도의 이름으로 거류 일본인들의 일본으로의 철수를 주장하는 격문이며, 마지막으로 〈신 격문 4〉는 조정의 복합상소 지도부에 대한 체포령, 유생들의 동학 배척 운동, 일본을 비롯한 외국 열강들의 개입 때문에 더 이상의 운동 전개할 수 없게 된 복합상소 지도부가 3월 10일 서울을 철수하면서 "다시 의기義旗; 봉기를 들어 적년積年의 숙원을 달성하겠다"고 서약하는 내용이 담겨 있는 격문이다. 이상의 4종의 격문들은 광화문 복합상소 및 척왜양 격문 게시 운동이 동학 지도부에 의해 매우 조직적으로 행해졌음을 뒷받침해 주고 있다.

이상으로 광화문 복합상소 당시 척왜양 격문 게시 운동을 주도한 세력이 동학 지도부였다는 사실이 분명하게 드러났다. 그렇지만 당시 동학 지도부 내에는 복합상소라는 합법적 방법을 중심으로 운동을 전개하려는 세력과 '괘서' 掛書로 일컬어졌던 척왜양 격문 게시라는 비합법적 방법을 중심으로 운동을 전개하려는 세력이 혼재하고 있었다는 사실도 부인할 수는 없다. 동학에 뛰어드는 교도들의 다양한 성격, 종교 운동과 정치 운동이 혼재되어 있는 교조신원운동의 양면적 성격이 그 같은 결과를 가져 온 주된 배경이다.

3) 농민군이 일제의 국권 침탈에 항거한 사실을 객관적으로 입증하는 문제

지금까지 농민군이 일제의 국권 침탈에 대하여 항거를 시작한 시점의 문제, 항거를 이끌고 지도한 중심 세력 문제를 검토해 보았다. 여기서는 일제의 국권 침탈에 항거한 사실을 객관적으로 입증하는 데 수반되는 문제들에 대하여 검토하기로 한다.

항거 사실을 구체적이며 객관적으로 입증하는 문제는 특별법 제정 이후 개별적으로 이루어지게 될 농민군 유가족들의 명예 회복과 보상으로 직결될 수 있는 문제라는 점에서 매우 조심스러운 문제가 아닐 수 없다. 그런데

항거 사실의 객관적 입증에 있어 가장 큰 과제로 생각되는 것은 무엇보다도 사료 문제라 생각된다.

주지하듯이 동학농민혁명은 실패하였고, 실패 결과 적어도 수만 명이 희생당하였다. 1895년 혁명 실패 이후에도 탄압은 계속되어 1907년 동학 교조 수운 최제우와 제2대 교주 해월 최시형에 대한 사면조치 있기 전까지 또다시 상당수의 희생자가 더 나왔다. 이러한 사실은 동학농민혁명 이후에 간행되는 『독립신문』, 『황성신문』 등의 신문 기사와, 『사법품보』司法稟報라는 사료를 통해서 확인할 수 있다.* 가혹한 탄압 때문에 동학농민혁명 이후 가까스로 살아남은 농민군 지도자 또는 일반 농민군 가족들은 고향을 떠나 먼 곳으로 이주하거나, 혁명에 가담한 가족을 문중에서 추방하고 족보에서 제외하며, 때로는 성을 바꾸고 관련 기록들을 모두 불태워 없애야만 살아남을 수 있었다. 이 같은 상황은 결국 동학농민혁명 관련 사료의 인멸로 이어졌으며, 항거 사실의 객관적 입증을 어렵게 만드는 요인이 되고 있다. 최소 수십만 명이 참가했다고 알려진 농민군, 그 가운데 일제의 국권 침탈에 항거한 사실을 객관적으로 입증할 수 있는 사람은 과연 몇 명이나 될까? 현재 남아 있는 문헌 기록만을 이용한다면 그 규모는 아무리 노력해도 1천 명 선을 넘지는 못할 것으로 생각된다.

그러므로 이번 특별법 제정 과정에서는 첫째, 농민군 후손들이 선조의 역사를 객관적 입증하기 매우 어려운 상황에 놓여 있다는 사실을 주목하여 문헌 기록이 남아 있지 않다 할지라도 신빙성이 높은 구전□傳이 있을 경우는

---

* 동학에 대한 탄압이 1894년 이후 지속적으로 이루어지고 있었다는 사실은 1994년에 정부 기록보존소에서 펴낸 『東學判決文集』에서도 확인할 수 있으며, 지방 유생들이 남긴 일기나 문집에서도 확인할 수 있다. 지방 유생이 남긴 일기로는 전라남도 강진 유생 剛齋 朴冀鉉(1864~1913)의 일기인 『日史』를 들 수 있다. 『日史』의 자세한 내용에 대해서는 필자가 번역한 『강재 박기현 선생의 일기 강재일사』(영산 원불교대학교출판국, 2002년 2월) 참조.

그 구전 역시 문헌 기록과 똑 같은 비중으로 평가해 주는 융통성을 부여해야 할 것이다. 참고로 동학농민혁명 관계 구전을 채록하여 간행한 『다시 피는 녹두꽃』1995년과 『전봉준과 그의 동지들』1997년,*에 채록된 구전과 1910~20년대 천도교 기관지였던 『천도교회월보』『신인간』『개벽』 등에 실린 구전 역시 문헌기록 못지 않은 신빙성을 갖춘 자료임을 밝혀 둔다.

둘째, 항거 사실의 구체적이며 객관적인 입증을 위해서는 한쪽 사료에만 의존해서는 안 된다는 점을 강조하고자 한다. 예컨대 관변측 사료나 일제측 사료, 재야 유생측 사료에는 동학농민혁명을 깎아 내리는 내용이 대부분이며, 농민군 지도자의 역할이나 일반 농민군의 동향을 부정적으로 묘사한 경우가 대부분이어서 이들 사료만으로 항거 사실을 입증하려 할 경우 종종 문제가 야기될 수도 있다. 그러므로 반드시 동학 또는 동학 계열 신종교천도교, 시천교, 상제교 등 측 사료와 구전 등도 함께 참고하도록 길을 터 놓아야 할 것이다.

셋째, 항거 사실을 입증하기 어려운 이유 중의 하나는 동학농민혁명이 시간적으로 이미 1세기 이상이 지난 과거의 사건이라는 점이다. 1백 년도 더 지난 과거의 사건을 객관적으로 입증하는 일은 역사학을 전공하는 전문 연구자라 할지라도 용이한 일이 아니다. 하물며 역사학에 대한 아무런 기반이 없는 일반인의 경우는 지난한 일이 되지 않을 수 없을 것이다. 특별법 제정 과정에서는 이 같은 문제점을 고려하여 농민군 후손이 선조의 역사를 찾아 내어 명예 회복과 보상을 신청하고자 할 경우 전문가 또는 행정 당국의 도움을 얻을 수 있는 길을 터 놓아야 한다고 본다.**

* 이상 두 권의 증언록은 역사문제연구소 동학농민전쟁 백주년 기념사업 추진위원회가 중심이 되어 펴낸 것이다. 증언록의 기획, 증언 채록 및 정리에 심혈을 기울인 이이화 선생님을 비롯한 연구위원들의 노고에 대해 깊은 감사를 드린다.

넷째, 항거 사실 입증에 있어 또 하나의 문제점은 동학농민혁명이 전개된 지역의 광역적廣域的 성격에서 오는 문제이다. 이미 알려져 있듯이 동학농민혁명의 무대는 함경도를 제외한 조선 팔도였다. 이것은 북한 지역황해도, 평안도 동학농민혁명이 차지하는 역할을 특별법 제정 과정에서 무시해서는 안 된다는 것을 암시해 준다. 예컨대 북한 출신 농민군 후손도 선조의 명예 회복과 보상 신청이 가능하도록 특별법 제정 과정에서 이 문제를 적절하게 고려해야 할 필요성이 있다.

다섯째, 특별법이 제정이 되면 농민군 후손들은 개별적으로 정부에 대해 속속 명예 회복과 보상 신청을 할 것이며, 이 신청 과정에서는 자신의 선조가 동학농민혁명 과정에서 일제의 국권 침탈에 맞서 항거한 사실을 객관적으로 입증할 만한 자료를 갖추어 제출하는 일이 최대의 현안이 될 것으로 예상된다. 그러나 앞에서 설명했듯이 이 사실 입증 작업은 몇몇 사례를 빼놓고는 상당한 어려움을 수반할 것으로 예상되며, 명예 회복과 보상 신청 창구에서 논란을 빚을 가능성도 높다고 예상된다. 이른바 "심증은 가는 데 확증이 없는" 사례가 속출하고, 그에 따라 어렵사리 제정된 특별법의 역사적 의미는 반감되고 퇴색될 가능성이 높다. 이 같은 문제를 해결할 수 있는 방법으로 필자는 '5·18기념재단'과 성격이 유사한 가칭 동학농민혁명 기념사업재단' 설립을 특별법으로 보장할 것을 제안하고자 한다. 그리고 기념재단 내에 농민군 후손들의 개별적인 보상 신청 업무를 후원하는 '조사 학

** 국민들은 행정당국에 대해 현재 이루어지고 있는 행정에 대해 정보 공개를 요구할 권리가 있듯이, 과거사에 관해서도 관련 사료 조사 및 그 공개를 청구할 권리를 국가가 보장해야 한다고 생각한다. 이 같은 권리 보장은 일제에 의한 국권 침탈 시기(1894~1910)와 일제 식민지 시대(1910~1945)에 이루어졌던 불행한 과거사, 예를 들면 일본군에 의한 동학농민군 및 의병 학살, 강제연행(=강제동원), '종군위안부' 문제 등을 해결해 가는 데 긍정적인 효과를 가져올 것으로 판단된다.

술부' 를 둘 것을 제안하고 싶다. 이 같은 제안이 실현될 수만 있다면 특별법 제정 의미도 살아날 뿐만 아니라, 농민군 후손들의 선조에 대한 추원보본追遠報本도 명실상부해질 것이며, 명예 회복과 보상 업무 또한 원활해질 수 있을 것이다.

4) 동학농민혁명 진압 및 농민군 학살에 대한 일본 측의 책임 문제

서두에서도 지적했듯이 동학농민혁명이 실패한 원인 가운데에는 근대적 무기를 앞세운 일본군의 동학농민혁명 불법 진압 및 농민군의 대량 학살이라는 문제가 있다.

일본은 1894년 3월의 제1차 동학농민혁명을 조선에 대한 주도권 장악의 절호의 기회로 간주하고 조선 정부의 요청이 없었음에도 불구하고 대규모 군대를 출병시켜 서울에 주둔시켰다1894년 6월. 일본 거류민 보호와 "조선 유사시 청국과 일본은 공동 출병한다."는 천진조약天津條約이 그 출병 근거였다. 6월 21일의 일본군에 의한 조선 왕궁 점령 사건 이전, 농민군은 무장하지 않은 일본인을 공격 또는 살상 행위를 한 적이 없기 때문에 거류민 보호라는 일본 측 출병 이유는 출병을 위한 억지 구실에 지나지 않았다. 또 청일 양국 군대의 출병이라는 국가적 위기 사태에 직면한 농민군은 일본군이 출병하기 전인 5월 7일 조선 정부군과 전주 화약을 체결하여 전주성에서 자진 철수하여 해산하였다. 이로 인해 청일 양국 군대가 조선에 주둔해야 할 이유, 즉 '유사' 有事의 상황은 해소되었다. 청국은 당연히 양국 군대의 공동 철병을 일본 측에 제안하였다. 그러나 조선 유사의 상황을 주도권 장악의 절호 기회로 삼고자 출병한 일본이 청국의 '공동철병안' 을 받아들일 리가 없었다. 일본은 철병안을 받아들이기는커녕 일본군의 장기 주둔 구실을 마련하고 청국과의 전쟁 구실을 만들기 위해 양국이 조선 내정을 공동으로 개혁하자는 '조선내정개혁안' 을 청국에게 제안하였다. 이 같은 일본 측의 제안은 조선 정부의 주권을 무시하는 것이었을 뿐만 아니라, 조선과 청국 사이의 전통적인 조공 관계를 부정하는 것이기도 했기 때문에 조선 정부는 강력히 그것을 거부하였다. 청국도 마찬가지였다.

진퇴양난의 지경에 빠진 일본 정부는 청국과의 전쟁 구실 마련에 혈안이 되었다. 이런 상황 속에서 일어난 사건이 바로 음력 6월 21일 일본군에 의한 조선 왕궁 불법 점령 사건이다. 일본군의 조선 왕궁 점령은 명백한 국제법 위반이었다. 국제법을 무시한 행동이었기 때문에 일본 정부는 사건 당시부터 진상의 은폐와 날조에 급급하였다.[26] 군대를 앞세워 왕궁을 불법 점령한 일본은 내정개혁안을 거부하고 있던 국왕과 대신들을 축출하고 대원군을 중심으로 한 친일 개화 정권을 수립하였다. 이후 일본은 친일 개화 정권을 압박하여 '청국 군대 구축'驅逐을 조선 정부로부터 의뢰 받는 수순을 밟아 청일전쟁을 일으켰으며, 또한 이 친일 개화 정권을 압박하여 조선 정부가 일본군에게 농민군을 진압하도록 의뢰하는 공문을 발하도록 강요하였다. 이 과정에서 대원군은 끝까지 일본 측에 대항하여 "농민군 진압은 우리 조선이 자주적으로 행할 것"이라고 버텼으며, 일본 측에 협력하기는커녕 평양의 군대, 농민군과 연대하여 일본군을 구축하려는 계획을 진행하였다.[27] 농민군 최고 지도자 전봉준 역시 대원군과 일정한 연대를 시도하려 했다는 사실은 이미 학계가 검증한 바 있다.[28] 그러나 대원군의 노력은 실패로 돌아갔고, 괴뢰 정부 친일 개화 정권은 일본군에게 농민군을 진압하도록 의뢰하였다. 친일 개화 정권이 일본군에게 농민군 진압을 의뢰한 것은 1894년 10월 중순 무렵이었다. 이때부터 조선정부군의 지휘권은 일본군으로 넘어 갔다.

문제는 여기서부터 심각해진다. 당시 조선과 일본은 선전포고를 한 적국 관계가 아니었다.

또한 비록 일본군이 친일 개화 정권으로부터 농민군 진압을 의뢰 받았다

하더라도 그 처벌은 조선 정부의 국내법에 따라야 했다. 왜냐하면 농민군을 비롯한 조선 민중에 대한 사법권은 어디까지나 조선 정부와 조선 군대에 속해 있었기 때문이다. 그러나 농민군 진압에 나선 일본군은 조선의 국내법, 조선의 사법권을 철저하게 무시한 채 10월 27일자 대본영의 "모조리 살육하라"는 명령을 아주 충실히 수행하게 된다. 농민군 지도자는 말할 것도 없고 동학의 경전이나 명첩名帖과 같은 문서를 소지했다는 이유 하나만으로 일반 동학교도들 역시 체포 즉시 현장에서 학살되었다.[29] 농민군인지, 일반 민중인지 그 구별이 애매한 사람들 역시 재판 절차 없이 현장에서 학살당하였다. 현재 일본 방위성 방위연구소 도서관에는 조선의 사법권을 무시한 채 농민군을 대량 학살한 일본군이 남긴 작전일지, 전투상보, 진중일지, 전보 등이 대량으로 소장되어 있다. 학살의 전모를 밝히기 위해서는 이들 사료의 공개가 절대적으로 필요하다.

일본군은 조선의 국내법, 사법권만 무시한 것이 아니었다. 당시의 국제법마저 무시한 행위를 공공연히 저질렀다. 우리들에게 '만국공법'萬國公法으로 널리 알려진 당시의 국제법에는 비전투원에 대한 보호가 명시되어 있었다. 그러나 농민군 진압에 나선 일본군은 이 같은 국제법을 철저히 무시한 채 비전투원인 동학교도들마저 동학교도라는 단 하나의 이유만으로 모조리 학살하였다. 1894년 11월부터 1895년 3월까지 일본군에 의해 학살당한 농민군 숫자는 최소 3만에서 5만 명에 달하는 것으로 추산되고 있다.[30] 이번 특별법 제정에 즈음하여 일본 정부의 책임을 엄중하게 물어야 할 이유가 바로 여기에 있다.

3. 명예 회복 대상의 범위와 한계

최소 수십 만에서 최대 수백 만명으로 추산되는 농민군 중에 누구를 명예 회복의 대상으로 포함할 것인가? 또한 이들 농민군 후손 가운데 어디까지 그 보상 대상 범위에 포함할 것인가? 이 장에서는 명예 회복 대상의 범위와 한계, 보상 대상 범위와 한계 등 두 가지 문제를 중심으로 논하고자 하며, 명예 회복과 보상의 구체적 내용에 대해서는 제4장에서 다루기로 하겠다.

1) 명예 회복 대상의 범위와 한계

동학농민혁명과 관련하여 명예 회복 대상이 될 수 있는 자는 다음 네 가지로 구분해 볼 수 있다. 이 네 가지 대상 가운데 어디까지를 명예 회복 대상에 포함할 것인가는 농민군이 일제의 국권 침탈에 항거를 시작한 시점을 어디로 보느냐에 따라 결정될 것이다. 예컨대 제1차 동학농민혁명 단계부터 농민군이 일제의 국권 침탈에 항거하기 시작하였다고 가정한다면, 〈대상 3〉과 〈대상 4〉가 명예 회복 대상에 포함될 수 있을 것이다. 여기서 한 가지 주의를 촉구하고자 하는 점은 일제의 국권 침탈에 항거한 사실이 구전口傳에만 남아 있고 문헌 기록이 남아 있지 않을 경우 어떻게 할 것인가 하는 문제이다. 필자는 비록 구전일지라도 그 구전이 신빙성이 높을 경우에는 전문가의 검토 의견서를 첨부하게 하여 문헌 기록과 똑같이 평가하는 조항을 특별법에 반영해 주길 바란다. 그 이유는 동학농민혁명이 이미 1세기도 더 지난 과거의 사건이라는 점, 혁명의 실패로 인해 혁명 참가자들의 관련 사료가 대부분 인멸되고 없다는 특수성을 충분히 고려하자는 취지 때문이다.

〈대상 1〉: 광화문 복합상소 단계에서 척왜양 운동을 지도하거나 또는 동 운동에 적극적으로 참가한 사실이 구전 또는 문헌에 의해 객관적으로 입증되는 자

〈대상 2〉: 보은 집회를 지도하거나 또는 동 집회에 적극적으로 참가한 사실이 구전 또는 문헌에 의해 객관적으로 입증되는 자

〈대상 3〉: 제1차 동학농민혁명을 지도하거나 또는 동 혁명에 적극적으로 참
가한 사실이 구전 또는 문헌에 의해 객관적으로 입증되는 자
〈대상 4〉: 제2차 동학농민혁명을 지도하거나 또는 동 혁명에 적극적으로 참
가한 사실이 구전 또는 문헌에 의해 객관적으로 입증되는 자

한편, 위에서 언급한 명예 회복 대상에 속하긴 하지만 다음과 같은 문제
를 안고 있는 자는 그 대상에서 제외해야 한다고 생각한다.

〈제외 대상 1〉: 기회주의적으로 동학농민혁명에 참가하였다가 나중에 동학
농민군 진압에 적극적으로 가담한 자보기—서병학
〈제외 대상 2〉: 동학농민혁명이 실패로 종결된 1895년 3월 이후부터 1945년
8월 15일 이전까지 친일 단체일진회 등에 가입하여 활동한 사실이 있거나 친
일 행적을 보인 자보기—이용구

위의 명예 회복 대상자 가운데 조금 특수한 성격을 가진 대상이 있다. 그
것은 다름 아니라 농민군이 일제의 국권 침탈에 맞서 항거할 때 농민군에
적극적으로 참여했거나 지원을 했다가 체포되어 재판을 받았거나 처벌을
당했던 일부 관리 및 유생들의 명예 회복 문제이다. 농민군에 적극적으로
참여했거나 지원했던 관리에는 어윤중보은 집회 당시 양호선무사, 김학진제2차 동학
농민혁명 당시 전라 감사, 유원규동 보성군수, 권풍식동 함평 현감, 이철화동 부안현감 등이
있다. 농민군에 참여한 유생으로는 공주의 이유상과 임실任實의 김영원[31] 등
이 유명하다. 필자는 이들 역시 농민군에 적극적으로 참여했거나 지원한 사
실을 구전 또는 문헌 기록에 의해 객관적으로 입증할 수 있는 경우 마땅히
명예 회복 대상에 포함해야 한다고 생각한다.

2) 예우^{또는} ^{보상} 대상의 범위와 한계

명예 회복이 농민군 당사자에 관한 문제라면 예우^{또는} ^{보상}는 그 후손들에 관련된 문제라 할 수 있다. 예우^{또는} ^{보상} 대상자는 위 (1)의 명예 회복 대상에 포함된 농민군 후손 가운데 명예 회복 제외 대상에 저촉되지 않는 후손만을 대상으로 하되, 직계 후손이라는 사실을 객관적으로 입증할 수 있는 자에 한정해야 할 것이다.

그런데 동학농민혁명은 이미 1세기도 더 지난 과거의 사건이라는 점, 혁명 실패 및 오랜 세월의 탄압 때문에 후손임을 입증할 수 있는 객관적 사료^{족보,호적 등}가 거의 남아 있지 않다는 점 때문에 직계 후손임을 입증하기 어려운 문제점을 안고 있다. 또 일가족이 모두 희생당하여 직계 후손은 없고 방계 후손만 생존해 있는 경우도 있고, 직계 후손이 없어서 나중에 입양을 통해 대를 잇고 있는 경우도 있다. 농민군 최고 지도자 전봉준은 직계 후손이 없어 입양으로 대를 이은 대표적 사례라 할 수 있다.

그러므로 예우^{또는} ^{보상} 대상의 범위를 확정할 때는 이상과 같은 문제점을 충분히 고려해야 하며, 문헌 기록만을 중심으로 그 대상을 확정해서는 안 되고, 신빙성 있는 구전과 전문가의 검토 의견도 충분히 반영하는 융통성을 발휘할 필요가 있다.

한편 예우^{또는} ^{보상} 대상자에 포함되는 자 가운데 이미 독립유공자로 선정되어 예우를 받고 있는 자는 제외해도 무방하다고 생각된다. 예를 들면 농민군 지도자 가운데 일부 지도자는 혁명 실패 이후에도 살아남아 의병 전쟁이나 1919년의 3·1독립운동, 기타 독립운동에 참가한 공적을 인정받아 그 후손들이 이미 보상을 받고 있는 경우가 적지 않다. 동학농민혁명 당시 북접 농민군을 이끌었던 손병희, 박인호, 권병덕 등이 그 대표적인 예이다. 이들을 예우^{또는} ^{보상} 대상에서 제외해도 무방한 이유는 명예 회복만으로 충분하다고 판단되며, 이중 보상을 해서는 안 된다고 생각되기 때문이다.

4. 유가족의 범위와 그 현황 파악의 문제

1) 유가족의 범위

농민군 유가족의 범위는 다음과 같은 사항을 고려하여 결정할 필요가 있다.

첫째, 일제에 의한 국권 침탈에 대해 농민군이 항거를 시작한 시점을 고려해야 한다. 이 글 제1장 농민군 명예 회복과 예우또는 보상를 위한 전제에서 논했던 바와 같이 농민군이 일제의 국권 침탈에 항거를 시작한 시점을 언제로 볼 것인가에 따라 유가족의 시간적 범위가 크게 달라진다. 예를 들어 1893년 3월의 충청도 보은 집회 단계부터 항거를 시작한 시점으로 본다면 1893년 3월 보은 집회부터 1895년 3월말 전봉준의 순국으로 동학농민혁명이 종결을 맞이할 때까지 2년 동안 활동했던 농민군들이 명예 회복 대상자에 포함되게 될 것이며, 그 직계 후손들이 유가족의 범위에 포함될 것이다.

둘째, 그러나 위 첫째 조항에 해당된다 해도 그 후손들의 선조가 동학농민혁명을 앞장서서 지도했거나, 또는 동 혁명에 적극적으로 참여한 사실이 '객관적'으로 입증 가능해야만 유가족의 범위에 들 수 있다. 다만, 앞에서 설명한 바와 같이 혁명 실패로 인한 장기간에 걸친 탄압으로 인해 대부분의 문헌 기록들이 인멸된 상태에서 객관적으로 사실을 입증하는 데에는 많은 문제가 있다. 그러므로 신빙성 있는 구전도 문헌 기록과 같은 비중으로 평가할 필요가 있다.

2) 유가족의 현황 파악의 문제

농민군 후손들에 대한 예우또는 보상를 위해서는 무엇보다도 먼저 현재 생존해 있는 유가족 현황을 정확하게 파악해야 한다. 유가족 현황을 파악하는 방법으로는 다음과 같은 다섯 가지 방법을 고려할 수 있을 것으로 생각된다.

첫째, 문헌 사료를 통한 파악을 들 수 있다. 가장 대표적인 문헌 사료로는 정부기록보존소에 보존되어 있는 농민군 관련자 재판 문서를 들 수 있다.[32] 이 외에 『사법품보』도 유용하게 활용할 수 있다. 그러나 1894년 당시 재판을 받을 수 있었던 농민군의 숫자는 극히 제한되어 있었다. 재판에 회부된 이들은 대부분 대접주급 지도자에 해당하며, 수접주首接主 이하 접주接主나 접사接司, 육임六任[33]직 지도자들의 경우는 체포 즉시 현장에서 아무런 심문 기록도 남기지 않은 채 포살砲殺되거나 효수梟首되었다. 그러므로 재판 문서만으로 유가족은 파악하는 데는 많은 무리가 있다.

둘째, 이미 결성되어 있는 동학농민혁명유족회의 협조를 받는 방법이 있다. 동학농민혁명유족회는 농민혁명 백주년이 되던 1994년 3월에 결성되어 2001년 5월 현재 정회원 200여 명, 예비회원 70여 명이 참여하고 있다. 유족회는 또한 회지 『사발통문』[34]에 농민군 후손들의 수기를 연재하고 있으므로 유족 현황 파악에 유용하게 활용할 수 있을 것이다.

셋째, 각 지역에 결성되어 있는 동학농민혁명 관련 기념사업 단체의 협조를 받는 방법도 가능하다. 현재 전라북도 전주에 근거를 두고 있는 사단법인 동학농민혁명 기념사업회를 필두로, 전라북도 완주·정읍·고창, 전라남도의 장성·장흥, 충청남도 공주·태안, 충청북도 보은, 경상북도 상주, 경상남도 진주 등지에 기념사업 단체가 결성되어 활동 중에 있다.[35]

넷째, 천도교를 비롯한 동학 계통 신종교 교단의 협조를 구하는 방안도 가능하다. 동학은 1894년 혁명 실패 이후 여러 갈래로 나뉘었다. 천도교, 상제교, 수운교, 시천교, 상주 동학교 등이 그것이다. 동학의 정통正統을 계승하고 있다고 자부하는 천도교는 혁명 실패 이후 동학 재건을 위해 노력했던 손병희를 비롯한 이른바 북접 계열 지도자 및 교도들에 관한 기록을 가장 방대하게 소장하고 있다. 유가족 현황 파악에 즈음하여 천도교 교단의 적극적인 협조를 요청할 필요가 있다. 참고로 1910년에 창간된 천도교의 기관지 『천도교회월보』와 1920년대에 창간된 『신인간』 및 『개벽』, 1930년대에 『천도교창건사』의 자매편으로 간행된 『천도교창건록』인명록 등에는 유가족 현황 파악에 유용한 자료들이 상당수 실려 있다.

다섯째, 앞에서도 이미 지적한 바와 같이 동학농민혁명이 펼쳐진 무대는 함경도를 제외한 조선 팔도였다. 광역에 걸쳐 전개되었기 때문에 유가족의 현황 파악이 그리 간단하지 않다. 그러므로 이 같은 광역성에 충분히 대응할 수 있는 방법을 모색할 필요가 있는 데, 필자는 그 구체적 방법의 하나로 지방자치 단체 산하의 문화원이나 지역 단위로 활동 중인 향토사 연구회, 또는 역사학 연구단체의 협조를 받는 방법을 적극적으로 검토할 것을 제안하고자 한다. 이 같은 예는 이웃 일본에서 이미 효과를 거둔 방법이다. 간단히 소개하자면 다음과 같다.

일본 근대 역사에는 동학농민혁명과 비교적 성격이 유사한 자유민권운동1881년이란 민중운동이 있으며, 이 자유민권운동 사상 가장 유명한 사건이 바로 1884년 11월 1일 치치부秩父에서 일어난 무장봉기였다. 비록 9일 만에 실패한 민중봉기였지만 4개조의 요구 조항 및 5개조의 군율을 내건 혁명적 사건으로 8명이 사형에 처해지고, 3,808명이 처벌을 당한 대사건이었다. 그러나 사건은 70년이 흐르도록 정당한 평가를 받지 못하다가 70주년이 되던 1954년에야 가까스로 국민적 역사학 운동을 펼치던 도쿄의 역사학도 및 치치부의 민주 세력을 중심으로 최초의 기념 집회를 열게 된다. 1972년에는 치치부 무장봉기 88주년 기념 집회가 사이타마현埼玉縣 역사교육자협의회, 치치부 역사교육자협의회, 치치부 교육회 공동주최로 열렸으며, 유족들이 처음으로 기념 집회에 참석함으로써 치치부 사건을 재평가하는 결정적 계기를 마련했다. 역사학 연구자와 지역의 역사 연구 단체가 참여함으로써 후손들이 공개적인 자리에서 후손임을 떳떳이 말할 수 있는 여건을 조성하는 데 성공하였던 것이다.[36]

5. 명예 회복과 예우의 구체적 내용

농민군의 명예 회복과 그 후손들에 대한 예우또는 보상를 하기 위해서는 구체적으로 어떤 일을 해야 할 것인가?

첫째, 무엇보다도 진상 규명을 위한 위원회 설치가 필요하다고 판단된다. 농민군이 안으로는 부패한 조선 왕조를 개혁하고 밖으로는 일제의 침략을 저지하기 위하여 싸웠다는 사실을 정확하게 규명해야 한다. 아직도 동학농민혁명은 전라도의 농민군 지도자 전봉준이 전라도를 중심으로 일으켰다고 하는 인식이 일반적이다. 그러나 동학농민혁명 1백주년을 전후하여 대량으로 발굴된 사료들에 의하면 동학농민혁명은 전라도에서만 일어난 것이 아니라, 경상도·충청도 등 이른바 삼남 지방을 포함한 전국 각지에 동시에 일어난 혁명이었음이 확인되었다. 또한 최근에는 농민군의 최고 지도자 전봉준과 동학 교단의 최고 지도자 해월이 제1차 동학농민혁명 단계어서부터 일정한 연대 속에서 함께 봉기한 사실이 확인되고 있다. 이처럼 동학농민혁명의 진상은 아직도 규명해야 할 부분이 많이 남아 있다.

한편, 진상 규명은 특히 일본군의 농민군 학살 책임 및 일본 정부의 책임 규명을 위해서도 반드시 필요하다. 앞에서 자세하게 검토했던 바와 같이, 동학농민혁명 당시 일본군은 동학농민혁명 진압 전담 부대인 후비 보병 제19대대를 중심으로 전시 국제법비전투원 보호과 조선 정부의 국내법 및 사법권을 무시한 채,[37] 최소 3만에서 5만 명 이상의 농민군 및 조선 민중을 학살함으로써 동아시아 최초의 민중 대량 학살이라는 전쟁 범죄를 자행했다. 이같은 일본군의 학살 책임을 추궁하기 위해서는 진압 과정에 대한 진상 규명이 반드시 필요하다.* 둘째, 농민군 명예 회복을 위한 최종적인 절차로 사면 복권을 해야 한다. 사면 복권은 학문적 평가에 그치고 있던 동학농민혁명에 대한 정당한 평가를 법률적 조치를 통해 완결 짓는 의미를 갖는다. 사면 복권 조치와 함께 동학농민혁명의 호칭을 통일하는 작업을 해야 하며, 현행 초중고 국사 교과서에 실려 있는 동학농민혁명 관련 기술을 전면적으로 검토하여 정확한 기술이 이루어지도록 개정 작업을 해야 할 것이다.

셋째, 국가 차원의 기념 사업 추진이다. 기념 사업의 내용으로는 농민군 묘역기념 공원의 조성, 기념 재단 및 기념관박물관 건립, 동학농민혁명 현창顯彰에 필요한 학술 문화 사업, 중국의 태평천국혁명, 프랑스 대혁명, 일본의 자유민권운동 기념단체 등과의 국제 협력 및 교류 사업 등을 꼽을 수 있다.**

넷째, 유가족에 대한 예우이다. 유가족에 대한 예우 방법으로는 교육 지원, 취업 지원, 의료 지원, 금융 지원 등의 방법을 고려할 수 있다. 직접적인 금융 지원은 많은 문제를 초래할 가능성이 높기 때문에 금융 지원은 제외하고 교육과 의료·취업 지원으로 제한하는 방법도 괜찮을 것으로 생각된다.

* 진상 규명을 위해서는 관련 자료의 확보가 가장 필수적인 작업이다. 이웃나라 일본에서는 현재 국립 국회도서관 안에 '恒久平和調査局'을 설치하여 일본이 저지른 아시아 태평양 전쟁(1931년 만주사변 때부터 1945년 패전 때까지의 15년 전쟁)의 실태, 즉 일본군의 행동과 수반된 '종군위안부', 강제연행 및 강제동원, 세균전 및 독가스전 등에 대한 피해 실태를 조사하는 한편, 그 같은 조사를 위하여 국회도서관장이 일정한 강제력을 가지고 관계 기관과 지방자치단체에 대해 그들이 소장하고 있는 관련 자료 제출을 요구할 수 있는 권한을 담은 「국립 국회도서관법 일부를 개정하는 법률」을 제정하려는 움직임이 일고 있다. 이 법안에는 1894년 동학농민혁명 및 청일전쟁 당시 일본군이 자행한 전쟁 범죄로 인한 피해 문제는 포함되어 있지 않으나, 전쟁 피해를 조사하기 위해 법률이 보장하는 조사기구를 설치하고 전쟁 피해의 진상을 담은 자료 공개를 요구할 권리를 보장하고 있다는 점에서 주목할 만한 법률이라 생각된다. 일본측의 전쟁 관련기록의 정보 공개 움직임에 대해서는 荒井信一(아라이 신이치) 「日本의 戰爭 關聯記錄의 情報公開에 대하여(日本語)」『季刊 戰爭責任硏究』第30號, 2000年 冬季號, 6-10쪽 참조.
** 국제교류 사업은 동학농민혁명의 역사적 의미를 동아시아의 역사, 또는 세계사 차원에서 새롭게 조명하도록 하는 데 크게 기여할 것이다. 2001년 5월 31일부터 6월 3일까지 전라북도 전주시에서 열렸던 동학농민혁명 국제학술대회는 향후 국제교류 사업의 시금석이 될 것으로 기대된다.

<부록>

외국 사례 소개
- 일본 자유민권운동의 최고봉 치치부 사건을 중심으로*

1. 치치부秩父 사건의 역사적 배경과 전개 과정

1) 치치부는 어떤 곳인가?

'산의 나라'로 불리는 치치부는 도쿄 외곽 서북쪽에 위치하는 사이타마현埼玉縣 산간 지대에 있는 작은 도시이다. 도쿄에서 기차로 약 2시간 정도, 승용차로는 약 3시간 30분 정도 걸린다. 이곳은 산간지대라는 특성 때문에 농업 대신 양잠과 제사업製絲業이 발달했다.

1859년 유럽 및 미국과의 무역이 시작된 이래 일본 최대의 수출품은 생사生絲였다. 치치부 지방 농민들이 생산한 생사도 요코하마橫浜로 운반되어 영국 상인들에게 비싼 값으로 팔려 나갔다.

메이지 시대1868~에 들어와서도 치치부의 농민들은 뽕나무의 생산, 양잠, 제사를 위한 도구 개량을 위해 온갖 지혜를 짜냈다. 양잠 선진 지역인 군마현群馬縣과 인접하고 있던 치치부 지방에는 온도 관리, 습도 관리를 철저히 함으로써 누에고치의 안정적 수확을 보장하는 코다마쵸兒玉町 경진사競進社 계통의 '온난육'溫暖育 등의 방법이 도입되었다. 또 수력을 이용한 기계 제사

---

* 秩父(치치부) 사건의 역사적 배경과 전개 과정, 복권운동과 기념사업 추진 현황에 대해서는 「치치부사건 연구 현창협의회」가 1999년 11월에 펴낸 『치치부사건 가이드북』(일본, 신일본 출판사)에서 본 발제자가 발췌 번역하였음을 밝힌다.

공장을 창업하려는 농민들과, 곤란이 따르기는 하지만 성공하면 큰 이익이 예상되는 '천잠' 天蠶 사육에 도전하는 농민들도 있었다. 이처럼 '산의 나라' 치치부 농민들은 경사면이 많은 땅에 뿌리 내릴 수 있는 근대 산업을 어떻게 발전시켜 갈 것인가가 지역의 절실한 과제였기 때문에 치치부 농민들은 금융업자들로부터 빌린 자금을 설비 투자에 투입하였다.

2) 자유 민권 사상의 보급

메이지 초년부터 마츠카타 마사요시松方正義 내각의 디플레이션이 대두되기까지 유럽에서는 누에 병이 유행했다는 사실이 전해져 일본의 경기는 호황으로 옮겨갔다. 경제적인 호황 덕택으로 무라村별 축제가 화려하게 개최되어 가부키일본 전통 연극, 무용, 인형극, 스모, 검술 등 민중 오락과 예능이 꽃을 피웠다. 치치부에는 각지로부터 여러 계층 사람들이 오고 가게 되어 새로운 정보가 치치부 산골짜기에도 흘러 들어왔다.

자유민권 사상도 그 중의 하나였다. 1879년메이지 12년 시모 요시다下吉田, 히사나가久長, 아구마阿熊, 카미히노자와上日野澤 등이 연합하여 개최한 무라村 회의 기록에는 '자유'와 '권리'를 구가하는 단어들이 등장하고 있다. 1881년메이지 14년에 이타가키 타이스케板垣退助 등에 의해 일본 최초의 정당인 자유당이 결성되었으며, 그 이듬해에는 군마현 자유당원의 영향을 받아 시모히노자와무라下日野澤村의 나카니와 난케中庭蘭溪가 자유당에 입당함으로써 치치부에도 자유당 조직이 만들어졌다.

1881년 이후 대장경大藏卿; 우리나라의 경제기획원과 유사함에 취임한 마츠카타 마사요시松方正義에 의한 디플레이션 정책이 일본 경제에 영향을 끼치기 시작한 것은 1882년경 부터였다. 군비軍備 확대를 위한 간접세 증세와 긴축 재정 때문에 각지의 농촌들은 심각한 디플레이션에 휩싸였다. 때마침 세계적인 불황과 맞물려 생사 가격은 대폭락하여 양잠에 승부를 걸고 있던 농민들의 생활은 파멸의 위기에 처했다. 금융업자들로부터 빚진 부채에다 학교 교육비의 부담, 국정에 관한 업무 확대로 인해 늘어난 마치町와 무라村의 행정 비용이 농민들의 부담을 가중시켰다.

1884년메이지 17년 2월에는 자유당 간부인 오오이 켄타로大井憲太郎가 치치부를 방문하여 연설회를 개최하였다. 또 오치아이 토라이치落合寅市의 회고록에 의하면, 그해 3월 도쿄에서 열린 자유당 대회 때 오오이 켄타로 등의 간부가 비밀리에 전제정부專制政府 전복을 위한 자유당 지방 조직의 조직화를 결의했다고 한다. 치치부에서는 다카기시 젠키치高岸善吉가 대회에 참가했다가 귀향한 뒤 그 소식을 전했다. 부채에 시달리던 치치부 농민들은 그해 양잠 일을 끝낸 뒤 각지에서 산림山林 집회를 열고 곤민당困民黨이라는 조직을 결성하였다. 곤민당의 중심은 자유당 당원들이었으며, 곤민당 활동을 통해 자유당에 입당하는 농민들도 나오기 시작했다.

3) 무장 봉기

그러나 정부 전복을 위해 지방의 자유당 조직의 조직화를 결의했던 자유당 지도부는 정부의 회유와 탄압을 받아 국민들을 조직화해 낼 수 있는 전망이나 역량을 상실해 가고 있었다.

이 같은 정세 변화에도 불구하고 재지在地 자유당원을 핵심으로 하는 치치부 곤민당은 청원 활동과 함께 고리대高利貸 문제 해결을 위한 교섭을 되풀이하는 가운데 무장 봉기할 것을 결의하고, 1884년 10월 중순 이후 봉기에 필요한 자금 마련에 착수하는 등 구체적인 봉기 준비에 들어갔다. 봉기 준비는 자유당 당원치치부에는 당시 적어도 2백 명 이상의 당원이 있었다들을 중심으로 진행되었으며, 봉기 가담 지역은 치치부 지방뿐만 아니라 치치부와 인접한 사이타마현 오부스마군男衾郡과 오자토군大里郡, 군마현 타고군多胡郡 미도노군綠野郡 남북 칸라군甘樂郡, 나가노현 남사쿠군南佐久郡까지 확대되었다.

1884년 11월 1일 저녁, 치치부 곤민당은 요시다쵸吉田町 무쿠椋 신사神社에서 무장봉기하였다. 봉기 과정에서 총리 타시로 에이스케田代榮助를 비롯한 지도부의 역할 분담과 5개조의 군율 등이 결정되었다. 봉기한 곤민당 군대는 그날 심야에는 오가노쵸小鹿野町를 점거하였으며, 그 다음 날에는 군청 소재지 오미야사토大宮郷를 점거하였고, 다시 미나노쵸皆野町까지 진격하였다.

그러나 정부 측은 경찰뿐 아니라 헌병대와 도쿄 진대鎭台의 군대까지 동원하여 철저한 무력 진압을 도모했다. 이에 맞서 곤민당 군대는 군마현 산츄야츠山中谷를 거쳐 나가노현 남사쿠南佐久까지 후퇴하며 싸웠지만 중과부적으로 11월 9일 괴멸했다. 전사자는 곤민당 군대가 25명이 숫자는 확인된 숫자이며 정확한 규모는 밝혀지지 못했음, 경관 3명, 곤민당과는 관계가 없는 여성 1명이었다. 봉기가 진압된 뒤, 이어진 재판 결과 8명이 사형이 처해지고 3,808명이 처벌받고 '치치부 폭동'이라고 명명되어 부끄러운 역사로 기록되었다.

<치치부 곤민당의 네 가지 요구 조항>

(1) 고리대로 인해 농민들이 대역에 골몰하여 생계가 곤란한 자가 많다. 그러므로 채주債主를 핍박하여 10년 거치 40년 할부로 연기하도록 요구한다.

(2) 학교 교육 비용을 줄이기 위해 현청縣廳에 3년간의 휴교를 요구한다.

(3) 내무성內務省에 잡세雜稅의 감소를 요구한다.

(4) 무라村의 관리에게 무라의 행정 비용을 줄일 것을 요구한다.

<치치부 곤민당의 5개조 군율>

(1) 남몰래 금전 등을 약탈하는 자는 참斬한다.

(2) 여색女色을 범하는 자는 참한다.

(3) 술자리를 하는 자는 참한다.

(4) 개인적 원한 때문에 방화, 기타 난폭한 행동을 하는 자는 참한다.

(5) 지휘관의 명령을 어기고 몰래 다른 일을 하는 자는 참한다.

2. 치치부 사건 복권 운동과 기념 사업 추진 상황

1) 최초의 기념 집회

치치부 사건^{1884년 11월}을 기념하는 최초의 공식 집회는 1954년 11월 치치부 시에서 개최된 '치치부 사건 70주년 기념과 영화 상영' 이라는 행사였다. 이 행사는 치치부 지역의 민주 세력과 당시 국민적 역사학國民的歷史學 운동을 전개하고 있던 도쿄의 역사학도들이 중심이 되어 개최한 집회였다. 이때까지도 치치부 사건은 '폭동' 으로, 그 가담자들은 '폭도' 로 취급되고 있었기 때문에 치치부 사건 관련자 유족과 그 후손들은 침묵을 강요당하는 상황이었다. 이 집회는 이 같은 현실에 대항하여 치치부 사건이 지니고 있는 진보적 전통을 널리 드러내어 정당한 평가를 하는 동시에, 치치부 사건 참가자들의 복권을 위한 시민운동이 시작되었음을 널리 알리는 집회가 되었다.

2) 유족들이 처음으로 참가한 88주년 기념 집회

1968년, 치치부 사건을 일본의 자유민권운동 사상 최후이자 최고의 운동이라고 높이 평가한 이노우에 코지井上幸治의 역저 『치치부 사건』秩父事件이 간행된다. 그럼에도 불구하고 치치부 사건에 대한 지역 사회의 평가는 여전히 부정적이어서 과거와 달라진 것이 거의 없었다. 이와 같은 왜곡된 인식을 타파하는 계기가 된 행사가 바로 1972년 10월에 개최된 '치치부 사건 88주년 기념 집회' 였다. 이 집회는 치치부가 자리하고 있는 사이타마현埼玉縣의 〈사이타마현 역사교육자 협의회〉와 〈치치부 역사교육자협의회〉, 〈치치부 교육회〉 등이 공동으로 준비한 행사였다.

〈치치부 역사교육자 협의회〉는 특히 이 기념 집회를 위해서 치치부 사건 참가자 유족들의 현황 조사를 벌였으며, 확인된 유족들 가운데 23명의 후손들이 기념 집회에 참석하는 성과를 거두었다. 기념 집회 식장에는 치치부 사건의 본고장 치치부를 비롯하여 사이타마, 칸토關東 등지에서 온 500여 명의 참가자가 자리를 같이 했다. 기념 집회에 참석했던 후손들은 "88년 만에 치치부 사건이 햇빛을 보게 되었다."고 기뻐했다. 88주년 기념 집회 이후 치치부 사건 참가자 후손들은 비로소 '폭동' 또는 '폭도'라는 역사적 오명으로부터 해방되는 계기를 맞이하였으며, 또 "치치부 사건 백주년 때에는 기념비를 세우자."는 운동도 시작되었다.

3) 홋카이도와 손잡고 열린 90주년 집회

1974년 11월 '치치부 사건 90주년 기념 집회'가 치치부 시에서 개최되었다. 이 기념 집회는 홋카이도北海道에서 옥사했던 치치부 사건 관련자의 역사를 찾아내어 그들을 현창하기 위해 열린 '치치부 사건 90주년 홋카이도 집회'와 손잡고 열렸다는 점에 커다란 특징이 있었다. 이 기념 집회에는 북으로는 홋카이도, 남으로는 큐슈九州에 이르기까지 일본 전국에서 900여 명이 참가함으로써 전국 규모의 집회가 되었다. 이 기념 집회에서는 "치치부 사건 뿐아니라 자유 민권 운동 전체의 역사를 새롭게 조명하여 현창해 가는 운동을 전국적으로 전개하자."는 의견이 모아졌다.

집회 다음 날에는 치치부에서 신슈信州까지를 답사하는 '사적 탐방: 치치부 곤민당 여행'이라는 행사가 있었으며, 이 행사에는 TBS 텔레비전 방송국의 '역사는 이곳에서 시작된다' 제작팀도 참가했다. 산츄야츠山中谷에서는 치치부 사건 유족들이 모여 〈치치부 사건 유족회〉 결성을 결의하여, 그 이듬해에 유족회가 결성되었다.

4) 조슈上州, 신슈信州 지역과 함께

1974년 90주년 기념 집회 이후 군마현群馬縣 참가자들에 대한 조사가 급속도로 진행되었다. 이 조사 성과를 공부하기 위해 치치부 사건 94주년이 되던 1978년 11월에는 '치치부 곤민당의 원류를 찾아서-치치부에서 조슈까지' 라는 제목의 전적지 답사와 '치치부 곤민당에 대해 말하는 행사' 가 조슈 이노야츠日野谷에서 개최되어 군마현 출신 참가자들의 후손들도 이 행사에 참가했다.

96주년이 되던 1980년 11월에는 〈신슈 민권 1백년 실행위원회〉, 〈야치호八千穗 하기대학〉, 〈치치부 사건 현창운동 실행위원회〉 공동 주최로 치치부 사건 최후의 격전지였던 야치호무라八千穗村에서 '치치부 사건 96주년 기념 집회' 가 열렸으며, 히가시마류東馬流에 있는 '치치부 폭도 전사자의 묘' 앞에서는 추모제가 개최되었다. 이 해는 치치부 뿐만 아니라 치치부 사건의 무대의 하나였던 조슈와 신슈에서도 치치부 사건을 현창하는 집회가 열렸다는 데 큰 의의가 있었다.

이 외에 90주년1974년부터 1백주년1984년까지 10년 동안 치치부 사건에 대해 연구하고 그 역사를 찾아 내는 운동을 전개하고자 하는 단체가 여러 개 결성되었다. 이 단체들을 중심으로 치치부 사건에 대한 새로운 사실들이 잇따라 발굴되었으며, 많은 연구 업적들이 쏟아져 나오게 되었다. 또한 문학, 미술, 사진, 연극, 영화 분야에 종사하는 사람들도 치치부 사건에 적극적인 관심을 보이기 시작함으로써 각 분야별로 치치부 사건을 형상화해 나갔다.

5) 자유 민권 1백년

1981년 11월, 요코하마橫浜 시에 있는 가나가와神奈川 현민縣民 홀에서는 '자유 민권과 현대' 를 주제로 한 '자유민권 1백주년 전국 집회' 가 개최되었다. 이 집회에는 오키나와로부터 홋카이도에 이르기까지 일본 각지에서

4,000명이 참가했다. 치치부에서도 유족들을 비롯하여 연구자, 교원, 일반 시민들이 참가하여 그동안의 성과와 지역별 운동을 중심으로 상호 교류하는 시간을 가졌다. 자유 민권 1백주년을 기념하는 대규모 전국 집회가 이루어진 배경에 대해서 자유 민권 1백년 전국 집회 편『자유민권 백년의 기록』三省堂은 다음과 같이 그 경위를 설명하고 있다.

각 지역에서 자유 민권 1백년을 기념하자는 목소리가 나오기 시작한 것은 1974년의 치치부 사건 90주년 집회를 계기로 각지에 산재해 있던 자유 민권 운동 연구 단체들 사이에 상호 연락이 가능해졌기 때문이었습니다. 1974년 이전에도 이미 각지의 자유 민권 운동 연구 단체들은 활발한 활동을 펼치고 있긴 했습니다만, 90주년 집회 이후 자유 민권 운동 연구 단체들의 운동은 괄목할 만한 기세로 널리 확산되어 갔던 것입니다.

6) 치치부 사건 1백년 기념비 건립

"치치부 사건 백주년 때에는 기념비를 세우자."고 결의했던 '88주년 기념집회' 로부터 11년이 지난 1983년 8월 〈치치부 사건 백주년 요시다쵸吉田町 기념사업 추진위원회〉가 발족되어 〈치치부 사건 현창운동 실행위원회〉와 공동 사업으로 기념비를 건립하기로 결정하였다. 그 결과 치치부 사건의 복권을 염원하는 사람들이 낸 기부금으로 그 다음 해인 1984년 11월 봉기의 땅 요시다쵸 무쿠椋신사 경내에 청동으로 된 청년상青年像과 치치부 사건 백년 기념비가 건립되었다필자는 2001년 3월 이곳 무쿠 신사를 방문하여 청년상과 기념비를 보았다. 기념비 비문에는 당시 농민들의 요구를 비롯하여 그들의 사상과 행동이 새겨졌으며, 비문 말미에는

여기에 선조님의 진혼鎭魂과 함께 사적事績을 드러내며, 그 유산을 계승하기

위해 기념비를 세워서 우리 치치부 골짜기에서 자유를 향한 횃불이 타올랐다는 증표로 삼고자 한다.

고 맺고 있다. 또 많은 전사戰士를 배출했던 카제호風布에서는 〈요리이쵸寄居町 향토사 연구회〉가 주축이 되어 '치치부 사건 추념비' 를 건립했다. 또한 신슈에서는 키타아이키무라北相木村의 〈치치부 사건 1백주년 현창위원회〉에 의해 '자유민권의 우렁찬 함성소리' 라고 새겨진 현창비가 세워졌으며, 최후 격전지 야치호무라八千穗村의 〈사쿠, 치치부 사건 1백주년 현창 실행위원회〉의 손에 의해 '치치부 곤민당 산화의 땅' 이라고 쓰여진 기념비가 건립되었다. 1984년 11월, 치치부 시민회관에서는 〈치치부 사건 1백년 기념사업 실행위원회〉에 의한 '치치부 사건 1백년 기념 대집회' 가 개최되었으며, 이 자리에는 사이타마, 군마, 나가노현 등지에서 참가한 50여 명의 후손들이 가슴을 활짝 편 채 단상에서 자리를 함께 하였다.

7) 새로운 차원의 연구와 현창을 지향하며

치치부 사건 101주년이 되던 1985년 11월, 그때까지의 연구와 현창운동을 더욱 계승 발전시킬 것을 목적으로 〈치치부사건 연구 현창협의회〉가 발족되었다. 자유 민권 운동 기념 전국 집회가 열린 지 10년이 되던 1991년 10월에는 〈치치부사건 연구 현창협의회〉의 제안에 따라 역사 연구 단체, 노동조합, 민주 시민단체를 중심으로 한 실행위원회가 결성되어 '자유민권 110년, 치치부 사건 107주년 기념 집회' 가 도쿄 간다 팡세 홀에서 450명이 참가한 가운데 개최되었다. 107주년 기념 집회로부터 3년 뒤, 요시다쵸 무쿠 신사 경내에 청년상과 기념비를 건립한 지 10년이 되는 1994년 11월에는 치치부 사건 110주년을 기념하여 요시다쵸가 나서서 무쿠 신사 경내 기념비 앞에서 추모식을 거행하였고, 야마나미 회관에서는 기념 집회를 개최하였다.

〈치치부사건 연구 현창협의회〉는 치치부 사건 1백주년 이후 사적 탐방이 증가하고 있는 점을 고려하여 1992년에 『치치부 사건 가이드북』신일본 출판사을 간행했다. 이 가이드북 발간을 계기로 가이드북에 바탕한 전적지 답사를 봄 가을 두 차례씩 계속했다. 1999년 11월 현재 이 전적지 답사에 참가한 참가자 수만도 1천 명을 넘고 있다. 또 1985년의 〈치치부사건 연구 현창협의회〉 결성 이래 계속되어 온 연구 모임은 20회를 넘었다. 이 연구 모임에서는 곤민당이 요구했던 네 가지 요구 조항과 관련된 역사적 배경 규명, 자유당과 곤민당과의 관계, 『지유신문』자유당의 기관지에 공표되지 아니한 자유당원들에 대한 연구 등 새로운 문제들이 발표되었다. 그리고 1990년부터 시작된 도쿄 공부 모임은 최근에 이르러 격월로 개최되고 있으며, 죠슈 지역에 대한 조사를 진행하여 새로운 사실들을 속속 찾아내고 있다. 1999년 8월에는 치치부 사건 115주년을 기념하여 군마현 나카자토무라中里村 교육위원회와 공동으로 '나카자토무라와 치치부사건' 이라는 주제의 심포지움을 개최하여 2백여 명이 참가하는 성공을 거두기도 하였다.

8) 1999년말 현재 기념사업 추진 현황

끝으로 1954년 70주년 기념행사로부터 115주년이 되는 1999년 말 현재까지 치치부 사건과 관련하여 추진되어 온 기념 사업의 성과를 개괄한다.

우선 치치부 사건을 역사적으로 기념하는 기념비가 13종, 관련자를 기념하는 기념비는 10종이 건립되었다. 치치부 사건을 기념하는 대표적인 기념비로는 치치부 사건 백주년 때 건립된 '치치부 사건 백년의 비' 1984년, 요시다쵸 무쿠 신사 경내와 '자유민권의 우렁찬 함성소리 비' 1984년, 키타아이키무라 등이 있다. 치치부 사건에 대한 관련 서적으로는 개설서가 6종, 자료집 4종, 사진집 2종, 조사 및 연구서가 22종, 소설 등 문학 작품 10종이 나와 있다.

치치부 사건을 전문적으로 연구하는 연구 단체로는 두 개의 단체가 있다.

가장 대표적인 연구 단체는 1985년에 결성된 〈치치부 사건 연구 현창협의회〉이다. 이 연구 단체의 사무소는 치치부시 오가노쵸^{小鹿野村}에 있다.

치치부 사건 관련 자료, 유물 유적을 소장 전시하고 있는 박물관, 자료관, 도서관은 모두 9개소에 달하고 있으며, 치치부 사건에 관련된 지역의 역사유적에 대한 안내, 답사에 필요한 정보 제공은 각 지방자치단체 산하 교육위원회가 맡고 있다. 현재 사이타마, 군마, 나가노현 등 20개 지역의 교육위원회가 치치부 사건 관련 역사유적 안내 및 관련 정보 제공을 맡고 있다.

동아시아의 고유한 생명 사상

1 동학 · 천도교의 역사서에서는 1860년 4월 5일의 종교체험을 ‘天師問答’이라고 부르고 있으나, 이때의 종교체험에 대해서는 별도의 분석이 필요하다.

2 『용담유사』(1883년판), 「용담가」 참조.

3 위의 책, 「안심가」 참조.

4 不意四月 心寒身戰 疾不得執症 言不得難狀之際 有何仙語 忽入耳中 驚起探問. (『東經大全』(1888년판), 「布德文」)

5 身多戰寒 外有接靈之氣 內有降話之敎 視之不見 聽之不聞 心尙怪訝 修心正氣而問曰. (『東經大全』, 「論學文」)

6 金起田, 「慶州聖地拜觀實記」, 『新人間』 제15호, 1927.8, 9쪽.

7 김지하, 『김지하 이야기 모음: 남녘 땅 뱃노래』, 도서출판 두레, 1985년, 110쪽.

8 김용옥, 「도올 어린이교육 新憲解題」, 『문화일보』 2003.5.5, 5면.

9 장일순, 「자애와 무위는 하나」, 『나락 한알 속의 우주: 무위당 장일순의 이야기 모음』, 녹색평론사, 1997, 62쪽.

10 金鼎卨, 「최제우론」, 『풍류정신』, 정음사, 1986, 82~90쪽.

11 앞의 글, 93쪽.

12 조동일, 『한국문학통사』 제4권(제2판), 지식산업사, 1989, 18쪽.

13 유초하, 「섬김과 어울림의 문화에 자양이 되는 쌀을 살리자」, 『보은 취회110주년기념학술포럼자료집』, 2003.4.13, 5쪽.

14 앞의 글, 5쪽.

15 『東經大全』, 「論學文」에서 수운 최제우는 동학의 十三字 呪文인 ‘侍天主造化定 永世不忘 萬事知’에 대해 상세한 해설을 하고 있다.

16 김지하, 앞의 책, 111쪽.

17 『東經大全』, 「論學文」의 十三字 呪文 해설 부분 참조.

18 김지하, 앞의 책, 112쪽.

19 吳知泳, 「東學史」(草稿本), 『東學農民戰爭史料叢書』 第1卷, 史芸硏究所, 1996년, 401쪽.

20 천도교중앙총부, 『神師聖師法說』, 천도교중앙총부 출판부, 1986년, 27쪽.

21 앞의 책, 50쪽.

22 앞의 책, 68쪽.

23 앞의 책, 69쪽.

24 앞의 책, 73쪽.

25 洪鍾植, 「東學亂實話」, 『新人間』 34호, 1929.4, 45~46쪽.

26 천도교중앙총부, 앞의 책, 181-182쪽.

범부 김정설의 동학관

1 김범부, 『풍류정신』, 정음사, 1986, 82~90쪽.

2 김지하, 『소곤소곤 김지하의 세상이야기 인생이야기 4: 디지털생태학』, 이룸, 2009, 최재목, 「범부 연구의 현황과 과제 및 범부의 학문방법론」, 『2009 범부연구회 제2회 학술세미나 자료집』, 범부연구회, 2009년 10월 24일~25일 참조.

3 이용주, 「범부 김정설의 사상체계와 전통론의 의의-풍류도의 발견과 새로운 문화 정통론의 구상-」, 『2009 범부연구회 제2회 학술세미나 자료집』, 121쪽.

4 『동경대전』, 「논학문」.

5 『동경대전』, 「논학문」.

6 2009년 10월 24일과 25일 양일간 영남대에서 개최된 2009년 제2회 범부연구회 학술세미나에서 서울대 이용주 박사는 범부 선생이 "샤머니즘-풍류도-단학-동학으로 이어지는 풍류도 도통론을 제시하고자 했다고 평가했다. 주목할 만한 견해이다.(이용주, 앞의 논문, 124쪽)

7 이런 사실은 『도올심득 동경대전』(김용옥, 2004), 177쪽에 상세하게 밝혀져 있다.

8 김지하, 『남녘땅 뱃노래』, 두레, 1985, 110쪽.

9 『경국대전』, 「형전」 참조.

10 경상도 남부 지방은 가야 시대 이래 철 생산지로 유명했다.

11 수운 선생이 이날 하늘님과 문답을 나누며 '내림, 즉 降靈'을 체험한 과정은 동학 경전인 『동경대전』과 『용담유사』에 상세하게 기록되어 있다.

12 강시원, 『최선생문집도원기서』, 1879 참조.

13 布德文: 덕(德)을 널리 펴는 글이라는 뜻으로 수운 선생이 동학의 가르침을 본격적으로 세상에 널리 포교하겠다는 의지를 담아 지은 글.

14 소문: 득도를 한 수운 선생이 가르침을 널리 편다는 소문.

15 소춘=김기전, 「대신사 수양녀인 팔십 노인과의 문답」, 『신인간』 16, 1927년 9월호, 16~17쪽.

16 「정운구서계」, 『비변사등록』, 1863(癸亥)년 12월 20일조.

17 好財貨而有無相資 卽貧窮者悅焉 (「동학배척통문」, 1863).

18 순망치한(脣亡齒寒): 중국이 서양에 당하면 조선도 당하리라는 것을 비유한 말.

동학과 한말 불교계의 교섭

1 동학과 불교와의 관계를 밝히는 문제에 대해서는 최근 들어 연구자들의 관심이 조금씩 늘고 있으나, 그 연구 성과는 아직 미미한 편이다. 기존 연구 성과로는 다음과 같은 연구들이 있다.
조용일, 「불교의 삼학과 동학의 기본사상」, 『동양학』 6, 단국대, 1976년.
송기숙, 「한국 설화에 나타난 민중혁명 사상-선운사 미륵비결설화와 동학농민전쟁의 민중적 전개-」, 장을병 외, 『우리 시대 민족운동의 과제』, 한길사, 1986년.
박맹수, 「동학과 한말 불교계와의 교섭」, 『장봉 김지견박사 화갑기념 사우록: 동과 서의 사유세계』, 민족사, 1991년.

2 「崔先生文集道源記書」, 『東學思想資料集』 壹, 亞細亞文化社, 1979년, 183-184쪽.

3 앞의 「최선생문집도원기서」, 160~162쪽.

4 앞의 「최선생문집도원기서」, 162쪽.

5 앞의 「최선생도원기서」, 162~163쪽.

6 박맹수, 「강원도 지방의 동학 비밀포교지에 관한 연구」, 『춘주문화』 10, 1995년, 195쪽.

7 「최선생문집도원기서」, 앞의 책, 171~172쪽.

8 앞의 「최선생문집도원기서」, 183~184쪽.

9 앞의 글 참조.

10 「용담가」, 『용담유사』(계미판) 참조.

11 「도수사」, 『용담유사』(계미판) 참조.

12 「祭需式」, 『東經大全』(癸未版) 참조.

13 해월 최시형의 법설은 현재 천도교단에 의해 『海月神師法說』에 정리되어 있다. (천도교 중앙총부편, 『神師聖師法說』, 1986년 참조) 이 『海月神師法說』의 내용을 중심으로 불교 사상과의 관련성을 규명하는 연구가 반드시 필요할 것으로 생각된다.

14 종래 '李弼濟亂'이라 불린 寧海 敎祖伸寃運動에 海月 崔時亨이 적극적으로 참여한 사실은 동학 측 자료인 『崔先生文集道源記書』(1879), 관변 측 자료인 『嶠南公蹟』 등에 의해 역

사적 사실로 확인되었다.(박맹수, 「동학자료 교남공적 해제」, 『사료로 본 동학과 동학농민혁명』, 도서출판 모시는사람들, 2010년, 199~211쪽 참조)

15 1871년 3월 10일의 寧海 敎祖伸寃運動 실패 직후의 동학 교단 내의 상황은 『최선생문집도원기서』에 '亂道之致 互相妬忌' 라고 표현되어 있을 정도로 극도의 반목과 갈등게 휩싸여 있었다. (앞의 「최선생문집도원기서」, 240쪽)

16 앞의 「최선생문집도원기서」, 246~247쪽.

17 앞의 「최선생문집도원기서」, 248~249쪽.

18 吳尙俊, 「本敎歷史」, 『天道敎會月報』15, 1911.10, 15쪽.

19 「旌善郡叢瑣錄」, 『韓國地方史料叢書』17, 驪江出版社, 1987년, 126쪽.

20 『海月先生文集』(1906)과 『天道敎會史草稿』(1922)에는 '哲 秀子'로, 『侍天敎宗繹史』(1915)와 『侍天敎歷史』(1920)에는 '哲 首座' 로 나온다.

21 『侍天敎宗繹史』第二編 第六章, 10張.

22 앞의 책.

23 박맹수, 앞의 「강원도 지방의 동학 비밀포교지에 관한 연구」 참조.

24 1880년 강원도 인제에서 『동경대전』을 간행하고, 이듬해 충청도 단양에서 『용담우사』를 간행하였다.

25 1878년 7월에 정선 霧隱潭에 있던 旌善 接主 劉時憲의 집에 동학본부에 해당하는 ㅡ䭾所를 설치하였다.

26 天道敎靑年敎理講演部, 「天道敎會史草稿」, 『東學思想資料集』壹, 亞細亞文化社, 1979년, 429쪽.

27 「益山宗院沿革」, 『天道敎會月報』189, 1926.9. 또는 「礪山宗理院沿革」, 『天道敎會月報』203, 1927.11. 참조.

28 앞의 「천도교회사초고」, 429~430쪽.

29 표삼암, 「해월신사의 발자취: 공주 가섭사」, 『신인간』373, 1979.12, 64~69쪽.

30 앞의 글, 66쪽.

31 이 글은 『金知見博士 華甲紀念 師友錄: 東과 西의 思惟世界』, 民族社, 1991년에 발표한 필자의 글을 전면적으로 수정한 것임을 밝힌다.

동학농민혁명에 있어 동학의 역할

1 金起田, 「慶州聖地拜觀實記」, 『新人間』, 제15호, 1927.8, 9쪽.

2 「聚語」,『東學農民戰爭史料叢書』第2권, 史芸研究所, 35쪽.

3 「聚語」, 36~37쪽.

4 「聚語」, 50쪽.

5 日本外務省 外交史料館 所藏,「朝鮮國 東學黨 動靜에 관한 帝國 公使館 報告 一件」(문서 번호 5門 3類 2項 4號), 帝國 公使館 通常報告 第16號.

6 일본 수상 야마가타 아리토모(山縣有朋)는 1888년 1월에 기초한 「軍事意見書」에서 조선 반도를 일본의 '利益線'이라 규정하여 조선에 대한 침략 의도를 드러냈다.

7 졸고, 「東學의 '斥倭洋' 運動에 관한 史料에 대하여」(日本語),『北大史學』第39號, 1999.

8 「聚語」, 53쪽.

9 『大韓季年史』上, 74쪽 및 「朝鮮國 東學黨 動靜에 관한 帝國 公使館 報告 一件」 참조.

10 「朝鮮國 東學黨 動靜에 관한 帝國 公使館 報告 一件」, 發第六十號 참조.

11 「朝鮮國 東學黨 動靜에 관한 帝國 公使館 報告 一件」 참조.

12 필자의 조사는 日本 北海道大學 文學部 井上勝生 敎授의 적극적인 후원이 있었기에 가능했다. 지면을 통해 井上勝生 교수께 깊은 감사를 드린다.

13 졸고, 「동학과 동학농민혁명 연구에 대한 재검토」,『동학연구』제9·10합집호, 한국동학학회, 2001 참조.

14 『韓國學資料叢書 9 - 東學農民運動篇』, 韓國精神文化研究院, 1996년, 798쪽.

15 「東匪討錄-4月 9日 錦伯報告」,『東學農民戰爭史料叢書』제6권, 162~163쪽.

16 앞의 책, 89쪽.

17 국사편찬위원회, 「4월 9일 충청감사의 전보」,『駐韓日本公使館記錄』(한글본) 제1권, 1987, 7쪽.

18 吳知泳의 구술 증언에 대해서는 필자의 박사학위 논문 「崔時亨 研究-主要 活動과 思想을 中心으로-」, 韓國精神文化研究院 韓國學大學院, 1996, 205쪽을 참조하기 바란다.

19 이 같은 견해는 국내에서는 鄭昌烈 교수가, 일본에서는 趙景達 교수가 대표하고 있다.

20 『東學農民戰爭史料叢書』제29권, 317~318쪽.

21 拙稿, 앞의 「東學의 '斥倭洋' 運動에 관한 史料에 대하여」 참조.

22 趙景達,『異端의 民衆反亂-東學과 甲午農民戰爭』(日本語), 日本 岩波書店, 1998, 제8장 참조.

23 張泳敏, 「大院君의 東學農民軍 保守兩班 動員 企圖에 관한 一考察」,『重山 鄭德基博士 華甲紀念 韓國史學論叢: 韓國史의 理解』, 景仁文化社, 1996 참조.

24 井上勝生, 「甲午農民戰爭(東學農民戰爭)과 日本軍」(日本語),『近代日本의 內와 外』, 日本 吉川弘文館, 1999, 260~261쪽.

한국 근대 민중종교와 비서구적 근대의 길

1 鄭昌烈, 「韓末 變革運動의 政治經濟的 性格」, 『韓國民族主義論』1, 創作과 批評社, 1982.

  ———, 「甲午農民戰爭과 甲午改革」, 『韓國史研究入門』(第2版), 知識産業社, 1987.

  趙景達, 「東學農民運動と甲午農民戰爭の歷史的性格」, 『朝鮮史研究會論文集』19, 1982.

  ———, 「甲午農民戰爭の指導者 : 全琫準の研究」, 『朝鮮史叢』7, 1983 參照.

2 현재 日本 一橋大學 名譽教授로 있는 安丸良夫 교수의 대표적 업적으로는 근대 일본의 민중사상, 민중운동의 독자적 성격을 밝혀낸 『日本の近代化と民衆思想』(靑木書店, 1974), 근대 일본의 대표적 민중종교의 하나인 大本敎의 敎祖의 생애를 연구한 『出口なお』(朝日新聞社, 1977) 등이 있다.

3 安丸良夫, 「戰後日本知識人の「近代」認識-丸山眞男を中心に-」, 『2003 韓日 人文學聯合 國際學術大會基調講演』, 2003년 5월 24일) 參照.

4 동학과 천도교계에서는 이 체험을 일러 '天師問答'이라 부르고 있다.

5 수운이 말하는 東은 곧 朝鮮을 의미한다.

6 吾亦生於東 受於東 道雖天道 學則東學 況地分東西 西何爲東 東何爲西.(『東經大全』, 「論學文」, 戊子重刊版).

7 鄒魯之鄕이란 朝鮮儒學 즉 조선 性理學의 본고장이라는 뜻이다. 孔子가 鄒 땅에서 태어나 魯 나라에서 가르침을 널리 편 데서 鄒魯之鄕이란 말이 생겼다.

8 동학의 포교소, 즉 接所를 가리키는 것으로 생각된다.

9 一貴賤而等威無別 則屠沽者往焉 混男女而帷薄爲設 則怨曠者就焉 好貨財而有無相資 則貧窮者悅焉.(「東學排斥通文」(1863), 『韓㳓劤博士停年紀念史學論叢』, 知識産業社, 1981, 554쪽).

10 이하, 海月이라 약칭한다.

11 해월의 업적에 대해서는 필자의 박사학위논문인 「海月 崔時亨 研究-主要 活動과 思想을 中心으로-」(한국정신문화연구원 한국학대학원, 1996)를 참조.

12 해월의 범천론적 동학 사상에 대해서는 신일철, 『동학 사상의 이해』(사회비평사, 1995)의 제4장 「최시형의 범천론적 동학 사상」을 참조.

13 凡吾道人 同受淵源 誼若兄弟 兄飢而弟飽 可乎 弟煖而兄凍 可乎 大願僉君子 自該中接 小有頭緒者 各出半臂之力 使無恒心者 以免終歲之荒憂(「戊子通文」, 『海月文集』, 1888年).

14 同聲相應 同氣相求 有古今通義 而至於吾道 其理尤箸 患難相救 貧窮相恤 亦有先賢之鄕約 而至於吾道 其誼尤重 凡我同道之人 遵一約束 相愛相資 無惑違規事(「壬辰 八月 二十

九日 通文」, 『海月文集』, 1892年)

15　一 魚肉酒煙四物 有害於道人氣血精神 少無有益 一切防塞事.

　　一 木屐革鞋 大有傷氣之物 亦有天厭之理 從令以後 雖雨下之日 勿着木屐革鞋事.

　　一 凡侈靡之物 流荒者之所嗜也 非治心者之所當也 道儒好奢之弊 禁防事.

　　一 吾道中道儒 統樣笠洋紗唐木彩緞等物 一切嚴禁 只着麤布麤木事(「壬辰通文」, 『海月文集』, 1892年)

16　1994년 1월 31일 천도교 호암수도원 답사를 통해서 발굴해 낸 자료들은 『해월문집』 외에도 여러 가지가 있다. 이들 자료의 종류 및 성격에 대해서는 졸고, 「東學農民軍指導者 金洛喆手記 外 關聯資料 解題」, 『圓佛教 靈山大學 論文集』 創刊號, 1993을 참조.

17　해월 시대의 有無相資 전통 및 구체적 실천 사례는 필자의 박사학위논문(1996), 120~121쪽 참조.

18　林淳灝, 「海月神師의 隱道時代」, 『天道教會月報』 248~249, 1931.8~9 參照.

19　1892~3년의 동학 教祖伸寃運動의 전개 과정 및 그 성격에 대해서는 졸고, 「東學 教祖伸寃運動」, 『韓國史 39: 帝國主義의 浸透와 東學農民戰爭』(國史編纂委員會, 1999)을 참조.

20　至於倭國之商 通於各港 貿遷之利 彼敢自專 錢穀蕩渴 民難支保 心腹之地 咽喉之處 關市之稅 山澤之利 專歸於外夷 是亦 生等之所撫掌而垂淚者也.(서울대학교 규장각소장, 「各道東學儒生議送單子」, 『韓國民衆運動史資料大系: 東學書』, 驪江出版社, 1985, 64-65쪽).

21　앞의 책, 『韓國民衆運動史資料大系』, 73~74쪽.

22　『東京朝日新聞』 明治 27(1894)年 7月 24日 2面, 「東學黨の消息」 參照.

23　박맹수, 「한국근대 민중종교의 개벽사상과 원불교의 마음공부」(『동학학보』 13, 동학학회, 2007) 참조.

강원도 지방의 동학 비밀 포교지 연구

1　崔時亨에 대한 기존의 연구 성과는 다음과 같다.

　　趙鍾悟, 『崔海月先生 一世紀』, 1946.

　　李光淳, 「崔海月과 非暴力運動」, 『韓國思想』 1·2, 한국사상연구회, 1957.

　　李光淳, 「崔時亨:近代化에의 炯眼」, 『人物韓國史』 5, 博友社, 1965.

　　崔東熙, 『偉大한 韓國人 2: 海月 崔時亨』, 太極出版社, 1970.

　　元容汶 外, 『海月先生 法說註解』, 東學宗團協議會中央總部, 1978.

　　崔東熙, 「해월의 인품과 사상」 1~6, 『新人間』 380~391, 신인간사, 1980.1~1981.9.

崔武錫,「東學의 民族教育運動-崔海月을 中心으로」,『教育哲學』4, 嶺南大, 1983.

申一澈,「崔時亨의 汎天論的 東學思想」,『崇山朴吉眞博士 古稀紀念論文集: 韓國近代宗教思想史』, 圓光大, 1984.

김지하,「앵산기행:崔海月의 밥사상의 재검토」,『남녘땅뱃노래』, 두레, 1985.

朴孟洙,「海月 崔時亨의 初期 行跡과 思想」,『清溪史學』3, 清溪史學會, 1986.

金賢玉,「東學의 女性開化運動研究-海月의 女性觀을 中心으로」,『聖信史學』6, 聖信女大, 1988.

李離和,「인간과 신의 차이:최시형의 역사적 재평가」,『역사비평』2, 역사비평사, 1988.

朴孟洙,「海月 崔時亨의 行狀研究」1,『釋山韓鍾萬博士 華甲紀念論文集: 韓國思想史』, 圓光大, 1991.

金容沃,「崔時亨의 사상과 고민」,『朝鮮日報』22362, 1993.6.1, 14면.

오문환,「해월 최시형의 생활정치사상 연구」, 연세대학교 박사학위논문, 1994.

2 「최선생문집도원기서」에 나오는 李慶化(景華)라는 인물은 관변기록「徐憲淳狀啓」에 나오는 李正華와 동일 인물일 것으로 생각된다.

3 「崔先生文集道源記書」,『東學思想資料集』壹, 亞細亞文化社, 1978, 211쪽.

4 지금의 영월군 中東面 禾院里 小味論 마을을 말한다.

5 世貞聽其孔生之言 忽爲搬移于寧越小密院 其處有張奇瑞者原州人也 入道淵源 則謫居人李慶化之 所傳也.(앞의「崔先生文集道源記書」, 211쪽)

6 崔濟愚의 부인 朴氏와 두 아들 및 세 딸을 말한다.

7 1781년 3월에 寧海에서 李弼濟가 주도했던 寧海民亂을 말한다. '教祖伸冤'을 명분으로 경상도일대 19개 고을의 동학교도들을 동원하여 일으켰기 때문에 東學教門 입장에서는 教祖伸冤運動이라 부를 수 있다.

8 朴孟洙,「嶠南公蹟解題」,『韓國史學』10, 韓國精神文化研究院, 1989, 245쪽.

9 앞의「崔先生文集道源記書」, 235쪽.

10 旌善郡 南面 廣德 2里에 있다. 이곳에는 유시헌의 묘소가 남아 있으며, 유시헌 장남 澤夏의 효행을 기리는 효자각이 있다. 현재 증손자 劉清 씨가 살고 있다.

11 1990.10.22, 1992.3.7, 1994.6.18. 세 차례에 걸쳐 적조암을 답사하였다.

12 寂照庵에 대하여는 천도교 표영삼 상주선도사가 1980년에 답사하여 남긴 답사보고서가 남아 있어 참고할 수 있다.(표영삼,「태백산 적조암」,『新人間』375, 1980.2)

13 吳尙俊,「本教歷史」,『天道教會月報』15, 1911.10, 15쪽.

14 主人與洙 將有入山四十九日之計 洙使海成澤鎭入葛來山寂照庵 有何一老僧 我以問曰 客

主自何以來 答曰吾是本邑之人也 今冬有祈禱之計 故得來幽僻處 方爲周覽訪來.(앞의「崔
先生文集道源記書」, 246~247쪽)

15 이들의 입산시기에 대하여「崔先生文集道源記書」는 1872년 10월 16일로, 그 외 동학 교단
사들은 모두 1873년 10월 16일로 기록하고 있다.「최선생문집도원기서」는 적조암 수련에
직접 참여한 강시원이 편찬하였다는 점에서 1872년 10월이 정확하다고 판단된다.

16 當日入到 主僧自順興來者 爲二日也 至于夜 洙謂主僧曰 世上術業之工 各有其張 事已到
此 同過三冬之苦 胡爲乎欺僧乎 僧俗間 修道成就亦是一也 吾之所工 但以呪文矣 僧曰 呪
文 何呪 答曰 主僧 前或聞東學之說乎 其僧良久曰 前有聞之也 曰自今爲始誦呪矣 主僧勿
爲忌 憚焉 主僧聞誦呪之聲 稱讚不已 曰惟勸之 四人各定坐處 手執念珠 衣冠整齊 日夜定
數 幾至二三萬讀 而竟過於四十九日.(앞의「崔先生文集道源記書」, 248~249쪽)

17 太白山工四十九 受我鳳八各主定 天宜峯上開花天 今日琢磨五絃琴 寂滅宮殿脫塵世 善終
祈 禱七七期.(「本敎歷史」,『天道敎會月報』15, 1911.10, 15쪽)

18 淸州 출신. 仁周는 이름, 號 一海, 字 璋玉.(『侍天敎宗繹史』第二編 第8章, 16張) 동학교단
사 및 관변기록에는 그의 자를 따서 '徐章玉' '徐長玉' '徐璋玉' 이라 나온다.

19 至丁亥三月(1887년 3월-인용자주)의 徐海一(徐一海의 誤記-인용자주)노 더부려 太白山
葛來寺 工夫時 主僧淸庵也요(「劉澤夏手記」, 1쪽).

20 「劉澤夏手記」, 2쪽.

21 『侍天敎宗繹史』第二編 第6章, 10張.

22 『備邊司謄錄』哲宗14年 癸亥 12月 20日條.

23 『日省錄』高宗 元年 2月 29日條.

24 『備邊司謄錄』哲宗 14年 12月 20日條.

25 앞의「崔先生文集道源記書」, 168쪽.

26 위의 글, 172~173쪽.

27 위의 글, 181쪽.

28 「水雲行錄」,『亞細亞硏究』13, 高麗大 亞細亞問題硏究所, 1964, 180쪽.

29 『東經大全』(癸未仲春版),「跋文」.

30 「海月先生文集」, 63쪽;「本敎歷史」,『天道敎會月報』20, 1912.3, 25~26쪽.

31 앞의「최선생문집도원기서」, 277~280쪽.

32 『용담유사』의 간행 장소에 대하여 가장 초기 자료에 속하는「海月先生文集」은 '本邑 泉
洞 呂圭德家' 라 하여 애매하게 표현하였다.「본교역사」에서는 '麟蹄 泉洞 呂圭德家에서
간행하였다.' 고 했다. 그런데『시천교종역사』는 "歲辛巳六月 師設講席于丹陽郡南面 泉

洞 呂圭德家 始刊龍潭遺詞數百部 廣布于各包 其時印費 自麟蹄郡接 義捐專擔"이라 하여 간행 장소는 단양 남면 여규덕가로, 경비 부담은 인제접에서 하였음을 밝히고 있다. 그러므로 『용담유사』 간행 장소는 단양 남면이 확실하며 인제접의 도움으로 간행되었음을 알 수 있다.

33 「巡撫先鋒陣謄錄」, 『東學亂記錄』上, 437쪽; 『侍天敎宗繹史』第二編 第八章 16張.

34 『東經大全』「癸未仲夏版 跋文」, 『東學思想資料集』壹, 1979, 53쪽.

35 『東經大全』「戊子版 跋文」 참조.

36 「旌善郡叢瑣錄」, 『韓國地方史資料叢書』17, 驪江出版社, 1987, 126쪽.

37 『侍天敎宗繹史』第二編 第8章, 19張.

38 「劉澤夏手記」, 1쪽.

39 앞의 글.

40 四月(1876년 4월; 인용자주) 主人往麟蹄接主 金啓元之家 行說法祭(앞의 「崔先生文集道源記書」, 259쪽)

41 「海月先生文集」, 47쪽; 「本敎歷史」, 『天道敎會月報』14, 1911.9, 18쪽.

42 「海月先生文集」, 71~72쪽.

43 「本敎歷史」, 『天道敎會月報』22, 1912.5, 25쪽.

44 『侍天敎宗繹史』第二編 第9章, 1張.

45 『舊韓國地方行政區域名稱一覽』, 朝鮮總督府, 1912; 影印本, 1985, 976쪽.

46 「海月先生文集」, 72쪽.

47 위의 글, 73쪽.

48 「本敎歷史」, 『天道敎會月報』23, 1912.6, 17쪽.

49 海月師母談, 「海月神師 日常生活」, 『天道敎會月報』165, 1924.6, 5쪽.

동학 교조신원운동

1 敎祖伸冤運動에 관한 기존의 연구성과를 연도순으로 정리하면 다음과 같다.

李光淳, 「崔海月과 非暴力運動」, 『韓國思想』1·2, 1957.

金義煥, 「1892·3年의 東學農民運動과 그 性格-參禮聚會·伏閣上訴·報恩集會를 中心으로」, 『韓國史硏究』5, 1970

韓㳓劤, 「東學의 性格과 東學敎徒의 運動」, 『한국사 17: 동학농민봉기와 갑오개혁』, 국사편찬위원회, 1973.

趙景達,「東學農民運動과 甲午農民戰爭의 歷史的 性格」,『朝鮮史研究會論文集』19, 1982.

鄭昌烈,「東學教門과 全琫準의 關係-教祖伸寃運動과 古阜民亂을 中心으로」,『19世紀 韓國 傳統社會의 變貌와 民衆意識』,高麗大 民族文化研究所, 1982.

———,「古阜民亂 研究」,『韓國史研究』48·49, 1985

張泳敏,「東學의 大先生伸寃運動에 관한 一考察」,『白山 朴成壽教授 華甲紀念論叢 韓國獨 立 運動史의 認識』, 1991.

申榮祐,「報恩과 東學集會」,『外俗離 書院溪谷 文化遺蹟』, 충북대호서문화연구소, 1992. 11.

———,「장안 마을 東學 大都所와 돌성 築造의 의미」,『報恩 帳內里 東學遺蹟』, 충북대호서 문화연구소, 1993.

박찬승,「1892, 1893년 동학교도들의 '신원' 운동과 '척왜양' 운동」,『1894년 농민전쟁연구』 3, 역사비평사, 1993.

배항섭,「1890년대 초반 민중의 동향과 고부민란」,『1894년 농민전쟁연구』4, 1995. 10.

2 최제우는 정확하게 말한다면 庶子가 아니라 再嫁한 寡婦의 아들이다.

3 1880년대에 지방 수령들에 의해 자행된 동학 탄압 사례는 필자의 다음 논문에서 밝힌 바 있다.; 朴孟洙,「崔時亨研究-主要 活動과 思想을 中心으로-」, 韓國學大學院 博士論文, 1996, 표 -12참조.

4 孫士文은 孫天民을 가리킨다. 士文은 손천민의 字이다.

5 「神師의 遺墨」,『天道教會月報』195, 1927. 3.

6 「1892.8.29 輪照」,『海月文集』.『海月文集』에 대한 상세한 해제는 朴孟洙, 앞의 학위논문.

7 「時聞記」,『東學農民戰爭史料大系』2, 驪江出版社, 1994, 175~176쪽.

8 충청 감사의 題音이 10월 22일에 나왔으므로「의송단자」 제출 일자를 10월 20일경으로 추 론하였다.

9 원래 東學의 斥倭洋 意識은 1860년에서 1863년 사이에 교조 수운 최제우가 지은『東經大 全』과『용담유사』 등의 저작 속에 이미 드러나 있었다.

10 「各道東學儒生議送單子」,『韓國民衆運史資料大系:東學書』, 驪江出版社, 1986, 64~65쪽.

11 위의 책, 68~70쪽.

12 동학교단 지도부와 각 지역의 包와 接, 또는 포와 포, 접과 접끼리 중요사항을 전달하기 위하여 발했던 通文을 말한다.

13 「敬通」,『韓國民衆運動史資料大系:東學書』, 70쪽.

14 「敬通」, 위의 책, 71쪽.

15 당시 동학교도들이 교조 최제우를 존칭하여 부르던 호칭.

16 「各道東學儒生議送單子」, 앞의 책, 71~72쪽.

17 위의 책, 72쪽.

18 위의 책, 73쪽.

19 위의 책, 74쪽.

20 「題音」, 앞의 책, 75쪽.

21 「甘結」, 위의 책, 77~78쪽.

22 「1892年 11月 12日 敬通」, 위의 책, 78~79쪽.

23 위의 책, 79~80쪽.

24 위의 책, 82쪽.

25 위의 책, 85쪽.

26 앞의 註 24)과 같음.

27 「本敎歷史」, 『天道敎會月報』28, 1912.11, 24쪽.

28 「朝家回通」, 『韓國民衆運動史資料大系:東學書』, 87쪽.

29 「權秉悳自敍傳」, 『韓國思想叢書』, 330쪽; 「天道敎會史草稿」, 『東學思想資料集』壹, 448쪽.

30 『東京日日新聞』明治 26(1894)年 4月 19日.

31 『舊韓國外交文書』10 : 美案, 高宗 30年 2月 18日, 高大亞細亞問題硏究所, 1967, 718~719쪽.

32 『舊韓國外交文書』10 : 美案, 高宗 30年 2月 19日, 719쪽.

33 金允植, 『續陰晴史』上, 癸巳 2月 24日條, 257쪽.

34 『舊韓國外交文書』2: 日案, 高宗 30年 3月 2日, 385쪽.

35 張泳敏, 앞의 논문 참조.

36 앞의 「天道敎會史草稿」, 449쪽; 「天道敎創建史」, 『東學思想資料集』貳, 143쪽.

37 鄭昌烈, 앞의 논문 참조.

38 배항섭, 앞의 논문, 34~36쪽.

39 「聚語」, 『東學亂記錄』上, 122쪽; 『東學農民戰爭史料大系』2, 66~67쪽.

40 金義煥, 앞의 논문, 『近代朝鮮의 民衆運動』, 68~69쪽; 표영삼, 「보은장내리 척왜양창의」
   (중), 『新人間』505, 1992.5, 33~36쪽.

41 '東學人令', 「聚語」, 『東學農民戰爭史料大系』2, 39쪽.

42 「聚語」, 『東學農民戰爭史料大系』2, 35쪽.

43 위의 책, 35~36쪽.

44 趙景達, 앞의 논문 참조.

45 鄭昌烈, 앞의 논문 참조.

46 『日省錄』, 高宗 30年 3月 21日條.

47 현재의 김제군 金山面 院坪里.

48 멀리 부임하는 신하가 임금에게 하직인사 하는 것.

49 『日省錄』高宗 30年 3月 21日條.

50 「討匪大略」, 『韓國民衆運動史資料大系:1894年의 農民戰爭篇』, 驪江出版社, 1986. 3, 95쪽.

51 「東徒問辨」, 『東學亂記錄』上 , 國史編纂委員會, 1959, 155쪽.

52 「沔陽行遣日記」 癸巳 3월 28일조, 『續陰晴史』上, 262쪽.

53 위의 책, 癸巳 4月 5日條, 264쪽.

54 鄭昌烈, 앞의 논문 참조.

55 張泳敏, 앞의 논문, 257쪽.

56 「聚語」, 『東學亂記錄』上, 121~122쪽; 『東學農民戰爭史料大系』 2, 69~70쪽.

57 鄭昌烈, 「甲午農民戰爭研究」, 延世大 博士學位論文, 1991, 44~82쪽.

58 위의 논문, 82쪽.

59 朴孟洙, 앞의 학위논문 참조.

60 張泳敏, 앞의 논문, 253쪽.

교조신원운동기 삼례 집회에 대한 재검토

1 敎祖伸寃運動은 '大先生伸寃運動' 또는 '斥倭洋運動' 등으로도 불린다. 이 글에서는 學界에서 관행적으로 널리 쓰여 온 교조신원운동이라는 명칭을 그대로 사용한다.

2 1894년에 전라도를 비롯한 조선 각지에서 일어난 대규모 봉기에 대한 명칭은 다양하다. 이 글에서는 2004년 국회에서 제정된 '동학농민혁명참여자명예 회복에 관한 특별법' 에 근거하여 동학농민혁명으로 부르고자 한다.

3 1차 사료에는 聚會라 되어 있으나, 이 글에서는 集會로 표기한다.

4 어떤 사료에는 8만 명이 모여들었다는 기록도 있다.

5 1982년에 국내에서는 鄭昌烈이, 일본에서는 趙景達이 최초로 금구 집회에 주목한 연구 성과를 냈다.

6 동학 기록인 『海月先生文集』에는 公州府都會라 나온다.(「海月先生文集」, 『東學農民戰爭史料叢書』27, 사운연구소, 1996, 237쪽)

7 표영삼을 비롯한 일부 연구자들은 이 영해 민란을 동학 최초의 교조신원운동으로 간주하기도 한다.

8 천도교 측 최초의 교단사인 『崔先生文集道源記書』(1879) 및 영해민란 당시 참가자들을 체
  포하여 문초한 기록인 『嶠南公蹟』 등을 말한다.

9 장영민, 「1871년 영해 동학란」, 『한국학보』 47, 1987년 6월호 참조.

10 박맹수, 「최시형 연구-주요 활동과 사상을 중심으로」, 한국학대학원 박사학위논문, 1996,
   170쪽.

11 박맹수, 위의 박사학위논문, 170쪽.

12 이 「立義通文」은 전북 부안 천도교 호암수도원에서 발굴된 『海月文集』, 규장각 소장의
   『東學書』, 『天道敎會月報』에 연재되었던 「本敎歷史」, 『侍天敎宗繹史』 등에 실려 있다.

13 박맹수, 앞의 박사학위논문, 170쪽.

14 「各道東學儒生議送單子」, 『韓國民衆運動史資料大系: 東學書』, 여강출판사, 1986, 64~65
   쪽.

15 삼례는 전라우도 및 전라좌도의 교통로, 경상우도의 교통로가 합해지는 곳으로 조선시대
   교통의 요지였다.

16 1892년 10월의 충청도 공주 집회를 말한다.

17 「全羅監司의 題音」, 『韓國民衆運動史資料大系: 東學書』 참조.

18 삼례 집회를 지도하던 교조신원운동 지도부의 이름이다. 參禮都會所라 하기도 한다.

19 全羅道 南原儒生 金澤柱의 상소가 대표적이다.(金鐘坤, 「韓末 日帝時期 南原儒生 金澤柱
   의 生涯와 活動」, 전남대학교 석사학위논문, 1998, 6~7쪽 참조).

20 『해월문집』에 실린 내용을 중심으로 소개하되, 『동학서』와 차이 나는 부분은 註에서 설명
   하기로 한다.

21 『동학서』에는 '中路落傷' 이라 되어 있다.

22 『동학서』에는 '然而道雖彰明' 이라 되어 있다.

23 『동학서』에는 '暫不弛於痌瘝' 로 되어 있다. 『동학서』의 표현이 옳다.

24 『동학서』에는 '上爲國家而祈天永命' 이라 되어 있다.

25 『동학서』에는 '而承天順理' 라 되어 있다.

26 『동학서』에는 '已係矜憐' 이라 되어 있다.

27 『동학서』에는 '飽食溫處者' 라 되어 있다.

28 伏閤之擧 方議更圖 宜俟下回 從有指揮 (「海月文集」 참조).

29 以東學餘類安接事 已有所甘飭是在果 未及安接而然乎 抑或初不曉諭而然乎 (1892.11.21
   「甘結」, 『韓國民衆運動史資料大系: 東學書』, 85쪽)

30 「本敎歷史」, 『天道敎會月報』 28, 1912년 11월호, 23쪽.

31 全炳九,「舊韓末 全羅道의 天主教 教勢」, 全北大學校大學院 碩士論文, 1991, 21-23쪽.

32 『韓國民衆運動史資料大系: 東學書』, 83~84쪽.

33 『侍天教宗繹史』第二編 第九章, 8張 참조.

34 '互相往復'의 誤記로 생각된다.

35 "1892년 12월에 그들 수천 명이 남쪽 도에 모였습니다.(삼례 집회를 지칭함; 인용자주) 그
    들의 공공연한 계획은 대거 서울로 올라와서 모든 외국인들을 쫓아낸다는 것이었습니
    다."(「빠리외방 전교회연보 1893년도 보고서」, 『교회사연구』4, 한국교회사연구소, 278쪽)

보은 취회와 해월 최시형의 역할

1 「本教歷史」, 『天道教會月報』31, 1913.2, 22쪽.

2 위의 글; 『侍天教宗繹史』第二編 第10章, 12張.

3 官吏之恫喝壓迫 去益滋甚 各包教人 其將盡劉乃已 哀此生命 何以支保乎.(『侍天教宗繹史』
    第二編 第10章, 12~13張)

4 「本教歷史」, 앞의 책.

5 一以爲衛道尊師之方 一以爲輔國安民之策.(『侍天教宗繹史』第二篇 第10章, 13張)

6 西洋戰勝攻取 無事不成 而天下盡滅 亦不無脣亡之歎 輔國安民計將安出.(『東經大全』(戊子
    版),「布德文」)

7 동학교단의 중앙본부격인 六任所가 설치되는 과정과 그 의미에 대하여는 필자의 학위 논
    문에서 자세히 설명하였다.(朴孟洙,「崔時亨研究-主要 活動과 思想을 中心으로-」, 韓國精
    神文化研究院 韓國學大學院 博士論文, 1996.2, 101~105쪽)

8 十一日에 神師 還帳內하니 會者 至數萬人이라.(「本教歷史」, 『天道教會月報』31, 1913.2, 22쪽)

9 이 통고문을 「報恩官衙通告」라 부르고 있다.

10 今倭洋之賊 入於心腹 大亂極矣 誠觀今日之國都 竟是夷狄之巢穴 竊惟壬辰之讐 丙寅之恥
    寧忍說乎 寧忍忘之乎 今我東方三千里兆域 盡爲禽獸之跡 五百年宗社 將見黍稷之歎 仁義
    禮智 孝悌忠信 而今安在哉 況乃倭賊 返有悔恨之心 包藏禍胎 方肆厥毒 危在朝夕 視若恬
    然 因謂之安 方今之勢 何異於火薪之上哉 生等雖草野蚩氓 猶襲先王之法 耕國君之土 以
    養父母 於臣民之分 貴賤雖殊 忠孝何異哉 願效微忠於國 區區下情 無路上達 伏想閣下 以
    世家忠良 永保國祿 憂在進退 愛君忠國之忱 非生等可比也 古語曰 大廈將傾 一木難擎 大
    浪將蘯 一葦莫航 生等數萬 同力誓死 掃破倭洋 欲效大報之義 伏願閣下 同志協力 募選有
    忠 有義之士吏 同輔國家之願 千萬祈懇之至(「聚語」, 『東學農民戰爭史料大系』2, 27~29쪽)

11 1893년 2월경 參禮에서 다시 열린 聚會에 대하여는 李離和, 鄭昌烈, 張泳敏 교수가 주목
    하여 연구한 바 있다.
    李離和, 「全琫準과 東學農民戰爭」, 『역사비평』 7, 1989, 210쪽.
    鄭昌烈, 「甲午農民戰爭研究」, 延世大學校 博士學位論文, 1991, 65~82쪽.
    張泳敏, 「東學農民運動研究」, 韓國精神文化研究院 博士學位論文, 1995, 160쪽.

12 「聚語」, 앞의 책, 33쪽.

13 或云 每一名收一分錢 而合爲二百三十餘兩(「聚語」, 33쪽)이라는 내용을 통해 추론하면 3
    월 20일 현재 2만 3천여 명이 집결한 것으로 생각된다.

14 「聚語」에는 崔時榮이라 나온다.

15 『海月先生文集』, 80쪽.

16 「聚語」, 위의 책, 44~75쪽.

17 「天道敎長興郡宗理院」, 『天道敎會月報』163, 1924.4, 47쪽.

18 「益山宗院沿革」, 앞의 책, 31쪽.

19 「礪山宗理院沿革」, 앞의 책, 31쪽.

20 「珍島宗理院沿革」, 『天道敎會月報』261, 1932.11, 36쪽.

21 「天道敎任實敎史」(프린트본), 1980, 16쪽.

22 「金洛鳳履歷」(筆寫本), 3쪽.

23 「故 琴庵 宋年燮氏를 追悼함」, 『天道敎會月報』252, 1931.12, 44쪽.

24 「還元同德:故節庵 尹世顯氏를 追悼함」, 『天道敎會月報』267, 1933.7, 48쪽.

25 「還元同德:故簫庵 趙斗桓氏를 追悼함」, 『天道敎會月報』279, 1935.9, 37쪽.

26 「梧下記聞」, 앞의 책, 46쪽.

27 全羅道都會 以今二十二日 來到云云(「聚語」, 앞의 책, 34쪽)

28 李顯奎, 『濟世主降生百年紀念 新世紀』, 侍天敎宗務本部, 大正 13(1924)年, 42~43쪽.

29 표영삼, 「보은 장내리 척왜양창의」, 『新人間』505, 1992.5, 42쪽.

30 其中一人 自言其姓名曰 俺是徐丙鶴爲名漢 不幸入於此 爲人所指目久矣 當詳陳聚黨來歷
    又言湖南聚黨 泛看則雖同 種類不同 發文揭榜 皆其所爲 情形極殊常 願公詳察勘斷 勿以
    此黨混之 俾有玉石之別焉 臣另錄其語上送爲白乎. (「聚語」, 앞의 책, 69~70쪽)

31 금구 취회를 주도한 세력을 가리키는 것으로 생각된다.

32 徐丙鶴 頓無進伏之意 欲令敎徒 換着兵服 協同隊兵 鏖打政府奸黨.(『侍天敎宗繹史』第二
    編 第10章, 9張)

33 『日省錄』高宗 30年 4月 5日條.

34 且各接中 或有造置棒杖之說 而自都所嚴責禁止云云.(「聚語」, 앞의 책, 1994, 44쪽)

35 「취어」, 앞의 책, 46쪽.

36 表暎三, 「接包 組織과 南北接의 實像」, 앞의 책, 153~154쪽.

37 위의 논문, 156쪽.

38 「聚語」, 『東學農民戰爭史料大系』2, 36~37쪽.

39 「聚語」, 위의 책, 37~38쪽.

40 夫倭洋之如犬羊 我東邦三千里 雖五尺之童 莫不知之 莫不警焉 奈之何 以巡相之老 成且
明察 反斥我斥倭洋者爲邪類 則臣僕於犬羊在爲正類乎 以擊倭洋之士 罪之以捉囚 則主和
而賣國者 受上賞乎 嗚呼痛哉 運耶命耶 豈以吾巡相之明 有此不燭之甚耶 揭此通衢者 恐
或迷惑者之臣 僕於倭洋 以順官令也.(「聚語」, 35~36쪽)

41 就中爲頭領稱 解事理者 實具情由 以待面諭向事.(「聚語」, 42~43쪽)

42 『日省錄』高宗 30年 3月 25日條.

43 「聚語」, 45~49쪽.

44 斥倭斥洋 爲國家效忠是白去乙 方伯長吏 待之以匪類侵掠虐待 罔有紀極.(「聚語」, 48쪽)

45 恐鑑 伏以生等 卽先王朝化育之赤子 天地間無辜之蒼生 修道而知倫綱之明 皮裏有華夷之
別 故倭洋之如犬羊 雖五尺之童 羞與同一處者也 史曰以蠻夷攻蠻夷 中國之長技 今以朝鮮
攻朝鮮 倭洋之長技 痛哭而寒心者也 以閣下之明察 豈不燭此哉 然倡義擊倭洋 有何大罪
一以欲捉囚 一以欲掃除乎 天地鬼神 應莫不鑑 街童走卒 亦知曲直矣 巡相疾之己甚 使此
無辜蒼生 盡入塗炭之中 生同一方 何若是殘忍 且倭洋之威脅吾君 罔有其極 朝廷無一人羞
此之心 則 主辱臣死之義安在乎 繡衣閣下 依山斗之望 承聖王之命 曉諭各道之士 數萬之
士 無不引領而望 若大旱之雲 世事無窮 義理難見者 但以强弱之勢 謂之難擊 則天下萬古
焉有捨生而就義哉 生等雖是鄕曲賤品 豈不知倭洋之謂强賊 然以列聖朝崇儒之化 皆曰擊
倭洋而死 則死猶賢於生 此國家之可賀 非可憂者也 伏望閣下 明察開導 使此愚忠之輩 覺
得義理之分 狀聞天陛 以無吾王宵肝之憂慮 回啓以布 開生等就義之路 安敢不各歸安業乎
齊聲仰籲於閣下 伏願下燭 不勝祈懇之至倡義儒生 許延 李重昌 徐丙鶴 李熙人 宋秉熙 趙
在夏 李根豊.(「聚語」, 49~53쪽.)

46 二月伏閣時 使司謁口傳傳敎內 汝等自外退去 則當有安頓處分 故不敢違命 卽地退歸 相賀
以復睹吾王德化之盛矣 轉聞洋倭 以生等斥和之故 威脅君父 强請掃東學之人 蒼生之號哭
於塗炭 猶不足惜由臣民之故 至於夷狄之侵陵 則主辱臣死之義 豈可以貪生而捨義哉 所以
倡此大義 期欲消滅氛禯乃已 薄俗誣陷之人 訛言脅動 有臣子不忍聞之說者 此必本國西學
之輩 做出也 然天鑑在上 容光必照覆盆之下 命送兩湖都御史 宣諭四方義士退去之意 生

等若以今 日王命卽退 則未免訛言之爲實情 故伏願更啓以倡義之由 謹俟回啓 復蒙曲全之
澤 則雖未得 斥和之本意 安敢抗命而不退哉 仰天千萬祈懇之至.

47 二月伏閤時 使司謁口傳傳教內 汝等自外退去 則當有安頓處分 故不敢違命 卽地退歸 相賀
以復睹吾王德化之盛矣 轉聞洋倭 以生等斥和之故 威脅君父 强請掃東學之人.(「聚語」, 53
쪽)

48 「聚語」, 34쪽.

49 金允植,『續陰晴史』上, 264쪽.

50 日益嘯聚兩湖之間.(『日省錄』高宗 30年 3月 25日條)

51 湖南聚黨之宣諭退散 一時爲悶.(「聚語」, 71쪽)

52 予日 兩湖所聚之黨 今初二日 竝皆散去云云 甚幸甚幸.(『日省錄』高宗 30年 4月 5日條)

53 彼黨 聲氣相通而然也.(위와 같음)

54 金溝之黨 必聞報恩動靜而同散矣.(위와 같음)

55 「天道教南原郡宗理院史」, 2~3쪽.

56 全琫準 募教徒駐在於全羅道金溝郡院坪 (中略) 是時 全琫準 金開南 於湖南地方 自領教衆
或聚或散 教人之會集 始自壬辰七月 延至甲午也.(『侍天教宗繹史』第二編 第10章,14-15張)

57 「天道教南原郡宗理院史」, 2~3쪽.

58 「嶺上日記」, 앞의 책, 274쪽.

59 「天道教任實教史」(프린트본), 1980, 12~13쪽.

60 「東學黨完伯書」의 내용은 다음과 같다.
今倭洋之賊 入於心腹 大亂極矣 誠觀今日之國都 竟是夷狄之巢穴 竊惟壬辰之讐 丙寅之恥
寧忍說乎 寧忍忘之乎 今我東方三千里兆域 盡危禽獸之跡 五百年宗社 將見黍稷之歎 仁義
禮智 孝悌忠信 而今安在哉 況乃倭賊 返有悔恨之心 包藏禍胎 方肆厥毒 危在朝夕 視若恬
然 因謂之安 方今之勢 何異於火薪之上哉 生等雖草野蠢氓 猶襲先王之法 耕國君之土 以養
父母 於臣民之分 貴賤雖殊 忠孝何異哉 願效微忠於國 區區下情 無路上達 伏想閤下 以世
家忠良 永保國祿 憂在進退 愛君忠國之誠 非生等可比也 古語日 大廈將傾 一木難擎 大浪
將簸 一葦莫航 生等數萬 同力誓死 掃破倭洋 欲效大報之義 伏願閤下 同志協力 募選有忠
有 義之士吏 同輔國家之願 千萬祈懇之至.

61 時時 東徒之雲集金溝者 殆萬餘.(崔永年,「東徒問辨」,『東學亂記錄』上, 155쪽)

62 『日省錄』高宗 30年 4月 5日條

63 大石正已 및 오거스틴 허드가 입수한 격문 내용과 같다.

64 轉聞洋倭 以生等斥和之故 威脅君父 强請掃東學之人.(「聚語」, 53쪽)

65 「취어」, 29쪽.

66 「취어」, 42쪽.

67 「취어」, 35쪽.

68 「취어」, 51쪽.

69 『日省錄』高宗 30年 3月 25日條.

70 「聚語」, 54~55쪽.

71 「聚語」, 60~63쪽.

72 爾等一向不悛不散 則予當有大處分.(「취어」, 62쪽)

73 湖南聚黨之宣諭退散 一時爲悶是白乎故.(「聚語」, 71쪽); 予曰 兩湖所聚之黨 今初二日 竝 皆散去云云 甚幸甚幸.(『日省錄』高宗 30年 4月 5日條)

74 「聚語」, 64~71쪽.

75 『日省錄』高宗 30年 4月 10日條

76 「本敎歷史」, 『天道敎會月報』32, 1913.3, 23쪽; 『侍天敎宗繹史』第二編 第10章, 14張.

금구 원평 취회와 그 역사적 의의

1 장영민은 '대선생(大先生) 신원운동' 으로, 박찬승은 '척왜양(斥倭洋) 운동' 등으로도 부르고 있으나, 교조신원운동이 일반적인 호칭이다.

2 보은 취회 참가자가 무려 8만 명이라는 당시의 기록도 있다.

3 현재의 충청북도 보은군 외속리면 장내리를 말한다.

4 금구 원평에서 동학교도들의 집회가 열렸다는 사실을 처음으로 밝혀낸 연구자는 1982년에 관련 논문을 동시에 발표한 한국의 정창렬, 일본의 조경달 교수였다. 참고로 원평집회에 관한 조선왕조의 공식 기록은 『日省錄』高宗 30年 3月 21日條에 실려 있다.

5 현재의 김제군 金山面 院坪里.

6 멀리 부임하는 신하가 임금에게 하직 인사를 하는 것을 말함.

7 『日省錄』高宗 30年 3月 21日條.

8 「討匪大略」, 『韓國民衆運動史資料大系:1894年의 農民戰爭篇』(驪江出版社, 1986), 395쪽.

9 「東徒問辨」, 『東學亂記錄』上 (國史編纂委員會, 1959), 155쪽.

10 「沔陽行遣日記」癸巳 3월 28일조, 『續陰晴史』上, 262쪽.

11 위의 책, 癸巳 4月 5日條, 264쪽.

12 鄭昌烈, 「갑오농민전쟁연구-전봉준의 사상과 행동을 중심으로」, 연세대 박사학위논문

참조.

13 張泳敏, 「동학의 대선생운동에 관한 일고찰」, 『백산 박성수 교수 화갑기념 논총: 한국독
립운동사의 인식』, 1991, 257쪽.

14 「聚語」, 『東學亂記錄』 上, 121~122쪽; 『東學農民戰爭史料大系』 2, 69~70쪽.

15 鄭昌烈, 앞의 학위논문, 1991, 44~82쪽.

16 정창렬, 위의 논문, 82쪽.

17 朴孟洙, 「해월 최시형 연구-주요 활동과 사상을 중심으로-」, 한국대학원 박사학위논문,
1996 참조.

18 張泳敏, 앞의 논문, 253쪽.

동학농민혁명기 해월 최시형의 활동

1 「侍天敎宗繹史」, 『韓國學資料叢書 9: 東學農民運動篇』, 640쪽.

2 위의 책, 621쪽.

3 「本敎歷史」, 『天道敎會月報』 7, 1911.2, 12쪽.

4 「崔先生文集道源記書」, 『東學思想資料集』 壹, 亞細亞文化社, 1979, 182쪽.

5 「本敎歷史」, 『天道敎會月報』 8, 1911.3, 14쪽.

6 「수운행록」, 『아세아연구』 13, 1964, 180쪽.

7 「최선생문집도원기서」, 앞의 책, 181~182쪽.

8 「大先生事蹟」(筆寫本), 1906, 17쪽.

9 「本敎歷史」, 『天道敎會月報』 8, 1911.3, 14쪽.

10 초기 동학교단에서는 수련회의 시작을 일러 ‘開接’이라 하고, 수련회를 마치는 것을 ‘罷
接’이라 불렀다.

11 박맹수, 「동학의 교단조직과 지도체제의 변천」, 『1894년 농민전쟁연구』 3, 1993, 306쪽.

12 동학교단 내 해월 최시형 중심의 지도 체제 확립 과정에 대하여는 필자의 박사학위 논문
에서 상세하게 검토한 바 있다. (朴孟洙, 「崔時亨研究-主要 活動과 思想을 中心으로」, 韓
國精神文化硏究院 韓國學大學院 博士學位論文, 1996, 72~88쪽.)

13 박맹수, 「동학의 교단 조직과 지도 체제의 변천」, 앞의 책, 327쪽.

14 1880년대 동학교도가 늘어남에 따라 최시형이 각 지방 접주들에게 하달한 각종 「通文」은
필자가 발굴 소개한 「海月文集」 참조. (「海月文集」, 『한국학자료총서 9: 동학농민운동편』,
한국정신문화연구원, 1996, 291~332쪽)

15 「東學聖經大全」,『韓國民衆運動史資料大系: 1894年의 農民戰爭篇 附東學關係資料』1, 驪江出版社, 1985, 165쪽.

16 『용담유사』(癸未版, 1883), 필자 소장본.

17 『東經大全』(戊子重刊版, 1888), 필자 소장본.

18 「辛卯(1891) 9月 通文」,『東經大全』(辛亥年 筆寫本), 필자 소장.

19 「辛卯(1891) 11月 敎長 宋斗浩 牒紙」,『新人間』320, 1974.9 · 10(합본), 104쪽.

20 「海月文集: 壬辰(1892) 閏6月 初2日 輪照」, 앞의 책, 319~320쪽.

21 「海月文集: 壬辰(1892) 10月 17日 立義通文」, 앞의 책, 327~330쪽.

22 「海月文集: 壬辰 11月 19日 敬通」, 앞의 책, 331~332쪽;「壬辰 11月 19日 敬通」,『韓國民衆運動史資料大系:1894年의 農民戰爭篇 附東學關係資料』1, 81~83쪽.

23 「羅巖隨錄: 東學通文」(1893年 3月 3日),『東學農民戰爭史料大系』2, 여강출판사, 1994.

24 「甲午(1894) 7月 敎授 李承龍 牒紙」,『동학혁명100주년기념특별전시회도록』, 1994, 43쪽.

25 「甲午(1984) 9月 金鍾淑 執綱 牒紙」, 앞의 책, 36쪽

26 「丙申(1896) 11月 都執 姜永照 牒紙」, 앞의 책, 40쪽.

27 「丁酉(1897) 3月 接主 金炯模 牒紙」, 앞의 책, 47쪽.

28 法軒은 원래 수운 사후 동학의 실질적 최고 지도자였던 해월이 머물러 있던 집이란 의미로 쓰이다가 나중에는 해월의 別號로 널리 쓰이게 되었다.

29 道란 東學의 敎理와 思想, 修道 節次 등을 말한다.

30 이 같은 동학교단 조직의 원리를 '淵源制' 또는 '聯臂制' 라 불렀다.(蓮史,「淵源問答」,『天道敎會月報』131, 1921.7, 61쪽.)

31 「全琫準供草: 4次問目」(1895.3.7),『東學亂記錄』下, 559쪽.

32 『新人間』320, 1974. 9 · 10, 104쪽.

33 「金洛喆歷史」, 앞의 책, 2쪽;「金洛鳳履歷」(필사본), 1~2쪽.

34 「全琫準供草: 再招問目」(1895.2.11),『東學亂記錄』下, 536쪽.

35 吳知泳,「東學史」(1938),『東學思想資料集』貳, 492~495쪽.

36 물론 1894년 이전에도 '남접' 이란 용어가 사용되었을 가능성도 있으나 지금까지 발굴된 1차 사료에서는 1894년 이전에 사용된 예는 발견되지 않고 있다.

37 李斗璜,「兩湖右先鋒日記」(1894)甲午 9月 25日,『韓國民衆運動史資料大系: 1894年의 農民戰爭篇』, 212쪽;『東學亂記錄』上, 261쪽.

38 국사편찬위원회,『주한일본공사관기록』6, 1895년 5월 13일, 24쪽.

39 「梧下記聞」第1筆 52長 甲午 4月條.

40 『東京朝日新聞』明治 28(1895)年 5月 11日 記事.

41 吳知泳, 「東學史」(1938), 『東學思想資料集』貳, 492~495쪽.

42 號는 一海, 本名은 仁周, 璋玉은 字이다. 記錄에 따라 仁周, 長玉, 章玉, 璋玉, 一海 등으로 表記되어 있다.

43 海月師母談, 「海月神師 日常生活」, 『天道教會月報』165, 1924.6, 5쪽.

44 「김낙봉이력」은 필자가 참가한 「全北日報 1894년 동학농민전쟁 특별취재팀」에서 발굴하여 『전북일보』1994년 3월 5일자 15면에 소개하였다.

45 金洛鳳, 『金洛鳳履歷』(1937), 筆者 所藏本, 4쪽.

46 金庠基, 『東學과 東學亂』, 한국일보사, 1975, 110쪽.

47 『海月先生文集』, 80쪽.

48 위의 책, 80쪽.

49 『侍天教宗繹史』第二編 第10章, 14張.

50 崔時亨이 駐在하는 곳을 일컫는 말.

51 『侍天教宗繹史』第二編 第10章, 14張.

52 위의 책, 15張.

53 「沙鉢通文」, 『東學判決文集』, 3쪽.

54 「全琫準供草: 初招問目」, 『東學亂記錄』下, 526쪽; 「南遊隨錄」, 『東學農民戰爭史料大系』3, 193쪽.

55 巴溪生, 「全羅道古阜民擾日記」, 『駐韓日本公使館記錄』1, 371쪽.

56 위의 글, 371쪽.

57 『侍天教宗繹史』에는 1월 16일에 白山으로 옮겼다는 기록이 있다.

58 박문규, 위의 글, 249쪽.

59 『侍天教宗繹史』第二編 第11章, 15張; 「天道教會史草稿」, 앞의 책, 455쪽.

60 「天道教創建史」, 앞의 책, 147쪽.

61 「金洛鳳履歷」(筆寫本), 3쪽.

62 『侍天教宗繹史』第二編 下 第11章 16張.

63 위의 책 위의 곳.

64 「全琫準供草」, 『東學亂記錄』下, 540쪽.

65 윤병석 직해, 『백범일지』, 집문당, 1995, 33쪽.

66 「梧下記聞」, 앞의 책, 55~56쪽.

67 『日省錄』高宗 31年 3月 23日條.

68 지금은 충청남도 錦山郡에 속한다.

69 「隨錄」,『東學農民戰爭史料大系』5, 183쪽.

70 義士 韓弘圭 殉節碑文」,『鄕土硏究』10, 충남향토연구회, 1991, 25쪽;「梧下記聞」,『東學農民戰爭史料大系』1, 59쪽.

71 「東匪討錄」,『東學農民戰爭史料大系』6, 161쪽.

72 4月 9日字 錦伯報告,「東匪討錄」, 위의 책, 162쪽.

73 4월 9일 충청감사의 전보,『주한일본공사관기록』1, 7쪽.

74 「東匪討錄」, 앞의 책, 61~163쪽;「兩湖招討謄錄」,『東學農民戰爭史料大系』6, 5쪽.

75 「동비토록」, 앞의 책, 162쪽;「양호초토등록」, 앞의 책, 5쪽.

76 「東匪討錄」, 앞의 책, 164쪽;「聚語」, 앞의 책, 122~123쪽.

77 『주한일본공사관기록』1, 10~12쪽.

78 위의 책, 24쪽.

79 當日酉時量 一齊吹囉鳴鼓放砲 移聚於邑西二里許 西道面扶興驛是如爲白乎所 次輩情跡 與錦山泰 仁起鬨之類 一而二也 合成一團 分作三隊.(「隨錄」, 앞의 책, 169쪽)

80 「東匪討錄」, 앞의 책, 165쪽;「兩湖招討謄錄」, 앞의 책, 5쪽.

81 「兩湖招討謄錄」, 앞의 책, 5쪽.

82 「東匪討錄」, 앞의 책, 163쪽.

83 앞의 글, 163쪽.

84 앞의 글, 165쪽 ;「聚語」, 앞의 책, 122~123쪽.

85 『日省錄』高宗 31年 4月 12日條.

86 박성수 주해,『저상일월』, 서울신문사, 1993, 186쪽;「羅巖隨錄」, 앞의 책, 384쪽.

87 「尙州 化北 東學古文書」, 筆者所藏;「歲藏年錄」,『東學農民戰爭史料大系』2, 246쪽.

88 「兩湖招討謄錄」, 앞의 책, 8쪽.

89 위의 글, 8쪽.

90 위의 글, 8쪽.

91 『주한일본공사관기록』1, 24쪽.

92 「김낙철역사」, 앞의 책, 3쪽.

93 위의 책, 4쪽.

94 『駐韓日本公使館記錄』1(한글본), 196쪽.

95 今年三月 分設接於本郡蘇野地 無論他道本道 誘募徒黨(甲午斥邪錄); 申榮祐,「甲午農民戰爭과 嶺南保守勢力의 對應」, 延世大學校博士論文, 1991, 60쪽에서 재인용.

96 「歲藏年錄」, 앞의 책, 245~246쪽.

97 상주 화북 동학고문서 중 「甲午 4月 牒呈」 참조.

98 김준형, 「서부경남지역 동학군 봉기와 지배층의 대응」, 『慶尚史學』7·8, 慶尚大, 1992, 80~81쪽.

99 박성수 주해, 앞의 책, 185~186쪽.

100 『侍天教宗繹史』第二編 第11章, 18~19張.

101 『주한일본공사관기록』1, 194~195쪽.

102 「梧下記聞」, 앞의 책, 54쪽.

103 「東學史」, 앞의 책, 492쪽.

104 『侍天教宗繹史』第二編 第11章, 18~19張.

105 申榮祐, 앞의 박사논문, 1991.12, 62쪽.

106 위의 『侍天教宗繹史』, 19張.

107 「洪陽紀事」甲午 7月 20日條.

108 『주한일본공사관기록』1, 194~196쪽; 2권, 63~64쪽.

109 「錦藩集略」, 『東學農民戰爭史料大系』4, 11쪽.

110 「歲藏年錄」, 앞의 책, 259쪽.

111 「曺錫憲歷史」, 『韓國思想叢書』5, 泰光文化社, 1980, 469쪽.

112 求見全將 問了兵端 答以昨承法軒湖西都會之文 將以向北矣.(「宣諭榜文竝東徒上書所志 謄書」, 『東學亂記錄』下, 382쪽)

113 『侍天教宗繹史』第二編 第11章, 19~20張.

114 박성수 주해, 앞의 책, 221쪽.

115 「天道教書」, 앞의 책, 310쪽.

116 愼鏞廈, 「甲午農民戰爭의 第2次 農民戰爭」, 『韓國文化』14, 서울대韓國文化研究所, 1993, 396~397쪽.

117 「巡撫先鋒陣謄錄」甲午 12월 20일조, 『東學亂記錄』上, 619쪽.

118 『駐韓日本公使館記錄』3; 「討匪大略」, 『韓國民衆運動史資料大系: 1894年農民戰爭篇』, 444~447쪽.

전라도 무장 동학 대접주 손화중 연구

1 「김지하, 은적암 기행」, 『남녘땅 뱃노래』, 1985, 182~184쪽.

2 오지영, 「동학사」, 『東學農民戰爭史料叢書』 1, 1996, 437~439쪽.

3 「동학사」, 위의 책, 438쪽 및 「朝家回通」, 『韓國民衆運動史資料大系: 東學書』, 1985, 90쪽.

4 『주한일본공사관기록』(한글본 1), 1986, 163쪽.

5 한글본 1, 위의 책, 162쪽.

6 최현식, 「동학혁명의 향토사적 연구-갑오 동학혁명에 있어서 손화중의 역할을 중심으로-」, 『韓國學論集』 10, 漢陽大學校 韓國學研究所, 1986, 387쪽.

7 『東學農民革命 100年』, 나남출판, 1995, 153~163쪽.

8 「전봉준, 손화중, 최영창=경선 판결선고서」, 『韓國學報』 39, 1985 참조.

9 「김낙철역사」, 『한국학자료총서 9: 동학농민운동편』, 한국정신문화연구원, 1996.

동학의 남·북접 대립설에 대한 재검토

1 오지영, 『동학사』, 영창서관, 1938년, 138쪽.

2 初 東學號其黨曰布 有法布徐布 法布宗時亨 時亨號法軒故也 徐布宗徐長玉 長玉水原人也 長玉與時亨 皆從濟愚學 濟愚死 各立徒黨.(황현, 「오하기문」, 『동학농민전쟁사료총서』 1, 사운연구소, 1996, 54쪽).

3 한국의 정창렬 교수와 재일사학자 조경달 교수의 연구가 대표적이다. 정창렬, 「갑오농민전쟁연구」, 연세대학교 박사학위논문, 1989년; 조경달, 『이단의 민중반란-동학과 갑오농민전쟁』, 일본 동경, 이와나미서점, 1998년.

4 동학농민혁명 1백주년을 전후하여 새로 발굴된 사료들은 다음과 같은 사료집으로 집대성되었다. 동학농민전쟁백주년기념사업추진위원회 편, 『동학농민전쟁사료총서』 전30권, 사운연구소, 1996년.

5 박맹수, 「해월 최시형 연구」, 한국정신문화연구원 한국학대학원 박사학위논문, 1995년.

6 위의 논문 심사 교수들의 심사평이 그랬다.

7 일본 홋카이도 대학의 '동학농민군지도자 유골방치사건'의 전말에 대해서는 필자의 다음과 같은 논문을 참조하기 바란다.
졸고, 「동학군 유골과 식민지적 실험-일본 홋카이도대학의 동학군 유골방치사건」, 『한국독립운동사연구』 23, 독립기념관 한국독립운동사연구소, 2004.

8 천도교 및 시천교 측 교사 대부분이 그러하다.

9 졸고, 「동학의 척왜양 운동에 관한 사료에 대하여」, 『北大史學』 39호, 홋카이도대학 사학회, 1999년 11월.

10 『전북일보』 1995년 3월 21일 11면 및 18면 참조.

11 이현규, 『제세주 강생 백년기념:신세기』, 시천교 종무본부, 1924년, 42~43쪽

12 일본 외무성 외교사료관 소장 사료로 문서 번호는 5문 3류 2항 4호이다. 이 사료는 한국정
신문화연구원 (현 한국학중앙연구원) 근현대사 자료팀에서 편집하여 간행한 『동학농민
전쟁관계사료집』 전6권(도서출판 선인, 2000년)에 실려 있다.

13 이하의 동학사서들은 1996년 필자가 편집 해제하고 한국정신문화연구원이 펴낸 『한국학
자료총서 9:동학농민운동편』에 수록되어 있다.

14 이 병란은 종래 이필제란, 또는 영해민란으로 불러 왔다.

15 외교사료관 소장 자료에 대해서는 필자의 다음과 같은 글을 참조하기 바란다.
졸고, 「일본 외무성 외교사료관 소장 동학농민전쟁관계 사료에 대하여」, 『동학농민전쟁관
계자료집』, 한국정신문화연구원, 2000; 「일본 지역 근현대사자료 소장 현황에 대하여」,
『한국독립운동사연구』 19, 독립기념관 한국독립운동사연구소, 2002.

16 위의 글(2000) 참조.

17 일본 방위성 방위연구소 도서관에 소장되어 있는 동학농민혁명 관련 사료의 개요에 대해
서는 별고를 통해 상세하게 소개하기로 한다.

18 방위연구소 도서관에 소장된 동학 사료의 개요에 대해서는 별도의 기회에 상세히 소개하
고자 한다.

19 일본측 신문자료에 대해서는 필자의 다음과 같은 글을 참고 바란다.
졸고, 「1893년 동학당 사건에 관한 사료에 대하여」(일본어), 『근대 천황제의 형성 확립에
관한 기초적 연구』(평성8년도-10년도 과학연구비보조금 기반연구B-2 연구성과 보고서),
홋카이도 대학 문학부, 1999년 3월.

20 參謀本部編, 『明治 二十七八年 日淸戰史』 제8권, 140쪽; 中塚明 『歷史の僞造をただす』, 日
本 東京, 高文硏, 1997, 108쪽.

21 1894년 5월 20일자 2면, 「전라도 민란의 수괴」; 5월 24일자 1면, 「한경(韓京)의 경보」; 5월
26일자 2면, 「충청도의 동학당」; 5월 29일 2면, 「동학당란속보」 등 참조.

22 「김낙봉이력」, 『동학농민전쟁사료총서』 제7권, 사운연구소, 1996, 377쪽.

23 도진순 직해, 『백범일지』, 돌베개, 1997, 46쪽.

24 이 점에 대해서는 졸고, 「최선생문집 도원기서와 그 이본에 대하여」, 『한국종교』 15집,
1990년 참조).

25 최시형 중심 지도 체제 확립에 대해서는 졸고, 「동학의 교단 조직과 지도체제의 변천」,
『1894년 농민전쟁연구』 3 , 역사비평사, 1993년 참조.

26 졸고, 앞의 논문(1990) 참조.

27 송두호의 접주 임명 첩지는 『신인간』320호, 1974년 9 · 10월 합본호, 104쪽 참조. 전봉준의
접주 임명 사실은 「전봉준공초: 4차문목」, 『동학란기록』하, 559쪽 참조.

28 「해월선생문집」, 74~76쪽; 『한국학자료총서 9:동학농민운동편』, 409쪽.

29 「본교역사」, 『천도교회월보』23, 1912.6, 18쪽.

30 졸고, 「교남공적 해제」, 『한국사학』10 , 한국정신문화연구원, 1989년 참조.

31 졸고, 위의 논문 참조.

32 전라도 강진 유생 박기현(朴冀鉉)의 일기 등이 대표적이다. (졸고, 「박기현의 『日史』와 장
홍 · 강진지역 동학농민전쟁」, 『역사연구』3, 역사학연구소, 1994년).

33 1892년 10월 17일 「입의통문」, 『한국학자료총서 9:동학농민운동편』, 328쪽.

34 『한국학자료총서 9: 동학농민운동편』, 한국정신문화연구원, 1996 참조.

35 위의 책 참조.

36 『용담유사』(계미판), 「안심가」 참조.

37 『용담유사』(계미판), 「권학가」 참조.

38 「각도동학유생의송단자」(임진 10월), 『한국민중운동사자료대계:동학서』, 여강출판사,
1985년 참조.

39 「각도동학유생의송단자」(임진 11월), 위의 책 참조.

40 「각도동학유생의송단자」(임진 11월), 위의 책 참조.

41 「나암수록」, 『동학농민전쟁사료총서』제2권, 369~370쪽.

42 일본 외교사료관 소장, 『한국동학당봉기일건』(사료번호 5문3류2항5호) 참조.

43 「취어」, 『동학농민전쟁사료총서』2, 27~29쪽.

44 이 문제에 대해서는 졸고, 「동학의 척왜양 운동에 관한 사료에 대하여」(일본어), 『북대사
학』, 홋카이도대학 사학회, 1999년 참조.

45 이들 역시 동학 조직과 일정한 연관을 지니고 있었다.

46 '文章草件 東學人文' (1893년 3월 26일), 「취어」, 『동학농민전쟁사료총서』2, 49~53쪽.

47 오지영, 『동학사』, 영창서관, 1938년, 136쪽.

48 「대선생사적」, 『한국학자료총서 9:동학농민운동편』, 415쪽.

49 「김낙봉이력」, 앞의 책, 798쪽.

50 최시형과 서장옥의 인척 관계에 대해서는 필자의 박사학위논문, 1995년, 126~128쪽 참조.

51 「김낙봉 이력」, 위의 책, 797쪽

52 『시천교종역사』(1915년) 및 『시천교역사』(1920년) 참조.

53 4월 9일 금백(충청 감사) 보고, 「동비토록」, 『동학농민전쟁사료총서』6, 사운연구소, 1996년, 162쪽.

54 『주한 일본공사관기록』1 (한글본, 국사편찬위원회), 7쪽.

55 도진순 직해, 앞의 책, 46쪽.

56 위의 책, 46쪽.

57 한국정신문화연구원 근현대사 자료팀편, 『동학농민전쟁관계사료집』제1권, 도서출판 선인, 2000년 참조.

58 위의 책 참조.

59 『주한 일본공사관기록』1(한글본), 24쪽.

60 전주성 점령 이후에도 흔적이 있다. (「東學黨餘聞」, 『도쿄아사히신문』, 1894년 10월 5일자 참조)

61 「동학당여문」, 『동학당·폭민』 전, (일본 방위성 방위연구소 도서관 소장) 참조.

62 전봉준과 일본인들과의 만남, 전봉준의 일본에 대한 인식 문제 등에 대해서는 별그를 통해 상세히 논하기로 한다

63 『메이지 이십칠팔년 일청전사』제8권, 140쪽.

64 『미야코신문』 1894년 6월 13일 1면, 「충청도의 부 제2: 난민 대규모로 청산에 모이다」 참조.

동학농민혁명과 전주성 전투

1 「兩湖招討謄錄」甲午 4月 30日條, 『東學農民戰爭史料叢書』第6卷, 18쪽; 「兩湖電記」甲午 4月 29日條, 『東學農民戰爭史料叢書』(이하 『叢書』) 第6卷, 115쪽.

2 當日日晚到金溝縣則 彼徒自該縣走出 屯在於全州三川云 而夜已昏黑 未由前進 不得已止宿.(「兩湖招討謄錄」甲午 4月 30日條, 『叢書』제6권, 18쪽)

3 彼徒 方到豆亭 距營三十里 京軍消息一絶不聞.

4 『駐韓日本公使館記錄』(한글본)제1권, 31쪽.

5 二十七日 賊陷全州 監司金文鉉走 賊自長城井邑 長0以進 步騎萬餘人 以二十七日黎明 至全州西門外 自龍頭峙 列一字陣 (『叢書』제1권, 75쪽)

6 吳知泳, 『東學史』, 영창서관, 1938, 123쪽.

7 騷動匪類 居城中 日事歌舞 (中略) 匪類 春初會高(古의 誤記)阜 當此炎熱 尙未易衣 故入城之初 以製衣爲0云(南原儒生 金在洪, 「嶺上日記」, 『叢書』제2권, 283쪽).

8 일본 외무성 외교사료관 소장 자료가 중심이 되고 있다.

9 오지영, 앞의 책, 125쪽.

10 위의 책, 125쪽.

11 「전봉준 판결선고서」 참조.

12 정창렬, 「갑오농민전쟁 연구」, 연세대 박사학위 논문, 1991 참조.

13 박문규, 『석남역사』 참조.

14 정창렬, 앞의 박사학위 논문(1991) 참조.

동학농민혁명과 우금티 전투

1 『전봉준공초』, 『東學農民戰爭史料叢書』(이하 『叢書』)18, 21쪽.

2 『전봉준공초』, 『叢書』18, 73쪽.

3 朴宗根・朴英宰 譯, 『청일전쟁과 조선』, 일조각, 1989, 40쪽.

4 柳麟錫, 「檄告八道列邑」, 『昭義新編』券一.

5 박주대의 『나암수록』에 '공주 유생'으로 나오고 있으나, 그는 원래 서울에서 태어나 충청
   도 청풍으로 이주하여 살았다.(김상기, 『한말의병연구』, 일조각, 1997, 107쪽)

6 朴宗根・朴英宰 譯, 위의 책, 200~208쪽.

7 『東京日日新聞』, 1894年 8月 5日(朴宗根・朴英宰 譯, 위의 책, 213쪽에서 재인용).

8 『古文書』2(官府文書), 「古80943」, 서울대도서관, 1987, 412쪽(정창렬, 「갑오농민전쟁연구」,
   연세대학교 박사학위논문, 1991, 241쪽에서 재인용.

9 정창렬, 앞의 논문, 241쪽.

10 「금번집략」, 『叢書』4, 8쪽.

11 朴宗根・朴英宰 譯, 앞의 책, 200쪽.

12 『東匪討論』甲午9月 初8日條, (『韓國學報』3, 일지사, 1976, 265쪽.)

13 정창렬, 앞의 논문, 245쪽.

14 「전봉준공초」, 『叢書』18, 69쪽.

15 『日淸交戰錄』12, 明治 27년 10월 16일, 42~43쪽(정창렬, 앞의 논문, 241쪽에서 재인용).

16 나카츠카 아키라(中塚明), 박맹수 옮김, 『1894년 경복궁을 점령하라』, 푸른 역사, 2002,
   83~84쪽.

17 나카츠카, 위의 책, 59~60쪽.

18 『舊韓國外交文書』3(日案 3), 「3328 東學軍 北上과 公州 日軍의 繼續住留要請」, 141쪽.

19 「동학사」, 『叢書』1, 490쪽; 「천도교회사초고」, 467쪽.

20 「천도교회사초고」, 461쪽.

21 「梧下記聞」第2筆, 甲午 8月 25日, 91~92쪽.

22 위의 책, 第2筆, 甲午 八月條, 92쪽.

23 위의 책, 92~93쪽.

24 위의 책, 甲午 八月條, 92쪽.

25 정창렬, 앞의 논문, 249쪽.

26 朴宗根・朴英宰 譯, 「人夫 食量 등의 징발 상황」, 앞의 책, 99~106쪽.

27 정창렬, 앞의 논문, 246쪽.

28 「梧下記聞」第3筆, 甲午 10月條, 18~19쪽, 「先鋒陣 上巡撫使書」, 『東學亂記錄』下, 309~310쪽.

29 「全琫準供草」, 『東學亂記錄』下, 532쪽.

30 朴孟洙, 「鄭錫珍의 蘭坡遺稿」, 『錦湖文化』86, 1992.8, 53쪽.

31 吳知泳, 「東學史」, 『東學思想資料集』貳, 1979, 501쪽.

32 「梧下記聞」第3筆, 甲午 10月條, 30쪽.

33 「전봉준상서」, 『叢書』10, 337~338쪽.

34 李炳壽, 금성정의록, 『叢書』7, 15~16쪽.

35 「梧下記聞」第3筆, 甲午 10月條, 30쪽.

36 '全琫準上書', 「宣諭榜文竝東徒上書所志膽書」, 『東學亂記錄』下, 383~384쪽.

37 「고시 경군여영병이교시민」, 『東學亂記錄』下, 379~380쪽.

38 오지영, 「동학사」, 『동학 사상자료집』貳, 497~500쪽.

39 「湖南儒生原情于招討使文」, 『梧下記聞』第一筆, 甲午 4月 19日條.

40 '賊黨所志', 「兩湖招討膽錄」甲午 5月4日條, 『東學亂記錄』上, 207쪽.

41 趙 珖, 「東學農民革命 關係史料 拾遺-Mutel의 資料를 中心으로」, 『史叢』29, 高麗大史學會, 1985, 209쪽.

42 이이화, 「전봉준과 동학농민전쟁 ③ 전봉준, 반제의 봉화 높이 들다」, 『역사비평』9, 1990. 5, 278~280쪽.

43 조경달, 『이단의 민중반란』, 일본 동경이와나미서점, 1998, 260~268쪽 참조.

44 박맹수, 「동학과 동학농민혁명에 대한 재검토-동학의 남북접 문제를 중심으로-」, 『동학연구』9・10, 2001, 110~115쪽.

45 박맹수, 위의 논문, 114쪽.

46 『大先生事蹟』(필사본), 1906, 76쪽.

47 김구, 『백범일지』 참조.

48 9월 18일 崔時亨은 동학교도들이 크게 참살당하고 있다는 소식을 듣고 기포령을 하달한다.(「侍天教歷史」, 『東學思想資料集』參, 622쪽 ; 『義庵孫秉熙先生傳記』, 1967) 충청도 珍山 錦山 懷德 鎭岑지역에서는 갑오년 4월 1천여 명의 동학농민군이 전봉준 군의 무장기포에 호응하여 기포한 바 있다.(『日省錄』高宗31年 3月 23日 ; 4月 12日條)

49 갑오 3월 12일 錦山에서는 수천 명의 농민군이 봉기하여 이서들의 집을 불태웠으며(「梧下記聞」), 갑오 4월 경상도 尙州 化北面에서도 농민군들의 봉기 움직임이 있었다.(『尙州 化北 古文書』, 필자 소장)

50 任實地方이 대표적이다.(『천도교 임실교사』(포덕122년판))

51 愼鏞廈 資料解題,「東學農民軍 指導者 全琫準・孫化中・崔永昌(卿宣) 判決宣告書 原本」, 『韓國學報』39, 1985, 189쪽.

52 「全琫準供草 四次問目」, 『東學亂記錄』下, 553~554쪽.

53 박맹수,「동학농민혁명과 1892년 전라도 삼례취회에 관한 검토」, 『호남사회연구』1, 1993. 참조.

54 「全琫準供草: 四次問目」, 『東學亂記錄』下, 553~554쪽. 광주・나주로 농민군 기포를 독려하기 위해 내려갔던 최경선은 끝내 전봉준의 북상 과정에는 참가하지 못했다.

55 신용하, 앞의 자료, 189쪽.

56 『各道謄錄存案』甲午 9月 18日條.

57 충청도 지방에 통문이 전달되었다는 사실은 충청도 泡川에서 유배생활을 하고 있던 金允植의 일기에도 나타나고 있다. 聞湖南匪徒 馳通湖西 一時建旗造機 傳令各邑 使備粮草 將向京城云.(『續陰晴史』上, 高宗 31年 9月 18日條).

58 「全琫準供草: 三招問目」, 『東學亂記錄』下, 548쪽.

59 問 參禮起包之衆爲幾何. 供 四千餘名.(「全琫準供草: 三招問目」, 545쪽).

60 이이화,「전봉준과 동학농민전쟁」③,『역사비평』9, 1990.5, 286쪽.

61 '全琫準上書',「宣論榜文並東徒上書所志謄書」,『東學亂紀錄』下, 383~384쪽.

62 「全琫準供草」,『東學亂記錄』下, 555쪽.

63 『주한일본공사관기록』1, 148쪽, 163쪽 ;「남정록」, 총서 17, 225쪽, 229쪽.

64 『주한일본공사관기록』(한글본)6, 28~29쪽.

65 순무선봉진등록 10월 22일~25일,『叢書』13, 81~123쪽.

66 「巡撫先鋒陣謄錄」甲午 10月 25日條,『東學亂記錄』上, 426쪽.

67 「巡撫使呈報牒」甲午 10月 25日條,『東學亂記錄』下, 10쪽.

68 『주한일본공사관기록』1, 209-210쪽;『주한일본공사관기록』3, 387쪽.

69 「公山剿匪記」,『舊韓國官報』開國 503(1984)年 11月 27~29日字.

70 成夏永 獨當其衝 勢不可支 日兵官 乃分軍 排至牛金犬蹲之間 羅立山脊 一時齊放 復隱身 山內 賊欲踰嶺 卽又登脊齊發 如是者爲四五十次 積屍滿山.(「牛金之師」,『舊韓國官報』開 國 503(1984)年 11月 29日).

71 噫 彼匪類之幾萬其衆 環匝連亘四五十里 有路卽爭奪 高峰卽爭據 聲東趨西 閃左忽右 揮 旗擊鼓 拌死先登 渠何義理 渠何膽略 是喩言念情跡 骨戰心寒是乎所(「先鋒陣日記」甲午 11月 16日條,『東學亂記錄』下, 237~238쪽.

72 「全琫準供草: 初招問目」,『東學亂記錄』下, 529쪽.

73 宣琫榜文 竝東徒上書所志謄書」,『東學亂記錄』下, 379~380쪽;「先峰陣呈報牒」,『東學亂記 錄』下, 185~186쪽.

74 大村은 현재의 논산시 上月面 大村里이다.

75 『東學亂記錄』上, 甲午 10月 10日條, 90~91쪽.

76 梧下記聞』第3筆, 甲午 10日條, 19쪽.

진도 지역의 동학농민혁명

1 『용호한록』권3(京營寄), 70쪽.

2 진도군지편찬위원회,『진도군지』, 1976, 199쪽.

3 「진도종리원연혁」,『천도교회월보』261, 1932.11, 36쪽.

4 위의 「진도종리원연혁」, 36쪽.

5 「장흥군종리원연혁」,『천도교회월보』163, 1924.4 참조.

6 앞의 「진도종리원연혁」, 36쪽.

7 「취어」,『동학농민전쟁사료총서』2, 사운연구소, 1996, 44~75쪽.

8 박맹수,「최시형 연구-주요 활동과 사상을 중심으로-」, 한국학대학원 박사학위논문, 1996, 202~204쪽.

9 박맹수, 위의 박사학위논문, 204쪽.

10 최병현,「남원군동학사」,『종리원사부동학사』(필사본), 1924, 7쪽.

11 「장흥군종리원연혁」,『천도교회월보』163, 1924.4 참조.

12 「취어」, 앞의 책, 27~29쪽.

13 김윤식, 「면양행견일기」, 『속음청사』 상, 고종 31년 갑오 5월조 참조.

14 『朝鮮國東學黨動靜ニ關シ帝國公使館報告一件』, 「發 第42號」 참조.

15 오지영, 『동학사』, 영창서관, 1938, 112~114쪽.

16 오지영, 위의 책, 113~114쪽.

17 리인근, 「환원동덕: 공암장 환원부고를 받고」, 『천도교회월보』 205, 1928.1, 62쪽.

18 국사편찬위원회, 「순무선봉진등록」 갑오 12월 20일조, 『동학란기록』 상, 616쪽.

19 1996년 8월 5일 방영된 한국문화방송(MBC)의 『님은 누구인가』(다큐멘터리) 참조.

20 손행권의 경우가 대표적이다. 다음의 주 23)의 내용 참조.

22 「순무선봉진등록」 갑오 12月 20일조, 『동학란기록』 상, 615~616쪽.

22 위의 글, 616쪽; 박진원 편, 박봉우 등 교정, 『전라남도 진도읍지』(국립중앙도서관 소장
    본), 1924년, 「읍선생안」 참조.

23 위의 「순무선봉진등록」, 616쪽.

24 위의 「순무선봉진등록」, 617쪽.

25 『일성록』 고종 31(1894)年 9月 22일조.

26 위의 「순무선봉진등록」, 616~617쪽.

27 위의 「순무선봉진등록」, 617쪽 참조.

28 앞의 「순무선봉진등록」 갑오 12월 20일조 내용 참조.

29 앞의 글, 616쪽; 박진원 편, 박봉우 등 교정, 『전라남도 진도읍지』(국립중앙도서관 소장
    본), 1924년, 「읍선생안」 참조.

30 『일성록』 고종 31(1894)年 9月 22일조 참조.

31 「전봉준공초」, 『총서』 18, 69쪽.

32 「오하기문」 2필, 『총서』 1, 209~211쪽.

33 「진도종리원연혁」, 『천도교회월보』 261, 1932.11, 36~37쪽; 『금성정의록』(錦城正義錄), 나
    주향토문화연구회, 1991, 69~71쪽 및 82~83쪽 참조.

34 「진도종리원연혁」, 앞의 책, 37쪽.

35 「공산초비기」(公山剿匪記)의 '우금지사'(牛金之師), 『구한국관보』, 개국 503년 11월 29일.

36 「선봉진일기」 갑오 11월 16일조, 『동학란기록』 상, 237~238쪽.

37 「전봉준공초: 초초문목」, 『동학란기록』 하, 529쪽.

38 日本 防衛廳 防衛研究所 圖書館 所藏, 『南部兵站監部 陣中日誌』 自明治二十七年十月 至
    同十一月九日, 10月 24日 八 號 記事.

39 위의 책, 10月 25日 八 號 記事中 '內訓' 참조.

40 위의 책, 10月 25日 三號 記事.

41 위의 책, 10月 26日 一號 記事.

42 위의 책, 10월 27일 十八號 記事.

43 위의 책, 10월 27일 十三號 記事.

44 위의 책, 10월 28일 七號 記事.

45 위의 책, 10월 28일 八號 記事.

46 「東學黨鎭壓兵」, 『東京朝日新聞』명치 27년 11월 8일.

47 위의, 『南部兵站監部 陣中日誌』, 11월 6일 七號 記事.

48 『주한일본공사관기록』1(한글본), 국사편찬위원회, 1986. 「後備步兵 第19大隊 運營上의 訓令과 日程表」, 154~156쪽.

49 위의 책, 154쪽; 『주한일본공사관기록』6(한글번역본), 26쪽.

50 『주한일본공사관기록』3(한글본), 387쪽; 일본 방위청 방위연구소도서관 소장, 『戰史編纂準備書類 :東學黨 暴民 全』, 十二月 三日 午後 二時 五分 仁川發 電報.

51 『주한일본공사관기록』6, 27~28쪽.

52 『주한일본공사관기록』1, 246~248쪽.

53 위의 책, 「東學黨鎭定에 관한 諸報告 및 意見具申」, 197쪽.

54 『주한일본공사관기록』6, 51쪽 및 66쪽.

55 위의 책, 51쪽.

56 「순무선봉진등록」갑오 12월 14일조, 『동학란기록』상, 604쪽.

57 白永直, 「朴侯義蹟」, 『六有集』卷之四 , 雜著 참조.

58 일본 방위청 방위연구소도서관 소장, 『戰史編纂準備書類(58) 東學黨狀況』, 「1895년 1월 28일 仁川 今橋兵站司令官으로부터 電報」 참조.

59 「순무선봉진등록」, 『동학란기록』상, 623~624쪽.

60 위의 「순무선봉진등록」, 622~623쪽.

61 『주한일본공사관기록』6, 53~54쪽.

62 「순무선봉진등록」 갑오 12월 17일조, 『동학란기록』상, 609쪽; 「先鋒陣各邑了發關及甘結: 甘結務安縣」甲午 12月 16日條, 『동학란기록』하, 330쪽.

63 「日本士官函謄」, 『동학란기록』하, 429쪽.

64 「순무선봉진등록」갑오 12월 19일, 『동학란기록』상.

65 「일본사관함등」, 『동학란기록』하, 429~430쪽.

66 「순무선봉진등록」갑오 12월 29일조, 『동학란기록』상, 646쪽; 乙未 1월 2일조, 653~554쪽.

67 앞의 책, 646쪽; 653쪽; 654쪽.

68 『주한일본공사관기록』6, 앞의 책, 52쪽.

69 앞의 『戰史編纂準備書類(58) 東學黨狀況』, 「1895년 1월 27일 仁川 今橋兵站監으로부터 電報」; 『戰史編纂準備書類: 東學黨 暴民 全』, 1895년 1월 27일자 전보 참조.

70 『주한일본공사관기록』6의 내용 참조.

71 「순무선봉진등록」을미 정월 2일조, 『동학란기록』상, 654쪽.

72 위의 「순무선봉진등록」을미 正月 2日 및 正月 7日條, 『동학란기록』상, 654쪽, 667쪽; 『주 한일본공사관기록』6, 67쪽.

73 위의 「순무선봉진등록」을미 정월 7일조, 667쪽.

74 위의 「순무선봉진등록」갑오 12월 20일조, 615~616쪽.

75 위의 「순무선봉진등록」을미 정월 7일조, 667쪽.

76 위의 「순무선봉진등록」을미 1월 2일조, 654쪽.

77 위의 『주한일본공사관기록』6, 위의 책, 67쪽.

78 앞의 『주한일본공사관기록』6, 67쪽.

79 위의 책, 67쪽.

80 위의 책, 67쪽.

81 위의 책, 67쪽.

82 앞의 『진도군지』, 1976년, 201쪽.

83 위의 「순무선봉진등록」을미 정월 7일조, 667쪽 참조.

84 앞의 「진도종리원연혁」, 36쪽.

85 앞의 『진도군지』, 200~201쪽.

86 앞의 『주한일본공사관기록』6, 62쪽.

동학농민혁명기 전라도 지식인의 삶과 향촌 사회

1 『剛齋遺稿』卷之三, 「行狀 先考胐堂公府君實蹟」 참조.

2 『剛齋遺稿』附錄卷之一, 「行狀」 참조.

3 일신재 정의림은 『日新齋集』이라는 문집을 남겼다. 일신재와 강재의 교유 관계에 대해서 는 후술한다.

4 오남 김한섭 역시 『吾南集』이라는 문집을 남겼다. 오남과 강재의 교유관계에 대해서도 후 술한다.

5 1993년 4월 3일 필자가 면담하는 과정에서 확인한 사실이다.

6 『일사』상권, 계사년(1893년) 1월 14일자 일기 참조.

7 『강재유고』 속에는 동학농민혁명 당시 강진 보암면 도통장이 되어 강진현을 사수하다가
   농민군에게 희생당한 오남 김한섭에 대한 祭文과 行狀 등이 실려 있어 참고가 된다.

8 『일사』상권 계사년(1893년) 7월 19일자 일기 참조.

9 『日史』上卷(1891年~1896年) 참조.

10 『일사』에는 書室 또는 書堂이라고도 기록되어 있다.

11 2002년 1월 17일 필자가 홍운재를 답사할 때, 강재의 증손 박병채의 증언에 따른다.

12 黃鉉, 『梅泉集』(1911), 「過康津 弔金義將漢燮」참조.

13 박맹수 외 옮김, 앞의 책, 2002, 101~102쪽

14 위의 책, 231~243쪽

15 위의 책, 34쪽

16 위의 책, 78쪽

17 위의 책, 122쪽

18 위의 책, 201쪽

19 위의 책, 78쪽

20 위의 책, 101~103쪽

21 『日省錄』高宗 元年 3月 1日, 道內儒生 今方聚會同志 輪說講會 申明鄕約 糾察不靖.

22 이민관, 1991, 『금성정의록(한글판)』, 나주목향토문화연구회, 33쪽.

23 박맹수 외 옮김, 앞의 책, 142-143쪽

24 위의 책, 144쪽

25 위의 책, 154~165쪽

26 위의 책, 157~176쪽

27 11월 25일 장흥 大興面에서 이인환이 기포하였다는 기술이 그 대표적인 사례이다.

동학농민혁명과 천도교의 성립

1 愼鏞廈, 「甲午農民戰爭의 第1次 農民戰爭」, 『韓國學報』40, 一志社, 1985.

2 白山은 1894년 당시에는 전라도 古阜郡에 속해 있었지만 현재는 전라북도 부안군에 속해
   있다.

3 소태산 박중빈이 창건한 圓佛教의 전신인 佛法研究會 제2대 회장을 역임한 曺頌廣의 자필

수기인 『曺沃政百年史』(1932-1933) 참조.(박용덕, 「경산연대기 『曺沃政百年史』고」, 『정신
　개벽』6, 1988)

4　申榮祐, 「甲午農民戰爭 以後 嶺南 北西部 兩班支配層의 農民統制策」, 『忠北史學』5, 충북
　대, 1992 참조

5　東學農民戰爭百周年紀念事業推進委員會 編, 「昌山后人曺錫憲歷史」, 『東學農民戰爭史料
　叢書』10, 1996, 192~193쪽

6　김낙철은 전라도 부안 출신의 대접주로서 1892년 동학입도부터 최시형이 체포 처형당하
　는 1898년까지 최시형의 최측근 가운데 1인이었다. 『김낙철역사』라는 수기를 남겼다.

7　東學農民戰爭百周年紀念事業推進委員會, 「金洛喆歷史」(위의 책 7, 1996), 292~293쪽).

8　東學農民戰爭百周年紀念事業推進委員會, 위의 글, 299쪽.

9　東學農民戰爭百周年紀念事業推進委員會, 「東學關聯判決宣告書」(앞의 책 18, 1996),
　523~534쪽.

10　東學農民戰爭百周年紀念事業推進委員會, 위의 글, 567~568쪽.

11　「默庵備忘錄」, 『韓國思想』16, 1978, 273쪽.

12　위의 글, 279·338쪽.

13　이들 저작에 나타나는 사상적 특징에 대해서는 후술한다.

14　李敦化, 『天道敎創建史』(京城, 1993), 28쪽.

15　「三戰論」(『天道敎創建史』, 1993), 82~86쪽.

16　申一澈, 「천도교의 민족운동」, 『동학 사상의 이해』, 사회비평사, 1995, 174쪽.

17　李敦化, 앞의 책, 32~33쪽.

18　『大日本人名辭書』(增訂 11版, 東京, 1937).

19　李激化, 앞의 책, 43쪽

20　천도교에서는 이를 甲辰革新運動 또는 甲辰開化運動이라 하여 그 역사적 의미를 높게 평
　가하고 있다. 그러나 동학농민혁명 당시의 반일노선에서 친일노선으로의 변화라는 측면
　도 있기 때문에 재검토되어야 할 문제점이 있다고 생각된다.

21　趙景達, 「大韓帝國期の東學」, 『異端の民衆反亂』, 東京; 岩波書店, 1989, 364쪽.

22　위와 같음.

23　鄭在貞, 「大韓帝國期 鐵道建設勞動者의 動員고 沿線住民의 抵抗運動」, 『韓國史研究』73,
　1991, 88~93쪽.

24　1900년대 손병희의 '친일노선'에 대해서는 검토의 여지가 있다는 점은 앞에서 이미 지적
　한 바 있다. 한편 1900년 손병희의 노선을 '連日獨立'으로 (申一澈, 앞의 책, 176쪽) 보는

경우와 또 다른 경우는 '일본과의 동맹론자'(趙景達, 앞의 책, 365쪽)라는 표현을 통해 1900년대 손병희의 '친일노선'을 지적하고 있다.

25 李激化, 앞의 책, 53쪽.

26 崔琉鉉, 「侍天道歷史」, 『東學思想資料集』 3, 1979, 172~174쪽.

27 趙景達, 앞의 책, 372쪽.

28 趙景達, 「甲午農民戰爭指導者 全琫準의 硏究」, 『朝鮮史叢』 7, 1983, 71~72쪽.

29 예를 들면 姜在彦은 1969년에 「東學=天道敎의 思想的 性格」(『思想』 537, 東京 ; 岩波書店, 1969년 3월호)이라는 논문을 발표하여 동학과 천도교를 동일 선상에 두는 견해를 보이고 있는데 이것은 갑오년 봉기 이후 여러 갈래로 나누어진 동학의 분화현상에 대해 적절하게 고려하지 못한 데서 온 결과로 생각된다.

30 앞의 주 7)과 같음.

31 趙景達, 앞의 책, 363쪽.

32 위와 같음.

33 이들 저작이 손병희 개인의 저작인지에 대해서는 검토의 여지가 있다. 그러나 이들 저작이 손병희 개인의 저작이 아니라 할지라도 초기 천도교 사상을 살피는데 있어서는 문제될 것이 없다고 생각된다.

34 崔東熙, 「韓國 東學 및 天道敎史」, 『韓國文化史大系』 VI, 高麗大 民族文化硏究所, 1970, 767쪽.

35 崔東熙, 위의 글, 767쪽.

36 崔東熙, 위의 글, 770쪽.

37 崔東熙, 의의 글, 771쪽.

38 趙景達, 앞의 책, 369쪽.

39 위와 같음.

40 1900년대 집중적으로 간행되는 천도교의 교리서에 대해서는 崔起榮과 필자가 공동 편집한 다음의 자료집이 참고가 된다. 崔起榮 · 朴孟洙 編, 『韓末天道敎資料集』 상 · 하 國學資料院, 1997.

41 申一激, 「천도교의 민족운동」, 『동학 사상의 이해』, 사회비평사, 1995, 180쪽.

42 위와 같음.

43 위와 같음.

44 申一激, 위의 글, 182쪽.

45 姜德相, 「3·1運動における民族代表と朝鮮人民」, 『思想』 537, 東京 ; 岩波書店, 1969년 3월

호, 336쪽.

46 市川政明 編, 『3·1獨立運動』1, 東京 ; 原書房, 1983, 116~117쪽, 216쪽.

47 이때 기독교 측의 거사자금을 천도교 측에서 제공했다고 한다.

48 天道敎는 당시 37개의 대교구 아래 북간도를 포함하여 지방에 194개의 교구를 거느리고
    있었다. 이들 지방교구가 중심이 된 지방의 독립만세 시위 운동에 대한 실증적 연구는 금
    후의 과제가 아닐 수 없다.

49 민족대표들의 애매모호한 투쟁방식에 대해서는 여러 연구자들에 의해 엄격한 비판이 있
    어 왔다. 대표적인 비판으로는 다음과 같은 글이 있다.
    姜德相, 앞의 글.
    康成銀, 「3·1運動における民族代表の活動に關する一考察」(『朝鮮學報』130, 朝鮮學會,
    1989년).

50 『天道敎任實敎史』(프린트본), 1980.

51 崔炳鉉, 『天道敎南原郡宗理院史』(筆寫本), 1924.

『시사신보』의 조선 문제 인식

1 『時事新報』 외에 정치적 중립을 표방한 신문으로는 『日本』, 『國民新聞』, 『万朝報』, 『二六
   新報』, 『東京朝日新聞』, 『東京公論』, 『國會』 등이 있었다.

2 1893년 당시의 『時事新報』는 발행부수 제15위(4,779,954부), 1894년에는 12위(6,037,406부),
   1895년에는 12위(5,706,646부)를 기록하고 있었다.

3 杵淵信雄(키네후치 노부오), 『福澤諭吉と朝鮮』, 日本 東京, 彩流社, 1997, 1쪽.

4 安川壽之輔(야스카와 쥬노스케), 『福澤諭吉のアジア認識』, 日本 東京, 高文硏, 2000 참조.

5 東學農民革命을 前後한 시기의 범위는 편의상 1892~3년의 敎祖伸冤運動부터 1895년 6월
   까지로 한다.

6 敎祖의 伸冤은 곧 東學의 公認 및 동학 포교의 자유를 인정하는 것을 의미한다.

7 拙稿, 「東學の斥倭洋運動に關する史料について」, 『北大史學』39, 北海道大學史學會, 1999
   48頁; 拙稿, 「敎祖伸冤運動期 參禮集會에 대한 再檢討」, 『한국독립운동사연구』28, 독립기
   념관 한국독립운동사연구소, 2007, 2쪽.

8 「朝鮮通信: 黨派(東學黨)」, 『東京朝日新聞』1893년 2월 18일, 1면 참조.

9 「朝鮮東學派捕獲」, 『時事新報』1893년 4월 8일, 2면 참조.

10 위와 같음.

11　「在京城帝國公使館通常報告第九號：東學派捕獲セラル，3月12日報告，3月29日接受」
（『朝鮮國東學黨動靜ニ關シ帝國公使館報告一件』，日本外交史料館所藏，文書番號 5門3類
2項 4 號）

12　「朝鮮國東學派捕獲」，『日本』1893년 4월 8일，3면 참조.

13　기사 내용 속에는 '揭示'라고 표현하고 있으나, 이것은 교조신원운동을 이끈 동학교단
지도부가 내걸었던 檄文의 일종이라 판단된다.

14　"同黨(동학당; 인용자주)은 去月(4월; 인용자주) 二十六日 同山(駱駝山; 서울 동쪽 惠化門
의 서쪽에 있는 산; 인용자주)을 벗어나 四方으로 흩어졌다. 그리고 同日 山麓의 揭林에
다음과 같은 揭示를 하였다"(「東學黨의 退散」，『時事新報』 1893년 5월 7일，4면)

15　「東學黨 形影을 감추다」(『日本』1893년 5월 7일, 2면);「東學黨 形影을 숨기다」(『朝野新聞』
1893년 5월 7일, 2면) 참조.

16　「朝鮮京城通信 5月 14日發: 東學黨 점점 猖獗, 兩湖招討使의 急電, 忠淸道 東學黨 역시 猖
獗, 우리 內地旅行者의 保護」(『時事新報』1894년 5월 22일, 1면) 참조.

17　위와 같음.

18　「朝鮮의 騷動」，『時事新報』1894년 5월 24일, 2면 참조.

19　「朝鮮 東學黨의 騷動에 대해」, 위의 신문 1894년 5월 30일, 1면 사설 참조.

20　위와 같음.

21　「速히 出兵해야 한다」，『時事新報』1894년 6월 5일, 3면 참조.

22　『時事新報』1894년 6월 2일, 9면 참조.

23　「發第六十三號 受第六三八五號 東學黨에 關한 續報」 참조.

24　「東學黨 大將의 號令」，『東京朝日新聞』1894년 6월 3일, 2면 참조.

25　「東學黨의 軍隊」，『時事新報』1894년 6월 8일, 2면 참조.

26　「外國人에게 危害를 加하지 않다」，『時事新報』1894년 6월 3일, 9면 참조.

27　「鷄林風雲錄 六: 東學黨의 目的」，『東京朝日新聞』1894년 6월 29일, 2면 참조.

동학농민혁명기 일본군의 정보 수집 활동

1　당시 일제는 서울을 京城이란 명칭으로 사용하고 있었다.

2　文書番號는 5門3類2項4號이며, 원제목은 「朝鮮國東學黨動靜ニ關スル帝國公使館報告一
件」으로 되어 있다.

3　日本國際聯合協會，『日本外交文書』第26卷, 昭和 28=1953年, 414~420쪽.

4 외교사료관 소장 동학 사료에 관하여는 졸고, 「일본지역 근현대사 자료 소장 현황에 대하여」, 『한국독립운동사연구』19, 2002년 12월, 353~356쪽 참조.

5 『東學農民戰爭史料叢書』第2卷, 「聚語」, 사운연구소, 1996 참조.

6 일본의 영사관 경찰에 대한 연구는 아직 본격적으로 시작되지 않고 있으며, 일본인 연구자에 의한 몇 편의연구가 나와 있을 뿐이다.
　河村一夫, 「朝鮮における我が領事館警察史」, 『朝鮮學報』50, 1969年 1月
　副島昭一, 「朝鮮における日本の領事館警察」, 『和歌山大學教育學部紀要：人文科學』35, 1986
　松田利彦, 「朝鮮植民地化過程における警察機構-1904~1910年」, 『朝鮮史研究會論文集』31, 1993년 10월 등 참조.

7 이 보고서도 『都新聞』(미야코신문) 1894년 양력 7월 14일자 1면을 통해서 일본 내에 널리 소개되고 있다.

8 高崎宗司, 「在朝日本人と日淸戰爭」, 『岩波講座 近代日本と植民地』5, 岩派書店, 1993, 12~13쪽.; 辛美善, 「在朝日本人の意識と行動 -「韓國倂合」以前のソウルの日本人を中心に-」, 『日本學報』14, 大阪大學, 1995, 55쪽.

9 辛美善, 위의 논문, 55쪽.

10 국사편찬위원회, 『주한일본공사관기록』제 1권, 한글본, 53~59쪽.

11 高崎宗司, 「在朝日本人と日淸戰爭」, 『近代日本と植民地』5, 岩波書店, 1993, 11쪽.

12 위의 논문, 11쪽.

13 『東京朝日新聞』은 메이지 21년(1888) 7월 10일 도쿄에서 창간되었으며, 메이지 41년(1908)에 『大阪朝日新聞』과 통합되어 『朝日新聞』으로 개칭되어 현재에 이르고 있다. 일본도서센타에서 메이지 21년 7월 10일 창간호부터 메이지 31년 12월 31일까지의 『東京朝日新聞』을 69권으로 복각하여 펴낸 바 있다.

14 德富猪一郎, 『陸軍大將 川上操六』, 東京, 第一公論社, 昭和 17년, 112쪽.

15 앞에 인용한 日本 北海道大學 井上勝生 교수에 의해 1997년 이후에 이루어진 일련의 연구 참조.

16 1893년에 조선을 방문한 가와카미 일행의 정확한 인적사항은 『구한국외교문서』제2권 일안(日案) 2의 388쪽과 德富猪一郎의 가와카미 전기 『陸軍大將 川上操六』(第一公論社, 昭和 17년), 113쪽에서 확인할 수 있다.

17 「田村怡與造手記」, 『現代史資料 37: 大本營』, みすず書房, 1967, 25~36쪽.

18 中塚明, 「日韓保護條約(乙巳條約)100年-明治の記憶とその忘却しているもの」, 『진도지

방의 동학농민혁명과 그 역사적 의의』, 2005년 10월 20일, 진도군청, 7~8쪽.

19 일본 해군 상비함대에 의한 정보 수집 활동은 일본 측『관보』(官報)를 중심으로 조사했다.

20 佐世保鎭守府 소속이며, 함종은 砲艦, 함선 재질은 鐵 , 배수량 622톤, 메이지 20년(1887) 8월에 진수되었다.(『明治二十七八年日淸戰史』第1卷, 1904, 附錄 第 7-1 참조)

21 橫須賀鎭守府 소속이며, 함종은 砲艦, 함선 재질은 鋼骨鐵皮, 배수량 622톤, 메이지 20년 6월에 진수되었다.(위의책)

22 橫須賀鎭守府 소속이며, 함종은 巡洋艦, 재질은 鋼骨鐵皮, 배수량 1778톤, 메이지 21년 10월에 진수되었다.(위의 책)

23 橫須賀鎭守府 소속이며, 함종은 報知艦, 재질은 鋼, 배수량 1609톤, 메이지 22년 3월에 진수되었다.(위의 책)

24 『日本外交文書』제 26권, 416쪽.

25 『朝野新聞』명치 26년 5월 18일, 2면.

26 梅溪昇, 위의 논문, 149~150쪽.

27 梅溪昇, 위의 논문 참조.

28 『東京朝日新聞』明治 27年 6月 24日, 1면.

29 『日本陸海軍綜合事典』참조.

30 金文子,『朝鮮王妃殺害と日本人』, (東京, 高文硏, 2009), 155쪽.

31 위의 책, 157쪽.

32 『東京朝日新聞』, 明治 27年 6月 20日, 1면.

33 『舊韓國外交文書』第2卷: 日案 2, 235쪽.

34 위의 책, 387쪽.

35 『朝野新聞』, 明治 26年 5月 6日, 2면.

36 佐佐友房,『戰袍日氣』(復刻板, 靑潮社, 소화 61년),「佐佐友房年譜」7쪽.

37 위의 책,「佐佐友房年譜」, 7쪽.

38 『時事新報』, 明治 26年 6月 2日, 2면.

39 『東京朝日新聞』, 明治 27年 6月 10日, 1면.

40 『東京朝日新聞』, 明治 27年 6月 12日, 1면.

41 『東京朝日新聞』, 明治 27年 6月 28日, 2면.

42 위의 신문, 明治 27年 7月 5日, 1면.

43 1894년 조선의 동학농민혁명을 전후한 시기에 발행된『자유신문』은 현재 도쿄대학교 명치신문잡지문고에 소장되어 있어 이용이 가능하다.

44 天佑俠의 활동에 대해서는 이미 姜昌一의 논문을 통해 치밀한 분석이 이루어진 바 있다.
姜昌一, 「天佑俠と朝鮮問題, 「朝鮮浪人」の東學農民戰爭への對應と關連して-」, 『史學雜誌』 97~8, 東京大學史學會, 1988年 參照.

45 高崎宗司, 「在朝日本人と日淸戰爭」 『岩派講座 近代日本と植民地』 5, 岩派書店, 1993, 10쪽.

46 淸藤幸七郎編, 『天佑俠』 (新進社, 1903年), 11쪽. (高崎宗司, 위의 논문, 10쪽에서 재인용)

47 高崎宗司, 위의 논문, 10쪽.

48 河西英通, 「明治青年とナショナリズム」, 『近代日本社會と天皇制』, 柏書房, 1988, 159쪽.
河西英通, 「民權後青年のナショナリズム」, 『自由民權』, 4, 町田市 市立自由民權資料館, 1990年 3月, 4쪽.

49 『日本人』 第18號, 1895년 양력 2월 3일 발행. 『일본인』에 실렸던 우미우라의 『동학당시찰일기』는 나중에 우미우라 요시 편, 『초재유고』 (初齋遺稿) (1925년 간행)에 다시 실리게 된다.

50 『東京朝日新聞』, 明治 27年 10月 5日자 참조.

51 西村天囚(니시무라 텐슈)는 동학농민혁명 당시 조선에 파견된 『東京朝日新聞』 특파원 니시무라 도키히코(西村時彦)의 筆名이다. 오카모토와 친했던 니시무라는 1895년 '명성황후시해사건'에도 연루된다.

52 『東京朝日新聞』, 明治 27年 7月 6日, 1면.

53 『東京朝日新聞』, 明治 27年 6月 28日, 附錄 2면.

54 川崎三郎, 『日淸戰史』 全 7冊 (博文館, 1896年 12月~1897年 7月)을 말하며, 이 戰史는 菊判 2,500쪽 이상의 방대한 분량이다.

55 『中央新聞』 1894年 9月 11日字 「社告」 參照.

56 大谷正, 「忘れられたジャーナリスト, 史論家, アジア主義者, 川崎三郎」 (『專修史學』 29, 專修大學歷史學會, 1998年 3月), 50~51쪽.

동학농민혁명기 재조 일본인의 전쟁 협력 실태와 그 성격

1 일본군의 동학농민군 진압의 실상에 대한 한일 양국 연구자에 의한 최근의 연구는 다음과 같다. 井上勝生, 「東學黨農民軍指導者と推定される頭骨について」, 『古河講堂「舊標本庫」人骨問題報告書』, 北海道大學文學部, 1997; 「甲午農民戰爭と日本軍」, 『近代日本の內と外』, 吉川弘文館, 1999; 「日本軍による最初の東アジア民衆虐殺」, 『世界』 693號, 2001年 10月號; 「第2次東學農民戰爭の日本軍, 農民大虐殺-兵士の鄕土, 四國各地を訪ねて-」, 『札幌

鄕土を掘る會2004年活動記錄集』2004;「東學農民軍包圍殲滅作戰と日本政府, 大本營」,『思想』1029號, 2010年 1月號.

姜孝叔,「第2次東學農民戰爭と日淸戰爭」,『歷史學硏究』762, 2002年 5月號;「第2次東學農民戰爭と日淸戰爭-防衛廳防衛硏究所圖書館史料を中心に-」, 千葉大學大學院博士論文, 2005; 「제2차 동학농민전쟁과 일본군-일본군의 생포농민군 처리를 중심으로-」,『전북사학』30, 2007년 4월호;『제2차 동학농민전쟁 시기 일본군의 농민군 진압』,『한국민족운동사연구』52, 2007년 9월호.

박찬승,「동학농민전쟁기 일본군, 조선군의 동학도 학살」,『역사와 현실』54호, 2004년 12월호.
申榮祐,「1894年 日本軍 中路軍의 鎭壓策과 東學農民軍의 對應」,『歷史와 實學』33, 2007;「1894년 일본군의 동학농민군 학살」,『제노사이드와 한국근대』, 충남대 충청문화연구소, 2009.

2 1894년 11월부터 본격화된 일본군의 농민군 진압 과정에서 농민군과의 전투에서 전사한 일본군은 불과 10명 이내인데 반해, 농민군 측 전사자는 3만 명에서 5만 명 정도로 추산되고 있다.

3 井上勝生, 앞의 논문, 1997 및 신영우, 앞의 논문, 2007 참조.

4 在朝日本人이란, 1876년 개항 이후부터 1945년까지 朝鮮에 居留하고 있던 일본인을 지칭하는 용어이다.(木村健二,『在朝日本人の社會史』, 未來社, 1989年, 7쪽)

5 高崎宗司,「在朝日本人과 日淸戰爭」,『岩波講座 近代日本과 植民地』5권, 岩波書店, 1994年 4月, 4~5쪽 및 11쪽.『國民新聞』1894년 6월 9일자 2면에 실려 있는「조선 재류 일본인」에 의하면, 남자 5,112명 여자 3,713명 등 총 8,825명으로 나온다. 이 같은 숫자는 정확하지는 않을지라도 당시의 재조일본인 규모를 짐작하는 데는 별 문제가 없다.

6 위의 신문, 1894년 6월 9일자, 2면.

7 淵上貞助 氏 談,「古き思出譚」,『居留民之昔物語』, 朝鮮二昔會, 1927年, 35쪽.
京城府,『京城府史』第2卷, 1936年, 626~628쪽.

8 藤村德一編,『居留民之昔物語』, 朝鮮二昔會, 1927年, 46쪽.

9 藤村德一編, 위의 책, 36~37쪽 및 47쪽.

10 高橋刀川,『在韓成功の九州人』, 寅與號書店, 1908年, 15쪽 및 72쪽, 141쪽.

11 北川吉三郎 氏 談,「入京當日の困惑」, 藤村德一編, 앞의 책, 53~56쪽.
岡本柳之介,『風雲回顧錄』ー 中公文庫ー 1990年, 226쪽.

12 『時事新報』, 明治 26年 5月 4日, 4面. 北川吉三郎 氏 談,「入京當日の困惑」, 위의 책, 52쪽.

13 高崎宗司, 앞의 논문, 12~13쪽.

14 樋口雄一,「日淸戰爭下朝鮮における日本人の活動」,『海峽』8號, 社會評論社, 1978年 12月, 39~41쪽.

15 辛美善,「재조 일본인의 의식과 행동」,『日本學報』14號, 大阪大學, 1995年 3月, 54~55쪽.

16 이 장에서 다루는 재조 일본인 인구 추이에 관한 통계 자료는 불완전한 경우가 많고, 또한 사료에 따라 숫자가 상이하다. 그러므로 필자가 제시하는 인구 추이에 관한 수치와 관련 자료 역시 일정한 제한점이 있다는 것을 미리 밝혀 둔다.

17 朝鮮總督府,『朝鮮における內地人』, 朝鮮總督府, 1923年, 2~3쪽.(高崎宗司, 앞의 논문, 1993년에서 재인용)

18 위의 자료, 같은 쪽.

19 上揭書, 2~3쪽.

20 高崎宗司, 앞의 논문, 1993년, 5쪽.

21 위의 논문, 5쪽.

22 金子文夫,「日本における植民地硏究の成立事情」,『日本帝國主義と東アジア』, アジア經濟硏究所, 1979年 3月, 57~58쪽.

23 『殖民協會報告』創刊號, 1893年, 104~107쪽.

24 金子文夫, 앞의 논문, 57쪽 및 高崎宗司, 앞의 논문, 5쪽.

25 『每日新聞』, 1894년 11월 13일자.

26 『每日新聞』, 1895년 4월 27일자.

27 副島昭一,「朝鮮における日本の領事館警察」,『和歌山大學敎育學部紀要: 人文科學』35集, 1986年, 3~6쪽.

28 木村健二, 앞의 책, 1989년, 12쪽의「職業別朝鮮在留日本人數(1910년 12월말 현재)」에 의하면, 1910년 12월말 현재 재조일본인 인구는 17만 1543명에 이르고 있다.

29 木村健二,「在朝日本人の軌跡」,『歷史地理敎育』416號, 1987年 9月 號, 23쪽.

30 大山梓編,『山縣有朋意見書』, 原書房, 1966, 224쪽 및 木村健二, 위의 논문, 23쪽.

31 『京城府史』第 2卷, 1936년, 630쪽.

32 『通商彙纂』17號, 1895년, 17쪽.

33 『每日新聞』1894년 11월 13일자 및 仁川府編,『仁川府史』, 1933년, 431쪽.

34 「中井喜太郎」,『明治新聞雜誌關係者略傳』, みすず書房, 1985年, 164쪽.

35 中井喜太郎,『朝鮮回顧錄』, 糖業硏究會出版部, 1915年.

36 『每日新聞』1895년 3월 13일자.

37 『每日新聞』1895년 4월 24일자,「韓山書信」.

38　『每日新聞』1894년 12월 8일자.

39　樋口雄一, 앞의 논문, 39쪽.

40　參謀本部編,『明治二十七八年日淸戰史』第8卷, 1907년, 1106~1107쪽의「明治二十七八年戰役統計」참조.

41　농민혁명기 일본신문의 조선관계 보도에 대해서는 아직 제대로 된 연구가 나오지 않고 있다. 참고할 만한 논문으로는 졸고 한 편이 있을 뿐이다.
　　박맹수,「일본 시사신보에 나타난 조선인식-동학농민혁명을 중심으로-」,『동북아역사재단 국제학술회의 자료집:중심과 주변에서 본 동아시아』, 동북아역사재단, 2007년.

42　『明治新聞雜誌關係者略傳』, 1985년, 184쪽.
　　朝日新聞社,『大阪朝日新聞創刊五十周年記念: 五十年の回顧』, 1929年, 96쪽.

43　大谷正,「忘れられたジャーナリスト・史論家・アジア主義者 川崎三郎」,『專修史學』29호, 1998年 3月, 50~55쪽.

44　淵上貞助 氏 談,「古き思出譚」,『居留民之昔物語』, 朝鮮二昔會, 1927年, 35쪽.

45　『京城府史』제2권, 1936년, 626쪽.

46　위의 책, 628쪽.

47　실제 병력은 488명,『東京朝日新聞』明治 27년 6월 23일, 2면, 鷄林風雲錄 2 참조.

48　위의 신문, 6월 1일자와 6월 28일자, 7월 6일자와 7월 16일자 참조.

49　梶原末太郞 氏 談,「困苦缺乏に堪へた古き商人」,『居留民之昔物語』, 1927년, 46쪽.

50　仁川府編,『仁川府史』, 1933년 및 高尾新右衛門編,『元山發展史』, 1916년 참조.

51　『居留民之昔物語』, 36쪽.

52　『京城府史』제1권, 1934년, 714쪽.

53　村松武司,『조선식민자-ある明治人の生涯』, 三省堂, 1972년, 25쪽.

54　辛美善, 앞의 논문, 55쪽.

55　御廚健次郞,「渡鮮に就て」,『居留民之昔物語』, 1927年, 37쪽.

56　高崎宗司, 앞의 논문, 12~13쪽.

57　『京城府史』1卷, 714쪽.「渡韓に就いて」,『居留民之昔物語』, 25쪽, 高橋刀川,『在韓成功の九州人』, 寅興號書店, 1908年.

58　中塚明, 박맹수 옮김,『1894년, 경복궁을 점령하라』, 푸른역사, 2002년 참조.

59　「西村時彦」,『明治新聞雜誌關係者略傳』, 1985년, 184~185쪽 및『居留民之昔物語』, 1926년, 54쪽.

60　北川吉三郞話,「入京日の困惑」,『居留民之昔物語』, 53~56쪽 및 岡本柳之助,『風雲回顧

錄』, 中公文庫, 1990年, 234쪽.

61 국사편찬위원회, 『주한일본공사관기록』제1권 (한글본, 53~59쪽).

62 高崎宗司, 「在朝日本人と日淸戰爭」, 『近代日本と植民地』5, (岩波書店, 1993), 11쪽.

63 副島昭一, 앞의 논문, 3~6.

64 副島昭一, 앞의 논문, 1986년, 136쪽의 「표-2: 領事館 警察官 配置數」 참조.

65 『駐韓日本公使館記錄』제1권, 한글본, 413쪽의 「南部民亂地方 視察復命」 및 『都新聞』 1894
년 8월 2일, 1면의 「內亂鎭靜後の全羅道」참조.

66 防衛省防衛研究所圖書館 所藏, 『戰史編纂準備書類(58) 東學黨狀況』의 「渡邊鷹次郎口頭
復命筆記」 참조.

67 外務省外交資料館所藏, 『朝鮮國東學黨動靜ニ關シ帝國公使館報告一件』의 「公信 第66號
東學黨事件ニ付忠淸道公州等ノ地方探偵書」참조.

68 金文子, 『朝鮮王妃殺害と日本人』, 高文硏, 2009년, 155쪽.

69 위의 책, 157쪽.

70 『東京朝日新聞』1894年 6月 20日 1面 및 『國民新聞』1894년 6월 24일자 「新納少佐の消息」
참조.

71 『舊韓國外交文書』第2卷: 日案 2, 235쪽.

72 위의 책, 387쪽.

73 하지연, 「한말 일제강점기 국지겸양의 문화적 식민활동과 한국관」, 『동북아역사논총』 21
호, 2008년 9월, 215쪽.

74 하지연, 위의 논문, 215쪽.

75 『國民新聞』1894년 5월 21일자.

76 『國民新聞』 1894년 6월 24일자의 「菊池謙讓 氏」라는 기사 및 靑柳南冥, 『朝鮮史話와 史蹟
全』, 朝鮮硏究會, 1926년, 表紙 참조.

77 「東學黨 探情記(一)」, 『國民新聞』1894년 7월 3일, 3면

78 在朝鮮特派員 長風生 特報, 「東學黨 探情記(一)」, 『國民新聞』1894년 7월 3일, 3면.

79 長風生, 「東學徒 探情記(二)」, 『國民新聞』 1894년 7월 1일, 3면.

80 在京城特派通信員 長風生, 「東徒 探情記(三)」, 『國民新聞』1894년 7월 7일, 3면.

81 하지연, 앞의 논문, 220쪽.

82 하지연, 위의 논문, 220쪽.

동학농민군 유골과 제국 일본의 식민지적 실험

1 『每日新聞』1995년 8월 3일자 朝刊, 『北海道新聞』1995년 8월 3일자 夕刊 및 北海道大學文學部 古河講堂 舊標本庫 人骨問題 調査委員會 『古河講堂 舊標本庫 人骨問題 報告書』(1997年 7月), 1쪽 참조.

2 당시 발견된 것은 전라남도 진도 출신 동학농민군 두개골이었다. 이 글에서는 유골이라 칭하기로 한다.

3 일본 국내에는 위의 주1)의 『每日新聞』과 『北海道新聞』, 『朝日新聞』 등의 보도에 의해 널리 알려졌다.

4 앞의 주1)에 인용된 『古河講堂 舊標本庫 人骨問題 報告書』1쪽.

5 『飛礫』11號(1996年 6月, つぶて書房, 神戸)에 실린 「北大人骨事件と日本侵略史」라는 主題의 特輯 기사 참조. 이 특집 기사 속에는 北海道大學文學部의 『中間報告書』發表 前後 事件의 眞相 糾明을 위해 活動했던 〈北大人骨問題の眞相を究明する會〉의 共同代表인 재일동포 林炳澤 氏의 기고문, 아이누민족 인권운동 리더들인 야마모도 카즈아키(山本一昭) 氏와 오가와 유키치(小川隆吉) 씨와의 대담 등을 싣고 있다.

6 한국에서는 1995년 8월 3일자 일본 共同通信의 「朝鮮民族などの人骨放置」라는 저목의 기사를 받아 보도한 『한겨레신문』1995년 8월 4일자의 「동학지도자 유골 일본서 발견」 기사를 통해 널리 알려졌다.

7 한국 외교통상부는 주삿포로 한국총영사관을 통해 8월 7일에, 동학농민혁명 기념사업회는 8월 19일에 진상규명 및 유골봉환을 요청하는 공문을 발송한 바 있다.

8 이 현지조사는 1995년 12월 10일에서 15일까지 홋카이도 대학 문학부 조사위원호 조사위원인 이노우에 카츠오 교수와 동 조사보조원 이노우에 카오리 특별연구원에 의하 이루어졌다.

9 동학농민군 지도자 유골이 비교적 단기간 안에 한국으로 봉환될 수 있었던 것은 사단법인 동학농민혁명기념사업회(이사장 한승헌)를 비롯한 한국 측 관련 단체의 강력한 봉환 요구 때문이었다.

10 이하 본문 인용의 경우 『최종보고서』몇 쪽이라고만 표기하기로 한다.

11 사할린 일대에 거주하는 북방 소수민족의 하나. 윌타민족에 대해서는 田中了 『サハリン 北緯50度線』(東京草の根出版會, 1993年) 參照.

12 1992년에 개교한 영산원불교대학교는 2004년에 靈山禪學大學校로 개칭되었다.

13 동학농민혁명을 기리는 민간단체로서 1992년 전라북도 전주를 중심으로 결성된 시민단

체이다.

14 「遺骨返還など求め北大訪問, 放置問題で韓國關係者」(1996년 2월 5일, 日本 共同通信發) 參照.

15 1995년 3월말 홋카이도 대학을 퇴직한 요시자키 마사카즈 씨는 북해도국제정보대학으로 자리를 옮겨 재직했으나 현재 단계에서 퇴직 여부는 알 수 없는 실정이다.

16 『최종보고서』, 8~9쪽, 필자 역시 여러 차례에 걸쳐 요시자키(吉崎) 교수에게 면담을 신청 하였으나 거절당하였다.

17 『최종보고서』, 149쪽.

18 구체적인 면담 내용 및 일정에 대해서는 생략하기로 한다. 다만, 귀중한 시간을 할애하여 수십 차례에 걸친 면담에 친절하게 응해준 井上勝生 교수와 井上 薰 특별연구원의 호의에 진심으로 감사를 표한다.

19 北海道大學 附屬圖書館, 『北海道大學 附屬圖書館 所藏 舊外地關係 資料目錄』(1975), 18 쪽.

20 『중간보고서』, 10~11쪽.

21 필자가 이 같은 사실을 처음으로 안 시점은 유골 방치 사건의 진상 규명 및 동학군 유골 국내 봉환을 요구하기 위해 홋카이도 대학을 처음으로 방문한 1996년 2월 5일이었다.

22 이 자료는 井上 특별연구원의 호의로 입수할 수 있었다. 井上 연구원에게 감사를 표한다.

23 「작일 발령」, 『조선신보』1907년 1월 16일자, 2면.

24 「면화재배 시찰」, 『대한매일신보』1906년 9월 9일자 2면; 「면적(棉績)시찰」, 『황성신문』, 1906년 9월 10일자 2면.

25 참고로 '목포의 사토' 가 관여한 1906년 당시의 면화재배사업이 지닌 침략적 성격에 대한 연구로는 권태억 교수의 『한국근대면업사 연구』라는 업적이 있다.

26 目賀田男爵 傳記編纂會 『男爵 目賀田種太郎』(1938년), 520쪽.

27 臨時棉花栽培所 『臨時棉花栽培所 報告』第壹號(木浦, 1909년), 10쪽.

28 「一九0六年農工商務部事務公債」「韓國ノ施政改善ニ關スル事項, 農務ニ關スル施政改善 事項」(二三)及び(三0)『駐韓日本公使館記錄』第二十六卷(國史編纂委員會, 1992년), 505쪽. 이 기록은 사진판으로 판독이 어려운 부분이 있다. 이 글에서 인용한 부분은 국사편찬위 원회에 소장된 원판에서 확인하였다.

29 창립 합의가 이루어진 협의회는 1905년 4월 12일에 개최되었으며, 이 자리에는 일본 政友 會, 進步黨, 農商務省, 紡績聯合會 대표 등이 참가했다. 창립총회는 7월 25일에 개최되었 다. (權泰憶 『韓國 近代綿業史 研究』一潮閣, 1989년, 85쪽)

30 하라 타케시(1856~1921)는 동학혁명 당시 외무성 통상국장으로 근무하면서 조선 문제에 관여했으며, 1895년 외무차관을 거쳐 1896년에는 주조선공사로 근무한 조선통이었다. 이러한 사실은 『면화에 관한 조사』와 『原敬日記』등을 통해 확인할 수 있다.

31 北海道大學 附屬圖書館, 『舊外地關係 資料目錄-朝鮮·臺灣·滿州(東北)-』(1975), 75쪽.

32 『臨時棉花栽培所 報告』第1號 (1909년), 14쪽.

33 『臨時棉花栽培所 報告』第1號, 17쪽.

34 『臨時棉花栽培所 報告』第1號, 32쪽.

35 『臨時棉花栽培所 報告』第2號(1910년), 6쪽.

36 『최종보고서』, 71~84쪽.

37 이 사료는 홋카이도 대학 조사위원회 측의 제1차 한국 현지조사(1995년 12월)때, 서울대학교 김용덕 교수가 제공함으로써 널리 알려진 사료이다.

38 『최종보고서』, 114~121쪽.

39 『최종보고서』, 114~121쪽.

40 北海道大學 農學部 所藏『宮部金吾 文書』; 『最終報告書』, 123~124쪽.

41 「八一 奉天政宮 へ回答ノ件 五月七日佐藤農學校長發 奉天軍政宮宛(六十三字. 二丏七十錢)」(簿書番號No. 八一三『明治三十九年 札幌農學校公文錄』第一册, 秘密書類(永久), 北海道大學 北方資料室 所藏)

42 新渡戶稻造는 1906년 9월 19일에 札幌農學校로부터, 植民政策에 관한 논문으로 法學博士 學位를 수여받고 있다.(『創基 五十年記念 北海道帝國大學沿革史』, 1926, 부록 28~29쪽).

43 ジョージ オーシロ, 『名譽 努力 義務: 新渡戶稻造一國際主義の開拓者』, 日本, 中央大學出版部, 1992年.

44 上揭書, 27쪽.

45 上揭書, 36쪽.

46 上揭書, 52쪽.

47 『최종보고서』, 114~117쪽.

48 『최종보고서』, 111쪽.

49 『최종보고서』, 117쪽.

50 井上勝生, 「佐藤昌介『植民論』ノート-植民學と札幌農學校」, 『北海道大學文學部紀要 四十六卷二號』, 1998年 3月.

51 『최종보고서』, 147~149쪽.

52 「北海道 毘布調査 旅行日記」의 원문은 英文이지만, 카와지마 쇼지(川嶋昭二)씨가 번역하

여 『地域史硏究 はこだて』二十四號에 게재했다고 한다. (『최종보고서』, 148쪽)

53 『최종보고서』, 134쪽.

54 『최종보고서』, 134쪽. 목포신보가 소장되어 있는가를 목포 시립도서관과 목포 문화원에 문의했지만, 목포는 한국전쟁 당시 거의 파괴되었으며, 목포신보사 역시 소실되었기 때문에 현존하지 않는다는 대답을 얻었다. (목포문화원 李聖烈 씨의 증언에 의함) 그런데 『日韓キリスト敎關係資料Ⅱ- 1923~1945』(富坂キリスト敎センタ- 編, 新敎出版社, 1995年)에 『木浦新報』 기사가 수록되어 있는 사실을 발견하고 한국의 金承台 씨에게 문의한 결과, 서울대학교 소장 신문 스크랩에 있는 기사를 수록한 것으로 원본이 아니었다.

55 「統監府 辭令」『朝鮮新報』 1907년 1월 16일자, 2면.

56 『최종보고서』, 134쪽.

57 예를 들면, 사토 쇼스케 교장이 동경 체재 중이던 1906년 12월 15일 니토베는 쇼스케 교장을 방문하고 있다. (『최종보고서』, 117쪽)

58 『京城新聞』은 1908년 7월 5일부터. 記事는 「公人私人」란에서 인용했다. 이 『京城新聞』의 창간 일자는 1907년 11월 3일이다. (東京, 國立 國會圖書館 所藏)

59 『최종보고서』, 40쪽.

60 이 기록 다큐멘타리는 한국에서 1996년 8월 5일에 방영되었다.

61 이 문제에 대해서는 한국의 인류학 연구자들과 함께 공동연구를 통해 해명하고자 한다.

62 北大人骨事件眞相究明緊急會議, 『歷史の眞實』1, (東京, 勞動者共鬪·勞動運動活動者評議會合同事務局, 1999), 參照.

19세기 말 동아시아 전쟁에 대한 일본인들의 왜곡된 기억

1 『한겨레』, 2003년 4월 14일, 7면 및 동 신문 4월 15일, 10면.

2 中塚明, 『歷史の 僞造をただす』, 東京, 高文硏, 1997, 155쪽.

3 吉田 裕, 『昭和天皇の終戰史』, 東京, 岩波書店, 1992, 參照.

4 이 교과서는 2001년 6월에 동경의 후쇼샤(扶桑社)에서 발행되었다.

5 中塚明, 앞의 책, 1997, 2쪽.

6 『새전북신문』 2002년 8월 26일자 1면과 3면 기사 참조.

7 中塚明, 2003年 6月 27日 「朴孟洙先生ら來日歡迎交流集會での冒頭인사말」, 日本 奈良 參照.

8 俵義文, 「憲法違反·侵略戰爭 肯定の危ない敎科書」『季刊戰爭責任硏究』30, 日本の戰爭

責任資料センター, 2000, 43~47쪽.

9 1996年 1月에 간행된 『中學社會歷史』, 東京, 敎育出版, 參照.

10 위의 책, 204~205쪽.

11 2001. 6, 『市販本 : 新しい歷史敎科書』, 東京, 扶桑社, 218쪽.

12 俵義文, 앞의 논문, 2000, 28~34쪽.

13 中塚明, 2001. 5. 30, 「日本の敎科書問題について」, 『全北日報』 인터뷰 자료 참조.

14 藤村道生, 1973, 『日淸戰爭』, 東京, 岩波書店, 參照.

15 鳥海 靖 外編, 1999, 『日本近代史硏究事典』, 東京, 東京堂出版, 189쪽.

16 청일전쟁 당시 일본 언론의 전쟁 보도 태도에 대해서는 大谷正, 『近代日本の對外宣傳』, 東京, 硏文出版, 1994, 참조.

17 이 때문에 후일 무교회주의 신앙으로 한국의 김교신 등에게 강한 영향을 끼치는 우치무라 칸조(內村鑑三) 조차도 청일전쟁을 문명전쟁이라 옹호하는 글을 영문으로 발표하기까지 한다.

18 中塚明, 1997, 앞의 책, 150~151쪽.

19 中塚明, 1997, 앞의 책, 152쪽.

20 1904, 『明治二十七八年日淸戰史』 第1卷 , 東京印刷株式會社, 119~120쪽.

21 1896, 『日淸戰役 國際法論』, 日本 陸軍大學校, 31~32쪽.

22 동학농민혁명 및 청일전쟁 당시의 『주한일본공사관 기록』 및 당시 일본에서 간행되고 있던 『東京朝日新聞』 등 일간지 참조.

23 『日本外交文書』第27卷 第1册, 419號 文書 參照.

24 『日本外交文書』第27卷 第1册, 421號 文書 參照.

25 中塚明, 1997, 앞의 책, 제1장 참조.

26 시노부(信夫)는 1934년에 『日淸戰爭』을 저술하여 외교적 측면에서 청일전쟁의 진상을 규명하고자 했으나 역시 간행금지 처분을 당한다.

27 다보하시(田保橋)는 『近代日支鮮關係の硏究(1930)』, 『近代日鮮關係の硏究(1940)』 등의 업적을 통해 역시 외교적 측면에서 청일전쟁의 실상을 규명하고자 하였다. 이들 연구 역시 일본 정부에 의해 간행 금지 처분을 당하여 1945년 이후에야 간행되게 된다.

28 『日淸戰爭』, 岩波書店, 1973, 參照.

29 야마베는 「甲申事變と東學の亂」(1961), 「朝鮮支配をめぐる日淸の衝突」(1966), 「東學亂と日本人」(1966) 등을 통해 일본에 의한 조선 민중 학살의 측면을 개괄적으로 언급하고 있다.

30 나카츠카는 『日淸戰爭の硏究』(1968)에서 조선 문제를 다룬 이래, 『近代日本の朝鮮認識』 (1993), 『歷史の僞造をただす』(1997) 등을 통해 일본의 조선 인식 및 조선 민중에 대한 억압의 실상을 해명하는 데 주력해 왔다.

31 藤村道生, 1973 앞의 책, 참조.

32 朴宗根, 1982 『日淸戰爭と朝鮮』, 東京, 靑木書店, 제5장 참조.

33 히야마는 『日淸戰爭(1997)』, 『近代日本の形成と日淸戰爭(2001)』 등을 통해 일본에 의한 조선 및 대만 민중에 대한 학살의 실상을 규명하고자 하였다.

34 朴宗根, 1982 앞의 책, 제2장 참조.

35 檜山幸夫, 1990, 「七·二三 京城事件과 日韓外交」, 『韓』115 , 參照.

36 中塚明, 1997 앞의 책, 193쪽에서 재인용.

37 中塚明, 1997 앞의 책, 第2章 參照.

38 959, 『東學亂記錄』 下 , 國史編纂委員會, 529쪽.

39 「錦藩集略」 『東學農民戰爭史料叢書』 第4卷, 사운연구소, 1996, 31~32쪽.

40 徐相轍에 의해 발해진 檄文은 '湖西忠義徐相轍布告文' 이라는 제목으로 『羅巖隨錄』과 『駐韓日本公使館記錄』 속에 수록되어 있다. 여기서는 국사편찬위원회에서 간행된 『한글본 주한일본공사관기록』 제1권(1986)에서 인용하였다.

41 黃玹, 『梅泉野錄』, 國史編纂委員會, 1955 參照.

동학농민군 명예 회복 어떻게 할 것인가

1 『舊韓國官報』 제3820호, 1907년 7월 17일자 참조.

2 井上勝生 「日本軍에 의한 東 아시아 最初의 民衆 虐殺(日本語)」 (『世界』 第693號, 2001年 10月號, 岩波書店), 238~247쪽.

3 이 법률은 2002년 1월 26일 법률 제 6650호로 제정되었다. 동학농민군 유가족 예우를 어떻게 할 것인가에 대해 많은 시사를 받을 수 있다.

4 「全琫準 供草」, 『東學亂記錄』 下, 529쪽 참조.

5 『大韓季年史』 上 74쪽 및 「朝鮮國 東學黨 動靜에 관한 帝國 公使館 報告 一件」(日本 外務省 外交史料館 所藏, 文書番號 5門 3類 2項 4號) 참조.

6 「朝鮮國 東學黨 動靜에 관한 帝國 公使館 報告 一件」 참조.

7 위의 글 참조.

8 「聚語」, 『東學農民戰爭史料叢書』 제2권, 사운연구소, 1996년, 35쪽.

9 위의 책, 36~37쪽.

10 위의 책, 50쪽.

11 「朝鮮國 東學黨 動靜에 관한 帝國 公使館 報告 一件」(帝國 公使館 通常報告 第16號) 참조.

12 朴孟洙, 「東學의 '斥倭洋' 運動에 관한 史料에 대하여」(日本語), 『北大史學』第39號, 日本 北海道大學 史學會, 1999年 참조.

13 「聚語」, 앞의 책, 53쪽.

14 졸고, 앞의 논문 참조.

15 졸고, 「동학과 동학농민혁명 연구에 대한 재검토-동학의 남북접 문제를 중심으로-」『동학연구』제9, 10 합집호, 2001년 9월) 참조.

16 졸고, 앞의 논문 참조.

17 『韓國學資料叢書 9 : 東學農民運動篇』, 韓國精神文化研究院, 1996년, 798쪽.

18 「東匪討錄」 4月 9日 錦伯報告, 『東學農民戰爭史料叢書』제6권, 사운연구소, 1996년, 162~163쪽.

19 위의 책, 89쪽.

20 4월 9일 충청감사의 전보(『駐韓日本公使館記錄』1(한글본), 국사편찬위원회, 1987년, 7쪽.

21 吳知泳의 구술 증언에 대해서는 필자의 박사학위 논문 「崔時亨 研究-主要 活動과 思想을 中心으로-」(韓國精神文化研究院 韓國學大學院, 1996년) 205쪽을 참조하기 바란다.

22 이 같은 견해는 국내에서는 鄭昌烈 교수가, 일본에서는 趙景達 교수가 대표하고 있다.

23 광화문 복합상소 당시 '척왜양' 격문 게시운동을 주도한 세력이 누구인가에 대하여는 졸고, 「동학교조 신원운동」(한국사 39, 국사편찬위원회, 1999년), 291~297쪽 참조.

24 『東學農民戰爭史料叢書』제29권, 317~318쪽.

25 拙稿, 「東學의 '斥倭洋' 運動에 관한 史料에 대하여(日本語)」, 上揭書 참조.

26 일본군의 국제법을 무시한 조선왕궁 점령의 불법성, 일본 정부에 의한 조선왕궁 점령사건 진상 왜곡과 그 날조에 대해서는 中塚明(나카츠카 아키라) 교수가 『歷史의 僞造를 밝힌다-戰史로부터 사라진 日本軍의 朝鮮王宮占領-(日本語)』(日本, 高文研, 1997年)를 통해 상세하게 밝힌 바 있다.

27 趙景達, 『異端의 民衆反亂-東學과 甲午農民戰爭(日本語)』(日本, 岩波書店, 1998년), 제8장 참조.

28 張泳敏, 「大院君의 東學農民軍 保守兩班 動員 企圖에 관한 一考察」(『重山 鄭德基博士 華甲紀念 韓國史學論叢: 韓國史의 理解』, 景仁文化社, 1996년) 참조.

29 井上勝生「甲午農民戰爭(東學農民戰爭)과 日本軍(日本語)」(『近代日本의 內과 外』, 吉川

弘文館, 1999年), 260~261쪽.

30 이 같은 사실은 2001년 5월 31일부터 6월 3일까지 全羅北道 全州市에서 열린 동학농민혁
    명 국제학술대회에서 발표된 井上勝生(日本 北海道大學 文學部) 교수의 「日本軍에 의한
    東學農民 虐殺」 및 『世界』第693號(日本, 岩波書店, 2001년 10월호)에 실린 「日本軍에 의한
    最初의 東아시아 民衆虐殺(日本語)」이라는 논문에서 상세하게 밝혀진 바 있다.

31 김영원(金榮遠, 1853~1919)은 26세 때인 1878년에 泰仁 武城書院의 掌議를 지낼 정도로
    정통 유생 출신이었으나 부패한 현실에 실망하여 1889년에 동학에 입교, 1894년에는 임실
    접주로 활약하였다.

32 이 재판 문서는 1994년에 『동학관련 판결문집』이라는 제목으로 간행되어 누구나 열람이
    가능하다.

33 六任이란 원래 동학 교단의 여섯 가지 직책 이름이었으나 동학농민군의 조직에도 그대로
    원용되었다. 여섯 가지 직책이란 敎長, 敎授, 都執, 執綱, 大正, 中正을 말한다.

34 2001년 말 현재 제5호까지 발행되었다.

35 전국 각지에 조직된 동학농민혁명 관련 단체 현황에 대해서는 신순철, 「동학농민혁명 기
    념사업의 현황과 과제」(『2002 정책연구보고서: 갑오동학농민혁명군의 명예 회복을 위한
    학술세미나 및 공청회』, 국회의원 연구단체 갑오동학농민혁명연구회, 2002년 3월 18일,
    52~53쪽) 참조.

36 秩父(치치부) 사건을 중심으로 한 일본측 사례는 이 글 말미의 부록을 통해서 구체적으로
    소개하기로 한다.

37 당시 동학농민군 처벌에 관한 권한은 어디까지나 조선왕조의 사법권에 속해 있었다.

〈ㅅ〉

〈ㅊ〉

후비보병 443, 447
후비보병 제19대대 446, 447
후천개벽 43, 71, 106, 107
흑룡회 558
히고마루 회의 561
히로시마 443

〈기타〉

12개조 군율 524, 528
12개조 143
12개조 개혁안 378
12개조 폐정개혁안 381
1894년, 경복궁을 점령하라 644
1차 동학농민혁명 277, 291
1차 사료 341
21자 주문 75
27개 조목 370
27개 조목의 개혁안 377
27개 조항의 폐정개혁안 380
27개조 143
27개조 개혁안 378
27개조의 폐정개혁안 433
2차 동학농민혁명 289, 290
2차 집회 223
3·1독립운동 150, 510, 679
38개조 143
49일 기도 84, 86, 100
49일 수련 96, 98, 178
4대 명의 118, 385, 431, 524, 528, 661
5·18 20
5·18기념재단 673
5개조 군율 688
5월 광주 19

[용어편] **[인명편]** [문헌편]

가와사키 사부로川崎三郎 563, 580
가와카미 소로쿠川上操六 440, 441, 442, 546
가와바타川幡 순사 390
간디 142
강수 94, 166 → 강시원
강시원 94, 161, 164, 167, 178, 196, 220, 324
강일순 147
고다마 사쿠자에몬兒玉作左衛門 627
고종 204, 245, 256, 568
공맹 71
공생 159
구보다 베이센久保田米僊 563
구상조 416, 417
구암 307
국태공 386, 407 → 대원군
권동진 498, 512
권병덕 229, 679
권재조 229
권풍식 678
기우만 461, 469
기참봉 461 → 기우만
기정진 469
기쿠치 겐조菊池謙讓 585, 588, 589, 590, 591, 596, 597
기타가와 요시사부로北川吉三郎 585
길윤성 180
김개남 120, 205, 271, 289, 301, 328, 404, 409, 412, 666
김개남군 406
김개남포 279
김계사 76
김계원 178

개벽의 꿈, 동아시아를 깨우다

등록 1994.7.1 제1-1071

초판 발행 2011년 4월 30일
3쇄 발행 2021년 6월 30일

지은이 박맹수
펴낸이 박길수
편집장 소경희
편 집 조영준
관 리 위현정
디자인 이주향
펴낸곳 도서출판 모시는사람들
　　　　03147 서울시 종로구 삼일대로 457(경운동 수운회관) 1207호
전 화 02-735-7173, 02-737-7173/ 팩스02-730-7173
홈페이지 http://www.mosinsaram.com/

인 쇄 천일문화사(031-955-8100)
배 본 문화유통북스(031-937-6100)

값은 뒤표지에 있습니다.
ISBN 978-89-90699-91-6　　　　　93900

* 잘못된 책은 바꿔 드립니다.
* 이 책의 전부 또는 일부 내용을 재사용하려면 사전에 저작권자와 도서출판
　모시는사람들의 동의를 받아야 합니다.

이 도서의 국립중앙도서관 출판시 도서목록(CIP)은 e-CIP 홈페이지
(http://www.nl.go.kr/ecip)에서 이용하실 수 있습니다.
(CIP제어번호: CIP2011001562)